山东国土资源

关　梅　张文信　刘耀林　主编

科学出版社

北　京

内 容 简 介

本书是基于山东省第三次国土调查数据进行详细分析研究的成果,主要分为三部分:第一部分为第一章,概述了研究背景与意义、山东省的基本情况以及山东省第三次国土调查的特点;第二部分为第二~十章,在对全省土地资源利用现状进行分析的基础上,以耕地、生态用地、建设用地等为出发点,深入研究用地与粮食安全、城镇化、乡村振兴之间的关系,发现各类土地利用存在的问题并提出相应的调控建议;第三部分为终章,基于前章研究,弄清未来经济社会发展战略目标与导向,研判土地资源与社会经济发展的关系,并提出统筹区域国土资源开发利用与保护的政策建议。

本书主要是可供具备一定土地利用科学背景的研究人员作为参考用书,也可供相关从业人员以及土地资源管理工作者阅读,旨在为其全面了解分析土地利用现状及存在的问题提供新的思路与角度,为土地利用相关政策的制定提供一定的参考借鉴。

审图号:鲁 SG(2022)041 号

图书在版编目(CIP)数据

山东国土资源/关梅,张文信,刘耀林主编. —北京:科学出版社,2023.3
ISBN 978-7-03-073964-3

Ⅰ.①山…　Ⅱ.①关…　②张…　③刘…　Ⅲ.①国土资源–概况–山东
Ⅳ.①F129.952

中国版本图书馆 CIP 数据核字(2022)第 232219 号

责任编辑:石　珺 / 责任校对:郝甜甜
责任印制:吴兆东 / 封面设计:无极书装

科学出版社 出版
北京东黄城根北街 16 号
邮政编码:100717
http://www.sciencep.com
北京建宏印刷有限公司 印刷
科学出版社发行　各地新华书店经销
*
2023 年 3 月第 一 版　　开本:787×1092　1/16
2023 年 3 月第一次印刷　　印张:27 1/2　彩插:10
字数:684 000
定价:298.00 元
(如有印装质量问题,我社负责调换)

《山东国土资源》专家委员会

前　　言

从 1984 年第一次全国土地调查（以下简称"一调"）到 2007 年第二次全国土地调查（以下简称"二调"），再到如今第三次全国国土调查（以下简称"三调"），这项重大的国力国情调查历久弥新，见证了我国国土资源管理体系由"单要素分割"迈向"全要素整合"的革新与发展。为充分践行习近平总书记"山水林田湖草沙是生命共同体"理念，改变各类自然资源调查与监测存在多头管理，调查标准、工作分类、调查精度、调查周期、技术方法、部门数据口径等各不相同的现象，整合原各部门资源调查的管理职责，建立以土地调查为基础并覆盖全要素自然资源的国土资源调查体系，国务院在 2017 年 10 月 16 日部署开展第三次全国土地调查，后于 2018 年调整为第三次全国国土调查。一词之变，却实现了从"单要素分割"的土地调查转变到山、水、林、田、湖、草、海洋等自然资源全要素的统一调查，调查理念和内容也进行了深刻变革。

山东省地处我国东部沿海、黄河下游，山东半岛突出于渤海、黄海之中，同辽东半岛遥相对峙；内陆部分自北而南与冀、豫、徽、苏接壤。齐鲁大地幅员辽阔、山川形胜、沃野千里、岸线绵长，得天独厚的资源禀赋也孕育了生生不息的华夏文明。在新时期自然资源统一管理的新形势下，山东省持续推进自然资源治理体系和治理能力现代化，矢志保护利用好自然资源、建设美丽山东。为彻底摸清省内资源家底，根据国务院的规定和要求，山东省人民政府于 2018 年 1 月 10 日下发了《山东省人民政府关于开展山东省第三次土地调查的通知》（鲁政发〔2018〕1 号），部署开展调查工作，组织实施调查和数据库建设，全面查清山东省山水林田湖草沙等国土资源状况，为贯彻落实最严格的耕地保护制度、最严格的节约用地制度助力。全省"三调"工作按照国务院第三次全国国土调查领导小组办公室和省委、省"三调"办的统一部署，始终坚持实事求是原则，确保严格按照"毫不动摇、寸步不让、虚报严惩、讲清原因"十六字要求，把数据真实性放在首位，坚守政治责任、领导责任、工作责任，扎实推进工作，目前已基本完成了各阶段工作任务。

"三调"全面查清了山东省国土资源状况，相关数据成果已成为全省制定经济社会发展重大战略规划、重要政策举措的基本依据。在新时期"建立自然资源统一调查、评价、监测制度"背景下，山东"三调"的成果应用应当助力坚持最严格的耕地保护制度、坚持最严格生态环境保护制度、坚持最严格的节约用地制度，解决耕地保护、生态建设、节约集约用地等方面的问题，将"三调"成果作为国土空间规划和各类相关专项规划的统一基数、统一底图，推进自然资源治理体系和治理能力现代化。基于山东"三调"成果的应用要求，以上述理念为指导，编制完成《山东国土资源》一书，本书是山东省继 1998 年 9 月第一次出版"一调"成果专著《山东土地资源》、2019 年 4 月出版"二调"成果专著《山东土地资源》之后的最新一本系统性、权威性、科学性的山东省国土资源调查研究专著。

笼山川，纳江河，绘齐鲁新图；承过往，着未来，著时代华章。本书是以全省"三调"数据、"二调"数据、2009～2019年历年变更调查数据和社会经济统计数据、地理大数据等多源数据为基础，围绕生态安全、新型城镇化、城乡统筹、城市发展等方面，综合运用地理学、生态学、经济学、公共管理学等定性与定量研究方法，对耕地生态安全、生态系统服务、新型城镇化、海岸带开发与保护、交通建设与城市发展、乡村发展、城乡统筹等内容开展的一项综合性研究。本书核心内容包括：一是通过耕地生态安全综合评价和障碍因子识别，提出耕地保护策略，为落实最严格的耕地保护制度，实现耕地数量质量生态三位一体保护提供参考；二是探讨生态用地和生态网络时空格局、生态系统服务功能以及经济发展的耦合关系、海岸带开发及生境保护演变，为统筹经济发展与生态文明建设、构建"山水林田湖草沙"生命共同体、促进人与自然和谐共生奠定基础；三是分析全省城镇建设用地与新型城镇化、交通建设与城市发展、村庄用地与乡村发展、城乡统筹发展状况，为促进乡村振兴、推动城乡统筹发展、构建合理发展格局和实现区域协同发展提供政策建议。

本书是在山东省第三次国土调查领导小组办公室统一领导下、省国土空间规划院精心组织和相关人员共同努力下编著而成。本书是将"三调"成果数据应用于土地科学研究中的一次积极探索，以期能为山东省新时代国土空间规划提供决策依据，为推动全省治理体系和治理能力现代化奠定基础，为统筹经济社会发展与生态文明建设提供科学支撑，为建设富强、开放、和谐、美丽的新山东提供科学参考。

主　编

2021年12月

目　　录

第一章　概　　述

第一节　背景与意义

一、研　究　背　景

根据《国务院关于开展第三次全国土地调查的通知》（国发〔2017〕48 号）、《山东省人民政府关于开展山东省第三次土地调查的通知》（鲁政发〔2018〕1 号）文件要求，山东省开展第三次全国国土调查（以下简称"三调"或"三次调查"）。山东省"三调"工作以全面查清全省土地利用现状，细化和完善土地利用基础数据为工作目标，在第二次土地调查成果基础上，按照国家统一标准，利用遥感、测绘、地理信息、互联网等技术手段和现有资料，实地调查土地的地类、面积和权属，全面掌握全省湿地、耕地、种植园用地、林地、草地、商业服务业用地、工矿用地、住宅用地、公共管理与公共服务用地、交通运输用地、水域及水利设施用地等地类分布及利用状况；开展耕地细化调查、批准未建设的建设用地调查、耕地质量等级调查评价和耕地资源质量分类等专项调查；建立省、市、县三级集影像、地类、范围、面积和权属为一体的国土调查数据库，完善各级互联共享的网络化管理系统；健全土地资源变化信息的调查、统计和全天候、全覆盖遥感监测与快速更新机制。

目前，山东省通过土地利用现状调查、土地权属调查、专项用地调查、国土调查数据库建设，已形成"三调"数据成果，掌握了全省土地利用现状和自然资源本底数据。此外，多年来山东省各级自然资源部门相继完成了第一次全国土地调查（以下简称"一调"）和第二次全国土地调查（以下简称"二调"），同时还积累了包括土地变更调查、地籍调查、地理国情普查等大量土地利用和社会经济数据，为本次深入分析山东省国土空间利用打下了坚实的数据基础。

同时，通过对"三调"成果的分析与应用，能够全面掌握山东省、市、县（市、区）三级范围内不同地类的数量结构、分布格局，查清山东省最近的土地利用状况，识别土地可持续利用的关键限制因素，研判未来一段时间内土地利用面临的变化、风险与挑战，为清晰认识土地利用过程中产生的一系列问题提供最佳的切入点，同时指导国土空间规划的编制，为土地管理决策提供依据。

二、研　究　意　义

本书的编制，将为核定各地实际耕地保有量、新增建设用地数量和建设用地审批、土地整治等各项土地管理工作提供基础，对新时期自然资源部门更好履行"两统一"职责具有重要意义。本书编写意义主要如下。

①开展第三次国土调查数据分析，弄清国土资源家底，为国土空间有序开发和高效保护提供决策支撑。

"三调"数据分析是综合全面掌握山东省各类国土资源利用情况，了解全省土地利用空间格局的重要举措，是准确研判土地资源配置与经济社会发展契合程度，实施土地供给侧结构性改革的重要依据，是自然资源管理体制改革、国土空间用途管制等各项土地管理工作的重要基础。结合"二调"及年度变更等相关数据开展土地利用变化分析，有利于掌握全省土地利用演变过程及其规律，有利于促进土地利用与土地管理方式的合理转变。融合社会经济、资源环境等数据，深入探究各类土地资源利用的综合效应，对耕地保护、建设用地集约利用、生态文明建设等具有重要意义。

②全面分析耕地资源利用状况及其利用效应，为落实最严格的耕地保护制度提供科学依据。

开展耕地利用及其生态安全评价专题，将全面分析耕地数量、结构、质量及其时空特征，进一步评价耕地生态安全，为严守耕地保护红线，落实最严格的耕地保护制度提供重要保障；为严格保护永久基本农田、建立基本农田储备区制度提供重要基础；为落实耕地数量、质量、生态"三位一体"保护提供重要依据；同时，明确耕地用途管制制度，为落实耕地"进出平衡"政策提供参考。

③全面分析城镇建设用地利用状况及其利用效应，推动构建以人为本的新型城镇发展格局。

开展城镇建设用地与新型城镇化分析专题，摸清存量城镇建设用地利用情况，分析城镇建设用地扩张特征及其效应，评价新型城镇化发展水平，为科学规划城镇发展布局、优化土地利用结构、盘活存量空间、提高土地节约集约利用提供重要保障，为加快城乡融合、实现城乡一体化提供重要支撑。

④全面分析村庄用地利用状况及其利用效应，推动乡村治理与乡村振兴。

基于村庄各类用地利用现状及其变化特征开展村庄用地与乡村发展分析专题，准确识别乡村生产空间、生活空间以及生态空间，科学划分乡村发展单元，评价乡村"三生"空间协调程度，为深化农村土地制度改革、加快要素流通、合理配置与利用农村土地资源提供重要保障，为引导农村新产业、新业态用地布局，推动乡村规划与乡村振兴提供重要基础。

⑤全面分析生态用地利用效应，推进生态文明体制改革，健全自然资源产权制度。

开展生态用地与生态系统服务分析专题，将全面反映湿地、园地、林地、草地、水域等各类生态资源利用状况，分析生态系统服务功能以及生态系统服务与经济发展的关系，为深化生态文明体制改革、构建国土空间开发保护制度、统筹各类生态用地规划提供决策依据；为构建生态保护格局、合理划分重点生态功能区、完善自然保护地体系，维护和谐生态空间提供重要基础。

⑥全面分析与评价交通建设与城市发展之间的关系，促进落实交通强省战略，推动

交通建设专项规划的科学制定。

开展交通建设与城市发展分析专题，将全面分析各地区交通建设现状，在此基础上，综合分析交通建设综合水平的影响因素及其与社会经济发展水平之间的关系，为贯彻落实交通强省战略，实现交通运输业的快速转型以及高质量发展，优化交通设施的空间布局提供一定的参考。

⑦发现国土资源开发利用与保护存在的问题，为未来国土资源开发利用与保护统筹提供指导，为全省实现高质量协调发展奠定基础。

以未来山东省经济社会发展战略目标为导向，研判国土资源利用与社会经济发展关系，分析全省国土资源开发利用与保护存在的问题与面临的挑战，并提出对策建议，为实现国土资源开发利用与保护统筹提供参考，为推动全省"走在前列，全面开创"夯实基础。

第二节 基 本 情 况

一、地理位置与行政区划

山东省位于中国东部沿海、黄河下游，陆域位于东经 114°48′～122°42′、北纬 34°23′～38°17′，东西长 721.03km，南北长 437.28km。全省陆域面积 15.58 万 km²，海洋面积 15.96 万 km²。境域包括半岛和内陆两部分，山东半岛突出于渤海、黄海之中，同辽东半岛遥相对峙；内陆部分自北而南与河北、河南、安徽、江苏 4 省接壤。特殊的地理位置，使得山东省成为沿黄河经济带与环渤海经济区的交汇处、华北地区和华东地区的接合部，在全国经济格局中具有重要的战略地位（图 1-1）。

山东省的省会为济南市。截至 2019 年 12 月底，山东省辖济南、青岛、淄博、枣庄、东营、烟台、潍坊、济宁、泰安、威海、日照、临沂、德州、聊城、滨州、菏泽 16 个设区市，县级政区 137 个（市辖区 57 个、县级市 27 个、县 53 个），乡镇级政区 1824 个（街道 669 个、乡 68 个、镇 1087 个），具体县级区划如表 1-1 所示。

二、自 然 条 件

（一）气候与水文

1. 气候

山东省地处北半球欧亚大陆的东部，由于受地理位置、地形、地貌、大气环流的影响，气候表现出两大特点：一是典型的暖温带大陆性季风气候；二是境内存在有明显的径向（内陆和滨海）差异。

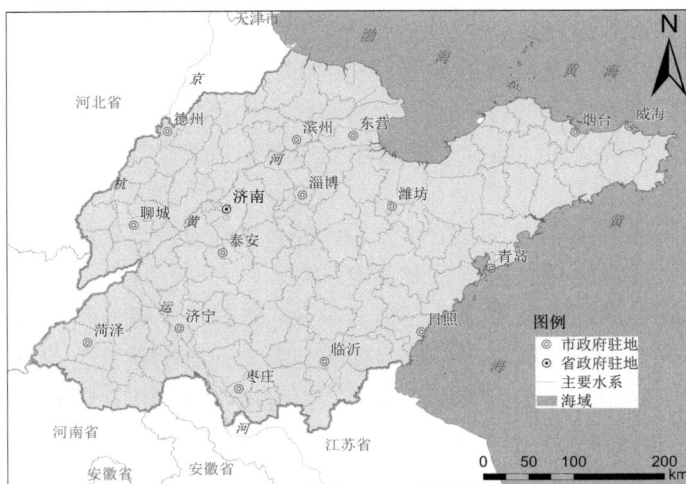

图 1-1　山东省行政区划（彩图附后）

表 1-1　2019 年山东省各市所含县级区划

市级区划	县级区划
济南市	历下区、市中区、槐荫区、天桥区、历城区、长清区、章丘区、济阳区、莱芜区、钢城区、平阴县、商河县
青岛市	市南区、市北区、李沧区、城阳区、崂山区、黄岛区、即墨区、胶州市、平度市、莱西市
淄博市	张店区、淄川区、周村区、博山区、临淄区、桓台县、高青县、沂源县
枣庄市	薛城区、市中区、峄城区、山亭区、台儿庄区、滕州市
东营市	东营区、河口区、垦利区、广饶县、利津县
烟台市	莱山区、芝罘区、福山区、牟平区、蓬莱市①、龙口市、莱阳市、莱州市、招远市、栖霞市、海阳市、长岛县
潍坊市	奎文区、潍城区、寒亭区、坊子区、诸城市、青州市、寿光市、安丘市、昌邑市、高密市、临朐县、昌乐县
济宁市	任城区、兖州区、邹城市、曲阜市、嘉祥县、汶上县、梁山县、微山县、鱼台县、金乡县、泗水县
泰安市	泰山区、岱岳区、新泰市、肥城市、宁阳县、东平县
威海市	环翠区、文登区、荣成市、乳山市
日照市	东港区、岚山区、五莲县、莒县
滨州市	滨城区、沾化区、邹平市、惠民县、博兴县、阳信县、无棣县
临沂市	兰山区、河东区、罗庄区、兰陵县、郯城县、莒南县、沂水县、蒙阴县、平邑县、沂南县、临沭县、费县
德州市	德城区、陵城区、乐陵市、禹城市、临邑县、平原县、夏津县、武城县、庆云县、宁津县、齐河县
聊城市	东昌府区、茌平区、临清市、东阿县、高唐县、阳谷县、冠县、莘县
菏泽市	牡丹区、定陶区、曹县、单县、巨野县、成武县、郓城县、鄄城县、东明县

①2020 年 6 月撤销烟台市蓬莱市、长岛县，合并设立烟台市蓬莱区。本书 2020 年之前统计数据中使用蓬莱市。

暖温带大陆性季风气候的具体特征是：气候温和，光照充足，热量丰富，四季分明，雨量集中，雨热同期。山东省冬季一般始于 11 月上旬，内陆地区终于 3 月下旬，半岛地区终于 4 月中、下旬，整个冬季，由于受蒙古冷高压的影响，盛行气温低的偏北风，故寒冷干燥，晴朗少雨；夏季一般从5月下旬到6月上、中旬开始，到9月上、中旬结束，由于受大陆低气压和太平洋副热带高压的影响，夏季盛行由海向陆的东南季风，带来暖湿气流，并伴随着大量降水，6～8月份降水量在300～600mm，约占全年总降水量的60%～70%，雨热同期，有利于农业土地利用；春、秋两季时间较短，为两种气流的过渡转换期，春季地面升温快，昼夜温差大，雨量少，土壤干燥，风沙大；秋季晴朗少雨，冷暖适宜。

（1）日照和辐射

山东省的光能资源比较丰富，多年年平均日照时数为2300～2800h，日照百分率为50%～60%，高于相邻苏、皖二省10%左右。日照时数在境内的等量分布趋势与纬向一致，基本上呈东西走向。从德州到黄河三角洲至莱州湾沿岸，以及半岛中部和北部，年日照时数为2700～2800h，日照百分率为60%～65%，是全省高值区；鲁西南和东南沿海一带，日照时数少，大约在2300～2500h，为全省的低值区；其他各地介于上述两者之间。日照时数的季节分配，基本上5、6月最多，12月最少，这和山东地处北半球中纬度地区，夏季昼长夜短，冬季昼短夜长这一规律是一样的，可是由于受季风的影响，7、8月间正处夏季，但由于正值雨季，云雨天气增多，故日照时间减少，所以7、8月的日照时数明显少于5、6月。

山东省太阳辐射总量为481～544kJ/(cm^2·a)，这个数值高于我国江南各地，低于青藏高原和西北等地，其分布趋势与日照时数分布规律一致，从东南向西北逐渐增加。全省年平均辐射总量最高的是宁津和长岛，为543kJ/(cm^2·a)，最低的是胶南，为485kJ/(cm^2·a)。全年太阳辐射以5、6月份最高，为54～67kJ/(cm^2·a)，12月份最低，为22～26kJ/(cm^2·a)。

（2）热量

1）气温

气温是影响农作物生长发育的主要因素。山东省各地年平均气温一般在11.0～14.0℃，其特点是西部高于北部，西部高于东部，内陆高于沿海，平原高于山区。济南、枣庄等地年平均气温最高，可达14℃以上，黄河三角洲、胶东半岛年平均气温最低，多在2℃以下。

山东省气温季节变化显著，其特点是：冬季寒冷，夏季炎热，春季回暖迅速，秋季降温快。12月至翌年2月气温最低，全省平均为–1～4℃，极端最低气温为–11～20℃，等温线在沿海地区大致与海岸线平行，内陆地区基本与纬线一致，鲁中南山地受地形影响，气温较同纬度平原区低。受低温影响，省内大部分河流、湖泊出现冰冻，但冰层较薄，一般12月中旬封冻，翌年2月中旬解冻，3月气温开始回升，并逐日增高，4～7月气温上升迅速，此时气温由西向东递减，鲁西平原与半岛地区温差较大；全省大部分地区7月气温最高，平均为24～27℃，半岛东端受海洋调节，为24℃左右，最低至21℃以下，而鲁西南地区可保持在27℃以上，极端最高气温为36～43℃；8月全省各地气温一般为25～27℃之间，温差最小；9～11月气温由北向南递增，南北温差明显，此时沿海温度高于内陆1～1.5℃。

山东省气温年较差（一年中最热月与最冷月的平均气温差）明显受海陆分布的影响其特点是：沿海小于内陆。全省气温年较差为28～31℃，鲁东半岛东端和东南沿海最小，为 26～28℃，鲁北地区惠民、无棣等县气温年较差最大，达到 31℃左右。全省气温日较差（一日之内最高气温和最低气温之差）为 8～12℃，变化趋势是由东向西递增，沿海地区日较差小，内陆地区日较差大。

2）积温

日平均气温稳定通过 0℃的日期是土壤冻结或解冻的日期，也是农事活动的超终日期。气温≥0℃的初日，以鲁西南和鲁中南南部开始最早，在 2 月 18 日前后，其他地区由南而北，由西而东逐渐推迟，以鲁东半岛为最晚，在 3 月 5 日左右。气温≥0℃的终日以鲁中南山区北部为最早，在 11 月 30 日左右，其他地区多在 12 月 5 日至 12 月 10日之间。气温≥0℃的持续日数为农耕期，鲁北、鲁东半岛和博山、临朐、沂源一带在280 天以下，其他地区为 280～300 天。山东省日平均气温 20℃的积温大部分地区为4200～5000℃，其分布随着纬度和海拔的增加而递减，济南的积温最高达 5282℃，而地处半岛东端的成山头，只有 4137℃，二者相差 1145℃，山东南北与东西之间积温的巨大差异，是导致省内作物种类繁多、种植制度多样的重要原因之一。

日平均气温稳定通过 10℃的日期与喜温作物的物候发育相吻合，也是小麦等越冬作物积极生长的温度界线。山东省气温≥10℃的初日以鲁西南最早，在 4 月 3 日前后，其他地区由西向东逐渐推迟，以鲁东半岛东端最晚，在 4 月 20 日前后。气温≥10℃的终日以鲁北和莱阳、栖霞、沂源一带为最早，在 10 月 26 日前后，鲁中南山区南部和胶东半岛东端最晚，在 11 月 3 日前后。全省日平均气温≥10℃的天数在 200 天左右，≥10℃的稳定积温在 3600～4700℃。济南最高，达 4700℃以上，成山头最低，只有约 3592℃以下，总的分布趋势，由南向北，由内陆向沿海，由平原向山区逐渐减少。但是纬度对积温的影响要小于地形对积温的影响，而海洋的影响又显得特别明显。

3）无霜期

无霜期是指 1 年内终霜之后到初霜之前的一段时间。山东省各地无霜期一般为180～220 天，总的分布趋势，从内陆向沿海递增，但是由于山地起伏与河谷、盆地的影响，各地无霜期分布极不平衡，加上胶东半岛受海洋的调节，沿海和内陆的无霜期差异很大。鲁西、鲁南和鲁北广大平原地区，大多在 200 天以上；鲁中山区在 200 天以下，是全省无霜期较短的地区。东南沿海和半岛东部在 200 天以上，其中蓬莱、烟台、威海、石岛在 230 天以上，特别是成山头竟达 270 天以上，是全省无霜期最长的地方，而地处半岛中部的莱阳、莱西因受盆地地形的影响，无霜期只有 180 天，是全省最少的地区之一。

（3）降水和蒸发

山东省全年平均降水量为 550～950mm，多年平均降水量为 715mm。其分布特点是：沿海多于内陆，山区多于平原，南部多于北部，呈现自东南向西北递减的趋势。根据年降水量区域分布差异，全省大致分为三个区域：一是鲁东丘陵区，年平均降水量 650～800mm，多年平均值为 765mm，高于全省平均值，东南沿海区年降水量可达 800mm 左右；二是黄河以北平原区，年平均降水量在 550～650mm，低于全省平均值；三是鲁中南山地丘陵区和沭东丘陵区，本区内降水量差异明显，东南沿海和鲁南年平均降水量在900mm 左右，西北部年平均降水量在 700mm 左右。山东省降水量季节分配不均，夏季，

7~9月降水量占全年降水量的60%~70%，其他三季，冬季，12月至来年2月降水量最少，一般15~50mm，占全年降水量的4%左右；春季，3~5月，各地降水量在50~120mm，占全年降水量的13%~15%；秋季，9~11月降水量为100~200mm，占全年降水量的15%~20%。

降水量的多少对农业生产具有重要意义，但是作为作物水分供应主要来源的大气降水，其有效利用程度不仅取决于降水量的多少，还决定于蒸发量的大小。山东省大部分地区年平均蒸发量为1500~2400mm，大大高于年平均降水量。其分布规律是北部高于南部，内陆高于沿海。鲁西北平原和济南地区年平均蒸发量一般是年平均降水量的3倍，在2000mm以上，济南年均蒸发量高达2417mm，东南沿海空气湿度较大，但年平均蒸发量也在1800mm左右，高于年平均降水量的1倍多，这种状况标志着省境内水分资源不足，气候较为干燥。

（4）灾害性天气

山东省季风气候十分明显，易导致多种自然灾害的发生，如旱涝、霜冻、冰雹、大风和干热风等。

1）旱涝

旱涝是山东省主要自然灾害之一，其主要特点是春旱夏秋涝、晚秋又旱，并经常有多年连旱或多年连涝以及旱涝年际交替发生的情况。自1949年以来，平均每年旱涝成灾面积约占耕地面积的28%，其中旱灾占17%。春旱严重影响小麦的生长和春播，晚秋旱又影响小麦的播种。鲁西北平原、鲁中南山地丘陵区北部和中部旱灾最重。山东省大雨、暴雨多发生在每年的7月下旬至8月下旬，日降水量大于50mm的暴雨日数全省多年平均5天左右，各地暴雨强度一般平均在70~90mm，大部地区最大日降水量在100mm以上，个别地区可达200mm甚至300mm以上。大部地区暴雨中心分布在山东半岛东端、南部沿海、沂沭河中游平原、鲁中南山地丘陵区、东海沿海和南部。鲁西北平原、沂沭河谷地、胶莱平原、鲁中山区河谷低洼地，地势平坦，排水不畅，暴雨易造成涝灾。

2）霜冻

山东省霜冻一般发生在两个时期。一是，秋末冬初寒潮冬害，第一次多发生在霜降前后，10月中、下旬，大风降温，主要影响越冬作物的冬前生长；第二次多发生在11月中旬，气温一般降至-8~10℃，给越冬作物造成冻害。二是，春季晚霜冻害，群众称"倒春寒"，常发生在4月中旬，正值小麦开始拔节，严重影响小麦生长。从多年发生霜冻灾害资料分析，鲁中临朐至济南一带、泰沂山地北麓冻害发生次数较多，灾害比较重，其次是鲁西南和鲁东半岛中部。

3）冰雹

冰雹是一种局部的灾害性天气。山东省常年冰雹成灾面积约100万亩[①]，个别年份250万亩，成灾面积最大的1980年达1600万亩。冰雹的分布，一般山区多于平原，内陆多于沿海。本省降雹最多的地区为鲁中南山区、胶东半岛中部和鲁北地区，降雹大多出现在4~10月，最长持续时间60~90min。

---

① 1亩≈666.7m²。

4）大风和干热风

大风通常指 8 级以上的风。山东省各地全年大风日数相差较大，一般沿海多于内陆，平原多于山区。山东半岛，大风日数从东向西由 100 天左右减少到 20~30 天；鲁西北平原大风日数在 30~40 天。山东省主要有以下几种大风类型：夏季的雷雨大风常与暴雨同时发生，持续时间很短；夏季台风是本省最多发的一类大风，持续时间较长，风力大，危害较大，主要影响山东半岛和沿海地区；冬季偏北大风，影响地区较广，但风的强度小，危害性也较小。

春末夏初的干热风对作物影响范围广，强度大。干热风具有高温、低湿的特点，一般出现在 5、6 月份，为西南风向。干热风加剧了作物的蒸腾和土壤水分的蒸发，使小麦干尖、炸芒、植株枯黄，造成减产。全省各地都不同程度地受干热风的危害。以鲁西北平原和鲁中南山地丘陵区北部最严重，年平均干热风天数为 4~7 天；鲁中地区危害次之，山东半岛东部和东南沿海地区干热风日数少，危害较轻。

2. 水文

（1）河流

1）河流的一般特点

山东省河流由于受气候及流域下垫面等因素的影响，具有下列水文特征。

径流资源比较贫乏。山东省河川径流主要由大气降水补给形成，多年平均径流量为 275.4 亿 m³，人均占有径流量 370m³，分别为全国和世界人口占有径流量的 13.7%和 3.36%，按全省耕地面积 12001.5 万亩计算，平均每亩占有径流量为 229.5m³，为全国 1755m³ 的 13.1%，径流资源比较贫乏。

径流分布不均。地表径流的分布与降水的分布密切相关。山东省地表径流总的分布趋势是从鲁东南向西北递减。全省平均径流模数为 5.73L/s，沂河和沭河却高达 10.9L/s，鲁北平原河流仅为 3.25L/s。全省多年平均径流量折合面平均径流深 172.2mm，鲁中南山区、山东半岛东南崂山和昆嵛山区可达 300mm 以上，而鲁西北平原则只有 30~60mm。

2）主要河流

山东省境内河流分属黄河、海河、淮河三大水系，主要河流有黄河、徒骇河、马颊河、沂河、沭河、小清河、大汶河、泗河及鲁东丘陵区诸河流。

黄河：黄河是我国第二大河，全长 5464km，流域面积 75.24 万 km²。黄河流经黄土高原，汇入了许多含沙量极大的支流，而成为有名的多泥沙河。据统计，每年通过黄河从中上游带往下游的泥沙多达 16 亿 t，挟带大量泥沙的黄河水奔腾而下，进入地势平坦的下游地区，泥沙就大量沉积下来，使下游河床逐年提高，形成"地上悬河"，容易造成决口，发生水灾。

黄河由东明县的徐家堤进入山东境内，自西南向东北斜贯鲁西北平原，至东营市垦利区注入渤海。在山东省境内河段长为 632km，约占全河长的 1/9，黄河虽为我国第二大河，但径流量并不大，据黄河利津水文站资料，黄河多年平均径流量为 419 亿 m³，年际径流量、流量变化大，最大年径流量为 931.1 亿 m³，最小年径流量为 91.5 亿 m³；最大流量为 10400m³/s，最小流量为零。径流变化有明显的两个汛期和枯水期，3~4 月出现"桃汛"，5～6月为枯水期，并经常断流，7～9月为伏汛，11月至次年1月封冻进入枯水期，立春前后则出现"凌汛"。

黄河在历史上曾是著名的"害河"，解放后治黄工作取得了前所未有的成就。山东人民不仅战胜了洪水，而且积极引黄灌溉和引黄淤灌，已成为山东沿黄地区发展工农业生产的一大优势，每年引黄河水都超过100亿 m³，引黄灌区已成为重要的商品粮、棉基地。

徒骇河：徒骇河发源于河南省清丰县的永顺沟，由西南向东北流，在山东莘县入境，于沾化区①流入渤海，全长446.5km，流域面积为13136.6km²，其中在山东省流域面积为12592.1km²，由于流域内地势向北倾斜，故支流多由右岸注入干流，形成明显的不对称水系。徒骇河由于多年来人工疏浚开挖，具有人工渠道的某些特点，河道顺直少弯，宽度和深度变化较小。

马颊河：马颊河是鲁西北重要的排水河道之一，它是由人工挖掘形成的，形成于唐代，经宋、元、明、清几个朝代的疏浚开挖，逐渐演变成现代水系。马颊河发源于河南省濮阳县，流经河北省，于山东莘县入境，在无棣县注入渤海，全长448km，流域面积10638.4km²，其中在山东省境内长375km，流域面积为9037.2km²，其河道也具有人工开挖的明显特征。

沂河和沭河：沂河和沭河是鲁中南山地丘陵区以沂、鲁山地为中心向南流的河流，属淮河流域。沂河源于沂蒙山沂源县鲁山南麓，向东南流经南麻，至沂水折向南流，从郯城县吴家道口村流入江苏境内，在江苏灌河口入黄海，全长386km，流域面积11600km²，其中山东境内干流长287.5km，流域面积10772km²。沭河发源于沂水县沂山南麓，顺坡东南流，至青峰岭转向南，流至临沭县大官庄分成东南两支，东支为新沭河，经石梁河水库进入江苏省，从临洪口入黄海。南支叫老沭河，经郯城县老庄子入江苏省。沭河在山东境内干流长195km，流域面积588.8km²。沂、沭二河在上游流经山丘区，坡度较大，河谷呈"V"形，支流集中在中上游，沂河的支流偏于右岸；沭河的支流偏于左岸，均形成不对称的树枝状水系，地形切割显著。中下游流经平原，河道浅宽。沂河、沭河的年径流量分别为35.1亿 m³和14.4亿 m³。

小清河：小清河发源于济南市诸泉，泉水汇入小清河后向东流，至寿光县羊角沟注入渤海莱州湾，全长233km，流域面积10499km²，流域的西南部多为丘陵地区，西北部为广阔的冲积平原，支流多从右岸注入，主要支流有绣江河、孝妇河、淄河等。小清河河水补给除大气降水外，还有济南市泉水的补给，因此，小清河的水情变化较为稳定，径流量年内变化较小，济南板桥站夏季最大径流量占全年总量的28.8%，春季最小，仍可占20.5%，水位年平均较差，仅0.24m。小清河河道由人工开挖而成，河道平整，河谷呈槽形，富航运、灌溉之利，近年来由于济南泉水枯竭，泉水涌量减少，工业废水逐年增加，使小清河水污染比较严重。

（2）湖泊

山东省湖泊分布于鲁中南山地丘陵区的西侧及北侧山前倾斜平原与黄泛平原相接的低洼地带，在鲁西有东平湖-南四湖湖带，在小清河沿岸有白云湖-麻大湖湖带。

南四湖是南阳湖、独山湖、昭阳湖、微山湖四个串连湖泊的总称，因在济宁以南

---

① 2014年撤销沾化县，设立滨州市沾化区。

而得名。南四湖是山东最大的淡水湖，湖面狭长，南北长约 126km，东西宽 5～20km，总面积共有 1266km²。1960 年 10 月在昭阳湖腰建成二级坝枢纽工程，将全湖分为上下两级，上级湖湖面面积 602km²，下级湖湖面面积 664km²。南四湖汇集山东、江苏、河南、安徽四省 31700km² 流域面积的来水，主要入湖河流 26 条，一般年分蓄水 17.02 亿 m³，来水经湖泊调蓄后，经朝庄运河、伊家河、不牢河三个出口流出，属淮河水系。南四湖是山东省主要的淡水养殖区，湖滨地区，由于潜水位高，水分充足，是主要水稻产区。

东平湖位于东平、平阴、梁山三县交界处，湖区总面积 632km²，中间由二级湖坝将东平湖分为新老湖区，北部老湖区约 209km²，常年蓄水；南部新湖区 423km²，为备泄黄河特大洪水的分洪区，枯水年和一般平水年基本上为农田。东平湖主要入湖河流是大汶河，大汶河占整个东平湖流域面积的 95% 以上。大汶河在东平县注入东平湖经湖泊调蓄后流入黄河，因此大汶河和东平湖属黄河水系，新湖区微向南倾斜属淮河水系。东平湖湖盆浅宽，常年蓄水面积约 21 万亩，为山东第二大淡水湖，水浅且富营养物质，水温多年平均 14℃，一年中有 185 天水温超过 15℃，水质好，鱼类繁多，是山东省大有前途的淡水养殖基地。

小清河南岸潮带，主要有麻大湖、锦秋湖、青沙湖、芽庄湖及白云湖等。麻大湖位于桓台县东北部和博兴县西南部；锦秋湖在桓台境内。麻大湖东西长 12.5km，南北约 4km，湖区面积约 40km²；锦秋湖东西长 10km，南北宽 3.5～4km，湖区面积约 30km²。麻大、锦秋两湖处于鲁中南山地山前倾斜平原和黄河决口冲积扇的接合地带，主要入湖河流有发源于鲁中南山区的孝妇河、猪龙河及发源于山前平原的乌河，湖盆平浅，一般水深 0.15m，汛期湖水上涨，水深达 1m 左右。

（3）地下水

地下水存蓄于岩石土壤空隙中，根据含水层性质分为三种类型：一是储存于松散岩石中的孔隙水；二是存蓄于坚硬岩石中的裂隙水；三是埋藏在可溶性岩石缝隙中的岩溶水。山东省地下水补给以大气降水为主，其次是河流补给和灌溉回水补给。全省多年平均地下淡水补给总量为 168.3 亿 m³，多年平均地下水开采量为 134.6 亿 m³，近几年由于连续干旱，每年实际开采量只有大约 100 亿 m³。按水文地质条件的差异，分为鲁东、鲁中南、鲁西北三个水文地质区。

鲁东水文地质区：地下水主要为基岩裂隙水，水质好、矿化度低，但水量较少，少数含大理岩脉的地区，水量较丰；孔隙水主要分布于胶莱平原及沿海小型冲积平原，这些地区机井出水量较大，水质也较好。潜水运动多呈散流状态，潜水埋深由陆向海变小，约从 5m 至 1m，近几年由于大量开采地下水，水位普遍下降，埋深达 10m 左右，造成龙口、莱州市沿海海水入侵，使土地受到污染。

鲁中南水文地质区：以基岩裂隙水和岩溶地下水为主，山前冲、洪积平原及山间谷地平原为潜水主要分布区。泰鲁沂山地北侧平原，潜水埋深自南向北变浅，胶济铁路以南山前地带，潜水埋深>20m，至小清河一带，埋深减至 2～3m，潜水化学类型为重碳酸盐钙镁质水；鲁中南山地丘陵西侧的湖东冲积扇平原地带，潜水埋深自东向西变浅，由 6m 至 2m，水质好，矿化度 0.5g/L 左右，为重碳酸盐钙质水；临郯苍平原，潜水埋深北部约 3~5m，南部为 1~3m；鲁南一带，由于地表水与潜水水力联系活跃，水质与地表水相似，基本为重碳酸盐钙镁质水，矿化度 0.5~1.0g/L，其他如泰莱、新蒙、泗水–平邑谷地平原区，潜水埋深一般大于 5m，水质良好，属重碳酸盐钙质水。

鲁西北水文地质区：地下水丰富，埋藏较浅，埋深 1~4m，流向及坡降大体与地形一致。水质变化比较复杂，西部、南部水质较好，水量较丰富，东部、北部水质水量均较差。鲁西北水文地质区，66%的地区浅层地下水矿化度小于 2g/L，适于灌溉，属宜井地区；20%的地区地下水矿化度为 2~5g/L，经改造后，可用于农田灌溉或水浇条件作为抗旱用水；约占 14%的滨海地区地下水矿化度大于 5g/L，不适宜于农田灌溉。本区由于地势平坦，地下水水平运动缓慢，大气降水与强烈的蒸发是地下水的主要补排方式。

（二）地质

1. 大地构造

山东的大地构造，为华北断块的一部分，根据山东内部断块特征，在大地构造单元划分上，可划分为鲁西断块、鲁东断块和鲁北断块三个一级构造单元，这三个断块构造便构成了山东省主要山地、丘陵与平原三大地貌的构造基础。

（1）鲁西断块

东至郯庐断裂带，北以广齐断裂为界，形成"鲁西隆起"与"鲁西南断陷"。鲁西隆起又叫鲁中断隆，其界线北以聊考断裂带、西南以峄山断裂带、东以郯庐断裂带为界，构成鲁西断块的主体。鲁西南断陷区，西到聊考断裂带，东和北以峄山断裂带和汶泗断裂带为界，为鲁西断块的断陷区，但沉降幅度不大，基岩埋藏不深。郯庐断裂带是划分鲁西与鲁东两个断块之间的分界带，由于断裂带本身比较宽，其内部由四条大断裂块构成，在地层与岩性上与鲁西断块相似，故可放入鲁西断块中。郯庐断裂带在山东又叫沂沭断裂带，四条大断裂组成两条地堑凹陷，夹一条地垒凸起，但在地貌上的表现，全为丘陵和谷地，沂、沭、潍各河分别纵贯两条地堑凹陷，进行南北分流。

（2）鲁东断块

西到郯庐断裂带，南、北、东临黄、渤海，地理上成为山东半岛，区内主要构造方向为北东向。根据断块凸起与凹陷，该区分为胶北断隆、胶南断隆和胶莱断陷三个二级单元。胶东断隆为长期隆起区，以牙山、大泽山为代表；胶莱断陷为鲁东断块的中间凹陷区，系中生代断陷盆地，以莱阳、高密为代表；胶南断隆为鲁东断块南部隆起区，以崂山、昆嵛山为代表。

（3）鲁北断块

为华北平原南部一个区，南以聊考断裂带和广齐断裂带为界，北至省界、东临渤海。区内主要构造单元有济阳坳陷与临清坳陷，其次北部边缘为埕宁断隆，西部为东明断陷。济阳坳陷的边界，南以广齐断裂，北为埕南断裂，西有高唐凸起与长清断裂。断块内主要断裂走向为北东东向，多呈北断南超，如陈南断裂、埕南断裂。临清坳陷边界，南以聊考断裂，北为沧东断裂，东以长清断裂，西为临清坳陷。断块内主要断裂走向为北北东或北东向，多呈东断西超。

2. 岩石

岩石是地貌形成的物质基础，同一类型的地貌由于组成的岩石和产状不同，地貌形态、水、土、肥等农业生产的条件以及土地利用都有明显的差异，因此研究地貌的岩石组成，对于土地利用具有重要意义。根据山东省岩石特性和其影响土地利用的差异，将全省岩石归纳为三大类，即变质岩、岩浆岩和沉积岩中的砂砾岩，归纳为砂石山区；沉积岩中的石灰岩、页岩划为青石山区；新生代的松散沉积物组成平原和盆地区。砂石山如泰山、鲁山、沂山、蒙山、崂山等，岩石颗粒粗，物理风化强烈，地表多砂质土，土壤透气性强烈，透水性良好，结构疏松，易受侵蚀，故砂石山区水土流失严重，沟谷切割浅，分割强烈。砂石山地，土壤多为山地棕壤，质地粗，漏水漏肥，在土地利用上，主要为旱地，人工种植松、栎、刺槐等的林地及水果园。砂石山地岩石透水性差，地下水比较少，地表水较丰富。青石山地主要由石灰岩、白云岩组成，岩石组成颗粒细，为碳酸岩类岩石，易受化学风化，形成溶洞、溶沟、石芽等喀斯特地貌，岩石化学风化后，形成黏质土，土壤透水、透气性差，由于质地多偏细，降水较少，又深受母质影响，多褐土，质地黏重，人工植被多为耐旱的柏、枣、柿、核桃组成的林地。青石山地岩石透水性强烈，地表水往往下渗转成地下水，地表干旱缺水，地下水比较丰富；松散沉积物由于形成时代晚，大部分尚未胶结成坚硬的岩石，多分布在平原、谷地或低洼地区，地表比较平坦，土层较厚，土壤多潮土，质地细，地下水丰富，大部分为肥沃的土地，有利于耕作。

3. 矿产资源

山东省矿产资源丰富，种类齐全，目前已经发现和探明了数十种有工业价值的矿产资源，尤以石油、天然气、煤、金刚石、金、铝土、石墨等在国内占有重要地位，为山东省经济发展提供了坚实的物质基础。

（1）金属矿产资源

山东省金属矿有黑色金属、有色金属、贵重金属、轻金属、稀有金属和放射性金属等。其中金、银、铝土矿和稀有金属为本省优势矿产，不仅储量丰富，产量大，在省内外占有重要地位，且多以共生、伴生组分和含有稀有元素而提高了矿石的开采和综合利用价值。黑色金属矿产主要有铁、钛铁和金红石三种，其中铁分布广泛，资源较丰富，主要分布于淄博、莱芜、济南、枣庄等地；有色金属矿产主要有铜、铅锌、铝土、金、钴、铝、银等，其中金、铝土矿为大型矿床，储量丰富、产量高。金矿分布于招远、莱州、栖霞、海阳、平度、乳山、牟平、沂南等地。铝土矿主要分布在淄博、枣庄、章丘、宁阳、新泰等地。

（2）非金属矿资源

山东省非金属矿种类多、分布广，已探明和开采的有几十种，如金刚石、压电石英、磷、硼、云母、石棉、石墨、菱镁矿、重晶石、滑石、萤石、耐火黏土、蛭石以及花岗岩、大理岩等矿。

（3）可燃有机岩矿资源

作为能源原料的煤、石油、天然气、油页岩等可燃有机岩矿，山东省储量丰富，分布广泛。煤矿资源主要分布于淄博、临沂、济宁、潍坊、泰安、济南、菏泽、枣庄等地级市，煤的品种齐全，有气煤、肥煤、焦煤、瘦煤、天燃焦等。石油、天然气等主要分布在东营、德州、聊城、菏泽等地级市，归属胜利油田和中原油田山东部分，胜利油田是我国仅次于大庆油田的第二大油田。

（三）地形地貌

1. 地貌特征

山东省位于我国地势划分的第三大阶梯中，全省地貌由鲁中南山地、胶东丘陵和鲁西北平原三大部分组成。山地丘陵孤立于华北平原的东部边缘，除少数中山海拔超过千米外，大部分山地丘陵都在海拔500m左右，地势起伏较小，相对高度多数在200~350m之间，坡度大都在20°以下，岩石多裸露，土层较薄，山中谷地开阔，山间盆地和河谷平原面积较大，从几百平方公里至几千平方公里，这些地方往往是山东省农业发达地区。黄泛平原为华北大平原的一部分，地势平坦，土层深厚，一般在2~3m，平原中河道高地与河间洼地纵横交错，河网密布，地表排水不畅，局部盐碱涝洼。山东半岛，三面环海，海岸线长达3121km，除黄河三角洲和莱州湾沿岸为淤泥质海岸以外，大部分为岩石侵蚀淘岸，曲折，多港湾、岛屿，因此为发展海上运输和海洋渔业提供了优越的条件。综观山东省地貌有以下三大特征：

（1）地势中部高四周低，水系呈放射状

山东省地势以泰鲁沂山地为中心，向四周地势逐渐降低，泰山海拔1545m，为全省最高峰，与鲁山（海拔1108m）、沂山（海拔1032m）构成鲁中山地主体，其主脊为一条东西向的分水岭。它的北侧由海拔700~200m的低山丘陵逐渐过渡到海拔20余米的黄河冲积平原；南侧山地丘陵海拔从1000m以下降到100m，到沂沭平原为60m。鲁中山地西侧，由低山丘陵坡麓向西过渡到南四湖，湖西与黄河冲积平原相连，海拔由500~200m，下降到70~50m。山东半岛山地丘陵，海拔多在500~100m，少数低山如昆嵛山、艾山、牙山、大小珠山、五莲山等海拔高于500m，崂山最高达1133m。以上表明，山东省地势海拔高度不大，但局部相对高度较大，相差数百米至近千米。受地势支配，地貌水系由中心向四周呈辐射状，这种地貌和水系状况直接影响各地区的土地利用方式。

（2）山丘强烈切割，平原广阔坦荡

山东省山地丘陵切割强烈，沟谷众多，有"山东破碎丘陵"之称，断块山、断裂谷、断陷盆地是地貌构造基础，流水在断块构造的基础上进一步的冲蚀、切割和堆积，造成山东省山地丘陵切割密度较大，平均2.0~2.5km/km²，切割深度相对较小，大部分为50~100m，所以山地丘陵中多宽而浅的沟谷，谷底横断面呈宽浅槽型，河谷平原或盆地多呈条带状或三角形，由于谷地和平原的分割，山地丘陵相对高度较小，坡度缓，脉络不显。这些地貌特征，对于山地丘陵区土地利用提供了有利条件。首先山地丘陵区河谷平原和平原面积较大，如泰莱平原面积为1718km²，平邑-费县平原面积为2461km²，胶莱平原面积为5025.2km²，肥城盆地面积为784km²，诸城盆地面积为804km²，这些较大的平原和盆地，都是山东省农业生产基地，土地利用率较高。其次，山区沟谷开阔，河漫滩发育完好，成为农业生产、居民点建设的集中地，也为山区交通运输提供了便利条件。总之，山东丘陵起伏小，坡度和缓，尤其山东半岛的丘陵上，土地利用率很高，园地分布面积大，是山东省和全国著名的温带水果产地。山东省平原，除山区河谷平原外，黄泛平原面积很大，黄泛平原和黄河三角洲平原总面积达 49061.6km²，占全省总面积的1/3。黄泛平原地势平坦，土层深厚，地下水很浅，除局部涝洼盐碱地以外，大部分河道高地和河间坡地土质较好，地下水多为淡水，适宜灌溉，有利于土地的农业利用。

（3）半岛海岸曲折、多港湾

山东半岛伸入黄、渤海中，岸线长，港湾罗列，北起莱州湾，南至海州湾，半岛面积约 3.4 万 km²，为我国最大半岛。海岸地貌比较典型，黄河三角洲海岸滩涂与莱州湾、胶州湾淤泥质海滩，宽达 5km 以上，潮沟较多，有大型盐场和海产养殖场。沿海多港口，其中青岛港为我国第 5 大港口，石臼港是世界上十大煤炭专用港之一，另外有烟台、威海、蓬莱、龙口、石岛、黄岛、刘公岛、羊口等诸多港口。海边风景秀丽，冬暖夏凉，为良好的避暑游览胜地。半岛海岸地貌成为山东省地貌的一个特征，它对发展农业、渔业、盐业、滩涂养殖业、旅游业和海上交通运输等方面具有重要意义。

2. 地貌类型

山东省地貌类型主要有山地、丘陵、平原，以形态成因作为分类原则，可以划分为9 种地貌类型，即中山、低山、丘陵、台地、盆地、山间平原、黄河冲积扇、黄泛平原和黄河三角洲。

（1）山地

按海拔和相对高差分为中山和低山。山东省境内共有中山 6 座，分别为泰山、蒙山、崂山、鲁山、沂山和祖徕山，散布于鲁中南等地区。低山共 33 座，在鲁东有昆嵛山、牙山、艾山、大小珠山、大泽山、五莲山等，鲁中南有莲花山、玉皇山、岱崮、抱犊崮等。中低山面积约占全省面积的 11.33%。

（2）丘陵

山东省共有丘陵 58 座，总面积为 36845.39km²，占全省总面积的 24%。丘陵海拔在500m 以下，相对高差在 200m 以下。山东省丘陵多呈孤丘缓岭，脉络不显，沟谷分割强烈，形成破碎丘陵。丘陵分砂石丘陵（占 78%）和青石山岭（占 22%）。砂石山岭分布广，种类多，沟谷切割密度大，切割浅，地表起伏小，岩石风化严重。青石丘陵，沟谷切割密度小，切割深度大，岩石漏水强烈，且地下水埋藏深，地表缺水严重，是影响土地利用的不利因素。

（3）平原

按成因和分布特征分为黄泛平原、黄河冲积扇、黄河三角洲和山间、山前平原等。黄河冲积扇、黄泛平原和三角洲分布于鲁西和鲁北，是山东省平原的主体。山前倾斜平原主要分布于鲁中南山地丘陵区北、西侧和泰山南麓，由一系列山前洪积扇联袂而成。较大的山间平原也称河谷平原，穿插分布于鲁中南山地丘陵区和沂沭断裂带，以沂沭河谷平原、胶莱河谷平原和泰莱平原面积较大。

另外，山东省境内分布有小面积的盆地、台地，它们在山东地貌类型中占比例很小。

（四）土壤

1. 土壤分类

山东省地域辽阔，自然条件复杂，开发历史悠久，所形成的土壤种类很多。根据《全国第二次土壤普查土壤工作分类暂行方案》和《山东省第二次土壤普查土壤工作分类暂行方案》，山东省土壤分类系统共有 6 个土纲、9 个亚纲、15 个土类、37 个亚类、86 个土属、258 个土种。

2. 土壤分布

不同土壤类型在地球表面的组合分布规律是由环境条件决定的。山东省土壤的分布，既受暖温带大陆性季风气候的影响，又受地形及与之相应的水文地质条件的影响，另外，人类活动也影响着土壤的分布。

（1）土壤水平分布

山东省土壤水平分布总的规律是：自东向西随着气候、生物、地形、母质等因素的变化，依次分布的主要类型有棕壤、棕壤与褐土、潮土与盐碱土。大体而言，在胶莱河、沂沭河以东的湿润地区，土壤类型比较单一，以棕壤为主；在半湿润的鲁中南山地丘陵区，棕壤与褐土呈复区分布；鲁西北半干旱的平原地区，则广泛分布着石灰性潮土及盐碱土；山丘之间的平原洼地或交接洼地中，还分布着相当面积的砂姜黑土。

1）鲁东丘陵区土壤分布

鲁东丘陵区的低山丘陵中上部坡地，广泛分布着酸性粗骨土和酸性石质土，酸性棕壤仅分布于低山的茂密林下，在低山丘陵坡麓以上多分布棕壤性土，坡麓以下，除半岛北部山前有一定面积的洪积棕壤外，绝大多数低山丘陵没形成广阔的洪积扇；坡麓地带棕壤面积较小，向下延伸很短距离即与丘陵间平缓处的潮棕壤连接。本区潮棕壤与无石灰性河潮土毗连，多呈树枝状分布，在北部山前平原中下部有较大面积的潮棕壤分布，由于河流切割和水土流失，多出现酸性粗骨土或棕壤性土与潮棕壤或河潮土毗连。

鲁东丘陵区南部的临沭、莒南、日照等地的低丘和剥蚀平原上，集中分布着白浆化棕壤，在低丘坡麓之上与酸性粗骨土、棕壤相连或成复区分布，在较平缓的地方，白浆化棕壤则与潮棕壤或河潮土相接。

在本区北部蓬莱、龙口、莱州一带，从丘陵坡麓到山前平原，呈现棕壤性土–棕壤–潮棕壤–非石灰性滨海潮土的土壤组合，局部有褐土或石灰性褐土的零星分布。在靠近莱州湾一带，从石灰岩低丘到平原，有钙质粗骨土–石灰性褐土–褐土–潮褐土的土壤组合，间或有淋溶褐土的分布。

莱阳盆地土壤分布比较复杂，在盆地的丘陵坡麓主要分布粗骨土、棕壤、褐土，在盆地中部低洼处或河谷，分布潮褐土、潮棕壤、河潮土，盆地西北洼地分布砂姜黑土，南部五龙河滩地有草甸风沙土分布。

在胶莱平原，主要分布着非石灰性砂姜黑土，其间也有河潮土分布，从河谷平原腹地向两侧砂姜黑土与潮棕壤、棕壤相接，河谷平原的中南部低缓丘陵，分布有小面积的棕壤性土和棕壤。

鲁东丘陵区的沿海地带分布有滨海盐土，以莱州湾和胶州湾沿海面积较大。

2）鲁中南山地丘陵区土壤分布

鲁中南山地丘陵区土壤分布，除盐土和滨海盐土外，省内的各主要土壤类型均有分布，从土壤分布情况看，该区的北部、中部、南部各有不同的特点。

泰山、鲁山、沂山一线以北，泰、鲁、沂山中上部分布有酸骨土、酸性棕壤和山地草甸土；在泰、鲁、沂山北部丘陵坡地分布着钙质石质土、褐土性土，局部较高处林下有小面积淋溶褐土；自丘陵坡麓向下即为山前倾斜平原，向北延伸到小清河附近，土壤分布呈现出石灰性褐土–褐土和淋溶褐土复区–潮褐土–石灰性砂姜黑土–潮土的土壤组合。

鲁中南山地丘陵区中部，地带性土壤褐土与棕壤复区分布的特点十分明显。泰山南麓有山东省最大的山前洪积扇平原，自山麓至大汶河平原，形成棕壤–潮棕壤–砂姜黑土潮褐土–河潮土的土链分布。汶、泗河平原主要分布有潮褐土和河潮土，平原低注处分布有砂姜黑土。由于母质和复钙作用的影响，石灰性褐土和非石灰性褐土、石灰性河潮土和非石灰性河潮土呈无规律的组合分布。

在莲花山–孟良崮、蒙山等几条西北东南走向的片麻岩为主构成的中低山山坡地，酸性粗骨土分布面积较大，在林木生长良好的地方则零星分布着酸性棕壤，山体向下依次分布着酸性粗骨土、棕壤性土及棕壤。与酸性岩山体相间排列的石灰岩丘陵上部分布着钙质粗骨土和褐土性土，下部厚层堆积物上分布着褐土和石灰性褐土。相邻山系之间的谷地或盆地上出现棕壤、潮棕壤复区及非石灰性潮褐土或潮褐土、淋溶褐土复区。

鲁中南山地丘陵区的南部即泗河、祊河以南，在低山丘陵上酸性粗骨土与棕壤性土、棕壤性土与棕壤呈复区分布，山谷、山间盆地有潮棕壤分布；而在酸性岩低山丘陵区周围镶边分布的石灰岩丘陵上，则分布着钙质粗骨土与褐土性土，并间或有小面积褐土出现；在高阶地的厚层堆积物上分布着淋溶褐土，平（平邑）费（费县）谷地和枣庄南部的山前平原上则大面积分布着淋溶褐土、非石灰性潮褐土以及红黏土。

位于鲁中南山地丘陵区东南部的沂河、沭河中下游平原，主要土壤类型为非石灰性河潮土，平原中的临、郯、苍洼地上分布着大面积的砂姜黑土，而在平原四周的高阶地北部分布着棕壤、潮棕壤和白浆化棕壤，在南部则分布着非石灰性潮褐土和淋溶褐土。

3）鲁西北平原区土壤分布

鲁西北平原区土壤主要为黄河冲积母质发育的潮土和盐渍土。本区自西南至东北海拔由 68m 逐渐降至海平面，坡降在 1/4000 至 1/10000 间，土壤分布也呈现自西南至东北土壤质地由粗变细，即由砂土、砂壤土所占比例较大逐渐过渡到重壤、黏土所占比例较大，盐化潮土由以硫酸盐盐化为主过渡到氯化物盐化为主，盐化土和盐土面积逐渐增大，碱化土和碱土面积逐渐缩小。

鲁西北平原土壤分布与微地貌有着十分明显的规律性。在河滩高地和决口扇形地上，大面积分布着潮土、脱潮土和风沙土，质地较轻，多为砂土类和壤土类，风沙土多见半固定和固定草甸风沙土；在洼地则分布着湿潮土和潜育水稻土等；在高地和洼地之间的坡地上大面积分布着潮土和盐化潮土，在一个小的地貌组合单元中，潮土分布在坡地的上部而坡地的下部与洼地的交接地带则分布着盐化潮土；在黄河现代河漫滩和现代三角洲，分布着黄河冲积母质形成的冲积土。

（2）土壤的垂直分布

山东省山地丘陵区地势绝对高程不高，最高的泰山海拔只有 1545m，其他几座较高的中山也只有千米以上，其岩体都是花岗岩或酸性岩，因此，山地和垂直带都比较简单，一般以棕壤和酸性粗骨土为主。以泰山为例，从山麓到山顶，随着海拔的增加，年平均气温由 14℃ 降到 4.8℃，年降水量由 780mm 增加到 1112mm，相对湿度也由 65% 增加到 80% 左右，平均风速增加一倍，自然植被由落叶翻叶林过渡到针叶林，山顶部为山地草甸植被。泰山的土壤垂直分布是：在海拔 200m 以下的坡施为厚层堆积物或坡洪积物发育的棕壤，其下与潮棕壤相连；海拔 200～800m，分布着白浆化棕壤、棕壤性土、酸性粗骨土；800～1000m，分布酸性棕壤和酸性粗骨土；1000～1400m，分布山地暗棕壤和酸性粗骨土；1400m 以上，为山地灌丛草甸土。

山东省其他中山高度较低，相对高差较小，土壤的垂直分布带谱不明显，但由于山体所处地理位置不同，生物气候有一定的差异，致使纬度相同，而经度不同的中山坡地与泰山的土壤垂直分布相比，同一类型的土壤分布的高度范围有所差别。一般自鲁中向鲁东，山地土壤同一类型分布的高度逐渐降低。如位于东部的崂山，海拔 1133m，山顶部有小面积的山地草甸土，800m 以下酸性棕壤分布面积较大。与泰山相比，山地草甸土、酸性棕壤的分布下限都较低；基带土壤类型在鲁东地区为棕壤，在鲁中南地区，除棕壤外还有褐土。山东省山地丘陵区水土流失比较严重，在任何一个中低山土壤垂直分布带谱上，粗骨土、石质土都分布广泛。

3. 山东省主要土壤类型

山东省土壤共有 15 个土类，其中以棕壤、褐土、潮土、砂姜黑土、粗骨土面积较大。

（1）棕壤

棕壤过去也叫棕色森林土，在《中国土壤》土壤分类系统中属湿暖温淋溶土亚纲，淋溶土纲，分为潮棕壤、棕壤、白浆化棕壤、棕壤性土和酸性棕壤 5 个亚类及 12 个土属、40 个土种。

山东省是我国棕壤的集中分布区之一，全省棕壤面积 2666.06 万亩，占土壤总面积的 14.06%。

棕壤是山东省重要的农业土壤和林业土壤，具有很高的经济价值，棕壤分布区的平原农田，大多是省内粮食亩产领先的高产稳产田，山地丘陵则是省内花生和水果的主要产地，林地所占比重比较大。

（2）褐土

褐土，又称褐色森林土，与棕壤一样是山东省内第二大地带性土壤。在土壤分类上属半湿暖温半淋溶土亚纲，半淋溶土纲，分为褐土、石灰性褐土、淋溶褐土、潮褐土、褐土性土 5 个亚类、17 个土属、63 个土种。

山东省褐土分布面积较大，约 2662.63 万亩，占全省土壤总面积的 14.04%。

山东省褐土开发历史悠久，主要为耕地和林地，平原区耕地是山东省粮食高产稳产区，并有小面积的"吨粮田"，山地丘陵区褐土以耕地为主，其次是林地、园地，但耕地多为中低产田。

（3）潮土

潮土是发育在河流沉积物上，受地下水影响，并经长期旱耕熟化而成的一类土壤。在土壤分类系统中属淡半水成土亚纲、半水成土纲，分为潮土、脱潮土、湿潮土、盐化潮土、碱化潮土5个亚类、18个土属、78个土种。

潮土是山东省面积最大的土类，面积约6998.71万亩，占全省土壤总面积的38.53%。

（4）砂姜黑土

砂姜黑土在土壤分类中属暗半水成土亚纲、半水成土纲，分为砂姜黑土和石灰性砂姜黑土2个亚类、4个土属、15个土种。

山东省砂姜黑土面积为804.96万亩，占全省土壤总面积的4.43%，其中砂姜黑土亚类为574.65万亩，石灰性砂姜黑土亚类面积为230.31万亩，分别占砂浆黑土类面积的71.39%和28.61%。

砂姜黑土的利用主要以耕地为主，但由于砂姜黑土易涝、易旱、土壤物理性状不良，有效养分含量低，所以有相当大面积为中低产耕地。

另外，粗骨土广泛分布于鲁中南山地丘陵区和鲁东丘陵区，面积达3596.53万亩，占全省土壤总面积的19.80%；盐渍土，即盐土、滨海盐土、碱土以及各种盐化、碱化土壤的总称，广泛分布于鲁西北平原区；由于人为活动影响而形成的水稻土，面积为215.56万亩，集中分布在南四湖滨湖平原和沂沭河谷平原以及其他平洼地区，也是山东省主要农用土壤。

（五）植被

山东省植被组成种类比较丰富，据初步统计，区系植物中维管束植物，全省范围内约有3400种，分属196科，其中裸子植物10科90余种，被子植物164科3100余种，全国10科裸子植物山东省都有，被子植物科数占全国同类总科数的68.5%，被子植物的主要科中，以菊科、禾本科、豆科、蔷薇科、百合科、伞形科、十字花科、毛茛科为多，特别是以前4个科为主，充分反映了温带植物区系的特点。

1. 植被分布

山东省的原始植被属暖温带落叶阔叶林，但久经垦殖的山东大地，原始植被早已荡然无存，所见几乎全为次生植被。就植被分布现状来看，山地丘陵区分布着不少温性针叶林，而地带性植被——落叶阔叶林已无大面积分布，只是在个别较好的山丘谷地中，尚能见到小片的次生落叶杂木林，种类多为中生与旱生的栎类，其他大都是人工林和萌芽林。全省林地面积为2605345.40hm^2（2019年山东省"三调"数据），占全省土地总面积的16.52%。除林地外，全省还有大面积的草地、灌丛与灌草丛，中低山顶还有小面积的山地草甸植被，草原草甸、沼泽草甸、沙生植被、盐生植被和滨海滩涂草甸植被广泛分布在平原、滨湖、河滩、滨海等适生的环境中。除自然植被外，山东省大面积为农田植被。

由于经度和纬度的变化而引起水、热条件的差异，即水、热条件由东南向西北递减，这样也导致山东植被的有规律分布。总的来看，山东东部和东南沿海山地丘陵森林植被茂密，组成种类也复杂，还有不少热带、亚热带成分；鲁西北平原不仅森林少，而且种类贫乏，多为人工种植的次生林。

2. 山东省主要植被类型

山东省植被可以划分为针叶林、落叶阔叶林、灌丛、灌草丛、草甸、沼泽、沙生植被、盐生植被、水生植被、农田植被等。

（1）针叶林

针叶林是山东省森林植被中面积最大的林型，主要由温性针叶树种构成，如油松林、赤松林、黑松林和侧柏及近年来人工栽植引进的日本落叶松与华山松。

赤松林：赤松林属温性常绿针叶树种，主要分布在鲁东地区和鲁中南山地丘陵区的非石灰岩低山丘陵上，在山地垂直带上多分布于海拔700m以下。赤松林一般多为纯林；与其天然混交的树木有麻栎、栓皮栎、槲树、黄连木、山合欢等；在人工林中主要混交树种为刺槐、黑松、油松、麻栎、栓皮栎和落叶松等。林下灌木、草本植被种类较丰富。灌木优势种为花木蓝、胡枝子、绣线菊等，土壤条件较差的则为兴安胡枝子、酸枣、荆条为主；草本中以黄背草、野古草、白羊草、欧百里香、结缕草等为主。

油松林：油松林是温性针叶树中除侧柏外分布最广的树种，主要分布在鲁中南海拔700m以上的较高山地上，林相郁闭，群落内种类比较丰富，林下灌木主要有胡枝子、绣线菊、连翘等；草本植物主要有羊胡子草、地榆、蒿草、黄背草等。

黑松林：黑松原产日本。20世纪初引入山东，喜温暖湿润的海洋性气候，主要栽植在鲁东丘陵区的沿海沙滩和鲁中南低山丘陵区，垂直分布最高达海拔760m左右。林下灌木主要为胡枝子、花木蓝、郁李等；草本植物有霞草、隐子草、唐松草、欧百里香等。

日本落叶松：日本落叶松同为20世纪初引入山东，由于它生长快、成才率高，所以引种面积逐步扩大。它主要栽植在鲁东丘陵和鲁中南山地丘陵区的棕壤和酸性粗骨土上，垂直分布在海拔400~850m，由于引种区降水量、大气温度、土壤条件较好，林下灌木草被发育良好，灌木主要有白檀、郁李、三桠乌药、迎红杜鹃、忍冬等，草本植物主要有野古草、地榆、玉竹、桔梗、紫菀等，喜温杂草类明显增加。

侧柏林：侧柏林主要分布在鲁中南山地丘陵区石灰岩风化物发育的土壤上，棕壤和酸性粗骨土上也有少量分布，其分布高度一般在700m以下。侧柏耐旱、耐贫瘠，适应性强，能在干旱瘠薄的土壤上生长，但生长缓慢，除保护较好的外，一般多呈疏林，群落结构较简单，林木灌木、草被稀疏，主要有酸枣、荆条、胡枝子、绣线菊等，草本植物主要有黄背草、隐子草、狗尾草、白羊草等耐寒耐旱种类。

（2）落叶阔叶林

落叶阔叶林是山东省地带性植被类型，构成群落的乔木全部是落叶的阳性阔叶树种，具有对冬季寒冷气候的适应性。落叶阔叶林在山东全省都有分布，在山地丘陵区为栎林、刺槐林及落叶阔叶杂木林，平原区则主要是由杨柳科植物、泡桐、刺槐、榆科植物等构成的人工林。

栎林：由栎属各种构成的栎林生长在鲁中南山地丘陵区和鲁东丘陵区的棕壤和酸性粗骨土上，主要有麻栎林和栓皮栎林，还有栎属各种混生的栎林。麻栎纯林很少，通常与其他栎类或各种松林混交，垂直分布于海拔1100m，林下灌木，土层深厚肥沃处以照山白、三桠乌药、锦带花、连翘等为主；土层较瘠薄干燥处，以荆条、胡枝子、酸枣等为主。林下草本植物常见禾本科、菊科、豆科、蔷薇科等种类。栓皮栎林适应性较强，比其他栎类更耐旱，因此在山东省分布很广，一般分布在鲁东及鲁中南山地丘陵海拔300～700m，大多混生于麻栎林中，很少有连续成片的栓皮栎。林下灌木主要有木兰、胡枝子等，草本主要有黄背草、隐子草、羊胡子草、地榆等。

刺槐林：刺槐是山东省阔叶林中造林面积最大、木材蓄积量最多的一个树种，它自18世纪末引入青岛后，由于适应性强，因而在各种地形和各种土壤上均有栽种。刺槐林外貌比较整齐，山地刺槐林中常混有少量的山合欢、臭椿；平原刺槐林则有加杨、旱柳、白榆混生。刺槐林下灌木、草本较少，山丘刺槐林下灌木以达乌里胡枝子和多花胡枝子为主，平原刺槐林下主要有人工栽植的紫穗槐；草本植物以禾本科及菊科占优势。

杨柳林：杨柳科植物通常要求水分条件较好的生态环境，杨柳林在山丘与平原均有分布，一般平原区较多。山丘区的山麓、沟旁的杨林，常以毛白杨占多数；加杨林主要构成平原区的农田林网和行道树；各种杂交杨是平原绿化、速生丰产林及农田林网的主要树种。旱柳为乡土树种，适应性较强，全省各地均有分布，但多为散生，片林常见于河漫滩及村庄附近。

另外，还有落叶阔叶杂木林，建群优势种不明显，棕壤上一般以木榆、花楸、辽东桂为主的杂木林；而褐土上则分布着以榆科、黄连木、黄栌为主的杂木林。在鲁西北平原区泡桐以桐粮间作的形式大面积栽植。

（3）灌丛

灌丛是以灌木占优势组成的植物群落。山东省境内灌丛是中生落叶灌木组成的落叶阔叶植物群落，在山丘和平原均有分布，多数为森林遭受严重破坏后形成的相对稳定的次生植被。山地灌丛主要分布在山丘区海拔较高处，种类有胡枝子灌丛、绣线菊灌丛、白檀灌丛、黄栌灌丛等；平原灌丛主要为柽柳灌丛、紫穗槐灌丛、杞柳灌丛，其中以柽柳林面积最大，渤海沿岸平原地区柽柳林占全省灌木林面积的85%以上。

（4）灌草丛

灌草丛是山东省境内广泛分布的一类植被类型，指以中生或旱中生多年生禾本科植物为主要建群种并散生落叶灌木的植物群落，它广泛分布于山地丘陵，它的出现与森林植被的破坏有关。灌草丛中偶有灌木，主要种类为荆条和酸枣，草本植物占优势，在土层较厚的地方以黄背草、野古草居多；在土层较薄的地方则以白羊草、结缕草居多，常伴有芩草、狗尾草、百里香、芨芨草等。

（5）农田植被

山东省农田植被的特点是：耕作面积大，复种指数高，农作物品种多，普遍实行一年两作或二年三作。全省耕地面积2019年达6461867.80hm^2，占土地总面积的40.96%，在耕地中，粮食作物面积所占比重接近70%。农田植被分布的现状是：小麦、玉米在全省各地绝大多数耕地中均有种植，在灌溉条件较好的地区都实行了小麦-玉米一年二作；

棉花主要分布在鲁西北平原和鲁中南山地丘陵区的低洼地区；花生、甘薯主要种植在鲁东丘陵和鲁中南山地丘陵的旱地上；在南四湖滨湖洼地和河谷平原、交接洼地等水源充足的地方种植水稻；在鲁西北平原，近几年的粮林间作面积有较大扩展，鲁西平原多桐粮间作，鲁北多枣粮间作。

另外，山东省各地还分布着较小面积的草甸植被、盐生植被、沼泽植被和沙生植被等。

三、社会经济条件

（一）经济发展水平

2019 年，山东省经济发展形势良好，全省生产总值（GDP）初步核算数为 71067.5 亿元，按可比价格计算，比上年增长 5.5%（见图 1-2）。其中，第一产业增加值 5116.4 亿元，增长 1.1%；第二产业增加值 28310.9 亿元，增长 2.6%；第三产业增加值 37640.2 亿元，增长 8.7%。产业结构由上年的 7.4∶41.3∶51.3 调整为 7.2∶39.8∶53.0。人均生产总值 70653 元，增长 5.2%，按年均汇率折算为 10242 美元。

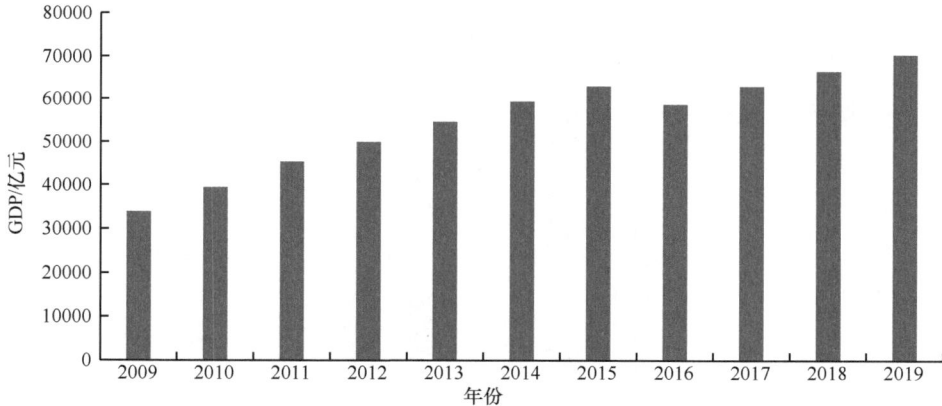

图 1-2　2009～2019 年山东省地区生产总值

投资结构持续优化。2019 年全省固定资产投资（不含农户）比上年下降 8.4%。三次产业投资构成为 1.7∶30.1∶68.2，服务业投资比重比上年提高 9.4 个百分点（见图 1-3）。国有投资增长 8.4%，占全部投资的 24.5%。重点领域中，高新技术产业投资占工业投资的比重为 38.7%，比上年提高 4.9 个百分点。基础设施投资增长 3.9%，其中，交通运输仓储和邮政业投资增长 32.8%，航空、道路和铁路运输业投资分别增长 63.9%、40.5%和 27.9%。

财政支出保障有力，金融市场健康运行。2019 年全省地方一般公共预算收入 6526.6 亿元，比上年增长 0.6%。其中，税收收入 4849.2 亿元，下降 1.0%，占一般公共预算收入的比重为 74.3%。地方一般公共预算支出 10736.8 亿元，增长 6.3%。其中民生支出占一般公共预算支出的比重为 79%。信贷规模持续扩大，年末金融机构本外币存款余额 104738.9 亿元，比年初增加 8271.1 亿元。年末金融机构本外币贷款余额 86325.6 亿元，比年初增加 8149.4 亿元。其中，涉农贷款余额 26980.4 亿元，增加 972.4 亿元；县域贷款余额 22647.9 亿元，增加 1820.1 亿元；小微企业贷款余额 16174.6 亿元，增加 889.8 亿元。

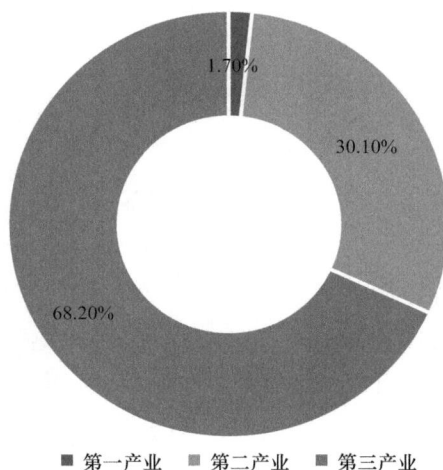

1.70%
30.10%
68.20%

■ 第一产业　■ 第二产业　■ 第三产业

图 1-3　2019 年山东省三次产业投资构成比

消费市场复苏加快。2019 年全省社会消费品零售总额 35770.6 亿元，比上年增长 6.4%（见图 1-4）。其中，餐饮收入 4128.9 亿元，增长 9.7%；商品零售 31641.7 亿元，增长 6.0%。城镇零售额 28386.7 亿元，增长 6.2%；乡村零售额 7383.9 亿元，增长 7.2%。

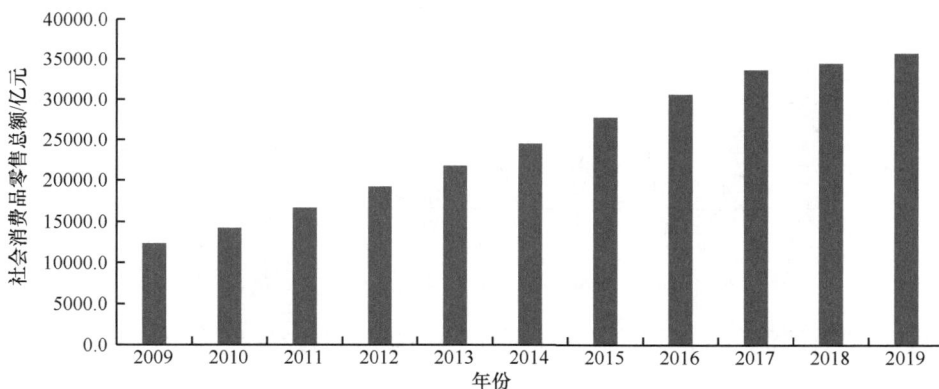

图 1-4　2009～2019 年山东省社会消费品零售总额

（二）基础设施建设

基础设施建设全面提速。2019 年，全省高速铁路建设全面提速，开工建设 4 条高铁，鲁南高铁日照至曲阜段建成通车，高铁通车里程达到 1987km，省内高铁成环运行。公路通车里程 28.0 万 km，比上年增加 4683km。其中，高速公路通车里程 6447km，增加 389km，开工建设 5 条，建成通车 9 条，实现"县县"通高速。新增油气长输管道里程 1066.8km。黄水东调二期工程、峡山水库胶东调蓄省级战略水源地工程和引黄济青改扩建主体工程建成通水，胶东地区引黄调水工程通过竣工验收，南水北调工程尾工全部完成。沿海港口生产型泊位 596 个，其中万吨级以上深水泊位 326 个。新能源和可再生能源发电装机总容量 3374.3 万 kW，占电力总装机容量的 24.0%，比上年提高 1.1 个百分点。省外电力总调入 934.1 亿 kW·h，增长 33.7%。海阳核电一期、山东-河北特高压交流环网等重大能源工程建成投运。

城市建设日趋完善。城市建设投资 1502.8 亿元，比上年增长 4.8%。累计建成城市地下综合管廊 735.1km，新增 104.3km；累计建成海绵城市面积 1325.2km^2，新增 366.4km^2。改造合流制管网 757.6km，设区城市黑臭水体治理全部完成。累计建成运行城市污水处理厂 319 座，垃圾无害化处理厂（场）127 座；新增城市污水处理能力 65 万 t/d，新增垃圾无害化处理能力 1.32 万 t/d。新增城市（县城）清洁取暖面积 9774 万 m^2。

（三）城镇化与人民生活

2019 年，全省常住人口平稳增长（见表 1-2）。全年出生人口 118.39 万人，出生率 11.77‰；死亡人口 75.44 万人，死亡率 7.50‰；自然增长率 4.27‰。年末常住人口 10070.21 万人。其中，0～14 岁人口占总人口的 18.06%，15～64 岁人口占 66.17%，65 岁及以上人口占 15.77%。常住人口城镇化率为 61.51%，比上年末提高 0.33 个百分点。

表 1-2　2019 年山东省各市人口 （单位：万人）

行政区名称	总人口	按城镇、农村分	
		城镇人口	农村人口
山东省	10070.21	6194.19	3876.02
济南市	890.87	634.39	256.48
青岛市	949.98	704.13	245.85
淄博市	469.68	338.36	131.32
枣庄市	393.3	232.83	160.47
东营市	217.97	150.93	67.04
烟台市	713.8	466.97	246.83
潍坊市	935.15	581.48	353.67
济宁市	835.6	498.78	336.82
泰安市	563.5	349.44	214.06
威海市	283.6	194.89	88.71
日照市	294.9	179.89	115.01
临沂市	1066.71	562.69	504.02
德州市	574.85	304.84	270.01
聊城市	609.83	321.5	288.33
滨州市	392.3	228.45	163.85
菏泽市	878.17	444.62	433.55

居民生活质量持续提高，2019 年全省居民人均可支配收入 31597 元，比上年增长 8.2%；人均消费支出 20427 元，增长 8.8%（见表 1-3）。其中，城镇居民人均可支配收入 42329 元，增长 7.0%；人均消费支出 26731 元，增长 7.8%。农村居民人均可支配收入 17775 元，增长 9.1%；人均消费支出 12309 元，增长 9.2%。全省居民人均现住房建

筑面积 39.9m^2，其中城镇居民、农村居民分别为 37.1m^2 和 43.5m^2。

表 1-3 2019 年山东省居民人均可支配收入及增长速度

指标	全省居民		城镇居民		农村居民	
	绝对量/元	比上年增长/%	绝对量/元	比上年增长/%	绝对量/元	比上年增长/%
人均可支配收入	31597	8.2	42329	7.0	17775	9.1
工资性收入	18111	7.7	26611	6.3	7165	9.4
经营净收入	6813	8.1	6046	8.3	7799	8.4
财产净收入	2212	8.2	3575	7.1	456	6.4
转移净收入	4461	10.2	6097	9.1	2355	10.8

教育事业蒸蒸日上。新建改扩建幼儿园 5537 所，新增学位 59.7 万个。新补充中小学教师 3.5 万人、公办幼儿园教师 1.0 万人。实施中国特色高水平高职学校和专业（群）创建计划，15 所高职院校入选。新设立山东第一医科大学、尼山世界儒学中心，筹建康复大学。ESI 综合排名上榜高校达到 21 所，其中 6 所高校进入内地高校综合排名前 100 位。

文化事业繁荣兴盛。年末广播人口、电视人口综合覆盖率分别为 99.13% 和 99.10%。城市影院 575 家，票房 28.8 亿元。公有制艺术表演团体 105 个，艺术表演场馆 93 个，博物馆 575 个，公共图书馆 154 个，群众艺术馆和文化馆 157 个，美术馆 55 个，文化站 1819 个。出版各类图书 17130 种，报纸 84 种，期刊、杂志 264 种。国家级、省级文化产业示范园区（基地）分别为 17 个和 171 个。国家级、省级非遗代表性项目分别为 173 项和 751 项。国家、省级重点文物保护单位分别为 226 处和 1711 处。

卫生服务水平持续提升。年末医疗卫生机构 8.4 万所。其中，医院 2615 所，比上年末增加 36 所；基层医疗卫生机构 8.0 万所，增加 0.2 万所。社区卫生服务中心及乡镇卫生院中医药综合服务区设置率分别为 91.0% 和 93.9%。人均基本公共卫生服务经费补助标准由 55 元提高至 69 元。组建家庭医生服务团队 3.0 万个，签约居民 3710.4 万人。

（四）港口

山东的港口发展优势得天独厚。山东北濒渤海，东临黄海，居东北亚海上交通之要冲。绵延 3345 多千米的大陆海岸线，占全国的 1/6；拥有丰富的港口资源和良好的建港条件，可建深水泊位的天然良港居全国第二。近年，山东省迅速掀起新一轮港口发展的热潮，初步形成了以青岛港、日照港和烟台港为主枢纽港，龙口港、威海港为地区性重要港口，潍坊、蓬莱、莱州等中小港口为补充的现代化港口群。2019 年全省沿海港口货物吞吐量实现 16.1 亿 t、集装箱吞吐量 3100 万标箱，吞吐量总量居全国沿海省份第二位。在 2019 年 1 至 10 月份，依托一体化改革优势，山东省港口集团在全国港口行业中异军突起、逆势上升，完成货物吞吐量 11.9 亿 t，同比增长 7.7%，其中外贸吞吐量 7.4 亿 t，集装箱吞吐量 2577 万标箱，吞吐量增速比全国沿海港口平均增速高 4.8 个百分点。

第三节 山东省第三次国土调查

一、主要任务与技术路线

（一）主要任务

第三次国土调查主要任务包括：在全省第二次土地调查成果基础上，按照国家统一标准和省级调查要求，采用《第三次全国国土调查工作分类》，利用遥感、测绘、地理信息、互联网等技术，统筹利用现有资料，以正射影像图为基础，查清全省各类土地的地类、面积和权属状况，全面掌握全省湿地、耕地、园地、林地、草地、商服、工矿仓储、住宅、公共管理与公共服务、交通运输、水域及水利设施用地等地类分布及利用状况；开展耕地细化调查、批准未建设的建设用地调查、耕地质量等级调查评价和耕地资源质量分类等专项调查与评价；建立互联共享的覆盖省、市、县（市、区）三级的集影像、地类、范围、面积和权属为一体的国土调查数据库，完善各级互联共享的网络化管理系统；健全土地资源变化信息的调查、统计，依托国家全天候、全覆盖遥感监测，创新国土调查快速更新机制。具体任务如下。

1. 土地利用现状调查

土地利用现状调查包括农村土地利用现状调查和城市、建制镇、村庄（以下简称城镇村庄）内部土地利用现状调查。

农村土地利用现状调查。按照统一的国土调查技术标准，以国家提供的调查底图为基础，实地调查每块图斑的地类、位置、范围、面积等利用状况，查清全省耕地、园地、林地等农用地的数量、分布及质量状况。

城镇村庄内部土地利用现状调查。充分利用城镇地籍调查和不动产登记成果，结合城市规划与基础测绘正射影像资料，参考地理省情监测数据，对城市、建制镇、村庄内的土地利用现状开展细化调查，查清城镇村庄内部商服、工业、仓储、住宅、公共管理与公共服务和特殊用地等地类的土地利用状况。

2. 海岛调查

对照国务院标准的《中国海域海岛标准名录》开展海岛调查与统计，补充调查海岛数量与地类面积。海岛范围调查至零米等深线。有常住居民的海岛，应实地调查。其他海岛，调查底图覆盖到的，调绘至底图上；调查底图覆盖不到的，依据相关资料确定其位置（经纬度），仅对海岛的名称（无名称的可编号）、地类和面积等进行统计汇总。

3. 土地权属调查

结合国家农村集体资产清产核资工作，将城镇国有建设用地范围外已完成的集体土地所有权确权登记和国有土地使用权登记成果落实在国土调查成果中，对发生变化的开展补充调查。以农村集体土地确权登记发证成果为基础，进一步摸清土地权属争议状况，建立专题土地权属争议管理图层。

4. 专项用地调查与评价

耕地细化调查、批准未建设的建设用地调查、永久基本农田调查、耕地质量等级调查评价和耕地质量分类四个专项为国家专项调查；开发区内土地利用调查、城市开发边界及生态保护红线内土地利用调查、自然保护区内土地利用调查、耕地后备资源调查成果更新、采煤塌陷地调查成果更新为省级专项调查。

（1）耕地细化调查

参考"二调"不稳定耕地调查成果，结合水利、林业等相关部门资料，根据耕地的位置和立地条件，对河流、湖泊常水位线以上、洪水位以下的耕地，标注河道耕地、湖区耕地；对林区范围内林场职工自行开垦的耕地标注为林区耕地；对受荒漠化沙化影响的退化耕地标注为沙荒耕地；对受石漠化影响的耕地标注为石漠化耕地。

（2）批准未建设的建设用地调查

依据国家统一制作的批准未建设的建设用地图层，各市组织查缺补漏予以完善，将最终形成的批准未建设的建设用地界线落实在国土调查成果中。为保障节约集约示范省创建工作，细化查清批准用地范围内批而未供、供而未用土地利用的实际状况，为持续开展批后监管，促进土地节约集约利用提供基础。

（3）基本农田划定成果更新

结合全省永久基本农田划定工作，将 2017 年永久基本农田补划成果落实到第三次国土调查成果中，查清永久基本农田范围内土地的地类、分布、面积等实际利用状况，并开展永久基本农田土地利用情况汇总。

（4）耕地质量等级调查评价和耕地资源质量分类

耕地质量等级调查评价。健全耕地质量等级评价指标体系，以县为单位开展耕地质量等级评价，开展耕地质量调查、样品采集与监测，建立县域耕地质量评价数据库，汇总分析全省耕地质量等级成果。

耕地资源质量分类。立足自然资源管理职责定位，紧扣耕地资源自然特征，充分利用自然资源部和相关部门已有的基础数据，采取分类分级的思路，开展耕地资源质量分类工作。从自然地理格局、地形条件、土壤条件、生态环境条件、作物熟制和耕地利用现状六个层面，构建分类指标体系，以"三调"耕地图斑为分类单元，建立基础数据库并进行分类统计，汇总形成不同耕地资源条件及其组合的耕地面积与分布成果，为耕地数量、质量、生态"三位一体"保护与管理提供支撑。

（5）开发区内土地利用调查

依据国务院或省级人民政府关于开发区设立的批复文件，将国家级、省级开发区边界落实至国土调查数据库中，掌握开发区审批范围和管辖范围，查清范围内土地的利用类型、分布、面积等状况，建立开发区专项调查数据库。

（6）城镇开发边界及生态保护红线内土地利用调查

在第三次国土调查基础上，依据城镇开发边界和生态红线划定成果等资料，将城市开发边界及生态保护红线界线落实到土地利用现状调查成果上，掌握城市开发边界及生态保护红线内土地的利用类型、分布、面积等状况。

（7）自然保护区内土地利用调查

以环保、林业、国土等部门资料为基础，开展省级以上（含省级）自然保护区范围调查。查清全省范围内自然保护区的土地利用现状和权属状况，提升国土资源管理对生态文明建设的基础支撑作用。

（8）耕地后备资源调查成果更新

以最新的耕地后备资源调查评价成果为基础，结合土地开发整治、各类保护区划定、生态保护及建设占用等情况，更新耕地后备资源调查评价图层，全面查清可开垦土地、可复垦采矿用地等耕地后备资源的面积、类型、权属和分布情况。对土层厚度 60 cm 以上的纳入国家级耕地后备资源调查成果，土层厚度在 30～60 cm 的列为省级耕地后备资源成果并单独标注。

（9）采煤塌陷地调查成果更新

以全省 2014 年采煤塌陷地专项调查评价成果为基础，结合土地复垦、土地整治、耕地保护、土地征收、近期塌陷等情况，形成最新的采煤塌陷地调查成果，将其范围落实至国土调查数据库中，查清范围内土地的利用类型、分布、面积等状况。

需说明的是，对于城镇开发边界及生态保护红线内土地利用现状调查专项，因截止到开展专项调查时，新一轮"三区三线"划定还未完成，故该成果为各县划定的中间成果，非最终划定成果；对于耕地后备资源调查成果更新专项，是以上一轮的耕地后备资源调查评价成果为基础，结合土地开发整治、各类保护区划定、生态保护及建设占用等情况，将第三次国土调查中新增的采矿用地、历史遗留采矿用地中正在使用的采矿用地以及开发占用等无法作为后备资源的地类图斑进行剔除，更新形成新的耕地后备资源调查评价成果；对于自然保护区内土地利用调查，自然保护区数据来源为自然保护地整合优化中间成果，非最终成果。

5. 各级土地利用数据库建设

（1）建立三级国土调查数据库

依据国家统一的数据库标准和建库规范，以县（市、区）为单位组织开展县级国土调查数据库及耕地细化调查、批准未建设的建设用地调查、耕地质量等级和耕地资源质量分类等专项数据库建设，实现对农村和城镇村庄土地利用现状调查成果、权属调查成果和专项调查成果的综合管理。以县级各类数据库成果为基础，市级建设国土调查数据库及专项调查数据库，实现市级各类调查成果综合管理；以市、县级数据库成果为基础，省级负责建设全省第三次国土调查及专项调查数据库，实现全省国土调查成果和专项调查成果的集成管理、动态入库、综合查询、统计汇总、数据分析、快速服务等功能。

（2）建设三级国土调查数据库管理系统

各级国土调查办公室负责组织本级国土调查数据库管理系统建设工作，为各级国土调查数据库的备份、更新、维护、应用和上报等日常工作提供系统支持，满足日常土地管理工作对国土调查数据的管理需求。对于已经建成或者在建国土调查数据库管理系统的单位，本着节约成本的原则，可对现有管理系统升级改造，以满足第三次国土调查工作要求。

（3）建立国土调查数据库共享服务平台

省、市级国土调查办公室基于三级国土调查数据库，利用大数据和云计算技术，建设国土调查数据库共享服务平台，实现国土调查数据与土地规划、基础测绘等各类基础数据的互联互通和综合分析应用，结合自然资源管理需要，开发相关应用分析功能，提高第三次国土调查成果对管理决策的支撑服务能力。鼓励有条件的县（市、区）开展共享服务平台建设。

6. 成果汇总

成果汇总按照《第三次全国国土调查实施方案》的要求具体组织进行。其中城市开发边界内土地利用调查、开发区内土地利用调查、自然保护区内土地利用调查、耕地后备资源调查成果更新、采煤塌陷地调查成果更新、基本农田划定成果更新等成果单独另行汇总至省级层面。

（1）数据汇总

在国土调查数据库和专项调查数据库基础上，逐级汇总各级行政区划内的城镇和农村各类土地利用数据及专题数据。

（2）成果分析

根据第三次国土调查成果，结合第二次全国土地调查及年度土地变更调查等相关成果，开展土地利用状况分析。对全省第二次土地调查完成以来耕地的数量、质量等级、分布、利用结构及其变化状况进行综合分析；对城市、建制镇、村庄等建设用地利用情况进行综合分析，评价土地利用集约节约程度；汇总形成各类自然资源数据，并分别对其范围内的土地利用情况进行综合分析，预测变化趋势，为生态文明建设、自然资源管理提供基础依据。依据国土调查及分析结果，编制各级第三次国土调查分析报告。

（3）数据成果制作与图件编制

基于第三次国土调查数据，制作系列数据成果并在服务平台上发布，编制省、市、县级系列土地利用图件、图集和各种专题图件（集）等，面向政府机关、科研机构和社会公众提供不同层级的数据服务，满足各行各业对第三次国土调查数据的需求，最大程度地发挥重大国情国力调查的综合效益。

（二）技术路线

围绕第三次国土调查的总体目标与主要任务，采用高分辨率的航天航空遥感影像，并充分利用现有的国土调查成果，在统一确定各级调查控制界线及控制面积的基础上，采取省级整体控制和县级细化调查相结合的方法，利用影像内业比对提取和"3S"一体化外业调查等技术，调查全省城乡每一块土地的利用类型、面积、权属和分布情况，采用"互联网+"技术核实调查数据真实性，充分运用大数据、云计算和互联网等新技术，建立国土调查数据库。进行县、市、省、国家四级逐级质量检查，统一建立全省国土调查数据库。技术路线如图1-5所示。

工作方案	资料收集与工作准备
	方案编制　资料收集　设备准备　人员准备　技术准备

数据预处理
数据检查及预处理
内业数据入库
工作底图制作

内业综合判绘
调查底图制作
外业实地调查与举证

外业调查举证
农村土地利用现状调查　城镇村土地利用现状调查　农村线物及零星物转绘核实调查　重点图斑核实举证　不一致图斑核实举证　新增图斑核实举证　海岛调查　土地权属调查　各专项用地调查

内业整理建库
农村线状地物、零星地物转绘图斑
城镇、村庄土地利用现状内业打开建库
"不一致图斑"核实结果建库
城乡一体化数据库建设
专项调查成果建库

不通过

质量检查
质量检查
县级自检　市级预检　省级核查

不通过

成果汇交
通过
成果分析汇总、经验总结
项目验收

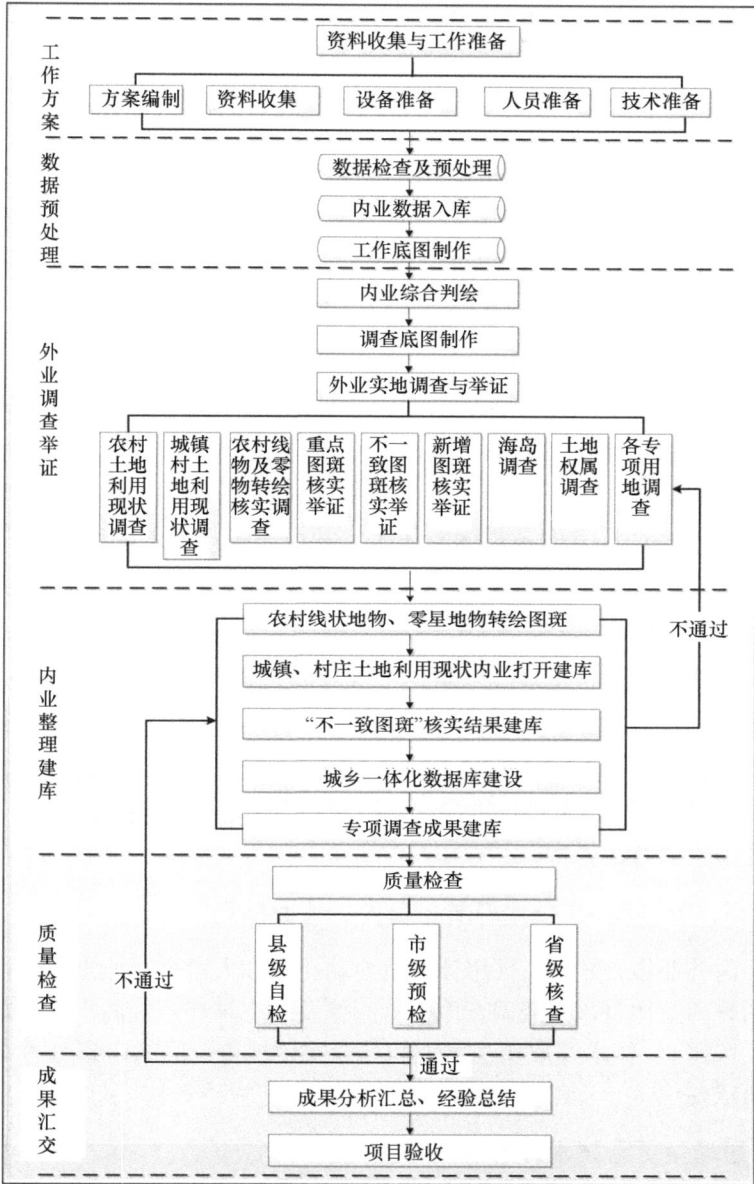

图 1-5　第三次国土调查技术路线图

二、技 术 方 法

（一）基于多数据整合的外业调查工作底图制作

以第二次土地调查及年度土地变更调查成果为基础开展工作分类转换，叠加国家下发不一致信息图斑、自主变更图斑形成外业调查地类图斑，开展地类核实及相关细化调查；以所有权调查成果为基础形成乡镇、行政村权属单元调查底图，开展权属与座落单位核实工作；结合影像特征对城市、建制镇和村庄用地边界进行补充和调整，形成城镇村庄打开调查范围底图，细化内部地类与权属构成。

（二）采用"3S"一体化技术开展农村土地利用现状外业调查

根据国家下发的调查底图，采用我省自主研发的山东省在线举证与核查云平台，结合日常国土资源管理相关资料，制作外业调查数据，采用"3S"一体化技术，逐图斑开展实地调查及举证工作，细化调查图斑的地类、范围、权属等信息，对与国家内业判读结果不一致的图斑，实地拍摄带 GPS 坐标和拍摄方向的举证照片。

（三）立足现有成果开展城镇村庄内部土地利用现状调查

城镇村庄内部土地利用现状调查，在城镇村庄地籍调查数据库成果基础上，将城镇村庄地籍调查宗地成果同类合并。对地籍调查成果实时更新的区域，利用地籍调查成果，获得城镇村庄内部每块土地的土地利用现状信息。对未进行地籍调查成果实时更新的区域，参考利用现有的各类调查成果，利用现势性强的航空正射影像图，开展城镇村庄内部土地利用现状调查；有条件的地方，可重新高精度地获取航空影像辅助开展用现状调查。

（四）基于内外业一体化数据采集技术建设国土调查数据库

按照全国统一的数据库标准，利用省级统一下发的建库软件，采用内外业一体化数据采集建库机制和移动互联网技术，结合调查底图，利用移动调查设备开展土地利用信息的调查和采集，实现各类专题信息与每个图斑的匹配连接，形成集图形、影像、属性、文档为一体的国土调查数据库。

（五）利用"互联网+"技术开展省级内、外业核查

省级研发内外业核查软件，采用计算机自动比对和人机交互检查方法，对各市报送成果进行逐图斑内业比对，检查调查地类与影像及地方举证照片的一致性，对存在问题图斑利用"互联网+"技术开展在线举证和外业实地核查。同时，省级内业核查软件下发到市、县两级使用。

（六）通过增量更新技术开展统一时点数据更新

按照第三次国土调查数据库标准，多途径获取国土调查成果统一时点变化信息，开展实地调查，形成增量更新数据，将各级土地利用现状调查成果时点统一更新到 2019 年 12 月 31 日。

（七）利用高精度数字高程模型开展坡度图制作及田坎系数测算

坡度图由省级国土调查办公室统一组织制作并下发县级使用。省级应用 2m 格网的数字高程模型（digital elevation model，DEM）数据计算耕地坡度，重新制作全省县级单元坡度图成果。按照不同坡度级别分割耕地图斑，计算不同坡度级别的耕地面积，生成耕地坡度分级图。省级按耕地分布、地形地貌相似性等特征对全省分区，每区内按不

同坡度级和坡地、梯田类型分组，选择典型样方重新测算田坎系数。

（八）基于大数据技术开展国土调查成果多元服务与专项分析

利用大数据、云计算等技术，面向政府、国土资源管理部门、科研院所和社会公众等不同群体，优化海量数据处理效率，提供第三次国土调查成果快速共享服务；开展各类自然资源、重点城镇节约集约用地分析，形成第三次国土调查数据成果综合应用分析技术机制。

三、第三次全国国土调查与第二次全国土地调查区别

（一）总体定位不同

第二次全国土地调查是在原国土资源部的组织下开展的一项国情国力调查，目的是全面查清全国土地利用状况，并对调查成果实行信息化管理，建立和完善土地调查、统计制度和登记制度，初步实现土地资源信息的社会化服务，满足经济社会发展、土地宏观调控及国土资源管理的需要。

为全面查清我国目前国土资源家底，同时根据实际情况，把第三次全国土地调查调整为第三次全国国土调查，再逐步过渡到自然资源调查。因此，"三调"总体定位是站在以全面支撑自然资源管理和推进生态文明建设的角度，在真实反映土地资源和利用现状的基础上，进一步强化土地作为自然资源生态本底的基本属性。"三调"的成果对集约节约利用和保护自然资源、建立高质量的空间规划体系、履行全民所有各类自然资源资产所有者职责、统一调查和确权登记、建立自然资源有偿使用制度，均具有十分重要的意义。

（二）土地分类标准不同

1. 第三次国土调查工作分类原则

凸显土地利用现状分类对生态文明建设的基础支撑作用，与湿地分类进行衔接：党的十八大从新的历史起点出发，做出"大力推进生态文明建设"的战略决策，生态文明建设的要求越来越明确，作用越来越凸显，路径也越来越清晰，对生态用地保护提出了明确要求，对土地分类标准也提出了新的要求。

满足国土资源管理对分类的最新需求：随着经济社会的不断发展和各项经济社会管理措施的进步与完善，对土地资源管理在广度、深度和精细度上，都提出了更高的要求，土地分类作为土地资源管理的基础，也面临着新的形式和需求。

兼顾农、林、住建等相关部门管理需求：近年来，土地调查成果在农、林、水、交通、城市管理等有关部门得到了广泛的应用，为了实现更加现代化和精细化的管理目标，对土地分类也提出了进一步完善与相关部门标准衔接的要求。

2. 工作分类变更

第二次全国土地调查采用《土地利用现状分类》（GB/T 21010—2007），标准根据土

地的利用现状和覆盖特征，对城乡用地进行统一分类，采用二级分类体系，一级类 12 个，二级类 57 个。《土地利用现状分类》（GB/T 21010—2017）对原标准进行了修改，增加了生态文明的内容，二级类数量由 57 个变更到 73 个。第三次全国国土调查在《土地利用现状分类》（GB/T 21010—2017）的基础上，为满足管理需要和减轻城镇土地利用现状调查的工作量，采用《第三次全国国土调查工作分类》，工作分类是对国标分类进行了适当的归并和增加，主要做了 5 方面的调整。

①调整"园地"地类名称为"种植园地"，"商服用地"地类名称为"商业服务业用地"；

②对照国民经济行业分类，细化并调整物流仓储用地归类；

③在第三次国土调查工作分类中，将"湿地"调整为一级地类，与耕地、林地、草地等一级地类并列；

④按照国标确定的不小于 40% 的灌木覆盖度标准进行调查外，同时对灌木覆盖度 30%～40% 的草地图斑进行细化调查和标注，这样既能保持原有林草数据的连续性，又能促进林草空间重叠和标准不一问题的解决；

⑤进一步对城市建设用地分类进行完善，满足城市总体规划对城市建设用地平衡的需要，与城市总体规划编制中的城市建设用地分类建立对应关系。

3. 基础资料不同

针对 20 世纪 80～90 年代开展的第一次土地详查基础图件存在间隔长、现势性差等各类问题，2007 年国家第二次全国土地调查中对遥感数据实行统一采购、统一处理、统一制作下发 DOM 影像图的基本方针，从而在源头上确保了调查基础图件的精度与质量的全国一致性和规范性。

第三次国土调查则在统一制作的高分辨率遥感正射影像图基础上，与原土地调查数据库套合，按照工作分类，判读土地利用现状地类，对影像判读地类与数据库地类不一致的，依据影像特征勾绘不一致的图斑边界，并标注相关信息后一并下发，因此第三次全国国土调查的一项主要任务是在已有调查成果的基础上，全面细化和完善全国土地利用基础数据，而不是推倒重来。

4. 调查方法不同

第二次全国土地调查充分应用了航空航天遥感技术、GPS 技术和数字化、网络化等技术，通过逐地块实地调查土地的地类、面积和权属，掌握各类用地的分布和利用状况，包括国有土地使用权和集体土地所有权状况，建立了集影像、图形、地类、面积和权属等多种数据于一体的四级土地信息数据库。

第三次全国国土调查全面采用"互联网+"技术，在已掌握调查成果的基础上，全面细化和完善全国土地利用基础数据，按照"统一制作底图、内业判读地类，地方实地调查、地类在线举证，国家核查验收、统一分发成果"的流程推进，最终建立土地调查数据和各类自然资源专项调查数据于一体的国土调查数据库和共享平台，实现国土调查数据与国土空间规划、各类自然资源基础数据的互联互通和综合分析应用，构建高质量指标体系，提高"三调"成果对管理决策的支撑服务能力。

5. 采用标准不同

（1）采用的坐标系不同

在坐标系方面，在第二次全国土地调查采用的是 1980 年西安坐标系。第三次全国国土调查采用 CGCS2000 国家大地坐标系（地心坐标系），1985 国家高程基准。全国国土调查办统一组织制作 CGCS2000 国家大地坐标系正射影像图，地方国土调查办公室负责将国土资源管理和相关部门资料以及原有相关数据转换为 CGCS2000 国家大地坐标系。

（2）调查精度不同

第二次全国土地调查农村土地调查以 1∶10000 比例尺为主，DOM 遥感数据分辨率不低于 2.5 m。第三次全国国土调查为开展农村土地利用现状调查，全国国土调查办组织统一采购 2017 年 7 月 1 日至 2018 年 8 月 31 日优于 1 m 的分辨率覆盖全国遥感影像制作 DOM。

第二次全国土地调查最小上图图斑面积，城镇村及工矿用地为图上 224.0 mm，耕地、园地为图上 6.0 mm，林地、草地等其他地类为图上 215.0 mm，按 1∶10000 比例尺换算分别为 400 m^2、600 m^2 和 1500 m^2。第三次全国国土调查（包括道路、沟渠、河流等线状地物）图斑的最小调查上图面积按建设用地和设施农用地实地面积超过 200 m^2 的需调查上图；农用地（不含设施农用地）实地面积超过 400 m^2 的需调查上图；其他地类实地面积超过 600 m^2 的需调查上图，荒漠地区可适当减低精度，但不得低于 1500 m^2。第二次全国土地调查铁路、公路、农村道路。河流和沟渠等线状地物宽带大于等于图上 2mm 时，按图斑调查，否则按现状地物的要求开展调查。第三次全国国土调查铁路、公路、农村道路、河流和沟渠等线状地物以图斑方式调查，线状地物图斑被调查界线、权属界线分割的，按不同图斑调查上图。

6. 调查内容不同

随着自然资源部的组建，特别是对水利部、农业农村部、国家林业和草原局等资源调查职责的整合，正逐步建立以土地调查为基础的自然资源调查体系，除完成土地利用现状调查、土地权属调查、专项调查任务和存在复合管理需求的耕地、种植园地、草地等地类进行利用现状、质量状况和管理属性的多重标注外，在技术和时间允许的前提下，进一步做好与相关调查工作的衔接与融合。

7. 城乡调查一体化管理

"二调"将城市、建制镇、村庄作为一个完整范围圈进行调查，之后对城市、建制镇、部分村庄开展城镇地籍调查数据汇总，但其具体二级地类在数据库中没有体现，因此不能有充足的数据支撑管理需求。"三调"与之前两次调查最大区别是对城市、建制镇、村庄的土地利用现状开展细化调查，查清城镇村庄内部商业服务业、工业、住宅、公共管理与公共服务和特殊用地等地类的土地利用状况，同时对地类图斑标注相应的 20 属性，为后期精细化管理提供支撑。

四、国土调查成果

通过开展第三次国土调查，全面获取覆盖全省的土地利用现状信息和土地所有权登记信息，形成一系列不同尺度的国土调查结果，主要包括数据成果、图件成果、文字成果和数据库成果等。

（一）数据成果

①各级土地分类面积数据；

②各级土地权属信息数据；

③城镇村庄土地利用分类面积数据；

④耕地坡度分级面积数据；

⑤田坎系数测算成果；

⑥耕地细化调查、批准未建设的建设用地、耕地质量等级和耕地资源质量分类等专项调查数据。

（二）图件成果

①土地利用现状图件；

②城镇村庄土地利用现状图件；

③第三次国土调查图集；

④耕地细化调查、批准未建设的建设用地、耕地质量等级和耕地分等定级等专项调查的专题图、图集。

（三）文字成果

①第三次国土调查工作报告；

②第三次国土调查技术报告；

③第三次国土调查成果分析报告；

④各市县城镇村庄土地利用状况分析报告；

⑤第三次国土调查监理报告（市县级）。

（四）数据库成果

集国土调查数据成果、图件成果和文字成果等内容为一体的各级国土调查数据库及应用系统。主要包括：

①各级土地利用数据库；

②各级多源、多分辨率遥感影像数据库；

③各项专项数据库；

④各级数据库管理系统及共享服务平台。

第二章　土地利用格局

土地利用与人类生存发展息息相关，土地利用格局是自然因子和人类活动因子综合作用的结果，充分分析山东省土地资源利用现状、土地利用程度和土地利用效益，发现土地资源利用问题，并提出相应调控建议，有利于指导区域土地资源科学合理利用，有利于全面推进全省生态文明建设、空间规划编制、自然资源管理体制改革和统一确权登记、国土空间用途管制、全域国土综合整治等各项工作。

第一节　土地利用结构与空间分布特征

依据以 2019 年 12 月 31 日为标准时点的山东省第三次国土调查数据，全省土地总面积为 15775992.93hm²（因各级裸岩石砾地面积被定义为"秘密"，故本书中土地总面积均不含裸岩石砾地面积），约占全国总面积的 1.64%。全省土地利用结构如表 2-1 所示，包括湿地、耕地、种植园地、林地、草地、城镇村及工矿用地、交通运输用地、水域及水利设施用地以及其他土地 9 种用地类型，其中耕地面积最大，为 6461867.80hm²，约占全省土地总面积的 40.96%；其次为城镇村及工矿用地，面积为 2806478.74hm²，约占全省土地总面积的 17.79%；林地面积也较大，为 2605345.40hm²，约占全省土地总面积的 16.51%；草地最少，面积为 235220.85hm²，仅占全省土地总面积的 1.49%；其他地类所占比例介于 1.56%~8.41%。

表 2-1　2019 年山东省土地利用结构

地类	面积/hm²	占比/%
湿地	246243.56	1.56
耕地	6461867.80	40.96
种植园地	1262370.81	8.00
林地	2605345.40	16.51
草地	235220.85	1.49
城镇村及工矿用地	2806478.74	17.79
交通运输用地	446405.05	2.83
水域及水利设施用地	1325355.23	8.41
其他土地	386705.49	2.45
合计	15775992.93	100.00

山东省高程和坡度的分布如图 2-1 和图 2-2 所示，全省内陆地形呈现"中间高、四围低；中间陡、四围缓"的分布格局，胶东半岛则属于低山丘陵地带。

山东省土地利用具有明显的地形依附特征（表 2-2、表 2-3），生产、生活用地主要分布于低缓平原，丘陵山地则以生态用地为主。具体来说，耕地均分布于低缓平原带，但全省约有17%的耕地属于坡耕地，随着坡度的增加，耕层土壤侵蚀力增强，易发水土流失等地质灾害，且耕作成本较高，灌溉难度较大。林地、草地、种植园用地等陆域生态用地主要分布于低高程、小坡度地带，这些区域植被覆盖度较高，土壤环境优良，生态系统服务功能较强，是维护区域生态安全的重要屏障。此外，陡坡山地主要以陆域生态用地为主，这些地类的分布有助于陡坡山地地带的土壤固持作用，为维育生物多样性提供了广泛的栖息地。城镇村及工矿用地、交通运输用地等城乡建设用地则全部分布于平原或丘陵地带，约95%的城镇村及工矿用地和93%的交通运输用地分布于平地或缓坡地带，这是由于地形条件在很大程度上影响建设用地的选址和建筑物布局，城乡建设往往会趋向选择地形起伏度较低的区域。一方面，地形起伏较大的区域对构筑物稳定性、住宅排水等造成隐患；另一方面，建设用地利用过程需考虑建设投入成本，地

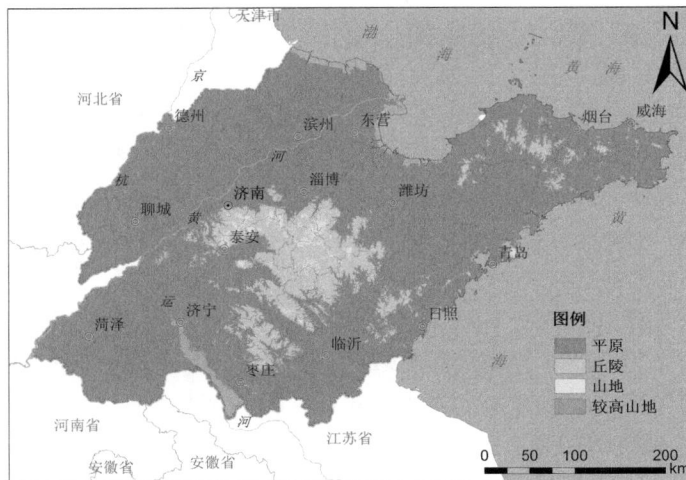

图 2-1　山东省高程分布（彩图附后）

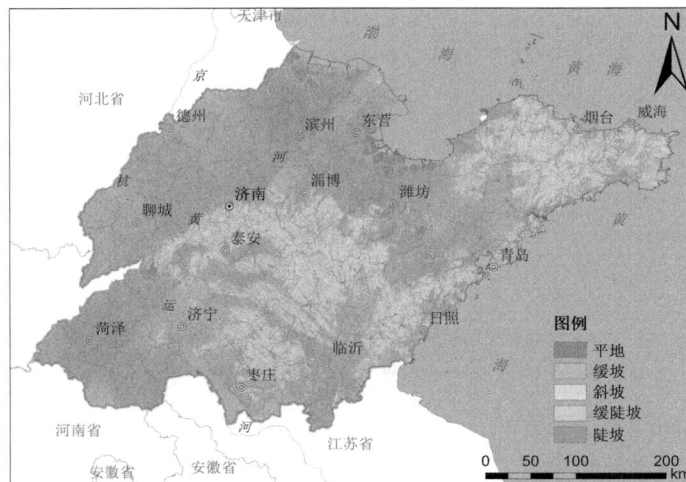

图 2-2　山东省坡度分布（彩图附后）

表 2-2　山东省基于高程分级的土地利用分布　　　　（单位：%）

高程	湿地	耕地	种植园用地	林地	草地	城镇村及工矿用地	交通运输用地	水域及水利设施用地	其他土地
平原≤200m	99.98	93.85	66.35	67.48	62.55	94.58	94.17	97.38	86.07
丘陵（200m，500m]	0.02	6.02	32.23	26.78	31.79	5.36	5.64	2.60	12.26
山地（500m,1000m]	0.00	0.13	1.42	5.69	5.66	0.06	0.19	0.02	1.64
较高山地 >1000m	0.00	0.00	0.00	0.05	0.00	0.00	0.00	0.00	0.03

表 2-3　山东省基于坡度分级的土地利用分布　　　　（单位：%）

坡度	湿地	耕地	种植园用地	林地	草地	城镇村及工矿用地	交通运输用地	水域及水利设施用地	其他土地
≤2°	83.34	54.27	22.74	28.90	27.26	59.02	55.37	63.93	47.33
缓坡（2°，6°]	15.34	38.66	37.36	28.70	25.93	36.00	38.46	33.16	34.45
斜坡（6°，15°]	1.23	6.34	29.78	20.22	24.43	4.30	5.35	2.75	8.11
缓陡坡（15°，25°]	0.07	0.68	8.78	15.77	16.40	0.57	0.74	0.14	5.95
>25°	0.02	0.05	1.34	6.41	5.98	0.11	0.08	0.02	4.16

形起伏度较大区域的建筑工程量较大，成本较高。山东省河流分属黄、淮、海三大流域及半岛独流入海水系，湖泊主要分布在鲁中南山丘区与鲁西平原接壤带，因此，约97%以上的水域和湿地位于平缓地带。

一、湿　地

湿地是指红树林地，天然的或人工的，永久的或间歇性的沼泽地、泥炭地，盐田，滩涂等。其中滩涂指常水位与洪水位之间的滩地，包括海滩、河滩等；沼泽地指经常积水或渍水，一般生长湿生植物的土地，包括草本沼泽、苔藓沼泽、内陆盐沼等。

（一）湿地构成

山东省湿地面积及构成如表2-4所示，湿地总面积为246243.56hm²，包括沿海滩涂、内陆滩涂和沼泽地 3 种类型，沿海滩涂为主要用地类型。具体而言，沿海滩涂面积为200392.11hm²，占湿地面积的81.38%；内陆滩涂45792.70hm²，占湿地面积的18.60%；沼泽地面积最小，为58.75hm²，仅占湿地面积的0.02%。

表 2-4　2019 年山东省湿地面积及构成

湿地	面积/hm²	占比/%
沿海滩涂	200392.11	81.38
内陆滩涂	45792.70	18.60
沼泽地	58.75	0.02
合计	246243.56	100.00

（二）湿地分布情况

山东省 16 市湿地面积及占比如表2-5所示：东营市的湿地面积最大，为122498.96hm²，占全省湿地面积的比例高达49.76%，这主要是由于东营市地处黄河三角洲的中心，具有丰富的湿地资源；潍坊市、青岛市、滨州市、烟台市的湿地面积次之。日照市、临沂市、济宁市、淄博市、泰安市等 5 个市的湿地面积均介于 733.40～3791.99hm^2，其余市为内陆地市，受江海流域的影响很小，湿地分布极少，占全省湿地面积的比例均小于 0.20%。

表 2-5　2019 年山东省 16 市湿地面积及占比

行政区名称	面积/hm^2	占比/%
济南市	391.07	0.16
青岛市	23465.12	9.53
淄博市	956.26	0.39
枣庄市	81.29	0.03
东营市	122498.96	49.76
烟台市	16955.78	6.88
潍坊市	37643.52	15.29
济宁市	1127.00	0.46
泰安市	733.40	0.30
威海市	14333.13	5.82
日照市	3791.99	1.54
临沂市	1137.48	0.46
德州市	209.07	0.08
聊城市	59.56	0.02
滨州市	22486.92	9.13
菏泽市	373.01	0.15

各类型湿地的分布如表 2-6 所示：沿海滩涂仅分布在东营市、潍坊市、青岛市、滨州市、烟台市、威海市、日照市 7 个沿海市，其中东营市分布面积最大，为 91332.02hm^2；内陆滩涂在各市均有分布，在东营市分布最多，分布面积占内陆滩涂面积的 45.58%，潍坊市次之，青岛市、滨州市、烟台市、威海市、日照市的内陆滩涂面积呈现出递减的分布趋势；沼泽地仅在济宁市有少量分布，面积为 58.75hm^2。

表 2-6　2019 年山东省 16 市各类型湿地面积　　（单位：hm^2）

行政区名称	湿地	沿海滩涂	内陆滩涂	沼泽地
济南市	391.07	0.00	391.07	0.00
青岛市	23465.12	22916.36	548.76	0.00
淄博市	956.26	0.00	956.26	0.00
枣庄市	81.29	0.00	81.29	0.00
东营市	122498.96	91332.02	31166.94	0.00
烟台市	16955.78	16550.06	405.72	0.00
潍坊市	37643.52	35616.41	2027.11	0.00
济宁市	1127.00	0.00	1068.25	58.75
泰安市	733.40	0.00	733.40	0.00
威海市	14333.13	13843.52	489.61	0.00
日照市	3791.99	3378.42	413.57	0.00
临沂市	1137.48	0.00	1137.48	0.00
德州市	209.07	0.00	209.07	0.00
聊城市	59.56	0.00	59.56	0.00
滨州市	22486.92	16755.32	5731.60	0.00
菏泽市	373.01	0.00	373.01	0.00

二、耕　　地

耕地是指种植农作物的土地，包括熟地，新开发、复垦、整理地，休闲地（含轮歇地、休耕地）；以种植农作物（含蔬菜）为主，间有零星果树、桑树或其他树木的土地；平均每年能保证收获一季的已垦滩地和海涂，包括南方宽度＜1.0m，北方宽度＜2.0m 固定的沟、渠、路和地坎（埂）；临时种植药材、草皮、花卉、苗木等的耕地，临时种植果树、茶树和林木且耕作层未破坏的耕地，以及其他临时改变用途的耕地。《第三次全国国土调查技术规程》将耕地划分为水田、水浇地和旱地三种类型。其中，水田是指用于种植水稻、莲藕等水生农作物的耕地，包括实行水生、旱生农作物轮种的耕地；水浇地是指有水源保证和灌溉设施，在一般年景能正常灌溉，种植旱生农作物（含蔬菜）的耕地，包括种植蔬菜的非工厂化的大棚用地；旱地是指无灌溉设施，主要靠天然降水种植旱生农作物的耕地，包括没有灌溉设施，仅靠引洪淤灌的耕地。

（一）耕地构成

山东省耕地面积及构成如表 2-7 所示，耕地总面积为 6461867.80hm²，占土地总面积的 40.96%，主要包括水田、水浇地和旱地 3 种类型，以水浇地为主要类型。具体而言，水浇地面积为 4674244.76hm²，占耕地面积的 72.33%；旱地面积为 1692805.82hm²，占耕地面积的 26.20%；水田面积最少，面积为 94817.22hm²，占耕地面积的 1.47%。

表 2-7　2019 年山东省耕地面积及构成

耕地	面积/hm²	占比/%
水田	94817.22	1.47
水浇地	4674244.76	72.33
旱地	1692805.82	26.20
合计	6461867.80	100.00

（二）耕地分布情况

山东省各市土地面积、地形地貌、农业机械化水平、工业化程度等条件各不相同，各地区的耕地面积差异较大，空间上由西向东呈现出高-低-高-低的分布特征。山东省 16 市耕地面积及占比如表 2-8 所示：菏泽市、潍坊市、德州市和临沂市的耕地面积相对较大，均在 600000hm² 以上，菏泽市耕地面积最大，达到 770662.95hm²，占比 11.93%。聊城市、济宁市、青岛市、滨州市、烟台市和济南市等 6 个市的耕地面积次之，介于 344821.04～512377.71hm² 之间；而其余的东营市、枣庄市、日照市、威海市、淄博市等 5 个市的耕地面积相对最小，均在 250000hm² 以下，尤其是淄博市，耕地面积最小，仅占全省耕地面积的 2.46%。

表 2-8　2019 年山东省 16 市耕地面积及占比

行政区名称	面积/hm²	占比/%
济南市	344821.04	5.34
青岛市	436272.82	6.75
淄博市	158737.23	2.46
枣庄市	204634.49	3.17
东营市	220430.26	3.40
烟台市	353130.94	5.46
潍坊市	666094.95	10.31
济宁市	507587.67	7.86
泰安市	283669.14	4.39
威海市	164294.92	2.53
日照市	183634.71	2.84
临沂市	631541.77	9.76
德州市	633256.86	9.80
聊城市	512377.71	7.92
滨州市	390720.34	6.08
菏泽市	770662.95	11.93

各类型耕地的分布如表 2-9 所示。旱地、水浇地、水田等 3 种地类受地形地貌、水源条件等因素的影响，在 16 市的空间分布存在较大差异，具有很强的地域特征。旱地主要分布在临沂市、潍坊市、烟台市、青岛市等鲁东丘陵区和鲁中南山地丘陵区，这些地区地形复杂多变，灌溉设施相对较差，鲁西区的德州市、聊城市、菏泽市、滨州市等 4

表 2-9　2019 年山东省 16 市各类型耕地面积　　　　　（单位：hm²）

行政区名称	耕地	水田	水浇地	旱地
济南市	344821.04	2350.78	269858.94	72611.32
青岛市	436272.82	246.02	230905.94	205120.86
淄博市	158737.23	359.66	115305.49	43072.08
枣庄市	204634.49	814.88	119440.75	84378.86
东营市	220430.26	24780.47	154730.47	40919.32
烟台市	353130.94	67.11	130718.96	222344.87
潍坊市	666094.95	8.63	436335.00	229751.32
济宁市	507587.67	41883.23	388459.51	77244.93
泰安市	283669.14	251.09	187802.62	95615.43
威海市	164294.92	0.00	26342.48	137952.44
日照市	183634.71	1682.26	43660.24	138292.21
临沂市	631541.77	21062.73	279739.38	330739.66
德州市	633256.86	144.97	633104.87	7.02
聊城市	512377.71	12.80	512336.03	28.88
滨州市	390720.34	373.17	379015.87	11331.30
菏泽市	770662.95	779.42	766488.21	3395.32

市旱地分布极少，面积之和占比旱地面积的比例不到 1%；水浇地在全省分布范围最广，16 个市均有分布，菏泽市、德州市、聊城市、潍坊市面积相对较大，这些市主要位于鲁西平原区，地势平坦，河流众多，灌溉条件优越，4 市水浇地面积之和占全省水浇地面积的一半以上；水田在全省分布范围较小，主要分布在济宁市、东营市与临沂市 3 市，沿黄河、南四湖、沂河、沭河等水系分布，这些区域种植条件良好且水资源充裕，适宜种植水生作物。

三、种植园用地

种植园用地是指种植以采集果、叶、根、茎、汁等为主的集约经营的多年生木本和草本作物，覆盖度大于 50% 或每亩株数大于合理株数 70% 的土地，包括用于育苗的土地。《第三次全国国土调查技术规程》将种植园用地划分为果园、茶园、橡胶园和其他园地。

（一）种植园用地构成

山东省种植园用地面积及构成如表 2-10 所示，种植园用地总面积为 1262370.81hm²，占土地总面积的 8.00%，主要包括果园、茶园和其他园地 3 种类型，以果园用地为主要类型，面积为 1129075.57hm²，占总种植园用地面积的 89.44%；其他园地次之，面积为 120293.50hm²，占总种植园用地面积的 9.53%；茶园面积最少，为 13001.74hm²，仅占全省种植园用地面积的 1.03%。

表 2-10　2019 年山东省种植园用地面积及构成

种植园用地	面积/hm²	占比/%
果园	1129075.57	89.44
茶园	13001.74	1.03
其他园地	120293.50	9.53
合计	1262370.81	100.00

（二）种植园用地分布情况

由于山东省各市光照强度、土壤肥力、降水量等因素的影响，导致各地区种植园用地面积存在一定的差异，空间整体表现为鲁西南、鲁西北种植园用地面积小，中部及胶东半岛种植园用地面积大。山东省 16 市种植园用地面积及占比如表 2-11 所示：烟台市、临沂市、济南市等 3 市种植园用地面积较大，3 市种植园用地面积占全省种植园用地面积的 52.64%，其中烟台凭借优越的地理环境，光照充足，昼夜温差大，种植大量苹果，种植园用地面积最大。潍坊市、青岛市、淄博市、泰安市、威海市、枣庄市等 6 市的种植园用地面积保持在 50297.13～94004.16hm² 之间，而其余市的种植园用地面积均在 50000hm² 以下，东营市面积最小，仅有 5134.04hm²。

表 2-11　　2019 年山东省 16 市种植园用地面积及占比

行政区名称	面积/hm²	占比/%
济南市	101940.50	8.08
青岛市	80974.69	6.41
淄博市	79298.41	6.28
枣庄市	50297.13	3.98
东营市	5134.04	0.41
烟台市	331512.40	26.26
潍坊市	94004.16	7.45
济宁市	26124.43	2.07
泰安市	69183.87	5.48
威海市	67240.30	5.33
日照市	44286.90	3.51
临沂市	231016.74	18.30
德州市	9596.15	0.76
聊城市	18740.87	1.48
滨州市	37851.12	3.00
菏泽市	15169.10	1.20

　　各类型种植园用地的分布如表 2-12 所示。果园分布范围最为广泛，其他类型种植园用地零星状分布。烟台市、临沂市、潍坊市等 3 市的果园面积之和占全省果园总面积的 55.15%。东营市、德州市、菏泽市等 3 市果园面积较小，面积之和仅占全省果园总面积的 2.40%。茶园分布在日照市、临沂市、青岛市等丘陵地带，呈带状分布，东营市、

表 2-12　　2019 年山东省 16 市各类型种植园用地面积　　　　（单位：hm²）

行政区名称	种植园用地	果园	茶园	其他园地
济南市	101940.50	69590.07	123.17	32227.26
青岛市	80974.69	75041.78	2427.11	3505.80
淄博市	79298.41	73671.02	16.19	5611.20
枣庄市	50297.13	24218.42	16.08	26062.63
东营市	5134.04	5020.42	0.00	113.62
烟台市	331512.40	329758.44	169.01	1584.95
潍坊市	94004.16	90202.90	336.12	3465.14
济宁市	26124.43	24147.67	20.43	1956.33
泰安市	69183.87	61627.66	619.06	6937.15
威海市	67240.30	60577.17	363.26	6299.87
日照市	44286.90	33627.62	6399.95	4259.33
临沂市	231016.74	204271.70	2511.36	24233.68
德州市	9596.15	9204.86	0.00	391.29
聊城市	18740.87	17915.24	0.00	825.63
滨州市	37851.12	37534.33	0.00	316.79
菏泽市	15169.10	12666.27	0.00	2502.83

德州市、聊城市、滨州市和菏泽市无分布；其他园地较多分布在济南市、枣庄市和临沂市，3市其他园地面积大小相近，面积之和约占全省其他园地总面积的70%，东营市、滨州市、德州市等3市其他园地面积较小，面积之和不到全省其他园地总面积的1%。

四、林　　地

林地是森林的载体，指生长乔木、竹类、灌木的土地，包括迹地，不包括城镇、村庄范围内的绿化林木用地，铁路、公路征地范围内的林木，以及河流、沟渠的护堤林。《第三次全国国土调查技术规程》将林地分为乔木林地（乔木郁闭度≥0.2的林地，不包括森林沼泽）、竹林地（生长竹类植物，郁闭度≥0.2的林地）、红树林地（沿海生长红树植物的林地）、森林沼泽（以乔木森林植物为优势群落的淡水沼泽）、灌木林地（灌木覆盖度≥40%的林地，不包括灌丛沼泽）、灌丛沼泽（灌丛植物为优势群落的淡水沼泽）、其他林地［包括疏林地（树木郁闭度≥0.1、<0.2的林地）、未成林地、迹地、苗圃等林地］。

（一）林地构成

山东省林地面积及构成如表2-13所示，林地总面积为2605345.40hm²，占土地总面积的16.51%，主要包括乔木林地、灌木林地、竹林地和其他林地4种类型，其中以乔木林地和其他林地为主要用地类型。具体而言，乔木林地面积为1339482.61hm²，占林地面积的51.41%，其他林地面积为1198345.12hm²，占林地面积的46.00%；灌木林地面积为66951.56hm²，占林地面积的2.57%；竹林地面积最小，为566.11hm²，仅占林地面积的0.02%。

表2-13　2019年山东省林地面积及构成

林地	面积/hm²	占比/%
乔木林地	1339482.61	51.41
竹林地	566.11	0.02
灌木林地	66951.56	2.57
其他林地	1198345.12	46.00
合计	2605345.40	100.00

（二）林地分布情况

山东省各市城市化与工业化进程、经济发展战略、生态环境保护力度大不相同，使得各区域林地面积存在一定差异，空间分布大体表现为东高西低。山东省16市林地面积及占比如表2-14所示：临沂市、烟台市、潍坊市和济南市的林地面积最大，分别为343040.57hm²、287809.40hm²、265218.23hm²和248282.60hm²；青岛市、泰安市、淄博市、济宁市、威海市、日照市、滨州市等7个市的林地面积次之，均在106258.82~194226.38hm²之间；除此之外，德州市、聊城市、菏泽市、枣庄市、东营市等5市的林地面积相对较少，均低于100000hm²，东营市的林地面积最少，为54092.57hm²。

表 2-14　2019 年山东省 16 市林地面积及占比

行政区名称	面积/hm²	占比/%
济南市	248282.60	9.53
青岛市	194226.38	7.45
淄博市	170651.75	6.55
枣庄市	59575.00	2.28
东营市	54092.57	2.08
烟台市	287809.40	11.05
潍坊市	265218.23	10.18
济宁市	150787.10	5.79
泰安市	184146.69	7.07
威海市	146644.84	5.62
日照市	133052.13	5.11
临沂市	343040.57	13.17
德州市	91265.96	3.50
聊城市	86200.23	3.31
滨州市	106258.82	4.08
菏泽市	84093.13	3.23

各类型林地的分布如表 2-15 所示。临沂市、烟台市、潍坊市、济南市等 4 市乔木林地分布相对较多，分别为 222042.59hm²、163423.10hm²、130972.06hm²、116281.69hm²，其他市乔木林地的面积在 22835.43～93811.33hm² 之间，滨州市分布最少；竹林地零星状分布，在各市分布均极少，东营市和德州市无分布；灌木林地最多分布在济南市、烟台市、淄博市、潍坊市等 4 市，菏泽市无灌木林地；其他林地在山东省西部地区分布较少，多集中在潍坊市及其周边地区，如临沂市、青岛市等。

表 2-15　2019 年山东省 16 市各类型林地面积　　　　　　（单位：hm²）

行政区名称	林地	乔木林地	竹林地	灌木林地	其他林地
济南市	248282.60	116281.69	4.93	22447.92	109548.06
青岛市	194226.38	75394.43	55.48	639.67	118136.80
淄博市	170651.75	90970.74	5.87	9205.08	70470.06
枣庄市	59575.00	29290.79	0.33	32.09	30251.79
东营市	54092.57	11158.35	0.00	1187.05	41747.17
烟台市	287809.40	163423.10	59.70	18730.77	105595.83
潍坊市	265218.23	130972.06	31.21	6103.20	128111.76
济宁市	150787.10	74907.89	6.88	1398.17	74474.16
泰安市	184146.69	80759.54	146.82	94.91	103145.42
威海市	146644.84	93811.33	3.99	1322.03	51507.49
日照市	133052.13	79469.06	199.61	3980.71	49402.75
临沂市	343040.57	222042.59	36.68	1774.16	119187.14
德州市	91265.96	49806.86	0.00	0.89	41458.21
聊城市	86200.23	48555.98	2.09	0.08	37642.08
滨州市	106258.82	22835.43	11.92	34.83	83376.64
菏泽市	84093.13	49802.77	0.60	0.00	34289.76

五、草　地

草地是指生长草本植物为主的土地。《第三次全国国土调查技术规程》将草地分为天然牧草地、人工牧草地、其他草地。天然牧草地是指以天然草本植物为主，用于放牧或割草的草地，包括实施禁牧措施的草地，不包括沼泽草地。人工牧草地是指人工种植牧草的草地。其他草地是指树木郁闭度<0.1，表层为土质，不用于放牧的草地。

山东省草地面积及构成如图2-3所示，草地总面积为235220.85hm²，草地类型单一，仅包括其他草地一种类型，无天然牧草地与人工牧草地。山东省各市土壤条件、光照时间等自然条件各不相同，草地面积在空间上大体呈现出由东北向西南递减的分布规律。16市中，东营市、烟台市、潍坊市、济南市、淄博市等5个市的草地面积相对较多，面积约占草地总面积的50%；除此之外，淄博市、临沂市、滨州市、青岛市、威海市、泰安市等6个市的草地面积次之，其余市的草地面积相对较少，菏泽市草地面积最少。

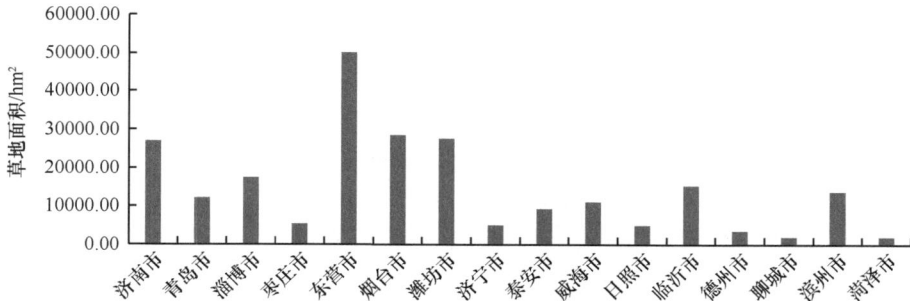

图 2-3　2019年山东省16市草地分布

六、城镇村及工矿用地

城镇村及工矿用地是指城乡居民点、独立居民点以及居民点以外的工矿、国防、名胜古迹等企事业单位用地，包括其内部交通、绿化用地。城市是指城市居民点，以及与城市连片的和区政府、县级市政府所在地镇级辖区内的商服、住宅、工业、仓储、机关、学校等单位用地。建制镇是指建制，镇居民点，以及辖区内的商服、住宅、工业、仓储、学校等企事业单位用地。村庄是指农村居民点，以及所属的商服、住宅、工矿、工业、仓储、学校等用地。采矿用地是指采矿、采石、采砂（沙）场，盐田，砖瓦窑等地面生产用地及尾矿堆放地。风景名胜及特殊用地是指城镇村用地以外用于军事设施、涉外、宗教、监教、殡葬等的土地，以及风景名胜（包括名胜古迹、旅游景点、革命遗址等）景点及管理机构的建筑用地。

（一）城镇村及工矿用地构成

山东省城镇村及工矿用地面积及构成如表2-16所示，城镇村及工矿用地总面积为2806478.74hm²，占土地总面积的17.79%，主要包括城市、建制镇、村庄、采矿用地和风景名胜及特殊用地 5 种类型，以村庄用地为主要用地类型。具体而言，村庄用地面积为 1594040.24hm²，占城镇村及工矿用地面积的 56.80%；城市用地面积次之，为 505194.75hm²，占城镇村及工矿用地面积的 18.00%；建制镇用地面积为 392000.04hm²，占城镇村及工矿用地的 13.97%；采矿用地面积为 273305.50hm²，占城镇村及工矿用地的 9.74%；风景名胜及特殊用地面积最少，为 41938.21hm²，仅占城镇村及工矿用地面积的 1.49%。

表 2-16 2019 年山东省城镇村及工矿用地面积及构成

城镇村及工矿用地	面积/hm²	占比/%
城市	505194.75	18.00
建制镇	392000.04	13.97
村庄	1594040.24	56.80
采矿用地	273305.50	9.74
风景名胜及特殊用地	41938.21	1.49
合计	2806478.74	100.00

（二）城镇村及工矿用地分布情况

由于山东省各地市资源禀赋、区位差异、社会经济发展水平、政策等方面的差异，城镇村及工矿用地空间分布存在明显的空间不均衡现象。山东省 16 市城镇村及工矿用地面积及占比如表 2-17 所示，潍坊市和临沂市城镇村及工矿用地面积最大，分别为 316401.39hm²、290332.35hm²，占全省城镇村及工矿用地总面积的比例均超过 10%；城镇村及工矿用地面积在 161809.89～233378.63hm² 之间的地区有菏泽市、青岛市、滨州市、烟台市、济宁市、济南市、德州市、聊城市等 8 个市；除此之外，其余市的城镇村及工矿用地面积均在 150000hm² 以下，威海市城镇村及工矿用地面积最小，为 80862.37hm²。

表 2-17 2019 年山东省 16 市城镇村及工矿用地面积及占比

行政区名称	面积/hm²	占比/%
济南市	187602.22	6.68
青岛市	224643.81	8.00
淄博市	114541.43	4.08
枣庄市	86545.00	3.08
东营市	131629.65	4.69
烟台市	203169.85	7.24
潍坊市	316401.39	11.27
济宁市	187902.33	6.70
泰安市	126026.35	4.49
威海市	80862.37	2.88
日照市	85536.76	3.05
临沂市	290332.35	10.35
德州市	169999.28	6.06
聊城市	161809.89	5.77
滨州市	206097.43	7.34
菏泽市	233378.63	8.32

各类型城镇村及工矿用地的分布如表 2-18 所示，城市用地在青岛市、潍坊市、济南市、烟台市、济宁市等 5 市分布较多，面积之和达到全省城市用地面积的一半以上；建制镇用地除在枣庄市分布较少以外，在其余各市分布较为均衡；临沂市、菏泽市、潍坊市、聊城市、德州市和济宁市等 6 市有较多村庄用地分布，面积之和占全省村庄用地总面积的 56.12%；采矿用地多集中分布在鲁西北地区，如滨州市、潍坊市、东营市和烟台市等分布较多；风景名胜及特殊用地除在潍坊市分布较多以外，在其余各市分布较为均衡。

表 2-18　2019 年山东省 16 市城镇村及工矿用地面积　　　　（单位：hm²）

行政区名称	城镇村及工矿用地	城市	建制镇	村庄	采矿用地	风景名胜及特殊用地
济南市	187602.22	60320.46	16870.44	101978.21	6267.34	2165.77
青岛市	224643.81	88567.30	32447.73	88418.56	9268.90	5941.32
淄博市	114541.43	19125.24	24580.93	63634.87	5472.09	1728.30
枣庄市	86545.00	20316.44	5746.60	56266.03	3479.18	736.75
东营市	131629.65	24039.97	18846.85	42308.41	45361.88	1072.54
烟台市	203169.85	56940.94	25205.96	92121.63	24268.36	4632.96
潍坊市	316401.39	60712.53	24649.77	153587.82	67376.85	10074.42
济宁市	187902.33	27697.47	36289.14	116701.75	5567.23	1646.74
泰安市	126026.35	19056.33	18626.15	81729.31	5212.19	1402.37
威海市	80862.37	21919.07	14311.89	40371.78	2952.78	1306.85
日照市	85536.76	14815.18	13883.01	50125.51	4812.91	1900.15
临沂市	290332.35	25027.89	45154.88	205321.67	10258.48	4569.43
德州市	169999.28	21118.80	29172.56	117226.36	848.02	1633.54
聊城市	161809.89	18010.30	23069.12	119335.29	720.10	675.08
滨州市	206097.43	17386.01	24641.14	82523.75	79942.99	1603.54
菏泽市	233378.63	10140.82	38503.87	182389.29	1496.20	848.45

七、交通运输用地

交通运输用地指的是用于运输通行的地面线路、场站等用地，包括民用机场、港口、码头、地面运输管道和居民点道路及其相应附属设施用地。山东省在"十三五"期间保持了交通领域的建设热潮，"十三五"以来，山东省共完成交通固定资产投资 8147 亿元。近年山东省铁路建设取得重要突破，形成环鲁高铁网，水运、机场、公路建设也颇有成绩。

（一）交通运输用地构成

山东省交通运输用地面积及构成如表 2-19 所示，交通运输用地总面积为 446405.05hm²，主要包括铁路用地、轨道交通用地、公路用地、农村道路、机场用地、港口码头用地和管道运输用地 7 种类型，以公路用地和农村道路用地为主要类型。具体而言，公路用地面积最大，为 221153.90hm²，占交通运输用地的 49.54%，农村道路用地面积为 177752.16hm^2，占交通运输用地的 39.82%，二者所占比例达 89.36%；其他用地类型规模相对较小，所占比例均在 10%以下，铁路用地面积为 29915.39hm^2，占交通运输用地的 6.70%；港口码头用地面积为 11674.45hm^2，占交通运输用地的 2.62%；机场用地面积为 4965.40hm^2，占交通运输用地的 1.11%；轨道交通用地面积为 748.01hm^2，占交通运输用地的 0.17%；管道运输用地面积为 195.74hm^2，仅占交通运输用地的 0.04%。

表 2-19　2019 年山东省交通运输用地面积及构成

交通运输用地	面积/hm^2	占比/%
铁路用地	29915.39	6.70
轨道交通用地	748.01	0.17
公路用地	221153.90	49.54
农村道路	177752.16	39.82
机场用地	4965.40	1.11
港口码头用地	11674.45	2.62
管道运输用地	195.74	0.04
合计	446405.05	100.00

（二）交通运输用地分布情况

由于山东省各地区商业繁华水平、社会经济发展状况、自然状况以及政府投入资金条件的差别，导致全省内部交通运输用地面积呈现较大的差距。山东省 16 市交通运输用地面积及占比如表 2-20 所示，交通运输用地面积在 35000hm^2 以上的地区分别是潍坊市、

表 2-20　2019 年山东省 16 市交通运输用地面积及占比

行政区名称	面积/hm^2	占比/%
济南市	30654.19	6.87
青岛市	39937.12	8.95
淄博市	17201.96	3.85
枣庄市	13308.57	2.98
东营市	17017.31	3.81
烟台市	38145.67	8.55
潍坊市	49030.88	10.98
济宁市	34690.07	7.77
泰安市	22224.58	4.98
威海市	16428.08	3.68
日照市	17507.21	3.92
临沂市	46135.95	10.33
德州市	27261.19	6.11
聊城市	23657.68	5.30
滨州市	23709.52	5.31
菏泽市	29495.07	6.61

临沂市、青岛市、烟台市，面积分别为 49030.88hm²、46135.95hm²、39937.12hm²、38145.67hm²，此 4 个地区工业发展较为迅速，经济发展水平也较高，因此交通运输用地所占面积较大。交通运输用地面积在 20000hm² 到 35000hm² 之间的地区有 7 个，主要分布在鲁西地区，这些地区市与外界联系比较紧密，交通运输也较为发达。交通运输用地面积在 15000hm² 到 20000hm² 之间的地区有 5 个，分布在鲁中地区以及鲁东北的威海，大部分地区受当地发展水平以及行政辖区面积的限制导致交通运输用地面积占比最低。

各类型交通运输用地的分布如表 2-21 所示，青岛市、潍坊市铁路面积较大，分别为 3414.70hm²、3151.47hm²，济南市、临沂市、济宁市和烟台市的铁路面积在 2075.25～2868.05hm² 之间，威海市铁路面积最少，为 457.26hm²，其他市铁路面积小于 2000hm²；轨道交通用地仅分布在青岛市、济南市、济宁市，面积分别为 511.43hm²、232.43hm²、4.15hm²；公路用地在潍坊市、临沂市的面积较大，分别为 25722.86hm²、23346.91hm²，青岛市、烟台市、济宁市、济南市、菏泽市、德州市、聊城市、滨州市和淄博市的公路用地面积在 10410.14～17643.90hm² 之间，其他市公路用地面积在 5904.77～9727.65hm² 之间；临沂市、潍坊市、济宁市、烟台市、青岛市、菏泽市、泰安市、德州市和滨州市的农村道路面积均在 10000hm² 以上，其中临沂市农村道路面积最大，为 19773.84hm²，日照市农村道路面积最少，其余地市的农村道路面积在 5029.45～9106.68hm² 之间；机场用地面积差异较大，青岛市机场用地面积最大，为 1943.30hm²，其次为济南市、东营市、烟台市和潍坊市，机场用地面积在 408.60～496.11hm² 之间，德州市、枣庄市、淄博市、泰安市机场用地面积较少，低于 30hm²，聊城市无机场用地；港口码头用地最多分布在烟台市、日照市和青岛市 3 个沿海市，面积分别为 3510.23hm²、3109.57hm²、1564.53hm²，淄博市、临沂市、德州市和聊城市无港口码头用地，其余地市港口码头

表 2-21　2019 年山东省 16 市交通运输用地面积　　　（单位：hm²）

行政区名称	铁路用地	轨道交通用地	公路用地	农村道路	机场用地	港口码头用地	管道运输用地
济南市	2868.05	232.43	15575.70	11478.33	496.11	0.59	2.98
青岛市	3414.70	511.43	17643.90	14822.56	1943.30	1564.53	36.70
淄博市	1609.31	0.00	10410.14	5144.02	2.04	0.00	36.45
枣庄市	856.12	0.00	5904.77	6381.15	4.84	157.02	4.67
东营市	1184.80	0.00	8824.91	5877.00	419.41	676.20	34.99
烟台市	2075.25	0.00	17067.51	15078.91	411.86	3510.23	1.91
潍坊市	3151.47	0.00	25722.86	19014.07	408.60	732.66	1.22
济宁市	2532.23	4.15	15766.47	15538.61	212.64	605.07	30.90
泰安市	1462.83	0.00	9727.65	10998.27	0.25	34.69	0.89
威海市	457.26	0.00	8799.85	6080.98	259.35	830.64	0.00
日照市	1259.14	0.00	7800.66	5029.45	279.66	3109.57	28.73
临沂市	2754.83	0.00	23346.91	19773.84	259.68	0.00	0.69
德州市	1854.72	0.00	14545.13	10835.80	25.42	0.00	0.12
聊城市	1361.90	0.00	13189.00	9106.68	0.00	0.00	0.10
滨州市	1448.08	0.00	11416.80	10322.44	78.59	438.08	5.53
菏泽市	1624.70	0.00	15411.64	12270.05	163.65	15.17	9.86

用地面积低于 1000hm^2；青岛市、淄博市、东营市、济宁市和日照市的管道运输用地面积大于 28hm^2，威海市无管道运输用地，其余地市面积小于 10hm^2。

八、水域及水利设施用地

水域及水利设施用地指陆地水域、海涂、沟渠、水工建筑物等用地，不包括滞洪区和已垦滩涂中的耕地、园地、林地、居民点、道路等用地。第三次全国国土调查将水域及水利设施用地分为河流水面、湖泊水面、水库水面、坑塘水面、沟渠、水工建筑用地、冰川及永久积雪七种类型。水利设施用地是指水工建筑用地，即除农田水利用地以外的人工修建的沟渠、闸、坝、堤路林、水电站、扬水站等常水位岸线以上的水工建筑用地。

（一）水域及水利设施用地构成

山东省水域及水利设施用地面积及构成如表 2-22 所示，水域及水利设施用地总面积为 1325355.23hm^2，主要包括河流水面、湖泊水面、水库水面、坑塘水面、沟渠和水工建筑用地 6 个二级类。具体而言，坑塘水面面积和沟渠的面积较大，分别为350657.53hm^2 和 348491.19hm^2，分别占水域及水利设施用地的 26.46%和 26.29%；河流水面面积为 262807.76hm^2，占水域及水利设施用地的 19.83%；水库水面面积为154931.36hm^2，占水域及水利设施用地的 11.69%；湖泊水面面积为 119758.46hm^2，占水域及水利设施用地的 9.04%；水工建筑用地面积为 88708.93hm^2，占水域及水利设施用地的 6.69%。

表 2-22　2019 年山东省水域及水利设施用地面积及构成

水域及水利设施用地	面积/hm^2	占比/%
河流水面	262807.76	19.83
湖泊水面	119758.46	9.04
水库水面	154931.36	11.69
坑塘水面	350657.53	26.46
沟渠	348491.19	26.29
水工建筑用地	88708.93	6.69
合计	1325355.23	100.00

（二）水域及水利设施用地分布情况

由于山东省各地区的自然水域条件、对水资源的利用水平有所差异，导致各地区的水利设施用地的面积在空间分布上呈现不平衡的现象。山东省 16 市水域及水利设施用地面积及占比如表 2-23 所示：东营市和济宁市的水域及水利设施用地面积相对较大，分别为 209914.19hm^2、183498.33hm^2，潍坊市、滨州市、临沂市、青岛市、德州市以及烟台市 6 市水域及水利设施用地面积在 70000～110000hm^2 之间，其余地市的水域及水利设施用地面积均在 60000hm^2 以下，其中面积最小的为淄博市，仅有23034.21hm^2。

表 2-23　2019 年山东省 16 市水域及其水利设施用地面积及占比

行政区名称	面积/hm²	占比/%
济南市	58952.61	4.45
青岛市	89373.75	6.74
淄博市	23034.21	1.74
枣庄市	25290.19	1.91
东营市	209914.19	15.83
烟台市	75222.78	5.68
潍坊市	109229.56	8.24
济宁市	183498.33	13.85
泰安市	55554.47	4.19
威海市	53595.24	4.04
日照市	31953.65	2.41
临沂市	93038.83	7.02
德州市	93416.18	7.05
聊城市	48334.36	3.65
滨州市	102804.33	7.76
菏泽市	72142.55	5.44

各类型水域及水利设施用地的分布如表 2-24 所示。河流水面面积较大的市为沂河、沭河等流经的临沂市以及潍河、弥河等流经的潍坊市，均超过全省河流水面面积的 10%，

表 2-24　2019 年山东省 16 市水域及水利设施用地面积　　（单位：hm²）

行政区名称	河流水面	湖泊水面	水库水面	坑塘水面	沟渠	水工建筑用地
济南市	17238.63	1612.00	7536.33	8830.87	16172.95	7561.83
青岛市	19944.89	27.00	13928.51	31089.28	19497.61	4886.46
淄博市	7132.12	0.00	4017.53	3333.49	5962.78	2588.29
枣庄市	6729.61	84.96	4262.03	5427.30	6110.37	2675.92
东营市	15293.40	0.00	17832.18	100289.77	68858.76	7640.08
烟台市	21480.06	47.24	14848.03	29081.19	7531.20	2235.06
潍坊市	33056.54	901.11	22287.43	19939.47	28016.01	5029.00
济宁市	18543.45	100023.96	4525.67	25245.49	22357.60	12802.16
泰安市	15076.38	14861.89	7312.38	10043.29	5941.28	2319.25
威海市	10848.07	0.00	8745.28	29692.05	3735.92	573.92
日照市	8343.92	0.00	10367.72	9573.70	2694.40	973.91
临沂市	35053.88	0.00	22786.73	17593.60	13849.43	3755.19
德州市	13846.35	0.00	3829.41	17469.10	45668.97	12602.35
聊城市	5978.55	0.00	2321.25	7065.40	25742.58	7226.58
滨州市	14649.44	264.87	7919.16	23648.24	48031.25	8291.37
菏泽市	19592.47	1935.43	2411.72	12335.29	28320.08	7547.56

山东国土资源

聊城市、枣庄市、淄博市河流水面面积较小。湖泊面积最大的市为南四湖所在的济宁市，占比达到全省湖泊面积的 83.31%，其次为东平湖所在的泰安市，占比为 12.38%，其余少量分布在菏泽、济南等市；水库水面在临沂市、潍坊市面积分布较多，其次为东营市、烟台市，四市水库面积之和约占全省水库水面的 50%。聊城市、菏泽市、德州市水库水面面积相对较小；坑塘主要分布在东营市、青岛市、威海市、烟台市等沿海地区，坑塘面积最大的东营市与面积最小的淄博市相差近 28 倍；沟渠主要集中在山东北部和西部地区，东营市、滨州市、德州市面积位居前三，日照市、威海市面积较小；水工建筑用地面积较大的市为济宁市、德州市，占比均在 14%以上，面积最小的为威海市，占比不足 1%。

九、其 他 土 地

其他土地是指规划范围内除居住区用地以外的各种用地，包括非直接为本区居民配建的道路用地、其他单位用地、保留的自然村或不可建设用地等。

（一）其他土地构成

山东省其他土地面积及构成如表 2-25 所示，其他土地总面积为 386705.49hm²，主要包括设施农用地、田坎、盐碱地、沙地和裸土地 5 种类型，以田坎用地为主要类型。具体而言，田坎面积最大，为 227876.24hm²，占其他土地的 58.92%；设施农用地用地次之，面积为 135330.31hm²，占其他土地的 35.00%；盐碱地用地面积 18671.89hm²，占其他土地的 4.83%；裸土地面积 4700.42hm²，占其他土地的 1.22%；沙地面积最小，为 126.63hm²，占其他土地的 0.03%。

表 2-25 2019 年山东省其他土地面积及构成

其他土地	面积/hm²	占比/%
设施农用地	135330.31	35.00
田坎	227876.24	58.92
盐碱地	18671.89	4.83
沙地	126.63	0.03
裸土地	4700.42	1.22
合计	386705.49	100.00

（二）其他土地分布情况

全省其他土地在空间上表现为中东部多，西部、北部少的分布特征。山东省 16 市其他土地面积及占比如表 2-26 所示，临沂市、烟台市、潍坊市等 3 个市的其他土地面积最大，均在 50000hm²以上；青岛市、日照市、济宁市、泰安市、济南市、威海市等 6 个市的其他土地面积次之，介于 23364.40～27731.18hm²之间；而其余 7 个地市其他土地面积均在 25000hm²以下，德州市其他土地面积最小，仅有 7232.05hm²。

表 2-26　2019 年山东省 16 市其他土地面积及占比

行政区名称	面积/hm²	占比/%
济南市	21548.59	5.57
青岛市	23364.40	6.04
淄博市	12542.17	3.24
枣庄市	7809.71	2.02
东营市	14823.30	3.83
烟台市	55318.74	14.31
潍坊市	50816.80	13.14
济宁市	16384.69	4.24
泰安市	21498.63	5.56
威海市	27731.18	7.17
日照市	31598.09	8.17
临沂市	64194.83	16.60
德州市	7232.05	1.87
聊城市	9628.36	2.49
滨州市	14066.39	3.64
菏泽市	8147.56	2.11

各类型其他土地的分布如表 2-27 所示，潍坊市设施农用地的面积最大，占比约为全省设施农用地总面积的 20%，其次为临沂市、烟台市，而东营市设施农用地面积最小，

表 2-27　2019 年山东省各类型其他土地面积　　　　　　　　（单位：hm²）

行政区名称	设施农用地	田坎	盐碱地	沙地	裸土地
济南市	135330.31	227876.24	18671.89	126.63	4700.42
青岛市	4846.57	16080.98	18.07	0.00	602.97
淄博市	9693.80	12968.75	240.27	0.00	461.58
枣庄市	3356.54	8861.84	1.86	0.00	321.93
东营市	2233.99	5383.33	0.00	0.00	192.39
烟台市	4728.43	0.00	10090.15	0.00	4.72
潍坊市	11369.53	42815.36	50.10	0.00	1083.75
济宁市	27954.41	22196.99	158.29	5.98	501.13
泰安市	6252.17	10007.90	0.00	0.00	124.62
威海市	5003.22	16237.26	0.00	0.00	258.15
日照市	5678.61	21828.35	0.45	29.88	193.89
临沂市	6368.35	25037.14	0.00	0.00	192.60
德州市	17588.02	45968.80	0.00	0.00	638.01
聊城市	6971.42	0.00	169.25	72.06	19.32
滨州市	9601.28	0.00	4.41	6.54	16.13
菏泽市	5669.59	391.96	7937.52	12.17	55.15

仅有 2233.99hm²；田坎最多分布在德州市，面积为 45968.80hm²，枣庄市、东营市和菏泽市的田坎面积小于 10000hm²，在烟台市、聊城市和滨州市无田坎分布；盐碱地主要分布在黄河三角洲地区，其中东营市分布面积最大，为 10090.15hm²，占全省盐碱地总面积的 56.95%，滨州市次之，占全省盐碱地总面积的 39.76%，潍坊市、青岛市等市有少量盐碱地分布；裸土地、沙地在全省较为稀少，2 种地类的面积之和仅占全省其他土地的 1.25%。

第二节　三大类土地利用结构

本节将对农用地、建设用地和未利用地三大类进行分析，其中农用地指直接用于农业生产的土地，包括耕地、林地等；建设用地指建造建筑物、构筑物的土地，包括城乡住宅和公共设施用地、工矿用地等；未利用地指农用地和建设用地以外，尚未明确用途或人类未以生物技术或工程措施进行改造利用的土地。

一、农　用　地

（一）农用地构成

山东省农用地面积及构成如表 2-28 所示，农用地总面积为 11724622.80hm²，以耕地为主，耕地面积为 6461867.80hm²，占农用地面积的 55.11%；林地面积为 2605345.40hm²，占农用地总面积的 22.22%；种植园用地面积为 1262370.81hm²，占农用地总面积的 10.77%；其他农用地面积为 1395038.79hm²，占农用地总面积的 11.90%。

表 2-28　2019 年山东省农用地面积及构成

农用地	面积/hm²	占比/%
耕地	6461867.80	55.11
种植园用地	1262370.81	10.77
林地	2605345.40	22.22
其他农用地	1395038.79	11.90
合计	11724622.80	100.00

（二）农用地分布

山东省农用地分布如表 2-29 所示，农用地分布相对均匀，临沂市、潍坊市、烟台市农用地面积较大，均超过 1000000hm²，临沂市农用地面积最大，占农用地总面积 10.88%。枣庄市农用地面积最小，占农用地总面积 2.87%。各市农用地面积占其国土调查总面积的比重在 57.80%～79.06%，其中德州市农用地面积占其国土调查总面积比重最大，为 79.06%；东营市农用地面积占其国土调查总面积比重最小，为 57.80%；16 地市农用地面积占其国土调查面积平均比重为 74.25%，东营市、滨州市、济宁市、潍坊市、青岛市、淄博市 6 市低于全省平均水平。

表 2-29 2019 年山东省农用地面积及其占国土调查面积比重

行政区名称	农用地面积/hm^2	国土调查总面积/hm^2	比重/%
济南市	759990.17	1021240.60	74.42
青岛市	813474.40	1124364.07	72.35
淄博市	439363.59	594380.51	73.92
枣庄市	344304.79	452974.21	76.01
东营市	477243.01	825693.89	57.80
烟台市	1093176.96	1389825.39	78.66
潍坊市	1164725.72	1616127.42	72.07
济宁市	768426.64	1113185.50	69.03
泰安市	592535.40	772295.46	76.72
威海市	453941.25	582155.76	77.98
日照市	420044.50	536331.55	78.32
临沂市	1343159.50	1715691.23	78.29
德州市	818893.67	1035771.38	79.06
聊城市	671156.00	862797.57	77.79
滨州市	630812.92	917722.00	68.74
菏泽市	933374.28	1215436.29	76.79

从各类型农用地的分布来看：耕地较多分布在鲁西南平原、鲁西北平原、胶莱平原等地势平缓地区，菏泽市、潍坊市、德州市耕地面积位居全省前三，淄博市、威海市、日照市耕地面积较小；种植园用地较多分布在山东半岛丘陵与鲁中南山区，其中烟台市种植园用地面积最大，占全省种植园用地总面积的 26.14%，临沂市次之，东营市、德州市种植园用地面积占比较小，均不超过 1%；林地主要分布在鲁中南山区以及山东半岛丘陵区，临沂市、烟台市、潍坊市林地面积较大，占比均超过 10%，东营市、枣庄市林地面积较小；其他农用地较多分布在东营市，占比为 21.63%，淄博市、枣庄市其他农用地面积较小；其他土地主要分布在临沂市、烟台市、潍坊市，三市其他土地面积和占比为 45.91%，东营市、滨州市其他土地面积较小，占比均不足 2%。

二、建 设 用 地

（一）建设用地构成

全省建设用地面积及构成如表 2-30 所示，总面积为 3163840.56hm^2，其中村庄用地面积最大，为 1594040.24hm^2，占建设用地总面积的 50.38%；城市用地面积为 505194.75hm^2，占建设用地总面积的 15.97%；建制镇用地面积为 392000.04hm^2，占建设用地总面积的 12.39%；采矿用地面积为 273305.50hm^2，占建设用地总面积的 8.64%；交通运输用地面积为 268652.89hm^2，占建设用地总面积的 8.49%；水工建筑用地面积为 88708.93hm^2，占建设用地总面积的 2.80%；风景名胜及特殊用地用地面积为 41938.21hm^2，占建设用地总面积的 1.33%。

表 2-30 2019 年山东省建设用地面积及构成

建设用地	面积/hm²	占比/%
城市用地	505194.75	15.97
建制镇用地	392000.04	12.39
村庄用地	1594040.24	50.38
采矿用地	273305.50	8.64
风景名胜及特殊用地用地	41938.21	1.33
交通运输用地	268652.89	8.49
水工建筑用地	88708.93	2.80
合计	3163840.56	100.00

（二）建设用地分布

山东省建设用地在各行政区的分布如表 2-31 所示：潍坊市、临沂市等国土调查面积较大的市建设用地面积也较大，两市建设用地面积均占全省建设用地总面积的 10%以上；威海市建设用地面积最小，占全省建设用地总面积不足 3%。16 市建设用地面积占其所在市国土调查面积比重相差不大，滨州市、青岛市、潍坊市、淄博市建设用地面积占所在市国土调查面积相对较大，均超过 20%，威海市建设用地面积占所在市国土调查面积最小，为 15.74%。

表 2-31 2019 年山东省建设用地面积占国土调查面积比重

行政区名称	建设用地面积/hm²	国土调查总面积/hm²	比重/%
济南市	214339.91	1021240.60	20.99
青岛市	254644.83	1124364.07	22.65
淄博市	129187.66	594380.51	21.73
枣庄市	96148.34	452974.21	21.23
东营市	150410.04	825693.89	18.22
烟台市	228471.67	1389825.39	16.44
潍坊市	351447.20	1616127.42	21.75
济宁市	219855.95	1113185.50	19.75
泰安市	139571.91	772295.46	18.07
威海市	91783.39	582155.76	15.77
日照市	98988.43	536331.55	18.46
临沂市	320449.65	1715691.23	18.68
德州市	199027.02	1035771.38	19.22
聊城市	183587.47	862797.57	21.28
滨州市	227775.88	917722.00	24.82
菏泽市	258151.21	1215436.29	21.24

从各类型建设用地的分布来看：交通运输用地主要分布在青岛市与潍坊市，枣庄市、威海市交通运输用地面积较小；潍坊市、临沂市的采矿用地面积较大，占比超过 10%，枣庄市采矿用地面积最小；临沂、菏泽等市的城市用地面积较大，两市占比均超过 10%，

东营市、威海市、日照市沿海三市的城市用地面积较小；青岛市建制镇面积最大，其次为济南市与潍坊市，枣庄市、日照市、威海市建制镇面积较小；济宁市与德州市水工建筑用地面积最大，占比超过 14%，威海市面积最小，占比不足 1%。

三、未利用地

（一）未利用地构成

全省未利用地面积及构成如表 2-32 所示，总面积为 887529.57hm²，其中水域用地面积最大，为 382566.22hm²，占未利用地总面积的 43.11%；湿地面积为 246243.56hm²，占未利用地总面积的 27.74%；其他草地面积为 235220.85hm²，占未利用地总面积的 26.50%；其他土地面积最小，为 23498.94hm²，占未利用地总面积的 2.65%。

表 2-32 2019 年山东省未利用地面积及构成

未利用地	面积/hm²	占比/%
湿地	246243.56	27.74
其他草地	235220.85	26.50
水域用地	382566.22	43.11
其他土地	23498.94	2.65
合计	887529.57	100.00

（二）未利用地分布

山东省未利用地在各行政区划分布如表 2-33 所示：16 市未利用地面积相差较大，

表 2-33 2019 年山东省 16 市未利用地面积及比重

行政区名称	未用地面积/hm²	比重/%
济南市	46910.52	5.29
青岛市	56244.84	6.34
淄博市	25829.26	2.91
枣庄市	12521.08	1.41
东营市	198040.84	22.32
烟台市	68176.76	7.68
潍坊市	99954.50	11.26
济宁市	124902.91	14.07
泰安市	40188.15	4.53
威海市	36431.12	4.10
日照市	17298.62	1.95
临沂市	52082.08	5.87
德州市	17850.78	2.01
聊城市	8054.10	0.91
滨州市	59133.20	6.66
菏泽市	23910.80	2.69

全省近半数未利用地集中在东营市、济宁市、潍坊市三市，其中东营市未利用地面积最大，为 198040.84hm²，占全省未利用地面积的 22.32%，聊城市、枣庄市、德州市未利用地面积较小，聊城市未利用地面积仅占全省未利用面积的 0.91%。

从各类型未利用地的分布来看：湿地、其他土地较多分布在沿海区域，特别是环渤海湾地区。东营市湿地面积最大，占比约为全省未利用地中湿地面积的一半，其次为潍坊市与青岛市；其他草地中，烟台市、潍坊市、济南市、东营市占比相对较大，占比均超过全省未利用地中草地面积的 10%，聊城市、菏泽市的面积较小；水域用地主要分布在济宁市、临沂市、潍坊市，其中济宁市面积最大，占比达 30.73%，聊城市、枣庄市、淄博市面积较小，占比均不超过 2%；其他土地中，东营市的面积最大，占比约为全省未利用地中其他土地面积的一半，其次为滨州市与青岛市，聊城市、菏泽市、德州市的面积较小，占比均不足 1%。

第三节　自然地理分区的土地利用现状

山东省位于中国自西向东三级地势阶梯中的最低一级，地貌复杂，大体可分为中山、低山、丘陵、台地、盆地、山前平原、黄河冲积扇、黄河平原、黄河三角洲等 9 个基本地貌类型。其地势中部高四周低，水系呈中心放射状分布。根据地理方位、区域地质构造和地貌类型以及区域完整性，可将全省划分为五个区：鲁东丘陵区、鲁中山地区、山前环状平原区、鲁西、北平原区和鲁北滨海黄河三角洲。

一、鲁东丘陵区

（一）地类构成

如表 2-34 所示，鲁东丘陵区总面积为 3873878.68hm²，主要用地类型是耕地、林地、城镇村及工矿用地，三者占鲁东丘陵区总面积的 68.04%。其中耕地面积最大，为 1239483.45hm²，占鲁东丘陵区总面积的 32.00%；林地面积为 745738.56hm²，占鲁东丘陵区总面积的 19.25%；城镇村及工矿用地面积为 650817.75hm²，占鲁东丘陵区总面积的 16.80%；种植园用地面积为 547628.58hm²，占鲁东丘陵区总面积的 14.14%；水域及水利设施用地和其他土地面积分别为 265232.82hm² 和 229141.00hm²，分别占鲁东丘陵区总面积的 6.85% 和 5.92%；湿地、草地和交通运输用地面积较少，分别占鲁东丘陵区总面积的 1.54%、1.49%、2.03%。

（二）地类分布

从各类型用地的分布来看，湿地在莱州市、黄岛区和即墨区分布较多，其余地区分布较少，市北区分布最少仅为 0.11hm²；耕地在莱阳市、莱州市、莒县、莒南县、即墨区、莱西市等分布较多，市南区和市北区无耕地；种植园用地最多分布在栖霞市，占种植园用地的 18.83%，市南区和市北区无种植园用地；林地最多分布在黄岛区，面积为 68651.23hm²，其余地区分布较少，市北区无林地；草地在各个地区的分布都较为均衡，

表 2-34　2019 年鲁东丘陵区土地利用现状分布　　　　　　　（单位：hm²）

地区	湿地	耕地	种植园用地	林地	草地	城镇村及工矿用地	交通运输用地	水域及水利设施用地	其他土地
鲁东丘陵区	59561.63	1239483.45	547628.58	745738.56	57811.98	650817.75	78462.91	265232.82	229141.00
芝罘区	470.85	808.67	1702.91	3531.03	310.02	9364.12	1165.11	527.97	249.45
福山区	589.49	6660.86	19686.70	15609.06	2137.12	18364.32	2331.51	3957.69	1999.88
牟平区	1032.35	27099.42	34148.54	55713.05	2013.68	13266.20	1582.14	8883.84	7783.92
莱山区	342.14	4324.19	6398.05	8003.44	1115.11	9748.41	954.37	1237.2	1081.52
长岛县	692.34	126.26	108.62	3030.94	194.69	1392.65	118.37	70.06	382.38
龙口市	609.10	16397.03	24610.64	16019.06	1684.89	24770.93	3289.95	4351.89	2335.08
莱阳市	579.82	82927.88	28130.23	11307.60	3486.47	19897.74	2569.80	10070.57	14037.97
莱州市	6751.46	74450.51	12806.58	32748.31	5219.95	39981.02	2320.31	11986.42	8586.50
蓬莱市	1099.36	16753.23	43141.12	20274.32	4368.51	15588.51	2716.80	3836.64	6543.12
招远市	312.12	45085.77	24809.47	35674.18	2196.80	16897.86	2330.39	6741.43	9173.00
栖霞市	10.84	16682.63	103113.84	49627.91	2289.11	14239.24	1872.60	8297.59	5501.43
海阳市	4465.91	61814.49	32855.70	36270.50	3543.48	19658.85	1815.41	15261.48	15909.39
环翠区	1124.35	16712.27	13676.64	31441.17	1704.20	22132.84	2466.99	5795.51	4291.69
文登区	5039.29	46909.83	17849.94	39873.42	4159.24	19858.90	3083.25	16865.36	7986.24
荣成市	4573.76	46093.48	15215.22	31958.76	2837.16	23584.74	2227.04	18577.14	10739.35
乳山市	3595.73	54579.34	20498.50	43371.49	2325.10	15285.89	2569.82	12357.23	11915.42
东港区	2883.49	33255.98	13176.59	25988.73	1008.12	27330.93	4940.16	10024.76	8685.92
岚山区	726.64	24726.62	9470.73	16722.52	728.96	14350.92	3257.05	3522	5161.95
五莲县	25.15	49863.54	13678.49	48879.51	1593.42	15418.19	1975.66	7145.25	11116.66
莒县	156.71	75788.57	7961.09	41461.37	1639.61	28436.72	2304.89	11261.64	12821.40
莒南县	63.03	81796.79	12025.72	27087.19	725.97	27102.52	3273.58	11122.88	11888.37
临沭县	42.44	58142.41	3141.88	10542.63	163.07	15778.11	1495.92	6845.47	4867.60
市南区	7.62	0.00	0.00	2.23	0.00	3167.72	44.15	0.67	0.00
市北区	0.11	0.00	0.00	0.00	0.00	6217.06	395.76	0.36	0.00
黄岛区	6211.10	53158.55	12459.36	68651.23	2359.14	43014.28	5311.39	11889.42	9854.88
崂山区	1399.02	592.36	3560.28	20056.34	304.45	8870.30	336.48	1347.96	3108.97
李沧区	338.47	70.28	47.41	1480.26	195.15	7219.32	417.09	67.41	74.55
城阳区	5354.80	3623.84	2165.15	9997.61	1672.55	25395.64	2255.76	6525.36	1373.82
即墨区	7216.62	76749.76	9835.84	28536.66	1595.11	37069.47	3813.57	19390.21	7932.14
莱西市	55.53	80654.18	17066.44	11878.04	1270.79	21877.59	2749.83	15317.76	5952.47

莱州市最多，面积为 5219.95hm²，市南区和市北区无草地；城镇村及工矿用地和交通运输用地广泛分布，在黄岛区分布最多，分别占城镇村及工矿用地和交通运输用地的 6.61%、6.77%；水域及水利设施用地在即墨区、荣成市分布较多，在市南区、市北区和长岛县分布较少；其他土地最多分布在海阳市，面积为 15909.39hm²，占其他土地的

6.94%，市南区和市北区无其他土地。

（三）区域经济特点

2019 年鲁东丘陵区年末总人口数为 1996.5 万人，占总人口的 19.71%，地区生产总值为 22920.9 亿元，占地区生产总值的 33.39%，人均 GDP 为 114805.4 元/人，一般公共预算收入和一般公共预算支出分别为 20332923 万元和 20323441 万元，总出口额为 58231211.8 万元。鲁东丘陵区位于山东省东部，为胶州半岛区域，地势大都为起伏和缓的波状丘陵区，一般而言平原地区更有利于经济的建设发展，但鲁东丘陵区却是山东的经济中心，其中黄岛区是山东省经济最发达的县（市、区），这主要是因为鲁东丘陵区海岸线较长，沿海地区多基岩，地质比较稳定，适宜港口建设，形成了如青岛港、烟台港等优良大港；虽然多丘陵，但地势相对较低，海拔多在 500m 以下，对城市建设的影响较小。该区域经济实力雄厚，工业基础较好，农林牧副渔全面发展，尤其是农业，因此该区耕地、林地、城镇村及工矿用地、种植园用地、水域及水利设施用地面积均相对较大。

二、鲁中山地区

（一）地类构成

如表 2-35 所示，鲁中山地区总面积为 2178775.56hm^2，以耕地、林地、种植园用地为主要地类，三者占鲁中山地区总面积的 73.68%。其中耕地面积 561111.47hm^2，占鲁中山地区总面积的 25.75%；林地面积 636105.34hm^2，占鲁中山地区总面积的 29.20%；种植园用地面积 408003.35hm^2，占鲁中山地区总面积的 18.73%；城镇村及工矿用地的面积为 292430.41hm^2，占鲁中山地区总面积的 13.42%；水域及水利设施用地和其他用地面积分别为 93058.93hm^2 和 116612.8hm^2，分别占鲁中山地区总面积的 4.27% 和 5.35%；草地和交通运输用地面积较少，分别占鲁中山地区总面积的 1.95% 和 1.31%；湿地面积最少，仅有 593.27hm^2，占比不足 1%。

（二）地类分布

从各类型用地的分布来看：湿地最多分布在岱岳区和蒙阴县，二者面积之和占湿地面积的 46.29%，博山区和钢城区湿地分布较少，面积占比均不足 1%；耕地在新泰市、沂水县和沂南县分布面积较大，占耕地总面积均超过 10%，泰山区分布最少，占比仅为 0.35%；种植园用地最多分布在蒙阴县，面积为 69541.53hm^2，其次为沂源县，泰山区分布最少，仅有 2826.64hm^2；林地广泛分布在鲁中山地区，沂水县分布最多，面积为 77396.38hm^2，钢城区分布最少，面积为 15925.88hm^2；草地最多分布在沂源县，面积为 9294.68hm^2，泰山区分布最少，仅有 156.24hm^2；城镇村及工矿用地和交通运输用地在各区县的分布较为均衡且相似，新泰市分布最多，面积分别为 32103.68hm^2、2150.27hm^2；水域及水利设施用地最多分布在岱岳区，面积为 10243.60hm^2，在泰山区和博山区分布面积较少；其他土地在沂水县、新泰市和临朐县分布面积较大，分布在泰山区的最少，仅有 777.32hm²。

（三）区域经济特点

2019 年鲁中山地区年末总人口数为 1231.8 万人，占总人口的 12.16%，地区生产总值为 5072.9 亿元，占地区生产总值的 7.39%，人均 GDP 为 41182.8 元/人，一般公共预算收入和一般公共预算支出分别为 3215559.0 万元和 6219123.0 万元，总出口额为 4578315.0 万元。鲁中山地区位于山东省中部，主要包括泰安、临沂、淄博等市的大部分县（市、区），地形为山地和丘陵过渡地带，地势较高，处于山东省核心位置。鲁中山地区的经济发展相较于其他地区较为落后，土地利用以耕地、林地、种植园用地为主，交通运输用地较少影响发展，但有着较大的发展潜力。近年鲁中山地区已充分认识到县域经济的重要性，重点发展核心区域，加强与其他地域的经济合作，以促进自身发展。

表 2-35　2019 年鲁中山地区土地利用现状分布　　　　　　（单位：hm²）

地区	湿地	耕地	种植园用地	林地	草地	城镇村及工矿用地	交通运输用地	水域及水利设施用地	其他土地
鲁中山地区	593.27	561111.47	408003.35	636105.34	42415.03	292430.41	28444.96	93058.93	116612.80
泰山区	6.60	1988.97	2826.64	15185.76	156.24	10989.17	694.05	1072.80	777.32
岱岳区	153.39	43558.40	31953.73	52524.40	1526.89	26810.18	2823.87	10243.60	5406.79
新泰市	24.83	66274.80	19285.54	51454.76	1426.82	32103.68	2150.27	8575.15	12134.87
泗水县	45.89	37678.43	5543.31	37588.15	1529.79	15012.53	1657.55	5972.24	6783.64
山亭区	10.11	21186.85	35609.62	21069.87	1870.13	11792.38	788.37	4817.69	4798.76
沂南县	27.13	63133.95	16023.11	45707.33	2556.33	24885.35	2653.02	7070.20	9872.38
沂水县	30.00	73078.94	31859.19	77396.38	1250.20	29042.27	2723.23	9491.43	16525.14
费县	29.67	52970.28	33239.46	34480.10	1634.22	23678.09	2012.12	8168.23	9778.38
平邑县	46.80	55163.61	35316.97	44048.93	3788.75	22856.44	2491.22	7538.47	11044.09
蒙阴县	121.22	22036.45	69541.53	35865.54	1936.93	14131.60	1748.51	8972.60	5806.74
博山区	3.11	7406.89	6144.17	41342.52	977.89	9699.77	816.82	1073.82	2345.89
沂源县	10.43	17960.09	57933.25	53268.00	9294.68	13371.72	1893.87	4136.75	5711.02
临朐县	62.99	41125.54	37804.70	55901.58	5466.86	21502.22	1771.77	5605.86	13882.22
莱芜区	16.46	46069.39	19573.26	54346.14	7021.30	26423.46	3407.80	8311.81	8791.77
钢城区	4.64	11478.88	5348.87	15925.88	1978.00	10131.55	812.49	2008.28	2953.79

三、山前环状平原区

（一）地类构成

如表 2-36 所示，山前环状平原区总面积为 4279639.39hm²，以耕地为主，面积为 1776380.16hm²，占山前环状平原区总面积的 41.51%；林地和城镇村及工矿用地的面积分别为 740048.51hm² 和 827049.34hm²，占山前环状平原区总面积的 17.29% 和 19.33%；其他土地、种植园用地和水域及水利设施用地面积分别为 162636.73hm²、250760.99hm²

表 2-36　2019 年山前环状平原区土地利用现状分布　　　　（单位：hm²）

地区	湿地	耕地	种植园用地	林地	草地	城镇村及工矿用地	交通运输用地	水域及水利设施用地	其他土地
山前环状平原区	6741.25	1776380.16	250760.99	740048.51	60655.99	827049.34	81875.86	373490.56	162636.73
历下区	0.00	85.67	89.90	2616.81	84.62	7068.60	82.80	35.97	53.90
市中区	0.00	3070.38	2965.15	9098.26	983.32	10205.89	783.35	349.63	693.40
槐荫区	7.48	1559.60	408.09	2120.67	157.16	7499.97	881.23	2367.51	159.47
天桥区	90.03	8098.37	576.10	3516.35	274.24	8295.89	902.72	3842.46	301.03
历城区	101.69	13715.75	30317.15	43837.04	2498.43	28864.07	3642.96	4554.76	2589.62
长清区	66.24	30627.24	18362.65	41644.95	3844.19	15678.71	1460.18	4090.95	5084.54
章丘区	22.87	61644.05	14271.99	38714.48	7953.11	30666.18	2904.24	8635.74	7096.60
平阴县	74.74	27103.10	7918.18	17072.47	1443.05	10440.97	1149.87	2455.01	3848.79
邹平市	9.40	63489.13	3217.44	17320.31	2069.60	25811.32	1367.32	8817.94	2894.86
淄川区	12.94	17225.97	7627.66	38005.35	4975.38	19911.35	1210.06	1725.27	5312.41
张店区	1.87	4089.40	2099.35	6075.88	478.27	20194.75	1978.50	524.50	584.78
临淄区	45.80	30085.26	2782.03	8981.81	941.24	17887.88	2002.86	1514.63	2126.94
周村区	49.10	6134.67	1585.79	9268.74	251.44	9792.89	1576.77	1310.65	759.13
桓台县	813.97	26853.38	605.90	3990.50	147.89	13189.44	1336.72	3026.70	932.05
潍城区	8.14	8349.48	1681.56	3992.77	244.26	10874.66	1277.13	1462.41	838.22
坊子区	49.08	39654.16	3508.12	9679.99	419.30	16328.48	1646.61	15576.25	2681.78
奎文区	7.21	1990.63	1183.60	2098.71	215.34	11934.13	982.24	407.64	150.34
昌乐县	7.24	51325.37	4722.73	22254.70	1130.69	17742.77	1917.86	5256.04	5693.89
安丘市	58.71	78014.31	14100.69	31717.70	2779.05	22785.88	2407.94	9667.60	9628.18
高密市	87.08	86442.81	2442.91	19710.98	151.58	25910.82	2857.06	10548.62	4197.48
青州市	4.36	52359.41	14618.11	42637.49	7865.65	26395.92	3015.00	3237.02	5993.12
诸城市	45.18	102699.58	5151.42	47665.12	995.37	25924.74	3794.85	12890.86	15968.60
胶州市	2725.32	48229.57	7823.53	19143.16	1967.72	31845.01	5179.25	11482.40	3970.70
平度市	156.53	173194.28	28016.68	34480.85	2741.06	39967.42	4611.28	23352.20	11046.84
宁阳县	26.40	62226.12	2260.85	18420.32	538.22	16350.80	2375.77	5211.74	4956.50
东平县	290.71	60329.10	3052.34	16763.23	2279.10	19449.96	1544.60	25112.59	5080.47
肥城市	231.47	49291.75	9804.77	29798.22	3331.06	20322.56	1637.75	5338.59	7989.39
任城区	220.31	30613.02	1984.19	16799.71	396.09	23391.89	2379.92	11075.68	1536.46
兖州区	68.74	29723.72	768.18	12314.61	110.25	14855.58	1652.53	4022.27	1503.80
微山县	523.05	33260.88	585.78	9157.64	716.82	13281.30	1106.73	113248.17	1876.93
汶上县	15.44	55060.84	749.51	10240.24	140.31	16250.02	1421.62	2572.48	2460.49
曲阜市	26.58	37588.08	2893.79	13292.24	397.00	15470.48	2512.24	6241.93	3053.33
邹城市	45.20	73578.10	8028.46	31199.61	1375.24	24848.42	2172.34	9232.30	11177.47
枣庄市市中区	2.24	11526.58	3603.26	6285.14	927.45	11312.83	656.38	1543.67	1529.10
薛城区	17.26	21885.42	2571.00	7270.66	324.40	13317.38	1462.07	2427.39	1374.77
峄城区	2.64	36318.77	2519.21	5826.89	1107.85	10062.44	861.65	3907.57	3073.35
台儿庄区	18.15	33125.45	992.38	3873.88	306.45	8079.47	633.68	4601.53	1548.44
滕州市	30.89	80591.42	5001.66	15248.56	896.55	31980.50	2525.27	7992.34	5247.19
兰山区	116.68	21909.95	7389.38	10975.21	397.23	37011.62	2525.50	5768.36	3007.20
罗庄区	169.03	17354.26	1610.72	8808.75	287.93	22341.76	1230.04	3638.62	1414.62
河东区	99.44	31398.63	3275.06	11950.66	288.52	25069.73	2416.49	6401.94	2477.10
郯城县	381.91	56512.66	10291.63	17623.46	551.96	19874.46	1551.49	9568.16	3156.80
兰陵县	10.13	98043.84	7302.09	18554.39	1671.60	28560.40	2240.99	8452.47	7566.65

和 373490.56hm²，分别占山前环状平原区总面积的 3.80%、5.86%和 8.73%；草地和交通运输用地面积较少，分别占山前环状平原区总面积的 1.42%和 1.91%；湿地面积最少，仅有 6741.25hm²，占比仅为 0.16%。

（二）地类分布

从各类型用地的分布来看，湿地最多分布在胶州市，占湿地面积的 40.43%，其他地区的湿地分布较少，多数地区占比不足 1%，历下区和市中区无湿地分布；耕地在各个地区分布较为均衡，平度市分布最多，面积为 173194.28hm²，历下区无耕地分布；种植园用地最多分布在历城区、平度市，分别占种植园用地的 12.09%和 11.17%，较多地区占比不足 1%；林地和草地在山前环状平原区广泛分布，林地最多分布在诸城市，面积为 47665.12hm²，草地主要分布在章丘区，面积为 7953.11hm²，历下区林地和草地分布最少；城镇村及工矿用地和交通运输用地在各地区均有分布且分布状况相似，各地区占比均不足 5%，历下区分布最少；水域及水利设施用地最多分布在微山县，占水域及水利设施用地的 30.32%，其他地区占比均低于 5%，天桥区无水域及水利设施用地分布；其他土地最多分布在诸城市，占比为 9.82%，较少分布在历下区，仅有 53.90hm²。

（三）区域经济特点

2019 年山前环状平原区年末总人口数为 3440.3 万人，占总人口的 33.97%，地区生产总值为 25189.6 亿元，占地区生产总值的 36.70%，人均 GDP 为 73219.2 元/人，一般公共预算收入和一般公共预算支出分别为 20914301.9 万元和 24775032.1 万元，总出口额为 27588930.0 万元。山前环状平原区大致成环状，饶于鲁中南山地的外侧，包括黄河以南、运河以东、胶莱河以西、沂山区和沂蒙山区的全部山前平原及河谷盆地，共辖 43 个县（市、区），地貌以平原为主，近山带有部分低山残丘分布。该区域经济较为发达，是山东省重要的工农业生产基地，交通便利，城市集中，土地利用开发水平较高，土地利用方向主要是经济作物生产基地，故而耕地数量最多。

四、鲁西、北平原区

（一）地类构成

如表 2-37 所示，鲁西、北平原区总面积为 4106495.61hm²，以耕地为主要地类，面积为 2454621.49hm²，占鲁西、北平原区总面积的 59.77%；其次为城镇村及工矿用地，面积为 744219.13hm²，占鲁西、北平原区总面积的 18.12%；林地和水域及水利设施用地面积分别为 366608.61hm² 和 324100.78hm²，分别占鲁西、北平原区总面积的 8.93%和 7.89%；种植园用地、交通运输用地和其他土地面积均较少，分别为 56386.86hm²、65764.73hm² 和 81351.22hm²，分别占鲁西、北平原区总面积的 1.37%、1.60%和 1.98%；湿地和草地占鲁西、北平原区总面积的比例均不足 1%，占比分别为 0.04%和 0.29%，湿地面积最少，仅为 1450.13hm²。

山东国土资源

表 2-37   2019 年鲁西、北平原区土地利用现状分布   （单位：hm²）

地区	湿地	耕地	种植园用地	林地	草地	城镇村及工矿用地	交通运输用地	水域及水利设施用地	其他土地
鲁西、北平原区	1450.13	2454621.49	56386.86	366608.61	11992.66	744219.13	65764.73	324100.78	81351.22
牡丹区	31.39	0.00	3220.85	15038.05	273.23	35663.94	2957.31	8809.10	2100.44
定陶区	0.42	53842.36	1975.15	5675.53	98.25	15317.42	1985.09	4517.48	1116.82
曹县	46.19	123962.78	1703.09	15767.48	312.87	40137.43	2518.99	8893.86	3359.70
单县	0.00	104812.66	2277.11	12646.79	149.52	32512.60	1720.84	8154.38	2445.12
成武县	0.00	66502.69	746.33	6175.71	41.29	17236.61	1429.35	5233.41	1470.59
巨野县	6.38	88307.17	1950.44	5566.63	145.44	22495.48	1993.45	7188.03	2543.83
郓城县	8.14	105890.38	1189.21	11090.74	140.34	30086.85	1394.36	9876.21	3647.63
鄄城县	85.08	65884.35	1296.73	6678.48	115.69	19208.03	1761.21	6894.81	1842.92
东明县	195.41	86731.13	810.19	5453.72	697.66	20720.27	1464.42	12575.27	1981.71
东昌府区	2.36	80128.96	1795.77	13028.09	424.60	33166.50	3558.93	9560.49	2656.45
茌平区	0.00	62584.08	807.16	8381.88	247.19	17972.09	1388.05	7132.90	1823.90
阳谷县	0.05	63414.11	1397.31	7111.05	173.74	18835.16	1897.75	5639.15	2301.50
莘县	43.71	86968.18	1855.93	13756.77	426.33	25430.27	2196.02	4316.22	3778.80
东阿县	2.46	39663.78	1416.66	11435.98	100.27	10869.14	1281.64	6504.55	1388.93
冠县	3.34	60257.47	10332.22	15686.43	156.43	21545.05	1524.51	3896.43	2721.65
高唐县	0.27	58922.73	462.70	9873.09	368.50	15141.01	1531.48	6276.49	2161.82
临清市	7.37	60438.40	673.12	6926.94	91.85	18850.67	1172.62	5008.13	1909.56
德城区	85.95	19139.22	830.18	7102.27	211.65	19880.57	1988.60	4103.79	488.74
陵城区	9.25	80286.20	422.77	7273.48	323.13	16515.09	1712.82	12538.23	2188.92
宁津县	1.97	51312.26	400.53	9611.19	93.81	14159.65	915.77	5335.79	1493.46
庆云县	26.25	24130.36	523.56	6736.19	240.84	9313.76	531.65	7256.81	1335.79
临邑县	1.08	65584.21	341.21	8434.06	408.82	15237.23	1053.82	8518.74	2002.35
齐河县	37.21	86656.01	1154.47	11882.55	548.99	19902.06	2642.69	15486.30	2810.12
平原县	14.85	70460.06	545.01	5996.88	191.01	14792.47	1751.77	9094.82	1894.09
夏津县	0.35	58396.09	1199.38	7440.50	67.27	14487.11	1417.42	4101.03	1071.21
武城县	7.10	49655.44	818.26	3389.08	277.90	12319.71	1027.93	6773.23	816.16
乐陵市	10.94	65969.02	2875.43	17263.93	640.47	17316.23	1583.98	9836.82	1809.65
禹城市	14.12	61667.99	485.35	6135.83	530.85	16075.40	1798.94	10370.62	2157.35
鱼台县	177.84	37664.44	182.77	1798.95	128.11	9609.82	723.56	11734.15	3287.08
金乡县	2.17	58441.57	2029.20	2399.56	28.21	16243.63	1445.12	6816.39	1361.38
嘉祥县	0.00	57462.37	2164.53	7652.05	173.77	20404.04	2132.53	5302.67	2224.60
梁山县	1.78	56516.22	1194.71	8344.34	88.29	18534.62	1947.32	7280.05	2173.86
滨城区	135.50	46672.82	780.50	12383.30	1170.05	23766.78	2522.58	14635.48	2000.27
惠民县	66.56	75387.07	1375.96	24685.95	465.89	17952.52	1901.00	12262.11	2244.91
阳信县	7.46	43502.42	2229.50	9677.46	574.64	13466.66	983.26	7224.24	2181.36
博兴县	391.22	47056.31	294.15	8999.18	705.10	16232.70	1517.39	12930.22	1870.47
高青县	19.04	48981.57	520.26	9718.95	350.30	10493.63	1242.34	9721.89	2026.69
商河县	6.63	76593.39	558.30	9218.50	380.28	16090.10	1433.17	9708.33	2251.61
济阳区	0.29	64775.22	1550.86	10171.05	430.08	16236.83	1715.05	12592.16	2409.78

（二）地类分布

从各类型用地的分布来看：湿地最多分布在博兴县、东明县和鱼台县，三地面积之和占湿地面积的52.72%，其他地区的湿地占比均不足10%，多数地区占比不足1%，其中曹县、成武县、嘉祥县和茌平区无湿地分布；耕地广泛分布在各个地区，占比均不足5%，曹县分布最多，为123962.78hm²，牡丹区无耕地分布；种植园用地最多分布在冠县，面积为10332.22hm²，占种植园用地的18.32%，远高于其他地区，鱼台县分布最少，占比仅为0.32%；草地在各地分布较为均衡；林地最多分布在惠民县，面积为24685.95hm²，武城县分布最少，占比不足1%；城镇村及工矿用地分布最多地区为曹县，为40137.43hm²，分布最少的地区均为庆云县；交通运输用地最多分布在东昌府区，占交通运输用地的5.41%，庆云县分布最少，占比仅为0.81%；水域及水利设施用地和其他土地在各地分布较为均衡，所占比例在1%～5%。

（三）区域经济特点

2019年鲁西、北平原区年末总人口数为2954.1万人，占总人口的29.17%，地区生产总值为11575.5亿元，占地区生产总值的16.86%，人均GDP为39184.5元/人，一般公共预算收入和一般公共预算支出分别为8306394.0万元和17350069.0万元，总出口额为9291231.0万元。鲁西、北平原区包含山东西南部和西北部的菏泽市、聊城市等大部分县市，地势平坦，气候适宜，土地利用率高，是重要的商品粮、棉生产基地，土地主要利用方向为耕地。该区域面积较大，经济相对落后一点，但具备较多发展前景较好的县（市、区），值得大力投入。

五、鲁北滨海黄河三角洲

（一）地类构成

如表2-38所示，鲁北滨海黄河三角洲总面积为1701525.9hm²，以耕地和城镇村及工矿用地为主，面积分别为539176.51hm²和377498.87hm²，二者面积之和占鲁北滨海黄河三角洲总面积的53.87%；水域及水利设施用地面积为301425.79hm²，占鲁北滨海黄河三角洲总面积的17.72%；湿地和林地面积分别为181689.27hm²和116844.38hm²，分别占鲁北滨海黄河三角洲总面积的10.68%和6.87%；种植园用地、草地、交通运输用地和其他土地面积均较少，分别为43877.93hm²、67315.29hm²、26582.19hm²和47115.67hm²，分别占鲁北滨海黄河三角洲总面积的2.58%、3.96%、1.56%和2.77%。

（二）地类分布

从各类型用地的分布来看：湿地和草地最多分布在河口区和垦利区，两地面积之和分别占湿地、草地面积的54.22%、57.43%，其他地区的湿地占比均不足10%，广饶县湿地占比最少，仅为1.32%，昌邑市草地占比最少，仅为0.74%；耕地广泛分布在各个地区，占比均不足20%，寿光市分布最多，为98136.87hm²，东营区分布最少，为

22478.81hm^2；种植园用地最多分布在沾化区，面积为 22821.89hm^2，占种植园用地的比例为 52.01%，远高于其他地区，广饶县分布最少，占比仅为 2.14%；林地在河口区、垦利区、沾化区和无棣区分布面积较大，其余地区分布相对较少；城镇村及工矿用地和交通运输用地的分布较为相似，在沾化区、无棣县和寒亭区分布较多，利津县分布最少；水域及水利设施用地最多分布在东营区、河口区和垦利区县，三者的面积之和占水域及水利设施用地面积的 55.38%，广饶县分布最少，仅有 13562.52hm^2；其他土地在河口区、垦利区、沾化区、寿光市和无棣区分布面积较大，其他地区占比均不足 10%，广饶县占比最低，仅为 5.01%。

（三）区域经济特点

2019 年鲁北滨海黄河三角洲年末总人口数为 504.3 万人，占总人口的 4.98%，地区生产总值为 3884.5 亿元，占地区生产总值的 5.66%，人均 GDP 为 77027.6 元/人，一般公共预算收入和一般公共预算支出分别为 3819489.0 万元和 4402222.0 万元，总出口额为 7058748.0 万元。鲁北滨海黄河三角洲位于山东省北部，包括东营区、广饶县等 10个县（市、区），黄泛平原是主要的地貌类型。该区域资源丰富，其他土地面积较大，是土地后备资源最丰富的地区，但土地开发难度较大，其中黄河三角洲地区因生态环境较为脆弱，资源环境承载力有限，水资源短缺，面临着严峻的社会经济发展与资源环境不协调的问题，是国家重点发展的高效生态经济区，要推进经济发展的绿色化、生态化转型，控制城镇村及工矿用地的扩张。

表 2-38　2019 年鲁北滨海黄河三角洲土地利用现状分布　　　　　（单位：hm^2）

地区	湿地	耕地	种植园用地	林地	草地	城镇村及工矿用地	交通运输用地	水域及水利设施用地	其他土地
鲁北滨海黄河三角洲	181689.27	539176.51	43877.93	116844.38	67315.29	377498.87	26582.19	301425.79	47115.67
东营区	9246.70	22478.81	1005.12	9742.71	5007.74	30357.63	2234.32	35910.30	1936.64
河口区	41102.66	35105.03	1361.25	13597.58	18632.88	38218.51	2550.64	69260.66	7211.85
垦利区	57413.62	54635.80	1104.72	12173.98	20023.36	19449.96	2333.29	61769.86	5078.51
利津县	12338.82	54709.54	726.03	7434.59	4951.87	14635.51	1784.68	29410.85	4110.81
广饶县	2397.16	53501.08	936.92	11143.71	1537.77	28968.04	2237.38	13562.52	2362.48
沾化区	3812.93	49103.07	22821.89	13996.21	3844.16	47868.53	2242.81	23423.18	5998.42
无棣县	18063.85	65509.52	7131.68	19196.41	4897.68	60998.92	2852.72	23511.16	7252.01
寿光市	6994.96	98136.87	2731.41	10841.64	2849.59	51619.35	4259.85	16073.05	6230.50
昌邑市	18008.44	69703.04	2773.78	11476.32	495.19	37191.54	2600.60	16675.23	4156.48
寒亭区	12310.13	36293.75	3285.13	7241.23	5075.05	48190.88	3485.90	11828.98	2777.97

第四节　土地利用权属特征

我国土地按照权属可分为国有土地和集体土地，国有土地是指所有权属于各级政府的土地，由国务院代表国家行使所有权，符合我国使用土地条件者都有国有土地使用权。集体土地，指农民集体所有的土地，也称作是劳动群众集体所有的土地，以下两大部分属于集体所有土地：宅基地和自留地、自留山；农村和城市郊区的土地，除由法律规定属于国家所有的以外，属于农民集体所有。

如表 2-39、图 2-4 所示，山东省以集体土地为主，其中集体土地总面积为 12984095.05hm²，占土地总面积比例为 82.30%，在临沂市、潍坊市、烟台市分布较多，面积分别为 1527666.59hm²、1284053.84hm² 和 1189951.80hm²，占集体土地面积的百分比为 11.77%、9.89% 和 9.16%，其余地区分布面积占比均低于 9%，其中东营市分布最少，仅为 341681.11hm²，仅占比 2.63%；国有土地总面积为 2791897.88hm²，占土地面积的 17.70%，在东营市、潍坊市分布较多，面积分别为 484012.78hm² 和 332073.58hm²，

表 2-39　2019 年山东省土地权属面积分布　　　　　（单位：hm²）

行政区名称	国有土地面积	集体土地面积
山东省	2791897.88	12984095.05
济南市	156326.20	864914.40
青岛市	231545.7	892818.37
淄博市	86859.36	507521.15
枣庄市	57341.89	395632.32
东营市	484012.78	341681.11
烟台市	199873.59	1189951.80
潍坊市	332073.58	1284053.84
济宁市	251266.37	861919.13
泰安市	115136.44	657159.02
威海市	96426.01	485729.75
日照市	64447.46	471884.09
临沂市	188024.64	1527666.59
德州市	127194.41	908577.06
聊城市	86516.15	776281.42
滨州市	209371.38	708350.62
菏泽市	105481.92	1109954.37

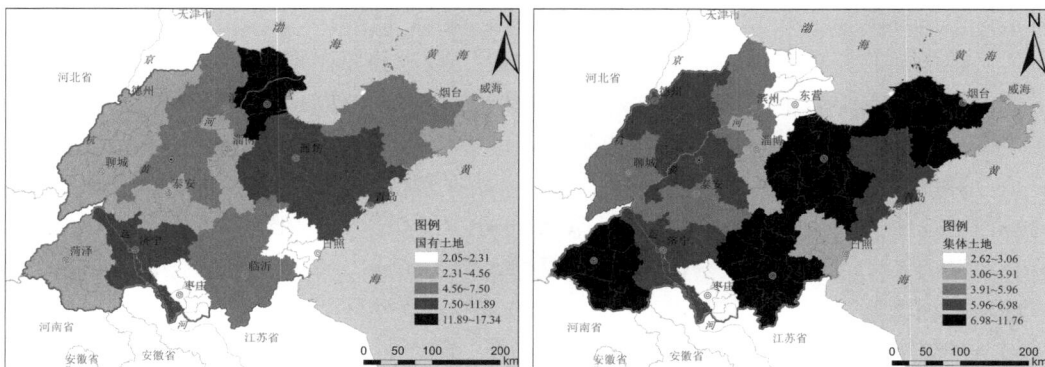

(a)国有土地　　　　　　　　　　　(b)集体土地

图 2-4　2019 年山东省土地权属占比空间分布（单位：%）

分别占国有土地面积的 17.34%和 11.89%，其余地区分布面积占比均低于 10%，枣庄市占比最少仅为 2.05%。

第五节　土地利用专项调查

在全面查清山东省国土利用现状及权属后，细化和完善国土利用专题调查，建立专题调查数据库，包括批准未建建设用地调查、永久基本农田调查、开发区范围土地利用调查、城镇开发边界内土地利用调查、生态保护红线内土地利用调查、自然保护区调查、耕地后备资源调查和采煤塌陷地土地利用调查等 8 项专题调查。

一、批而未建建设用地现状

批而未建土地指市政府批准农用地（未利用地）转用、土地征收的各类单独选址、成批次建设用地，以及审核同意的中心城区新增建设用地实施方案的土地，在规定的时间内未动工建设（即建设率为零）的土地，按照工作阶段分为批而未供、供而未用。

如表 2-40、表 2-41 所示，批准未建设用地面积共计 101542.17hm²，占国土调查总面积的 0.64%。其中批而未供面积为 33150.75hm²，占比 32.65%；供而未用面积为 68391.42hm²，占比 67.35%。在批准未建设用地中，农用地占据了绝大多数，面积合计 88468.04hm²，最多分布在临沂市，最少分布在日照市。

（一）批而未供土地利用现状

批而未供土地面积为 33150.75hm²，占国土调查总面积的 0.21%。其中，耕地分布最多，面积 13275.16hm²，占比 40.05%；其次是林地，面积 7659.66hm²，占比 23.11%；草地、种植园用地、水域及水利设施用地面积占比在 10%左右，其他土地、交通运输用地、湿地面积占比均低于 5%。各市批而未供土地分布情况差异明显。潍坊市、济南市和青岛市批而未供土地面积居全省前三名，比重均超过 10%，占比累计达到 33.22%，特别是潍坊市，批而未供土地面积 4126.22hm²，占比为 12.45%；枣庄市、聊城市和济宁市批而未供土地面积相对较少，占比均不足 3%，占比累计小于 8%。批而未供土地在东营市东营区、临沂市兰山区、泰安市岱岳区等地区较为密集。

从各地类的分布来看：湿地面积为 60.24hm²，较多分布在东营市和烟台市，淄博市、济宁市、德州市、聊城市和菏泽市无分布；耕地面积为 13275.16hm²，各地区分布面积在 235.17～1578.48hm² 之间，潍坊市最多，占耕地面积的比例分别为 11.89%，聊城市最少；种植园用地面积为 3100.48hm²，较多分布在济南市、青岛市、烟台市、泰安市和临沂市，其他市域分布较少，聊城市、滨州市分布极少；林地面积为 7659.66hm²，较多分布在济南市、潍坊市、泰安市，面积分别为 1108.26hm²、871.83hm²、785.92hm²，占林地总面积比例分别为 14.47%、11.38%、10.26%，其他区域占比均低于 10%；草地面积为 4505.79hm²，最多分布在东营市和潍坊市，两市面积之和占草地面积的 48.90%，其余地区占比均低于 8%，聊城市面积最少为 31.20hm²；工矿用地和住宅用地的面积分别为 1.77hm² 和 0.30hm²，仅分布在泰安市、聊城市；交通运输用地面积为 507.01hm²，较多分布在青岛市、东营市、潍坊市和临沂市，日照市分布最少，面积为 8.76hm²；水域及水利设施用地面积为 2803.6hm²，最多分布在东营市，面积分别为 513.69hm²，其他地区分布面积在 33.05～367.29hm² 之间；其他土地面积为 1236.74hm²，在潍坊市和滨州市分布面积较大，菏泽市分布面积最少为 5.79hm²。

从用途来看，批而未供土地主要用于工矿用地和住宅用地，面积分别为 14550.69hm²、10229.93hm²，分别占批而未供土地面积的 43.89%、30.86%。其他用途地类占比均低于 10%，具体而言，交通运输用地面积为 3307.39hm²，占比 9.98%；商业服务业用地面积为 2398.72hm²，占比 7.24%；公共管理与公共服务用地面积为 1704.76hm²，占比 5.14%；水工建筑用地面积为 845.18hm²，占比 2.55%；特殊用地面积为 114.08hm²，占比 0.34%。

（二）供而未用土地利用现状

供而未用土地面积为 68391.42hm²，占国土调查总面积的 0.43%。其中，耕地分布最多，面积 33440.33hm²，占比 48.90%；其次是林地，面积 14989.95hm²，占比 21.92%；其他地类面积占比均低于 10%，湿地面积最少，为 147.16hm²，仅占比 0.22%。临沂市与其他地市供而未用土地面积呈现较大差异，临沂市供而未用土地面积 21024.34hm²，占比达到 30.74%，主要原因是临沂市兰陵县存在大量供而未用土地，面积为 16742.83hm²，占全市的 80%，全省的 24%；其次是青岛市，存在的供而未用土地也明显高于其他地市，面积为 7899.15hm²，占比 11.55%；其他地市供而未用土地面积较为平均且小于 5000hm²，泰安市存在的供而未用土地面积最小，为 1614.73hm²。

从各地类的分布来看：湿地面积为 147.16hm²，较多分布在东营市和青岛市，枣庄市、泰安市和德州市无分布；耕地面积为 33440.33hm²，最多分布在临沂市，面积 13197.59hm²，占耕地总面积的 39.47%，其他区域占比均低于 10%，泰安市面积最少为 596.08hm²；种植园用地面积为 4282.13hm²，最多分布在临沂市，面积为 1410.05hm²，占种植园用地总面积的 32.93%，其他市域分布较少，东营市分布极少；林地面积为 14989.95hm²，较多分布在济南市、青岛市和临沂市，在东营市分布最少；草地面积为 6311.31hm²，较多分布在青岛市、东营市和临沂市，其余地区占比均低于 8%，枣庄市面积最少为 105.44hm²，仅占比 1.67%；工矿用地、住宅用地、公共管理与公共服务用地的面积分别为 0.31hm²、0.36hm² 和 0.31hm²，仅分布在极少数地区；交通运输用地面积为 1158.27hm²，较多分布在青岛市、东营市和临沂市，日照市分布最少，面积为 19.90hm²；水域及水利设施用地面积为 5852.64hm²，较多分布在枣庄市、临沂市和德州市，分别占水域及水利设施用地总面积的 12.36%、15.64%、12.04%，其他区域占比均低于 10%；其他土地面积为 2208.65hm²，最多分布在临沂市，面积为 902.50hm²，菏泽市最少，为 23.37hm²。

从用途来看，供而未用土地主要用于交通运输用地、工矿用地，面积分别为 21210.73hm²、10229.93hm²（表 2-41），分别占批而未供土地面积的 43.89%、30.86%。其次是住宅用地，面积为 12615.36hm²，占比 18.45%；公共管理与公共服务用地、水工建筑用地、商业服务业用地面积分别为 5189.64hm²、4553.64hm²、3565.22hm²，占比分别为 7.59%、6.66%、5.21%；特殊用地面积最少，为 212.09hm²，占比 0.31%。

表 2-40　2019 年山东省批准未建设的建设用地现状　　　　（单位：hm²）

| 行政区名称 | 合计 | 批而未供 | | | | | | | | | | |
		小计	湿地	耕地	种植园用地	林地	草地	工矿用地	住宅用地	交通运输用地	水域及水利设施用地	其他土地
山东省	101542.17	33150.75	60.24	13275.16	3100.48	7659.66	4505.79	1.77	0.30	507.01	2803.60	1236.74
济南市	7614.35	3539.69	0.16	1285.48	319.53	1108.26	339.98	0.00	0.00	46.69	367.29	72.30
青岛市	11246.73	3347.58	9.43	1530.98	327.72	760.00	283.43	0.00	0.00	56.27	266.58	113.17
淄博市	3589.26	1272.13	0.00	501.60	118.00	468.47	84.61	0.00	0.00	14.74	52.89	31.82
枣庄市	2893.84	678.76	0.02	346.18	97.83	145.70	33.28	0.00	0.00	11.80	33.05	10.90
东营市	5725.10	3178.50	14.25	775.26	77.71	308.22	1307.35	0.00	0.00	58.59	513.69	123.43
烟台市	5072.34	2388.52	16.57	876.63	526.38	392.53	391.87	0.00	0.00	36.03	45.10	103.41
潍坊市	8191.18	4126.22	0.52	1578.48	259.74	871.83	896.01	0.00	0.00	57.28	252.04	210.32
济宁市	3909.67	986.03	0.00	558.69	94.16	218.27	52.79	0.00	0.00	10.72	45.25	6.15
泰安市	3966.50	2351.77	4.63	698.89	349.38	785.92	172.04	1.54	0.08	42.11	241.23	55.95
威海市	3889.67	1290.64	1.43	615.11	106.33	272.76	150.30	0.00	0.00	22.09	43.32	79.30
日照市	2821.54	1045.92	0.12	454.42	105.73	293.81	65.72	0.00	0.00	8.76	70.89	46.47
临沂市	23988.60	2964.26	0.03	1451.13	494.62	640.04	174.73	0.00	0.00	51.04	75.17	77.50
德州市	4875.50	2117.26	0.00	958.14	82.97	622.66	193.30	0.00	0.00	18.61	204.13	37.45
聊城市	3622.02	774.33	0.00	235.17	24.31	130.64	31.20	0.23	0.22	11.69	321.91	18.96
滨州市	3563.20	1456.20	13.08	473.36	11.58	271.16	255.92	0.00	0.00	45.01	142.27	243.82
菏泽市	6572.67	1632.94	0.00	935.64	104.49	369.39	73.26	0.00	0.00	15.58	128.79	5.79

| 行政区名称 | 供而未用 | | | | | | | | | | | |
	小计	湿地	耕地	种植园用地	林地	草地	工矿用地	住宅用地	公共管理与公共服务用地	交通运输用地	水域及水利设施用地	其他土地
山东省	68391.42	147.16	33440.33	4282.13	14989.95	6311.31	0.31	0.36	0.31	1158.27	5852.64	2208.65
济南市	4074.66	0.41	1389.31	213.04	1520.16	432.72	0.00	0.00	0.31	74.82	345.40	98.49
青岛市	7899.15	43.78	3133.13	511.39	2282.60	1004.77	0.00	0.00	0.00	132.89	541.70	248.89
淄博市	2317.13	0.49	1078.63	139.81	652.74	187.36	0.00	0.00	0.00	69.72	134.31	54.07
枣庄市	2215.08	0.00	707.41	248.12	354.26	105.44	0.00	0.00	0.00	34.52	723.52	41.81
东营市	2546.60	47.66	652.22	10.99	265.52	1046.60	0.00	0.00	0.00	131.00	268.32	124.29
烟台市	2683.82	26.20	806.58	503.53	457.62	550.44	0.00	0.00	0.00	43.81	148.60	147.04
潍坊市	4064.96	8.06	1823.09	303.30	1063.88	488.73	0.23	0.36	0.00	66.28	153.59	157.44
济宁市	2923.64	0.73	1377.53	141.98	831.20	109.69	0.00	0.00	0.00	38.78	383.82	39.91
泰安市	1614.73	0.00	596.08	157.26	609.32	126.70	0.00	0.00	0.00	34.00	30.61	60.76
威海市	2599.03	15.39	963.68	120.25	746.56	463.04	0.00	0.00	0.00	33.69	141.81	114.61
日照市	1775.62	2.13	715.91	210.55	476.00	189.35	0.00	0.00	0.00	19.90	93.01	68.77
临沂市	21024.34	0.01	13197.59	1410.05	3579.43	741.26	0.00	0.00	0.00	277.97	915.53	902.50
德州市	2758.24	0.00	1193.72	71.59	545.83	191.61	0.00	0.00	0.00	32.02	704.83	18.64
聊城市	2847.69	0.69	1301.14	96.96	679.96	168.35	0.08	0.00	0.00	26.59	543.21	30.71
滨州市	2107.00	1.52	875.82	92.90	479.30	321.66	0.00	0.00	0.00	71.63	186.82	77.35
菏泽市	4939.73	0.09	3628.49	50.41	445.57	183.59	0.00	0.00	0.00	70.65	537.56	23.37

表 2-41　2019 年山东省批准未建设的建设用地用途　　　　　　（单位：hm^2）

行政区名称	合计	批而未供							
		小计	商业服务业用地	工矿用地	住宅用地	公共管理与公共服务用地	特殊用地	交通运输用地	水域及水利设施用地（水工建筑用地）
山东省	101542.17	33150.75	2398.72	14550.69	10229.93	1704.76	114.08	3307.39	845.18
济南市	7614.35	3539.69	203.28	1366.95	1162.31	132.29	1.00	458.23	215.63
青岛市	11246.73	3347.58	13.88	2510.97	628.47	79.44	0.38	114.44	0.00
淄博市	3589.26	1272.13	180.69	376.86	503.17	72.17	0.90	116.95	21.39
枣庄市	2893.84	678.76	78.60	213.52	156.15	37.23	6.27	180.78	6.21
东营市	5725.10	3178.50	284.85	2023.55	289.31	292.19	27.99	250.11	10.50
烟台市	5072.34	2388.52	302.83	1222.47	435.84	208.61	27.21	191.55	0.01
潍坊市	8191.18	4126.22	309.52	1575.45	1740.41	170.21	7.15	318.40	5.08
济宁市	3909.67	986.03	98.89	513.80	221.80	96.95	4.87	48.37	1.35
泰安市	3966.50	2351.77	335.38	651.21	632.10	227.89	1.98	291.03	212.18
威海市	3889.67	1290.64	153.69	365.59	449.42	154.70	13.91	153.32	0.01
日照市	2821.54	1045.92	61.18	647.23	145.05	13.64	0.22	136.42	42.18
临沂市	23988.60	2964.26	18.44	575.32	1516.54	29.03	0.00	822.42	2.51
德州市	4875.50	2117.26	128.76	1165.36	612.74	88.88	19.32	101.18	1.02
聊城市	3622.02	774.33	15.89	299.80	29.06	52.76	0.00	63.53	313.29
滨州市	3563.20	1456.20	113.64	783.47	448.00	41.43	2.81	53.03	13.82
菏泽市	6572.67	1632.94	99.20	259.14	1259.56	7.34	0.07	7.63	0.00

行政区名称	供而未用							
	小计	商业服务业用地	工矿用地	住宅用地	公共管理与公共服务用地	特殊用地	交通运输用地	水域及水利设施用地（水工建筑用地）
山东省	68391.42	3565.22	10229.93	12615.36	5189.64	212.09	21210.73	4553.64
济南市	4074.66	463.83	1534.98	898.34	494.44	10.47	614.41	58.19
青岛市	7899.15	437.80	3786.45	1134.73	1461.85	0.83	1075.93	1.56
淄博市	2317.13	298.81	872.33	541.24	202.43	32.05	337.06	33.21
枣庄市	2215.08	76.59	377.73	547.10	915.00	6.22	207.17	85.27
东营市	2546.60	56.81	2178.47	106.35	37.81	13.27	153.89	0.00
烟台市	2683.82	199.13	1205.08	574.26	290.07	0.58	411.23	3.47
潍坊市	4064.96	312.56	1020.92	1904.68	272.43	85.51	457.99	10.87
济宁市	2923.64	406.78	1193.33	771.96	115.11	24.39	220.16	191.91
泰安市	1614.73	144.58	520.60	446.16	198.38	2.14	235.02	67.85
威海市	2599.03	417.46	835.95	902.26	314.07	3.00	50.84	75.45
日照市	1775.62	100.53	1067.98	358.80	73.05	7.54	167.52	0.20
临沂市	21024.34	348.11	1308.12	2232.22	348.44	5.12	16722.85	59.48
德州市	2758.24	171.42	1328.20	463.18	113.85	11.81	110.38	559.40
聊城市	2847.69	21.77	2144.52	84.74	77.59	0.03	130.69	388.35
滨州市	2107.00	70.13	1225.50	503.41	83.15	0.00	194.64	30.17
菏泽市	4939.73	38.91	444.58	1145.93	191.97	9.13	120.95	2988.26

二、永久基本农田现状

基本农田是指中国按照一定时期人口和社会经济发展对农产品的需求,依据土地利用总体规划确定的不得占用的耕地,即对基本农田实行永久性保护。"永久基本农田"即无论什么情况下都不能改变其用途,不得以任何方式挪作他用的基本农田。

(一)永久基本农田地类构成

如表 2-42 所示,全省永久基本农田 7284050.97hm^2,占国土调查总面积的 46.07%,以耕地、林地和种植园用地等农用地为主,且 13 个地类均有分布。耕地面积为 5155107.72hm^2,占永久基本农田总面积的 70.77%;林地面积 851582.02hm^2,占永久基本农田总面积的 11.69%;种植园用地面积 635191.27hm^2,占永久基本农田总面积的 8.72%;其余地类分布均较少,面积之和占永久基本农田总面积的 8.82%。从全省基本农田范围内的地类占其地类总面积的角度来看,耕地中位于永久基本农田的范围最大,有将近 80%位于永久基本农田范围内,种植园用地中有约 50%位于其中,其他土地中田坎、设施农用地等地类占比较多有 47%位于其范围内,而湿地、住宅用地等地类位于基本农田范围内的比重微乎其微。

(二)永久基本农田空间分布

全省永久基本农田除在沿海区域与城市主城区分布稀疏外,在其他区域分布较均匀,临沂市、潍坊市与菏泽市为是耕地大市,位于基本农田范围内的耕地均超过 50 万 hm^2,基本农田总面积位居全省前三名,而东营市、淄博市和枣庄市基本农田面积则相对较小。从各市所在辖区来看,菏泽市、聊城市、济宁市、德州市等鲁西北平原区及济南市永久基本农田面积占所在调查区面积的比重较大,调查区中有 50%以上的范围为永久基本农田,东营市、淄博市等面积较小地市基本农田占比也相对较小,比重分别是 24.08%和 33.39%。

从各地类的分布来看:湿地面积为 1110.93hm^2,在东营市、潍坊市、济宁市、日照市分布较多,四市面积之和占湿地面积的 59.48%,其余地区占比均低于 7%,枣庄市面积最少,为 4.48hm^2;耕地面积为 5155107.72hm^2,菏泽市分布最多,面积为 640930.78hm^2,淄博市分布最少,面积为 121357.54hm^2;种植园用地面积为 635191.27hm^2,在烟台市、临沂市、济南市分布较多,面积分别为 144743.39hm^2、112445.90hm^2、68005.54hm^2,其他市域分布面积均低于 50000hm^2,东营市分布面积最少,仅有 2526.04hm^2;林地面积为 851582.02hm^2,较多分布在临沂市、济南市、潍坊市,面积分别为 126532.60hm^2、103543.66hm^2、103162.81hm^2,枣庄市面积最少;草地面积为 19707.24hm^2,最多分布在济南市,面积为 14172.19hm^2,占草地面积的 71.91%,其他市域占比均低于 6%,枣庄市、德州市、聊城市、菏泽市占比不足 1%;商业服务业用地面积为 5248.66hm^2,较多分布在潍坊市、济宁市、临沂市,面积分别为 817.11hm^2、759.41hm^2、644.37hm^2,威海市商业服务业用地面积最少,仅有 84.92hm^2;工矿用地面积为 16578.78hm^2,较多分

表 2-42　2019 年山东省永久基本农田现状　（单位：hm^2）

行政区名称	合计	湿地	耕地	种植园用地	林地	草地	商业服务业用地
山东省	7284050.97	1110.93	5155107.72	635191.27	851582.02	19707.24	5248.66
济南市	535087.99	75.37	292871.47	68005.54	103543.66	14172.19	556.32
青岛市	481049.49	55.48	350757.85	44499.70	57462.86	410.15	350.04
淄博市	199147.27	16.30	121357.54	28733.97	35612.68	469.86	243.61
枣庄市	223500.34	4.48	171693.73	24397.53	12838.34	61.29	193.33
东营市	198835.54	196.62	147915.50	2526.04	23488.42	958.45	218.50
烟台市	465140.87	8.31	253301.77	144743.39	24173.64	1006.90	129.21
潍坊市	762021.19	183.99	540870.34	56017.38	103162.81	1019.09	817.11
济宁市	613729.37	137.54	423507.18	14899.06	72886.37	345.18	759.41
泰安市	342164.85	75.08	219245.19	34481.83	60281.78	128.37	157.63
威海市	212097.36	16.54	124997.87	37825.84	23618.16	204.16	84.92
日照市	241697.81	142.67	142086.94	22141.38	45352.32	208.06	176.85
临沂市	816381.39	39.27	508204.46	112445.90	126532.60	245.04	644.37
德州市	558444.07	32.97	489039.12	3413.54	32654.68	62.48	91.40
聊城市	500235.21	33.83	422938.86	11669.18	39279.94	75.74	304.58
滨州市	411745.42	69.65	305389.12	21249.65	54389.35	328.25	146.91
菏泽市	722772.80	22.83	640930.78	8141.34	36304.41	12.03	374.47

行政区名称	工矿用地	住宅用地	公共管理与公共服务用地	特殊用地	交通运输用地	水域及水利设施用地	其他土地
山东省	16578.78	17574.46	2191.76	4760.84	156845.41	213280.52	204871.37
济南市	3876.88	3219.45	606.92	376.56	13177.96	18150.88	16454.79
青岛市	581.09	387.28	91.68	591.49	7444.57	7552.01	10865.29
淄博市	517.97	358.75	103.57	252.99	3411.22	2299.45	5769.36
枣庄市	402.22	566.58	40.19	61.39	4804.38	4074.04	4362.84
东营市	1070.73	1202.11	72.32	199.00	2441.36	17551.80	994.69
烟台市	377.65	378.55	30.38	286.15	8246.44	5113.68	27344.80
潍坊市	1011.43	1079.32	98.85	882.78	15775.66	18582.05	22520.38
济宁市	1267.63	3622.76	522.76	213.44	35827.48	47250.22	12490.34
泰安市	605.37	607.03	44.28	137.48	8296.78	4520.56	13583.48
威海市	277.79	218.01	22.39	170.25	4224.00	2647.56	17789.87
日照市	732.52	445.30	69.60	262.76	4530.08	3914.43	21634.90
临沂市	2507.74	2343.72	131.52	749.19	13066.37	7750.90	41720.31
德州市	201.24	294.17	53.16	125.71	9347.54	21998.11	1129.95
聊城市	727.07	508.52	69.68	75.89	8443.98	12724.33	3383.61
滨州市	354.78	278.58	58.01	222.87	6476.36	21341.04	1440.85
菏泽市	2066.67	2064.33	176.45	152.89	11331.23	17809.46	3385.91

布在济南市、临沂市和菏泽市，面积分别为 3876.88hm^2、2507.74hm^2、2066.67hm^2；住宅用地面积为 17574.46hm^2，最多分布在临沂市，面积为 3622.76hm^2，威海市面积最少，仅有 218.01hm^2；公共管理与公共服务用地面积为 2191.76hm^2，最多分布在济南市和济宁市，面积分别为 606.92hm^2、522.76hm^2，枣庄市分布最少，仅有 40.19hm^2；特殊用地面积为 4760.84hm^2，较多分布在青岛市、潍坊市和临沂市，其余地区分布面积均低于 400hm^2，枣庄市面积最少，仅有 61.39hm^2；交通运输用地面积为 156845.41hm^2，最多分布在济宁市，面积为 35827.48hm^2，占比 22.84%，淄博市面积

最少，为 3411.22hm^2；水域及水利设施用地面积为 213280.52hm^2，最多分布在济宁市，面积为 47250.22hm^2，占总湿地的比例为 22.15%，其次为德州市和滨州市，面积分别为 21998.11hm^2、21341.04hm^2，淄博市面积最少，为 2299.45hm^2，占比为 1.08%；其他土地面积为 204871.37hm^2，较多分布在临沂市、烟台市、潍坊市、日照市，面积分别为 41720.31hm^2、27344.80hm^2、22520.38hm^2、21634.90hm^2，其余市域面积均低于 20000hm^2，东营市分布面积最少，仅有 994.69hm^2。

三、开发区范围土地利用现状

开发区是指由国务院和省、自治区、直辖市人民政府批准在城市规划区内设立的经济技术开发区、保税区、高新技术产业开发区、国家旅游度假区等实行国家特定优惠政策的各类开发区。同时，开发区特指的是未被开发的地方，是具有经济或人文环境潜力的地方，所以称之为开发区。近些年，山东省积极优化开发区发展环境，加大招商引资和项目建设力度，加快基础设施配套建设，开发区建设和发展取得良好成效，在拉动经济增长、增加财政收入、发展高新技术产业，促进结构调整和扩大招商引资中发挥了重要作用，做出了较为突出的贡献。经调查，全省开发区主要集中分布于各市中心城区附近，分为工业主导型和产城融合型两种类型。审批面积 89275.63hm^2，共计 192 个，实际管辖面积 1070385.78hm^2，共计 338 个，整体而言，实际管辖范围远远大于审批范围，约是审批范围的 12 倍，实际管辖数目也比审批数目多近 150 个。

（一）开发区审批范围内土地利用现状

如表 2-43 所示，开发区审批范围内土地最多分布在青岛市，面积为 13330.07hm^2，占总开发区审批范围内土地面积的 14.93%，远远高于其他地市，青岛高新技术产业开发区、青岛前湾保税港区和青岛城阳工业园区等开发区近些年发展迅猛，其他地区分布面积在 1749.57～7561.23hm^2 之间，日照市分布面积最少。开发区审批范围内主要地类为工矿用地、住宅用地、交通运输用地，占总面积的比例分别为 33.40%、17.07%、11.66%，其他地类占比均低于 10%，其他土地占比仅为 0.85%。

从各地类的分布来看：湿地面积为 1103.52hm^2，最多分布在青岛市，面积为 1060.63hm^2，其余地区分布极少或无分布；耕地面积为 6017.27hm^2，青岛市耕地最多，面积为 1096.15hm^2，占耕地面积的 18.22%，其余地区耕地面积在 114.47～593.38hm^2 之间；种植园用地面积为 1493.56hm^2，最多分布在济南市，面积为 339.31hm^2，其余地方种植园用地面积均低于 200hm^2，东营市面积最少，仅为 9.05hm^2；林地面积为 8559.17hm^2，青岛市林地最多，面积为 1719.79hm^2，占林地面积的 20.09%，其余地区林地面积均低于 800hm^2，日照市林地面积最少，为 155.02hm^2；草地面积为 3126.47hm^2，最多分布在东营市、青岛市、威海市，面积分别为 989.50hm^2、510.69hm^2、350.85hm^2，其余地区草地面均低于 300hm^2；商业服务业用地和公共管理与公共服务用地的面积分别为 5848.82hm^2、4400.86hm^2，最多分布在青岛市，面积分别为 883.86hm^2、615.79hm^2，其次是济南市、潍坊市，其余地区占比均低于 10%；工矿用地面积为 29814.81hm^2，在青岛市、烟台市、德州市、临沂市、济宁市、东营市的分布面积在 2030.39～3049.56hm² 之间，其余地区的分布面积均低于 2000hm²，菏泽市、日照市分布面积低于 1000hm²，分别为 758.56hm²、527.65hm²；住宅用地面积为 15242.08hm²，最多分布在潍坊市，面积为 2251.20hm²，其次为济南市、青岛市、菏泽市，面积分别为 1529.81hm²、1470.26hm²、1363.96hm²，其余地区住宅用地面积在 414.09～925.18hm² 之间；特殊用地面积为 179.46hm²，济宁市分布面积最大，为 28.46hm²，临沂市分布面积最小，为 3.10hm²；交通运输用地面积为 10407.21hm²，最多分布在青岛市，面积为 1702.71hm²，其余地区分布面积在 179.73～1016.21hm² 之间；水域及水利设施用地面积为 2322.72hm²，青岛市分布面积最大，为 674.76hm²，其余地区分布面积均在 200hm² 以下，日照市分布面积最少，为 18.23hm²；其他土地面积为 759.68hm²，最多分布在青岛市，面积为 363.67hm²，占其他土地总面积的比例为 47.87%，日照市、枣庄市、德州市占比均不足 1%。

（二）开发区实际管辖范围内土地利用现状

如表 2-44 所示，开发区实际管辖范围内土地在青岛市分布最多，面积为 108881.00hm²，其次为临沂市，面积为 106470.78hm²，其余地区分布面积在 11607.29～92363.39hm² 之间，枣庄市面积最少。开发区实际管辖范围内主要地类为耕地、林地、工矿用地、住宅用地，占总面积的比例分别为 23.01%、15.10%、16.73%、10.47%，其他地类占比均低于 10%，特殊土地仅占比 0.39%。

从各地类的分布来看：湿地面积为 47579.64hm²，最多分布在滨州市，面积为 19755.67hm²，东营市、潍坊市、威海市、青岛市的分布面积在 4613.26～11913.40hm² 之间，其余地区湿地分布较少，枣庄市无湿地分布；耕地面积为 246285.30hm²，最多分布在菏泽市、临沂市，面积分布为 31007.94hm²、29208.44hm²，其次是济南市、济宁市，面积分别为 20652.42hm²、20597.57hm²，其余地区分布面积在 2082.60～19033.54hm² 之间，枣庄市耕地最少；种植园用地面积为 62301.99hm²，最多分布在威海市、临沂市，面积分别为 10439.55hm²、9695.58hm²，其余地区分布面积在 145.07～7580.17hm² 之间，滨州市分布最少；林地面积为 161610.41hm²，在威海市、青岛市、济南市、临沂市分布面积较大，分别为 22502.43hm²、19656.15hm²、19546.47hm²、17893.45hm²，其余地区分布面积均低于 12000hm²，枣庄市林地面积最少，为 877.47hm²；草地面积为 31677.32hm²，东营市分布最多，为 8603.03hm²，其余地区的分布面积在 119.35～4604.29hm² 之间，聊城市、枣庄分布面积较少；商业服务业用地和住宅用地的面积分别为 34233.66hm²、112093.84hm²，最多分布在青岛市，面积分别为 6375.04hm²、13274.11hm²，其余地区占比均低于 10%，枣庄商业服务业用地和住宅用地面积最少，分别为 614.26hm²、1484.8hm²；工矿用地面积为 179102.46hm²，各地区分布面积在 4268.34～17170.53hm² 之间，青岛市最多，枣庄市分布最少；公共管理与公共服务用地面积为 22192.72hm²，最多分布在青岛市、济南市，面积分别为 3702.56hm²、2683.11hm²，其余地区住宅用地面积在 410.63～2117.50hm² 之间；特殊用地面积为 4199.41hm²，青岛市分布面积最大，为 849.18hm²，枣庄市分布面积最小，为 8.40hm²；交通运输用地面积为 81034.3hm²，最多分布在青岛市，面积为 10891.48hm²，占交通运输用地总面积的

13.44%，其余地区分布面积在 904.48～8060.83hm^2 之间；水域及水利设施用地面积为 68658.48hm^2，最多分布在东营市、威海市，面积分别为 15980.96hm^2、9865.83hm^2，其余地区分布面积均低于 7000hm^2，枣庄市分布面积最少，为 299.48hm^2；其他土地面积为 19416.25hm^2，各地区分布面积在 53.25～2725.80hm^2 之间，最多分布在威海市，最少分布在枣庄市。

表 2-43　2019 年山东省开发区审批范围内土地利用现状　　　　（单位：hm^2）

行政区名称	合计	湿地	耕地	种植园用地	林地	草地	商业服务业用地
山东省	89275.63	1103.52	6017.27	1493.56	8559.17	3126.47	5848.82
济南市	7268.87	0.00	468.49	339.31	742.33	161.87	655.72
青岛市	13330.07	1060.63	1096.15	158.40	1719.79	510.69	883.86
淄博市	4648.50	0.00	405.34	82.98	587.81	111.06	346.62
枣庄市	3380.43	0.00	187.40	126.72	204.61	34.34	195.57
东营市	6252.08	0.00	164.82	9.05	523.17	989.50	234.26
烟台市	6411.37	0.08	160.80	74.44	393.56	88.40	483.23
潍坊市	7561.23	0.00	593.38	115.97	483.24	206.50	610.42
济宁市	5385.57	0.00	584.11	143.26	469.34	49.54	227.62
泰安市	4269.33	0.37	449.76	102.24	719.90	148.27	183.83
威海市	5156.69	42.36	341.06	49.87	615.92	350.85	354.36
日照市	1749.57	0.08	114.47	38.60	155.02	33.09	189.64
临沂市	5598.36	0.00	419.92	133.56	429.30	81.47	373.47
德州市	5636.66	0.00	152.01	14.68	352.69	91.69	346.52
聊城市	3803.66	0.00	166.97	11.81	329.70	26.63	263.66
滨州市	4896.65	0.00	492.60	15.23	541.23	226.50	279.68
菏泽市	3926.59	0.00	219.99	77.44	291.56	16.07	220.36

行政区名称	工矿用地	住宅用地	公共管理与公共服务用地	特殊用地	交通运输用地	水域及水利设施用地	其他土地
山东省	29814.81	15242.08	4400.86	179.46	10407.21	2322.72	759.68
济南市	1979.48	1529.81	509.45	18.15	737.56	91.14	35.56
青岛市	3049.56	1470.26	615.79	23.80	1702.71	674.76	363.67
淄博市	1719.74	678.20	259.70	15.13	355.32	55.00	31.60
枣庄市	1250.07	730.13	187.11	1.25	396.06	60.60	6.57
东营市	2030.39	557.10	230.19	5.52	1016.21	475.00	16.87
烟台市	2946.75	925.18	260.82	16.17	984.06	48.83	29.05
潍坊市	1739.98	2251.20	512.46	14.01	854.33	75.99	103.75
济宁市	2318.21	655.33	177.72	28.46	644.36	74.46	13.16
泰安市	1580.51	530.01	74.85	2.81	382.95	54.99	38.84
威海市	1427.81	998.06	309.83	17.35	532.76	85.12	31.34
日照市	527.65	414.09	68.56	5.38	179.73	18.23	5.03
临沂市	2377.25	896.70	224.63	3.10	533.61	93.21	32.14
德州市	2724.37	936.86	228.95	8.75	588.76	187.34	4.04
聊城市	1599.12	620.10	208.17	3.26	506.22	52.54	15.48
滨州市	1785.36	685.09	175.35	5.95	479.03	191.63	19.00
菏泽市	758.56	1363.96	357.28	10.37	513.54	83.88	13.58

表 2-44　2019 年山东省开发区实际管辖范围内土地利用现状　　（单位：hm²）

行政区名称	合计	湿地	耕地	种植园用地	林地	草地	商业服务业用地
山东省	1070385.78	47579.64	246285.30	62301.99	161610.41	31677.32	34233.66
济南市	92363.39	63.58	20652.42	7002.85	19546.47	2018.36	2865.03
青岛市	108881.00	4613.26	14965.84	5356.53	19656.15	3361.36	6375.04
淄博市	62440.71	34.17	15701.86	3230.52	11172.52	1005.48	2484.72
枣庄市	11607.29	0.00	2082.60	666.05	877.47	119.35	614.26
东营市	77102.47	11913.40	14285.97	513.58	5737.69	8603.03	762.74
烟台市	70145.64	454.29	9992.56	7580.17	8367.04	3249.40	2620.29
潍坊市	66833.20	5264.77	11013.55	3081.67	8124.29	3164.52	2762.71
济宁市	55797.44	4.36	20597.57	1616.79	6762.40	379.80	1669.94
泰安市	54260.10	95.90	16030.05	4904.76	10441.56	718.22	1483.00
威海市	98887.76	5189.21	19033.54	10439.55	22502.43	4604.29	2168.90
日照市	40098.27	124.09	7146.25	4214.87	6241.75	650.11	1975.34
临沂市	106470.78	63.23	29208.44	9695.58	17893.45	1031.11	2615.03
德州市	52631.89	2.68	11690.02	723.16	6954.50	787.18	1777.37
聊城市	46855.40	0.09	16923.94	782.25	6223.56	303.98	1494.84
滨州市	50873.50	19755.67	5952.75	145.07	3865.04	1282.45	691.18
菏泽市	75136.94	0.94	31007.94	2348.59	7244.09	398.68	1873.27

行政区名称	工矿用地	住宅用地	公共管理与公共服务用地	特殊用地	交通运输用地	水域及水利设施用地	其他土地
山东省	179102.46	112093.84	22192.72	4199.41	81034.30	68658.48	19416.25
济南市	12817.14	11025.00	2683.11	468.06	7210.35	4429.11	1581.91
青岛市	17170.53	13274.11	3702.56	849.18	10891.48	6589.25	2075.71
淄博市	12665.71	7196.52	1335.49	393.83	4769.58	1599.67	850.64
枣庄市	4268.34	1484.80	228.81	8.40	904.48	299.48	53.25
东营市	10217.48	2379.79	594.37	80.60	3782.75	15980.96	2250.11
烟台市	15286.67	8082.64	2117.50	288.97	8060.83	2407.70	1637.58
潍坊市	16909.22	6629.03	1441.99	282.18	5580.21	1672.71	906.35
济宁市	10716.46	5512.67	1039.98	99.14	4747.69	2364.66	285.98
泰安市	6227.33	6149.17	1021.28	153.46	3520.19	2673.13	842.05
威海市	7205.15	7867.36	1883.87	234.46	5167.37	9865.83	2725.80
日照市	6903.44	4729.05	718.14	179.43	4301.65	1848.60	1065.55
临沂市	16862.58	12706.06	1229.96	538.19	6781.45	5251.16	2594.54
德州市	13991.58	6395.51	1701.45	162.21	4461.97	3698.75	285.51
聊城市	7408.70	5797.49	773.10	299.09	3614.25	2877.18	356.93
滨州市	9914.38	1813.73	410.63	49.03	2294.33	3192.13	1507.11
菏泽市	10537.75	11050.91	1310.48	113.18	4945.72	3908.16	397.23

四、城镇开发边界内土地利用现状

城镇开发边界指根据地形地貌、自然生态、环境容量和基本农田等因素划定的，可进行城市开发建设和禁止进行城市开发建设的区域之间的空间界线，是允许城市建设用地拓展的最大边界。

（一）总体结构与分布

如表 2-45 所示，城镇开发边界内土地面积为 2033098.50hm²，占调查区总面积的 12.86%。最多分布在潍坊市、青岛市、烟台市，面积分别为 227304.88hm²、218973.35hm²、203764.06hm²，分别占城镇开发边界内土地面积的 11.18%、10.77%、10.02%，其中青岛市城镇开发边界主要围绕主城区市南区、市北区、城阳区等区域，城镇开发边界相对集中；其余地区分布面积在 70917.76~170581.43hm² 之间，城市的开发区边界整体相对分散，局部呈现小面积聚集的特征，淄博市城镇开发边界内土地面积最少，占比仅为 3.49%。城镇开发边界内土地主要地类为住宅用地、工矿用地、耕地和林地，占城镇开发边界内土地面积的比例分别为 20.85%、15.92%、16.60%、11.24%，其他地类占比均低于 10%。

（二）各地类空间分布

从各地类的分布来看：湿地面积为 39876.71hm²，最多分布在潍坊市，面积为 19297.92hm²，其次是滨州市、烟台市和青岛市，面积分别为 10772.68hm²、5225.23hm²、2950.45hm²，东营市、威海市、日照市、淄博市的湿地面积在 62.18~604.24hm² 之间，其余地区面积均小于 5hm²，聊城市无湿地分布；耕地面积为 337532.17hm²，最多分布在菏泽市，面积为 52754.82hm²，占耕地面积的 15.63%，其余地区耕地面积在 6894.91~29576.51hm² 之间，淄博市耕地面积最少；种植园用地面积为 97827.52hm²，最多分布在烟台市，面积为 26003.99hm²，占种植园用地面积的 26.58%，其余地区种植园用地面积均低于 10000hm²，东营市面积最少，为 508.84hm²；林地面积为 228582.05hm²，最多分布在潍坊市、青岛市、烟台市，面积分别为 24559.50hm²、23980.90hm²、20607.46hm²，其余地区林地面积均低于 20000hm²，济南市、菏泽市、临沂市、济宁市、德州市、滨州市、泰安市、威海市的分布面积在 10068.57~19004.06hm² 之间，东营市林地面积最少，仅为 7183.93hm²，占林地面积的 3.14%；草地面积为 53705.81hm²，最多分布在东营市、烟台市、潍坊市、青岛市、威海市，面积分别为 9910.12hm²、8563.94hm²、8432.15hm²、6676.56hm²、5111.28hm²，五市面积之和占草地面积的 72.05%，其余地区草地面积在 584.46~3538.04hm² 之间；商业服务业用地和工矿用地的面积分别为 115207.30hm²、323698.24hm²，最多分布在潍坊市、青岛市，面积分别为 11999.90hm²、40175.22hm² 和 16385.08hm²、38318.01hm²，枣庄市商业服务业用地和工矿用地的面积最少，面积分别为 3147.55hm²、7840.52hm²；住宅用地面积为 423933.07hm²，最多分布在青岛市、临沂市、菏泽市，面积分别为 45090.50hm²、42200.02hm²、40589.62hm²，其余地区分布面积在 13432.54~36569.54hm² 之间，日照市分布面积最少；公共管理与公共服务用地面积为 102435.49hm²，最多分布在济南市、青岛市，面积分别为 11687.88hm²、13251.49hm²，其余地区分布面积在 3126.26~9157.10hm² 之间，枣庄市面积最少为 3126.26hm²；特殊用地面积为 13083.06hm²，最多分布在青岛市、烟台市，面积分别为 2643.48hm²、2145.64hm²，其余地区特殊用地面积在 161.88~1576.11hm² 之间，东营市特殊用地面积最少；交通运输用地面积为 186647.15hm²，最多分布在青岛市，面积为 25718.03hm²，潍坊市、烟台市、菏泽市、济南市、济宁市交通运输用地面积在 11764.82~19328.74hm²

之间，其余地区面积在 5884.76～9411.58hm² 之间；水域及水利设施用地面积为
83461.87hm²，在各地区的分布面积在 863.71～10179.73hm² 之间，青岛市分布最多，淄
博市分布最少；其他土地面积为 27108.07hm²，最多分布在烟台市、潍坊市，面积分别
为 4205.03hm²、4144.37hm²，东营市、青岛市、临沂市、滨州市分布面积在 2006.84～
3163.28hm² 之间，其余地区占分布面积均低于1100hm²，淄博市分布最少，为 535.64hm²。

表 2-45　2019 年山东省城镇开发边界内土地利用现状　　　（单位：hm²）

行政区名称	合计	湿地	耕地	种植园用地	林地	草地	商业服务业用地
山东省	2033098.50	39876.71	337532.17	97827.52	228582.05	53705.81	115207.30
济南市	150842.49	0.85	20858.29	6783.45	19004.06	2553.64	10473.14
青岛市	218973.35	2950.45	22578.78	8530.89	23980.90	6676.56	16385.08
淄博市	70917.76	62.18	6894.91	2399.42	8998.37	1133.28	5119.80
枣庄市	73984.81	1.35	20037.22	5506.99	7361.84	686.89	3147.55
东营市	84291.00	808.01	7108.66	508.84	7183.93	9910.12	4468.94
烟台市	203764.06	5225.23	25801.90	26003.99	20607.46	8563.94	9969.02
潍坊市	227304.88	19297.92	31806.43	9605.32	24559.50	8432.15	11999.90
济宁市	116697.98	3.97	25855.76	3543.49	15081.22	698.10	6357.14
泰安市	78268.47	4.18	13664.49	4264.16	12965.35	815.80	4120.34
威海市	83079.39	604.24	11232.49	4541.88	10068.57	5111.28	4524.20
日照市	67169.38	119.52	8335.72	4619.24	8032.00	1029.65	4669.48
临沂市	156346.99	16.29	23412.17	9388.57	15618.24	1433.30	11085.24
德州市	121638.24	4.83	29576.51	2554.12	14171.42	1604.58	5954.44
聊城市	85767.50	0.00	16193.91	1955.75	10437.17	584.46	4990.15
滨州市	123470.77	10772.68	21420.11	3285.07	14415.39	3538.04	5275.53
菏泽市	170581.43	5.01	52754.82	4336.34	16096.63	934.02	6667.35

行政区名称	工矿用地	住宅用地	公共管理与公共服务用地	特殊用地	交通运输用地	水域及水利设施用地	其他土地
山东省	323698.24	423933.07	102435.49	13083.06	186647.15	83461.87	27108.07
济南市	22554.04	36569.54	11687.88	1576.11	13714.86	3951.09	1115.54
青岛市	38318.01	45090.50	13251.49	2643.48	25718.03	10179.73	2669.45
淄博市	15355.18	17167.40	4580.34	749.41	7058.12	863.71	535.64
枣庄市	7840.52	16900.52	3126.26	285.73	5884.76	2479.41	725.77
东营市	17790.63	13406.37	4683.56	161.88	7178.88	7917.90	3163.28
烟台市	30041.63	34462.68	7902.09	2145.64	19328.74	9506.72	4205.03
潍坊市	40175.22	41421.03	9157.10	1222.87	19389.42	6093.65	4144.37
济宁市	15276.28	25705.88	6706.84	761.32	11764.82	4206.47	736.69
泰安市	9705.93	19131.47	3858.58	290.93	6808.25	1689.16	949.83
威海市	13092.37	17136.30	4165.54	484.90	7084.09	3772.41	1261.12
日照市	10736.84	13432.54	3253.16	306.50	9288.58	2253.90	1092.25
临沂市	26275.74	42200.02	7698.97	774.83	13303.49	3007.01	2133.12
德州市	21113.36	22780.05	5595.05	529.42	9411.58	7591.24	751.64
聊城市	13665.39	20477.02	4808.21	312.09	8135.93	3464.49	742.93
滨州市	22035.18	17462.13	5008.97	412.02	9065.06	8773.75	2006.84
菏泽市	19721.92	40589.62	6951.45	425.93	13512.54	7711.23	874.57

五、生态保护红线内土地利用现状

生态保护红线是指国家依法在重点生态功能区、生态环境敏感区和脆弱区等区域划定的严格管控边界，是国家和区域生态安全的底线。生态保护红线所包围的区域为生态保护红线区，对于维护生态安全格局、保障生态系统功能、支撑经济社会可持续发展具有重要作用。

（一）总体结构与分布

如表 2-46 所示，生态保护红线内面积为 1262830.49hm²，占调查区总面积的 7.99%。分布最多的地类是林地，面积 643655.97hm²，占比 50.97%，其次为水域及水利设施用地，面积为 304084.45hm²，占比 24.08%，草地面积 56399.70hm²，占比 4.47%，其他地类分布较少，占比均低于 3%。

生态保护红线分布与各市地理位置、地形地貌和区域面积等特征密切相关。东营市地处黄河入海口处，而我国北方最大的淡水湖，由微山湖、昭阳湖、独山湖和南阳湖连接而成的南四湖位于济宁市，这两市生态保护红线内面积分布成片且集中，其余地市分布相对稀少且均匀。其中烟台市、东营市、济宁市、临沂市、济南市 5 市生态保护红线内面积较大，占比均在 10% 以上，烟台市生态保护红线内面积达到 156710.22hm²，占所在调查区总面积的 11.25%，其生态保护红线内林地面积为 127495.60hm²，占比达 81%，为最主要的地类；东营市生态保护红线内湿地和其他草地分布较多，两地类占据了红线内总面积的 74%；济宁市境内河流纵横交错、湖泊遍布，生态保护红线内河流水面与湖泊水面面积占比达到了 70% 以上；处于鲁西北平原区的聊城市、菏泽市、德州市 3 市生态保护红线内面积最少，累计之和仅占全省总面积的 2.47%，不到烟台市生态保护红线内面积的五分之一。

（二）各地类空间分布

从各地类的分布（表 2-46）来看，湿地面积为 163697.72hm²，最多分布在东营市，面积为 97610.21hm²，占总湿地面积的比例 59.63%；其次为滨州市，面积为 22451.31hm²，占比为 13.72%，其余市域占比均低于 10%；耕地面积为 27303.68hm²，最多分布在东营市和济宁市，面积分别为 7830.94hm²、6105.66hm²，两市占耕地面积的 51.04%，其他市域占比均低于 9%；种植园用地面积为 29436.49hm²，最多分布在临沂市，面积为 8466.47hm²，其次是济南市、枣庄市、烟台市，面积分别为 3826.98hm²、3798.46hm²、3331.54hm²，菏泽市面积最少，仅有 68.46hm²；林地面积为 643655.97hm²，最多分布在烟台市，面积为 127495.60hm²，菏泽市林地面积最小；草地面积为 56399.70hm²，较多分布在济南市、东营市、潍坊市、临沂市、淄博市，面积在 6062.88～13208.24hm² 之间，五市面积之和占草地面积的 78.21%，其他市域占比均低于 10%；商业服务业用地面积为 250.01hm²，较多分布在济南市、青岛市、聊城市，德州市商业服务业用地面积最少，仅有 2.94hm²；工矿用地面积为 2400.61hm²，最多分布在烟台市、济宁市，面积分别为 651.43hm²、448.42hm²，其他市域分布面积在 2.85～286.11hm²

表 2-46　2019 年山东省生态保护红线内土地利用现状　　　　（单位：hm²）

行政区名称	合计	湿地	耕地	种植园用地	林地	草地	商业服务业用地
山东省	1262830.49	163697.72	27303.68	29436.49	643655.97	56399.70	250.01
济南市	124000.69	31.49	1077.63	3826.98	89968.00	13208.24	32.02
青岛市	83515.63	10951.94	351.56	1683.20	49194.80	686.98	33.80
淄博市	69969.02	679.19	637.85	850.89	56775.38	6062.88	6.60
枣庄市	38256.31	41.41	660.80	3798.46	23760.00	2128.49	10.49
东营市	145722.09	97610.21	7830.94	23.19	3938.81	10141.44	7.18
烟台市	156710.22	5260.17	2268.42	3331.54	127495.60	2568.38	22.44
潍坊市	101628.86	15532.22	2190.82	1114.70	41285.74	8204.70	21.11
济宁市	133424.33	441.76	6105.66	988.75	18578.79	1519.78	20.33
泰安市	74977.30	110.54	421.69	2751.56	45950.35	2742.83	16.09
威海市	81874.46	8479.16	554.00	91.71	61490.4	463.64	7.60
日照市	50013.96	1486.67	557.43	1586.55	36375.96	698.17	14.97
临沂市	131809.17	435.74	1753.32	8466.47	79719.47	6495.23	9.46
德州市	12373.85	17.76	1537.05	221.48	1636.19	87.59	2.94
聊城市	7927.93	4.09	350.03	537.70	2292.04	36.39	25.33
滨州市	39745.34	22451.31	310.70	94.85	4184.14	1322.80	5.05
菏泽市	10881.33	164.06	695.78	68.46	1010.3	32.16	14.60

行政区名称	工矿用地	住宅用地	公共管理与公共服务用地	特殊用地	交通运输用地	水域及水利设施用地	其他土地
山东省	2400.61	429.36	800.09	1487.00	7100.77	304084.45	25784.64
济南市	107.22	31.84	18.74	64.92	811.76	12901.96	1919.89
青岛市	286.11	47.90	290.44	228.5	527.32	14662.28	4570.80
淄博市	51.85	15.74	5.16	37.80	322.15	3394.27	1129.26
枣庄市	37.21	17.43	12.66	69.26	367.25	5755.98	1596.87
东营市	294.21	10.68	14.35	25.38	548.83	22123.62	3153.25
烟台市	651.43	47.55	91.02	211.28	1141.49	11079.45	2541.45
潍坊市	135.27	75.82	23.54	232.49	767.27	30797.61	1247.57
济宁市	448.42	58.29	158.16	79.63	405.64	101704.32	2914.80
泰安市	68.30	17.06	9.07	81.89	284.91	20322.75	2200.26
威海市	52.50	15.41	4.04	147.90	433.91	9258.19	876.00
日照市	55.28	21.15	6.67	75.16	294.32	7891.36	950.27
临沂市	194.02	32.89	11.45	121.57	735.51	31420.27	2413.77
德州市	4.01	9.60	60.72	10.30	104.23	8642.43	39.55
聊城市	2.89	16.38	22.21	32.53	119.83	4460.20	28.31
滨州市	9.04	5.64	9.95	42.79	139.92	11010.37	158.78
菏泽市	2.85	5.98	61.91	25.60	96.43	8659.39	43.81

之间；住宅用地面积为 429.36hm²，潍坊市分布最多，滨州市分布最少；公共管理与公共服务用地面积为 800.09hm²，较多分布在青岛市、烟台市和济宁市，威海市面积最少，仅有 4.04hm²；特殊用地面积为 1487.00hm²，较多分布在青岛市、烟台市和潍坊市，德州市特殊用地面积最少，仅有 10.30hm²；交通运输用地面积为 7100.77hm²，较多分布在

烟台市、济南市、潍坊市、临沂市，面积分别为 1141.49hm²、811.76hm²、767.27hm²、735.51hm²，其他市域分布面积在 96.43~548.83hm² 之间，菏泽市面积最少；水域及水利设施用地面积为 304084.45hm²，最多分布在济宁市，面积为 101704.32hm²，占总面积的比例为 33.45%，其次为潍坊市和临沂市，面积分别为 30797.61hm²、31420.27hm²，占比分别为 10.13%和 10.33%，其余市域占比均低于 10%，淄博市水域及水利设施用地面积最少为 3394.27hm²，占比仅为 1.12%；其他土地面积为 25784.64hm²，较多分布在青岛市、东营市和济宁市，面积分别为 4570.80hm²、3153.25hm²、2914.80hm²，占比分别为 17.73%、12.23%和 11.30%，其余市域占比均低于 10%，滨州市、德州市、聊城市、菏泽市占比极低，均低于 1%。

六、自然保护区现状

自然保护区在广义上是指受国家法律特殊保护的各种自然区域的总称，不仅包括自然保护区本身，而且包括国家公园、风景名胜区、自然遗迹地等各种保护地区。由于建立的目的、要求和本身所具备的条件不同，而有多种类型，自然保护区一旦划立，便成为一个占有法定空间、具有特定自然保护任务、受法律保护的特殊环境实体。

（一）总体结构与分布

如表 2-47 所示，山东省自然保护区面积为 672499.50hm²，包含自然保护区、森林公园、地质公园、湿地公园和其他类型禁止开发区 5 种类型，其中自然保护区是主要类型，面积为 430323.23hm²，在东营市分布最多，面积为 134774.86hm²；其次是济宁市和烟台市，面积分别为 102168.32hm²、79105.60hm²，其他市分布面积均低于 40000hm²，德州市、聊城市、菏泽市无自然保护区；湿地公园面积为 105750.93hm²，在潍坊市、临沂市分布最多，分布面积分别为 24432.00hm²、24221.73hm²，其他市分布面积均在 625.39~17276.23hm² 之间，聊城市分布最少；森林公园面积为 97783.40hm²，临沂市分布最多，面积为 16985.40hm²，威海市、淄博市、济宁市、潍坊市、泰安市、济南市和青岛市 7 市分布面积在 7201.80~10926.45hm² 之间，其他市分布面积均低于 5000hm²，烟台市面积仅为 0.30hm²，东营市、菏泽市无森林公园；其他类型禁止开发区面积为 23948.03hm²，最多分布在潍坊市，面积为 14127.03hm²，在青岛市、威海市、烟台市和日照市等市有较少分布；地质公园面积为 14693.92hm²，最多分布在枣庄市和潍坊市，面积分别为 4604.98hm²、4591.78hm²，在济宁市、临沂市、烟台市的分布面积分别为 2513.95hm²、2174.83hm²、808.38hm²，其他市无地质公园分布。

如表 2-48 所示，山东省自然保护区最多分布在东营市、济宁市，面积分别为 135618.76hm²、120572.11hm²，烟台市、潍坊市、青岛市、临沂市和泰安市等市分布面积在 43438.47~82097.91hm² 之间，其他市分布面积均低于 25000hm²，其中聊城市分布最少，面积为 1596.25hm²。山东省自然保护区的主要地类为林地、水域及水利设施用地和湿地，面积分别为 253216.80hm²、204121.28hm²、148051.40hm²，三者面积之和占自然保护区面积的 90.02%，其他地类均占比极少，占比低于 3%，其中商业服务业用地面积最少，仅为 163.56hm²。

（二）各地类空间分布

从各地类的分布来看：湿地面积为 148051.40hm²，最多分布在东营市，面积为 97569.22hm²，其次是滨州市，面积为 21883.96hm²。潍坊市、青岛市、威海市、烟台市和日照市的分布面积在 1113.16～11488.33hm² 之间，其他市分布面积均低于 1000hm²，聊城市分布最少，面积仅为 2.22hm²；耕地面积为 19580.26hm²，最多分布在东营市和济宁市，面积分别为 7559.89hm²、5828.87hm²，两市约占耕地面积的 70%，其他市分布面积均低于 2000hm²，滨州市分布最少，为 38.20hm²；种植园用地面积为 11275.97hm²，较多分布在烟台市，面积为 3015.69hm²，临沂市、青岛市和枣庄市的面积次之，分别为 1940.74hm²、1210.80hm²、1124.04hm²，其他市面积均低于 1000hm²，东营市分布面积最少，仅有 2.49hm²；林地面积为 253216.80hm²，最多分布在烟台市，面积为 67289.63hm²，其次为青岛市、泰安市、临沂市和淄博市，面积分别为 36177.21hm²、24055.11hm²、22175.60hm²、20573.35hm²，潍坊市、济南市、威海市和济宁市的分布面积在 12550.14～19577.91hm² 之间，其他市面积均低于 1000hm²，菏泽市面积最少，仅有 311.88hm²；草地面积为 16643.64hm²，最多分布在东营市，面积为 10055.60hm²，占草地面积的比例为 60.42%，其他市的分布面积在 5.59～1287.60hm² 之间，聊城市分布最少；商业服务业用地面积为 163.56hm²，在青岛市、济南市、济宁市、烟台市、泰安市、菏泽市和潍坊市的分布面积在 12.98～29.28hm² 之间，其他市分布面积在 1.34～8.11hm² 之间，滨州市分布最少；工矿用地面积为 1502.03hm²，最多分布在烟台市、东营市和青岛市，面积分别为 578.54hm²、290.91hm²、259.15hm²，其他市面积在 0.21～169.12hm² 之间，菏泽市分布最少；住宅用地面积为 245.91hm²，济宁市、潍坊市、青岛市、烟台市分布面积较大，分别为 56.58hm²、51.44hm²、39.50hm²、32.18hm²，日照市面积最少，仅有 0.76hm²；公共管理与公共服务用地面积为 435.65hm²，最多分布在青岛市，面积为 269.07hm²，其他市的分布面积均低于 50hm²，日照市分布面积最少，仅有 0.50hm²；特殊用地面积为 811.26hm²，较多分布在青岛市、潍坊市和烟台市，面积分别为 175.69hm²、165.11hm²、128.47hm²，其他市分布面积低于 50hm²，日照市分布面积最少，仅有 7.78hm²；交通运输用地面积为 3247.59hm²，在烟台市、东营市、潍坊市、青岛市和济宁市的分布面积在 317.92～581.06hm² 之间，其他市分布面积在 25.38～178.42hm² 之间；水域及水利设施用地面积为 204121.28hm²，最多分布在济宁市，面积为 98020.88hm²，其次为潍坊市和临沂市，面积分别为 23955.77hm² 和 21468.49hm²，其余市分布面积在 508.47～16763.01hm² 之间，淄博市分布面积最少，为 508.47hm²；其他土地面积为 13204.15hm²，较多分布在青岛市、东营市、烟台市和济宁市，面积分别为 3811.08hm²、3074.92hm²、1770.89hm²、1352.11hm²，其余市分布面积均低于 1000hm²，菏泽市分布极少，仅有 1.01hm²。

表 2-47　2019 年山东省自然保护区类型面积　　　　　（单位：hm²）

行政区名称	合计	自然保护区	森林公园	地质公园	湿地公园	其他类型禁止开发区
山东省	672499.50	430323.23	97783.40	14693.92	105750.93	23948.03
济南市	23067.95	9265.20	9271.57	0.00	4531.18	0.00
青岛市	52654.35	36071.22	7201.80	0.00	2078.25	7303.08
淄博市	23580.04	11936.17	10517.41	0.00	1126.45	0.00
枣庄市	15178.23	1690.21	4883.62	4604.98	3999.43	0.00
东营市	135618.76	134774.86	0.00	0.00	843.91	0.00
烟台市	82097.91	79105.60	0.30	808.38	1486.54	697.08
潍坊市	59890.06	6724.95	10014.30	4591.78	24432.00	14127.03
济宁市	120572.11	102168.32	10182.92	2513.95	5706.92	0.00
泰安市	43438.47	16418.03	9744.21	0.00	17276.23	0.00
威海市	21980.39	6010.14	10926.45	0.00	3833.83	1209.97
日照市	12365.73	110.64	5870.79	0.00	5773.44	610.86
临沂市	47437.30	4055.34	16985.40	2174.83	24221.73	0.00
德州市	4135.65	0.00	733.86	0.00	3401.79	0.00
聊城市	1596.25	0.00	970.86	0.00	625.39	0.00
滨州市	24625.29	21992.54	479.91	0.00	2152.84	0.00
菏泽市	4260.99	0.00	0.00	0.00	4260.99	0.00

表 2-48　2019 年山东省自然保护区土地利用现状　　　　　（单位：hm²）

行政区名称	合计	湿地	耕地	种植园用地	林地	草地	商业服务业用地
山东省	672499.50	148051.40	19580.26	11275.97	253216.80	16643.64	163.56
济南市	23067.95	6.59	246.51	529.57	16581.30	1140.37	23.41
青岛市	52654.35	7925.99	217.29	1210.80	36177.21	353.77	29.28
淄博市	23580.04	663.73	178.09	456.59	20573.35	681.86	2.31
枣庄市	15178.23	38.10	325.63	1124.04	9261.19	520.54	8.11
东营市	135618.76	97569.30	7559.89	2.49	3335.52	10055.60	5.33
烟台市	82097.91	1884.65	1505.50	3015.69	67289.63	728.05	16.52
潍坊市	59890.06	11488.33	1650.18	809.21	19577.91	1287.60	12.98
济宁市	120572.11	410.57	5828.87	785.20	12550.14	1002.09	18.58
泰安市	43438.47	102.72	193.85	914.20	24055.11	334.22	15.56
威海市	21980.39	4551.48	19.48	40.78	13979.84	61.21	1.68
日照市	12365.73	1113.16	47.31	175.75	5391.09	43.87	7.83
临沂市	47437.30	376.25	616.47	1940.74	22175.60	255.66	3.81
德州市	4135.65	10.30	734.72	208.00	873.75	53.36	1.72
聊城市	1596.25	2.22	68.40	6.10	406.50	5.59	1.42
滨州市	24625.29	21883.96	38.20	3.30	676.80	98.70	1.34
菏泽市	4260.99	24.05	349.87	53.51	311.88	21.15	13.67

续表

行政区名称	工矿用地	住宅用地	公共管理与公共服务用地	特殊用地	交通运输用地	水域及水利设施用地	其他土地
山东省	1502.03	245.91	435.65	811.26	3247.59	204121.28	13204.15
济南市	27.27	8.91	11.05	38.39	179.65	4042.58	232.35
青岛市	259.15	39.50	269.07	175.69	347.72	1837.81	3811.08
淄博市	16.60	3.84	0.62	14.07	107.14	508.47	373.37
枣庄市	2.79	4.82	10.45	35.59	139.44	3377.44	330.10
东营市	290.91	8.85	12.34	14.94	485.94	13202.74	3074.92
烟台市	578.54	32.18	12.87	128.47	581.06	4553.86	1770.89
潍坊市	91.51	51.44	15.36	165.11	437.22	23955.77	347.45
济宁市	169.12	56.58	26.47	33.58	317.92	98020.88	1352.11
泰安市	24.25	13.82	6.80	53.04	139.63	16763.01	822.28
威海市	9.31	3.84	0.87	46.49	83.17	2745.06	437.17
日照市	10.31	0.76	0.50	7.78	59.60	5331.84	175.94
临沂市	18.29	5.72	6.19	28.64	178.42	21468.49	363.02
德州市	1.82	6.77	44.78	8.71	63.13	2120.42	8.17
聊城市	0.66	5.14	12.03	20.81	25.38	1033.34	8.67
滨州市	1.29	2.23	4.71	19.44	61.37	1738.32	95.62
菏泽市	0.21	1.50	1.56	20.52	40.81	3421.26	1.01

七、耕地后备资源调查评价类型统计

耕地后备资源一般是指在一定的技术经济条件下，可能转化为耕地的非耕地资源，更广义地说，将那些低产耕地，通过土地开发、土地改良、土地整理等方法，使单位面积的生物生产力水平得到进一步提高，故这些低产的耕地也可视为耕地后备资源，与我国耕地保护制度和占补平衡政策实施密切相关。

（一）总体结构与分布

如表 2-49 所示，耕地后备资源面积为 28008.02hm²，空间分布呈现不均衡性，黄河下游地市以及鲁中南山区、胶东丘陵地区分布相对集中。耕地后备资源包括可开垦土地和可复垦土地两种类型，其中可开垦土地是主要类型，面积为 27248.71hm²，最多分布在东营市，面积为 4071.39hm²，其次是滨州市、潍坊市、烟台市，面积分别为 3413.82hm²、3303.68hm²、2051.11hm²，其余地区可开垦土地面积在 287.43~1808.80hm² 之间，聊城市分布最少；可复垦土地面积为 759.31hm²，最多分布在济宁市，面积为 286.83hm²，其余地区分布面积均小于 100hm²，东营市和威海市无可复垦土地。

（二）各地类空间分布

可开垦土地以可开垦其他草地为主要类型，面积为 22184.57hm²，分布与全省耕地后备资源类似，广泛分布但在黄河下游地市、鲁中南山区以及胶东丘陵地区相对集中，东营分布最多，面积为 3670.05hm²，聊城市分布最少，面积为 263.46hm²；其次为可开垦裸地，面积为 2655.64hm²，空间分布集聚特征明显，主要聚集在两个区域，一是济宁市枣庄市聚集区，二是淄博市潍坊市聚集区，其他地区分布面积均小于 250hm²，东营市分布最少，面积仅为 0.12hm²；可开垦内陆滩涂和可开垦盐碱地面积分别为 1105.40hm²、1269.90hm²，可开垦内陆滩涂在 16 市河道周边零散分布，分布面积在 0.25～254.79hm² 之间，可开垦盐碱地最多分布在滨州市，面积分别为 758.22hm²，其次是东营市，面积为 391.08hm²，德州市、烟台市、潍坊市、济南市、淄博市、聊城市、菏泽市也有少量分布，其余地区无分布；可开垦沿海滩涂、可开垦沙地和可开垦沼泽地极少，面积分别为 8.04hm²、24.73hm²、0.43hm²，均仅分布在少数几个市。可复垦土地仅有可复垦采矿用地一种类型，最多分布在济宁市，面积为 286.83hm²，东营市、威海市无可复垦采矿用地。

表 2-49　2019 年山东省耕地后备资源调查评价分类型统计　　　　　（单位：hm²）

行政区名称	合计	可开垦土地								可复垦土地	
		小计	可开垦其他草地	可开垦沿海滩涂	可开垦内陆滩涂	可开垦盐碱地	可开垦沼泽地	可开垦沙地	可开垦裸地	小计	可复垦采矿用地
山东省	28008.02	27248.71	22184.57	8.04	1105.40	1269.90	0.43	24.73	2655.64	759.31	759.31
济南市	1818.72	1808.80	1597.24	0.00	16.64	3.97	0.00	0.00	190.95	9.92	9.92
青岛市	987.40	985.31	914.89	0.00	55.76	0.00	0.00	0.00	14.66	2.09	2.09
淄博市	1242.23	1237.90	1041.01	0.00	28.28	1.86	0.00	0.00	166.75	4.33	4.33
枣庄市	1671.29	1669.18	1121.58	0.00	2.03	0.00	0.00	0.00	545.57	2.11	2.11
东营市	4071.39	4071.39	3670.05	0.00	10.14	391.08	0.00	0.00	0.12	0.00	0.00
烟台市	2144.90	2051.11	1885.26	1.41	5.13	43.27	0.00	0.00	116.04	93.79	93.79
潍坊市	3366.81	3303.68	2567.61	0.00	254.79	4.91	0.00	0.00	476.37	63.13	63.13
济宁市	1831.48	1544.65	915.74	0.00	112.69	0.00	0.43	0.00	515.79	286.83	286.83
泰安市	1069.62	1062.08	851.27	0.00	36.90	0.00	0.00	0.00	173.91	7.54	7.54
威海市	1556.96	1556.96	1475.36	5.27	41.40	0.00	0.00	0.00	34.93	0.00	0.00
日照市	927.81	915.37	809.71	1.36	21.66	0.00	0.00	0.00	82.64	12.44	12.44
临沂市	1886.67	1791.26	1336.21	0.00	216.08	0.00	0.00	0.00	238.97	95.41	95.41
德州市	947.83	930.72	825.58	0.00	20.11	63.34	0.00	17.71	3.98	17.11	17.11
聊城市	340.90	287.43	263.46	0.00	0.25	1.73	0.00	7.02	14.97	53.47	53.47
滨州市	3442.71	3413.82	2406.76	0.00	232.69	758.22	0.00	0.00	16.15	28.89	28.89
菏泽市	701.30	619.05	502.84	0.00	50.85	1.52	0.00	0.00	63.84	82.25	82.25

（三）耕地后备资源分级情况

耕地后备资源按照等级分为国家级耕地后备资源和省级耕地后备资源（见表 2-50、表 2-51）。耕地后备资源中大部分为国家级耕地后备资源，面积为 24577.99hm²，最多分布在东营市、滨州市，面积分别为 4071.39hm²、3441.07hm²，其余地区分布面积均低于 2000hm²，聊城市分布最少，面积为 340.90hm²。省级耕地后备资源面积为 3430.03hm²，空间聚集特征明显，主要分布在中东部的潍坊市、威海市、青岛市、烟台市山地及丘陵地带。潍坊市分布最多，面积为 1373.27hm²，东营市、德州市、聊城市无省级耕地后备资源，其余地区的分布面积在 1.64～503.20hm² 之间。

表 2-50　2019 年山东省国家级耕地后备资源构成　　　　（单位：hm²）

行政区名称	国家级耕地后备资源										
	合计	可开垦土地								可复垦土地	
		小计	可开垦其他草地	可开垦沿海滩涂	可开垦内陆滩涂	可开垦盐碱地	可开垦沼泽地	可开垦沙地	可开垦裸地	小计	可复垦采矿用地
山东省	24577.99	23870.33	19136.37	6.45	1090.37	1269.90	0.43	24.73	2342.08	707.66	707.66
济南市	1729.75	1719.83	1518.08	0.00	16.64	3.97	0.00	0.00	181.14	9.92	9.92
青岛市	540.27	538.79	476.30	0.00	55.47	0.00	0.00	0.00	7.02	1.48	1.48
淄博市	926.13	921.80	756.06	0.00	28.28	1.86	0.00	0.00	135.60	4.33	4.33
枣庄市	1663.12	1661.01	1118.49	0.00	2.03	0.00	0.00	0.00	540.49	2.11	2.11
东营市	4071.39	4071.39	3670.05	0.00	10.14	391.08	0.00	0.00	0.12	0.00	0.00
烟台市	1824.32	1778.04	1616.19	1.41	5.13	43.27	0.00	0.00	112.04	46.28	46.28
潍坊市	1993.54	1930.41	1363.14	0.00	254.73	4.91	0.00	0.00	307.63	63.13	63.13
济宁市	1811.96	1527.83	903.34	0.00	112.69	0.00	0.43	0.00	511.37	284.13	284.13
泰安市	943.78	936.24	767.32	0.00	36.90	0.00	0.00	0.00	132.02	7.54	7.54
威海市	1053.76	1053.76	986.16	3.68	41.40	0.00	0.00	0.00	22.52	0.00	0.00
日照市	844.70	832.26	739.69	1.36	14.34	0.00	0.00	0.00	76.87	12.44	12.44
临沂市	1759.46	1664.88	1232.55	0.00	215.39	0.00	0.00	0.00	216.94	94.58	94.58
德州市	947.83	930.72	825.58	0.00	20.11	63.34	0.00	17.71	3.98	17.11	17.11
聊城市	340.90	287.43	263.46	0.00	0.25	1.73	0.00	7.02	14.97	53.47	53.47
滨州市	3441.07	3412.18	2405.74	0.00	232.69	758.22	0.00	0.00	15.53	28.89	28.89
菏泽市	686.01	603.76	494.22	0.00	44.18	1.52	0.00	0.00	63.84	82.25	82.25

表 2-51　2019 年山东省省级耕地后备资源构成　　　　（单位：hm²）

行政区名称	省级耕地后备资源										
	合计	可开垦土地								可复垦土地	
		小计	可开垦其他草地	可开垦沿海滩涂	可开垦内陆滩涂	可开垦盐碱地	可开垦沼泽地	可开垦沙地	可开垦裸地	小计	可复垦采矿用地
山东省	3430.03	3378.38	3048.20	1.59	15.03	0.00	0.00	0.00	313.56	51.65	51.65
济南市	88.97	88.97	79.16	0.00	0.00	0.00	0.00	0.00	9.81	0.00	0.00
青岛市	447.13	446.52	438.59	0.00	0.29	0.00	0.00	0.00	7.64	0.61	0.61
淄博市	316.10	316.10	284.95	0.00	0.00	0.00	0.00	0.00	31.15	0.00	0.00
枣庄市	8.17	8.17	3.09	0.00	0.00	0.00	0.00	0.00	5.08	0.00	0.00
东营市	0.00	0.00	0.00	0.00	0.00	0.00	0.00	0.00	0.00	0.00	0.00
烟台市	320.58	273.07	269.07	0.00	0.00	0.00	0.00	0.00	4.00	47.51	47.51
潍坊市	1373.27	1373.27	1204.47	0.00	0.06	0.00	0.00	0.00	168.74	0.00	0.00
济宁市	19.52	16.82	12.40	0.00	0.00	0.00	0.00	0.00	4.42	2.70	2.70
泰安市	125.84	125.84	83.95	0.00	0.00	0.00	0.00	0.00	41.89	0.00	0.00
威海市	503.20	503.20	489.20	1.59	0.00	0.00	0.00	0.00	12.41	0.00	0.00
日照市	83.11	83.11	70.02	0.00	7.32	0.00	0.00	0.00	5.77	0.00	0.00
临沂市	127.21	126.38	103.66	0.00	0.69	0.00	0.00	0.00	22.03	0.83	0.83
德州市	0.00	0.00	0.00	0.00	0.00	0.00	0.00	0.00	0.00	0.00	0.00
聊城市	0.00	0.00	0.00	0.00	0.00	0.00	0.00	0.00	0.00	0.00	0.00
滨州市	1.64	1.64	1.02	0.00	0.00	0.00	0.00	0.00	0.62	0.00	0.00
菏泽市	15.29	15.29	8.62	0.00	6.67	0.00	0.00	0.00	0.00	0.00	0.00

山东国土资源

国家级耕地后备资源中可开垦土地面积为 23870.3256hm²，可复垦土地面积为 707.66hm²，分布上与山东省整体耕地后备资源较为一致。省级耕地后备资源中可开垦土地面积为 3378.38hm²，主要类型为可开垦其他草地，面积为 3048.20hm²，最多分布在潍坊市，面积为 1204.47hm²，其次是威海市、青岛市，面积分别为 489.20hm²、438.59hm²，其余地区分布面积均低于 300hm²，菏泽市、枣庄市、滨州市分布面积极少，东营市、德州市、聊城市无分布；可开垦裸地面积为 313.56hm²，最多分布在潍坊市，面积为 168.74hm²，东营市、德州市、聊城市和菏泽市无可开垦裸地；可开垦内陆滩涂面积为 15.03hm²，仅分布在青岛市、潍坊市、日照市、临沂市、菏泽市；可开垦沿海滩涂面积为 1.59hm²，仅分布在威海市。省级耕地后备资源中可复垦土地面积为 51.65hm²，最多分布在烟台市，面积为 47.51hm²，青岛市、济宁市和临沂市有少量分布。

八、采煤塌陷地土地利用现状

矿物开采会导致开采区域周围岩体的原始应力平衡状况受到破坏，应力重新分布后，达到新的平衡。在此过程中，岩层和地表产生连续的移动、变形和非连续的破坏（如开裂、冒落等）等现象。煤炭是重要的层状有用矿物，它的井工开采必然引起岩层和地表的下沉，导致大量土地的塌陷，这种现象称为"采煤塌陷"，形成的塌陷区称之为"采煤塌陷地"。

（一）总体结构与分布

如表 2-52 所示，采煤塌陷地面积为 28895.09hm²，以耕地、水域及水利设施用地、林地为主。其中济宁市采煤塌陷地土地面积最大，为 20102.97hm²，占采煤塌陷地土地面积的 69.57%，其次为枣庄市、泰安市，面积分别为 3508.92hm²、3252.09hm²，占比分别为 12.14%、11.25%。青岛市、东营市、威海市、日照市、滨州市无采煤塌陷地土地，其余地区采煤塌陷地土地面积均较少，占比均低于 5%。

（二）各地类空间分布

从各地类的分布来看：基本农田面积为 2901.86hm²，仅分布在济宁市、泰安市、济南市、淄博市和潍坊市，其中济宁市和泰安市分布面积最大，分别为 1597.05hm²、1259.58hm²；耕地和水域及水利设施用地的主要地类，面积分别为 11486.51hm²、9674.87hm²，分别占采煤塌陷地土地的 39.75%、33.48%，在济宁市分布最多；林地面积也较大，为 5728.01hm²，最多分布在济宁市，面积为 3246.01hm²，泰安市和枣庄市也分布较多，其他地区分布极少；湿地面积为 142.30hm²，仅分布在枣庄市、济宁市、泰安市，面积分别为 19.33hm²、122.40hm²、0.57hm²；耕地面积为 11486.51hm²，最多分布在济宁市，面积为 8686.05hm²，枣庄市、泰安市、菏泽市、聊城市也有较多耕地分布，淄博市、烟台市、潍坊市、临沂市、聊城市只有少量分布；种植园用地和其他土地面积分别为 543.03hm²、350.78hm²，最多分布在济宁市、泰安市，面积分别为 300.10hm²、174.61hm² 和 161.78hm²、131.69hm²，淄博市、枣庄市、烟台市、潍坊市、临沂市、德州市、菏泽市也有少量分布；草地和交通运输用地面积分别为 412.75hm²、

556.84hm²，最多分布在济宁市，面积分别为 269.08hm²、404.84hm²，其余地区分布面积较少。

表 2-52　2019 年山东省采煤塌陷地土地利用现状　　　　　　（单位：hm²）

行政区名称	合计	基本农田	湿地	耕地	种植园用地	林地	草地	交通运输用地	水域及水利设施用地	其他土地
山东省	28895.09	2901.86	142.30	11486.51	543.03	5728.01	412.75	556.84	9674.87	350.78
济南市	51.16	28.48	0.00	25.42	0.00	1.30	19.12	0.12	5.20	0.00
青岛市	0.00	0.00	0.00	0.00	0.00	0.00	0.00	0.00	0.00	0.00
淄博市	89.51	14.98	0.00	6.65	1.40	22.89	3.28	0.85	51.02	3.42
枣庄市	3508.92	0.00	19.33	1402.11	10.85	545.13	11.37	47.96	1437.16	35.01
东营市	0.00	0.00	0.00	0.00	0.00	0.00	0.00	0.00	0.00	0.00
烟台市	72.21	0.00	0.00	3.46	8.74	0.55	1.65	0.88	56.83	0.10
潍坊市	55.09	1.77	0.00	6.24	0.08	13.72	15.06	0.81	18.86	0.32
济宁市	20102.97	1597.05	122.40	8686.05	300.10	3246.01	269.08	404.84	6899.88	174.61
泰安市	3252.09	1259.58	0.57	851.02	161.78	1464.57	47.28	68.12	527.06	131.69
威海市	0.00	0.00	0.00	0.00	0.00	0.00	0.00	0.00	0.00	0.00
日照市	0.00	0.00	0.00	0.00	0.00	0.00	0.00	0.00	0.00	0.00
临沂市	123.34	0.00	0.00	22.65	6.03	29.23	0.01	1.55	61.12	2.75
德州市	217.64	0.00	0.00	104.21	0.17	58.71	0.32	4.88	48.61	0.74
聊城市	4.15	0.00	0.00	0.20	0.00	0.77	0.00	0.00	3.18	0.00
滨州市	0.00	0.00	0.00	0.00	0.00	0.00	0.00	0.00	0.00	0.00
菏泽市	1418.01	0.00	0.00	378.50	53.88	345.13	45.58	26.83	565.95	2.14

第六节　土地利用程度与效益分析

土地利用程度是指土地利用开发的程度，可从广度和深度两方面体现土地利用状况。通常选用土地利用率、土地垦殖率、农业利用率、建设用地率、人均耕地、人均城镇用地、人均村庄用地等指标来进行表征。土地利用效益是指因利用土地而带来的收获或积极影响，用于反映土地生产能力，土地利用效益越高，说明土地资源优化配置越合理。通常选用单位土地经济密度、单位面积产量等指标来量化。山东省 16 市土地利用程度和效益指标如表 2-53 所示。

土地利用率是已利用土地面积与土地总面积之比，能直观反映土地闲置率，体现土地集约利用水平。16 市中，聊城市土地利用率最高，为 99.07%，东营市和济宁市土地利用率较低，分别为 76.02%、88.78%，其余 13 市的土地利用率在 93.56%～98.28%。由此可知，山东省土地开发利用程度较高，未利用地较少，耕地后备资源不足，且集中分布在东营市、滨州市等。

土地垦殖率是指一定区域内耕地面积占土地总面积的比重，一般来说，土地垦殖率越高，说明土地的开发利用程度越高，但也与地理环境有密切关系。全省 16 市的土地垦殖率在 25.41%～63.41%，但空间差异性较大。位于鲁西、北平原区的菏泽市、德州市、聊城市等内陆城市的耕种业较为发达，土地垦殖率较高，而临海的烟台市、东营市、淄博市、威海市垦殖率较低。

农业利用率是已利用农业土地面积占土地总面积的比例，作为农业大省的山东省整体农业利用率较高，各市农业利用率均在 57.80%~79.06%。其中，德州市的农业利用率最高，除东营市、济宁市和滨州市以外，其余市的农业利用率都在 70% 以上。

建设用地率是建设用地面积与土地总面积之比，可以反映社会经济发展的结构与合理化程度，较高的建设用地率代表着社会经济发展状态良好，但过高的建设用地率势必会侵占农用地，影响农业生产，山东省各市的建设用地率在 15.77%~24.82%，滨州市建设用地率最高，威海市最低。

人均耕地是反映粮食安全的重要指标之一。山东省各市人均耕地面积差异较大，德州市人均耕地面积最大，约为 1.65 亩/人，东营市与滨州市人均耕地面积也较大，分别为 1.52 亩/人、1.49 亩/人，均高于全国 1.37 亩的平均水平，其他地市的人均耕地面积均低于全国平均水平，淄博市人均耕地面积最小，仅为 0.51 亩。

人均城镇用地与人均村庄用地能在一定程度上反映土地的集约利用程度。山东省人均城镇用地与人均村庄用地分别为 144.84m²/人、411.26m²/人，全省共 8 个地市人均城镇用地面积高于全省平均水平，9 个地市人均村庄用地面积高于全省平均水平，其中东营市人均城镇用地与人均村庄用地均最大，分别约为 284.15m²/人、631.09m²/人，泰安市人均城镇用地面积最小，约为 107.84m²/人，济宁市人均村庄用地面积最小，约为 346.48m²/人。

表 2-53　　2019 年山东省各市土地利用程度和效益指标

行政区名称	土地利用率/%	土地垦殖率/%	农业利用率/%	建设用地率/%	人均耕地/（亩/人）	人均城镇用地/（m²/人）	人均村庄用地/（m²/人）	单位土地经济密度/（万元/km²）
济南市	95.41	33.76	74.42	20.99	0.58	121.68	397.61	9218.01
青岛市	95.00	38.80	72.35	22.65	0.69	171.86	359.64	10395.22
淄博市	95.65	26.71	73.92	21.73	0.51	129.17	484.58	6146.87
枣庄市	97.24	45.18	76.01	21.23	0.78	111.94	350.63	3739.52
东营市	76.02	26.70	57.80	18.22	1.52	284.15	631.09	3723.26
烟台市	95.09	25.41	78.66	16.44	0.74	175.91	373.22	5609.70
潍坊市	93.82	41.22	72.07	21.75	1.07	146.80	434.27	3690.60
济宁市	88.78	45.60	69.03	19.75	0.91	128.29	346.48	3930.01
泰安市	94.80	36.73	76.72	18.07	0.76	107.84	381.81	3460.63
威海市	93.74	28.22	77.98	15.77	0.87	185.90	455.10	5114.13
日照市	96.77	34.24	78.32	18.46	0.93	159.53	435.84	3664.62
临沂市	96.96	36.81	78.29	18.68	0.89	124.73	407.37	2698.28
德州市	98.28	61.14	79.06	19.22	1.65	164.98	434.16	2923.89
聊城市	99.07	59.39	77.79	21.28	1.26	127.77	413.88	2622.01
滨州市	93.56	42.58	68.74	24.82	1.49	183.97	503.65	2935.77
菏泽市	98.03	63.41	76.79	21.24	1.32	109.41	420.69	2810.21

单位土地经济密度是单位面积土地上承载的地区生产总值，可以用于衡量土地利用效益。青岛市的土地利用效益最高，单位土地经济密度为 10395.22 万元/km²，其次是济

南市和淄博市，单位土地经济密度分别为 9218.01 万元/km^2、6146.87 万元/km^2，聊城市土地利用效益最低，单位土地经济密度为 2262.01 万元/km^2，其余地市单位土地经济密度在 2698.28～5609.70 万元/km^2 之间。

第七节 土地利用问题与调控建议

一、土地利用问题

（一）人均耕地面积不足，耕地保护形势严峻

2019 年全省耕地面积为 6461867.80hm^2，约占土地总面积的 40.96%，人均耕地面积为 0.96 亩，低于全国 1.37 亩的平均水平。淄博市（0.51 亩）、济南市（0.58 亩）、青岛市（0.69 亩）、烟台市（0.74 亩）、泰安市（0.76 亩）、枣庄市（0.78 亩）6 个地市的人均耕地面积低于联合国粮农组织确定的 0.8 亩警戒线，人均耕地面积较少一定程度上威胁了全省的粮食安全。

（二）人均建设用地面积过大，城镇与村庄用地利用相对粗放

2019 年全省建设用地面积为 3163840.56hm^2，人均建设用地高达 314.18m^2/人，远高于全国平均水平（291.89m^2/人）。从城镇用地来看，2019 年全省城镇用地面积为 897194.79hm^2，城镇人口为 6194.19 万人，人均城镇用地面积约为 144.84m^2/人，稍高于全国 122m^2/人 的平均水平；从村庄用地来看，2019 年全省村庄用地面积为 1594040.24hm^2，农村人口约为 3876.02 万人，人均村庄用地为 411.26m^2/人，人均宅基地面积达到 262m^2/人，均大于《山东省建设用地控制标准》（鲁政办发〔2018〕39 号），城镇与村庄用地利用均较粗放。

（三）耕地后备资源不足，开发利用难度大

2019 年全省耕地后备资源面积为 28008.02hm^2，仅约占全省土地总面积的 0.18%，其中可开垦面积占 97.29%，可复垦面积占 2.71%。可开垦土地大多位于山地、丘陵以及台地地区，受地形地貌限制，开放利用难度相对较大，而平原地区多为可开垦的草地和可开垦的盐碱地等，开发难度也较大，且开发成本高收益低。

二、土地利用调控建议

（一）坚守耕地红线，保障粮食安全

全省应落实最严格的耕地保护制度和最严格的节约用地制度，严格保护永久基本农田，积极开展土地整治和高标准农田建设，坚持耕地数量、质量、生态"三位一体"保护，依法加强耕地占补平衡规范管理，在补充耕地数量的同时兼顾质量提升、生态改善与农村发展。全省应依据不同区域条件执行差异化耕地保护对策，西部平原区应合理地调整农业内部结构，搞好农田综合开发；东部丘陵区应大力推进农地整理，实施"田、

水、路、林、村"综合整治，有效增加耕地面积，改善农业生产条件。

（二）加强建设用地集约节约利用，优化城乡用地格局

全省应统筹建设用地开发、人口变化与经济发展的动态平衡关系，严格控制新增建设用地，盘活闲置、低效利用土地，大力推广节地模式，提高建设用地利用效率与节约集约利用水平，优化土地利用空间布局。进一步完善农村集体建设用地流转机制，坚持"规划统筹、政府引导、市场运作、公众参与、利益共享"，打通城乡土地转化的渠道，改善村庄用地布局散乱与利用粗放的现状，推动新型城镇化进程。

（三）因地制宜，合理开发耕地后备资源

全省在开发耕地后备资源时，应综合考虑生态安全性与经济可行性，合理确定开发适宜性与开发时序。在耕地后备资源中，可开垦的其他草地占比最高，达 79.21%，其次为可开垦裸地，占比为 9.48%，可开垦盐碱地和可开垦内陆滩涂分别占 4.53% 和 3.95%，其他可开垦土地占比较少。在进行其他草地与裸地开发时，需充分考虑环境保护，防止开发造成的水土流失与原有生态系统破坏；在进行盐碱地开发时，应综合采用工程措施、生物措施与水利措施等，同时选种耐盐、耐碱农作物；在进行内陆滩涂开发时，应兼顾社会、经济和生态效益，严格控制过度围垦与污染。

第三章 耕地空间格局演变与生态安全

山东省作为粮食大省，耕地是其粮食生产的根基；耕地保障粮食安全，为人类提供生存基础。但随着经济飞速发展，全省城镇化和工业化进程的加快，耕地面临面积减少、质量下降、利用强度增大、化肥农药过度使用、生态环境恶化等压力，耕地生态安全问题日益突出。因此，开展耕地格局演变及生态安全评价研究，提出耕地生态安全优化路径，对加强农村生态文明建设、保障粮食安全、维护生态安全、促进社会经济可持续发展具有非常重要的理论意义和现实意义。

第一节 耕地利用现状

本节从耕地结构与质量特征、空间分布和利用程度与利用效益三个方面对 2019 年山东省耕地利用现状进行分析。其中耕地结构与质量特征主要从耕地数量结构和质量特征两方面来分析；耕地空间分布则从高程分级、坡度分级和连片特征三方面来探究；耕地利用程度与利用效益主要讨论了耕地利用率、利用效益和未利用耕地等内容。

一、耕地结构与质量特征

（一）耕地数量结构

耕地数量结构分析包括耕地面积及占比分析、人均耕地面积分析和耕地利用结构分析。首先为耕地面积分析，2019 年山东省耕地总面积为 6461867.80hm²。因行政区划、地貌、水源等因素影响，山东省各地市耕地面积存在较大差异。如图 3-1 所示，排名前四的地市为菏泽市、潍坊市、德州市和临沂市，其耕地面积均大于 60 万 hm²，占全省耕地面积的比例均超过 9%。其中菏泽市和潍坊市耕地面积占比超过 10%：菏泽市地处黄河下游，境内多为冲积平原，地势平坦，土层深厚；潍坊市地处平原和丘陵的交汇区域，以平原为主，土壤肥沃，交通便利，农业生产条件较好，故两市境内耕地面积较多。聊城市、济宁市、青岛市、滨州市和济南市耕地数量中等，面积均在 30 万 hm² 以上，占全省耕地面积的比例在 5%～8%。其他地市耕地面积均在 30 万 hm² 以下，占全省耕地面积的比例均低于 5%，其中淄博市和威海市面积较少，分别为 15.87 万 hm² 和 16.43 万 hm²，占全省耕地面积比例均在 3%以下，主要因为两市行政区总面积较小，且分别位于鲁中山地区和鲁东丘陵区，地形复杂，不利于耕地的开垦耕种；同时淄博市为全国重要的石油化工基地、威海市为著名港口及旅游城市，两市经济发展水平较高，人地矛盾突出，这也导致耕地面积较小。县（市、区）尺度下（如图 3-2），青岛市的平度市耕地面积最大，为 173716.43hm²；其次为菏泽市的曹县、郓城县、单县和潍坊市的诸城市，耕地面积分别为 125227.78hm²、106363.36hm²、106208.04hm² 和 103014.31hm²，以上 5 个县（市、区）的耕地面积均大于 10 万 hm²。青岛市的市南区和市北区作为市内工商业的集中区，暂无耕地分布。青岛市的李沧区和济南市的历下区经济发展水平较高，耕地数量较少，面积分别为 119.99hm² 和 105.67hm²。

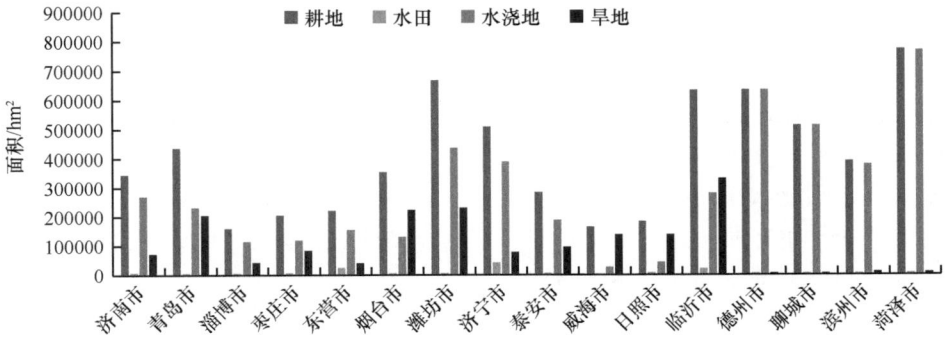

图 3-1　2019 年山东省各地市耕地面积

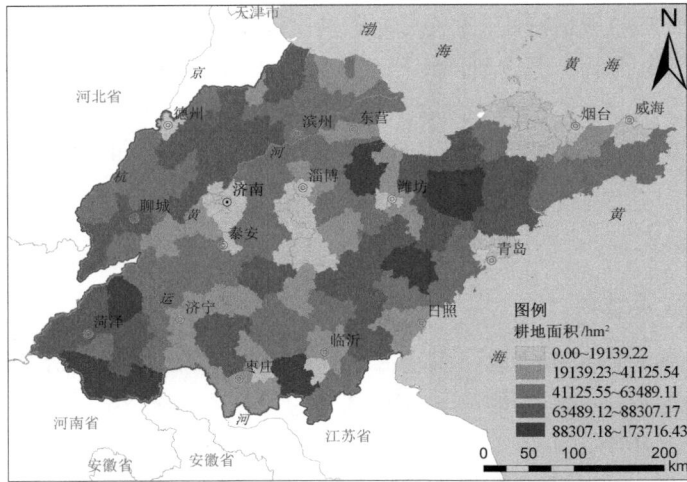

图 3-2　2019 年山东省各县（市、区）耕地面积

　　分析人均耕地面积可知，2019 年末山东省人均耕地面积为 0.96 亩，低于全国平均水平 1.37 亩。由图 3-3 可知，鲁西北平原区和黄河三角洲区域人均耕地面积较大，鲁中山地区和山前环状平原区人均耕地面积较小，该分布趋势与区域耕地面积总量和人口数量密切相关。对比各市人均耕地面积，排名前三的地市为东营市、德州市和滨州市，均高于全国平均水平且均超过 1.5 亩/人，三市位于鲁北滨海区和鲁西北平原区，地形以平原为主，土壤肥沃，耕地资源较为丰富；其次为聊城市、菏泽市和潍坊市，人均耕地面积超过 1 亩。参照联合国粮农组织确定的人均耕地 0.8 亩警戒线，临沂市、青岛市、泰安市、枣庄市、济南市和淄博市 6 个地市人均耕地面积均低于警戒线，不足 0.8 亩；临沂市耕地面积位居全省第四但人均耕地面积却低于警戒线，主要因为临沂市为人口大市，人口数量多年为全省第一，故人均耕地面积较少。县（市、区）尺度下（如图 3-3），

东营市垦利区人均耕地面积最多，为 3.43 亩/人；其次为东营市的利津县、河口区，德州市的平原县、陵城区和齐河县，滨州市的无棣县，人均耕地面积均在 2 亩以上，上述县（市、区）集中分布在鲁西北平原区，耕地资源丰富。低于 0.8 亩警戒线的县（市、区）主要分布在中部和东部的山地丘陵地区，其中青岛市市南区和市北区无耕地分布；青岛市李沧区和济南市历下区人均耕地面积也较少，不足 0.01 亩。

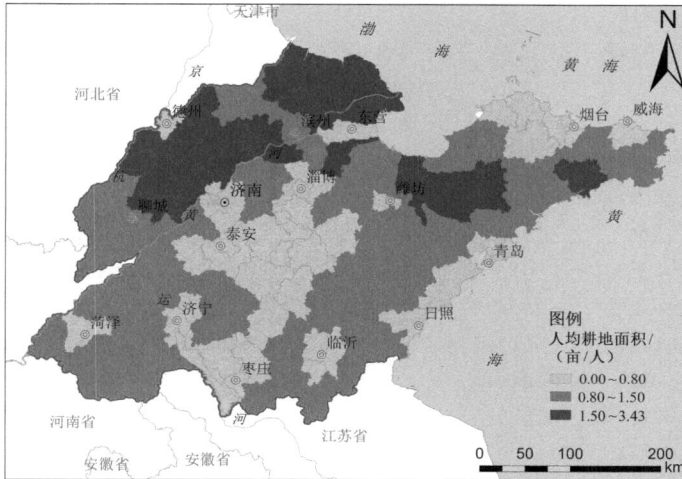

图 3-3　2019 年山东省各县（市、区）人均耕地面积

由表 3-1 可以看出，2019 年山东省耕地资源利用类型以水浇地为主，占耕地总面积的 72.33%；其次为旱地，占耕地总面积的 26.20%；水田面积仅占耕地总面积的 1.47%。水浇地和旱地也是各地市耕地利用的主要类型，水田仅在少量地区有分布。聊城市、德州市和菏泽市的水浇地面积占耕地总面积比重排名前三，均超过了 99%，上述三市位于西部平原区，境内有众多河流分布，水资源丰富，农田有水源保证和优越的灌溉条件。威海市、日照市、烟台市和临沂市旱地占比较高，均超过了 50%，主要分布在东部丘陵区，受地形影响较大，不利于农业灌溉设施的修建，主要依靠天然降水。东营市和济宁市水田占比相对较高，超过了 8%，其中东营市垦利区水田占比达到 36.39%，垦利区位于黄河入海口，多冲积平原，土壤肥沃且水源充足，适宜垦造水田；济宁市鱼台县水田占比达到 54.76%，鱼台县地势平坦低洼，东临南阳湖、昭阳湖，境内有大小河流 17 条，水利设施完备，能够满足水田的灌溉用水需求。全省耕地利用结构受到了地形、水资源以及灌溉条件的影响：鲁中山地区、山前环状平原区和鲁东丘陵区旱地分布较多，鲁西、北平原区和鲁北滨海黄河三角洲地区以水浇地为主，局部水资源丰富的区域，如南四湖、黄河周边区域有大面积水田分布。

（二）耕地质量特征

1. 耕地自然等别

全国耕地质量等别评定共分为 15 个等别，1 等耕地质量最好，15 等耕地质量最差，

表 3-1　2019 年山东省各地市耕地利用结构

行政区名称	水田面积/hm²	占比/%	水浇地面积/hm²	占比/%	旱地面积/hm²	占比/%	合计/hm²
山东省	94817.22	1.47	4674244.76	72.33	1692805.82	26.20	6461867.80
济南市	2350.78	0.68	269858.94	78.26	72611.32	21.06	344821.04
青岛市	246.02	0.06	230905.94	52.92	205120.86	47.02	436272.82
淄博市	359.66	0.23	115305.49	72.64	43072.08	27.13	158737.23
枣庄市	814.88	0.40	119440.75	58.37	84378.86	41.23	204634.49
东营市	24780.47	11.24	154730.47	70.20	40919.32	18.56	220430.26
烟台市	67.11	0.02	130718.96	37.02	222344.87	62.96	353130.94
潍坊市	8.63	0.00	436335.00	65.51	229751.32	34.49	666094.95
济宁市	41883.23	8.25	388459.51	76.53	77244.93	15.22	507587.67
泰安市	251.09	0.09	187802.62	66.20	95615.43	33.71	283669.14
威海市	0.00	0.00	26342.48	16.03	137952.44	83.97	164294.92
日照市	1682.26	0.92	43660.24	23.78	138292.21	75.30	183634.71
临沂市	21062.73	3.34	279739.38	44.29	330739.66	52.37	631541.77
德州市	144.97	0.02	633104.87	99.98	7.02	0.00	633256.86
聊城市	12.80	0.00	512336.03	99.99	28.88	0.01	512377.71
滨州市	373.17	0.10	379015.87	97.00	11331.30	2.90	390720.34
菏泽市	779.42	0.10	766488.21	99.46	3395.32	0.44	770662.95

将 1～4 等、5～8 等、9～12 等、13～15 等分别划分为优等地、高等地、中等地和低等地。参照上述标准，山东省耕地主要为高等地，面积占比超过 90%，其中 6 等地面积占比最大，为 40.29%。

耕地自然等别与省内的自然环境关系密切：山前冲积平原地势平坦、土地肥沃、灌溉水源充足，限制因素少，等别普遍较高，包括济潍山前冲积平原、胶莱平原区、临郯苍平原、汶泗平原和湖东平原等地。低洼冲积平原由于地势低洼积水，浅层地下水盐分含量高，会出现土地盐渍化，等别相对较低，包括鲁北滨海黄河三角洲、鲁西北和鲁西南平原，但对比来看，鲁西北平原的自然质量等别整体高于鲁西南平原。山地丘陵区海拔高、土层薄，水土流失普遍存在，灌溉保证率低，因此自然等别最低，主要分布在中南部的临沂市、泰安市等地。

2. 耕地经济等别

山东省耕地经济等别主要为 8～11 等，占总面积的 86%。耕地经济等别的空间分布呈现出"四周低、中间高"的特点，低等别的山前冲积平原和黄河冲积平原围绕山地丘陵区呈半环形分布，中部山地和丘陵地区耕地经济等别较高。平原区的耕地经济等别整体上低于山地丘陵区，具体来看，菏泽市、济宁市、德州市、聊城市和东营市等平原农业大市等别较低；青岛市、潍坊市、济南市、威海市和枣庄市次之；临沂市和日照市耕地经济等别较高。

整体来看，耕地经济等别和土地质量密切相关：土地自然条件优越、耕作条件好，粮食产量就高，耕地生产效益和经济效益也就高。耕地经济等别的空间分布不仅受到土地质量的影响，土地利用效益的影响也较为显著。土地利用效益衡量单位投入成本下的产出量，低投入下的高产出代表着高利用效益，高投入高产出和低投入低产出都不是高效益，这解释了山东半岛部分县（市、区）存在粮食产量与经济等别高，但土地利用效益低，以及鲁西南部分县（市、区）粮食产量不大，但耕地经济效益高的情况。

二、耕地空间分布

（一）基于高程分级的耕地利用格局

将耕地图斑数据与 DEM 数据进行叠加，得到耕地的高程属性图层。按照自然断点法并结合山东省地形地势特点，将高程划分成≤35m、>35～80m、>80～160m、>160～300m 和>300m 5 个区间，对应 1 级、2 级、3 级、4 级和 5 级。山东省各级别耕地规模总体呈现出随着高程等级升高而减少的趋势，其中 1 级耕地和 2 级耕地占比较大，面积分别为 256.62 万 hm^2、231.13 万 hm^2，总面积占比达到 75.84%；3 级耕地面积为 93.67 万 hm^2，占比为 14.50%；4 级耕地面积为 53.78 万 hm^2，占比为 8.32%；5 级耕地面积为 10.99 万 hm^2，占比为 1.70%。

由图 3-4 可知，淄博市、济南市、泰安市和临沂市整体平均高程较高，均达 150m 以上，因此上述地市的耕地平均高程也较高，分别为 118.60m、98.29m、123.61m 和 128.92m。对比各地市整体平均高程与耕地平均高程，可以发现大多数地市的耕地平均高程低于整体平均高程，但东营市和日照市情况有所不同，东营市整体平均高程为 4.25m，耕地平均高程为 6.12m，其中高程较高的耕地主要分布在城市南部与丘陵区临近的地区；日照市整体平均高程为 133.88m，耕地平均高程为 138.14m，多数耕地分布在山地丘陵地区，需要进一步对耕地分布结构进行调整，提升耕地水土稳定性。由图 3-5 可知鲁北滨海黄河三角洲和鲁西、北平原区耕地高程相对较低，多为 1、2 级；鲁东丘陵区和中部山地丘陵地区高海拔耕地占比较多。各高程等级的耕地分布特征如下：1 级耕地面积分布最大的为德州市（63.17 万 hm^2），其次为滨州市（38.55 万 hm^2）、潍坊市（27.82 万 hm^2）和聊城市（25.64 万 hm^2），同时东营市、德州市和滨州市的 1 级耕地面积占比均在 98%以上，这些地级市耕地主要位于平原区，地形起伏小，耕作条件好；

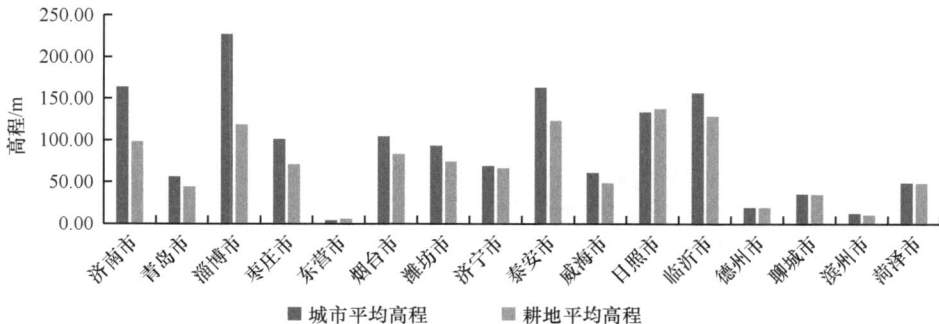

图 3-4　2019 年山东省各市平均高程和耕地平均高程

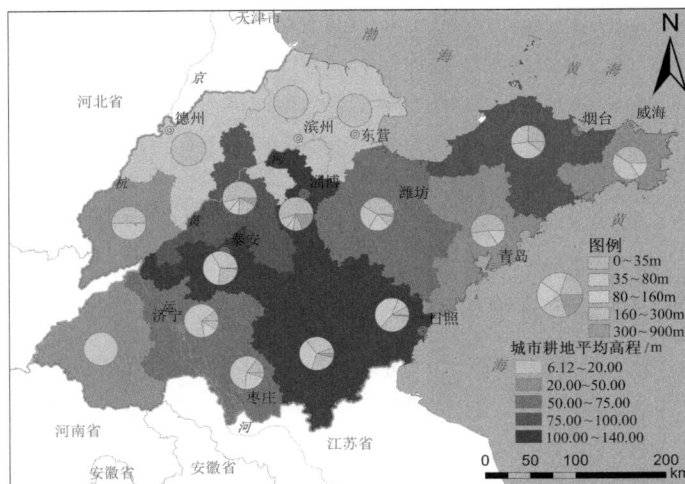

图 3-5　2019 年山东省各市耕地高程分级（彩图附后）

位于鲁中南山地丘陵区和鲁东丘陵区的地市耕地高程均较高，其中 2 级耕地主要分布在菏泽市和济宁市，面积均超过 30 万 hm²；3 级耕地主要分布在临沂市、潍坊市和烟台市，均超过 13 万 hm²；4 级耕地主要分布在临沂市，达 16.36 万 hm²；5 级耕地主要分布在淄博市、临沂市和潍坊市，均在 1.5 万 hm² 以上。

（二）基于坡度分级的耕地利用格局

2019 年山东省耕地坡度可分为 ≤2°、2°～6°、6°～15°、15°～25°、>25°，对应 1 级、2 级、3 级、4 级和 5 级，各级别耕地规模总体呈现随着坡度等级的升高而减少的趋势：以 1 级耕地为主，面积为 533.246 万 hm²，占比为 82.52%；2 级耕地面积为 66.57 万 hm²，占比为 10.30%；3 级耕地面积面积为 42.04 万 hm²，占比为 6.51%；4 级耕地面积为 4.18 万 hm²，占比为 0.65%，2～4 级的耕地中梯田面积均为坡地的两倍左右；5 级耕地面积较小，仅为 0.15 万 hm²，占比为 0.02%，其中大部分已修筑为梯田，仅有 0.006 万 hm² 为坡地。

市域尺度来看（如图 3-6），各地市中坡度分级为 1、2 级的耕地占比较多。空间上看，鲁北滨海黄河三角洲和鲁西、北平原区耕地坡度最低，中部地区耕地坡度相对较缓，鲁东丘陵区耕地坡度最高。具体看各坡度等级耕地分布：1 级耕地分布较多的有菏泽市、德州市、潍坊市、聊城市和济宁市，面积均超过 40 万 hm²，同时东营市、滨州市、聊城市和德州市 1 级耕地面积占比超过了 99%，这些地级市均位于平原区，地势平坦，是传统的农区，耕地面积较大；2 级以上耕地主要分布在鲁中南山地丘陵区和鲁东丘陵区的地级市，地形起伏，耕地坡度较高，其中，2 级耕地主要分布在临沂市和烟台市，面积均超过 6 万 hm²；3 级耕地主要分布在临沂市和烟台市，均超过 6 万 hm²，主要为梯田，坡耕地极少；4 级耕地主要分布在临沂市、潍坊市、烟台市、淄博市和济南市，均超过 0.5 万 hm²；5 级的耕地主要分布在淄博市、济南市、临沂市和潍坊市，均在 0.03 万 hm² 以上，其他山地丘陵区地级市少量分布，且大部分已修筑为梯田，坡耕地面积极少（马聪和刘黎明，2019）。

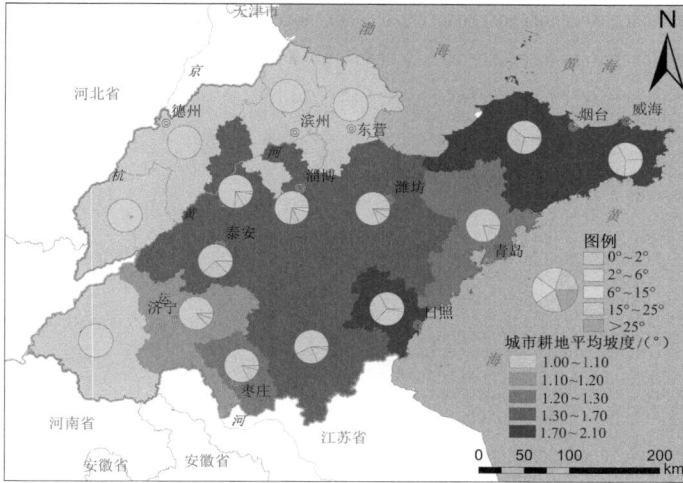

图 3-6　2019 年山东省各市耕地坡度分级（彩图附后）

（三）基于连片特征的耕地利用格局

耕地地块的连片性可以被定义为空间上的相对连接度，即相邻程度，两个耕地图斑在空间上相隔的距离越小，它们的连片性就越高；当它们的距离小于一定阈值时，则可以认为是连片的。通常来说，耕地的连片度越大则越有利于耕地机械化种植和规模化经营，对于提高种植效率和产出效益有一定积极意义。因此，本部分以 30m 作为山东省耕地的连片度阈值，并计算连片耕地面积占总耕地面积的比例，以此作为耕地空间分布的一个衡量特征。

由图 3-7 可知，山东省耕地连片度呈现出"中部低四周高"的特点。具体到各地市看，连片耕地面积占比较高的地区主要有菏泽市（99.41%）、德州市（99.12%）、聊城市（99.09%）、潍坊市（98.55%）和滨州市（98.39%），均高于全省平均水平，表明上述地

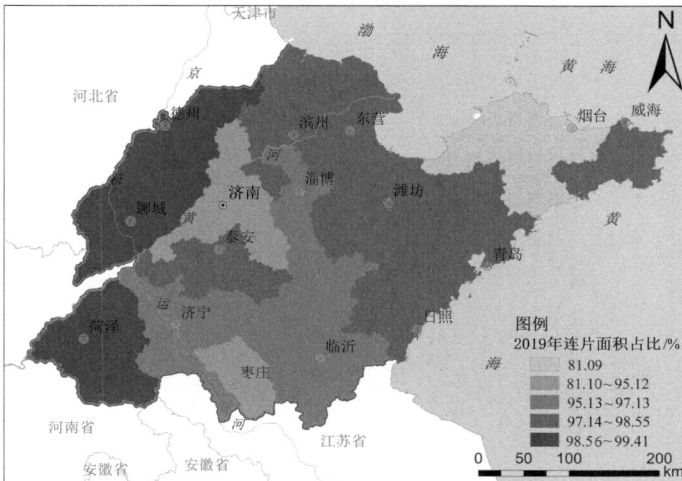

图 3-7　2019 年山东省各市连片耕地面积占比

市耕地多为集中分布,耕地连片整治工作到位。连片耕地面积占比最低的地市是烟台市,仅为 81.09%,远低于全省平均水平。烟台市位于鲁东丘陵区,市内地形复杂,耕地连片种植难度大,且在城镇化过程中易发生耕地侵占,导致耕地趋于破碎化。针对此情况,建议烟台市应大力推进农用地整理工作,通过土地平整、土壤改良、畦垄规格化整治等方式提升耕地连片度,改善农业生产环境。

三、耕地利用程度与利用效益

(一)耕地利用率

1. 土地垦殖率

土地垦殖率通过计算区域内耕地面积占土地总面积的比例,来反映耕地资源的利用程度。具体公式如下:

$$R = \frac{S_c}{S_L} \times 100\% \tag{3-1}$$

式中,R 表示土地垦殖率(%);S_c 表示耕地面积(hm^2);S_L 表示土地总面积(hm^2)。

山东省作为传统农业大省,农耕历史悠久,土地垦殖率高,但同时耕地后备资源匮乏,可开垦为耕地的资源较少。2019 年山东省全省土地垦殖率为 40.87%,位居全国前列。市域尺度下,菏泽市、德州市和聊城市垦殖率排名前三,分别为 63.40%、61.14% 和 59.39%,三市地处平原,地势平坦,属于山东省传统农区,土地垦殖率较高;烟台市、淄博市、东营市和威海市垦殖率排名末尾,分别为 25.35%、26.61%、26.70% 和 28.17%,除东营市外,上述地市均位于山地丘陵区,地形复杂,土地开垦难度较大;东营市位于鲁北滨海黄河三角洲,盐碱地分布较多,土地大多不适宜农业种植,因此该区域垦殖率相对较低。

由各县(市、区)垦殖率空间分布图 3-8 可知,西部垦殖率整体较高,而中部和东部垦殖率则相对较低;从地貌分区上看,平原地区垦殖率最高,山地丘陵区次之,黄河

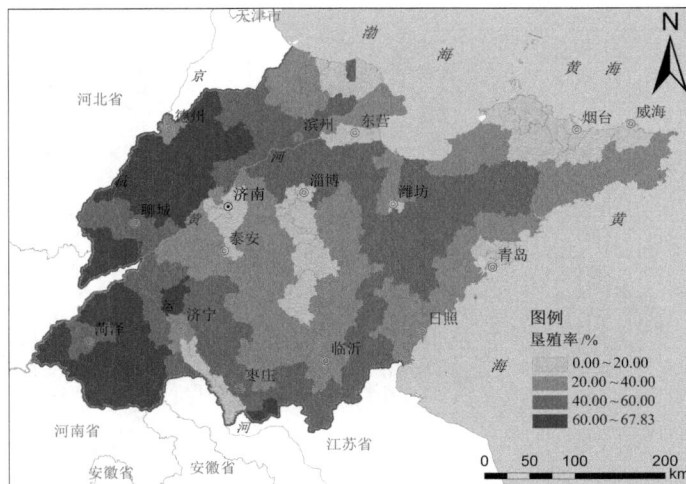

图 3-8　2019 年山东省各县(市、区)土地垦殖率空间分布

三角洲垦殖率最低。垦殖率较高的县（市、区）主要分布在鲁西北和鲁西南平原区，该区域地势平坦、水热条件良好，土壤肥沃，适合进行农业生产。具体来看，菏泽市的巨野县、成武县和德州市的平原县垦殖率排名前三，分别为67.83%、67.29%和67.27%，均超过了67%。中部和东部区域的空间集聚特征并不明显，垦殖率中等地区和低等地区散落分布。市域尺度下垦殖率较低的烟台市、淄博市、东营市和威海市，也是垦殖率中等和低等县（市、区）分布较为密集的区域，上述地级市主要分布在中部和东部的丘陵地区以及鲁北滨海地区，区域地形复杂、土壤瘠薄，宜耕资源较少。

2. 耕地复种指数

复种指数指一定时期内在同一耕地地块上种植农作物的平均次数，可以反映耕地利用程度。计算公式如下：

$$MCI = \frac{A_s}{A_c} \times 100\% \tag{3-2}$$

式中，MCI表示耕地复种指数（%）；A_s表示农作物总播种面积（hm^2）；A_c表示耕地总面积（hm^2）。

根据式（3-2）计算得到2019年全省复种指数为169.26%。市域尺度下，西南部的枣庄市、济宁市和聊城市复种指数较高，分别为194.10%、191.19%、191.18%；东部沿海的烟台市、威海市和日照市农作物的平均种植次数少，复种指数在125%以下，分别为124.98%、121.81%、115.74%。

观察复种指数的空间分布（图3-9）可以发现，各县（市、区）复种指数呈现出"西高东低"的空间格局。复种指数的分布格局在自然环境因素的影响下，经过长期耕种逐渐形成，山东省西北部和西南部位于华北平原农耕区，土壤肥沃，水热禀赋优越，积温能够满足两季作物的生长，复种指数较高；中部和东部的丘陵地带，耕作条件相对较差（吕晓等，2015），种植水果较多，为一年一熟制。具体来看，泰山区、任城区、岱岳区、

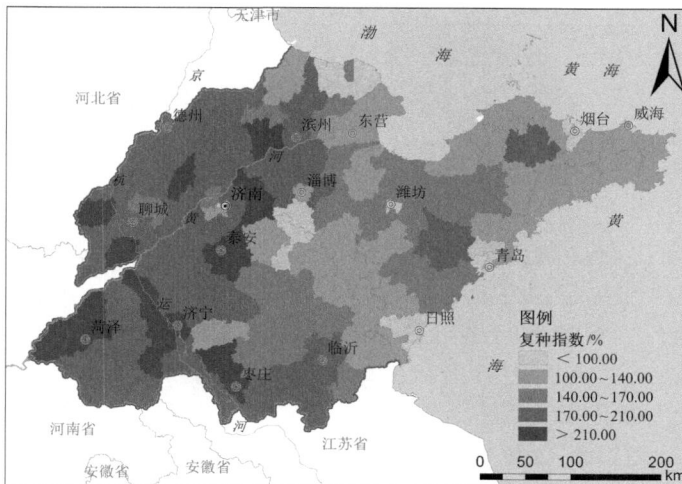

图3-9　2019年山东省各县（市、区）复种指数空间分布

东明县、牡丹区、章丘区、阳谷县、鄄城县、金乡县、冠县、滕州市和梁山县 12 个县区复种指数超过 210%，为一年两熟的耕作制度；东港区、博山区、奎文区、钢城区、莱山区、淄川区、城阳区、河口区、芝罘区和长岛县 10 个县（市、区）复种指数依次减少，均在 100% 之下，耕地利用强度较低。

（二）耕地利用效益

1. 耕地单位面积产量

粮食单产指标可以反映农业生产水平、衡量耕地利用效益。作为传统农业大省、重要商品粮产区，山东省为我国粮食安全、经济社会稳定做出了重要贡献。山东省粮食作物分夏、秋两季：夏粮主要是冬小麦，秋粮主要是玉米、地瓜、大豆、水稻、谷子、高粱和小杂粮。2019 年全省粮食总产达到 1071.4 亿斤[①]，比上年增加 7.4 亿斤，连续 6 年稳定在千亿斤以上；全省平均粮食单产为 6444kg/hm^2，高于全国粮食单产量 5720kg/hm^2。

市域尺度下，德州市粮食单产最多，达到了 7009kg/hm^2，聊城市和泰安市位居其后，粮食单产分别为 6858kg/hm^2 和 6791kg/hm^2，德州市为全国 5 个整建制粮食高产创建试点市之一，粮食种植全程机械化率、良种率均达到 100%，粮食产业绿色高质高产高效发展；聊城市和泰安市作为产粮要地，光热条件良好，防灾减灾成效显著，粮食产出较好。烟台市、东营市和威海市粮食产出较低，分别为 5824kg/hm^2、5213kg/hm^2 和 4782kg/hm^2，烟台和威海两市位于胶东半岛，灾害性天气比较频繁，且地形地貌复杂，属于低山丘陵区；东营市地处北部滨海区，存在盐碱化现象、农业基础较差，均不利于粮食产出。由图 3-10 可知，粮食单产较高的县（市、区）主要位于鲁西北平原、鲁西南平原及其与鲁中南山地丘陵区的交界区域，东部有少量分布。具体来看，共有 22 个县（市、区）粮食单产在 7000kg/hm^2 之上，分别位于青岛市、淄博市、枣庄市、济宁

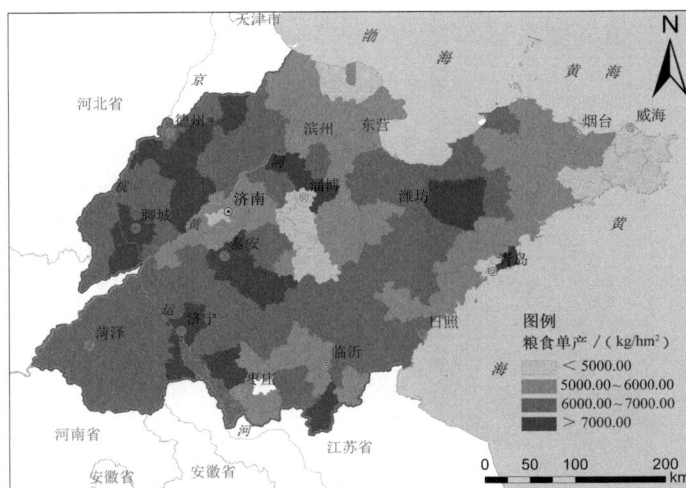

图 3-10　2019 年山东省各县（市、区）粮食单产空间分布

---

① 1 斤=0.5kg。

市、泰安市、临沂市、德州市和聊城市，其中济宁市鱼台县粮食单产最高，为 7713kg/hm²。粮食单产较低的县（市、区）则主要分布在中部和东部的丘陵以及北部滨海地区，耕地粮食产出与土壤特征、灌溉条件、地势变化等均有关系，丘陵地区地势变化大、土壤较为瘠薄；北部滨海地区存在盐碱化现象、农业生产基础较差，均不利于粮食产出。

2. 劳动力单位产值

劳动力单位产值从单位农业劳动力产出的角度（陈伟和吴群，2013），对耕地利用效益和农业发展水平进行衡量。城镇化、生产机械化的推进以及化肥、农膜等的使用会使得农业劳动力和农业产值发生变化（孔祥斌等，2010），从而改变劳均产值。2019 年山东省劳动力单位产值为 1.4 万元/人。市域尺度下，德州市劳均产值最高，为 2.2 万元/人，也是唯一超过两万元的地级市，德州市粮食单产为全省最高，且粮食产业高质量发展，耕地产出经济效益良好；菏泽市劳均产值最低，为 0.81 万元/人，菏泽市以农副产品深精加工作为主导产业，耕地直接产出效益较低，故耕地劳均产值较低。由图 3-11 可知，山东省大部分县（市、区）的劳均产值小于 2.08 万元/人，仅有少数区域超过 3.05 万元/人，其中劳均产值较高的县（市、区）在北部分布较多，劳均产值低的县（市、区）更多在南部区域。具体来看，蓬莱市、栖霞市、夏津县和宁津县劳均产值超过 3.05 万元/人，分别为 3.82 万元/人、3.45 万元/人、3.23 万元/人和 3.21 万元/人；共有 25 个县（市、区）劳均产值低于 0.79 万元/人，主要分布在青岛市、淄博市、临沂市和菏泽市。劳均产值的空间分布特征和各地种植的农作物种类有关，种植蔬菜、水果等农产品与种植传统农作物相比，具有高附加值和高回报的特点，能够给农户带来更高的经济效益，提高农业生产中的劳均产值。

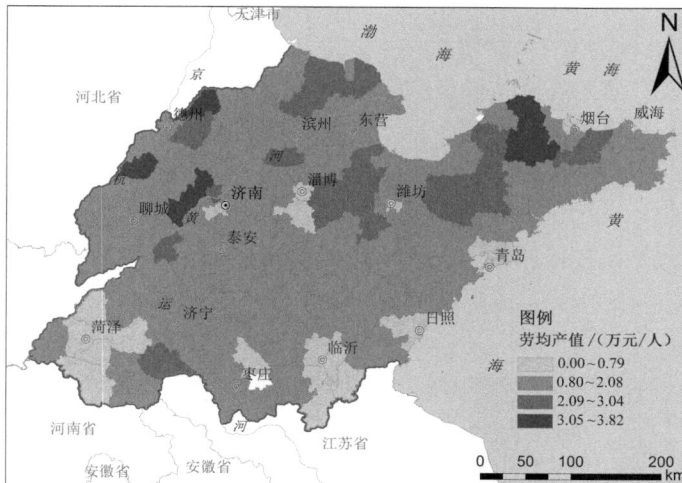

图 3-11　2019 年山东省各县（市、区）劳均产值空间分布

（三）未利用耕地

第三次国土调查将耕地属性划分为种植粮食作物、种植非粮食作物、粮与非粮轮作、休耕、林粮间作和未耕种 6 种类型。从耕地种植属性结构来看（表 3-2），山东省耕地主要是粮与非粮轮作类型，占比为 49.39%；其次为种植粮食作物（46.31%），未耕种和种

植非粮食作物的耕地均较少，面积占比分别为 2.68%和 1.62%，没有休耕和林粮间作的耕地。但从耕地斑块数量来看，种植粮食作物的耕地图斑最多，占比达 49.72%；其次为粮与非粮轮作类型的耕地，占比为 36.78%，说明种植粮食作物的多为小面积耕地图斑，耕地结构稳定性不强，耕地整理工作还有一定提升空间。未耕种耕地虽然占比不大，但未能发挥耕地生产功能，造成了耕地资源的浪费，因此需要对未耕种耕地的分布现状与成因进一步探究，以制定相应对策提高耕地利用效益。

表 3-2　各类种植属性耕地图斑面积及数量统计

耕地类型	面积/hm^2	面积占比/%	斑块数量/个	数量占比/%
粮与非粮轮作	3191425.57	49.39	1171129	36.78
种植粮食作物	2992624.21	46.31	1583008	49.72
未耕种	173275.34	2.68	277432	8.71
种植非粮食作物	104542.68	1.62	152470	4.79

　　为了探究未耕种耕地的自然分布特征，对其所在地区的海拔和坡度进行计算。未耕种耕地的高程分布如图 3-12 所示，全省未耕种耕地图斑主要分布在 0～35m 和 35～80m 的地区，面积占比分别为 34.38%和 31.62%；其次为 160～300m 和 80～160m，面积占比分别为 15.35%和 15.13%；分布在高于 300m 地区的耕地面积最小，占比仅为 3.51%。未利用率指在某一区间内，未耕种耕地占耕地总面积的比例。观察发现，耕地未利用率随着海拔的升高而增加，海拔高于 300m 的地区耕地未利用率最高，达 4.42%；在 80～160m 和 160～300m 高程区间的耕地未利用率也高于平均水平，分别为 3.18%和 3.14%。未耕种耕地坡度分布如图 3-13 所示，未耕种耕地主要分布在坡度小于 2°的区域，面积占比为 57.20%；其次为 6°～15°和 2°～6°，面积占比分别为 19.47%和 18.15%；未耕种耕地在坡度大于 25°的地区分布极少，面积占比仅为 0.09%。坡度越陡，耕地中未种植作物的比例越大，即未利用率越高。除了在小于 2°的地区耕地未利用率低于平均水平，其余地区的耕地未利用率均较高，其中坡度在 15°～25°的地区耕地未利用率最大，为 11.57%。总的来说，对比平原地区，在海拔高、坡度陡的丘陵地区耕地更容易发生未种植作物的情况，进而引起耕地地力降低、水土流失等问题，导致耕地资源被浪费

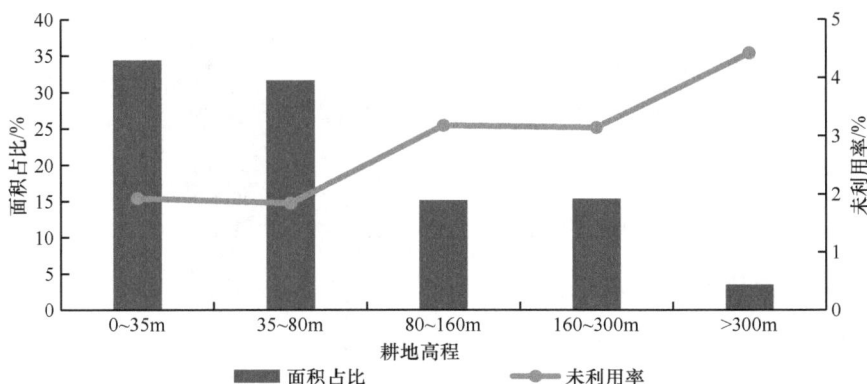

图 3-12　2019 年山东省未耕种耕地高程分布

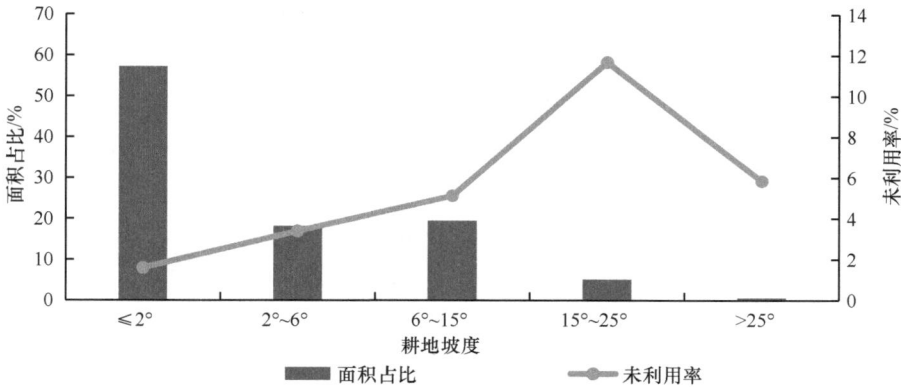

图 3-13　2019 年山东省未耕种耕地坡度分布

（王冲，2016），复耕难度增加。针对这种现象，建议通过调整土地分布结构、加强农业基础设施建设等方式改善耕作条件，鼓励农民对荒废耕地进行复耕复垦，赋予耕地生产功能。

耕地未种植作物的原因除了耕地质量差、自然条件不适宜等因素，也受人为因素影响，如缺乏农业劳动力、种地获得的经济收入少等（陈诗波等，2016）。本部分主要对人为因素进行分析，从劳动力条件和经济条件两方面展开：利用乡村人口占比来衡量各县（市、区）劳动力条件，采用地区生产总值来表征经济条件。

计算可知全省乡村人口占比的平均值为 37.43%，以平均值作为划分点，将各县（市、区）的乡村人口占比划分为高乡村人口占比、低乡村人口占比两种类型，类似地，将各县（市、区）的未耕种耕地密度划分为高未耕种耕地密度、低未耕种耕地密度。因此将山东省各县（市、区）按照未耕种耕地密度和乡村人口占比两个维度进行划分，共划分为四个象限，其中第一象限为"高未耕种耕地密度–高乡村人口占比密度"，第二象限为"低未耕种耕地密度–高乡村人口占比密度"，第三象限为"低未耕种耕地密度–低乡村人口占比密度"，第四象限为"高未耕种耕地密度–低乡村人口占比密度"，结果如图 3-14、图 3-15。

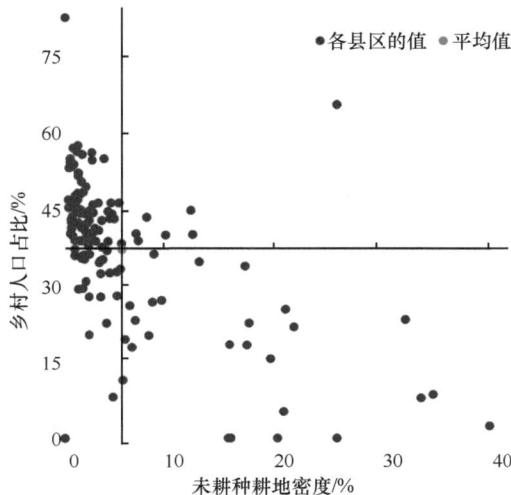

图 3-14　2019 年山东省各县（市、区）未耕种耕地密度与乡村人口占比

多数县（市、区）位于第二象限，数量达 79 个，占所有县（市、区）的 57.66%；其次位于第四和第三象限，分别有 26 和 25 个，位于第一象限的县（市、区）最少，仅有 7 个。通常来说，未耕种耕地密度与乡村人口占比呈负相关关系，但沂源县、蓬莱市、招远市、海阳市、临朐县、文登区和荣成市虽然乡村人口占比高于平均值，但仍然存在较多的未耕种耕地，上述地区均位于山地丘陵区，存在耕作难度大、农民耕作积极性不高等问题（杜文文等，2015）。

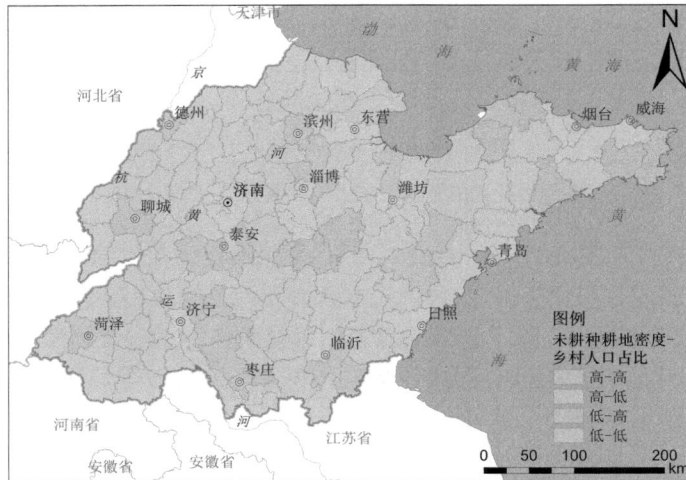

图 3-15　2019 年山东省各县（市、区）未耕种耕地密度与劳动力条件高低模式分布（彩图附后）

采用同样的方法，以平均值作为划分点，将山东省各县（市、区）按照未耕种耕地密度和地区生产总值占比两个维度进行划分，共划分为四个象限，其中第一象限为"高未耕种耕地密度–高地区生产总值"，第二象限为"低未耕种耕地密度–高地区生产总值"，第三象限为"低未耕种耕地密度–低地区生产总值"，第四象限为"高未耕种耕地密度–低地区生产总值"结果如图 3-16、图 3-17。大多数县（市、区）位于第三象限，数量达

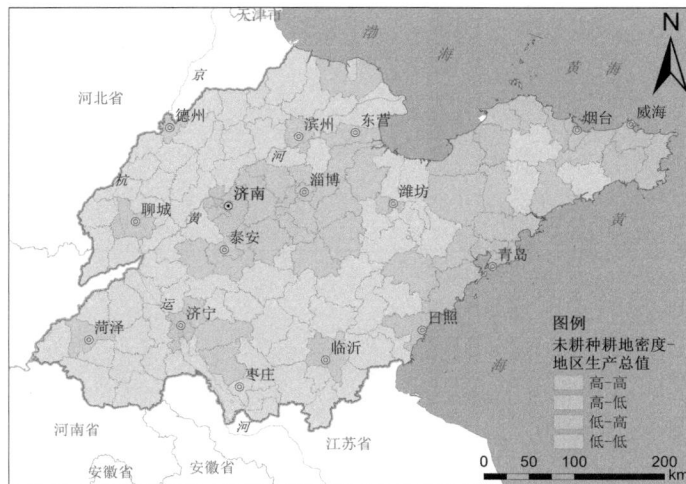

图 3-16　2019 年山东省各县（市、区）未耕种耕地密度与经济条件高低模式分布（彩图附后）

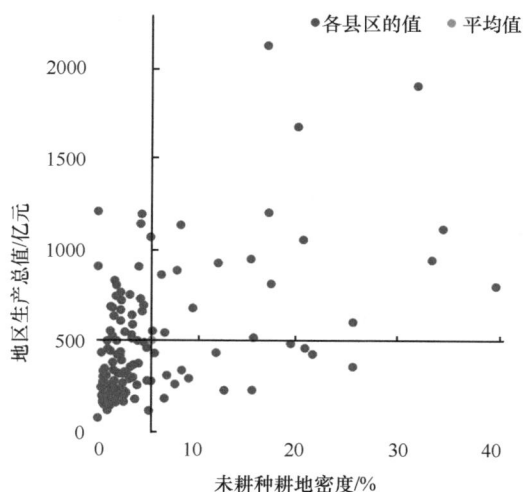

图 3-17　2019 年山东省各县（市、区）未耕种耕地与地区生产总值

77 个，占所有县（市、区）的 56.20%，其余县（市、区）位于第二、第一和第四象限，分别有 27 个、20 个和 13 个，位于第四象限的县（市、区）有淄川区、博山区、周村区、沂源县、东营区、河口区、牟平区、莱山区、蓬莱市、海阳市、潍城区、临朐县和泰山区，上述地区的经济条件较差，且未耕种耕地密度较大，需要对经济结构进行转型升级，同时加大耕地整治力度，减少耕地资源浪费现象。未耕种耕地密度与地区生产总值呈现明显正相关关系，即地区经济条件越好，未耕种的耕地面积占比就越大，这是因为与农业相比。二三产业能获得更高的经济收入，经济较为发达的地区往往二三产业发展得更好，农业发展则较为欠缺，未种植作物的耕地也就越多，因此，协调好农业与二三产业发展关系，是提升耕地作物种植率的关键。

第二节　耕地空间格局演变

随着地区城市化发展，耕地被侵占现象严重，作为粮食产出的重要基础，分析耕地变化情况对于保障粮食安全具有重要意义（陈迪，2019）。本节分析主要包括耕地的数量时空变化和耕地质量时空变化。耕地数量时空变化主要从耕地整体的规模、结构变化，变化耕地图斑的空间分布、利用结构，以及耕地与其他地类相互转变的特征几个方面讨论。耕地质量时空变化主要探究了耕地自然等别、经济等别的变化情况；此外，由于耕地连片度可以表征耕地结构的稳定性，因此将耕地连片度的变化情况也作为耕地质量变化的讨论方面之一。

一、耕地数量时空变化

（一）耕地规模变化及区域差异特征

1. 耕地整体变化

为了掌握耕地整体变化情况，采用耕地净变化率指标。其计算公式为

$$V = \frac{S_b - S_a}{S} \times 100\% \qquad\qquad (3\text{-}3)$$

式中，V 表示耕地净变化率（%），S_b 表示研究时段内新增耕地面积（hm²）；S_a 表示研究时段内减少的耕地面积（hm²）；S 表示研究期初耕地总面积（hm²）。

对山东省 2009～2019 年间耕地图斑进行统计分析发现，全省新增耕地 714752.54hm²，减少耕地 1921288.54hm²，合计 2009～2019 年间山东省净减少耕地 1206536hm²，净流失率为 15.73%，存在较多建设用地、农村个人建房等侵占耕地的行为，导致耕地面积减少。此外，全国第二次土地调查后山东省农业结构有所调整，农民在耕地上种果、种林木等现象较多，也导致耕地统计面积减少。由图 3-18 可知，全省各市耕地均处于净流失状态，尤其中部地区的耕地流失问题较严重，净流失率达 21% 以上，其中淄博（25.22%）、临沂（25.03%）和日照（23.98%）的耕地流失率位于全省前三。上述地区主要位于山地丘陵区以及与平原区的交界地带，农业结构调整、生态退耕以及城镇化推进占用了大量耕地。对比来看，北部平原地区耕地流失较少，东营市和德州市的耕地流失率仅 0.94%、1.66%，远低于全省平均水平。

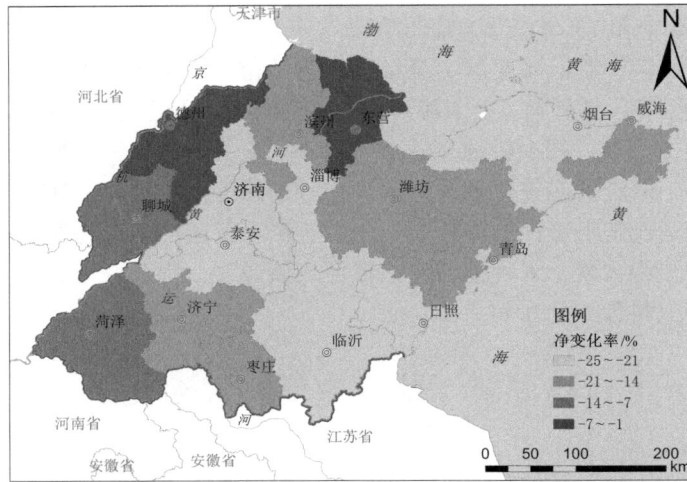

图 3-18　2009～2019 年山东省耕地净变化率空间格局

2. 新增耕地数量空间分布

山东省新增耕地图斑数量占 2019 年耕地图斑数量的 0.29%，面积占比达 10.98%。从市域尺度来看，东营市、烟台市和威海市新增耕地面积占比远高于全省平均水平，上述地区 2019 年耕地总面积中均有 20% 以上属于新增耕地。借助核密度分析和面积分布特征来探究山东省新增耕地的空间分布规律，结果如图 3-19 所示，2009～2019 年新增耕地主要聚集在鲁西北平原区和胶莱平原区。新增耕地核密度较高的地区主要有东营市的垦利区、利津县、河口区，滨州市的沾化区，德州市的禹城市、齐河县，菏泽市的东明县，青岛市的平度市等。2009～2019 年新增耕地面积较大的地区有东营市的垦利区、青岛的平度市、菏泽市的东明县、烟台市的莱阳和招远市、德州市的齐河县和禹城市、威海市的乳山市，新增耕地面积较大的地区与新增耕地密度较高的地区高度重合。为了解新增耕地中大面积耕地的分布情况，统计新增耕地中大于 5hm² 耕地图斑的数量和面积（图 3-20），结果显示山东省大于 5hm² 新增耕地图斑的数量占 2019 年耕地图斑数量的 0.20%，面积占比达 0.96%，说明全省新增耕地中大面积耕地图斑较少。如图 3-19 所示，东营市的垦利区、济宁市的微山县、滨州市的沾化区等县（市、区）新增大面积耕地的面积与数量比例高于全省平均水平，上述地区主要位于鲁西北平原区和胶莱平原区。

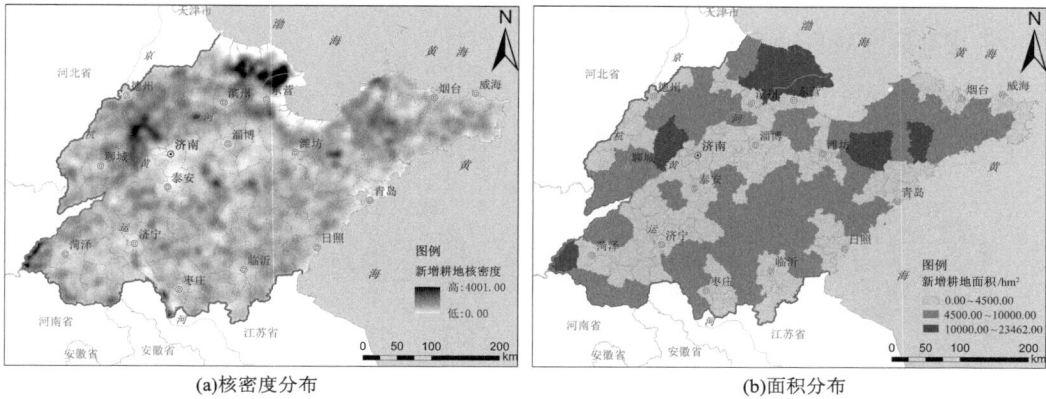

(a)核密度分布　　　　　　　　　　　　(b)面积分布

图 3-19 2009～2019 年山东省各县（市、区）新增耕地核密度与面积分布

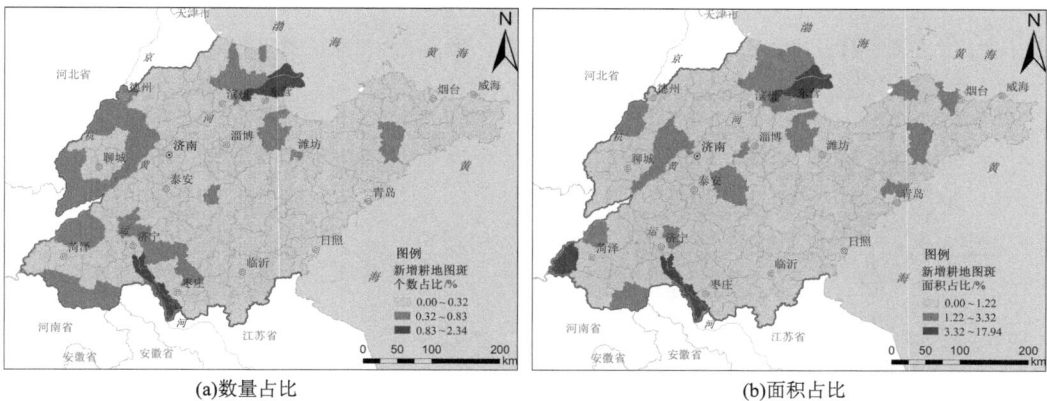

(a)数量占比　　　　　　　　　　　　(b)面积占比

图 3-20 2009～2019 年山东省各县（市、区）大于 5hm² 的新增耕地图斑数量与面积占比

3. 减少耕地数量空间分布

2009～2019 年间全省减少的耕地图斑数量占原耕地图斑数量的 1.30%，面积占比达 24.90%。从市域尺度来看，淄博市、烟台市、威海市、日照市和临沂市减少耕地图斑面积占比远高于全省平均水平，上述地区均有 30% 以上的面积流失。探究减少耕地图斑的空间分布规律，结果如图 3-21 所示，减少耕地图斑在北部和南部地区密度较大，主要集中在德州市的庆云县、滨州市的无棣县、济宁市的鱼台县、菏泽市的单县等；减少耕地面积较大的地区集中分布在全省中东部，主要有临沂市的沂水县、蒙阴县、沂南县和烟台市的栖霞市等。两者对比可以发现，在鲁中南丘陵区和胶东丘陵区，减少耕地核密度和面积均较大；除此之外，庆云县、鱼台县、单县虽然耕地减少的面积低于全省平均

水平，但其核密度值较大，主要因为上述地区减少的多为密集分布的零星耕地图斑。为了解减少耕地中大面积耕地的数量情况，统计减少耕地中大于 5hm² 耕地图斑的数量和面积（图 3-22），结果显示山东省大于 5hm² 的减少耕地图斑数量占 2009 年耕地图斑数量的 0.31%，面积占比达 4.17%，说明全省减少的耕地中大面积耕地图斑数量较少，但总面积较大。如图 3-22 所示，减少耕地图斑的数量较多、总面积较大的地区主要分布在德州的德城区、烟台的莱州市和招远市、潍坊的坊子区、临沂的蒙阴县和枣庄的山亭区，上述地区需对耕地流失情况多加关注。

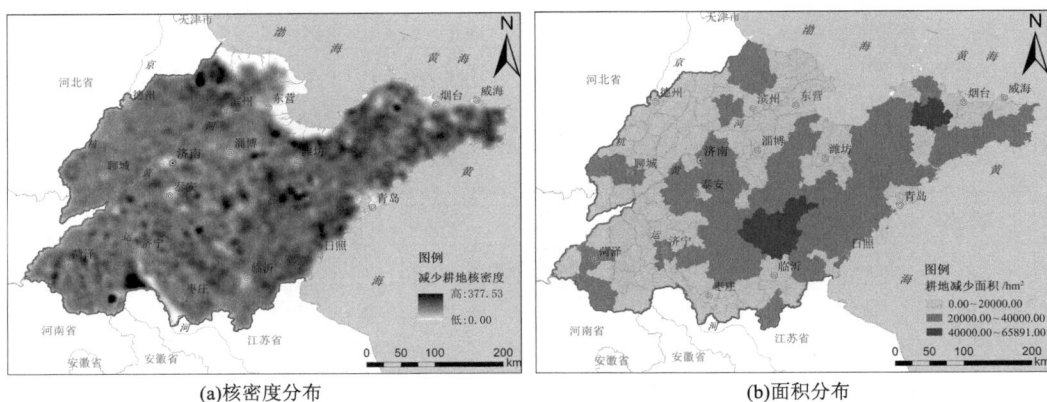

(a)核密度分布   (b)面积分布

图 3-21   2009～2019 年山东省各县（市、区）减少耕地核密度与面积分布

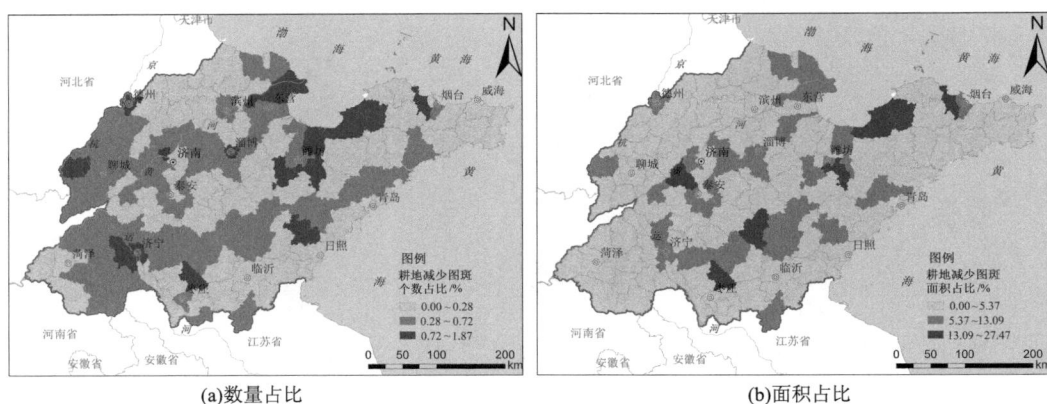

(a)数量占比   (b)面积占比

图 3-22   2009～2019 年山东省各县（市、区）大于 5hm² 的减少耕地图斑数量与面积占比

（二）耕地结构变化及区域差异特征

1. 耕地整体利用结构变化

如图 3-23 所示，山东省 3 个耕地二级类的面积在 2009～2019 年间均呈现减少的趋势，水田面积在 2009～2014 年逐年减少至 9.34 万 hm²，之后逐年波动增加至 9.52 万 hm²，但仍小于 2009 年的 9.55 万 hm²，总体变化不大；水浇地在 2012 年小幅上涨，之前和之后均呈现逐年下降的趋势，从 2009 年的 518.63 万 hm² 减少至 2019 年的 467.42 万 hm²；旱地一直呈现逐年下降的趋势，从 2009 年的 237.63 万 hm² 减少至 2019 年的 169.28 万 hm²。

从占比情况来看，在 2009～2017 年间，各二级类占比小幅波动，变化幅度不大；2018～2019 年变化幅度较大，水浇地占比大幅增加，旱地占比大幅减少，水田占比小幅增长。可以看出，虽然耕地面积在减少，但利用结构在逐渐优化，一定程度上可以反映出十年间，特别是近几年，山东省农田灌溉基础设施完备度在提高，农田有效灌溉面积比例增加，部分旱地转变为水浇地，这与近几年高标准农田建设、小型农田水利建设等整治项目的实施密切相关。

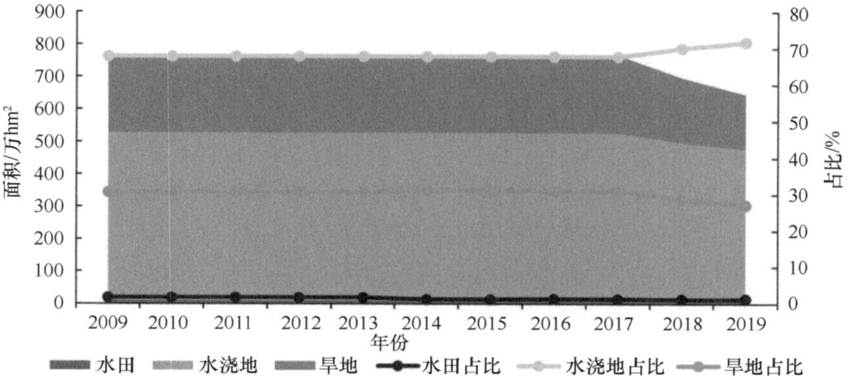

图 3-23　山东省耕地利用结构变化

2. 新增耕地利用结构

2009～2019 年全省新增耕地中水浇地面积最大，达 22069.39hm²，占总面积的 60.79%；其次是旱地，面积为 13995.93hm²，占比达 38.55%；水田的面积最小，为 240.69hm²，仅占 0.66%。如图 3-24 所示，新增耕地利用结构的区域分异特征与水浇地和旱地规模分布的区域分异特征大致类似：平原区水浇地规模较大，新增耕地中水浇地的面积也较高；山地丘陵区旱地规模较大，新增耕地中旱地的面积也较高。市域尺度来

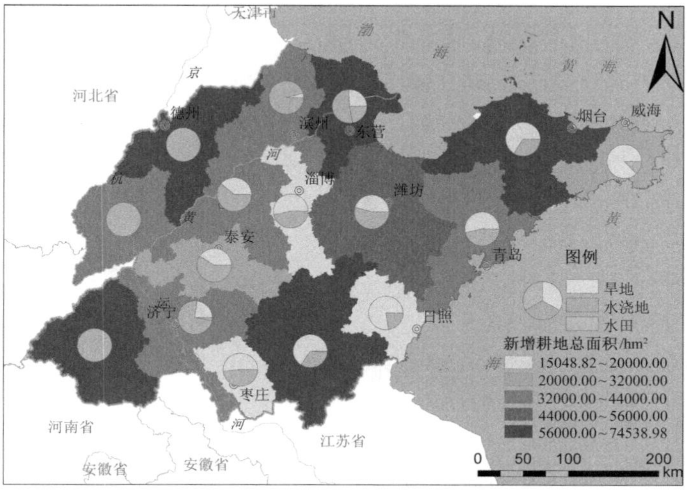

图 3-24　山东省新增耕地利用结构（彩图附后）

看，多数地市新增耕地为水田的比例均较低，只有东营市新增耕地中含有较多水田，面积达 10766.74hm²，占比达 22.24%，主要是因为东营市内水资源丰富，引黄工程成效显著，灌溉设施完善。新增耕地中水浇地占比较大的地区有德州市、聊城市、滨州市和菏泽市，均有 95% 以上的新增耕地为水浇地，上述地区均位于鲁西平原区；旱地占比较大的地区有威海市（87.40%）、日照市（77.52%）、烟台市（66.28%）和临沂市（65.89%），上述地区均位于地形起伏、地表破碎的山地丘陵区，缺少灌溉条件。

3. 减少耕地利用结构

由于各地级市水田比例很小，因此主要是水浇地和旱地转变为其他地类，其中水浇地面积最大，达 988820.32hm²，占总面积的 51.47%；其次是旱地，面积为 910031.60hm²，占比达 47.37%；水田面积最小，为 22436.62hm²，仅占 1.17%。市域尺度来看（如图 3-25），除青岛市、威海市和潍坊市 3 个在 2009 年无水田的地级市之外，减少耕地中水田占比较高的地区有济宁市和东营市，均在 4% 以上。旱地占比较高的有威海市、烟台市、日照市和临沂市，均在 70% 以上，上述地区主要位于鲁东地区，山地丘陵较多，本身拥有较大面积的旱地。水浇地占比较高的地级市有德州市、聊城市和菏泽市，均在 90% 以上，上述地区主要位于鲁西平原区，该区域水浇地规模基数较大。总体来看，减少耕地中各个二级地类的空间分布与新增耕地的大致相同，在水资源丰富的地区水田流出或流入的面积较多，在平原地区水浇地转换的面积占比较大，旱地则在山地丘陵区转换较为频繁。

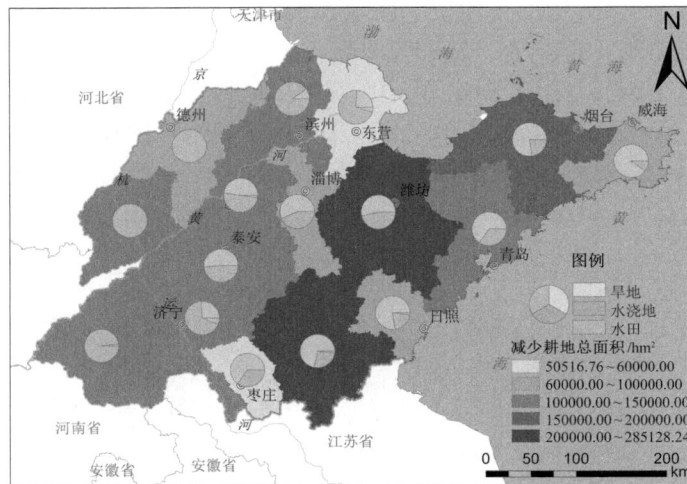

图 3-25　山东省减少耕地利用结构（彩图附后）

（三）耕地与其他地类相互转变特征

1. 其他地类转为耕地

为掌握 2009～2019 年山东省耕地与其他类型土地的相互转化特征，本部分构建了土地转移矩阵以计算耕地与其他地类的转换面积。结果如表 3-3 所示，2009～2019 年间

全省林地、其他土地和种植园用地转为耕地的面积较大，转移面积分别为 18.78 万 hm²、
16.68 万 hm² 和 12.99 万 hm²，共占新增耕地面积的 67.79%。林地中主要为有林地（10.65
万 hm²）和其他林地（7.66 万 hm²），说明有大量林地被开垦为耕地；其他土地中主要为
田坎（8.18 万 hm²）、盐碱地（4.92 万 hm²）和设施农用地（2.92 万 hm²），农田整治中
田块归并，大量田坎变为耕地，同时作为耕地后备资源的盐碱地的治理与开垦工作成效
显著，大量盐碱地转变为具备耕作条件的耕地，此外，大量设施农用地也复垦为耕地；
园地中主要为果园（10.91 万 hm²）和其他园地（2.01 万 hm²），说明农业结构调整中也
有不少园地转变为了耕地；水域与水利设施用地中转变面积最大的为沟渠（2.22 万 hm²），
农田整治过程中田块归并以及灌排渠系的重新规划会复垦大量的沟渠用地，其次较多的
是坑塘水面（1.80 万 hm²）、内陆滩涂（1.31 万 hm²）以及河流水面（1.05 万 hm²），农
业结构调整以及耕地后备资源开垦也增加了较多的耕地资源。

对全省各市转自林地、其他土地和园地的新增耕地重点分析，新增耕地中转自林地
的比例高于全省平均水平的地区有济宁市、泰安市、德州市、聊城市和临沂市，上述地
市均位于平原地区，地势平坦，水土流失风险相对较小，复垦林地增加耕地的现象较为
普遍，但也存在生态安全风险，新增耕地来源结构有待优化。转自其他土地的比例高于
全省平均水平的城市主要分布在沿海地区如东营、威海、日照等市，其中东营的盐碱地
占比较高，说明其过去十年盐碱地治理成效显著；威海和日照的田坎占比更高，说明其
农田整理工作较为到位。转自园地的比例高于全省平均水平的地区有烟台、青岛、淄博
等市，上述地区本身的园地面积较多。

表 3-3　2009～2019 年山东省耕地流转统计

转换方向	面积/hm²	占比/%
林地到耕地	187826.47	26.28
其他土地到耕地	166845.71	23.34
种植园用地到耕地	129867.59	18.17
水域及水利设施用地到耕地	72834.06	10.19
交通运输用地到耕地	66809.23	9.35
草地到耕地	49721.84	6.96
城镇村及工矿用地到耕地	27619.4	3.86
湿地到耕地	13228.24	1.85

2. 耕地转为其他地类

如表 3-4 所示，2009～2019 年间全省耕地转为林地和种植园用地的面积较大，转移
面积分别为 85.66 万 hm²、55.31 万 hm²，总共占减少耕地的 73.37%，且耕地转为林地、
种植园用地的面积均比林地、种植园地转为耕地的面积大。林地中主要为其他林地和乔
木林地，分别为 51.78 万 hm² 和 33.24 万 hm²；种植园用地中主要为果园用地，为 49.19
万 hm²，占比达 88.94%，说明农业结构调整以及生态退耕是耕地减少的主要原因。其他
地类转变较少，其中相对较高的为水域及水利设施用地，面积为 8.46 万 hm²（朱道林，
2021），主要包括沟渠和坑塘水面两个二级类，分别为 1.34 万 hm² 和 3.93 万 hm²，均在

15%以上，农田水利建设以及坑塘占用较多耕地，其中包括采煤塌陷形成的坑塘养殖水面；转变为草地的规模较小，不足 1 万 hm^2。此外，非农占地较多的是住宅用地、其他用地、交通运输用地，分别为 7.53 万 hm^2、6.87 万 hm^2、6.15 万 hm^2，其中较多的二级类为公路用地（3.87 万 hm^2）、农村宅基地（4.67 万 hm^2）、城镇住宅用地（2.87 万 hm^2）、设施农用地（6.19 万 hm^2）和田坎（2.98 万 hm^2），说明工业经济发展、城镇化建设、农村建设用地扩张以及修筑田坎也占用了大量耕地（周晓艳等，2019）。

对全省各市转为林地和种植园用地的耕地进行分析，各市转变为二者的面积之和均超过了总转变面积的 50%。其中最高的为烟台市，转变比例达 84.58%，其次为威海市、泰安市、淄博市、济南市和临沂市，转变比例均在 75%以上，上述地市均位于山地丘陵区，本身区域自然条件更适合林果业的发展，因此转变为种植园地和林地的比例更高，农业结构调整力度更大。分析各市耕地转为建设用地的情况，发现临沂市、菏泽市、济宁市和潍坊市耕地被占用的面积较大，均达 30000hm^2 以上；其中临沂市被占用耕地面积最多，达 43054.37hm^2，上述地市 10 年间经济发展较快，城镇化建设的快速推进占用了较多的耕地。

表 3-4　2009～2019 年山东省耕地减少去向统计

转移类型	转移面积/hm^2	占比/%
耕地到林地	856565.07	44.58
耕地到种植园用地	553091.94	28.79
耕地到工矿仓储用地	121926.14	6.35
耕地到水域及水利设施用地	84676.07	4.41
耕地到住宅用地	75338.66	3.92
耕地到其他土地	68692.80	3.58
耕地到交通运输用地	61487.73	3.20
耕地到商服用地	34724.50	1.81
耕地到公共管理与公共服务用地	23431.95	1.22
耕地到特殊用地	8366.17	0.44
耕地到湿地	3180.98	0.17
耕地到草地	2111.63	0.11

二、耕地质量时空变化

（一）耕地自然等别变化

2016～2018 年，自然等别 4～6 等质量较好的耕地面积在各个地市均有不同程度的增加，其中 4 等地增加最多的是菏泽市，增长 7357.12hm^2，其次为烟台市增长 357.28hm^2，济南市微增 3.06hm^2，其他地市未增加。5 等地增加较多的为聊城市和济南市，分别增长 8911.31hm^2 和 6843.37hm^2，其次是德州市增长 5781.64hm^2，济宁市增长 4858.26hm^2，其他地市增加较少。6 等地增加最多的是菏泽市，为 13441.90hm^2；其次为枣庄市增长 8603.18hm^2，临沂市增长 7905.57hm^2，东营市和淄博市增长在 5000hm^2 左右，其他地市增长较少。

2016～2018 年，自然等别 7～9 等中等质量的耕地在各个地级市均有不同程度的减少。其中 7 等地菏泽市减少面积最多，为 19766.46hm²，主要转变为更高等别的耕地，其次为枣庄市减少 11362.88hm²；日照市、烟台市和泰安市有所增长，主要是 8 等、9 等和 10 等地提升而来。8 等地临沂市减少最多，为 5438.04hm²，其次为潍坊市减少 3574.07hm²，其他地级市减少较少。9 等地日照减少最多，为 6467.90hm²，其次为泰安市减少 4759.14hm²，烟台和临沂均减少 3400hm² 左右，其他地级市减少较少。

2016～2018 年，自然等别 10～12 等质量较差的耕地在各个地级市增减程度均不大，主要是耕地在这一等别范围内本身分布较少。变化相对较大的是 10 等地，除威海市增加了 6.35hm²，其余地级市均为减少或不变，其中临沂市减少最多，为 1937.26hm²，其次为烟台市减少 1340.57hm²，日照市减少 661.09hm²，其余地级市变化不大。11 等和 12 等只有临沂市变化较大，分别减少 402.71hm² 和 159.99hm²。

（二）耕地经济等别变化

2016～2018 年，经济等别 4～6 等的质量较好的耕地在各个地级市均有小幅度的增减，其中 4 等地变化不大，仅有枣庄市增加了 6.95hm²，济宁市减少 6.07hm²，主要是由于本身 4 等耕地分布很少。5 等地在各地级市有增有减，菏泽市增加最多为 432.88hm²，威海市 102.63hm²，其余增加较少，烟台市、潍坊市、枣庄市、青岛市和东营市均有小幅度的减少，其余地级市无变化。6 等地大部分地级市为增长状态，其中东营市增长最多为 1073.28hm²，菏泽市减少 746.67hm²，德州市减少 279.52hm²，主要提升为 5 等地，其余减少较少。

7～9 等质量中等的耕地在各地级市有增有减，其中 7 等地主要为增长状态，除青岛市减少 192.72hm² 外，其余均为增长状态，菏泽市增长较多为 3416.82hm²，主要由 8 等和 9 等地提升而来。8 等地也主要为增长状态，除青岛、济宁和东营市为减少状态外，其余地级市均为增长状态，其中临沂市增长最多为 3974.76hm²，其次为聊城、济南和德州市均增长 2000hm² 以上。9 等地有增有减，其中临沂市增长最多为 7043.65hm²，其次为东营市增长 3855.47hm²，主要由低等地提升而来；菏泽市减少最多为 4684.74hm²，济南和聊城市减少均在 1000hm² 以上。

10～12 等地在各地级市中变化较大，主要呈减少状态。10 等地大部分地级市出现减少，临沂市减少最多为 6582.52hm²，其次为济宁市减少 5000.70hm²，聊城市减少 4745.74hm²；烟台市增加 2227.51hm²，滨州和日照均增加 1000hm² 以上，主要由 11 和 12 等地提升而来。11 等地在各地级市均为减少状态，其中临沂市减少最多为 7319.25hm²，其次为烟台市减少 4086.47hm²。12 等地除德州市增加 53.01hm² 外，其余地级市均为减少状态，其中临沂市减少最多为 3531.86hm²，其次为泰安市减少 2409.78hm²。

（三）耕地连片度变化

一般情况下，耕地的破碎度越大越不利于机械化耕作，耕地的投入产出效益比就会越低，因此耕地的破碎程度在一定程度上可以表征耕地的质量。本文通过计算连片耕地图斑的数量和面积占比来度量耕地连片程度和破碎程度，进而探究耕地质量空间格局的变化。2019年山东省的耕地连片环境比2009年有所改善：2009年全省连片耕地的数量比例为74.56%，2019年提高到了86.30%；2009年全省连片耕地的面积比例为94.62%，2019年提高到了96.88%，说明全省耕地质量有所好转，这将有利于耕地规模化经营与农业机械化发展。

如图3-26所示，2009～2019年全省连片耕地图斑数量比例较大的地区逐渐从中部向西北部平原区迁移，优越的自然条件更有利于耕地质量的提高。从市域尺度看，2009年连片耕地图斑数量比例较小的城市主要有聊城市（58.86%）、泰安市（66.41%）、济宁市（68.36%）和烟台市（68.77%），占比均小于70%；到2019年上述城市除了烟台市以外，连片耕地图斑数量比例均得到大幅提升，其中聊城市为90.92%，泰安市为85.91%，济宁市为91.60%，烟台市为72.21%，仍低于全省平均水平。此外，东营市的连片耕地数量比例略有下降，从2009年的92.53%降至2019年的91.63%，其余城市的数量比例均有所上升。由图3-27所示，2009～2019年全省连片耕地图斑面积比例较大的地区呈现从中南部向中北部扩散的趋势。2009年连片耕地图斑面积比例较小的城市主要有青岛市（76.75%）、聊城市（85.31%），其余城市的面积比例均在95%左右，到2019年青岛

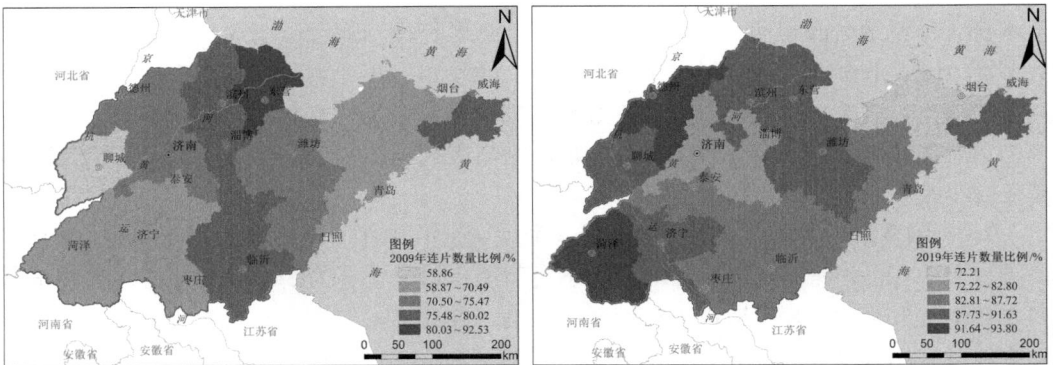

图 3-26　2009 年、2019 年山东省连片耕地图斑数量比例分布

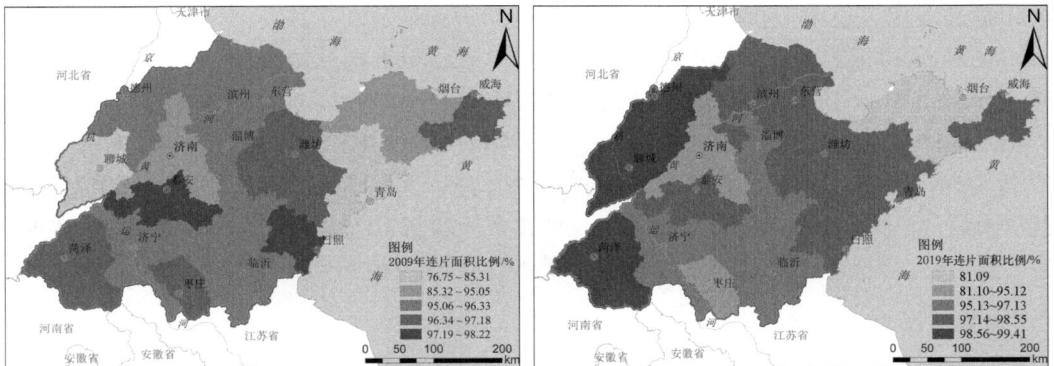

图 3-27　2009 年、2019 年山东省连片耕地图斑面积比例分布

市的连片耕地面积比例提高到了 97.87%，聊城市提高到了 99.09%，耕地连片整理工作获得显著成效。2009～2019 年连片耕地面积比例下降的城市有济南市、枣庄市、烟台市和日照市，上述地区均位于山地丘陵区，耕地更容易出现破碎化的倾向。

第三节　耕地生态安全与粮食安全

近年来，随着人口的快速增长和资源的退化枯竭，不但造成生态环境严重恶化而且还严重阻碍着经济的发展；加上土地长期不合理利用所产生的累积效应，导致全省耕地生态安全恶化。因此本节对 10 年来山东省耕地生态安全水平进行评价并识别影响生态安全水平的主要障碍因子，同时利用耕地压力指数对各市的粮食安全状况进行评估，最后通过回归模型说明新增耕地的数量、质量与粮食产出的关系，以期为保障耕地生态安全与粮食安全提供参考。

一、耕地生态安全评价

（一）耕地生态安全评价模型构建

本评价框架参照"压力–状态–响应"（Pressure-State-Response，简称 PSR）模型进行搭建，该模型由经济合作与发展组织和联合国环境规划署为评价世界环境状况而提出，其基本思路是：生态环境由于人类活动施加的压力而发生了一定变化，为减轻生态环境受到的压力和影响，人类社会又通过一系列行为等对这种改变做出响应（杨俊等，2017；郑华伟等，2015）。本质上，PSR 模型将人类活动对生态环境造成的压力、生态环境的状态和人类社会的响应作为一个整体，综合考虑了社会经济与生态环境的可持续性，重点考虑了人地关系协调程度。因此，本部分按照 PSR 模型框架，将耕地生态安全划分为 3 个不同但又相互关联的指标类型：压力指标、状态指标和响应指标。PSR 模型从人类与环境系统的相互作用与影响机制出发，对耕地生态环境指标进行组织分类，具有较强的系统性和科学性。具体应用机理如图 3-28 所示。

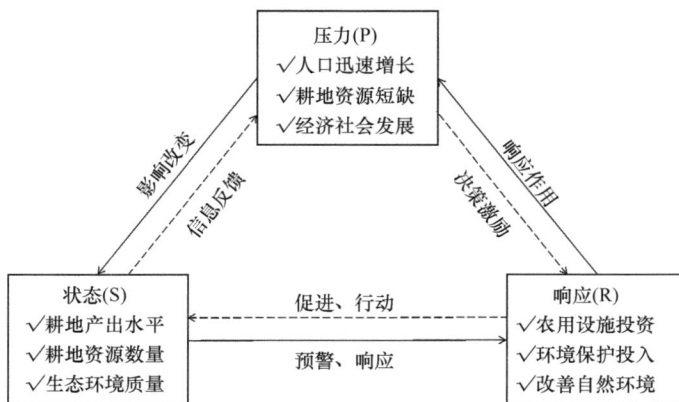

图 3-28　耕地生态安全评价的 PSR 模型框架

　　借鉴近年来已有的耕地生态安全相关研究并综合考虑山东省耕地生态系统、社会经济特点，本研究认为，山东省耕地生态系统面临的压力分为外部压力和内部压力（邓亮如，2016）。外部压力是指由外界向耕地施加的压力，主要表现为随着经济发展、人口增长和城市扩张带来的耕地被侵占、环境污染和农村劳动力流失等压力，以及为了追求更高经济效益、过度使用耕地带来的生态恢复压力；内部压力则是指由于耕地自身条件不佳产生的隐患，主要表现为耕地处于不利于耕作的自然环境中而带来水土流失、土壤肥力下降等压力。

　　山东省耕地生态系统表现的状态分为自然环境状态和投入产出效益状态（周嘉慧，2010）。自然环境状态即耕地自身所处的生态环境条件，包括坡度、海拔和日照时长等；投入产出效益状态则反映耕地对人类社会的生产价值等，主要表现为人类对耕地的投入、利用程度以及获得的回报水平，如耕地使用频次、投入资源和设备情况以及耕地粮食产出效益等方面。

　　为改善山东省耕地生态系统采取的响应措施分为直接改善响应和间接改善响应。直接改善响应的作用对象为耕地，包括为了提高耕地生产效率而增加的农业资源投入和科技投入等；间接改善响应则是以其他与耕地生态安全相关的要素为对象的响应措施，目的是改善耕地的外部环境（尹凯，2013），进而提高耕地生态安全水平，主要包括治理土壤污染、大气污染和地下水污染等措施等。

　　耕地生态安全的评价指标体系一共可以分为三个层次：第一层是目标层，它反映的是耕地生态安全的总体水平；第二层是准则层，它是对耕地生态安全目标层的分解，用耕地生态系统压力、耕地生态系统状态、耕地生态系统响应来评价耕地生态安全的状况；第三层是指标层，用它来反映各因素的单项指标。从耕地生态系统压力、状态和响应三个方面选取了 17 个评价因子作为耕地生态安全的指标，具体见表 3-5。

表 3-5　山东省耕地生态安全水平评价指标体系

目标层	准则层	指标层	指标含义	计算方法及单位	指标属性
耕地生态安全	压力	城市化水平（C1）	反映区域内城市化的压力，城镇人口和经济活动密集，易导致生态环境破坏，耕地被占用的概率增加	城镇人口/总人口（%）	负向
		二三产业产值比重（C2）	反映区域内三产结构平衡的压力，会带来污染源增加、耕地过度开垦或撂荒、耕地质量降低的风险	（第二产业产值+第三产业产值）/地区生产总值（%）	负向
		二三产业从业人员比重（C3）	反映区域内二三产业就业人口比重越大，耕地劳动力则越少	（第二产业从业人口+第三产业从业人口）/总人口（%）	负向
		废水排放量（C4）	反映区域内废水排放情况，废水排放量过大，超出自然生态系统自我调节阈值，势必导致耕地自然环境被破坏	-（万 t）	负向
		单位耕地化肥超出阈值量（C5）	反映区域内单位面积耕地化肥使用情况，化肥使用量存在合理阈值，超过一定使用限度会对耕地生态系统带来负面影响	化肥实际施用量/耕地面积-单位耕地化肥负荷阈值（kg/hm²）	负向
		25°以上耕地面积比例（C6）	反映区域内需要退耕还林的耕地比例	25°以上耕地面积/耕地总面积	负向

续表

目标层	准则层	指标层	指标含义	计算方法及单位	指标属性
耕地生态安全	状态	粮食作物单位面积产量（C7）	反映区域内耕地产出粮食情况	- （kg/hm²）	正向
		农村居民人均可支配收入（C8）	反映区域内农民收入情况	- （元）	正向
		单位耕地农业用水总量（C9）	反映区域内耕地用水情况	农业用水总量/耕地面积（m³/hm²）	正向
		耕地连片度（C10）	反映区域内耕地图斑与其他耕地图斑可以连片的程度，耕地之间距离越小则连片度越大，那么耕地的状态越稳定	区域内耕地之间的距离小于30m的耕地图斑面积比重（%）	正向
		耕地平均海拔（C11）	反映区域内耕地所处海拔情况，若海拔越高则耕地的耕作条件越差	- （m）	负向
		复种指数（C12）	反映区域内耕地轮作生产状况	农作物播种面积/耕地面积 （%）	正向
		全年日照时数（C13）	反映区域内日照条件，日照时间越长，耕地中作物的生长条件越好	- （h）	正向
	响应	有效灌溉面积比重增幅（C14）	反映区域内耕地灌溉条件情况	有效灌溉面积/耕地面积–研究期初有效灌溉面积/研究期初耕地面积（%）	正向
		单位耕地农业机械动力增幅（C15）	反映区域内耕地生产机械投入力度，机械投入越高，耕地生产效率越高	农业机械动力/耕地面积-研究期初农业机械动力/研究期初耕地面积（kW/hm²）	正向
		工业固体废物综合利用率增幅（C16）	反映区域内工业固体废物利用情况，利用率越高，工业固体废物对耕地生态环境的负面影响越小	工业固体废物综合利用量/工业固体废物产生量–研究期初工业固体废物综合利用量/研究期初工业固体废物产生量（%）	正向
		生活垃圾无害化处理率增幅（C17）	反映区域内生活垃圾处理情况，处理率越高，生活垃圾对耕地生态环境的负面影响越小	生活垃圾无害化处理率-研究期初生活垃圾无害化处理率（%）	正向

采用标准差法将数据标准化后，利用变异系数法计算权重，权重结果如表3-6所示，压力系统中权重较大的指标是二三产业产值比重和二三产业从业人员比重；状态系统中权重较大的指标是农村居民人均可支配收入和单位耕地农业用水总量；响应系统中权重较大的指标是有效灌溉面积比重增幅。这在一定程度上说明了二三产业的发展、农民收入水平、农业耕作用水量和灌溉面积对山东省耕地生态安全水平的重要程度，可为今后山东省耕地生态环境建设提供重要的参考。

（二）耕地生态安全时空演变分析

1. 耕地生态安全综合指数分析

经计算得到山东省2009年、2019年耕地生态安全指数（图3-29），结果显示2009～

表 3-6　山东省耕地生态安全水平评价指标权重

指标	权重	指标	权重
城市化水平	0.05	耕地连片度	0.04
二三产业产值比重	0.08	耕地平均海拔	0.08
二三产业从业人员比重	0.12	复种指数	0.06
废水排放量	0.07	全年日照时数	0.06
单位耕地化肥超出阈值量	0.05	有效灌溉面积同比增幅	0.06
≥25°坡度耕地面积比重	0.03	单位耕地农业机械动力增幅	0.04
粮食作物单位面积产量	0.05	工业固体废物综合利用率增幅	0.05
农村居民人均可支配收入	0.08	生活垃圾无害化处理率增幅	0.04
单位耕地农业用水总量	0.07		

2019 年间山东省耕地生态安全指数略有下降，由 0.2733 降至 0.1422，下降幅度为 48%，说明十年来全省整体耕地生态安全水平一定程度上有所恶化。从各子系统指数变化来看，山东省压力等级指数上升，由 0.0408 上升至 0.0721，上升幅度为 78%，表明十年间山东省耕地生态系统面临的压力有所减弱；状态等级指数下降，由 0.1317 降至 0.0496，下降幅度为 62%，十年间山东省耕地生态系统的状态恶化；响应指数也有所下降，由 0.1009 降至 0.0205，下降幅度为 80%。综上，十年来虽然山东省耕地面临的压力有所减弱，但由于对耕地生态系统长期积累的损害以及改善耕地生态安全水平的响应措施不够到位等原因，仍无法阻止耕地生态系统的状态进一步恶化。

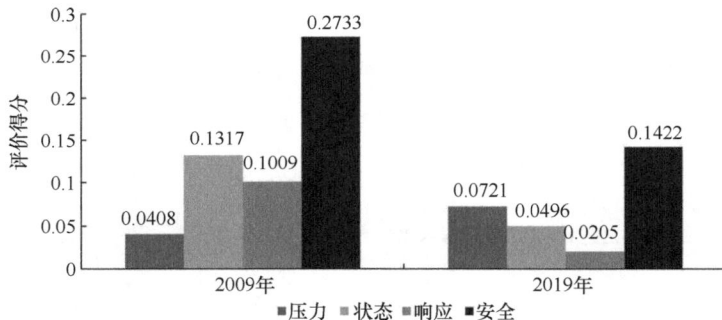

图 3-29　耕地生态安全压力指数、状态指数、响应指数和安全指数的变化

2009～2019 年山东省各地市间耕地生态安全水平指数极差由 0.5450 增至 0.9334，方差由 0.0278 增至 0.0450，表明十年间山东省耕地生态系统安全状况内部差异逐渐扩大，存在两极分化趋势。在 2009～2019 年间有 7 个城市的耕地生态安全水平始终低于全省平均水平，其中潍坊市、济宁市和泰安市一直在全省最后三位；有 6 个城市耕地生态安全水平始终高于全省平均水平，其中威海市和德州市一直保持在全省前列。借鉴国内外生态系统安全等级划分标准，结合区域现状，采用非等距方式将耕地生态系统划分为 5 个等级区域：不安全区（0.0～0.45）、安全敏感区（0.45～0.55）、临界安全区（0.55～0.65）、基本安全区（0.65～0.85）和安全区（0.85～1）（赵柯等，2019）。结果如图 3-30 所示，总体来看全省没有属于不安全区的地市，鲁中南丘陵区的耕地生态安全等级较低，

且 10 年来耕地生态安全水平有所恶化。从市域尺度看，2009 年和 2019 年均没有属于不安全区的地市，在 2009 年属于安全敏感区的城市为济宁市，在 2019 年转变为临界安全区，而潍坊市和泰安市由临界安全区转变为安全敏感区；2009 年属于安全区的地市有 6 个，分别为济南市、青岛市、东营市、威海市、德州市和菏泽市，2019 年属于安全区的地市减少至 5 个，分别为青岛市、淄博市、威海市、德州市和聊城市，其中菏泽市由安全区降为基本安全区，淄博市由基本安全区升为安全区。

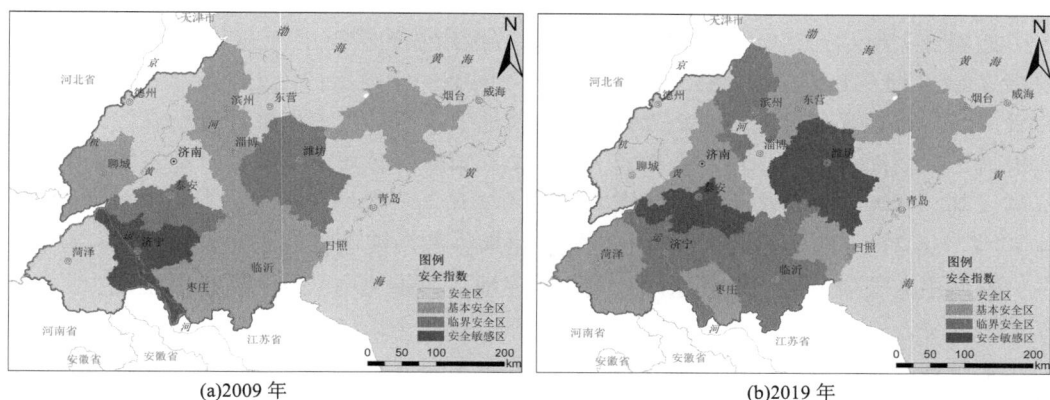

(a)2009 年　　　　　　　　　　　　　　　(b)2019 年

图 3-30　2009 年、2019 年山东省各市耕地生态安全时空分区

为了探究各市耕地生态安全综合指数的空间演变格局，对耕地生态安全的变化率（Q）进行分类，可将各市分为 5 大类，即快速下降区（$Q<-20\%$）、慢速下降区（$-20\%\leqslant Q<-5\%$）、基本稳定区（$-5\%\leqslant Q\leqslant5\%$）、慢速上升区（$5\%<Q\leqslant20\%$）和快速上升区（$Q>20\%$）（郭荣中等，2016）。如图 3-31 所示，2009~2019 年间，威海市和日照市的耕地生态安全水平快速上升，增长率分别为 31.70%和 20.49%。而东营市和菏泽市的耕地生态安全水平快速下降，下降幅度分别为 28.39%和 23.11%。究其原因，发现威海市

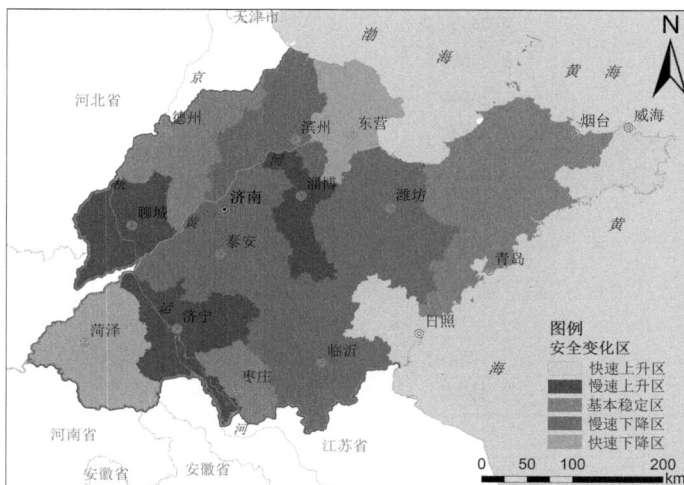

图 3-31　2009~2019 年山东省各市耕地生态安全时空变化格局

与日照市≥25°坡度耕地面积比重大幅降低使得耕地空间结构进一步优化，以及耕地农业机械动力明显增加让耕作条件得到改善，推动了耕地生态安全水平的提升；而东营市和菏泽市在 2009～2019 年间废水排放量增加，且工业固体废物综合利用率增幅与生活垃圾无害化处理率增幅下降，工业发展带来的污染问题日益严重，而相关无害化处理措施不到位，导致耕地生态安全受到损害。

2. 耕地压力、状态、响应子系统时空演变

如表 3-7 所示，2009～2019 年各市压力等级指数的极差由 0.3376 增至 0.4794，方差由 0.0070 增至 0.0151，表明全省各地区之间面临的耕地保护压力差异扩大。从市域尺度看，滨州市和泰安市在 2009～2019 年间耕地生态安全压力指数均处于末位，相较于其他城市来说面临的耕地生态保护压力较大。10 年间多数城市的耕地生态系统压力指数提高，其中威海市、枣庄市、淄博市和青岛市的压力指数增幅较大，分别为 144.13%、44.65%、36.63% 和 34.43%，说明上述地区耕地生态系统面临的压力大幅减弱，有利于保护耕地生态安全。探究共同原因，发现上述地区的耕地化肥施用量均大幅减少，从而使其耕地生态系统面临的压力明显降低。此外，有 8 个地级市的压力指数降低，其中压力指数降幅较大的地区有菏泽市（58.32%）和东营市（44.07%），这两个城市在 10 年间城市化水平快速提升，城市扩张挤占了更多自然资源同时也带来了更多污染，让耕地生态系统面临的压力提升，耕地生态安全保护难度加大。

表 3-7　2009～2019 年山东省各市耕地压力子系统指数结果

行政区名称	2009 年	2019 年	变化率/%
济南市	0.3474	0.3563	2.56
青岛市	0.3623	0.4870	34.43
淄博市	0.2925	0.3997	36.63
枣庄市	0.2417	0.3496	44.65
东营市	0.4345	0.2430	−44.07
烟台市	0.2606	0.2139	−17.91
潍坊市	0.2883	0.2172	−24.65
济宁市	0.2404	0.2487	3.44
泰安市	0.1822	0.1852	1.61
威海市	0.2628	0.6415	144.13
日照市	0.2634	0.2507	−4.81
临沂市	0.3039	0.2227	−26.71
德州市	0.3408	0.2497	−26.74
聊城市	0.3026	0.3551	17.32
滨州市	0.1759	0.1621	−7.83
菏泽市	0.5134	0.2140	−58.32
极差	0.3376	0.4794	
方差	0.0070	0.0151	

如表 3-8 所示，2009～2019 年山东省地市间耕地生态安全状态等级指数极差由

0.3359 减小到 0.2674，方差由 0.0083 降低到 0.0076，表明各地区耕地生态系统状态的差异呈缩小趋势。从市域尺度看，德州市和威海市 2009～2019 年间的耕地生态安全状态指数均高于其他地市，而潍坊市和济宁市的状态指数均较低。10 年间山东省各市耕地状态子系统均值小幅波动但总体保持稳定，多数城市的耕地生态系统状态指数提高，其中日照市、烟台市的状态指数增幅较大，分别为 39.67% 和 29.51%。探究其缘由，发现两市耕地复种指数、农民人均可支配收入在研究期内均有大幅提高，耕地利用程度和利用效益均有所增加，因此耕地生态系统的状态改善明显。此外，有 8 个地级市的状态指数降低，降幅较大的地区有济南市（27.89%）、泰安市（24.14%）、青岛市（23.80%）和淄博市（21.74%），上述城市 10 年间粮食单产均有所下降，说明耕地利用效益降低，导致耕地生态安全状态恶化。

表 3-8　2009～2019 年山东省各市耕地状态子系统指数结果

行政区名称	2009 年	2019 年	变化率/%
济南市	0.3022	0.2179	−27.89
青岛市	0.4479	0.3413	−23.80
淄博市	0.3785	0.2962	−21.74
枣庄市	0.2846	0.3051	7.20
东营市	0.4554	0.3835	−15.79
烟台市	0.3613	0.4679	29.51
潍坊市	0.1931	0.2225	15.22
济宁市	0.2232	0.2276	1.96
泰安市	0.2960	0.2245	−24.14
威海市	0.4748	0.4854	2.23
日照市	0.3124	0.4363	39.67
临沂市	0.3627	0.3640	0.37
德州市	0.5290	0.4364	−17.50
聊城市	0.4293	0.4040	−5.90
滨州市	0.2907	0.3111	6.99
菏泽市	0.4009	0.3675	−8.33
极差	0.3359	0.2674	
方差	0.0083	0.0076	

如表 3-9 所示，2009～2019 年山东省各地市间耕地生态安全响应指数极差和方差基本保持稳定，表明十年间各地市间耕地生态系统响应情况的差异没有太大变化。从市域尺度看，威海市和济南市 2009～2019 年耕地生态安全响应指数始终高于其他大多数地区，两市高度重视耕地生态保护工作，投入力度较大；其他响应指数较低的地区应加大对耕地生态系统的保护力度，提升灾害应急响应能力，增强各方生态环境保护意识，促进耕地资源可持续利用，推进耕地生态安全保护屏障的形成。10 年间山东省多数城市的耕地生态系统响应指数有所提高，其中德州市、济宁市和菏泽市的响应指数增幅较大，分别为 183.64%、93.06% 和 78.15%。单位耕地农业机械动力大幅提高是上述城市耕地生态系统响应程度提高的重要原因之一。此外，有 8 个地级市的响应指数降低，降幅较大

的地区有枣庄市（82.43%）、潍坊市（72.62%）和烟台市（56.56%），这 3 个城市耕地生态安全系统的响应水平仍有较大提升空间，探究其原因发现上述城市的工业固体废物利用率均有所下降，因此未来应加强对工业污染物的治理措施。

表 3-9　2009～2019 年山东省各市耕地响应子系统指数结果

行政区名称	2009 年	2019 年	变化率/%
济南市	0.2143	0.2095	−2.26
青岛市	0.0643	0.0343	−46.73
淄博市	0.1075	0.1642	52.70
枣庄市	0.1405	0.0247	−82.43
东营市	0.1327	0.1057	−20.31
烟台市	0.1220	0.0530	−56.56
潍坊市	0.0884	0.0242	−72.62
济宁市	0.0523	0.1009	93.06
泰安市	0.0812	0.0838	3.14
威海市	0.3234	0.2705	−16.37
日照市	0.1043	0.1323	26.91
临沂市	0.0507	0.0413	−18.59
德州市	0.0945	0.2680	183.64
聊城市	0.0811	0.1375	69.68
滨州市	0.2663	0.1641	−38.38
菏泽市	0.1200	0.2138	78.15
极差	0.2727	0.2463	
方差	0.0056	0.0064	

二、耕地生态安全障碍因子

为了更好地分析影响山东省耕地生态安全水平发展的障碍因素，本部分从省域和市域两个尺度，采用障碍度模型对耕地生态安全障碍因子进行识别，障碍因子主要分为子系统障碍因子和指标障碍因子。

障碍度模型是在相关综合评价模型的基础上演变而来，它是对影响事物或目标评价的障碍因子进行全面诊断的数学统计模型。在综合评价的基础上利用障碍度诊断模型发现影响综合评价目标发展的主要障碍因子，可以科学有效地消除其对综合评价事物发展的影响，从而达到促进、提高综合评价目标或事物发展的作用。目前，障碍度诊断模型的研究和使用尚处于初级阶段，在障碍度诊断领域应用最为广泛的是基于指标偏离度的障碍度诊断模型（何艳宾，2017；瞿如一，2019）：

$$P_{ij} = \frac{I_j \times J_{ij}}{\sum_{j=1}^{p}\left(I_j \times J_{ij}\right)} \times 100\% \tag{3-4}$$

$$Q_{ij} = \sum P_{ij} \tag{3-5}$$

式中，$I_j=W_{ij}$，$J_{ij}=1-M_{ij}$，I_j 为因子贡献度，W_{ij} 为指标对总目标的权重，M_{ij} 为单项指标标准化值，J_{ij} 为指标偏离度，P_{ij} 为第 i 年各单项指标对该年份耕地生态安全的障碍度，Q_{ij} 是各子系统中对总目标的障碍度。

（一）省域障碍因子诊断

根据式（3-4）和式（3-5）计算得到如图 3-32 所示结果，2009 年山东省首位障碍因子为状态，2019 年转为压力，2009～2019 年间压力障碍度和响应障碍度均有所增加，状态障碍度下降，表明耕地资源面临的生态压力成为制约全省耕地生态安全水平提升的关键因素，耕地生态系统的状态对生态安全水平的影响逐渐减少，响应措施对耕地生态安全的影响略有增加。

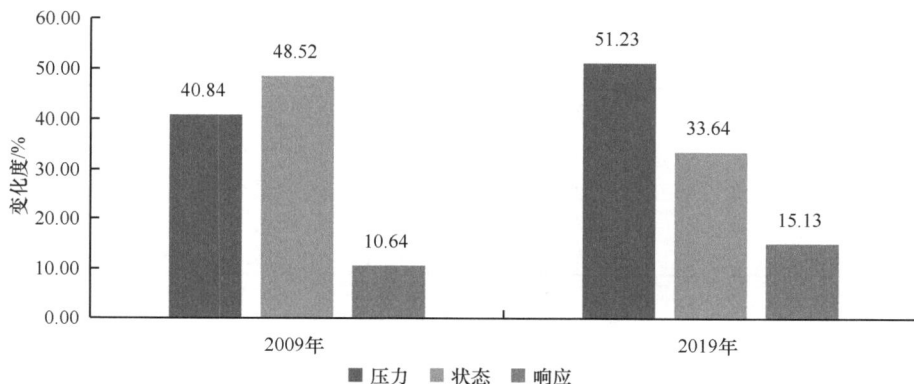

图 3-32　2009～2019 年山东省耕地生态安全水平障碍因子均值变化

由于指标较多，在此选取前 7 个障碍度较大的指标为主要障碍因子（累计障碍度超过 69%）。结果表明（表 3-10），2009 年和 2019 年共同的主要障碍因子有二三产业从业人员比重（C3）、二三产业产值比重（C2）、农村居民人均可支配收入（C8）、耕地平均海拔（C11）和复种指数（C12），其中 2009 和 2019 年的首位障碍因子都是二三产业从业人员比重。

① 2009～2019 年间，二三产业从业人员比重的障碍度从 13.90% 增至 25.09%，说明该因子对山东省耕地生态安全的制约程度有所增加。随着全省经济发展，由于二三产业的收入更高，人们在选择就业方向时更偏向于二三产业的工作，导致务农人数减少，耕地缺乏劳动力耕作，因此二三产业从业人员比重逐渐成为制约山东省耕地生态安全水平的首要原因。

② 2009～2019 年间，二三产业产值比重的障碍度从 12.35% 降至 9.68%，说明该因子对山东省耕地生态系统安全的制约程度有所减弱。随着农村工业化和乡村城镇化的快速发展，工业用地和建设用地大量增加，耕地的供需矛盾尖锐，严重影响了耕地资源可持续发展，制约了耕地生态安全的改善。该因子对耕地生态系统安全的制约程度仍有较大的改进空间，需要对二三产业用地侵占耕地现象进行进一步整治。

③ 2009～2019 年间，农村居民人均可支配收入的障碍度从 12.56% 降至 6.79%。十

年间，农村居民人均可支配收入大幅提高，从 2009 年的 6119 元增至 2019 年的 18753元，农民生活水平有了明显提高。同时，由于山东省政府一系列农业补贴政策的实施，鼓励享受补贴的农民做到不撂荒、地力不下降等，推进农业供给侧结构性改革，促进绿色发展，增加农民收入，因此收入对耕地生态安全的制约逐渐减弱。

④ 2009~2019 年间，耕地平均海拔的障碍度从 8.21%降至 6.81%。十年间，山东省耕地平均海拔由 74.02m 降至 66.76m，一部分耕地转移至海拔较低的地方，地势变得平坦开阔，耕作条件更好，因此海拔对耕地生态安全的制约逐渐减弱。

⑤ 2009~2019 年间，复种指数的障碍度从 6.69%降至 6.33%。十年间，山东省大力推进高标准农田建设，节约集约利用耕地，耕地复种指数由 0.94 增至 1.46，土地利用结构得到有效改善，因此复种指数对耕地生态安全的制约有所减弱。

表 3-10　2009~2019 年山东省主要障碍因子障碍度

年份	主要障碍因子障碍度大小排序						
	1	2	3	4	5	6	7
2009	C3	C8	C2	C7	C11	C9	C12
	13.90%	12.56%	12.35%	8.84%	8.21%	7.55%	6.69%
2019	C3	C2	C14	C4	C11	C8	C12
	25.09%	9.68%	7.68%	7.48%	6.81%	6.79%	6.33%

（二）市域障碍因子诊断

2009~2019 年以耕地生态系统压力为首位障碍因子的城市呈向东部延伸的趋势，数量上由 8 座增加至 12 座，以耕地生态系统状态为首位障碍因子的城市由 8 座减少至 4座，没有以耕地生态系统响应为首位障碍因子的城市。济南市、青岛市、淄博市、烟台市、潍坊市、济宁市和德州市在 2009~2019 年间耕地生态系统压力一直都是首位障碍因子，说明上述地区应更加重视减轻耕地生态系统面临的社会经济压力和自然压力。威海市、日照市和临沂市在 2009~2019 年耕地生态系统状态一直都是制约耕地生态安全水平的首位障碍因子，反映了其耕地安全状态仍有一定提升空间。

探究各地市 2009 年和 2019 年耕地生态安全水平首位障碍因子，如表 3-11 所示，2009 年有 7 个城市的首位障碍因子为二三产业从业人员比重（C3），至 2019 年首位障碍因子为二三产业从业人员比重的城市数量增至 15 座，其中济南市、烟台市、潍坊市、济宁市、聊城市和滨州市的二三产业从业人员比重障碍度均有所上升。2009年济宁市二三产业从业人员比重的障碍度最高，达 19.35%；2019 年滨州市二三产业从业人员比重的障碍度为最高值，达 38.39%。以二三产业从业人员比重为首位障碍因子的城市由 2009 年的分散分布逐渐转变为聚集趋势，至 2019 年只有 1 座城市即威海市的首位障碍因子不是二三产业从业人员比重，其首位障碍因子为有效灌溉面积同比增幅。综上可知，十年间二三产业从业人员比重对于山东各市的耕地生态安全水平制约程度逐渐增加，在之后的耕地保护政策制定过程中需要着重考虑劳动力对耕地的影响。

表 3-11　2009～2019 年山东省各市首位障碍因子分布情况　　　（单位：%）

行政区名称	2009 年		2019 年	
济南市	C3	16.39	C3	26.81
青岛市	C2	15.51	C3	25.09
淄博市	C2	16.80	C3	21.73
枣庄市	C2	11.85	C3	25.58
东营市	C2	29.09	C3	29.92
烟台市	C3	14.08	C3	20.44
潍坊市	C3	14.71	C3	25.01
济宁市	C3	19.35	C3	28.67
泰安市	C11	16.58	C3	28.68
威海市	C3	15.95	C14	17.27
日照市	C11	13.29	C3	22.82
临沂市	C11	16.54	C3	21.60
德州市	C8	21.48	C3	21.57
聊城市	C3	18.16	C3	36.83
滨州市	C3	17.78	C3	38.39
菏泽市	C8	23.74	C3	27.93

三、耕地变化与粮食安全状况

该部分首先利用耕地压力指数对山东省粮食安全进行评价，而后进行耕地变化与粮食安全耦合分析，以表明新增耕地的数量、质量与粮食产出的关系。

（一）粮食安全评价

由于耕地具有非贸易性、自然禀赋的地理差异性等特殊属性，耕地资源被视为决定粮食安全的首要因素。因此山东省粮食安全评价部分基于耕地压力指数模型展开，对耕地资源的稀缺程度及其冲突程度进行衡量。耕地压力指数为最小人均耕地面积与实际人均耕地面积之比（蔡运龙等，2002），计算公式如下：

$$K = \frac{S_{\min}}{S_a} \tag{3-6}$$

式中，K 为耕地压力指数；$S_{\min}$ 为最小人均耕地面积（hm^2/人）；S_a 为实际人均耕地面积（hm^2/人）。当耕地压力指数 K 大于 1 时，表示实际人均耕地面积低于最小人均耕地面积，耕地资源紧张，粮食供给小于需求，存在粮食安全风险；K 等于 1 时，表示两者相等，粮食供需基本平衡；K 小于 1 时，表示实际人均耕地面积高于人均耕地数量底线，粮食供给大于需求，耕地资源较为充足，粮食处于基本安全状态。其中，最小人均耕地面积利用食物自给率、人均粮食需求量、粮食单产、农作物播种面积占总播种面积之比和复种指数计算得到，具体公式如下：

$$S_{\min} = \beta \frac{G_r}{pqk} \tag{3-7}$$

式中，S_{min} 为最小人均耕地面积；β 为粮食自给率（%）；G_r 为人均粮食需求量（kg/人），p 为粮食单产（kg/hm^2）；q 为粮食播种面积占总播种面积之比（%）；k 为复种指数（%）。

根据式（3-6）和式（3-7）计算得到耕地压力指数，2009 年和 2019 年山东省耕地压力指数分别为 0.88 和 0.78，压力指数在变小且均小于 1，说明山东省粮食供给可以满足粮食需求，粮食状况较为安全；主要因为播种面积的增加和粮食产量的提升，使得在实际人均耕地面积减少的情况下，耕地压力指数仍旧呈下降态势。

对各地市两期耕地压力指数进行测算，并将压力指数 K 分为五个区段：当 $0 \leqslant K < 0.8$ 时，属于安全区；当 $0.8 \leqslant K < 1$ 时，属于临界区；当 $1 \leqslant K < 1.2$ 时，属于轻度压力区；当 $1.2 \leqslant K < 1.5$ 时，属于中度压力区；当 $K \geqslant 1.5$ 时，属于高度压力区（罗海平等，2022）。2009 年各市耕地压力指数平均值为 0.789，2019 年上升为 0.951，同时压力指数的极差和方差也有所增加，说明十年间各地市耕地生态系统平均压力提升，且内部差异在扩大。由图 3-33 可知，空间分布上两期均呈现出"东高西低"的特点，鲁西、北平原地区的耕地压力指数要小于中部和东部的山地丘陵区。具体来看，2009 年 16 个地市中只有烟台市、日照市和淄博市压力指数大于 1，分别为 1.015、1.017 和 1.033；2019 年各市压力指数普遍上升，共有济南市、临沂市、淄博市、日照市、烟台市和威海市 6 个市指数大于 1，其中烟台市和威海市压力指数大于 1.5，分别为 1.513 和 1.773，处于高度压力区。分析发现，上述耕地压力指数较高的地市平均海拔较高，地形起伏较大，普遍存在水土流失现象，耕地资源质量和粮食生产能力较差，不能够满足自身需求；同时济南市、烟台市等地市经济发达，二三产业发展水平较高，农业生产占比较少，且耕地非粮化、非农化风险较高。

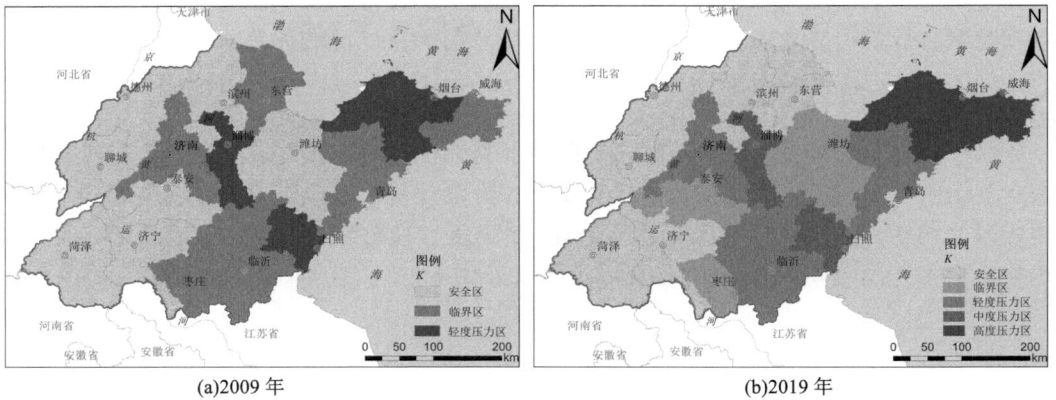

图 3-33　2009 年、2019 年山东省各市耕地压力指数空间分布

对 2009～2019 年耕地压力指数变化进行分析，由图 3-34 可知，鲁西、北平原区和鲁北滨海三角洲耕地压力指数变化较为平缓，且有部分区域压力指数下降；鲁中山地区和山前环状平原区耕地压力指数均有所上升，上升幅度较小；鲁东丘陵区整体压力指数有较为明显的上升。从行政区划来看：东营市、菏泽市、滨州市和聊城市耕地压力指数为下降趋势，主要因为区域复种指数和粮食作物播种面积占比有明显提升；四市均位于平原地区，耕作历史悠久，地势平坦、土地肥沃、水资源丰富，适宜农业生产。其余 12 个地市耕地压力指数均有所增加，粮食安全风险升高：德州市和济宁市有小幅度增加，

主要和 2019 年粮食单产减少较为显著有关；济南市、泰安市、临沂市、青岛市、潍坊市和日照市压力指数增加在 20%~40%，主要位于山地丘陵区，耕作条件较差，同时部分地市社会经济发达，农业投入占比较少；日照市、烟台市和威海市压力指数有显著增加，增加幅度分别为 44.34%、49.07% 和 82.99%，远高于其他地市，三地均位于鲁东丘陵区，多种植水果，耕地粮食生产能力不能满足自身需求，需要外源粮食的输入。

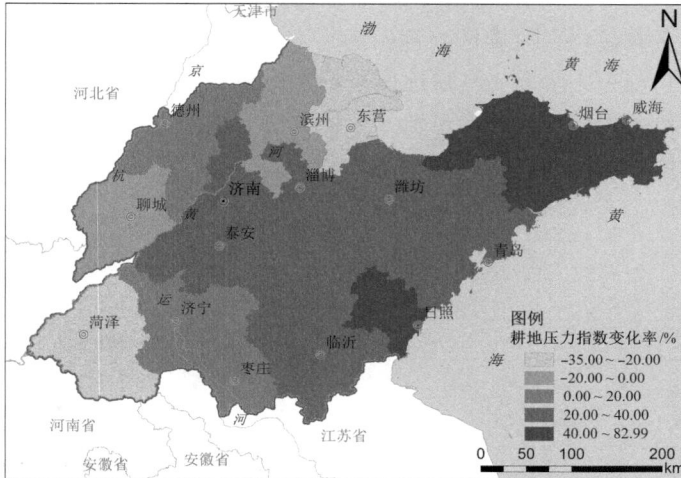

图 3-34　2009~2019 年山东省各市耕地压力指数变化分布

（二）耕地变化与粮食安全耦合分析

耕地资源是影响粮食生产的基础因素，粮食产量可以最直观体现耕地资源的利用效益，因此，本文以 2019 年粮食产量为因变量，新增耕地面积和新增耕地连片面积占比为自变量，分别表征新增耕地的数量和质量，通过地理加权回归模型度量 2009~2019 年山东省耕地变化和其产出效益的相关关系，以此来探究新增耕地是否被充分利用并发挥其生产价值。

全局线性回归结果如表 3-12 所示，校正 R^2 为 0.29，p 值均小于 0.05，说明在 95% 的置信区间内，新增耕地面积和新增耕地连片面积占比均对粮食产量有显著影响。其中新增耕地面积和新增耕地连片面积占比的相关系数均为正，即二者与粮食产量呈正相关关系，说明新增耕地数量和质量提升的同时粮食产量也在增加，一定程度上表明新增耕地得到了充分利用，耕地保护工作对于保障粮食安全具有积极意义。

表 3-12　全局线性回归模型结果总结

影响因素	相关系数	标准误差	t 值	p 值（>|t|）	VIF
（截距）	1545139.79	1403469.71	1.41	0.1815	—
新增耕地面积	71.95	27.23	2.69	0.0183	1.05
新增耕地连片面积占比	1292397.38	791840.03	−3.32	0.0055	1.05

地理加权回归的最终全局校正 R^2 为 0.75，高于全局线性回归的校正 R^2，说明 GWR 模型拟合优度更好，同时地理加权回归系数的 p 值也均低于 0.05。如图 3-35（a）所示，

全省各个市区新增耕地面积与粮食产量均呈正相关关系，其相关系数由西向东逐渐降低，其中菏泽市、聊城市和德州市等市的新增耕地面积相关系数较高，说明上述地区新增耕地面积对粮食产量的影响更大。如图 3-35（b）所示，全省各个市区新增耕地连片面积占比与粮食产量均呈正相关关系，其相关系数由东向西逐渐降低，其中临沂市、潍坊市、烟台市、青岛市和日照市等市相关系数较大，说明上述地区新增耕地连片度对粮食产量的影响更大。可以看出，新增耕地面积和新增耕地连片面积占比的相关系数呈现截然不同的空间分布趋势，主要因为鲁西地区多平原，其本身耕地的自然禀赋更优越，新增耕地的质量也更好，所以当其耕地面积增加时耕地整体质量也有所提升；而鲁东丘陵地区的耕地自然条件较差，即便耕地面积增加也无法保证其质量得到提升，因此鲁西地区的新增耕地面积与粮食产量的相关关系较强，而鲁东地区的新增耕地连片面积占比与粮食产量的相关关系较强。

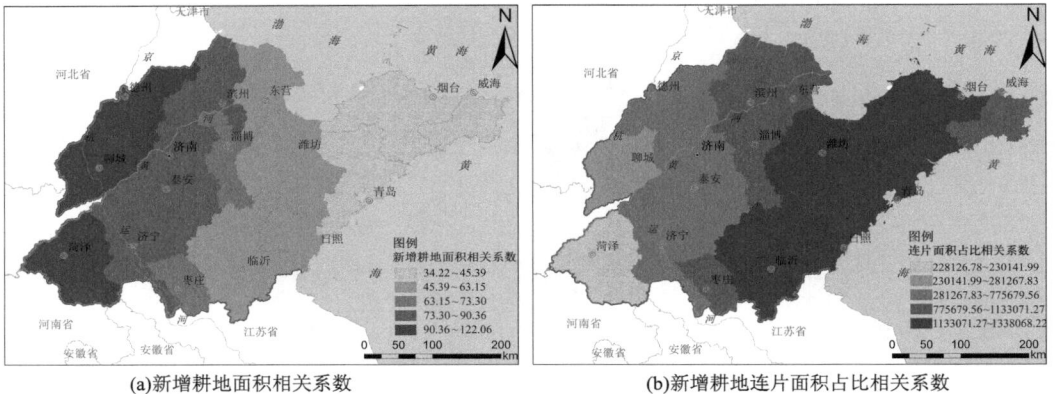

(a)新增耕地面积相关系数　　　　　　　　　(b)新增耕地连片面积占比相关系数

图 3-35　2019 年新增耕地面积和新增耕地连片面积占比地理加权回归相关系数

第四节　耕地利用问题与调控建议

一、耕地利用问题

（一）人均耕地面积少，耕地流失及非粮化问题较为突出

山东省人均耕地面积低于全国平均水平，其中临沂市、青岛市、泰安市、枣庄市、济南市和淄博市 6 个地市均低于警戒线，上述地市主要分布在中部和东部的山地丘陵地区，地形复杂，不利于耕地的开垦耕种；同时人均耕地和区域的人口数量关系密切，如临沂市耕地面积位居全省第四，但因人口数量为全省第一，人均耕地面积也较少。此外，淄博市、临沂市和日照市耕地流失问题严重，流失率位于全省前三，农业结构调整、生态退耕以及城镇化推进占用了大量耕地，需对耕地流失情况多加关注；烟台市、威海市、泰安市、淄博市、济南市和临沂市等地市耕地非粮化比例较大，上述地市均位于山地丘陵区，自然条件更适合林果业的发展，因此耕地转变为种植园地和林地的比例更高，农业结构调整力度更大。

（二）耕地质量差异较大，部分地区存在耕地安全隐患

低洼冲积平原和山地丘陵区耕地自然等别较低，主要包括东营市、滨州市、临沂市、泰安市等地。冲积平原因为地势低洼积水，浅层地下水盐分含量高易发生土地盐渍化；山地丘陵区则与海拔高、土层薄，水土流失普遍存在，灌溉保证率低有关。东营市和日照市耕地平均高程高于城市平均高程，东营市高海拔耕地主要分布在南部与丘陵邻近的地区，日照市多数耕地分布在山地丘陵地区，需要进一步对耕地分布结构进行调整，提升耕地水土的稳定性。临沂市、潍坊市、烟台市、淄博市和济南市高坡度耕地分布较多，上述主要处于山地丘陵地区，地形起伏大，水土流失风险较大，耕地安全隐患较为突出。青岛市连片耕地面积占比最低，远低于全省平均水平，青岛市位于丘陵区，地形复杂，耕地连片种植难度大，同时在城镇化过程中易发生耕地侵占，导致耕地趋于破碎化。济南市、枣庄市、烟台市和日照市连片耕地占比下降，四市位于山地丘陵区，耕地更容易出现破碎化的倾向。

（三）耕地生态安全水平内部差异扩大，各地市耕地平均压力提升

2009～2019 年间山东省各地市耕地生态安全水平内部差异逐渐扩大，鲁东地区的耕地生态安全水平逐渐落后于鲁西地区，其中潍坊市、济宁市和泰安市的耕地生态状况一直较差。东营市和菏泽市生态安全水平快速下降，主要原因为工业污染严重且无害化处理措施不到位；济南市、泰安市、青岛市和淄博市的耕地利用效益降低导致生态安全状态恶化；枣庄市、潍坊市和烟台市的工业废物利用措施不够到位，耕地生态安全响应方面还有较大提升空间。同时各地市耕地平均压力提升，粮食安全风险升高。日照市、烟台市和威海市耕地压力指数显著增加，三地均位于鲁东丘陵区，多种植水果，耕地粮食生产能力不能满足自身需求，需要外源粮食的输入。济南市、泰安市、临沂市、青岛市、潍坊市和日照市主要位于山地丘陵区，耕作条件较差，同时部分地市社会经济发达，农业投入占比较少，因此粮食安全风险升高。

（四）丘陵地区未利用耕地分布较多，部分地区耕地利用效益较低

海拔高、坡度陡的丘陵地区比平原地区更易出现未利用情况，进而引起耕地地力降低、水土流失等问题，导致耕地资源被浪费，复耕难度增加。对成因进行探究发现，沂源县、蓬莱市、招远市、海阳市、临朐县、文登区和荣成市虽然乡村人口占比高于平均值，但仍然存在较多的未耕种耕地，上述地区均位于山地丘陵区，存在耕作难度大、农民耕作积极性不高等问题。淄川区、博山区、周村区、沂源县、东营区、河口区、牟平区、莱山区、蓬莱市、海阳市、潍城区、临朐县和泰山区经济条件较差，且未耕种耕地密度较大，说明经济结构急需转型升级，以缓解农民收入少、生活困难等问题。综合粮食单产、土地垦殖率和复种指数 3 个指标分析，烟台市、威海市、东营市、淄博市和日照市耕地利用效益较低，烟台市和威海市地处东部沿海，地形复杂、土壤瘠薄、耕地自然条件较差，3 个指标数值均较低；东营市位于北部滨海地区，存在盐碱化现象，土壤自然条件较差，粮食单产和土地垦殖率较低；淄博市地处中部丘陵区，地势变化大，宜耕资源较少，土地垦殖率较低；日照市地处东部丘陵区，耕地水热条件较差，农作物平均种植次数较少。

二、耕地调控建议

（一）加强占补平衡和进出平衡管理，促进未利用地开发，保障耕地数量

严格管理非农业建设占用耕地，必须先补后占、占一补一、占优补优、占水田补水田；积极拓宽补充耕地途径，通过组织实施土地整理复垦、未利用土地开发等活动，以及高标准农田建设，让新增耕地得到长期稳定利用；林耕空间合理置换，山地丘陵地区可以鼓励在荒山荒坡发展林果业，平原地区原地类为耕地已种植果树、植树造林的逐步恢复耕地属性，加大耕地后备资源的开发，盐碱地集中地区应注意适盐碱发展，推动由主要治理盐碱地适应作物向更多选育耐盐碱植物适应盐碱地转变；完善、加强耕地占补平衡的制度，如对违法违规占用耕地从事非农业建设的，先冻结储备库中所在地的补充耕地指标，拆除复耕后解冻，经查处后符合补办用地手续条件的，直接扣减储备库内同等数量、质量的补充耕地指标；加大省级统筹，对于难以落实占补平衡的县（市、区），应将相应指标转移到其他有条件的地区；严格监督补充耕地落实，建立统一的补充耕地监管平台，实施补充耕地立项、验收、管护等全程监管，主动公开补充耕地信息，接受社会监督。

（二）加快推进全域土地综合整治，提高耕地质量

在山地丘陵区域，运用基于自然的解决方案，统筹耕地的保护与生态修复，因地制宜推进坡改梯、农田水利建设、生态退耕等措施，防范和降低水土流失等地质灾害威胁，提升农田生态系统的安全性和稳定性。在粮食主产区、产粮大县等重点区域实施高标准农田建设，修缮、新建农田水利设施、机耕道路，提高灌溉保证率和耕种便利度；整合归并耕地地块，提升耕地质量等级，满足农业机械化、现代化生产要求。因地制宜推动耕地轮作休耕，促进农田永续利用，避免过度使用。对于生态退耕重点地区等适宜开展轮作休耕的地区，坚持生态优先、轮作为主、休耕为辅的原则，建立耕地轮作休耕制度。

（三）发展环境友好型农业，保护耕地生态安全

进一步健全耕地污染防治相关的法律制度，深入贯彻"谁污染、谁治理，谁修复、谁受益"的原则，严惩各种污染行为。建立耕地生态保护补偿机制，鼓励各地统筹安排财政资金，对承担耕地生态保护任务，或不使用化肥、农药，或实施轮作休耕、保护性耕作等，对于耕地生态保护效果显著的农村集体经营组织和农民给予奖补，以调动农村集体经营组织和农民群众耕地生态保护的主动性和积极性，将耕地生态保护的共同职责落到实处。充分开发利用新能源，升级工厂生产技术，减少工业废水、固体废物的产生，提高生活垃圾回收率，实施垃圾分类制度，从根源上减少耕地污染，提高污染治理效率。建立耕地生态保护补偿制度，引导全社会共同参与耕地生态保护。

（四）提高耕地利用效益，实现产出投入比最大化

在投入方面，继续推行高标准农田建设提高耕地生产条件；加快农业良种培育技

术并大力推广，提高农作物单产和耕地资源综合利用效率；改进农业施肥和病虫害防控技术，优化农田肥料投入，降低投入成本；推进耕地流转，促进耕地规模化经营，实现耕地利用的规模效益。加强良种来源和供给保障，提高种质资源保护和利用水平，可与科技企业合作，加强良种培育技术开发，结合当地自然禀赋因地制宜，选择最适合的种子。此外，要充分开发农村人才资源市场，加强新型职业农民技能培训，整体提高农民队伍的素质，从而全面推进全省农业综合生产能力建设，以最大限度利用农业资源，提高产出效益。对于耕地撂荒现象，通过调整土地分布结构、加强农业基础设施建设等方式改善耕作条件，提高种粮农民对荒废耕地进行复耕复垦的积极性，赋予耕地生产功能。

第四章　林地与生态安全

　　林地资源是森林资源的重要组成部分，它不仅是林业发展的基础，还是保护生物多样性，实现国民经济和生态环境可持续发展的根本保障。随着城镇化快速发展，山东省林地结构与林地空间分布发生变化，这对区域生态环境和生态安全格局产生了重要的影响。在《山东省"十四五"自然资源保护和利用规划》中提到自然资源保护和利用的这一重要任务，强调"加强森林资源管护和湿地保护修复，强化野生动植物保护"，因此，全面了解和掌握山东省林地资源现状特征、演变规律、生态格局等具有重要的现实意义。本章对山东省林地数量结构和空间分布特征进行分析，建立了林地生态效益与社会经济发展的耦合协调关系，并结合土地利用类型、高程、坡度、距河流的距离、距居民点的距离和归一化植被指数等阻力因子构建综合生态阻力面，识别林地生态廊道格局及其演变过程，最后根据上述分析发现林地利用存在的问题并提出相关调控建议（杨凯等，2021；叶鑫等，2018；彭建等，2017；吴健生等，2017）。

第一节　林地利用现状

　　山东省林地利用现状从林地数量结构和林地空间分布两方面进行分析，从而摸清全省林地资源数据家底，以统筹好林地资源的保护与利用。

一、林地数量结构

　　山东省林地结构如图 4-1 所示，山东省林地主要以乔木林地和其他林地为主，其中乔木林地面积为 1339480.00hm²，占林地面积的 51.41%，其他林地面积为 1198346.67hm²，占林地面积的 46.00%，两者面积之和占全省林地总面积的 97.41%；灌木林地面积为 66953.33hm²，占林地面积的 2.57%；竹林地面积为 566.67hm²，仅占林地面积的 0.02%。

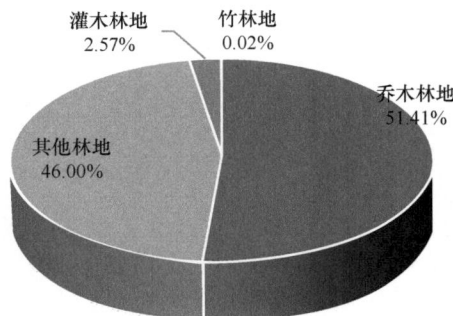

图 4-1　2019 年山东省林地结构

　　山东省各地级市林地结构如表 4-1 所示，临沂市、烟台市、潍坊市、济南市、威海市等地市乔木林地面积较大，面积占比达到全省乔木林地总面积的 50% 以上；临沂市的乔木林地面积最大，达 222040hm²，东营市的乔木林地面积最小，为 11160hm²；竹林地在全省零星分布；灌木林地主要分布在济南市、烟台市、淄博市、潍坊市这四个地级市，其面积之和约占全省灌木林地面积的 85%，济南市的灌木林地面积最大，达 22446.67hm²；其他林地多集中在潍坊市及其周边地区，如临沂市、青岛市等，潍坊市的其他林地面积最大，达 128113.33hm²，枣庄市的其他林地面积最小，为 30253.33hm²。

表 4-1　2019 年山东省各市林地各类型面积情况　　　　　（单位：hm²）

行政区名称	林地	乔木林地	竹林地	灌木林地	其他林地
济南市	248280.00	116280.00	6.67	22446.67	109546.67
青岛市	194226.67	75393.33	53.33	640.00	118140.00
淄博市	170653.33	90973.33	6.67	9206.67	70473.33
枣庄市	59573.33	29293.33	0.00	33.33	30253.33
东营市	54093.33	11160.00	0.00	1186.67	41746.67
烟台市	287806.67	163420.00	60.00	18733.33	105593.33
潍坊市	265220.00	130973.33	33.33	6100.00	128113.33
济宁市	150786.67	74906.67	6.67	1400.00	74473.33
泰安市	184146.67	80760.00	146.67	93.33	103146.67
威海市	146646.67	93813.33	6.67	1320.00	51506.67
日照市	133053.33	79466.67	200.00	3980.00	49400.00
临沂市	343040.00	222040.00	40.00	1773.33	119186.67
德州市	91266.67	49806.67	0.00	0.00	41460.00
聊城市	86200.00	48553.33	0.00	0.00	37640.00
滨州市	106260.00	22833.33	13.33	33.33	83373.33
菏泽市	84093.33	49800.00	0.00	0.00	34286.67

二、林地空间分布

　　鲁东丘陵区林地总面积为 745738.56hm²，占全省林地总面积的 28.62%（表 4-2）。其中，黄岛区林地面积占分区林地面积比例最大，为 9.21%；牟平区、栖霞市以及五莲县的林地面积占比在鲁东丘陵区居于前列，其次是乳山市、莒县、文登区，上述县（市、区）林地面积占鲁东丘陵区林地总面积的比例均超过 5%；芝罘区、长岛县、李沧区林地面积较小，占鲁东丘陵区林地总面积的比例均低于 1%，市南区和市北区林地面积占比最小 [图 4-2（a）]。

　　鲁西、北平原区林地总面积为 366608.61hm²，占全省林地总面积的 14.07%（表 4-2）。其中，惠民县林地面积占分区林地面积比例最大，为 6.73%；乐陵市、曹县林地面积在鲁西、北平原区占比居于前列，其次是冠县、牡丹区，上述县（市、区）林地面积占鲁西、北平原区林地总面积的比例均超过 4%；金乡县、武城县林地面积较小，占鲁西、北平原区林地总面积的比例均低于 1%，鱼台县林地面积占比最小，仅为 0.49% [图 4-2（b）]。

表 4-2　2019 年山东省自然地理分区林地面积及其比例

自然地理分区名称	林地面积/hm²	占比/%
鲁东丘陵区	745738.56	28.62
鲁西、北平原区	366608.61	14.07
鲁北滨海黄河三角洲	116844.38	4.48
鲁中山地区	636105.34	24.42
山前环状平原区	740048.51	28.41
合计	2605345.4	100.00

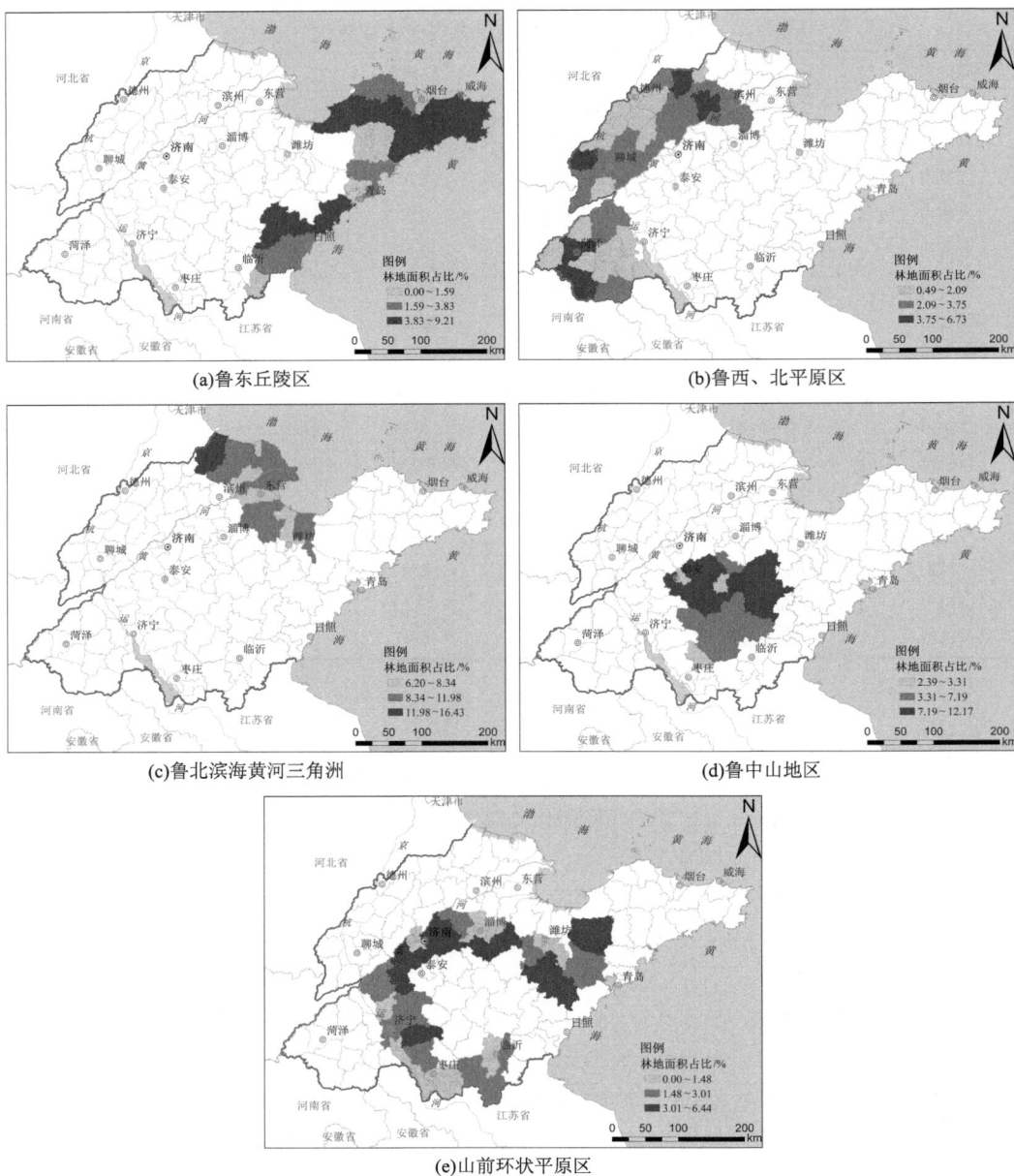

(a)鲁东丘陵区

(b)鲁西、北平原区

(c)鲁北滨海黄河三角洲

(d)鲁中山地区

(e)山前环状平原区

图 4-2　2019 年山东省各分区林地比例格局

鲁北滨海黄河三角洲林地总面积为 116844.38hm², 占全省林地总面积的 4.48%（表 4-2）。其中，无棣县林地面积占分区林地面积比例最大，为 16.43%；沾化区、河口区以及垦利区林地面积也较大，占鲁北滨海黄河三角洲林地总面积的比例均超过 10%；利津县林地面积较小，占鲁北滨海黄河三角洲林地总面积的 6.36%，寒亭区林地面积占比最小，仅为 6.20%［图 4-2（c）］。

鲁中山地区林地总面积为 636105.34hm²，占全省林地总面积的 24.42%（表 4-2）。其中，沂水县林地面积占分区林地面积比例最大，为 12.17%；临朐县、莱芜区、沂源县、岱岳区、新泰市的林地数量在鲁中山地区占比居于前列，比例均超过 8%；泰山区、钢城区林地面积在鲁中山地区占比居于末位，比例均低于 3%，泰山区林地面积占比最小，仅为 2.39%［图 4-2（d）］。

山前环状平原区林地总面积为740048.51hm²，占全省林地总面积的28.41%（表 4-2）。其中，诸城市林地面积占分区林地总面积比例最大，为 6.44%；历城区、青州市、长清区、章丘区、淄川区林地面积占比也较大，均超过 5%；槐荫区、历下区、天桥区、奎文区林地数量在山前环状平原区占比居于末位，均低于 0.5%，奎文区林地面积占比最小，为 0.28%［图 4-2（e）］。

第二节　林地效益分析

林地是重要的自然资源与战略资源，在保障木材及林产品供给与维护生态安全中具有核心作用，本节在分析林地的经济效益和生态效益的基础上掌握两者之间的耦合关系，以期为严格保护林地，提高林地利用效率，形成合理的空间开发保护格局提供参考。林地利用经济效益是指单位林地面积上进行适度投入所能生产出符合社会需要的产品所获得的价值，主要选取地均 GDP、人均经济林面积、人均用材林面积、单位面积林业产值四项指标进行具体分析；林地利用生态效益是指林地利用的过程给人类的生产及生活产生的生态影响与生态价值，主要选取乔木林地占比、林地覆盖率、人均绿地面积、生态系统服务功能四个指标进行具体分析（见表 4-3）。

表 4-3　林地效益评价指标体系

目标层	准则层	指标层	指标计算
林地效益	经济效益	地均 GDP	地区生产总值/土地总面积
		人均经济林面积	经济林面积/人口
		单位面积林业产值	林业产值/区域面积
		人均用材林面积	用材林面积/人口
	生态效益	乔木林地占比	乔木林地面积/林地总面积
		林地覆盖率	林地面积/土地总面积
		人均绿地面积	绿地面积/人口
		生态系统服务功能	详见第五章测算

一、林地经济效益分析

（一）地均 GDP

青岛市单位面积土地经济产出位于全省首位（表 4-4），达 10395 万元/km²，居全国城市 23 位左右，济南市单位面积土地经济产出位于全省第二位，达 9218 万元/km²，居全国城市第 25 位；其次是淄博市、烟台市、威海市，上述地级市地均 GDP 均超过5000 万元/km²；聊城市、临沂市、滨州市地均 GDP 处于较低水平，上述地级市地均GDP 均低于 2700 万元/km²，聊城市地均 GDP 仅有 2622 万元/km²，居全省末位，需进一步提高单位土地经济产出。

（二）人均经济林面积

日照市、威海市、菏泽市人均经济林面积在全省范围内居于前列（表 4-4），上述地级市人均经济林面积均超过 5m²/人，其中，日照市人均经济林面积最大，约为 10.37m²/人；其次是枣庄市、烟台市、临沂市、青岛市，上述地级市人均经济林面积均不低于 4m²/人；济南市、东营市人均经济林面积在山东省人均经济林面积中居于末位，上述地级市人均经济林面积均不超过 1.8m²/人，其中，济南市人均经济林面积最小，约为 1.17m²/人。

（三）人均用材林面积

德州市、滨州市、东营市人均用材林面积在全省范围内居于前列（表 4-4），上述地级市人均用材林面积均超过 13m²/人，其中，德州市人均用材林面积最大，约为14.37m²/人；其次是日照市、聊城市、菏泽市，上述地级市人均用材林面积均不低于5m²/人；枣庄市、淄博市、威海市人均用材林面积在山东省人均用材林面积中居于末位，上述地级市人均用材林面积均不超过 0.7m²/人，其中，淄博市人均用材林面积最小，约为 0.26m²/人。

表 4-4　2019 年山东省各市林地经济效益指标

行政区名称	地均 GDP/（万元/km²）	人均经济林面积/（m²/人）	人均用材林面积/（m²/人）	单位面积林业产值/（万元/m²）
济南市	9218	1.17	1.87	1.01
青岛市	10395	4.17	2.73	0.22
淄博市	6076	0.92	0.26	0.94
枣庄市	3712	4.84	0.46	0.40
东营市	2744	1.79	13.13	0.55
烟台市	5494	4.48	0.61	0.75
潍坊市	3491	2.79	2.68	0.30
济宁市	3906	2.29	1.98	0.91
泰安市	3432	3.49	1.34	0.53
威海市	5081	5.24	1.19	0.09
日照市	3627	10.37	5.97	0.45
临沂市	2658	4.27	2.16	1.11
德州市	2918	2.35	14.37	2.16
聊城市	2622	2.00	5.84	0.59
滨州市	2677	3.43	13.33	1.08
菏泽市	2805	5.54	5.36	1.49

（四）单位面积林业产值

德州市单位面积林业产值位于全省首位（表 4-4），达 2.16 万元/m²；其次是菏泽市、临沂市、济南市、滨州市，上述地级市单位面积林业产值超过 1.0 万元/m²；威海市、青岛市、潍坊市、枣庄市单位面积林业产值在山东省单位面积林业产值中居于末位，上述地级市单位面积林业产值均低于 0.5 万元/m²。

二、林地生态效益分析

（一）乔木林地占比

临沂市乔木林地占比最大，达 64.73%，威海市、日照市乔木林地占比在全省范围内居于前列，占比均超过 60%，菏泽市、烟台市、聊城市、德州市占比也较大，均超过 55%；滨州市、东营市乔木林地占比较小，分别为 21.49%、20.63%（表 4-5）。

（二）林地覆盖率

淄博市、威海市、日照市以及济南市林地覆盖率在全省范围内居于前列，上述地级市林地覆盖率均超过 24%，其中，淄博市林地覆盖率最高，约为 28.80%；其次是泰安市、烟台市、临沂市，上述地级市林地覆盖率均超过 20%；菏泽市、东营市、德州市林地覆盖率在山东省林地覆盖率中居于末位，上述地级市林地覆盖率均不超过 10%，其中，东营市林地覆盖率最低，约为 6.91%。

（三）人均绿地面积

山东省全省人均绿地面积平均值为 2.43m²/人，人均绿地面积高于全国平均水平。东营市、青岛市人均绿地面积在全省范围内居于前列，上述地级市人均绿地面积均超过 3.9m²/人，其中，东营市人均绿地面积最高，约为 5.97m²/人；其次是德州市、滨州市、济宁市、聊城市、威海市，上述地级市人均绿地面积均超过 2.5m²/人；泰安市、临沂市人均绿地面积在山东省人均绿地面积中居于末位，上述地级市人均绿地面积均不超过 1.5m²/人，其中，泰安市人均绿地面积最低，约为 1.09m²/人。

（四）生态系统服务功能

山东省区域生态系统服务功能指数平均值为 1.54，共有 12 个地市生态系统服务功能指数高于全省平均水平。淄博市、临沂市、日照市、泰安市生态系统服务功能指数在全省范围内居于前列，均大于 1.8，其中，淄博市生态系统服务功能指数最高，约为 1.91；其次是枣庄市、济南市，生态系统服务功能指数均大于 1.7；烟台市、青岛市生态系统服务功能指数较低，均不超过 1.4，生态系统服务能力较差。

三、林地生态效益与经济效益耦合

本部分利用熵权法评价山东省各市林地生态效益与经济效益，并进一步使用耦合协调度模型分析两者的耦合关系。

表 4-5 2019 年山东省各市林地生态效益指标

行政区名称	乔木林地占比/%	林地覆盖率/%	人均绿地面积/（m²/人）	生态系统服务功能
济南市	46.83	24.24	2.44	1.71
青岛市	38.82	17.20	3.99	1.37
淄博市	53.31	28.80	2.38	1.91
枣庄市	49.17	13.15	1.21	1.74
东营市	20.63	6.91	5.97	1.45
烟台市	56.78	21.10	1.93	1.39
潍坊市	49.38	17.21	1.55	1.61
济宁市	49.68	13.56	2.72	1.60
泰安市	43.86	23.92	1.09	1.80
威海市	63.97	25.30	2.52	1.48
日照市	59.73	25.01	1.88	1.82
临沂市	64.73	20.12	1.34	1.88
德州市	54.57	8.83	3.58	1.65
聊城市	56.33	10.00	2.58	1.64
滨州市	21.49	12.70	2.85	1.61
菏泽市	59.22	6.93	2.27	1.61

熵权法是基于指标变异程度，利用信息熵求得指标熵权并修正确定指标权重的客观赋权评价法，其具体计算步骤如下。

①对评价指标进行标准化处理：

$$正向指标：\quad X_{ij} = (x_{ij} - x_{\min})/(x_{\max} - x_{\min}) \tag{4-1}$$

$$负向指标：\quad X_{ij} = (x_{\max} - x_{ij})/(x_{\max} - x_{\min}) \tag{4-2}$$

②计算指标信息熵 E_j：

$$E_j = -\ln \frac{1}{n} \sum_{i=1}^{n} \left\{ \frac{X_{ij}}{\sum_{i=1}^{n} X_{ij}} \ln \frac{X_{ij}}{\sum_{i=1}^{n} X_{ij}} \right\} \tag{4-3}$$

③计算指标权重 W_j：

$$W_j = \frac{\left(1 - E_j\right)}{\sum_{j=1}^{m}\left(1 - E_j\right)} \tag{4-4}$$

④计算最终评价结果 U_i：

$$U_i = \sum_{j=1}^{m} w_j X_{ij} \tag{4-5}$$

式中，x_{ij} 为原指标值，X_{ij} 为指标标准化值，$x_{\max}$、$x_{\min}$ 分别为指标 x 的最大值与最小值，

i、j 分别代表城市与指标，m、n 是指标个数与城市个数。

耦合协调度计算公式如下：

$$C = \left\{ (U_1 \times U_2) / [(U_1 + U_2)/2]^2 \right\}^K \tag{4-6}$$

$$D = (C \times T)^{\frac{1}{2}} \tag{4-7}$$

$$T = \alpha U_1 + \beta U_2 \tag{4-8}$$

式中，C 为耦合度；U_1、U_2 分别为林地经济效益和生态效益；K 为调节系数；T 为协调度；D 为耦合协调度；α、β 为各系统贡献程度，令 $\alpha = \beta = \dfrac{1}{2}$。

根据式（4-1）～式（4-8）计算得到山东省各市林地生态效益与经济效益耦合协调度（图4-3），将林地经济效益和生态效益耦合协调度进行划分，$D>0.7$ 为优质耦合协调，$D \in (0.6, 0.7]$ 为良好耦合协调，$D \in [0.5, 0.6]$ 为中级耦合协调，$D<0.5$ 为初级耦合协调。全省各地市林地生态效益与经济效益的耦合协调度差异较大，耦合协调度指数介于 0.42～0.77。具体来看，济南市林地生态效益与经济效益耦合协调度最优，属于优质耦合协调，耦合协调度达到 0.77；青岛市、淄博市、威海市、临沂市、东营市属于良好耦合协调，上述地级市耦合协调度均不低于 0.6；烟台市、济宁市、潍坊市、泰安市、日照市、德州市、聊城市、滨州市属于中级耦合协调，耦合协调度均介于 0.5～0.6；菏泽市和枣庄市属于初级耦合协调，耦合协调度均不超过 0.5。

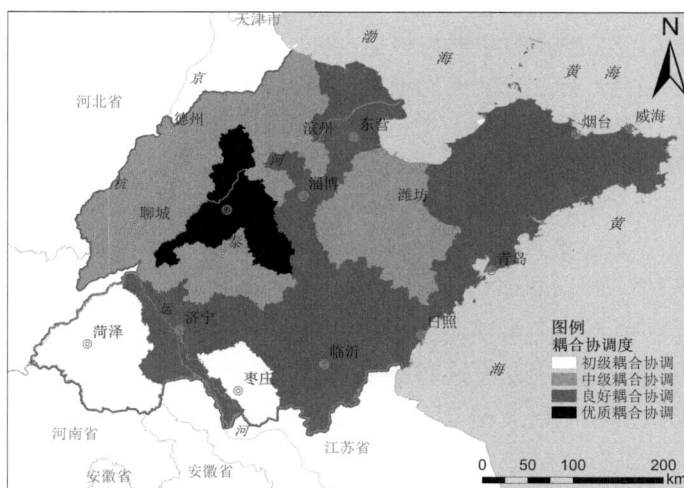

图4-3　2019年山东省各市林地生态效益与经济效益耦合协调度

第三节　林地景观格局演变

景观格局是指大小和形状不同的景观要素在空间上的排列，景观要素的组成和构型是其基本特点，本节对山东省林地景观格局现状及变化进行分析，识别生态源地，为全省林地生态安全格局构建奠定基础。

一、林地景观格局分析

（一）林地景观格局现状

形态学空间格局分析方法（morphological spatial pattern analysis，MSPA）是基于腐蚀、膨胀、开运算、闭运算等数学形态学原理对栅格图像的空间进行度量、识别与分割的一种图像处理方法，能够更好地识别研究区内重要的生境斑块。对研究区的林地前景数据进行识别处理时，首先需要将边缘宽度、像元大小、过渡参数、结构要素和录入参数这五种重要参数进行初步定义（陈南南等，2021；刘一丁等，2021；于亚平，2016；吴健生等，2013）。

边缘宽度：核心区数量与连通性体系要素的识别会因为边缘宽度的设定与数值变化而产生非线性的影响。前景像元要素识别会根据边缘宽度数值变化而变化，随着选取数值的增加，原本林地生态源地斑块的连接边缘逐渐被侵蚀，在合理设置的干预下转变为两个生态源斑块之间的桥接区；

像元大小：指栅格图的分辨率，不同的像元大小影响最终结果与精确程度；

过渡参数：是用于核心区域与相近边缘之间的过渡期，这些像元被人们形象地形容为过渡桥，形态一般为桥接或环道；

结构要素：在 MSPA 分析方法中一般选用正方形作为基本活动单元进行迁移运算，生态学为背景前提存在两种常见的结构要素，分别是 4 邻域和 8 邻域；

录入参数：参数允许区分内部特性和外部特性，其中内部特性定义为被穿孔包围。默认参数值可选 0、1，当选择"1"时，根据内部和外部的特征来确定将结果输出到图层。

MSPA 方法可将原来的前景像元根据其形态特征分为七种景观类型，分别为核心区、孤岛、环岛、连接桥、孔隙、边缘区、支线，基于山东省"三调"数据，将林地设为研究前景，其他用地类型作为研究背景，得到上述七种景观类型。山东省林地景观类型及占比如表4-6所示，研究区内核心区景观面积为 6117.14 km^2，占林地总面积的 23.95%，主要分布在鲁中山地区、鲁东丘陵区，而鲁西、鲁北平原区分布稀少；孤岛斑块是单独的林地斑块，呈破碎状分布，孤岛斑块面积占林地总面积的 31.80%，面积占比较大；孔隙面积为 191.56km^2，占林地总面积的 0.75%，表明研究区容易受外界因素干扰；边缘区是林地与非林地的缓冲地带，占林地总面积的 21.02%，面积仅次于核心区，表明研究区的林地具有一定的边缘效应；支线代表景观生态安全格局中生态廊道之间连接出现中断，支线面积占林地总面积的 13.20%，表明研究区内的连通作用较弱；连接桥代表景观生态安全格局中的结构性廊道，连接桥面积仅占林地总面积的 6.62%，较难为能量交换和物质流动提供迁移通道；环线可以便利在斑块内部移动，占林地总面积的 2.67%。

（二）林地景观格局变化

2009～2019 年间林地景观面积有所增加，核心区、边缘区和孤岛斑块面积增长较快，部分非林地景观向林地景观转换，林地景观完整度提升，景观连通性增强，核心区共转入 1913.64km^2，虽占前景比例由 26.65% 下降到 23.95%，下降了 2.7%，但是占整个研究区域的比例由 2.68%上升到 3.87%，表明全省林地景观格局正在逐步完善，景观连通性相对增强，有利于斑块间物质能量交换与维持林地生态系统的稳定性。

表 4-6　2019 年山东省林地景观类型及占比

景观类型	总面积/km²	占前景要素比例/%	占研究区域比例/%
核心区	6117.14	23.95	3.87
孤岛	8122.13	31.80	5.13
孔隙	191.56	0.75	0.12
边缘区	5368.78	21.02	3.39
环线	681.95	2.67	0.43
连接桥	1690.83	6.62	1.07
支线	3371.45	13.20	2.13

连接桥、支线、环线在林地景观中表现为大型沟渠、溪流、沟渠支线等，是连通核心区斑块间沟通的重要桥梁，对维护林地生态系统稳定、促进区域内能量交换和物质流动具有重要作用，三者对景观连通性贡献大小依次排序为连接桥＞支线＞环线。2009～2019 年间，全省连接桥共转入 1047.30km²，占前景比例由 4.08%上升到 6.62%，增长了 2.54%，同时，占整个研究区域的比例由 0.41%上升到 1.07%，增长了 0.66%；支线共转入 1428.22km²，占前景比例由 12.32%上升到 13.2%，增长了 0.88%，同时，占整个研究区域的比例由 1.23%上升到 2.13%，增长了 0.9%；环线共转入 330.21km²，占前景比例由 2.23%上升到 2.67%，增长了 0.44%，同时，占整个研究区域的比例由 0.22%上升到 0.43%，增长了 0.21%，表明十年间全省景观斑块之间联系日趋紧密，景观连通性增强。

二、林地生态源地格局

为避免提取出的生态源地过于破碎，主要提取连片且邻近的林地斑块作为生态源地，对核心区中面积大于 2km² 的林地斑块进行提取，并按照 1000m 的阈值进行聚合，最终得到核心生态源地。2019 年全省共提取 254 个核心生态源地，与 2009 年相比有所增加，2009 年提取核心生态源地个数为 225。全省林地生态源地主要呈现"两区、多点"的分布格局，两区分别指鲁中山地生态功能区和鲁东丘陵生态功能区；多点是指以各类禁止开发区域和其他自然保护地为主的点状生态区域。由图 4-4 可知，生态源地主要分布在临沂市的沂水县、沂南县、莒南县和蒙阴县，泰安市的岱岳区、新泰市和肥城市，日照市的莒县和五莲县，济南市的章丘区[①]、长清区和历城区，青岛的即墨区[②]和胶南市，威海市的环翠区、荣成市、文登区[③]、乳山市、东港区和岚山区以及烟台市的蓬莱市、福山区、牟平区、栖霞市和莱州市等地。生态源地是全省生态建设的核心载体，因此，应加大生态源地的保护，构建鲁中山地区、鲁东丘陵区两大战略性生态屏障。

---

① 2016 年 12 月撤销县级章丘市，设立济南市章丘区。
② 2017 年 9 月撤销县级即墨市，设立青岛市即墨区。
③ 2014 年 1 月撤销县级文登市，设立威海市文登区。

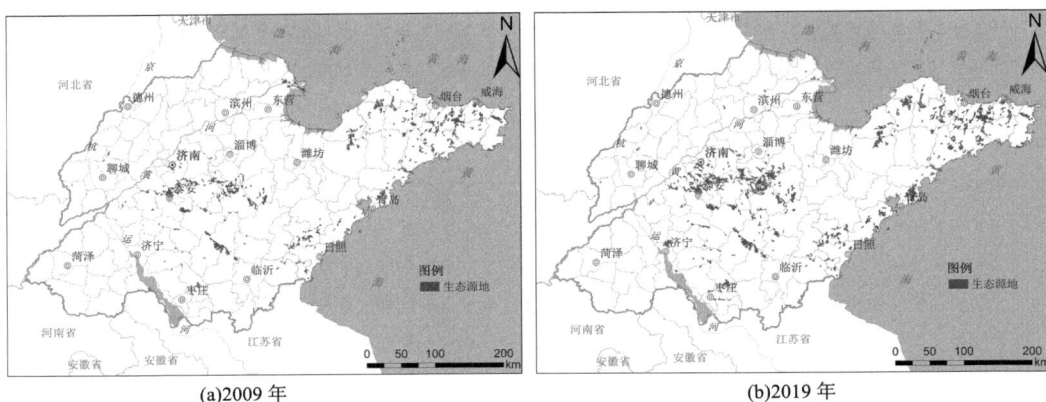

(a)2009 年　　　　　　　　　　　　　(b)2019 年

图 4-4　2009 年、2019 年山东省林地生态源地分布（彩图附后）

景观连通性评价可有效判断各个景观斑块之间的连通性强弱，可能连通性连接指数（probability of connectivity，PC）被广泛应用于景观连通性的评价（杨彦昆等，2020；吴健生，2012）。具体公式如下：

$$PC = \sum_{i=1}^{n}\sum_{j=1}^{n}\frac{a_i \times a_j \times p_{ij}}{S^2} \qquad (4\text{-}9)$$

式中，n 为斑块数；a_i、a_j 分别为斑块 i、j 的面积；S 为景观总面积；p_{ij} 是物种在斑块 i、j 中分散的最大概率。PC 值在 0～1 之间，值越大，代表区域景观的连通性越高。

斑块重要性指数在一定程度上反映了生态连通性格局，即重要斑块较为密集的地区景观连通性往往较好，利用斑块重要性指数对核心区斑块间的连接水平进行评价。计算公式如下：

$$dPC = \frac{PC - PC_{remove}}{PC} \qquad (4\text{-}10)$$

式中，PC 为可能连通性指数；PC_{remove} 是去除某个斑块后的可能连通性指数。

利用式（4-9）和式（4-10）计算景观连通性及斑块重要性指数，将斑块重要性等级分为高、中和低三个等级。山东省林地生态源地斑块重要性等级如表 4-7 所示，2019 年全省 254 个核心生态源地斑块中，低等级斑块数量最多，共 173 个，约占总斑块数量的 68.11%，但其面积仅占斑块总面积的 22.56%，表明全省生态源地斑块破碎化较为严重；而中等级与高等级斑块数量虽不多，但面积占比相对较大，中等级斑块数量为 58，占总数量的 22.83%，占总面积也达到 30.86%；高等级斑块数量仅为 23，仅占总数量的 9.06%，面积占比却达到了 46.58%，中高等级图斑对景观连通性起着重要的维持作用，更有利于保持林地景观稳定性。

2009 年的核心区生源斑块重要性指数格局特征与 2019 年相似，在 225 个核心生态源地斑块中，低等级斑块数量占比达到 60.44%，而面积仅占 22.25%，中等级斑块共有 55 个，占总面积比例为 25.04%，而高等级斑块数量虽仅占总数量的 15.11%，但面积占比超过了 50%。

表 4-7　2009 年、2019 年山东省林地生态源地斑块重要性等级

年份	斑块重要性等级	数量	占斑块总数的比例/%	面积/km²	占斑块总面积的比例/%
2009	高等级	34	15.11	1214.49	52.71
	中等级	55	24.45	576.94	25.04
	低等级	136	60.44	512.86	22.25
2019	高等级	23	9.06	1801.12	46.58
	中等级	58	22.83	1193.16	30.86
	低等级	173	68.11	872.19	22.56

第四节　阻力面构建及其演变

阻力面反映的是物种迁移时受到不同景观特征阻力的程度，阻力面设置受自然本底因素、环境变迁及人类开发活动的影响。本节主要选取土地利用类型、地形、距河流和居民点的距离以及归一化植被指数（normalized difference vegetation index，NDVI）作为阻力因子构建山东省阻力面，分析阻力面空间格局及演变规律，为林地生态廊道构建提供支撑（李明慧等，2021；刘乙斐，2020；黄苍平等，2018；潘竟虎和刘晓，2015）。

一、阻力因子分析

（一）土地利用类型

土地利用类型越接近研究区域中的保护源类型，阻力越小，结合山东省实际情况，将各用地类型按照阻力从小到大的顺序进行排列，依次为林地、水域、草地、耕地和其他用地。地类阻力值的绝对大小在构建模型中主要是为区分不同地类之间阻力值的相对大小，以反映不同地类对生态过程的不同影响，是一种相对阻力赋值。建设用地、交通以及未利用地等土地类型具有较大阻力值，因为受到较大的人为干扰；阻力低值主要集中在林地、园地等生态用地区，对物种迁移和生态源地扩散的干扰较小。

（二）地形

研究区域的高程在−123～1524m，因此，参考相关研究，将其分类为 5 个阻力等级，<50m 阻力等级为 1，50～200m 阻力等级为 2，200～500m 阻力等级为 3，500～1000m 阻力等级为 4，>1000m 阻力等级为 5。鲁中山地区和鲁东丘陵区多为山地丘陵地貌，地形高低起伏，鲁西、鲁北平原用地类型多以草地、耕地为主，海拔较低，对源地扩散起到一定的促进作用。

根据高程提取出山东省的相对坡度作为阻力因子之一。对坡度因子进行分级，<2°阻力等级为 1，2°～5°阻力等级为 2，5°～15°阻力等级为 3，15°～25°阻力等级为 4，>25°阻力等级为 5。鲁中山地区和鲁东丘陵区多为山地丘陵地貌，坡度较陡，因此在一定程度上抑制源地扩散，鲁西、鲁北平原坡度较缓，在一定程度上促进源地扩散。

（三）距河流和居民点的距离

河流也是生态流扩散的一个重要影响因素，具有较高的生态服务功能，在保护区域生态系统安全中发挥着重要的作用。因此，在一定距离范围内，距河流越近，生态源地扩散阻力越小，结合山东省实际情况划分距河流距离的阻力等级，阻力低值区主要位于鲁北滨海黄河三角洲地区。

距居民点距离是反映人类活动强度的一个重要因素。人类活动、对自然环境的干扰都会加剧生态环境恶化，引起一连串生态环境问题，所以越靠近居民区，阻力越大。将距居民点距离分为 5 个阻力等级，生态阻力值高的地区距离生态源地较远，地形相对平坦、适宜城镇建设发展，低值区分布在地形较复杂，人类活动影响较弱的鲁中山地区。

（四）NDVI

NDVI 代表地表植被覆盖度，植被覆盖度越高，阻力越小。本章通过结合山东省的实际情况后，将其分为 5 个阻力等级。2009～2019 年间随着林地覆盖率逐渐增加，阻力高值区分布在地势平坦的山前环状平原区以及人类活动频繁的区域；低值区则多分布在林地覆盖率较高的鲁中山地区。

二、阻力面演变

最小累积阻力（minimal cumulative resistance，MCR）模型在生态安全格局研究中兼容性和适用性较好，被广泛应用于阻力面构建。该模型根据 KNAAPEN 等建立的费用距离修改而来，其原理为景观中生物物种、营养物质及其他物质和能量在空间组分间流动需要克服一定景观阻力，景观生态服务功能越强，景观功能越完善，完成这一生态过程所遇到的阻力就越小。该模型计算物种在不同林地生态源地间运动所需要耗费的代价，可以反映物种运动的潜在可能性及趋势，能模拟生物穿越不同景观基面的过程。模型考虑源、距离和景观基面特征 3 个因素。经过俞孔坚等人的修改（于婧等，2022；彭建等，2017；俞孔坚，1999），MCR 模型公式如下：

$$MCR = \int_{min} \sum_{i=n}^{i=m} (D_{ij} \times R_i) \qquad (4-11)$$

式中，MCR 为最小累积阻力值；$\int$ 是一正函数，用来表示空间上任意单元的最小阻力与它到空间上其他任意单元的特征关系；D_{ij} 表示物种从源 j 到空间某景观单元 i 的实际距离；R_i 表示景观单元 i 对物种运动的阻力系数，阻力系数需要根据具体路径来确定。

确定各因子分级标准后，依据各阻力因子的影响程度大小，采用层次分析法确定土地利用类型、高程、坡度、距河流的距离、距居民点的距离以及 NDVI 的权重分别为 0.29、0.14、0.13、0.12、0.17、0.15，其评价标准及其权重见表 4-8。最终，根据各阻力评价因子及其权重，在 ArcGIS 中建立每个阻力因子图层，根据式（4-11）对各阻力因子进行加权求和计算，最终利用栅格计算器进行计算，进而在符合研究区内的特有的生态特征的基础上，得到山东省林地生态安全格局构建中的阻力面。

表 4-8　山东省生态源地扩张阻力因子分级及权重

评价因子	1	2	3	4	5	权重
土地利用类型	林地	水域	草地	耕地	其他用地	0.29
高程	<50m	50～200m	200～500m	500～1000m	>1000m	0.14
坡度	<2°	2°～5°	5°～15°	15°～25°	>25°	0.13
距河流距离	<1km	1～3km	3～5km	5～10km	>10km	0.12
NDVI	0.8～1.0	0.6～0.8	0.4～0.6	0.2～0.4	0.0～0.2	0.17
距居民点距离	>2km	1～2km	0.5～1km	0.25～0.5km	<0.25km	0.15

由图 4-5 可以看出，全省阻力值呈现出明显的空间分异特征，阻力值由鲁中山地区向四周递减，鲁北滨海黄河三角洲为阻力低值区。在阻力面变化方面，由于研究区域建设用地不断扩张，整个研究区域的阻力均值始终在上升，高阻力值聚集区分布更加广泛，区域景观破碎度的增加，对生态的阻碍作用加强，加大了生态源斑块之间的物质能量消耗。

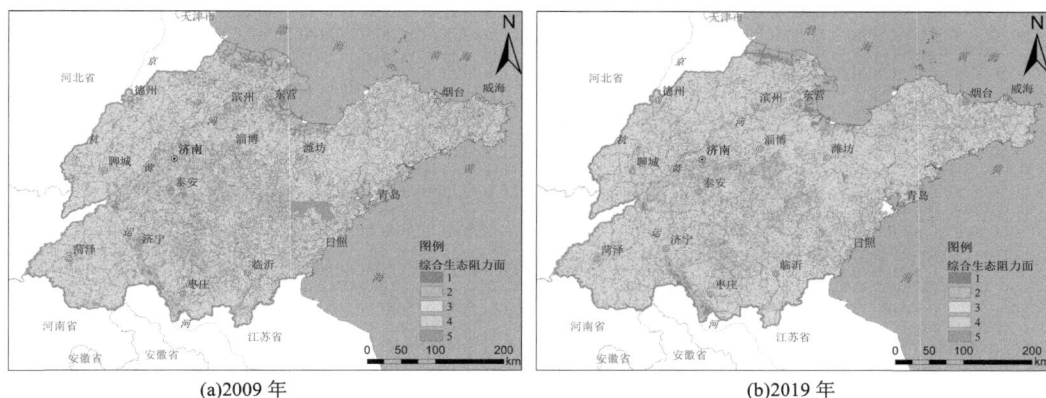

(a)2009 年　　　　　　　　　　　　　　　　(b)2019 年

图 4-5　2009 年、2019 年山东省综合生态阻力面（彩图附后）

第五节　林地生态廊道格局演变与生态安全

廊道是景观中与两侧基质有显著区别的狭带状地，它一方面作为障碍物隔开景观的不同部分；另一方面是作为通道将景观中不同部分连接起来，有利于在"源"间及基质间的流动。生态廊道一般由植被、水体等生态要素构成，具有维持生物多样性、保持水土、防风固沙、涵养水源等功能。基于山东省生态源地与生态阻力面构建林地生态廊道，形成林地生态安全网络，以期为全省生态保护的规划与管理提供帮助（于婧等，2022；杨远琴，2019）。

一、林地生态廊道时空格局

廊道是相邻两"源"之间的阻力低谷和最容易联系的低阻力通道（徐文彬等，2017；朱强等，2005；马克明等，2004）。山东省林地生态廊道识别结果如图 4-6 所示，全省东部缓丘起伏，中部山地连绵，西南、西北低洼平坦，因此生态廊道在山间谷地或平原地区分布较为广泛。2009 年全省共有 656 条生态廊道，2019 年廊道数量有所增加，2019年共有 732 条生态廊道。运用斑块重要性指数对各个斑块之间的互相作用构建量化，得到代表斑块间廊道相互作用的重要性数值，以此对重要廊道与一般廊道进行区分，结合山东省自然保护区，将多余的一般廊道进行合并或删除。2009～2019 年间重要廊道与一般廊道数量均有所减少，2019 年仅有 16 条重要廊道，46 条一般廊道，而 2009 年重要廊道共有 34 条，一般廊道有 55 条。

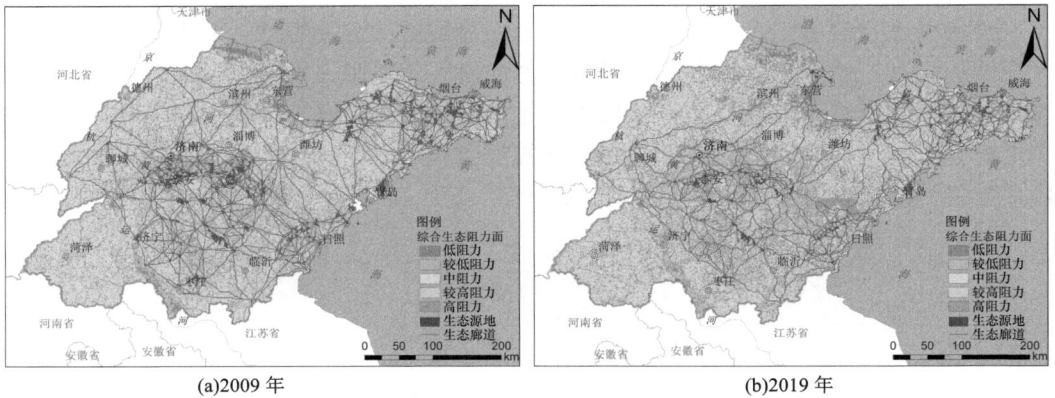

(a)2009 年　　　　　　　　　　　　　　　(b)2019 年

图 4-6　2009 年、2019 年山东省林地生态廊道识别结果（彩图附后）

生态网络廊道平均阻力统计如表 4-9 所示，2019 年全省生态斑块间的廊道总累积阻力为 38410022，生态廊道的平均阻力为 1.888，与 2009 年相比均有所下降，2009 年生态斑块间的廊道总累积阻力为 38835745，生态廊道的平均阻力为 2.109，全省生态连通性有所上升。值得注意的是，鲁西地区斑块之间的生态网络受建设用地扩张的影响出现了一定程度的退化，使得东西部生态源地之间交流的阻力越来越大，连接变弱。

表 4-9　2009 年、2019 年山东省生态网络廊道平均阻力统计

年份	不同累积阻力长度比的廊道数目				廊道总数目	廊道总长度/m	廊道总累积阻力值	廊道平均阻力
	1.6～1.8	1.8～2.0	2.0～2.2	2.2～2.4				
2019	121	452	149	10	732	20339927	38410022	1.888
2009	183	210	164	99	656	18417741	38835745	2.109

二、林地生态廊道用地结构演变

基于 MCR 模型生成的生态廊道是线状的，而宽度对廊道生态功能的发挥有着重要作用，适当增加廊道宽度有利于区域生物多样性的维持，故而选取 200m 和 500m 作为山东省生态廊道的识别宽度，对生态廊道进行缓冲区分析，分别计算廊道中各种用地类型面积，以更好的分析生态廊道特点（王正伟等，2021；陈昕等，2017；朱强等，2005）。

（一）200m 宽度廊道用地结构演变

山东省林地 200m 生态廊道用地结构如图 4-7 所示，2019 年全省耕地和林地是构成

重要廊道的主要用地类型，当廊道宽度为 200m 时，林地面积占廊道总面积比例为
29.56%，耕地面积占比为 34.79%，耕地和林地之和约占廊道总面积的 64.35%，表明林
地和耕地对物种的扩散和迁移起着重要的连接作用，也是物种重要的栖息场所；其次是
种植园地，约占廊道总面积的 11.46%。与 2009 年相比，林地占比有所增加，耕地、水
域以及种植园地占比均有所下降，2009 年耕地面积占比高达 41.89%，林地占比约为
18.77%，水域占比约为 10.06%，种植园地约占 8.34%。

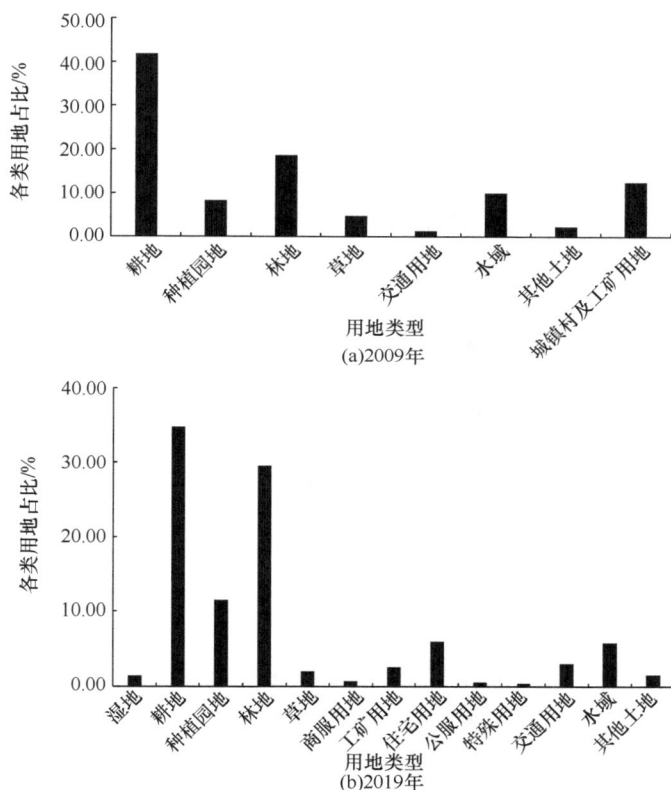

图 4-7　2009 年、2019 年山东省林地 200m 生态廊道用地结构

（二）500m 宽度廊道用地结构演变

山东省林地 500m 生态廊道用地结构如图 4-8 所示，当廊道宽度为 500m 时，全省
廊道用地格局与宽度为 200m 时的相似，2019 年耕地和林地占比较大，共占廊道总面积
的 63.70%，耕地面积占比约为 35.29%，林地面积占比约为 28.41%，种植园地占比也达
到了 11.63%。与 2009 年相比，林地面积占比增加明显，其他类型用地占比均有所下降。
在生态廊道用地结构中，也存在一定占比的建设用地，建设用地的快速扩张对生态廊道
的连通产生影响，降低生态斑块交流的可能性，因此，平衡用地关系是保障生态网络完
整的重要环节。

（三）生态廊道用地格局演变

对 2009 年与 2019 年的每条生态廊道中的林地、种植园地和草地进行合并统计分析，

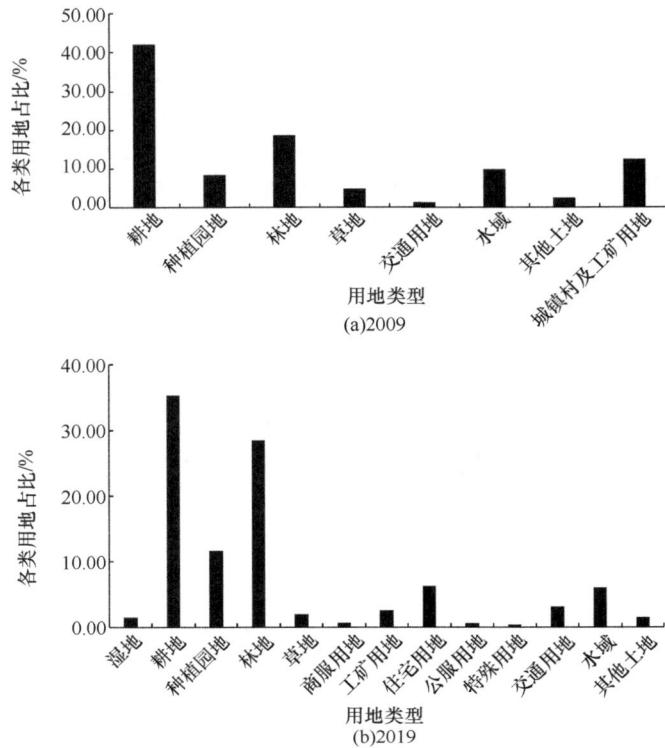

图 4-8 2009 年、2019 年山东省林地 500m 生态廊道用地结构

依据自然断点将面积占比分为高、中、低三类。山东省生态廊道用地格局演变如图 4-9 所示，2019 年与 2009 年相比廊道用地格局并未发生较大变化，林地、园地和草地占比较高的地区主要分布在鲁中山地地带以及鲁东丘陵地带，具体分布于济南市莱芜区、钢城区、泰安市泰山区、岱岳区、新泰市，济宁市泗水县，枣庄市的山亭区，临沂市的沂水县、沂南县、蒙阴县、平邑县、费县，淄博市沂源县、博山区，潍坊市临朐县，烟台、威海、日照以及青岛的大部分县（市、区）。

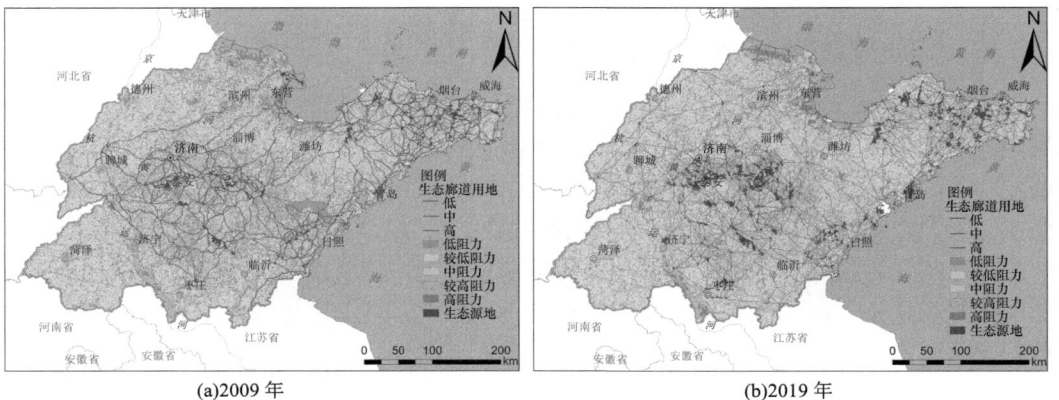

图 4-9 2009 年、2019 年山东省生态廊道用地格局演变（彩图附后）

三、林地生态网络特征演变

在生态网络评价方面，α、β、γ指数是常用的指数，分别代表生态网络闭合度、生态网络连接度和生态网络连通度，可用于描述研究区的网络复杂程度及连通率等（如克亚·热合曼，2021；刘世梁等，2017），具体公式如下：

$$\alpha = \frac{l - v + 1}{2v - 5} \tag{4-12}$$

$$\beta = \frac{l}{v} \tag{4-13}$$

$$\gamma = \frac{l}{l_{max}} = \frac{l}{3(v-2)} \tag{4-14}$$

式中，l为廊道数；v为节点数。

根据公式（4-12）～式（4-14）计算得到山东省林地廊道生态安全网络基本特征度量（见表4-10），全省生态网络特征指数相对较高，但在2009～2019年间均有所下降。具体而言，2019年α指数为0.9523，接近最大值1，表明生态网络的物质循环与流通相对流畅，但与2009年相比有所下降，2009年的α指数为0.9708，2009年生态网络闭合度略优；2009年生态网络β指数为2.9156，2019年下降至2.8819，表明生态连接相对减弱；2019年生态网络γ指数为0.9683，2009年为0.9806，表明生态连通度有所降低。

表4-10 2009年、2019年山东省林地廊道生态安全网络基本特征度量

年份	α指数	β指数	γ指数
2009	0.9708	2.9156	0.9806
2019	0.9523	2.8819	0.9683

第六节 林地利用问题与调控建议

一、林地利用问题

（一）林地资源区域差异显著，林地生态源地分布不均衡

山东省林地资源以乔木林地和其他林地为主，灌木林地和竹林地面积较少，且林地资源分布不均，主要集中分布在鲁东丘陵区、山前环状平原区和鲁中山地区，鲁西、北平原区和鲁北滨海黄河三角洲地形平坦开阔，林地面积占比较小。全省林地生态源地分布不均衡，斑块重要性指数差异大，2009～2019年林地景观面积有所增加，核心区斑块面积增长较快，部分非林地景观向林地景观转换，林地景观完整度提升，但全省生态源地斑块破碎化现象较为严重，生态源地斑块主要分布在临沂市、泰安市、日照市、济南市、青岛市、威海市和烟台市，聊城市、德州市、东营市和滨州市生态源地斑块分布较少。

（二）林地生态效益与经济效益的耦合协调度区域差异明显

山东省各地市林地生态效益与经济效益的耦合协调度差异较大，耦合协调度指数介于 0.42～0.77，除济南市林地经济效益与生态效益达到了优质耦合协调，其他地市耦合协调度均不高，菏泽市和枣庄市仍处于初级耦合协调阶段。

（三）林地生态廊道阻力值增加，生态斑块交流可能性下降

最小累积阻力值的分布呈现出明显的空间分异特征，阻力值由鲁中山地区向四周递减，鲁北滨海黄河三角洲阻力在省域范围内最低。在阻力面变化方面，由于研究区域建设用地不断扩张，整个研究区域的阻力均值始终在上升，高阻力值聚集区分布更加广泛，区域景观破碎度的增加，对生态的阻碍作用加强，生态源斑块之间的物质能量消耗加大。生态廊道的平均阻力始终保持着上升趋势，特别是高阻力廊道明显增加，带来的结果是生态网络中的物质循环与流动受到阻碍，生态斑块之间进行交流的可能性降低。

二、林地利用调控建议

（一）涵养林地生态源地，提升景观生态功能

生态源地是生态建设的核心载体，应加大生态源地的保护力度，构建鲁中山地区、鲁东丘陵区两大战略性生态屏障；通过构建林地网络，借助河流和道路绿化隔离林带连接区域内孤立、细小的斑块，提高区域整体稳定性与连通性。鲁西、鲁北平原和鲁北滨海黄河三角洲多以草地、耕地以及建设用地为主，缺乏生态功能较好的林地景观，生态源地较少，应保育烟台沿海防护林和森林公园等重要生态景观，发挥其保持水土、保护生物多样性等作用。

（二）提升林地综合效益，提高林地利用率

适度发展生态产业和特色产业，缓解对自然环境的压力，促进生态系统良性循环。在林地经济效益方面，充分利用森林"氧吧"发展生态旅游业，创造优美生态环境；充分利用森林环境中的光照、热量和水土等自然条件，推进林业与种植业的协调发展，提高经济林占比，发展林下经济，促进经济多元化发展，提高林地社会经济效益；在林地生态效益方面，提高森林抚育面积，对采伐区及时进行抚育更新，实现林地资源的可持续利用，同时，积极推进植树造林工程，提高区域林地覆盖率，提升整体生态效益。

（三）降低生态廊道阻力，优化生态安全格局

在城镇化进程中，应注重可持续发展，实施生态保护措施。在科学识别生态廊道的基础上，实现"山水林田湖草"一体化保护，优化土地利用以降低生态廊道的平均阻力，提高生态网络的连通度与稳定性，确保物质循环和能量流动。同时，也需从维护生态系统稳定发展出发，优化生态网络系统，注重生态修复与生态治理，构建良好生态安全格局。

第五章 生态用地与生态系统 服务时空格局

生态用地具有防风固沙、水源涵养、气候调节及维持生物多样性等多种功能，对于保护生态环境和改善人类生活质量具有重要作用，山东省生态用地的合理开发利用和保护是保障省内生态安全和高质量发展的前提。本章对山东省生态用地现状与变化进行分析，测度生态用地效率，在此基础上，进一步评价全省生态系统服务功能，对生态系统服务功能进行聚类分析，并与区域经济指标进行耦合，发现生态用地利用存在的问题，提出调控建议，以期为山东省生态用地的合理规划、利用与保护提供一定参考（安国强等，2020）。

第一节 生态用地时空格局

生态用地是指区域中以提供生态系统服务功能为主的土地利用类型，即能够直接或间接改良区域生态环境、改善区域人地关系的用地类型，具体包括耕地、园地、林地、草地、湿地和水域（张碧天等，2021）。生态用地作为重要的自然资源，对推进生态文明建设和绿色发展的意义重大，本节主要是对山东省生态用地的时空变化进行分析，为后续的研究奠定基础。

一、生态用地结构

（一）生态用地数量特征

山东省地形复杂，鲁中南有较多的山地，胶东地区属于丘陵地区，海拔较高，坡度较大，适合林地生长，林地和种植园用地占比分别达到 16.32%和 7.60%；耕地和园地在全省范围内分布广泛；全省近海海域占渤海和黄海总面积的 37%，同时分属于黄、淮、海三大流域，湿地资源和水域资源较为丰富，湿地占比达到 2.75%，水域占比达 8.53%。

2019 年山东省各市生态用地占比如表 5-1 所示，各市生态用地占各市土地总面积的比例均在 70%～80%，差距不大，东营市生态用地占比最高，约为 79.28%，滨州市占比最低，约为 72.52%，占比最高和最低的地市比例相差 6.76%。

表 5-1 2019 年山东省各地市生态用地占比

行政区名称	生态用地占比/%
济南市	75.54
青岛市	73.62
淄博市	75.02
枣庄市	75.08

续表

行政区名称	生态用地占比/%
东营市	79.28
烟台市	78.32
潍坊市	73.82
济宁市	77.00
泰安市	77.33
威海市	78.28
日照市	74.55
临沂市	76.28
德州市	79.04
聊城市	76.55
滨州市	72.52
菏泽市	77.07

（二）生态用地结构特征

按照"三调"土地利用现状分类，属于生态用地的一级类有湿地、耕地、种植园地、林地、草地和水域。由表 5-2 可知，2019 年山东省生态用地中占比最高的是耕地，其次是林地和种植园地，占比最低的是草地。耕地集中分布在菏泽市、德州市和聊城市，三市占比均超过了 80%，其中菏泽市耕地占比最高，达到了 84.82%；占比较低的地市分别为烟台市、淄博市、威海市和东营市，其中烟台市占比最低，仅占 32.59%；林地占

表 5-2　2019 年山东省生态用地中各类用地占比　　　　（单位：%）

行政区名称	湿地	耕地	种植园地	林地	草地	水域
山东省	2.10	55.23	10.79	22.27	2.01	7.59
济南市	0.05	45.51	13.45	32.77	3.57	4.65
青岛市	2.89	53.73	9.97	23.92	1.49	8.00
淄博市	0.22	35.95	17.96	38.65	3.94	3.28
枣庄市	0.02	60.81	14.95	17.70	1.61	4.90
东营市	20.91	37.63	0.88	9.24	8.56	22.78
烟台市	1.57	32.59	30.60	26.56	2.64	6.04
潍坊市	3.23	57.09	8.06	22.73	2.37	6.53
济宁市	0.13	60.50	3.11	17.97	0.61	17.68
泰安市	0.12	47.73	11.64	30.99	1.56	7.96
威海市	3.17	36.28	14.85	32.38	2.43	10.88
日照市	0.95	46.14	11.13	33.43	1.25	7.11
临沂市	0.09	48.68	17.81	26.44	1.18	5.81
德州市	0.03	81.92	1.24	11.81	0.46	4.55
聊城市	0.01	80.72	2.95	13.58	0.31	2.42
滨州市	3.64	63.27	6.13	17.21	2.22	7.53
菏泽市	0.04	84.82	1.67	9.26	0.22	3.99

比高的地市有淄博市、日照市、济南市、威海市和泰安市，占比均超过了 30%，其中淄
博市占比最高，达到了 38.65%；各个地市种植园地占生态用地的比例差距较大，占比
最高的是烟台市，为 30.60%，占比最低的东营市仅有 0.88%；各市草地占生态用地的比
例均未超过 10%，其中占比最高的是东营市，达到了 8.56%；各市水域占比差距极大，
占比最高的是东营市，到达了 22.78%，最低的是聊城市，仅占 2.42%。

（三）生态用地空间特征

从山东省生态用地占土地总面积比例的空间分布来看（如图 5-1），仅有 10 个县（市、
区）生态用地比例达 81%以上，且分布零散；次高值区生态用地占比在 74%～80%，数
量多且分布广泛，集中于鲁西和鲁北的平原地区，尤其集中分布在黄河流经的两侧；中
值区占比范围在 65%～73%，集中分布在鲁中山区和鲁南地区；次低值区和低值区集中
分布在与河北、河南交界的西部及沿海地带。

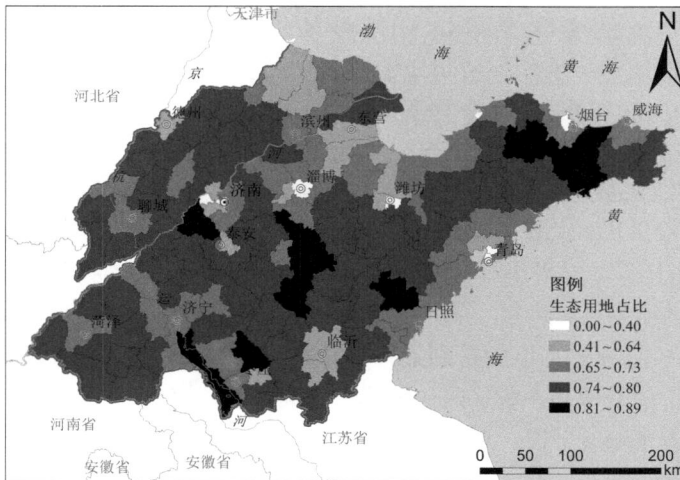

图 5-1　2019 年山东省生态用地占比空间分布

二、生态用地时空格局演变

（一）生态用地变化率

2009～2019 年间山东省生态用地数量总体下降，平均各县（市、区）生态用地变化
率下降了 6.6%，生态用地变化率上升的仅有 15 个县（市、区），而生态用地变化率下降
的县（市、区）却占到了全省所有县（市、区）的 89%，主要原因是耕地数量的下降，
耕地是生态用地中最主要的类型，其数量占比在生态用地中最高，在全省 137 个县（市、
区）中，过去十年仅有 13 个县（市、区）耕地数量保持上升或不变，其余均有不同程度
下降；种植园地数量总体上升，仅有 39 个县（市、区）园地变化率下降；相较于其他类
型土地，林地变化率上升幅度最大，137 个县（市、区）中有 126 个林地数量上升，林地
变化率提高的县（市、区）占总体县（市、区）的 92.6%；草地也是除耕地外另一个数量

总体下降的土地利用类型，有 90 个县（市、区）草地数量下降，占所有县（市、区）的 66.2%；水域数量总体上升，有 86 个县（市、区）水域变化率呈上升趋势；湿地数量总体上升，但变化率下降的县（市、区）反而更多，有 107 个县（市、区）湿地变化率下降。

（二）生态用地变化

山东省生态用地变化是由自然因素、社会经济因素和政策因素等共同作用导致。近十年来全省生态用地呈现以下特征：耕地、草地减少，湿地、林地、种植园地增加，水域用地保持不变（图 5-2）。具体而言，2009～2019 年间，新增耕地 660895.69hm²，耕地减少 2431855.53hm²，新增耕地以林地、种植园地和其他用地为主，占到新增耕地总数的 65.41%，减少的耕地主要变为林地、种植园地和建设用地，占减少耕地总数的 86.71%。从耕地的变化来看，过去十年，由于政策因素与城市扩张，导致全省耕地总面积减少，退耕还林政策使得大部分耕地转化为林地；高速的城镇化进程中，城市的扩张、居民点的扩大和道路建设也占用了部分耕地。草地数量下降明显，相较于十年前减少了50%。从种植园地的变化来看，新增种植园地 759406.35hm²，减少种植园地 305547.33hm²，增加与减少的种植园地主要源头均是耕地，这与山东省农业种植结构转型有关。受到山东省实施的森林保护措施影响，过去十年林地数量净增加了 1043729.61hm²。湿地数量增加了三分之一，这反映了山东省在湿地保护上的成效，各个地市建立了湿地保护自然区，省里也相继出台了相关的湿地保护政策。

从生态用地数量增减总体变化来看，以减少为主。出现减少的地区主要在以下县（市、区）：滨州市的沾化区、邹平市①；东营市的河口区、利津县、垦利区；德州市的禹城市、齐河县；枣庄市的山亭区；此外，在济南市的莱芜区、淄博市的博山区、潍坊市的临朐县、临沂市的蒙阴县和费县一带也能看到集聚现象。出现生态用地增加的地区主要在以下县（市、区）：滨州市的无棣县、沾化区，东营市的利津县、河口区，潍坊市的寿光市、寒亭区、昌邑市，威海市的文登，滨州市的惠民县，淄博市的周村区、张店区、淄川区与潍坊市的青州市一带，泰安市的泰山区、岱岳区，济宁市的泗水县一带，临沂市的沂水县、沂南县一带和日照市的莒县、五莲县一带，青岛市的胶州市、城阳区一带。

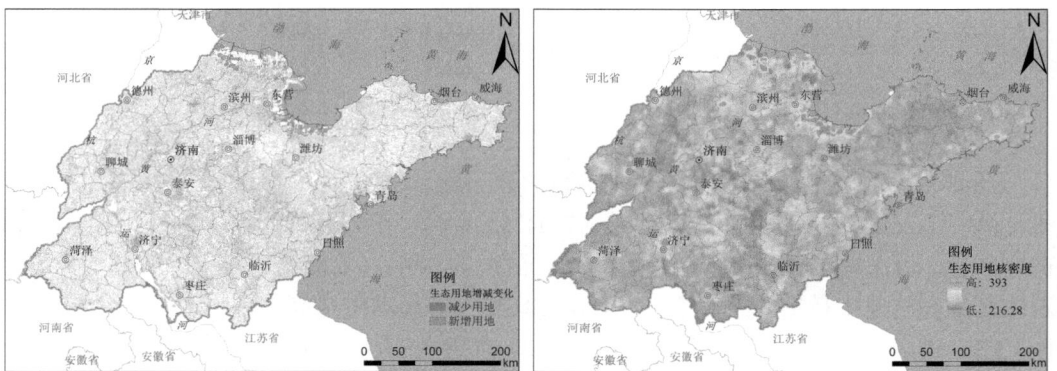

(a)生态用地面积增减变化　　　　　　　　(b)生态用地核密度变化

图 5-2　2009～2019 年山东省生态用地演变格局（彩图附后）

---

①2018 年 7 月撤销邹平县，设立邹平市。

生态用地核密度表示生态用地在空间上的分布,不同的空间位置具有不同的概率分布。若某区域具有密集的斑点分布,则该区域生态用地分布的概率高;反之则概率低。从生态用地核密度的变化分布可以看出,除了鲁东地区的烟台市,其余城市几乎都出现了生态用地核密度增加的现象。其中,核密度增加较为明显的地区主要为滨州市的无棣县、沾化区,东营市的河口区、利津县,潍坊市的寿光市、寒亭区、昌邑市;生态用地核密度减少的地区在各个城市均有分散,如烟台市的栖霞市及周边县(市、区)、德州南部的禹城市、齐河县一带、菏泽市的东明县、济宁市的微山县,此外,潍坊市的临朐县、淄博市的沂源县、临沂的蒙阴县和费县一带也有聚集现象。

三、各类生态用地时空格局变化

(一)耕地时空演变

山东省过去十年耕地数量变化明显。从山东省新增耕地核密度分布来看[图 5-3(a)],主要集中在鲁北、鲁东北地区,其余地区新增较少;从耕地占用的密度分布来看[图 5-3(b)],呈现"小聚集大分散"的特点,除了沿海部分县(市、区)外,占用密度的高值区在各个城市均有分布且在多个区域核密度值很高,占用密度低值区主要聚集在

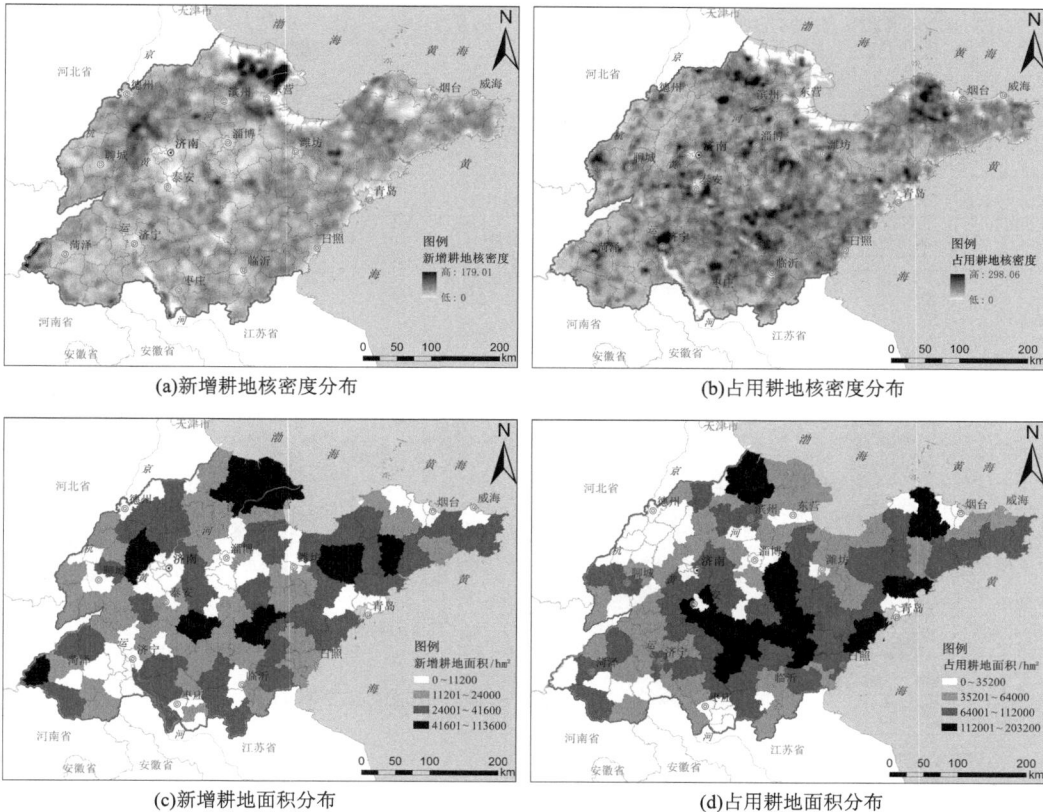

(a)新增耕地核密度分布　　　　　　　　　(b)占用耕地核密度分布

(c)新增耕地面积分布　　　　　　　　　(d)占用耕地面积分布

图 5-3　2009~2019 年山东省耕地演变格局

鲁北滨海自然区，具体分布在东营市垦利区以外的县（市、区），滨州市大部分县（市、区），潍坊市北部的青州市、寿光市、寒亭区、昌邑市等，青岛市黄岛区、崂山区以外的大多县（市、区），以及济宁市的嘉祥县、金乡县、任城区、鱼台县、微山县等；从耕地新增面积的分布来看［图 5-3（c）］，高值区零星分布在鲁北地区，鲁西北地区，低值区在全省均有零星分布；从耕地占用面积的分布来看［图 5-3（d）］，面积减少较多的县（市、区）在鲁东沿海地区，集中在青岛市。

（二）种植园地时空演变

山东省过去十年种植园地数量总体上升，新增种植园地核密度分布呈现"团块状"分布［图 5-4（a）］，密度分布的高值地区集中，且聚集在鲁中自然山区与青岛市，占用种植园地全省零星分布；从占用种植园地和密度分布来看［图 5-4（b），图 5-4（d）］，种植园地减少密度最大的地区主要集中分布在鲁中南地区和鲁东北地区，低值区在鲁东、鲁北地区呈现带状分布。

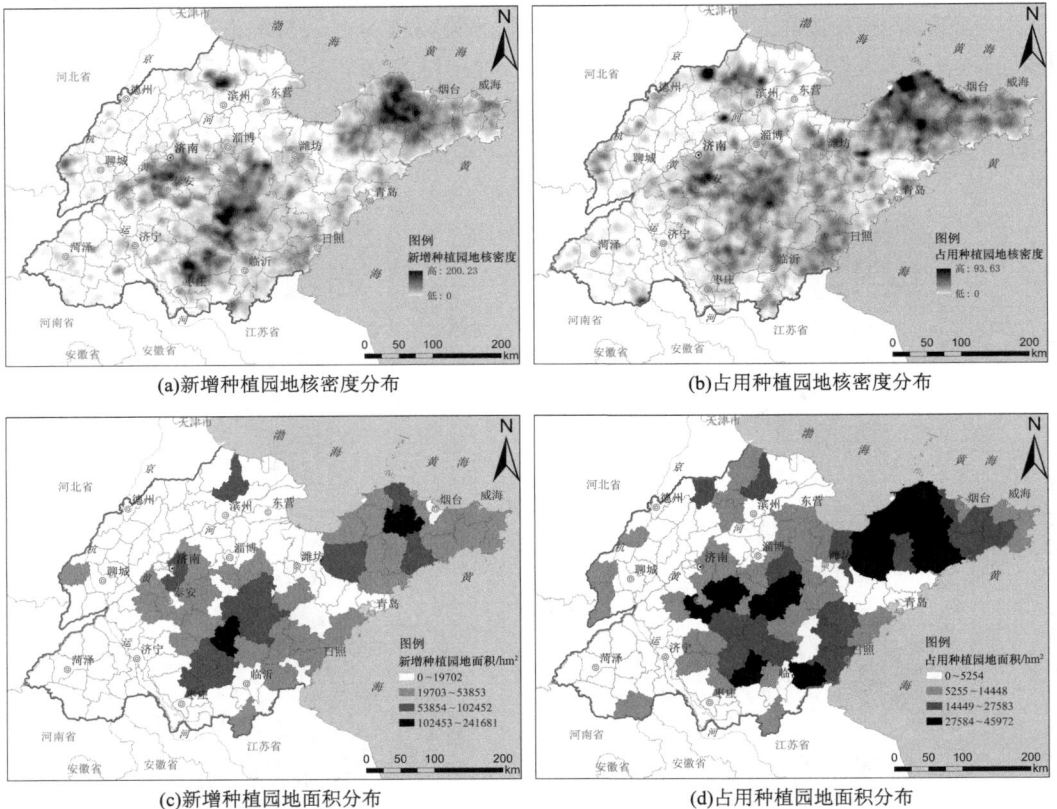

(a)新增种植园地核密度分布 (b)占用种植园地核密度分布
(c)新增种植园地面积分布 (d)占用种植园地面积分布

图 5-4　2009～2019 年山东省种植园地演变格局

（三）林地数量时空演变

从山东省新增林地核密度分布来看［图 5-5（a）］，除了威海市外，高密度区在其他城市均有分布，其中主要以济南市、泰安市、滨州市、淄博市、临沂市、潍坊市西部等为主，低密度区则主要分布在鲁东的青岛市、烟台市、威海市，鲁北的东营市，鲁西北的德州市、聊城市，鲁西南的菏泽市等；从林地占用的密度分布来看 [图 5-5（b）]，除了滨州市外，占用密度的高值区在其他城市均有分布，占用密度低值区主要聚集在鲁北滨海自然区；从林地新增面积的分布来看 [图 5-5（c）]，高值区主要集中在鲁中南地区，低值区在全省范围内零星分布；从林地占用面积分布来看 [图 5-5（d）]，面积减少最多的地区为德州市的齐河县，泰安市的新泰市，临沂的沂水县和费县，青岛市的黄岛区，减少面积最少的地区主要集中在鲁西南地区。

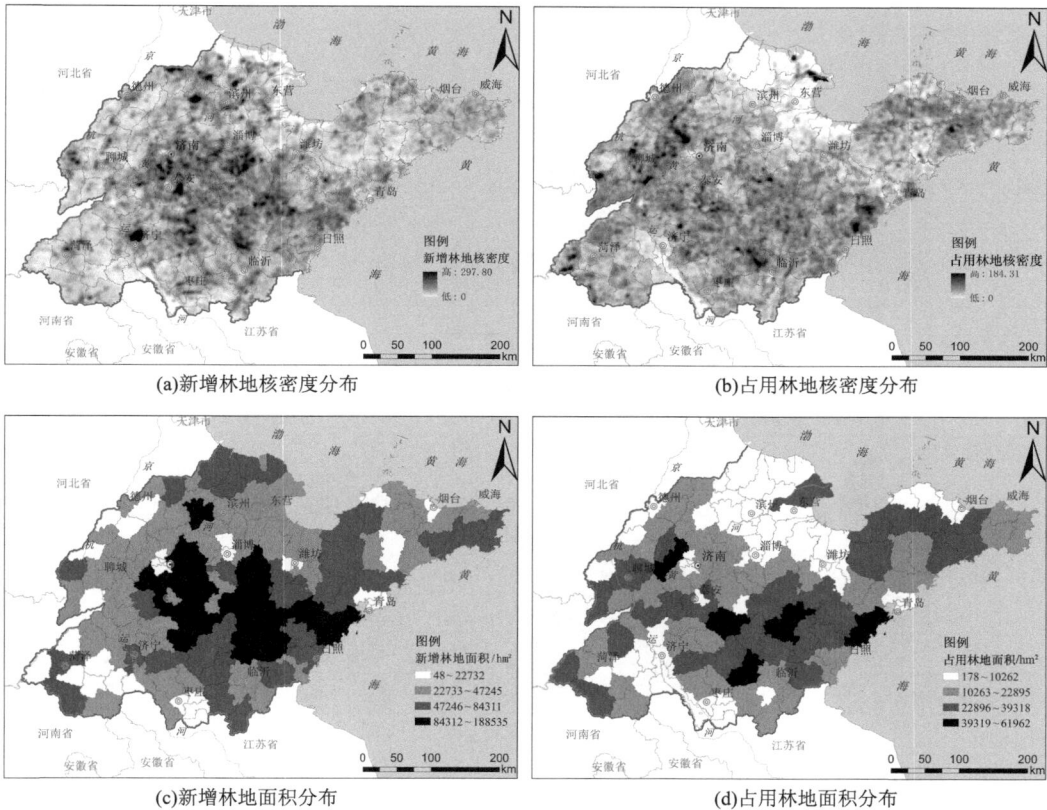

(a)新增林地核密度分布

(b)占用林地核密度分布

(c)新增林地面积分布

(d)占用林地面积分布

图 5-5　2009～2019 年山东省林地演变格局

（四）草地数量时空演变

山东省草地总体数量相较于其他用地相对较少。具体看山东省的草地类型，建国前后，在鲁中南山丘和鲁西北沙滩地区有一定的草地供放牧牛羊，但随着植树造林工作的开展，逐渐被开发成园地和林地，加上农业的发展，农作物秸秆增加了畜牧业饲料来源，因此山东省天然牧草地逐渐消失，仅剩的人工牧草地分布在东营市的渤海沿岸；其他草地主要分布在济南市、烟台市和潍坊市。

从新增草地核密度分布来看 [图 5-6（a）]，密度分布的高值区较少，仅在东营市垦利区和东营区，潍坊市的寒亭区和寿光市，威海市的文登区和青岛市的城阳区有零星分布，省内其他部分大多被低密度区占据；占用草地核密度中心聚集［图 5-6（b）］，草地减少密度最大的地区主要集中分布在鲁中南地区；从新增草地面积的分布来看［图 5-6（c）］，高值分布在鲁东、鲁北地区，低值区则主要聚集在鲁西北的德州市、聊城市以及鲁西南的菏泽市和济宁市；从占用草地面积的分布来看［图 5-6（d）］，草地减少的最多的地区集中在鲁中南地区。

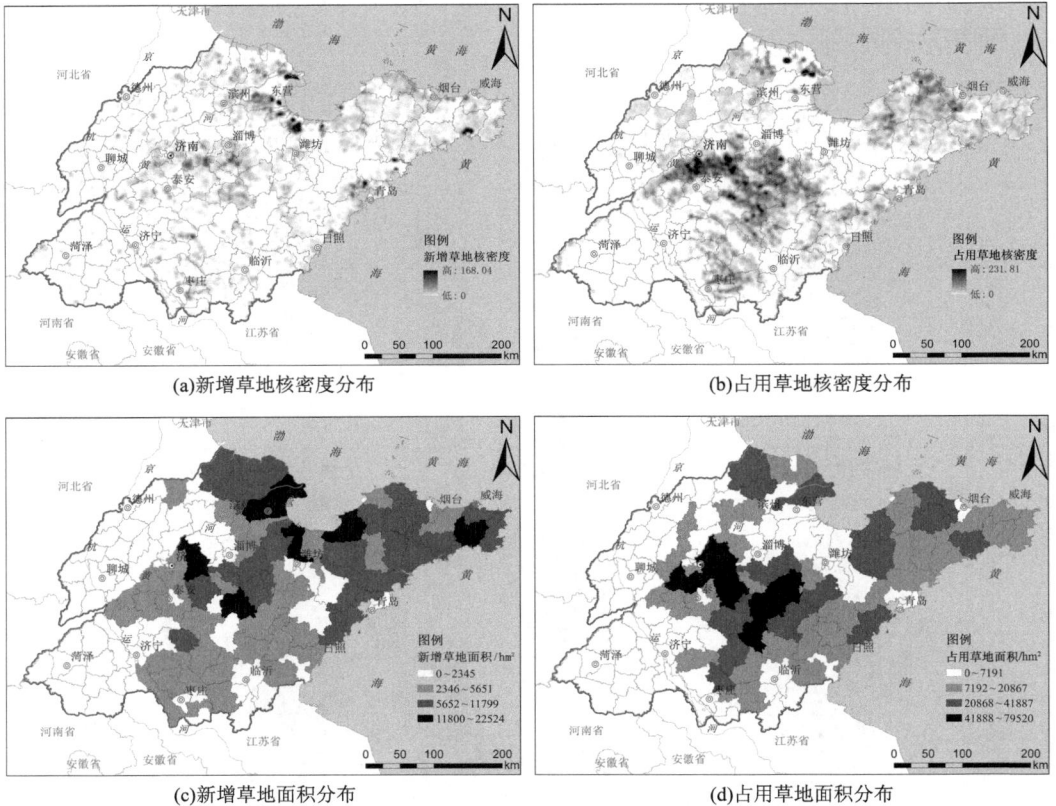

(a)新增草地核密度分布

(b)占用草地核密度分布

(c)新增草地面积分布

(d)占用草地面积分布

图 5-6　2009～2019 年山东省草地演变格局

（五）水域数量时空演变

山东省新增水域核密度呈"带状"分布［图 5-7（a）］，较高的地区主要集中在鲁北滨海地区，以东营市为主；占用水域核密度呈"线条"分布［图 5-7（b）］，高密度区主要分布在滨州市，东营市和潍坊市的沿海区域；从新增水域面积分布来看［图 5-7（c）］，新增面积高值区比较少，主要集中在东营市的河口区和垦利区，低值区分布较广，具体为鲁东和鲁东南地区；从占用水域面积分布来看［图 5-7（d）］，水域减少最多的地区集中在东营市的河口区和垦利区，占用面积的次高值区域分布在滨州市的无棣县和沾化区、东营市的东营区、潍坊市的寒亭区和昌邑市，省内其余部分均被占用面积的低值和次低值覆盖。

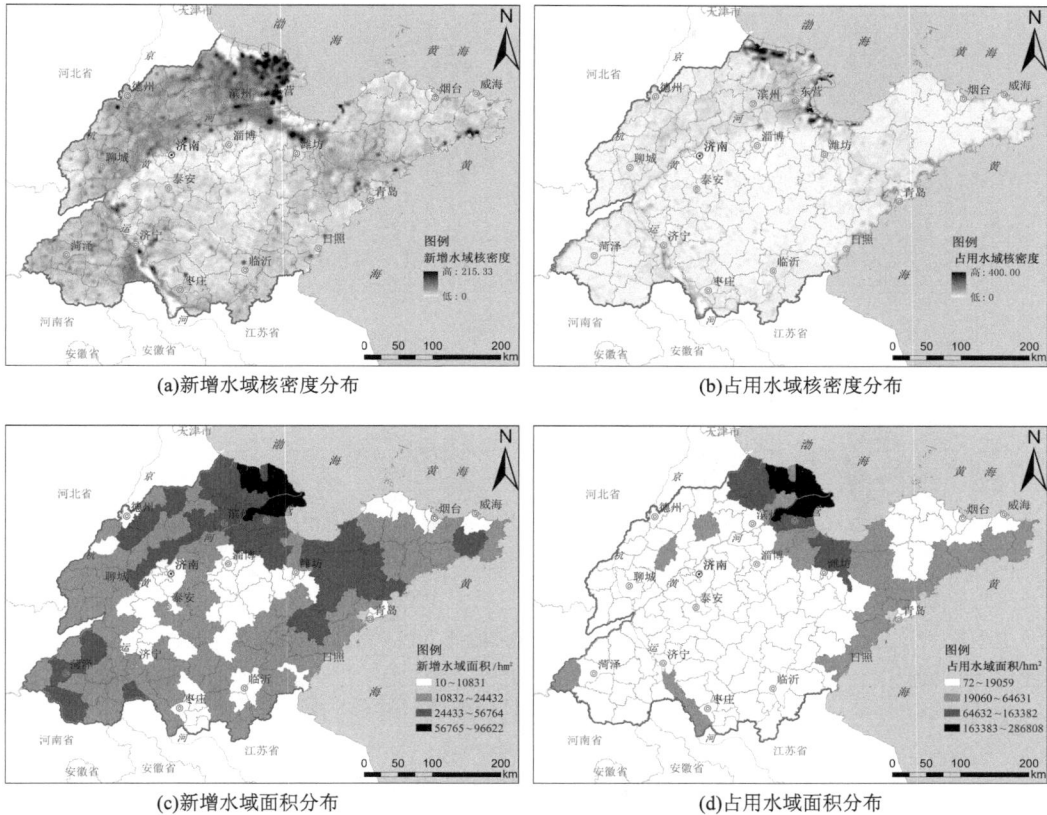

(a)新增水域核密度分布

(b)占用水域核密度分布

(c)新增水域面积分布

(d)占用水域面积分布

图 5-7　2009～2019 年山东省水域演变格局

（六）湿地数量时空演变

　　山东省湿地资源丰富，湿地类型多样，分布广泛。近年来，山东省加大了对湿地资源的管理和保护力度，制定并下发了《关于加强湿地保护管理的通知》《山东省湿地公园管理办法》《山东省湿地修复和保护办法》等一系列相关的法律法规，为强化湿地管理规范性，山东省加大了湿地保护机构和专业队伍的建设，成立多处副处级以上的管理机构，湿地公园与湿地保护区的建设项目也在不断实施。与此同时，山东省的湿地保护宣传工作也取得了可观的成绩，社会公众的湿地保护意识不断提高，保护湿地的社会氛围逐步形成。一系列措施使得山东省过去十年湿地总体数量明显上升，具体从空间分布来看，山东省新增湿地核密度较高的地区主要集中在鲁北滨海地区，以滨州市和潍坊市的北部为主；从占用湿地核密度分布来看［图 5-8（a）］，高密度区主要分布在滨州市和东营市两者的北部地区；从新增湿地面积分布来看［图 5-8（c）］，新增面积高值区比较少，主要集中在东营市和滨州市；从占用湿地面积分布来看［图 5-8（d）］，湿地减少低值区较多，分布较广。

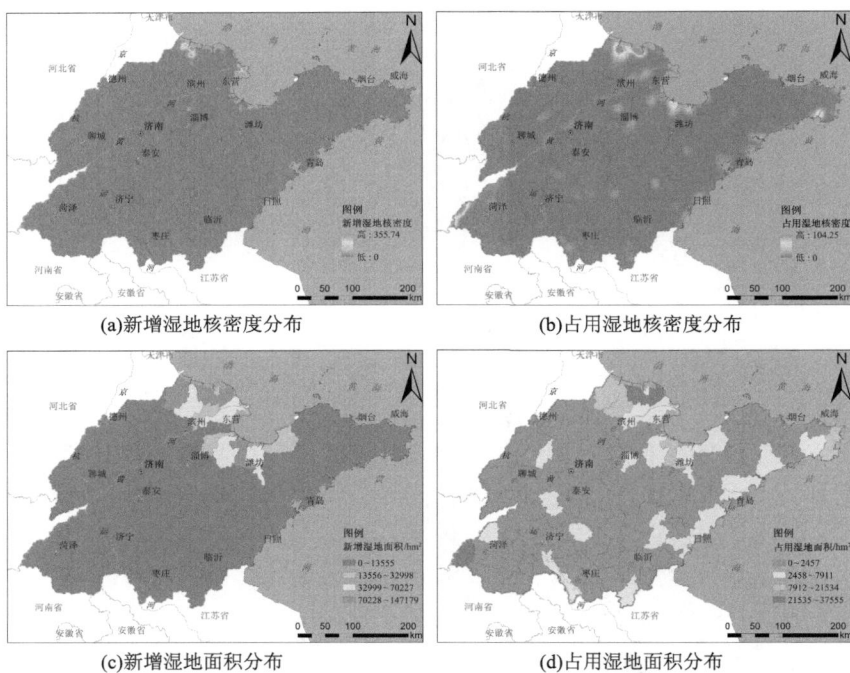

(a)新增湿地核密度分布

(b)占用湿地核密度分布

(c)新增湿地面积分布

(d)占用湿地面积分布

图 5-8　2009~2019 年山东省湿地演变格局（彩图附后）

第二节　生态用地效率时空格局

生态效率本意上是指以尽可能少的资源投入和最小的环境代价来获得尽可能多的社会经济产出和生态保护，也是反映人类活动、物资损耗和生态环境保护协调共赢的关系。本节以山东省土地、资本、劳动力和生态产出等要素作为生态用地效率测算指标，以数据包络分析模型对山东省 137 个县（市、区）2009 年、2019 年的生态用地效率进行评价。通过计算山东省生态用地的技术效率和规模效率，最终得到生态用地的综合效率，以全面认识并梳理山东省社会经济发展与生态保护间的现状特征和存在的问题。

一、生态用地效率评价指标

本节以高效利用生态用地为目标，以投入产出模型为基础，并结合全省生态环境整体情况来构建评价生态用地效率指标体系，具体选取原则如下：

系统性原则，生态用地效益的各个指标之间一定要有直接或者间接的关联关系，它们应该从不同方面反映出社会经济投入对生态系统发展的影响及效率，各个指标共同构建一个整体，形成一个不可分割的评价体系。

典型性原则，每个生态用地效率指标的选取一定要具有代表性，尽可能地反映出山东省经济、社会发展变化与生态用地利用效益之间的关系，避免指标类型重复选取。

动态性原则，生态用地效率变化是一个动态的过程，变化程度如何，影响原因如何都需要客观评价。因此，指标的选择要充分考虑到生态系统整体动态的变化，使得研究的结论不仅能反映现状，更能预测未来变化。

可量化原则，构建生态用地指标体系需要考虑数据的可得性，方法的可操作性，使得得到的结果能进行定量处理，从而科学客观的评价利用效率。

综合性原则，生态和社会经济的"双赢"是生态文明建设的最高目标，同时也是最优化实现生态环境保护的路径，所以在相应的评价层次上，需要全面考量影响环境、经济、社会系统的各种因素，从而进行综合分析评价。

综上，以生态用地面积、节能环保支出和一二三产业就业人口等三个指标作为地区生态资源投入指标，以固碳量、生物多样性指数、水源涵养量、水土保持量和食物供给量等指标作为期望产出，以此构建生态用地效率评价指标体系（表 5-3）。

表 5-3 生态用地效率评价指标体系

控制层	因素层	指标层	单位	说明
投入	土地	生态用地面积	km²	反映区域提供生态服务功能的土地资源规模
	资本	节能环保支出	10^4 元	反映为提高生态效益投入的活动资金
	劳动力	一二三产业就业人口	万人	反映投入生产活动的人口
产出	期望产出	固碳量	无量纲	反映生态用地为区域提供水文调节、水土保持、生物多样性、土壤有机质含量、食物供给等生态服务功能的价值
		生物多样性指数	无量纲	
		水源涵养量	mm	
		水土保持量	t/hm²	
		食物供给量	10^{12}J/km²	

二、生态用地效率现状与变化

（一）生态用地效率测算方法

数据包络分析（data envelopment analysis，DEA）是利用包络线代替微观经济学中的生产函数，通过数学规划来判断评价单元（DMU）是否位于生产可能集的一前沿面上。假设要评价 N 个县（市、区）生态用地效率，并提出评价指标体系为 L 种投入指标，M 种产出指标。设 x_{nl}（$x_{nl}>0$）代表第 n 个县（市、区）的第 l 种资源的投入量，y_{nm}（$y_{nm}>0$）代表第 n 个县（市、区）的第 m 种产出量。对于第（$n=1,2,\cdots,N$）个县（市、区），θ（$0<\theta\leqslant1$）代表投入资源要素产出综合技术效率指数；λ_n（$\lambda_n\geqslant0$）为权重变量，用来测定县（市、区）规模收益。ε 为非阿基米德无穷小量；s^-（$s^-\geqslant0$）为松弛度，反映县（市、区）生态用地效率为到达 DEA 前沿面需减少的投入量；s^+（$s^+\geqslant0$）为剩余变量，表示县（市、区）生态用地效率为到达 DEA 前沿面需增加的产出量。生态用地效率评价的 DEA 模型为

$$
\begin{cases}
\min\left(\theta - \varepsilon\left(\sum_{l=1}^{L} s^- + \sum_{m=1}^{M} s^+\right)\right) \\
\text{s.t.} \sum_{n=1}^{N} x_{nl}\lambda_n + s^- = \theta x_l^n \quad l=1,2,\cdots,L \\
\sum_{n=1}^{N} y_{nm}\lambda_n - s^+ = y_m^n \quad m=1,2,\cdots,M \\
\lambda_n > 0 \quad n=1,2,\cdots,N
\end{cases}
\tag{5-1}
$$

（二）生态用地效率测算结果

1. 生态用地技术效率

技术效益量化了投入资源的合理性，反映的是由于管理和技术等因素影响的生产效率，其值等于 1 时，代表投入要素得到了充分利用，在给定投入组合的情况下，实现了产出最大化。2019 年山东省技术效率均值为 0.63，表示全省技术效率达到了 DEA 最优前沿的 63%。从 2019 年山东省技术效率来看（图 5-9），山东省 16% 的县（市、区）技术效率到达了 86% 以上，这些县（市、区）主要集中在德州市、临沂市和淄博市，低于平均值的地区集中在东部沿海城市，如青岛市、威海市和烟台市，这些区域对生态用地的投入还能进一步优化，离投入资源最大化利用存在明显差距。

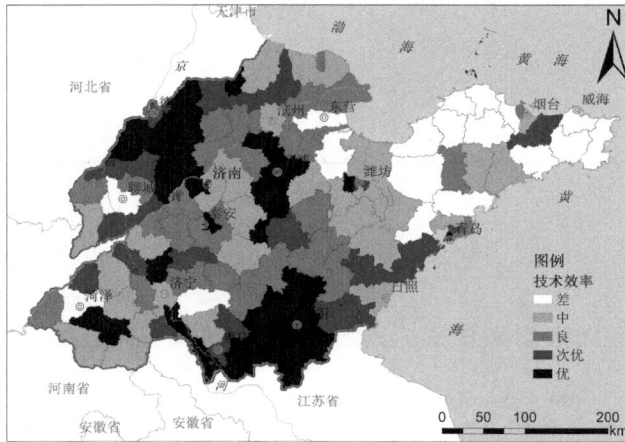

图 5-9　2019 年山东省生态用地技术效率

2. 生态用地规模效率

规模效率体现了生态用地效率的规模集聚水平，反映的是由于规模因素影响的生产效率，通常结合规模报酬表进行分析，其值等于 1 时，代表规模效率有效（规模报酬不变），也就是规模适宜，已达到最优的状态；若规模报酬递增，代表服务规模过小，需要扩大规模以增加规模效益；若规模报酬递减，代表服务规模过大，存在规模过度扩张风险。山东省生态用地规模效率如图 5-10 所示，2019 年山东省规模效率均值为 0.90，即达到 DEA 最优前沿的 90%，超过一半的县（市、区）规模效率高于 95.7%，说明山东省整体规模报酬适宜，规模报酬低于 73.4%的县（市、区）主要集中在山东南部的临沂市和日照市。

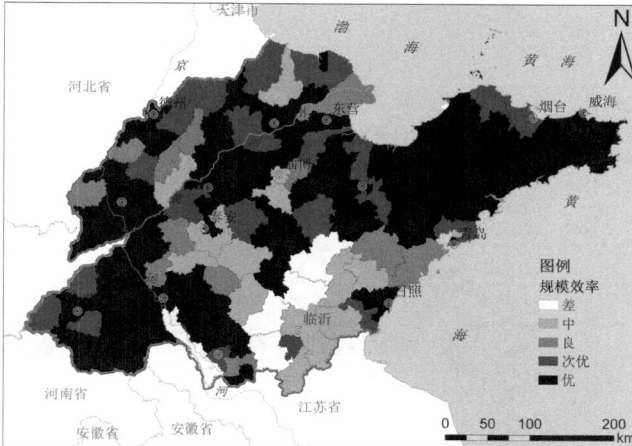

图 5-10　2019 年山东省生态用地规模效率

3. 生态用地综合效率

综合生态用地效率体现了将资源投入转化为生态效益的能力，其值等于 1 时，代表该决策单元的投入与产出结构合理，相对效益最优；值大于 1 时，代表该决策单元的投入与产出结构处于超级效益模式；值小于 1 时，代表该决策单元的投入与产出结构不合理，相对效益未能达到最优，可能存在不同程度的投入冗余和产出不足，其值为技术效率与规模效率的乘积。2019 年山东省综合效率的均值为 0.55，即达到 DEA 最优前沿的 55%（图 5-11），从 2019 年生态综合效率来看，山东省仅有 11 个县的综合效率值达到 DEA 最前沿的 86%以上，近一半县（市、区）的效率低于区域内的综合效率均值（0.55），全省整体生态用地效率呈现低位运行，未来区域生态用地综合效率仍然有极大的提升空间。

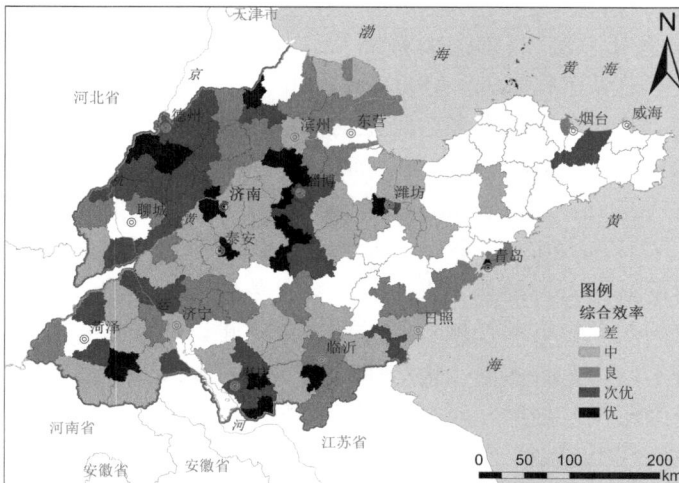

图 5-11　2019 年山东省综合生态用地效率

4. 生态用地综合效率变化

　　山东省综合效率变化是比较 2019 年和 2009 年山东省生态用地综合效率的结果，如图 5-12 所示。整体来看，相较于 2009 年，2019 年全省综合效率下降了 4.8%，综合效率的变化呈现区域聚集特征。综合效率增加的县区集中在鲁北地区，主要在威海市、烟台市、青岛市、东营市和济南市；综合效率不变或略有下降的县区集中在鲁西平原地区；而综合效率下降的县区集中在鲁西南地区，集中在潍坊市、日照市和临沂市。

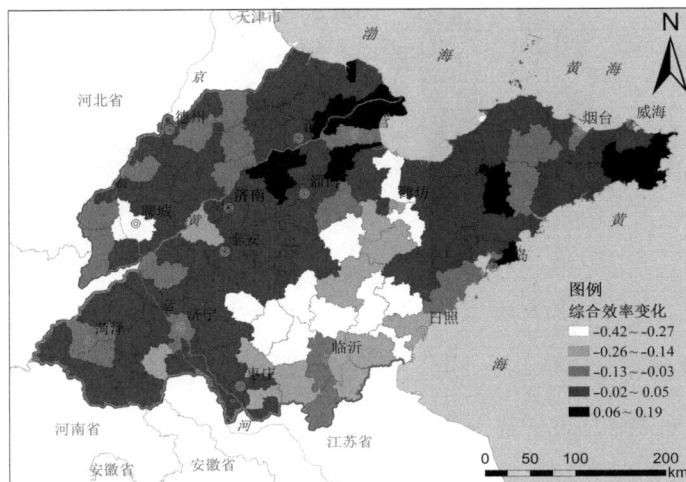

图 5-12　　2009～2019 年山东省生态用地效率变化

第三节　　生态系统服务功能

　　生态系统服务（Ecosystem Services）的概念是随着生态系统结构、功能及其生态过程深入研究而逐渐提出、并不断发展的，一般是指人类直接或间接从自然生态系统获得的惠益，包括从生态系统获取获得的供给（提供食物和水、空气等）、调节（控制洪水和疾病等）、文化（精神、娱乐、旅游等文化收益）以及支持（维持地球生命生存环境的养分循环）等惠益和服务（Mouchet et al.，2017）。生态系统不仅提供直接的资源如食物、能源、药材等，为众多的野生动植物提供生境，而且在调节气候、防洪蓄水、保持水土、净化空气、美化环境等方面发挥着不可替代的作用，具有重要的生态、环境和社会服务功能。生态系统服务持续供给是人类社会可持续发展的重要基础（张文静等，2019；祝萍等，2020）。随着社会经济发展和生活品质的提高，人类社会对生态系统的要求也逐渐提高，综合考虑生态系统服务供给与人类需求，将维持生态系统结构与功能完整纳入自然资源管理实践对生态文明建设非常重要。过去十年，由于经济发展和社会需求，山东省内的土地利用方式受到较大改变，随之而来也直接影响了生态结构和服务的变化。因此，研究土地利用变化、生态系统服务和社会关系三者间关系对合理的土地利用规划、平衡生态与经济发展十分重要。山东省生态类型多样，结构复杂，生态资源十分丰富，拥有森林、灌丛、草地、湿地、高山、河流、海洋等类型；在分析山东省生态用地现状及变化特征后，进一步对山东省生态系统服务功能进行评价，具体包括：固碳服务、食物供给服务、生境维持服务、土壤保持服务、水源涵养服务以及综合生态系统服务评价（Spake et al.，2017；Costanza et al.，2017；Costanza，2020）。

一、生态系统服务功能空间格局

（一）固碳服务

陆地生态系统碳储存总量（C_{total}）主要取决地上植被碳储量（C_{above}）、地下植被碳储量碳（C_{below}）、土壤碳储量（C_{soil}）和枯落物碳储量（C_{dead}）四大碳库。InVEST 模型中的"Carbon"模块以不同土地利用/覆被类型或植被类型的栅格为评价单元，根据不同土地利用/覆被类型四大基本碳库的平均碳密度与各评价单元的面积的相乘来获得区域碳储存总量（C_{total}），碳储量计算原理见公式：

$$C_i = C_{i\_above} + C_{i\_below} + C_{i\_dead} + C_{i\_soil} \tag{5-2}$$

式中，C_i 为土地利用类型 i 的碳密度；C_{i_above} 为土地利用类型 i 的地上生物碳密度；C_{i_below} 为其对应地下生物碳密度；C_{i_dead} 为对应死亡枯落物有机质碳密度；C_{i_soil} 为 i 土地利用类型的有机质碳密度，碳密度单位均为 t/hm²。通过式（5-2）计算得到山东省碳密度。

自然断点法采用自然间断点进行分组，自然间断点类别基于数据中固有的自然分组，将对分类间隔加以识别，可对相似值进行最恰当地分组，并可使各个类之间的差异最大化，要素将被划分为多个类，对于这些类，会在数据值的差异相对较大的位置处设置边界。

山东省固碳服务功能从全省层面相对比较均衡［图 5-13（a）］。具体来看，固碳能力较高的地区集中在鲁北滨海地区，滨州市、东营市、潍坊市沿海地区固碳能力最高；除此之外，鲁东地区和鲁中南地区的固碳能力相对也较高，如鲁东的烟台市、威海市和鲁中南的济南市、淄博市、潍坊市、临沂市、泰安市的部分地区。从用地类型来看，湿地、种植园地、林地和草地的固碳服务功能较强，而建设用地和水域的固碳能力相对较低；此外，由于山东省是传统的农业大省，耕作历史悠久，其耕地分布十分广泛，耕地覆盖区域相对均匀，这是山东省固碳服务功能表现均衡的一大原因。具体从数值进行分析，烟台市、威海市和淄博市排名前三，其固碳指数均在 0.70 以上；其次为日照市、济南市、泰安市、临沂市、潍坊市、枣庄市、滨州市、青岛市、聊城市、菏泽市和德州市，其固碳指数在 0.60～0.70 之间；济宁市和东营市固碳指数最低，均低于 0.60。进一步从县域尺度进行分析，可以发现 25.55% 的县（市、区）固碳指数在 0.7 以上［图 5-13（c）］；一半以上的指数位于 0.60～0.70。具体来看，高值区分布在博山、沂源县、长岛县、长清区、牟平区、栖霞市、沂水县、临朐县、崂山区、钢城区、五莲县、蒙阴县、平阴县、莱州市等，其中淄博市的博山区固碳指数达到 0.81，为山东省最高；固碳指数低于 0.50 的县（市、区）有奎文区、天桥区、李沧区、槐荫区、市北区、市南区、微山县，微山县的固碳指数甚至低于 0.30。

用自然断点法对全省固碳服务结果进行识别，将其分为极重要区、重要区、中等重要区、比较重要区、一般重要区五个等级［图 5-13（b）］，固碳服务的极重要区、重要区、中等重要区、比较重要区、一般重要区比例分别达到 20.8%、1.5%、56.7%、19.2%、1.7%。极重要区以鲁北滨海地区为代表，滨海地区是海路交界的生态过渡带，兼具海陆特征的生态类型，此处湿地生态系统是水域与陆地互相作用形成的自然综合体，具有特殊的水文、植被、土壤特征，滨海湿地土壤在植物生长、促淤造陆、潮汐泥沙搬运等过程中积累了大量无机碳和有机碳，是湿地碳收支的核心，同时植被类型对滨海盐沼湿地土壤有机碳含量和组成具有重要影响，在固碳服务方面发挥重要作用；重要区集中在鲁中地区，这部分区域坡度较高，按照《全国生态功能区划》，以森林生态系统为主、草地生态系统为辅，是山东省重要的天然碳库。

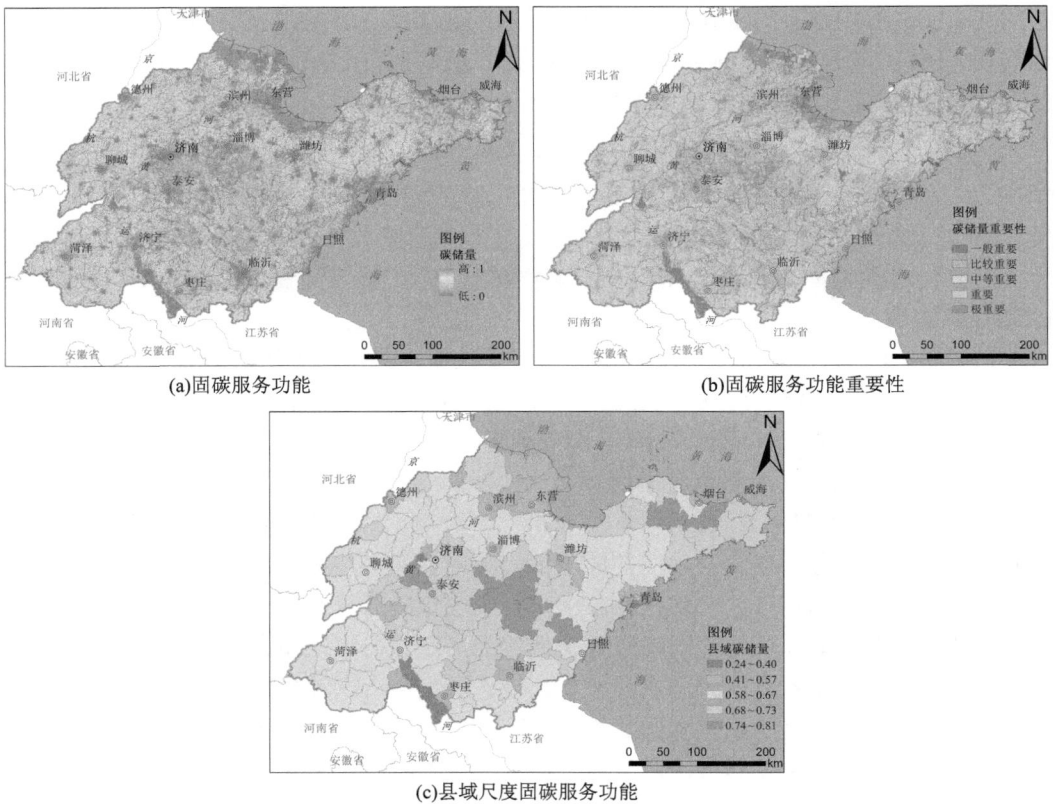

(a)固碳服务功能

(b)固碳服务功能重要性

(c)县域尺度固碳服务功能

图 5-13　2019 年山东省固碳服务功能空间格局（彩图附后）

（二）食物供给服务

食物供给服务是指山东省耕地产生的物质或产品。本文食物供给服务采用山东省 2019 年经济作物、粮食作物数据，经济作物包括花生、芝麻、芹菜、油菜、菠菜、大白菜、卷心菜、白萝卜、胡萝卜、黄瓜等；粮食作物包括稻谷、小麦、玉米、大豆、绿豆、红小豆、马铃薯、甘薯等；为了统一量纲进行核算，根据中国食物成分表计算每一种食物（t）所含的能量（J）。基于山东的土地利用类型情况，将经济作物和粮食作物按照耕地面积，单位为 J/km²。

$$E_s = \sum_{i=1}^{n} E_i = \sum_{i=1}^{n} \left(100 \times M_i \times EP_i \times A_i\right) \qquad (5\text{-}3)$$

式中，E_s 为山东省食物供给总热量（J）；i 为不同产品或物质类别数；E_i 为不同产品或物质类别；M_i 为不同产品或物质类别产量（t）；EP_i 为不同产品或物质可食部（%）；A_i 为产品或物质每 100g 可食部热量（J）。产品或物质每 100g 可食部热量来自中国食物成分表。通过式（5-3）计算山东省食物供给热量。

2019 年山东省土地食物供给热量范围是 0~21.9×10¹²J/km²，耕地与种植园地是主要的食物热量供给源地 [图 5-14（a）]。全省食物供给功能差异较大，食物供给高值区主要分布于鲁西地区，鲁西作为全省主要粮食产区，耕地比重大且集中连片，植被覆盖度高，粮食生产能力强；鲁东沿海地区粮食产能处于全省中等水平；而鲁中山区坡度大难以耕作，鲁北盐渍土广布不适合农作物生长，其粮食生产功能均较弱。

德州市、菏泽市和聊城市的食物供给能力排山东省的前 3 位，均在 8.00×10¹²J/km² 以上，德州市的食物供给能力达到 10.66×10¹²J/km²；济宁市、枣庄市、滨州市、泰安市、青岛市、潍坊市、济南市、临沂市与淄博市的食物供给能力在 3.00×10¹²~7.00×10¹²J/km² 之间；日照市、东营市，威海市和烟台市四个滨海城市的食物供给能力最低，粮食供给低于 3.00×10¹²J/km²，明显落后于其他地市。进一步从县域尺度进行分析，可以发现山东省食物供给能力排名前 10 的县（市、区）为平原县、武城县、临邑县、东明县、鄄

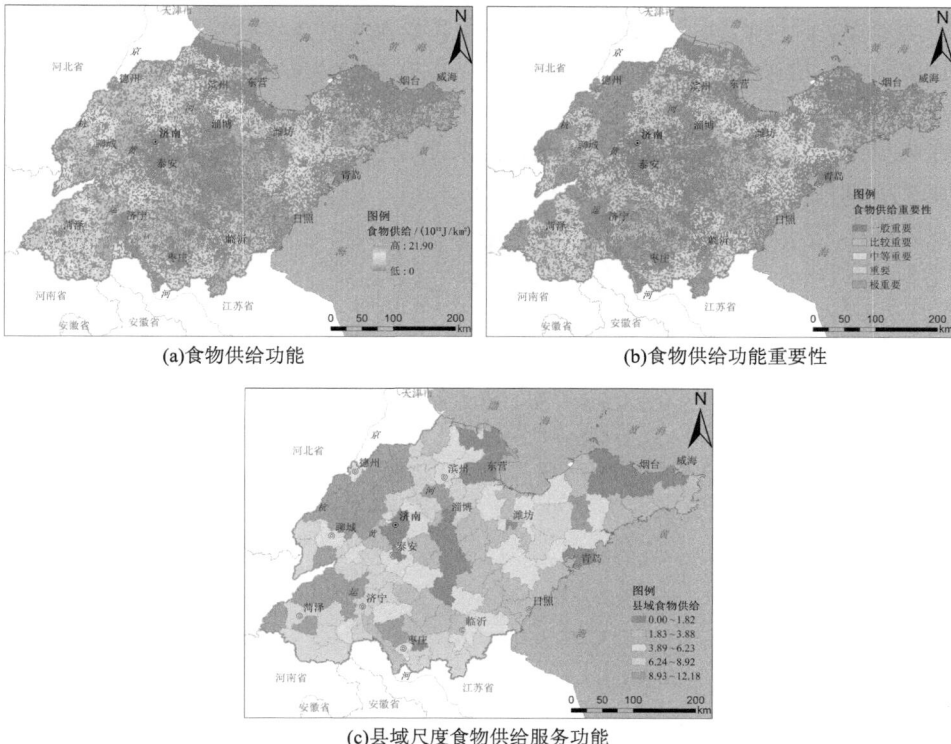

(a)食物供给功能

(b)食物供给功能重要性

(c)县域尺度食物供给服务功能

图 5-14 2019 年山东省食物供给功能空间格局（彩图附后）

城县、禹城市、齐河县、陵城区和定陶区①［图5-14（c）］，其中前九名均分布在德州市和菏泽市两市；排名后10位的县（市、区）分别为市南区、市北区、李沧区、芝罘区、历下区、长岛县、崂山区、奎文区、福山区和市中区，其中7个县（市、区）均位于沿海的烟台市和青岛市。

用自然断点法对全省食物供给结果进行识别，将其分为极重要区、重要区、中等重要区、比较重要区、一般重要区五个等级［图5-14（b）］，食物供给极重要区、重要区、中等重要区、比较重要区、一般重要区比例分别达到 20.3%、27.4%、24.5%、27.6%、0.2%。极重要区主要集中连片分布在鲁西地区，鲁西地区自然条件优越，从地形地貌来看，该区属黄河泛滥冲积平原，地形平坦，海拔在100m以下；从气温来看，该区是全省热量资源最为丰富的地区，光照充足，鲁西北是全省日照的高值区，全年日照时数在2700h左右，鲁西南的菏泽市和济宁市年平均气温最高的地级市；从降水来看，鲁西南地区降水的季节差异较大，春季干旱、夏季暴雨频发；从地表径流来看，其地表径流贫乏，年径流深多在70mm以下。因此，鲁西地区适宜大面积的粮食作物和经济作物的种植，是重要的商品粮生产基地，其食物供给功能凸显。

（三）生境维持服务

基于InVEST的生境稀缺性模型评估了生物多样性维持服务。该模型主要考虑影响生境质量的三个因素：威胁的相对影响、生境与威胁的相对距离以及生境类型对威胁的相对敏感性。威胁因素主要包括城镇用地、农村居民点、其他建设用地、铁路、其他道路与高速公路。不同威胁对生境的最大影响距离以及不同生境类型对不同威胁的相对敏感性，威胁对生境类型的相对影响越高，相对影响得分越高；生境与威胁的相对距离越近，威胁的程度越强。

在模型中可通过线性或指数距离衰减函数来表示威胁的空间衰减如公式所示：
线性衰减：

$$i_{rxy} = 1 - \left(\frac{d_{xy}}{d_{r\max}}\right) \qquad (5\text{-}4)$$

指数衰减：

$$i_{rxy} = \exp\left(-\left(\frac{2.99}{d_{r\max}}\right)d_{xy}\right) \qquad (5\text{-}5)$$

式中，i_{rxy} 为威胁 r 在栅格 x 的生境对栅格 y 的影响；d_{xy} 是栅格 x 和 y 间距离；$d_{r\max}$ 是威胁 r 的最大影响距离。不同生境类型对不同威胁的相对敏感性不同，受威胁生境越敏感，越易受到威胁影响而退化。生境类型 j 中栅格 x 总威胁水平 D_{xj} 如公式所示：

$$D_{xj} = \sum_{r=1}^{R}\sum_{y=1}^{Y_r}\left(\frac{w_r}{\sum_{r=1}^{R}w_r}\right)r_y i_{rxy}\beta_x S_{jr} \qquad (5\text{-}6)$$

① 2016年4月撤销定陶县，设立定陶区。

式中，y 为 r 威胁栅格图中所有栅格；Y_r 是指 r 威胁栅格图上的一组栅格；β_x 表示栅格 x 的邻近性；S_{jr} 为生境 j 对威胁 r 的敏感程度。生境类型 j 中栅格 x 的生境质量为 Q_{xj} 如式（5-7）所示，H_j 为生境类型 j 的生境适宜性。生境质量数值越高生境质量越好（张学儒等，2020）。

$$Q_{xj} = H_j \left(1 - \left(\frac{D_{xj}^z}{D_{xj}^z + k^z} \right) \right) \tag{5-7}$$

通过以上 4 个公式计算山东省生境质量。总体来看，山东省生境维持功能整体分布较为均衡，湿地、种植园地、林地、草地和水域是主要的服务供给地类［图 5-15（a）］。具体来看，生境维持服务功能较高的地区主要集中在鲁北和鲁中南地区，鲁北地区多为浅海滩涂和湿地，土壤贫瘠，生态系统脆弱，不适宜农业种植，多发展为牧业和水产养殖，大量的未开发土地保留最为原始的面貌，生物多样性较强，是环西太平洋和东北亚内陆地区鸟类的栖息地和迁徙的"中转站"，生境维持服务功能高；鲁中南地区属于断块差异隆起地区，全区有泰山、鲁山、沂山、徂徕山 4 座海拔 1000m 以上的高山，为全省地势最高的地区，林地广布，为生境维持提供了得天独厚的条件。此外，鲁东地区的生境维持功能也不低，该区丘陵面积约占 75%，森林覆盖率较高，植被类型多样，生境维持功能也较高。

沿海的东营市和威海市生境质量为山东省最高，生境质量指数在 0.5 以上；淄博市、烟台市、济南市、滨州市、泰安市、日照市、潍坊市、临沂市、青岛市和济宁市的生境质量指数位于 0.4～0.5；菏泽市，聊城市，德州市和枣庄市的生境质量最低，生境质量

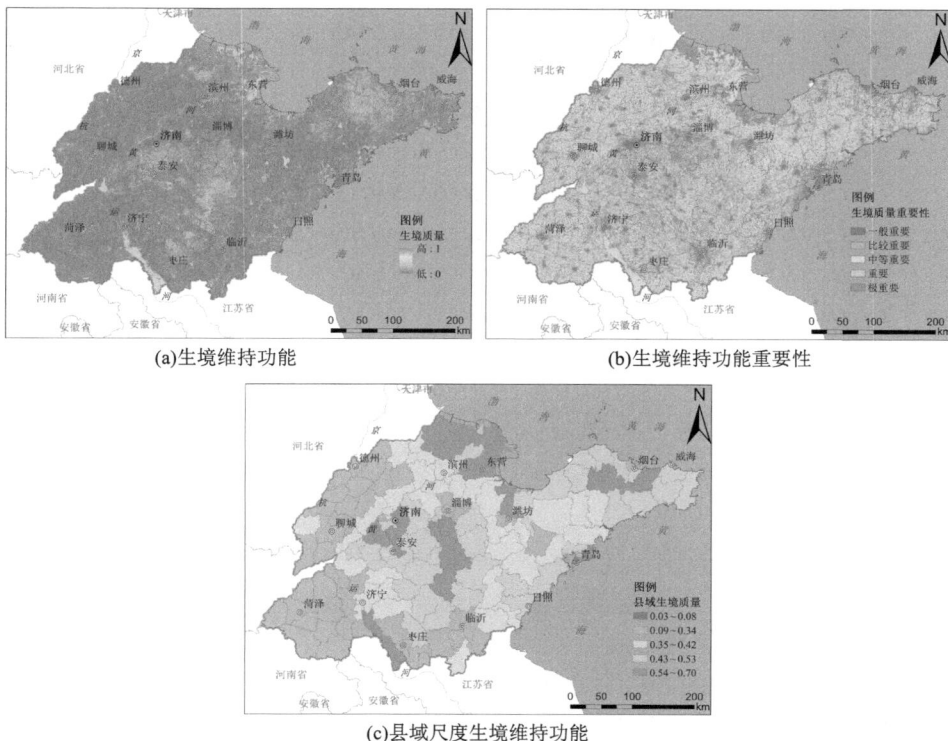

(a)生境维持功能

(b)生境维持功能重要性

(c)县域尺度生境维持功能

图 5-15　2019 年山东省生境维持功能空间格局（彩图附后）

指数在 0.4 以下。进一步从县域尺度进行分析，山东省有接近 1/5 的县（市、区）生境质量指数在 0.5 以上［图 5-15（c）］，博山区、长岛县、河口区、微山县、崂山区、沂源县、垦利区 7 个县（市、区）的生境质量指数在 0.6 以上；70%的县（市、区）生境质量指数位于 0.30～0.50 之间；11%的县（市、区）生境质量指数低于 0.30。

用自然断点法对全省生境维持服务结果进行识别，将其分为极重要区、重要区、中等重要区、比较重要区、一般重要区五个等级［图 5-15（b）］。生境维持极重要区、重要区、中等重要区、比较重要区、一般重要区比例分别达到了 20.6%、3.0%、21.6%、47.0%、7.8%。不同等级的分区分布比较零散，如极重要区在滨州市、东营市、潍坊市、烟台市、威海市、青岛市、济南市、淄博市、潍坊市、泰安市、济宁市、临沂市、日照市均有散布，说明山东省各市整体生境质量水平相差不大。

（四）土壤保持服务

水土保持是主要的支持服务，InVEST 模型采用了 SDR 模型，利用修正的土壤流失方程 USLE 对区域内部土壤侵蚀量进行估算，具体公式如下：

$$USLE_i = R_i \cdot K_i \cdot LS_i \cdot C_i \cdot P_i \tag{5-8}$$

式中，USLE 为土壤实际流失量；R_i 是降雨和径流因子；K_i 土壤可蚀性因子；LS_i 是坡度长度梯度因子；C_i 是作物、植物覆盖和管理因素子（无量纲）和 P_i 水土保持因子（无量纲）。

LS_i 因子由 Desmet 和 Govers 针对二维表面开发的方法给出：

$$LS_i = S_i \frac{(A_{i-in} + D^2)^{m+1} - A_{i-in}^{m+1}}{D^{m+2} \cdot x_i^m \cdot (22.13)^m} \tag{5-9}$$

式中，S_i 是由网格单元的斜率因子 i 计算为斜率弧度的函数 θ，计算公式如下：

$$S = 10.8 \cdot \sin(\theta) + 0.03 \quad \theta < 9\% \tag{5-10}$$

$$S = 16.8 \cdot \sin(\theta) - 0.50 \quad \theta \geqslant 9\% \tag{5-11}$$

降雨侵蚀力因子（rainfall erosivity index）是导致土壤流失或土壤侵蚀的主要动力因素之一，主要由降水量、降雨强度等降水量特征所决定，它反映了降雨对土壤的潜在侵蚀作用。本书的降雨侵蚀力因子 R 采用 Wischmeier 的月尺度公式进行计算，其计算公式如下：

$$R = \sum_{i=1}^{12} \left[1.735 \times 10^{\left(1.51g \frac{p_i}{p} - 0.8188 \right)} \right] \tag{5-12}$$

式中，p 表示年平均降水量（mm）；p_i 表示月降水量（mm）。公式中降雨侵蚀力 R 单位是 $100(ft \cdot t \cdot ac)/(ac \cdot h \cdot a)$ 需乘以转换系数 17.02 转化成国际单位$(MJ \cdot mm)/(ha \cdot h \cdot a)$。通过上式计算得到山东省气象站的降雨侵蚀力因子 R，然后进行克里金插值得到山东省 2019 年的降雨侵蚀力空间分布图。

土壤可蚀性作（erodibility）为通用土壤流失方程的重要指标和关键参数，主要是反映降雨或流水对土壤所造成冲击、搬运和侵蚀等的作用程度。土壤机械组成、土体结构、土壤质地、土壤有机碳含量等理化性质都是影响 K 值大小的主要因素。本章采用 EPIC

模型来计算土壤可蚀性，具体计算公式如下：

$$K = \{0.2 + 0.3 \times \exp[-0.0256\text{SAN} \times 56.72 \times (1 - \text{SIL}/100)]\} \times \left(\frac{\text{SIL}}{\text{CLA} + \text{SIL}}\right)^{0.3}$$

$$\times \left[1 - 0.25 \times \frac{C}{C + \exp(3.72 - 2.95C)}\right] \times \left[1 - 0.7 \times \frac{\text{SN}_1}{\text{SN}_1 + \exp(22.9\text{SN} - 5.51)}\right] \quad (5\text{-}13)$$

$$\text{SN}_I = 1 - \frac{\text{SAN}}{100} \quad (5\text{-}14)$$

式中，SAN、SIL、CLA 分别表示土壤中沙粒含量值大小（%）、粉粒含量值大小（%）以及黏粒的含量值大小（%），C 表示土壤有机碳含量大小（%）。

通过上式计算山东省土壤样点的土壤可蚀性因子 K，然后进行普通克里金插值得到了研究区土壤可蚀性因子空间分布图，通过上述 7 个公式计算山东省土壤保持功能（胡胜等，2014）。

不同于生境维持功能的零星分布，山东省土壤保持功能在区域间分布差异明显，高值地区主要分布在鲁中南地区［图 5-16（a）］。具体来看，在济南市、淄博市、临沂市以及潍坊市、泰安市和枣庄市的部分地区高值集聚明显，滨州市、青岛市有零星高值，其他地区均为低值区。鲁中南地区山地和谷地相间分布，山峦连绵，属典型的山地气候区，形成了垂直地域分异的自然景观，且在此地区林地覆盖率较高，导致土壤保持服务功能强，是山东省生态系统最重要的"肺"。

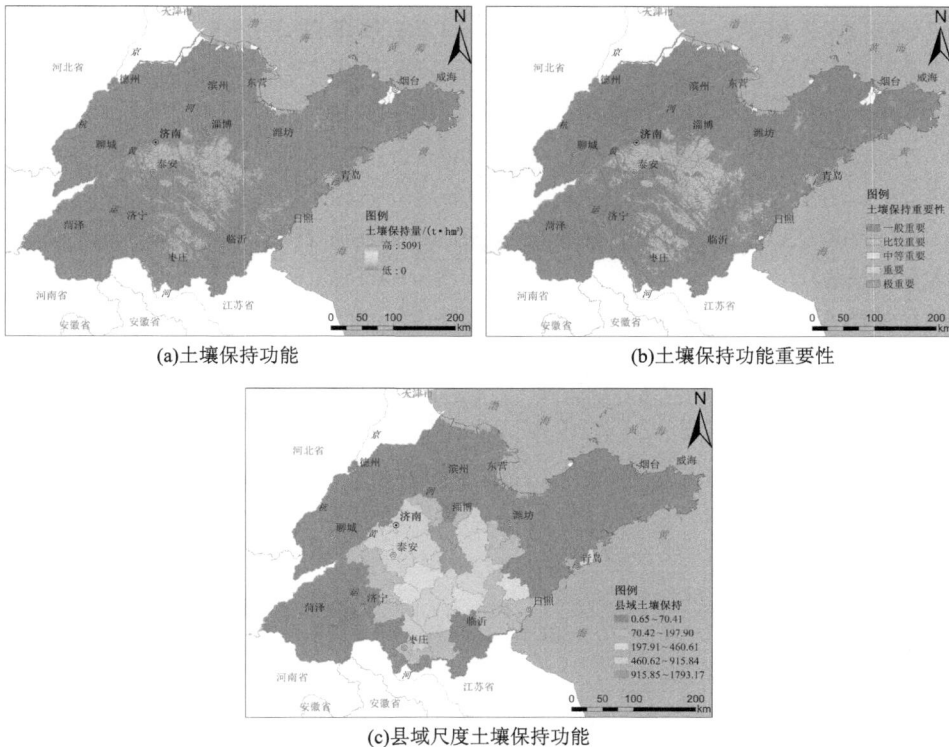

(a)土壤保持功能　(b)土壤保持功能重要性

(c)县域尺度土壤保持功能

图 5-16　2019 年山东省土壤保持功能空间格局（彩图附后）

淄博市、济南市、临沂市、泰安市、枣庄市、潍坊市以及日照市的土壤保持量在每公顷 100t 以上，其中淄博市达到 833.77t/hm²，为山东省最高；其他市的土壤保持量均在 70t/hm² 以下，其中德州市、聊城市和菏泽市甚至低于 8t/hm²。进一步从县域尺度进行分析，可以发现县（市、区）之间土壤保持量的差距更为显著［图 5-16（c）］，全省 27.74%的县（市、区）土壤保持量在 1000.00t/hm² 以上，36.50%的县（市、区）土壤保持量在 10.00t/hm² 以下，具体来看，淄博市的博山区、沂源县、淄川区的土壤保持量在 1300.00t/hm² 之上，远高于其他县（市、区），而郓城县、鄄城县、牡丹区、市北区等县（市、区）的土壤保持量甚至不足 3.00t/hm²。

　　用自然断点法对全省土壤保持服务功能结果进行识别，将其分为极重要区、重要区、中等重要区、比较重要区、一般重要区五个等级［图 5-16（b）］。土壤保持的极重要区、重要区、中等重要区、比较重要区、一般重要区比例分别达到了 3.3%、3.7%、7.1%、15.4%、70.5%。极重要区和重要区主要分布在鲁中地区，此地区以森林生态系统为主，森林生态系统能用树冠截留降水、枯枝落物持水等方式实现水资源的再分配，强大的根系能固持土壤、减少土壤侵蚀、提高土壤肥力、优化土壤结构，从而达到水土保持。地形以山地、丘陵为主，高海拔地区对土壤保持功能有显著正响应，同时较高的海拔使得该地区受到的人为扰动因素小，森林覆盖率高；中等重要区分布范围较大，主要在济南市、淄博市、潍坊市、临沂市、枣庄市和日照市，此外，烟台市、青岛市、济宁市的零星地区也有分布。

（五）水源涵养服务

　　InVEST 产水量模型是基于 Budyko 水热耦合平衡假设，综合考虑年均降水量和实际蒸散量的影响，Y_{xi} 为年产水量，P_x 为栅格单元 x 的年均降水量，AET x_i 为土地利用类型 j 上栅格单元 x 的实际年平均蒸散发量。具体公式如下：

$$Y(x) = \left(1 - \frac{\text{AET}(x)}{P(x)}\right) \cdot P(x) \tag{5-15}$$

式中，$Y(x)$ 为栅格 x 产水（mm）；AET(x) 为栅格 x 年实际蒸散发量（mm）；$P(x)$ 为栅格 x 年降水量（mm）。

　　植被蒸散采用 Budyko 水热耦合平衡假设公式计算：

$$\frac{\text{AET}(x)}{P(x)} = 1 + \frac{\text{PET}(x)}{P(x)} - \left[1 + \left(\frac{\text{PET}(x)}{P(x)}\right)^{\omega}\right]^{1/\omega} \tag{5-16}$$

式中，PET(x) 为年潜在蒸散量（mm）；$\omega(x)$ 为经验参数。

　　PET(x) 计算公式为：

$$\text{PET}(x) = K_c(l_x) \cdot \text{ET}_0(x) \tag{5-17}$$

式中，$\text{ET}_0(x)$ 为栅格 x 的参考作物蒸散（mm）；$K_c(l_x)$ 表示栅格 x 中特定土地利用/覆盖类型的植被蒸散系数。

　　$\omega(x)$ 计算公式为：

$$\omega(x) = Z\frac{\text{AWC}(x)}{P(x)} + 1.25 \tag{5-18}$$

式中，AWC(x)为土壤有效含水量（mm）；Z 为季节常数，与年降水次数成正比。

通过上述 4 个公式计算山东省水源涵养。

2019 年山东省产水量在 0～821.67mm 之间，水源涵养总体上呈现南高北低，以鲁中南地区为中心向四周渐弱的圈层分布格局 [图 5-17（a）]。从地区差异来看，鲁中南自然地区的产水量最高，鲁西北、鲁西南自然地区产水量中等，鲁北和鲁东地区产水量较低。导致这一现象的原因是在地形分布上鲁中南地区谷地相间分布，南部地区为平原，降水量较大且暴雨频发，造成该地区水蒸发量大，是全省主要的暴雨分布区，中部是典型的山地气候，同时也出现了垂直地域分异的自然景观，受地形因素的影响，区内河流多呈放射状分布，径流大，且有利于大型蓄水水库的建设。

临沂市、日照市高值分布区较广；济南市、淄博市、泰安市、潍坊市和枣庄市也存在高值分布；烟台市、威海市、滨州市、东营市以及济宁市为低值的主要分布区。临沂市和日照市的水源涵养能力在省内比较突出，产水量均在 400mm 以上；德州市、滨州市、东营市、威海市和烟台市的产水量均在 200mm 以下。山东省 137 个县（市、区）的产水量几乎都在 100mm 以上 [图 5-17（c）]，仅有烟台市的长岛县、龙口市、蓬莱市、招远市、栖霞市产水量低于 100mm，临沂市各县（市、区）的水源涵养能力均较高，兰山区、罗庄区、河东区、沂南县、费县、莒南县、临沭县、兰陵县的产水量均在全省县（市、区）前列，兰山区，罗庄区和河东区三个区的产水量均在 500mm 以上。

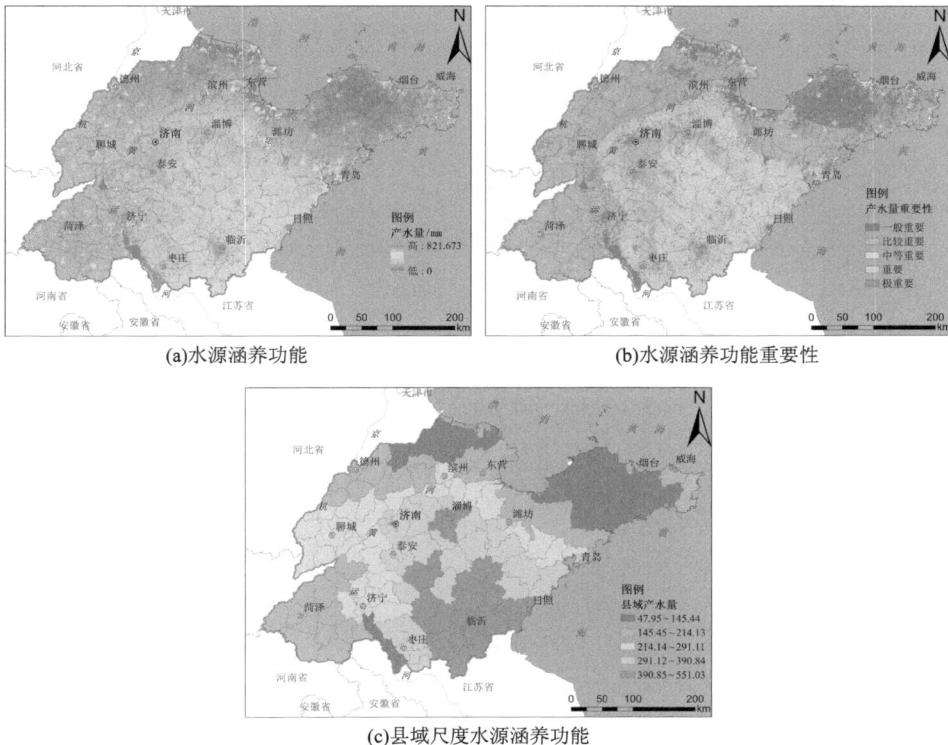

(a)水源涵养功能

(b)水源涵养功能重要性

(c)县域尺度水源涵养功能

图 5-17　2019 年山东省水源涵养功能空间格局（彩图附后）

用自然断点法对全省产水量结果进行识别，将水源涵养服务功能分为极重要区、重要区、中等重要区、比较重要区、一般重要区五个等级［图 5-17（b）］。水源涵养极重要区、重要区、中等重要区、比较重要区、一般重要区比例分别达到了 7.2%、20.2%、21.8%、33.9%、16.9%。以鲁中南地区为中心向四周渐弱的圈层效应非常明显，极重要区和重要区集中在临沂市、日照市，济南市、泰安市、枣庄市的东部，淄博市的南部和潍坊市的西南部；中等重要区围绕在极重要区和重要区圈层外部，具体为枣庄的西部、济宁市和泰安市的东部、滨州市和德州市的南部部分地区、东营市的南部和青岛市的南部地区、潍坊市的中南部地区；比较重要区和一般重要区位于中等重要区圈层的外部，即山东省最外圈的地区，其中以滨州市、东营市、潍坊市、烟台市和威海市最低。

（六）生态安全格局构建

基于上述分析，将固碳服务、食物供给服务、生境维持服务、土壤保持服务和水源涵养服务综合评价［图 5-18（a）］，对山东省的综合生态系统服务格局进行分析。山东省综合生态系统服务功能在全域范围内分布较为均衡，具体来看，鲁中南地区和鲁北滨海地区的生态系统服务功能出现高值的聚集，而鲁东自然地区的生态系统服务功能则相对较低；从市级尺度来看，高值主要集中在济南市、淄博市和临沂市部分地区；低值则主要聚集在烟台市和威海市；用自然断点法对全省综合生态服务功能结果进行识别，将其分为极重要区、重要区、中等重要区、比较重要区、一般重要区五个等级［图 5-18（b）］，依照重要

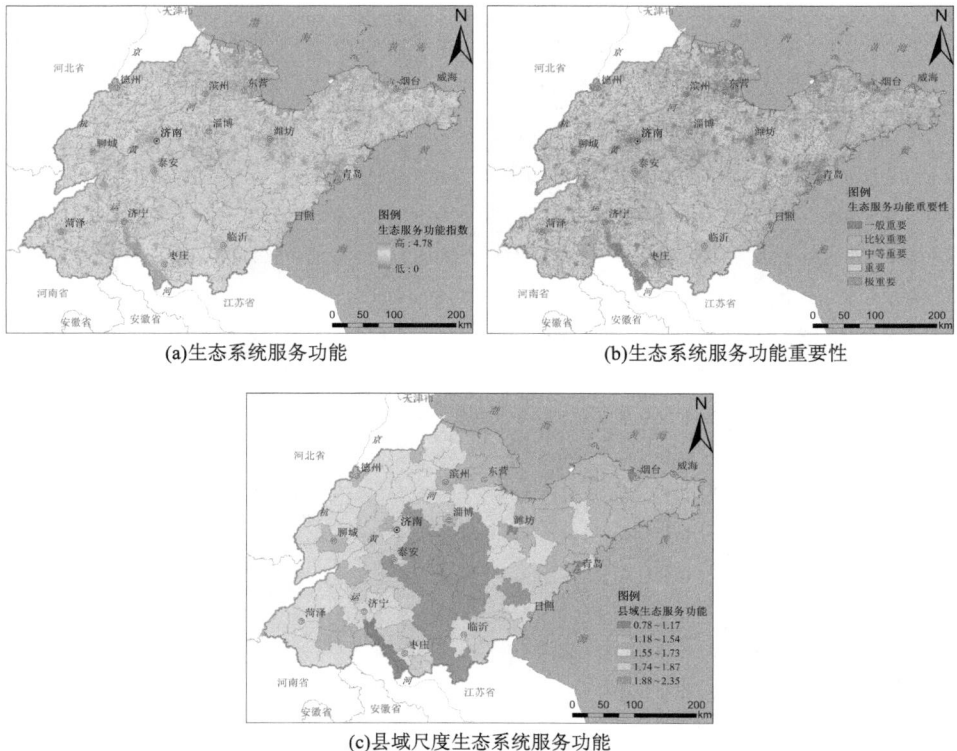

(a)生态系统服务功能

(b)生态系统服务功能重要性

(c)县域尺度生态系统服务功能

图 5-18　2019 年山东省生态系统服务功能空间格局（彩图附后）

等级构建山东省生态安全格局，综合生态服务功能极重要区、重要区、中等重要区、比较重要区、一般重要区比例分别达到了 6.6%、15.4%、31.4%、30.4%、16.4%，极重要区和重要区集中在鲁中南和鲁北地区。鲁中南地区是全省林地和种植园地的主要分布区，具备高土壤保持服务功能和高水源涵养服务功能，综合生态服务功能效益好；鲁北地区湿地分布较广，不仅能够提供丰富的盐业、渔业及旅游等资源，还具有防潮护岸、调节气候、净化水质、为生物提供栖息地等功能，具有良好的生态和环境效益，综合生态系统服务功能强。

从具体地市的生态系统服务综合功能来看，淄博市和临沂市的生态系统服务指数分别为 1.99 和 1.91，是山东省内生态系统服务指数最高的地市，滨海的威海市、东营市和烟台市的生态系统服务指数较低，均在 1.50 以下。进一步从县域尺度进行分析，淄博市的博山、沂源县、淄川区和临沂市的费县、沂南县生态系统服务指数在 137 个县（市、区）中位列前五，生态系统服务指数均在 2.00 以上，其余县（市、区）的生态系统服务指数均在 2.00 以下，近九成的县（市、区）生态系统服务指数在 1.20~2.00 之间，仅有微山县、奎文区、芝罘区、李沧区、市南区和市北区的生态系统服务指数在 1.20 以下，其中青岛市的市南区和市北区生态系统服务指数最低，不足 1.00［图 5-18（c）］。

（七）重点生态安全区识别

依据山东省生态系统服务功能评价，按照山东省自然地理格局和空间用途管制要求，突出自然地理和生态系统的完整性、连通性，以重点流域、区域、海域等为基础单元，建立重点的生态安全保护区（图 5-19），针对不同区域开展相应的环境安全调控。

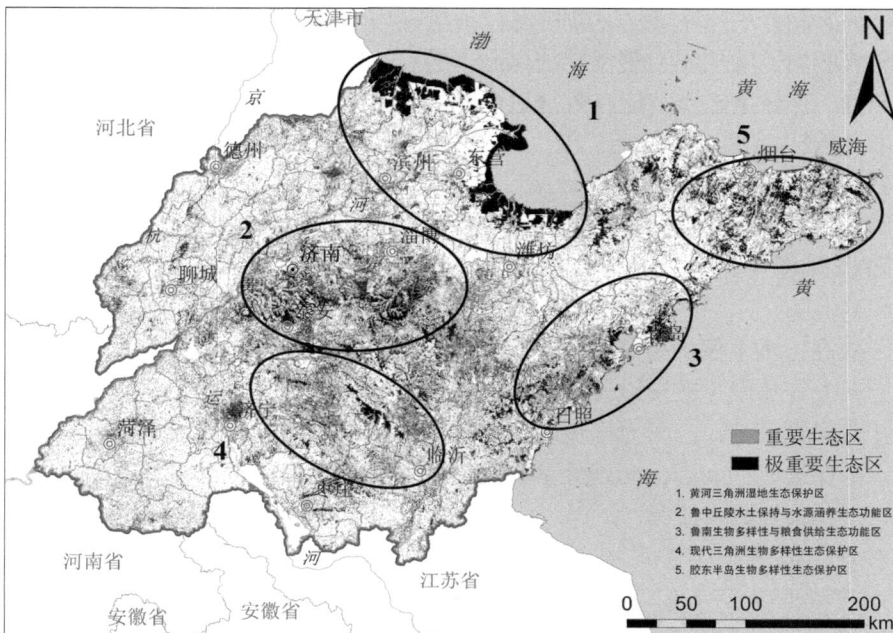

图 5-19　山东省生态系统重点功能区识别

1. 黄河三角洲湿地生态保护区

黄河三角洲处于海陆交界、淡咸水交汇处，受海洋和陆地的交互作用，具有地势低平、河道变动频繁并易发洪漠的特点，形成了其独特的湿地生态环境。由于黄河水是该地区工农业生产和人民生活的重要水源沿黄周边大批的引黄干渠和蓄黄水库以及流经该地区的一些中小型河流、坑塘湿地、人工养殖湿地等构成该地区内陆湿地少、分布散的框架。针对黄河三角洲湿地生态保护系统的保育措施要本着保护与治理相结合的原则，遵循自然演替的规律，根据环境的承载力和相容性，对黄河三角洲湿地进行保育，通过改良土质、涵养水分等手段，对新生湿地和次生湿地进行保育实验研究。保护重点在于以下几方面：

（1）加强环境污染治理工作

增建污水处理准则，严格控制污染物排放总量，严禁沿岸工业污水、生活废水超标排放，以免对海洋环境及沿海湿地造成环境污染，争取打造美丽、蓝色海湾。

（2）进行湿地保护及修复工作

制定湿地保护修复规划，建设湿地保护恢复工程，重点是农业水土综合整治、盐碱地改良工程、防污海堤建设、湿地生态修复、水土保持项目等。加强湿地保护管理，构建湿地、河湖保护管理体系，加快湿地自然保护区和湿地公园建设，逐步提高保护级别。

（3）建立自然灾害预警系统

建设海洋灾害预警系统，风暴潮预警系统等各项管理机制。

2. 鲁中山地丘陵水土保持水源涵养生态功能区

鲁中生态功能区海拔高、动植物多样性丰富、森林覆盖率高，是山东省最重要的水土保持、水源涵养生态功能区。鲁中区域地貌以山地和丘陵为主，降雨量充沛且易发生暴雨，陡坡增加了滑坡和沟壑侵蚀的风险，导致潜在的水土流失风险极高，但该地区森林资源丰富，森林生态系统能有效地减少降雨带来的影响，所以针对该区域保护重点应围绕以下几点：

（1）保护现有森林资源

森林生态系统的多样性有利于生态系统的自我恢复和调节，对于现有的森林资源，要积极开展宜林荒山绿化，营造水土保持林、水源涵养林，严控林区范围，严禁违规伐木。

（2）推进以水土保持为基础的经济农业发展

水土流失容易发生在陡坡农田和稀疏植被中，要加强植被保护，重点整治陡坡耕地，需加强开发建设管控；应大力推进以水土保持为基础的经济农业发展，在促进生态保护的同时，确保居民的利益，实现经济发展和环境保护的双赢。

（3）进行植被修复工程

针对水土流失和生态系统破坏严重的地区，应进行植被恢复工程，具体方式可以采取：建设兼具经济和生态价值的经济林、提高农业技术水平、完善农业发展配套基础设施。

3. 鲁南生物多样性与粮食供给生态功能区

鲁南地区生态功能以食物供给与生物多样性为主，针对该区域应建立耕地保护机制，树立数量、质量和生态"三位一体"的生态用地保护观，加大社会对生态用地的重视程度。同时，开展建设用地供给侧结构性改革，减少建设用地对生态用地，尤其是耕地的占用。积极推行生态化土地，综合提升土地利用效率，将耕地土壤肥力培育、农田水环境保护、修复污染土壤、改善耕作条件与相邻生态用地的功能相统筹，实现该地区耕地生产与生态功能的协调统一。

4. 现代三角洲生物多样性生态保护区

加强生态环境的保护，加强物种资源管理，优先保护天然植被，重视自然恢复；开展土壤环境综合治理、林区生态修复、湿地保护和水土保持等生态治理工程，防止土地退化和盐渍化，严格限制围海造地和占填河道等改变湿地生态功能的开发建设项目；加强湿地自然保护区的建设与管理，综合治理海域环境，遏制近岸河口海域生态恶化趋势，保护海岸带生态系统，规范海域使用秩序。

5. 胶东半岛生物多样性生态保护区

针对生态敏感脆弱地带，通过开展造林种草工程、合理调配生态用水，增加林草植被；通过保护性耕作、水土保持、配套水源工程建设等措施，减少起沙扬尘；通过禁止滥樵、滥采、滥伐，促进敏感脆弱区植被自然修复。加快建设半岛国家公园，既需要满足海洋鱼类不同生长阶段的栖息地要求，也有助于在面对环境压力时迁徙到更适宜生境。加快绿色矿山建设，开展历史遗留废弃矿山修复。实施全域土地综合整治，整体推进农用地、建设用地整理和乡村生态保护修复。

二、生态系统服务功能演变

为了进一步分析山东省生态系统服务演变的方向及特征，基于"二调"数据，对固碳服务、食物供给服务、生境维持服务、土壤保持服务、水源涵养服务和综合生态系统服务进行评价，并对比两期结果。

（一）固碳服务变化及驱动因素分析

2009 年山东省固碳服务功能相对均衡 [图 5-20（a）]，具体来看，固碳能力较高的地区集中在鲁中南自然地区，如济南市、淄博市和临沂市的部分地区；鲁北滨海自然地区的固碳能力较低，以滨州市、东营市和潍坊市的北部沿海地区最为明显。种植园用地、林地、草地固碳能力较强，建设用地和水域固碳能力低，由于耕地分布广泛，"二调"结果下的山东省固碳服务功能仍旧均衡。用自然断点法对 2009 年山东省固碳服务结果进行识别，将其分为极重要区、重要区、中等重要区、比较重要区、一般重要区五个等级。结合上述分析，极重要区以鲁中南自然地区为代表，从用地类型来看，此地多分布种植园用地和林地。一方面，有研究表明林地土壤有机碳随海拔的上升逐渐增加，两者之间表现良好的正相关关系，鲁中南地区的林木资源丰富，林木资源固持二氧化碳、释放氧气，是其生态系统服务的重要功能之一，在全球温室效应加剧的情况下，显得更为重要。另一方面，森林生态系统是最经济的吸碳器，森林土壤有机碳库是陆地土壤有机碳库的重要组成部分，其土壤碳的固定与分解直接影响陆地生态系统碳存储和全球碳循环。与工业减排相比，森林固碳具有投入成本低、潜力巨大、综合收益高，在经济上及实际操作中更具可行性，故山东省鲁中南地区的林地为固碳服务功能提供基础支撑。

根据碳储量变化 [图 5-20（b）]，可以看出山东省碳储量过去十年总体增加，各市大部分地区植被碳储量都有增加但不显著，且这部分地区土地利用类型基本未发生变化。碳储量增加最多的集中在滨州市、东营市和潍坊市的北部沿海地区；碳储量减少的地区分布较为零散，点状分布在全域。一般来说，植被碳储量明显减少的地区大多存在土地利用类型的变化，主要是耕地转变为建筑用地、耕地转变为草地、草地转变为建筑用地等，城市化是影响植被碳储量变化的原因之一；植被碳储量增加地区的土地利用类型从耕地、草地变为林地居多，适当的退耕还林、还草对植被碳储量产生积极影响。

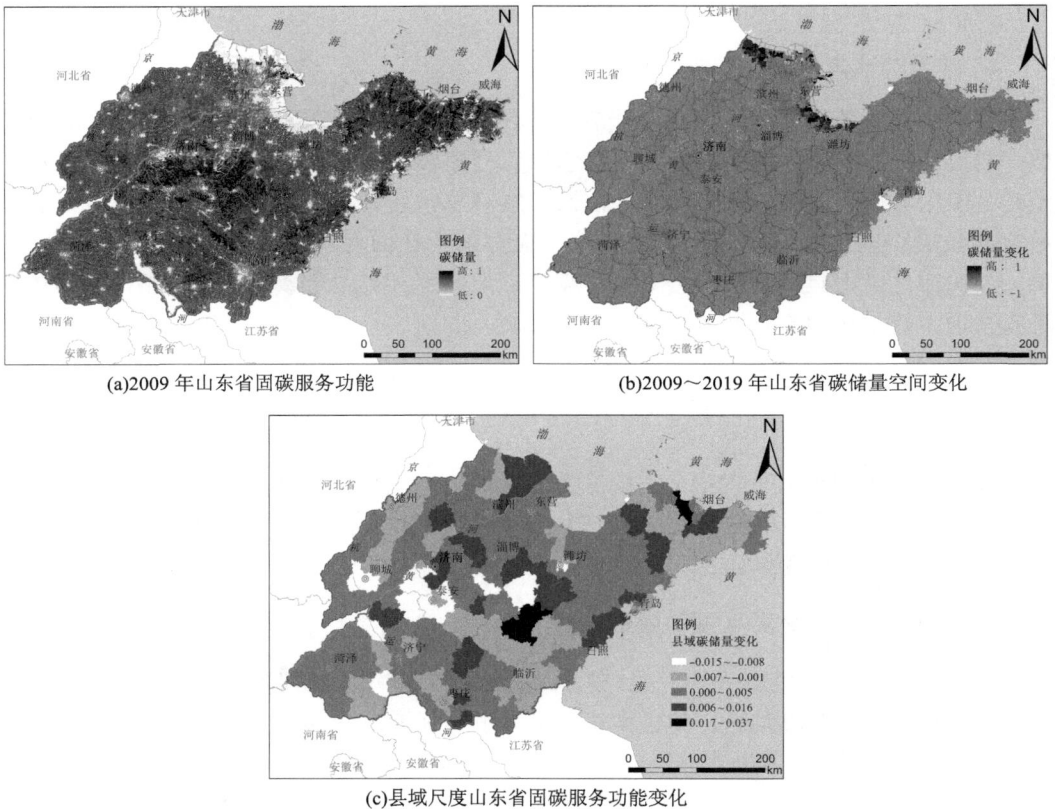

(a)2009 年山东省固碳服务功能
(b)2009～2019 年山东省碳储量空间变化
(c)县域尺度山东省固碳服务功能变化

图 5-20　2009～2019 年山东省固碳服务功能时空演变

聊城市、菏泽市和德州市固碳指数有所降低，但固碳指数的减少值在 0.03 以内；济宁市、枣庄市、泰安市、临沂市和烟台市固碳指数几乎没有变化；济南市、淄博市、威海市、青岛市、潍坊市、滨州市和东营市固碳指数有所升高，其中东营市的固碳指数提升最为明显，固碳指数变化值达到 0.20。从县域的角度来看［图 5-20（c）］，固碳指数的平均水平提高了 0.013，40%的县（市、区）固碳指数有所提升，利津县、长岛县、广饶县、城阳区、昌邑市、东营区、沾化区、垦利区、无棣县、寒亭区、河口区的固碳指数增加值大于 0.10，其中垦利区、无棣县、寒亭区和河口区的提升值达到了 0.20 以上。具体来看，土壤碳储量增加的地区主要分布于滨州沿海、莱州湾、胶州湾沿岸，其中黄河三角洲地区土壤碳储量增加明显。其他大部分地区土壤碳储量呈减少趋势。对照土地利用类型来看，土壤碳储量增加的地区土地利用类型转化不明显，土壤碳储量减少较少的地区土地利用类型多为耕地，草地所对应的土壤碳储量减少较为明显。土壤碳储量减少最大的地区零星分布于建设用地周围，城市的扩张使其他土地利用类型向建设用地转换，从一定程度上加剧了土壤碳储量的减少。

（二）食物供给服务变化及驱动因素分析

从用地类型来看，食物供给服务功能主要由耕地、种植园地提供，山东省耕地和种植园地类型的产能较为稳定，食物供给功能也较为稳定［图 5-21（a）］。分析 2009 年山东省不同区域食物供给服务功能的异质性，功能较高的地区主要聚集在鲁西北自然地区、鲁西南自然地区的大部分地区、鲁北滨海自然地区、鲁东自然地区和鲁南自然地区的部分区域。粮食生产功能高值区主要分布于鲁西地区，此处是全省的主要粮食产区，耕地比重大且集中连片、粮食生产能力强；鲁中山区坡度大，水土流失严重，加上土层浅薄难以适应大面积的作物种植，故粮食生产功能相对较低，如济南市和淄博市；而鲁北盐渍土广布不适合农作物生长，其粮食生产功能均较弱；鲁东沿海地区耕地粮食产能整体处于全省中等水平。

用自然断点法对山东省 2009 年食物供给结果进行识别，将其分为极重要区、重要区、中等重要区、比较重要区、一般重要区五个等级。极重要区以德州市、泰安市和济宁市为主；重要区以泰安市、烟台市、潍坊市、青岛市、淄博市北部、青岛市北部及滨州市和东营市的南部部分地区为主；中等重要区以聊城市、滨州市、威海市、日照市、潍坊市、临沂市和枣庄市为主；比较重要区和一般重要区以济南市、淄博市、菏泽市、滨州市、东营市、潍坊市北部、烟台市北部、威海市北部、青岛市沿海地区为主。

从食物供给变化图看出［图 5-21（b）］，山东省食物供给服务功能整体变化不大，但在区域间仍有差异性存在。菏泽市食物供给能力变化最大，增加值高达 0.41，其余地市的食物供给能力均有所下降［图 5-16（c）］。从县域的尺度来看，137 个县（市、区）的食物供给能力整体有所下降，平均值下降 2.67。金乡县、沂水县、坊子区、昌乐县、市中区、蓬莱市的食物供给能力下降最为明显，降幅 6.00 以上；值得注意的是，青岛市的市北区、市南区和李沧区食物供给能力几乎没有变化；曹县、禹城市、长岛县、莱西市、郓城县、定陶区、鄄城县、黄岛区、东明县食物供给能力有所增加，其中菏泽市的东明县和青岛市的黄岛区增加最为明显，增加值达到 4.45 和 3.51。随着社会生产发展，鲁西南自然地区的粮食供给功能稳中有升，作为全省主要粮食产区，鲁西耕地比重大且集中连片、植被覆盖度高、粮食生产能力强，粮食生产功能高值区也主要分布于鲁西地区；鲁中南自然地区和鲁北自然地区的部分区域在食物供给服务方面有下降趋势，这和鲁中山区坡度大难以耕作而鲁北盐渍土广布不适合农作物生长，其粮食生产功能均较弱密切相关；省内大部分区域的粮食生产能力比较稳定，食物供给功能变化不大。

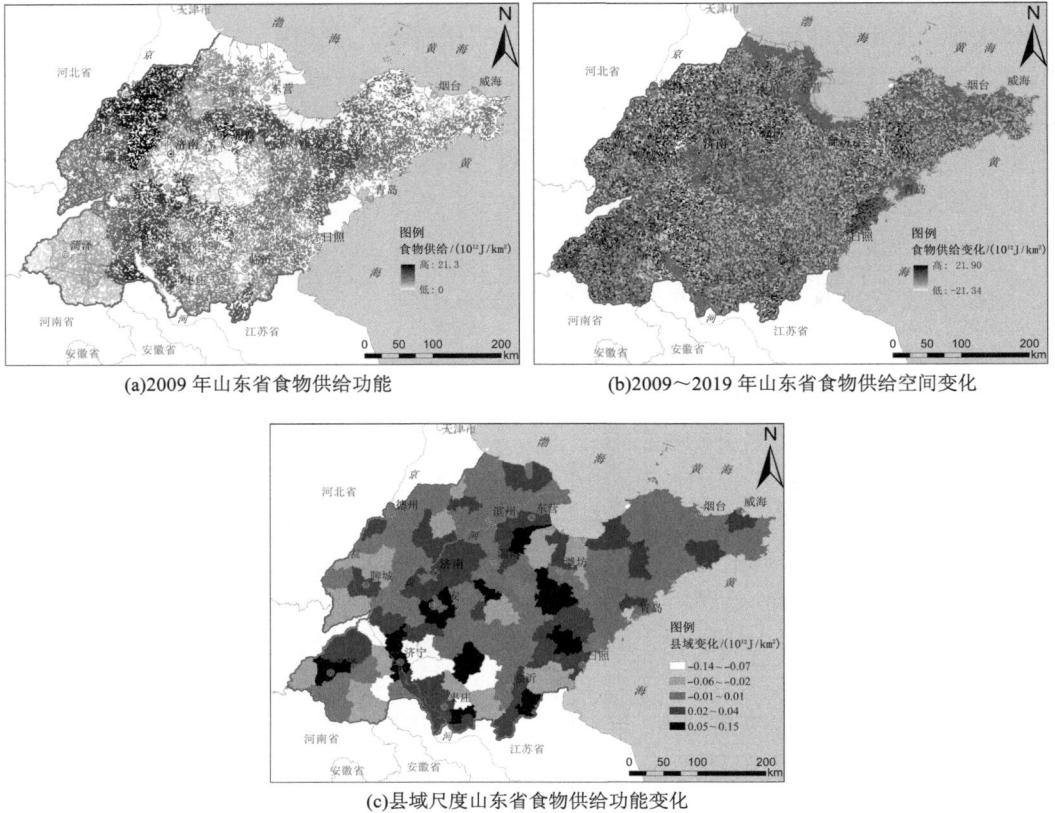

(a)2009年山东省食物供给功能

(b)2009～2019年山东省食物供给空间变化

(c)县域尺度山东省食物供给功能变化

图 5-21　2009～2019年山东省食物供给功能时空演变

（三）生境维持服务变化及驱动因素分析

2009年山东省生境维持功能从全省来看整体比较均衡［图 5-22（a）］。生境维持服务功能较高的地区主要集中分布在三个区域：鲁北滨海自然地区，如滨州市、东营市、潍坊市的北部沿海地区；鲁中南自然地区的济南市、淄博市和临沂市；鲁东自然地区的烟台市、威海市、青岛市生境维持功能也相对较高。

结合用地类型进行具体分析，2009年鲁北滨海地区内多为浅海滩涂和湿地，土壤贫瘠，不适宜农业种植，多发展为牧业和水产养殖，大量的未开发土地使其保留最为原始的面貌，为生物多样性的维持提供了天然条件，尤其是为作为鸟类的栖息地和迁徙的"中转站"，其生境维持服务功能高；鲁中南地区主要为林地和种植园用地，作为全省地势最高的地区，特殊的地质构造为本区带来了优质的林木和森林资源；鲁东地区被低山丘陵覆盖，丘陵面积约占75%，优越的气候条件，使区内森林覆盖率较高、植被类型多样，生境维持功能较高。

　　用自然断点法对 2009 年山东省生境维持服务结果进行识别，将其分为极重要区、重要区、中等重要区、比较重要区、一般重要区五个等级。极重要区和重要区主要分布在滨州市、东营市、潍坊市、济宁市、烟台市、威海市、青岛市、济南市、淄博市、潍坊市、泰安市、济宁市、临沂市、日照市。其中，滨州市、东营市、潍坊市和济宁市存在连片的集中分布，这主要受到用地类型的影响，滨州市、东营市和潍坊市的湿地生态系统和济宁市的水域受到人类活动影响较少，故生境质量高。

　　山东省所有地市的生境质量均有所提升，生境质量指数的提升值均在 0.20 以上，其中滨州市提升最大，生境质量指数提升了 0.32［图 5-22（c）］。进一步从县域的角度来看，山东省 137 个县（市、区）的生境质量指数在平均水平上提升了 0.25，市北区、市南区、长岛县、微山县、龙口市、东明县、莱阳市和福山区生境质量提升相对较不明显，生境质量指数的变化均在 0.20 以内，76% 的县（市、区）生境质量指数提升值在 0.20～0.30 之间，沂水县、泗水县、周村区、无棣县、寒亭区等县（市、区）的生境质量提升最大，其中潍坊市的寒亭区生境质量指数的提升达到 0.45。

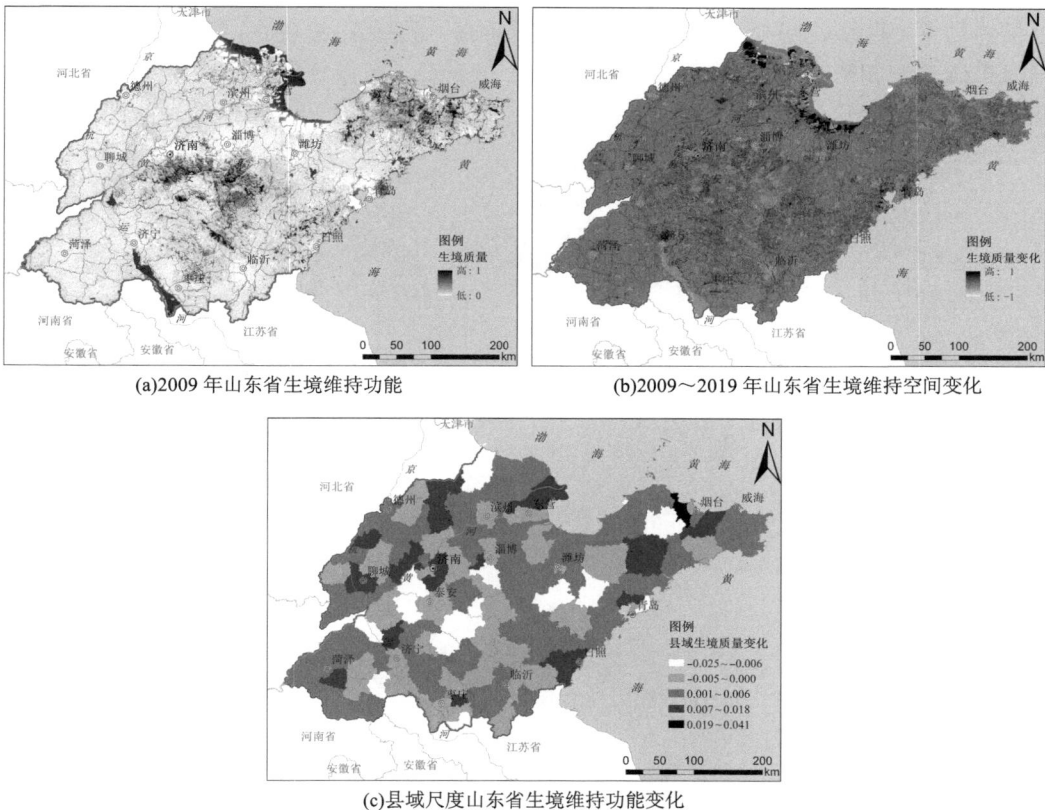

(a)2009 年山东省生境维持功能

(b)2009～2019 年山东省生境维持空间变化

(c)县域尺度山东省生境维持功能变化

图 5-22　2009～2019 年山东省生境维持功能时空演变

　　生物多样性为人类提供了生存和发展所依赖的基本物质和生态服务，是人类食物、药物和能源供给的主要来源。从生境质量变化［图 5-22（b）］可以看出，山东省生境维持服务功能整体有所提升，其中以鲁北滨海自然区的湿地生态系统和中南部自然地区的山地丘陵提升最为明显。究其原因：第一，鲁北滨海自然区丰富的湿地资源孕育了多种多样的动植物资源，湿地生态系统对于维护生物栖息地、维持生物多样性具有极为重要的作用，据山东湿地资源调查结果显示，山东省湿地植物有117科，同时湿地脊椎动物种类较多，资源丰富；第二，鲁中南的山区植被资源丰富，经过长期的自然演替和合理的保护，现今全省森林正在逐渐恢复接近自然状态，目前泰山的植被覆盖率超过90%，由于山区海拔高，垂直梯度大，植被发育良好，群落类型又丰富多样，因此，其生境维持功能显著提高。

（四）土壤保持服务变化及驱动因素分析

2009年山东省土壤保持功能在区域间分布差异明显，且主要聚集在鲁中南自然地区和鲁东自然地区［图 5-23（a）］。具体来看，高值地区聚集在鲁中南地区的济南市、淄博市、临沂市、潍坊市、泰安市和枣庄市，以及鲁东地区的烟台市、威海市、日照市和青岛市部分地区；此外，鲁北地区的滨州市、东营市北部沿海是主要的低值覆盖区。鲁中南地区作为全省地势最高的地区，区内山地和谷地相间分布，山峦迭起，是山东省林地覆盖的主要区域，受降水量和气温变化的影响，气温低，湿度大，蒸发量小，森林土壤有机碳含量和密度较大，植被生长较好，土壤有机质分解缓慢，有机碳含量较高，因此土壤保持功能较为优秀。

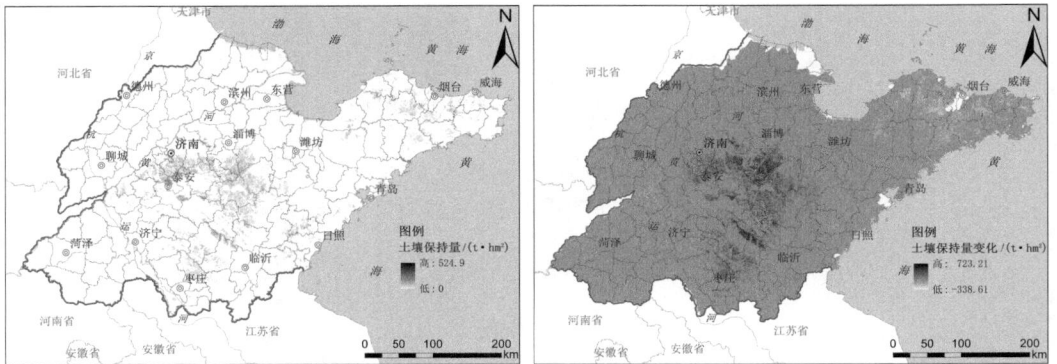

(a)2009年山东省土壤保持功能

(b)2009～2019年山东省土壤保持空间变化

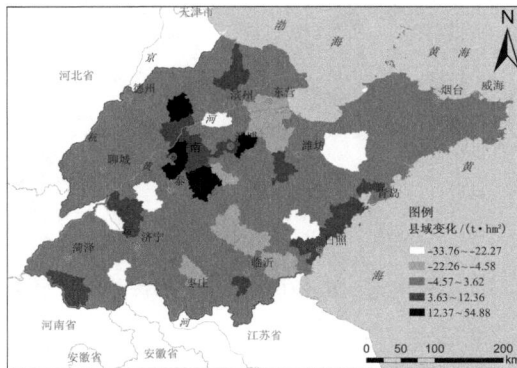

(c)县域尺度山东省土壤保持功能变化

图 5-23 2009～2019年山东省土壤保持功能时空演变

用自然断点法对山东省 2009 年土壤保持服务功能结果进行识别，将其分为极重要区、重要区、中等重要区、比较重要区、一般重要区五个等级。极重要区和重要区占比最小，零星分布在鲁中南自然地区和鲁东自然地区；中等重要区主要分布在鲁中南地区的济南市、淄博市、潍坊市和枣庄市和鲁东地区的烟台市、日照市、威海市与青岛市部分地区；一般重要区的分布最为广泛，基本在全域范围内均有覆盖。

烟台市、威海市、青岛市、聊城市、菏泽市和德州市土壤保持量有所降低，其中烟台市和威海市的土壤保持量降低最为明显，高达 $0.71t/hm^2$ 和 $0.64t/hm^2$；东营市、滨州市、济宁市、潍坊市、泰安市、枣庄市、济南市、临沂市和淄博市土壤保持能力有所提升，其中临沂市和淄博市的土壤保持能力提升最为明显，高达 $1.05t/hm^2$ 和 $2.37t/hm^2$ [图 5-23（c）]。山东省各县（市、区）的土壤保持能力整体表现为提升的态势，其平均值提升了 $0.25t/hm^2$。山东省 47%的县（市、区）土壤保持能力有所提升，博山区、淄川区、沂源县、蒙阴县、青州市、临朐县、费县、平邑县和莱芜区提升值在 $2.00t/hm^2$ 以上，提升最为明显；相较于提升的幅度，各县（市、区）土壤保持能力下降的幅度较小，土壤保持量下降值基本都在 $1.00t/hm^2$ 以内，仅崂山区、栖霞市、牟平区土壤保持量下降最多分别为 $1.56t/hm^2$、$1.29t/hm^2$ 和 $1.08t/hm^2$。

从土壤保持量变化 [图 5-23（b）] 来看，山东省土壤保持服务总量增加，其中以鲁中南自然地区的土壤保持量增加明显，该区域山地、丘陵分布面积广，自然资源丰富，水热气候条件好，人口密集，因此农业生产及其开发历史悠久是该区域的特点，该区域土壤垦殖率高，耕地面积相对集中，且多为旱地，灌溉保证率低，土地资源利用不合理等外力因素对区域原有的植被破坏严重，植被覆盖度低，生态环境脆弱、水土流失曾是该区域面临的挑战，但近年来，国家针对重点区域进行水土流失治理，实施多项水土保持重点建设工程，该区水土流失综合治理的标准、质量与效益明显提高，在沂蒙山区以小流域为单元实施梯田工程治理坡耕地、疏林地封禁补植措施，土壤侵蚀状况发生明显改善，土壤侵蚀的防控效果大大提高。

（五）水源涵养服务变化及驱动因素分析

山东省 2009 年水源涵养服务功能整体较为均衡，但在地区间仍存在一定的差异性，整体表现为南高北低，东高西低的态势 [图 5-24（a）]。其中，鲁北滨海自然地区的滨海市、东营市、潍坊市的北部湿地以及济宁市的水域产水量最低，这也一定程度上是受到本研究对于水源涵养服务功能内涵的定义以及计算方式的影响。

用自然断点法对山东省 2009 年产水量结果进行识别，将水源涵养服务功能分为极重要区、重要区、中等重要区、比较重要区、一般重要区五个等级。山东省的产水服务功能表现出明显的自东南向西北递减的态势，东部地区被极为重要区、重要区覆盖，具体包括威海市、青岛市、日照市、临沂市和枣庄市；西北方向的德州市、滨州市和东营市主要被比较重要区和一般重要区所覆盖。2009～2019 年间，全省各地市的水源涵养能力均有所下降 [图 5-24（c）]，其中威海市和烟台市下降最为明显，产水量降低了 400.00mm 以上，淄博市和临沂市水源涵养能力下降最小，产水量分别下降了 69.54mm 和 50.11mm。具体来看，除了兰山区和张店区，其他县（市、区）的水源涵养能力变化均为负值，各县（市、区）的产水量在平均水平上下降了205.95mm，烟台市和威海市的县（市、区）水源涵养能力下降最为明显，龙口市、莱阳市、福山区、招远市、莱山区、蓬莱市、海阳市、环翠区、荣成市、乳山市、牟平区和栖霞市产水量均下降了400mm以上。

　　对比"二调"和"三调"评估结果，山东省鲁中南自然地区的产水量表现出明显的增加，鲁东自然地区的产水量有所下降［图5-24（b）］。一方面，鲁中南地区山地和谷地相间分布，降水量较大且暴雨频发，是全省主要的暴雨分布区，加上山区相对高度差异较大，区内河流多呈放射状分布，径流大，本身自然水资源条件较好（王蓓等，2016）；另一方面，鲁中南地区森林资源较为丰富，森林系统具有功能多样、结构复杂的特点，除了前文分析过的能为人类提供固碳释氧、保护生物多样性、水土保持等基本生态服务，在水源涵养方面也发挥着重要作用，具体而言，森林水源涵养功能是通过林冠、枯落物和土壤对降雨的截留、持存和蓄积作用影响流域水文过程，促进降雨再分配，缓和地表径流，增加土壤径流和地下径流，使降水充分积蓄和重新分配，是调节气候、存储水资源的重要过程（王辉源等，2020）。

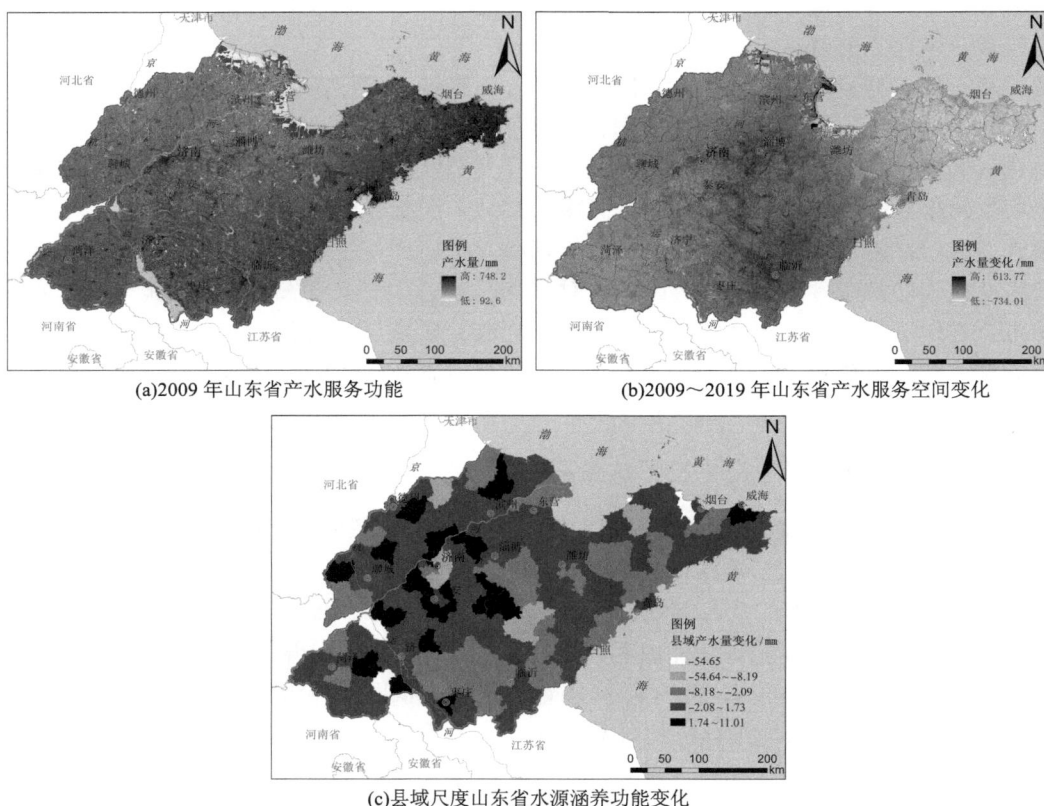

(a)2009年山东省产水服务功能

(b)2009～2019年山东省产水服务空间变化

(c)县域尺度山东省水源涵养功能变化

图5-24　2009～2019年山东省产水服务功能时空演变

（六）综合生态系统服务变化及驱动因素分析

　　同时将固碳服务、食物供给服务、生境维持服务、土壤保持服务和水源涵养服务进行综合评估，对2009年山东省生态系统服务格局进行综合分析［图5-25（a）］。山东省生态系统服务功能在全域范围内分布较为均衡，除了在滨州市北部、东营市北部、济宁市水域区和青岛市部分沿海地区出现明显的低值，其他地区综合生态系统服务功能分布大体均匀。

用自然断点法对山东省生态服务功能结果进行识别，将其分为极重要区、重要区、中等重要区、比较重要区、一般重要区五个等级［图 5-25（b）］。山东省的综合生态系统服务功能表现出很强的均衡性，极重要区主要分布在德州市、烟台市、威海市、青岛市、日照市、泰安市、济宁市、枣庄市、临沂市、日照市；重要区主要分布在滨州市、聊城市、菏泽市、潍坊市、青岛市北部；中等重要区零散的分布于全域；比较重要区和一般重要区主要分布在滨州市北部、东营市大部分区域、潍坊市北部、青岛市部分地区以及济宁市水域地区。

2009～2019 年间，威海市、烟台市和青岛市生态系统服务指数下降最为明显，分别为−0.52、−0.4、−0.22；临沂市、东营市和淄博市的生态系统服务功能提升较大，其中淄博市生态系统服务指数提升最为明显，为 0.25［图 5-25（c）］。从县域的尺度来看，山东省各县（市、区）的生态系统服务功能有所下降，生态系统服务指数的平均值下降了0.11，长岛县、荣成市、蓬莱市、栖霞市、莱阳市、乳山市、福山区、牟平区以及金乡县的生态系统服务功能提升较为明显，生态系统服务指数增值均在 0.50 以上，淄博市的博山区、淄川区、沂源县、周村区生态系统服务能力的提升在全省位于前列，其中博山区和山区的生态系统服务指数增加值分别为 0.45 和 0.41。

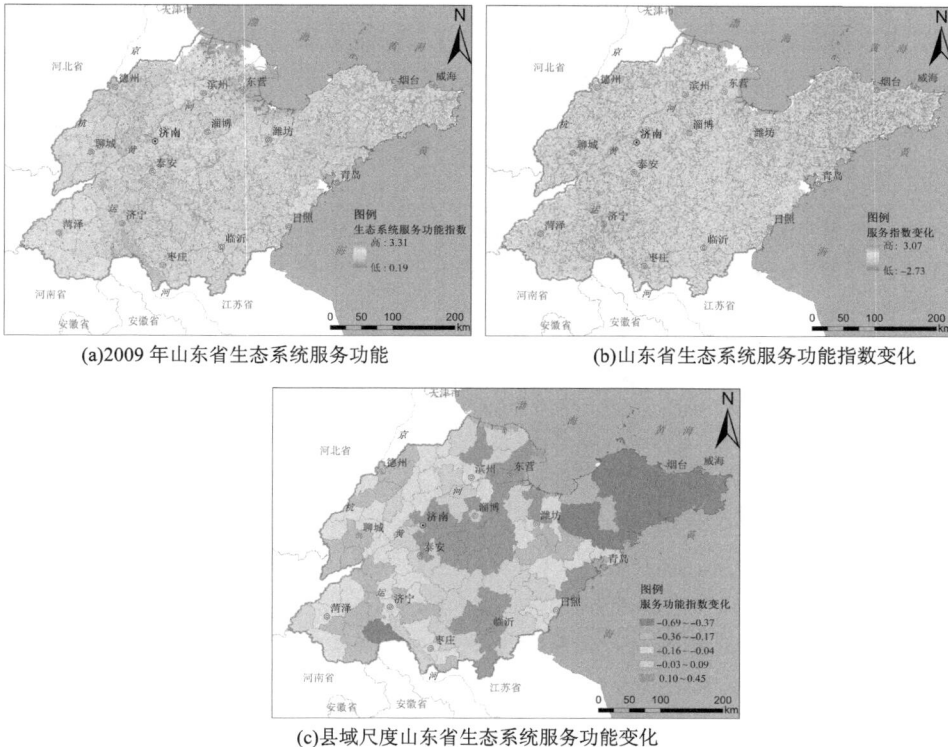

(a)2009 年山东省生态系统服务功能

(b)山东省生态系统服务功能指数变化

(c)县域尺度山东省生态系统服务功能变化

图 5-25　2009～2019 年山东省生态系统功能时空演变（彩图附后）

　　对比"二调"和"三调"的结果，综合分析山东省生态系统服务功能的演变特征，可以发现山东省生态系统服务功能整体表现出明显的提升，尤其以鲁中南自然地区和鲁北滨海自然地区最为明显［图 5-25（b）］。鲁中南地区属于断块差异隆起地区，为全省地势最高的地区，由于区内水土流失严重，土层浅薄，土地细碎，不适宜大面积的作物种植，因此该地区的食物供给功能较差，但该区域受地形的影响，拥有丰富的森林资源和水热资源，其固碳功能、生境维持功能、土壤保持功能和水源涵养功能均表现优异，使其生态系统的服务功能仍在省内占据重要地位。鲁北滨海地区是全省湿地系统的主要覆盖区域，湿地生态系统兼有水陆生态系统的特点，特殊的水陆环境造就了湿地极为丰富的生物多样性，生物多样性不仅在结构功能上能有效维持生态系统的平衡，更为直接的是可以为人类提供工业生产原料、湿地动植物类、能源类等物质产品，随着科技的发展和对生态环境的重视，我国越来越注重湿地系统的生态功能。此外，生态系统服务功能也受到人类活动的影响，主要表现在土地利用方式方面。比如，在食物供给服务方面，人类自存在以来就不断地通过改良土壤、施用肥料等行为来实现土地生产功能的提升；在生境维持服务方面，人类活动通过对生物栖息地的改变，进而对生物的种群动态产生影响，如在草地生态系统中，改良土壤、施用肥料和放牧等生产行为改造着微生物与动植物等的种类、数量以及分布的范围，从各个层面上影响着生态系统中的生物多样性；在土壤保持方面和水源涵养方面，国家针对重点区域进行水土流失治理，实施多项水土保持重点建设工程，同时以小流域为单元实施梯田工程治理坡耕地、疏林地封禁补植措施，逐步改善水土流失和自然资源受损等问题。（王盈丽等，2021；陈田田等，2021）综上，山东省水土保持服务功能的提升与人类活动密切相关，良好的人地关系是提升土壤功能和建设和谐生态环境的客观要求。

三、生态系统服务功能聚类

　　自组织特征映射网络（self-organizing feature map，SOFM）可用于识别与划分生态系统服务簇，且其结果能够实现可视化，有助于从服务簇角度研究生态系统服务权衡与协同。该神经网络最初由芬兰学者 Teuvo Kohonen 提出，属于无监督学习类神经网络，拓扑结构包括输入层和竞争层，神经元对输入的响应权值连接起输入层和输出层，神经元间的连接强度则控制其相互作用大小，可通过对输入矢量进行竞争学习，不断修正初始权值，使网络学习权矢量不断逼近输入矢量，最终实现分类处理，用所形成的曲线或二维网格来描述输入样本情况，具有并行处理、自组织、自学习、鲁棒性和容错性等特点。在利用自组织特征映射网络识别与划分生态系统服务簇时，首先初始化网络对 N 个输入层神经元到输出层神经元的连接权值赋予较小随机值 $w_{ij}(t)$，设置输出神经元 j（$0 \leqslant j \leqslant n$）初始邻域及学习速率 $\eta(t)$，两者随时间 t 变化逐渐变小，然后提供新输入样本向量 X，计算输入样本 X 与输出神经元 j 之间欧氏距离 d_j，优胜输出单元为具有最小欧式距离的神经元 k（申嘉澎等，2020）。

$$d_j = \left\| X - W_j \right\| = \sqrt{\sum_{i=1}^{N} \left[x_i(t) - w_{ij}(t) \right]^2} \qquad (5\text{-}19)$$

式中：W_j 为权值向量；$x_i(t)$ 为时刻 t 第 i 个输入神经元；$w_{ij}(t)$ 为时刻 t 第 i 个输入神经元与第 j 个输出神经元之间的连接权重随机初始值。

定义 t 时刻优胜邻域为 $N_k(t)$，对优胜神经元 k 及其邻域内的神经元更新权值，权值改变量 Δw_{ij} 为

$$\Delta w_{ij} = \eta(t) \cdot \left[x_i(t) - w_{ij}(t) \right], j \in N_k(t) \qquad （5-20）$$

基于山东省五种生态系统服务功能评价结果，运用公式（5-19）和式（5-20）计算自组织特征网络结果，利用自组织特征映射网络对全省生态系统服务簇进行识别与划分，根据各种生态系统服务簇的特点，分别命名为城镇生活区，滨海发育区，发展潜力区，食物供给区和生态保育区，如图 5-26 所示。城镇生活区主要位于济南市、潍坊市、泰安市、济宁市、临沂市、日照市、枣庄市和青岛市南部；滨海发展区主要位于滨州市、东营、潍坊市北部、烟台市、威海市和青岛市部分地区；生态保育区主要位于鲁中南的济南市、淄博市和临沂市；发展潜力区主要位于东营市和济宁市的部分地区；食物供给区分布较广，覆盖各个城市，以滨州市、德州市、聊城市、泰安市、菏泽市、济宁市、枣庄市、淄博市和青岛市为主。

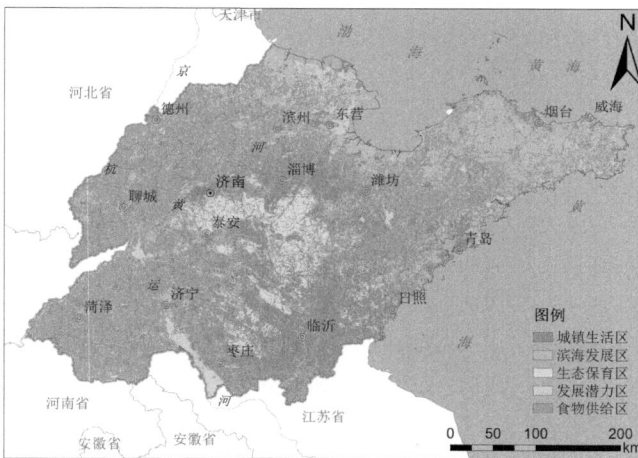

图 5-26　山东省生态区域布局（彩图附后）

土地利用类型影响生态系统服务簇的形成，通过计算不同土地利用类型在每种生态系统服务簇中所占面积比例，识别了不同服务簇的主要土地利用类型（图 5-27，图 5-28）（何玲等，2016；申嘉澍等，2020）。

城镇生活区主要为耕地、林地、种植园用地和住宅用地，该区的土地利用空间结构是以建设用地为中心，辐射周边的林地、耕地和园地，生态系统服务功能以固碳服务功能最高，水源涵养功能次之，其余三功能指数很低。针对该区的发展，一方面需要改革建设用地的供地机制，保证新增建设用地的节约集约利用，要在规划管控上突出节约集约用地，改革现行的建设项目供地制度，防止新的低效和闲置用地的产生，特别是严防"批而未用"；要从总量调控、区域调控和分类调控 3 个方面调控土地供应，实现有限的土地资源在各区域、各行业间的节约利用；积极探索长期租赁、先租后让和租让结合的用地方式，杜绝企

业随意扩大用地规模的需求。另一方面，要回归建设用地单位的耕地占补平衡责任主体，坚持产能为耕地占补的核心，切实发挥占补平衡政策对建设占用耕地的调控作用，改变建设用地单位并不直接承担耕地补充任务的现象，建立以占用耕地产能和耕地社会保护成本为依据的耕地开垦费核算机制，引导建设项目少占耕地。

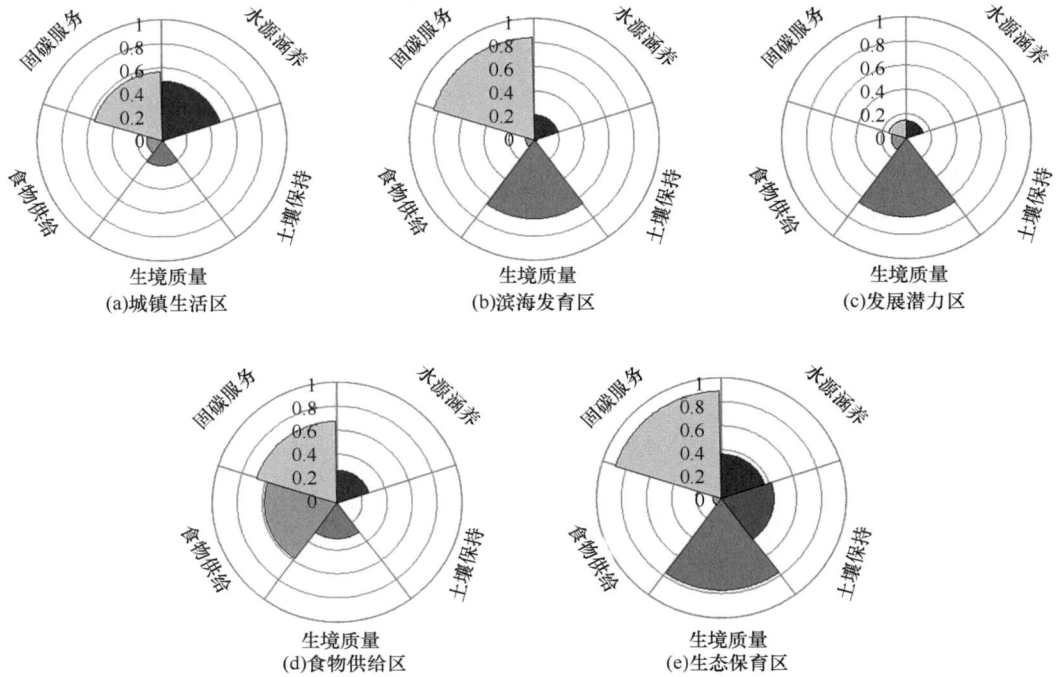

图 5-27　山东省生态系统服务簇分布模式

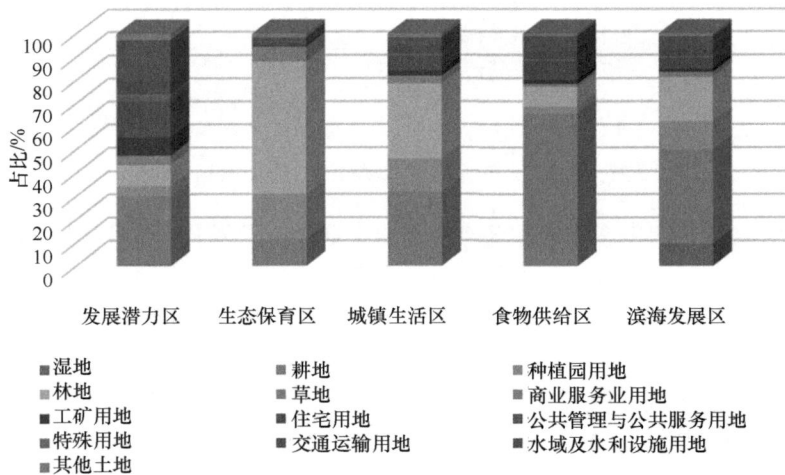

图 5-28　山东省生态系统服务簇主要土地利用类型识别

滨海发展区主要土地利用方式为耕地、林地、种植园用地和湿地，滨海发育区生态服务指数以固碳服务和生境质量最高，其次为水源涵养功能，食物供给和土壤保持最低。

针对该区的发展，应注重沿海湿地保护，开展湿地生态保护工程，强化黄河三角洲现有湿地及新增湿地的保护措施，加快开展陆域湿地、潮间带湿地、浅海湿地生态治理，建设珍稀濒危鸟类栖息地、海洋生物综合保育区和特色植被保育区，生态治理外来有害物种，保护滨海湿地生物多样性。

食物供给区土地利用方式主要为耕地、林地和住宅用地，与城镇生活区相比，其耕地占比更大，食物供给区的生态系统服务功能以食物供给和固碳服务最高，同时具备一定的水源涵养和生境质量功能。食物供给区耕地占比超过 60%，是山东省主要的粮食产粮区，保护耕地数量、质量水平是本区域未来发展的着重点。应响应国家号召，强化管控措施，明确耕地保护责任制度；同时从空间规划角度科学测算和规划用地方式，尽量避免占用耕地特别是基本农田，在规划中也应提前统筹好生态保护红线、自然保护范围及永久基本农田等，实现国土空间的整体保护和布局优化。

发展潜力区以耕地、水域及水利设施用地为主，水域占比高是该区的特点，发展潜力以生境质量为主要功能，其余功能均较低。针对该区的发展，首先应注重海湾整治修复，改善近海海水水质，增加滨海湿地面积，打造蓝色海湾，建设美丽海湾；其次，可通过实施岸线修复和生态化建设，推进受损沙滩建设和滨海休闲廊道建设等工程；此外，可以开发沿海的生态养殖工程，推广经济效益高但对海洋生态影响小的养殖项目，重点进行海洋渔业生态保护的建设，对珍稀濒危鱼类做到重点保护，维护海洋渔业的生态系统平衡，逐步实现海洋生物资源的恢复和发展；最后，推进海岛整治和生态修复，维护海岛典型生态系统稳定性和物种多样性（申嘉澍等，2021）。

生态保育区不同于其他分区，其耕地占比更小，主要以林地和种植园用地为主，其中林地占比高达 56.98%，生态保育区以固碳服务和生境维持功能为主，兼具较高的水源涵养和土壤保持功能，同时具有微弱的食物供给功能。生态保育区是重要的生物栖息地及碳库，也是山东的生态保护屏障。在未来发展中，决策者应保证该区域的森林资源范围，加大退耕还林还草政策，避免临近农田的林地、草地被侵占，建立自然保护栖息地，让人与自然和谐相处。

第四节　生态系统服务功能与区域经济高质量发展

随着山东省经济的高速发展，环境生态问题也愈加凸显，可持续发展与生态文明建设等概念已经提升到了新的高度，在国家"十四五"规划纲要中明确提出要优化区域经济布局促进区域协调发展，健全区域协调发展体制机制，构建高质量发展的区域经济布局和国土空间支撑体系，进一步确立了生态安全和经济发展具有同样重要的战略地位，如何平衡生态系统与区域经济之间的关系是各界关注的重点。

一、区域高质量发展指标

为客观、科学反映山东省生态系统服务与经济高质量发展之间的关系，根据生态系

山东国土资源

统服务和区域高质量发展两者的要义，同时依据数据可获取和可量化性、研究意义科学性等原则，参考相关研究，从基础发展、开放发展、教育发展、协调发展四个方面构建指标体系，基础发展由人口密度和地均 GDP 表示，衡量山东省基础人力及县（市、区）经济发展程度；开放发展用出口额占 GDP 比重表示；教育发展以中学和小学教师专任数、教育支出占公共预算比例计算；协调发展通过计算公共财政收支和城乡居民收入差距衡量，最后通过熵权法对经济发展水平进行评价（杜霞等，2020；韩增林等，2020）。通过固碳指数、水源涵养、土壤保持、食物供给和生境维持五个方面等比赋权重后评价综合生态系统服务功能，并利用耦合协调度模型对两者关系进行分析（表 5-4）。

表 5-4 山东省经济高质量发展和生态系统服务功能评价指标体系

目标层	准则层	指标层	单位
经济高质量发展	基础发展	人口密度	万人/km^2
		地均 GDP	亿元/hm^2
	开放发展	出口额/GDP	
	教育发展	普通中学专任教师数	人
		教育支出/公共财政预算支出	%
		小学专任教师数	人
	协调发展	公共财政收支差距	元
		城乡居民收入差距	元
生态环境指标	生态系统服务功能	固碳指数	无量纲
		水源涵养	mm
		土壤保持	t/hm^2
		食物供给	t/hm^2
		生境维持	无量纲

二、生态系统服务与区域高质量发展水平

2019 年山东省经济高质量发展与生态系统服务功能的耦合度介于[0，0.6]区间，为方便比较各个县（市、区）之间协调度的情况，将经济发展与生态系统耦合度分为五个等级，分别是优秀（0.49～0.60）、良好（0.37～0.48）、中等（0.25～0.36）、较差（0.13～0.24）和差（0.00～0.12）。总体而言，山东省经济发展与生态系统耦合度空间呈现明显的"块状"分布，高值区域较少，东部沿海区域耦合度好（图 5-29），济南市、青岛市、烟台市、威海市、潍坊市和东营市的大部分县（市、区）耦合度均在平均值以上，其余大部分县（市、区）的耦合效果较差。从区域经济的角度上看，耦合度较好的都是经济发展相对较好的区域，说明在经济发达的地区，经济高质量发展与生态服务间具有协调作用，经济的可持续发展一定程度上对生态保护具有促进作用；从地理位置上看，耦合度较好的地区大部分都沿海分布，高值区四个中有三个沿海。全省耦合度较优的地区和耦合度差的地区相对很少（表 5-5），分别只有福山区、城阳区、历下区、环翠区四个和市北区、市南区两个，耦合度处于良好、中等、较差三个层级的行政区较多，市北区、市南区耦合度较低的原因在于两个区域内生态用地较少，生态系统服务功能值较低。

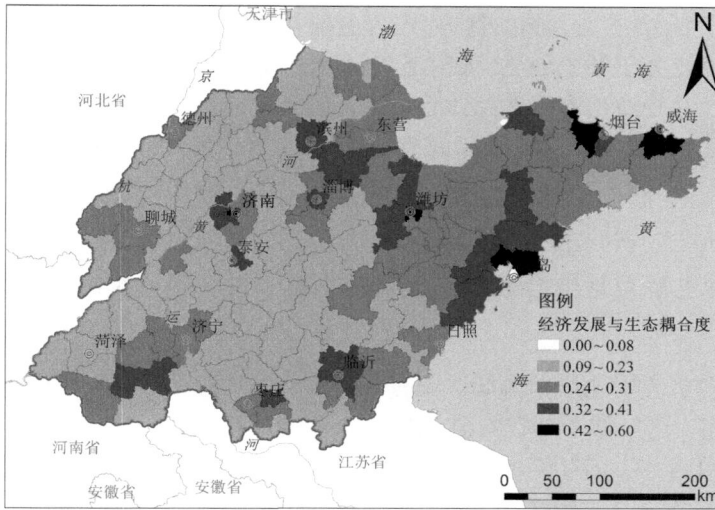

图 5-29　2019 年山东省经济高质量发展与生态系统服务功能的耦合度分布

表 5-5　区域经济发展与生态系统耦合度分类

区域经济发展与生态系统耦合度关系	行政区名称
优秀	福山区、城阳区、历下区、环翠区
良好	招远市、莱阳市、德城区、金乡县、崂山区、李沧区、胶州市、黄岛区、槐荫区、市中区、天桥区、滨城区、广饶县、奎文区
中等	阳谷县、冠县、东昌府区、嘉祥县、巨野县、曹县、临淄区、淄川区、周村区、桓台县、薛城区、东港区、河东区、兰山区、临沭县、罗庄区、招远市、栖霞市、蓬莱市、牟平区、龙口市、莱阳市、莱山区、海阳市、平度市、莱西市、即墨区、历城区、平阴县、博兴县、德城区、垦利区、河口区、东营区、泰山区、文登区、荣成市、诸城市、潍城区、寿光市、寒亭区、高密市、坊子区、昌邑市、昌乐县、安丘市、兖州区①、任城区、金乡县
较差	莘县、临清市、高唐县、东阿县、茌平区②、郓城县、牡丹区、鄄城县、东明县、定陶区、单县、沂源县、高青县、博山区、峄城区、滕州市、台儿庄区、山亭区、莒县、岚山区、五莲县、费县、莒南县、苍山县③、蒙阴县、平邑县、郯城县、沂南县、沂水县、长岛县、莱州市、钢城区、济阳区④、莱芜市、商河县、章丘区、长清区、惠民县、无棣县、阳信县、沾化区、邹平市、禹城市、夏津县、武城县、庆云县、齐河县、平原县、宁津县、陵城区⑤、临邑县、乐陵市、利津县、岱岳区、东平县、肥城市、宁阳县、新泰市、乳山市、青州市、临朐县、邹城市、鱼台县、汶上县、微山县、泗水县、曲阜市、梁山县
差	市北区、市南区

注：① 2013 年 11 月撤销兖州市，设立济宁市兖州区；② 2019 年撤销茌平县，设立茌平区；③ 2014 年 1 月恢复为兰陵县；④ 2018 年 6 月撤销济阳县，设立济南市济阳区；⑤ 2014 年 10 月撤销陵县，设立德州市陵城区。

第五节　生态用地利用问题与调控建议

一、生态用地利用问题

（一）全省生态用地总体数量下降，耕地数量减少最多

山东省生态用地总体数量下降，在 137 个县（市、区）中，2009～2019 年间生态用

地数量上升的仅有 15 个县（市、区），仅占全部县（市、区）的 11%。山东省各市耕地占生态用地比例均处于领先地位，如菏泽市、聊城市耕地占生态用地比例甚至超过 80%，耕地数量的减少是导致生态用地总体数量下降的主要原因，此外草地是除耕地外另一个总体数量下降的地类，2009~2019 年间有 90 个县（市、区）的草地数量下降，占到所有的县（市、区）的 66.2%。生态用地数量的下降会直接导致生态用地效率的降低，间接引起相应区域生态功能的下降。

（二）全省生态用地综合效率偏低，多个县（市、区）生态用地效率低于全省均值

山东省综合生态用地效率偏低，仅有 8% 的县（市、区）生态用地效率达到 86% 以上，半数县（市、区）低于全省均值（55%）。生态用地技术效率低（63%）是导致综合生态效率低的原因，山东省仅有 16% 的县（市、区）技术效率到达了 86% 以上，技术效率量化的是投入资源的合理性，这说明山东省在生态用地效率上投入的土地、劳动力和资金等资源配置不合理。此外相较于 2009 年，山东省生态用地综合效率整体下降了 4.8%，所有县（市、区）中综合生态用地效率上升的有 44 个，下降的有 76 个，与上述成因一致，技术效率的下降是直接导致综合生态用地效率下降的原因，相较于 2009 年，2019 年技术效率上升的县（市、区）有 40 个，而技术效率下降的县（市、区）则有 66 个。总体而言，山东省整体生态用地效率呈现低位运行，未来区域生态用地综合效率仍然有极大的提升空间，亟需优化投入的资源配置。

（三）全省生态系统服务功能总体下降，食物供给和水源涵养功能降低是导致其下降的主要原因

山东省生态服务功能指数 2019 年相较 2009 年总体下降了 0.11，16 个城市中，仅有淄博、东营、临沂、济南和滨州 5 个城市相较于 2009 年生态服务功能指数上升，其余 11 个城市的生态服务功能指数均有不同程度下降。食物供给服务指数的降低表明粮食供给量下降，而水源涵养的下降表明区域内水分循环功能下降。

（四）各市区域经济高质量与生态系统服务功能协调度存在差距，部分县（市、区）耦合度偏低

山东省区域高质量发展与生态系统服务功能协调总体协调度相对较低，按五等划分，中等和较差的占比县（市、区）最多，总体全省偏低的协调度表示在大部分县（市、区）经济高质量发展和生态系统服务两者之间并未形成好的促进效应。

二、生态用地调控建议

（一）保障生态用地数量，优化区域生态空间布局

生态用地由多种土地利用类型共同构成，它能直接或间接改进区域内生态关系，提供不同的生态系统服务功能。只有通过改良人和地二者间的关系，才能保障生态用地数量，从而达到经济–生态的可持续发展。实现这一目的可以从以下两点入手：一方面，从"土地"角度出发，需要强调土地资源高效利用和强化重点区域土地生态保护，以期提高土地的生态环境承载能力；同时，也要考虑区域内各类生态用地数量结构是否合理，空间布局是否最优，以期达到区域空间利用的最优化配置。另一方面，从"人"的角度出发，首先，坚持以习近平生态文明思想为指导，坚定树立"绿水青山就是金山银山"的发展理念，从思想上确定生态用地的重要性；其次，在经济社会发展中需要优化调控，统筹规划土地利用的模式和结构；最后，结合"人""地"两者的角度，共同构建国土空间保护和环境质量提高的格局。

（二）优化资源投入配置，提高生态用地技术效率，从而提高生态用地综合效率

生态用地综合效率受到技术效率和规模效率两者的共同作用。山东省过去十年，技术效率明显下降而规模效率明显上升，说明急需改善资源投入配置，最大化利用投入的资源实现生态用地效率的提高，生态效率的提高不仅能提升资源的利用，同时也能改善区域生态环境。

（三）提高生态系统服务价值，促进生态系统服务间的协同效应

在 2021 年 12 月 28 日生态环境部印发的《"十四五"生态环境监测规划》中明确指出要将"山水林田湖草沙系统治理"，表明了各种生态用地共同构建了一个生命共同体，而生态系统服务恰恰就是这个生命共同体里的血液。虽然不同土地利用类型、强度和格局产生的生态系统服务效应不同，提升的具体生态系统服务功能也不一样，但是它们都是生态共同体中的一环。决策者在调控山东省生态系统服务时，需要考虑到不同地类转换带来的生态影响，譬如，提高耕地数量对于粮食供给功能的提高有显著帮助，但同时生态地类的内部转换会导致其他生态系统服务功能的下降。此外，在调控时也应注意空间效应，尤其是地形、土壤条件和气候对当前区域土地类型的影响。就山东省而言，高降水地区应注意保护林地数量，提高水源涵养功能和土壤保持功能；鲁中山区不适宜耕作的土地应适当转化为林地，提高总体生态系统服务效益；省内建设用地的开发必然会引起生态用地数量的下降，从而间接对生态系统服务供给功能产生影响，这就需要决策者在总体上依据不同地区生态系统服务功能的高低进行取舍。总而言之，在生态优先、绿色发展理念指导下，要将省内水林草作为一个生命共同体，统筹兼顾耕、园、湿、水、林、草之间的关联。决策者应该考虑建设用地与生态用地间转化与权衡的关系，确保生态系统服务功能总值不减少、数量不下降、效益不降低。

（四）构建经济高质量发展与生态环境保护的协调机制

科学调整土地利用与布局，强化财政、生态、环境多部门对经济高质量发展与生态系统服务协调的联动，提高经济效益和生态效益之间的补偿机制，解决山东省经济生态协调发展的现实问题，在以"坚持人与自然和谐共生"的原则上，进一步探索实现经济发展与生态系统服务耦合上升的方法。

第六章 城镇建设用地与新型城镇化

在城镇化进程中，城镇建设用地是社会经济发展的重要载体和物质基础，有序合理高效的城镇用地增长与利用是城镇可持续发展的关键之所在。本章对山东省城镇建设用地利用现状与变化进行分析，评价城镇建设用地集约利用水平，并进一步解构新型城镇化内涵，对全省县（市、区）新型城镇化发展水平进行评价，在此基础上，探究城镇间联系网络与空间格局，旨在为山东省城镇建设用地集约节约利用，新型城镇化发展水平的提高，全省高质量协同发展的实现提供一定的参考。

第一节 城镇建设用地现状

本节是对 2019 年全省城市（201）、建制镇（202）范围内的建设用地进行分析，主要分为两部分，一是对各地市城镇建设用地的数量结构特征进行剖析，二是探究全省城镇建设用地空间分异特征。

一、城镇建设用地数量结构特征

2019 年山东省城镇用地面积约为 89.72 万 hm^2，城市用地面积为 50.52 万 hm^2，建制镇用地面积为 39.20 万 hm^2。其中，城镇建设用地面积约为 82.41 万 hm^2，约占城镇用地面积的 91.85%，城市建设用地面积约为 45.78 万 hm^2，建制镇建设用地面积约为 36.63 万 hm^2，分别占城镇建设用地的 55.55%和 44.45%。

山东省各市城镇建设用地规模差异较大（图 6-1），其中，青岛市城镇建设用地面积最大，约为 11.07 万 hm^2，约占全省城镇建设用地总面积的 13.44%，而枣庄市城镇建设用地面积最小，约为 2.43 万 hm^2，仅占全省的 2.95%，约为青岛市城镇建设用地面积的五分之一。潍坊市、烟台市以及济南市城镇建设用地规模也较大，面积均在 7 万 hm^2 以上，3 市比例合计约占全省城镇建设用地总面积的 27.55%。临沂市与济宁市城镇建设用地规模处于中等水平，分别为 6.53 万 hm^2 和 5.88 万 hm^2，两市比例合计约占全省城镇建设用地总面积的 15.06%。东营、泰安、聊城以及滨州等市城镇建设用地规模相对较小，均在 3.5 万 hm^2 左右。青岛市不仅是全省城镇建设用地规模最大的地区，还是城镇建设用地占建设用地比例最高的地区，其城镇建设用地约占全市建设用地总面积的 46.73%，其次是烟台市、威海市和济南市，城镇建设用地分别约占建设用地总面积的 41.14%、40.66%和 37.24%，菏泽市城镇建设用地占比较低，城镇建设用地仅占该市总建设用地的 19.08%。

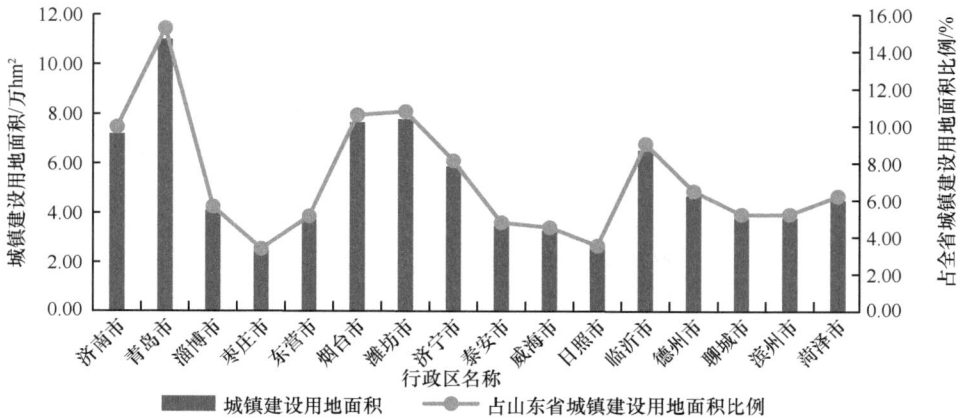

图 6-1　2019 年山东省各地级市城镇建设用地面积与占比

全省城镇建设用地中住宅用地与工矿用地是主要用地类型（图 6-2），分别占城镇建设用地的 39.28% 和 26.32%，商业服务业用地、交通运输用地以及公共管理与公共服务用地规模分别占城镇建设用地总规模的 11.42%、11.28%、10.92%，而特殊用地和其他土地占比较少，分别仅占 0.70% 和 0.08%。

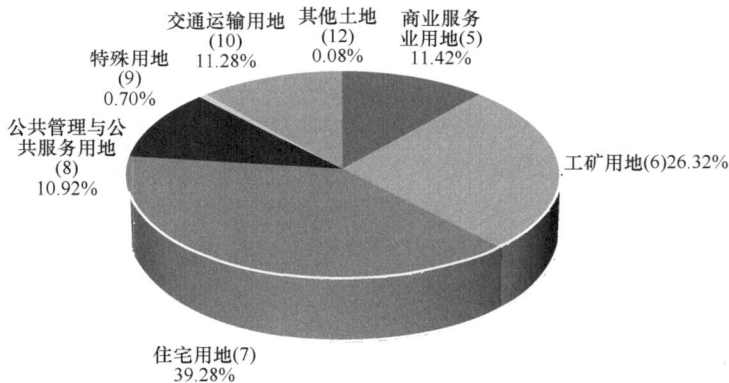

图 6-2　2019 年山东省城镇建设用地结构

山东省各市城镇建设用地内部结构差异不大（表 6-1），住宅用地与工矿用地约占城镇建设用地总面积的 65% 左右，商业服务业用地、公共管理与公共服务用地以及交通运输用地各占 10% 左右。具体来看，青岛市、日照市与临沂市商业服务业用地所占比例较大，三市商业服务业用地供给相对充足，相应配套设施较为完备；滨州市与东营市矿产资源较丰富，工业发展较好，工矿用地所占比例较高；菏泽市、临沂市与枣庄市住宅用地占有较大比例，接近 50%；济南市作为全省的政治文化中心，其公共管理与公共服务用地与特殊用地在城镇建设用地中的比重在全省中最高；日照市、济宁市、聊城市以及青岛市交通运输用地所占比例均在 12% 以上，交通基础设施建设规模相对较大；济南市与潍坊市的其他土地所占比例稍大于其他地市，两市仍保有一定数量的土地后备资源，具有一定的挖潜空间。

表 6-1　2019 年山东省各市城镇各类建设用地占比　　　　　　（单位：%）

行政区名称	商业服务业用地	工矿用地	住宅用地	公共管理与公共服务用地	特殊用地	交通运输用地	水域及水利设施用地	其他土地
济南市	12.26	21.13	38.86	14.16	1.55	11.87	0.00	0.17
青岛市	13.10	29.23	33.44	10.85	1.18	12.09	0.00	0.11
淄博市	11.27	26.74	39.72	11.48	0.61	10.10	0.00	0.08
枣庄市	10.47	19.12	47.53	10.65	0.72	11.50	0.00	0.01
东营市	10.40	36.86	30.24	11.41	0.12	10.92	0.00	0.05
烟台市	10.87	32.95	35.51	9.61	1.10	9.84	0.00	0.12
潍坊市	11.05	29.23	38.78	9.33	0.52	10.91	0.00	0.18
济宁市	11.34	20.68	43.02	11.88	0.75	12.30	0.00	0.03
泰安市	10.86	20.84	45.13	10.99	0.30	11.85	0.00	0.03
威海市	9.83	26.63	40.98	10.68	0.96	10.91	0.00	0.01
日照市	13.66	20.53	40.78	11.16	0.31	13.57	0.00	0.00
临沂市	13.24	18.23	47.44	9.93	0.41	10.75	0.00	0.00
德州市	10.18	32.79	36.11	10.63	0.21	10.00	0.00	0.08
聊城市	10.68	24.01	41.73	11.00	0.36	12.20	0.00	0.02
滨州市	10.17	37.79	30.38	10.68	0.21	10.75	0.00	0.02
菏泽市	9.75	17.79	49.71	10.81	0.22	11.67	0.00	0.05
山东省	11.42	26.32	39.28	10.92	0.70	11.28	0.00	0.08

二、城镇建设用地空间分布特征

从表 6-2 可以看出，2019 年山东省山前环状平原城镇建设用地总规模最大，约为 28.17 万 hm²，其次是鲁东丘陵地区，约为 22.84 万 hm²，鲁、西北平原地区约为 17.57 万 hm²，鲁北滨海黄河三角洲地区与鲁中山地地区城镇建设用地规模相对较小，分别约为 6.92 万 hm² 与 6.91 万 hm²。鲁东丘陵区城镇建设用地平均规模最大，约为 0.76 万 hm²，青岛市黄岛区城镇建设用地规模居全省之首，高达 2.44 万 hm²，即墨区城镇建设用地规模也较大，约为 2.03 万 hm²，长岛县城镇建设用地规模最小，仅为 437.61hm²；鲁北滨海黄河三角洲与山前环状平原区的城镇建设用地平均规模相当，分别约为 0.69 万 hm² 与 0.66 万 hm²，而鲁中山地地区与鲁西、北平原区城镇建设用地平均规模相当，分别约为 0.46 万 hm² 与 0.45 万 hm²。基于"七普"人口统计数据计算人均城镇建设用地面积，发现各分区人均城镇建设用地规模相差较大，鲁北滨海黄河三角洲人均城镇建设用地高达 204.12m²/人，而鲁中山地地区与山前环状平原区人均约为 110m²/人。

表 6-2　2019 年山东省各分区城镇建设用地规模

分区名称	城镇建设用地总规模/万 hm²	平均规模/万 hm²	人均城镇建设用地/（m²/人）
鲁东丘陵区	22.84	0.76	143.86
鲁中山地地区	6.91	0.46	110.64
山前环状平原区	28.17	0.66	113.54
鲁西、北平原区	17.57	0.45	132.42
鲁北滨海黄河三角洲	6.92	0.69	204.12

全省城镇建设用地规模空间分异明显（图 6-3），各地级市中心县（市、区）均保有较大规模的城镇建设用地，但从分布格局来看，呈现出不同的特征。菏泽、济宁、聊城、德州、滨州、日照、临沂等市仍处于以中心城区发展为主的阶段，大规模建设用地主要分布在牡丹区、任城区、东昌府区、德城区、滨城区、东港区以及兰山区等主城区。而济南、青岛、烟台、潍坊等市发展重心外扩，中心县（市、区）保有一定数量的建设用地，周边县（市、区）建设用地规模更大，例如历城区、黄岛区、福山区以及寒亭区等城镇建设用地均在 1 万 hm² 以上，逐渐成为各市发展的"新龙头"。

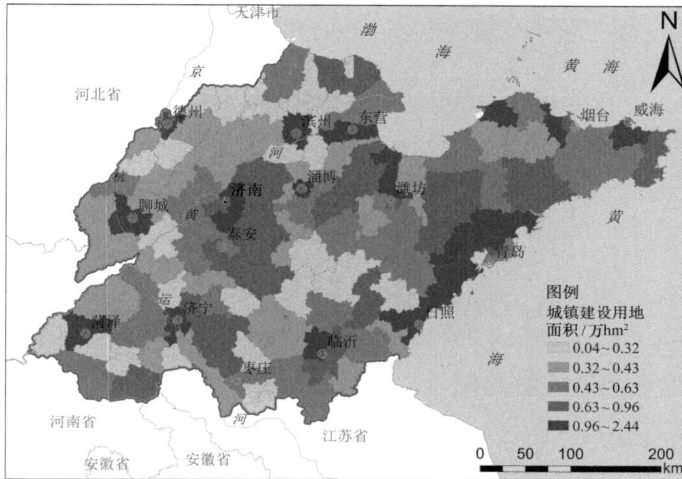

图 6-3　2019 年山东省各县（市、区）城镇建设用地面积

2019 年全省各县（市、区）人均城镇建设用地平均规模为 140.57m²/人，各县（市、区）差异较大，共有 50 个县（市、区）高于全省平均水平，24 个县（市、区）低于 100m²/人（图 6-4）。东营市、烟台市与威海市的县（市、区）人均城镇建设用地面积明显高于

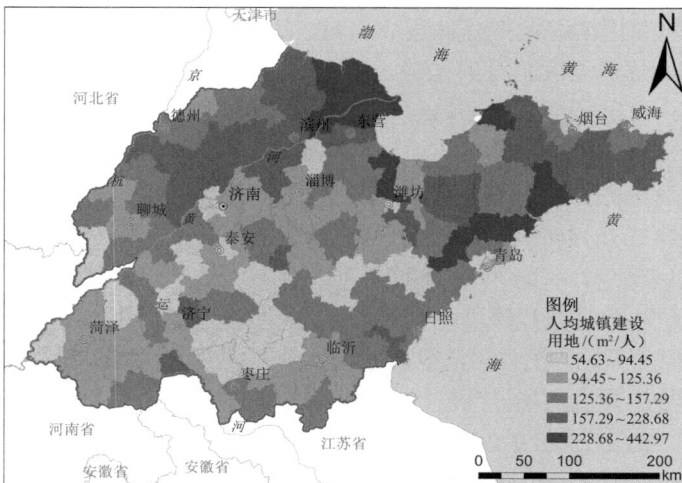

图 6-4　2019 年山东省各县（市、区）人均城镇建设用地面积

其他地区，东营市各县（市、区）的人均城镇建设用地规模普遍较大，河口区与垦利区人均城镇建设用地面积位居全省前两位，分别为 442.97m²/人和 384.65m²/人，烟台和威海两市除中心县（市、区）外其他大部分县（市、区）的人均城镇建设用地面积高于全省平均水平。各地市的中心县（市、区）人均城镇建设用地均较小，青岛市的市北区和市南区人均城镇建设用地仅为 54.63m²/人和 58.23m²/人，济南市中心城区也呈现连片低值，槐荫区、市中区、历下区和天桥区人均城镇建设用地均较少，分别为 70.73m²/人、78.68m²/人、79.96m²/人和 83.00m²/人。

第二节　城镇建设用地时空格局演变

随着经济社会发展和人类生产生活方式的转变，城镇建设用地逐渐成为城镇化"主战场"，本节主要从规模、形态、扩张模式及其效应三个方面出发探究全省城镇建设用地的演变规律，并进一步探究驱动城镇建设用地变化的因素，以期为把控城镇建设用地变化方向，推动国土资源的可持续利用奠定基础。

一、城镇建设用地变化格局

（一）城镇建设用地规模变化

山东省 2009 年城镇建设用地面积为 60.53 万 hm²，2019 年较 2009 年增加了 21.88 万 hm²，其中城市建设用地面积增加了 11.69 万 hm²，建制镇建设用地面积增加了 10.19 万 hm²。2009～2019 年间城镇建设用地占全省土地总面积比例提高了 1.38 个百分点，年均变化率为 3.12%。青岛市城镇建设用地扩张规模最大，新增面积约为 3.11 万 hm²，其次是烟台市，用地规模增加了 2.3 万 hm²，临沂、济宁、菏泽等市扩张规模也达到了 1.7 万 hm² 左右，而济南、淄博、枣庄等市扩张规模较小，不到 1 万 hm²，淄博市新增城镇建设用地仅为 0.38 万 hm²。

受"三调"城镇用地细化打开调查的影响，2009～2019 年间，山东省部分城市呈现出中心城区收缩，周边城区扩张的态势。济南市历下区、市中区、槐荫区，青岛市市南区、市北区，烟台市芝罘区等中心城区城镇建设用地面积均存在一定的减少趋势，而青岛市即墨区、黄岛区，烟台市龙口市、福山区等城镇建设用地扩张明显，即墨区与黄岛区更是全省城镇建设用地规模增加最多的地区，这表明济南、青岛以及烟台等市的"单中心"城市发展模式开始转变，周边县（市、区）的工业园区、经济开发区等建设步伐加快，新城区发展迅速，"多点多中心"城市空间布局正在逐步形成。

利用象限方位法分析城镇建设用地扩张方向，以各地级市几何中心为原点，东西方向为横轴，南北方向为纵轴，按照四象限八方位将各地级市划分为 8 个象限分区，分别将两期用地数据进行空间叠加与统计分析以获得城镇建设用地在不同方向上的扩张面积（吴萌萌，2018；汪雄，2020）。山东省各地级市表现出了不同的特点（图 6-5），东部地区向海扩张明显，青岛市城镇建设用地向南、向东扩张幅度较大，东营市、威海市向东北方向扩张，烟台市向西北方向扩张，潍坊市向北扩张，日照市则向东南方向扩张，表明沿海产业带与经济带开发建设步伐加快，对用地需求也随之加大。中部地区受地势影响，城市主要沿中心城区聚合扩张，济南市、淄博市、泰安市、滨州市城镇建设用地扩张相对集聚，朝不同方向扩张的幅度相差不大，临沂市向南部平原地区扩张相对明显，其他方向扩张相对收敛。西部地区城市扩张较为发散，西部地势平坦，城市扩张方向受地形约束较小，发展空间较大，各市城镇建设用地在各方向上均有一定幅度扩张，聊城市扩张相对平均，菏泽市与枣庄市东部稍有收缩向其他方向延展，济宁市主要向西拓展，德州市沿西北、东北、南方向呈三角扩展。

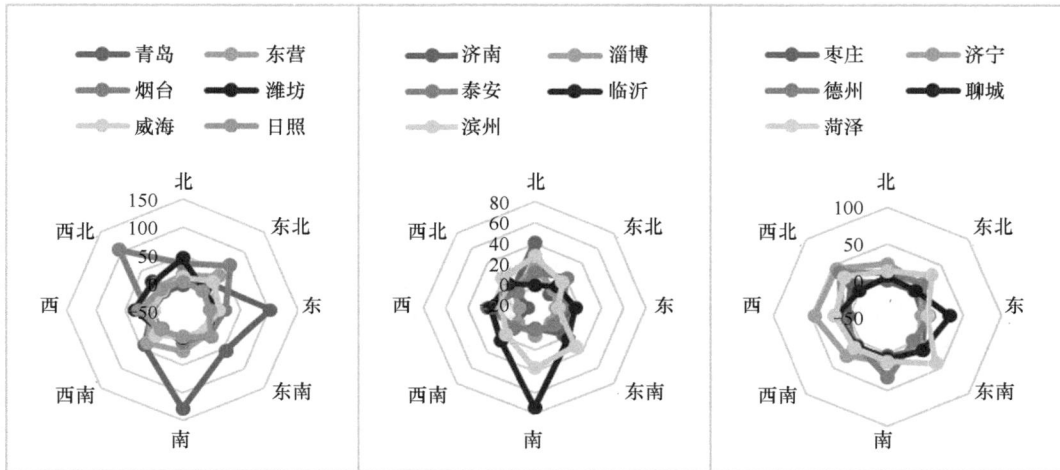

图 6-5 2009～2019 年山东省城镇建设用地扩张方向

利用扩张速度与扩张强度进一步分析城镇建设用地规模变化特征。扩张速度反映建设用地扩张的快慢程度，扩张强度反映单元城镇建设用地在单元内扩张剧烈程度（陈金雪，2020）。计算公式如下：

$$S = \frac{U_b - U_a}{U_a} \times \frac{1}{T} \times 100\% \qquad (6-1)$$

$$I = \frac{U_b - U_a}{A} \times \frac{1}{T} \times 100\% \qquad (6-2)$$

式中，S 为城镇建设用地扩张速度指数；I 为城镇建设用地扩张强度指数；U_a、U_b 分别为 2009 年、2019 年城镇建设用地面积；A 为国土总面积；T 为研究时段。

根据式（6-1）得到山东省城镇建设用地扩张速度（图 6-6）。2009～2019 年山东省扩张速度为 3.86%，16 个地级市城镇建设用地平均扩张速度为 4.18%，两个副省级城市济南市与青岛市扩张速度均低于地级市平均扩张速度，分别为 1.35%、4.10%，滨州市扩张速度最快，扩张速率为 7.41%，其次为东营市与菏泽市，淄博市扩张速度最慢，扩张速率仅为 1.01%。在县（县级市）尺度上，平均扩张速率为 4.68%，东部沿海县（市、区）扩张相对较快，例如东营市垦利区扩张速度高达 26.67%，河口区扩张速率为 19.72%，青岛市即墨区扩张速度为 17.85%，西部平原地区部分县（市、区）扩张速度也均在 10% 以上，例如菏泽市单县、郓城县，济宁市金乡县、嘉祥县等，而中部县（市、区）则以低速缓慢扩张为主。

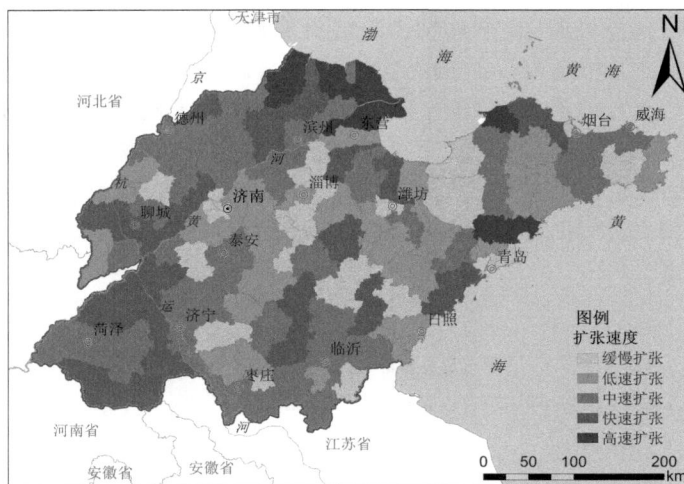

图 6-6　2009～2019 年山东省城镇建设用地扩张速度

　　根据式（6-2）得到山东省城镇建设用地扩张强度（图 6-7）。山东省 2009～2019 年间城镇建设用地扩张强度整体不高，全省扩张强度指数为 0.15%。青岛市城镇化、工业化发展加快，城镇建设用地扩张剧烈，扩张强度达到了 0.29%，约为全省平均水平的两倍，其次为东营市与滨州市，扩张强度达到了 0.18% 左右，淄博市与济南市扩张强度较小，分别为 0.06% 与 0.08%。全省各县（市、区）城镇建设用地扩张强度与扩张速度保持一致，中部县（市、区）城镇建设用地扩张相对平缓，枣庄、临沂、泰安等市除中心县（市、区）例如薛城区、兰山城区、泰山区等扩张相对明显，其余大部分县（市、区）扩张强度较小，东部沿海环莱州湾、胶州湾部分县（市、区）大力发展外向型海洋经济，产业结构调整升级，传统工业向工业园区集中，城镇建设用地扩张较为剧烈，西部平原县（市、区）处于经济发展加速期，城乡建设用地内部结构逐步调整，城镇建设用地规模平稳扩大。

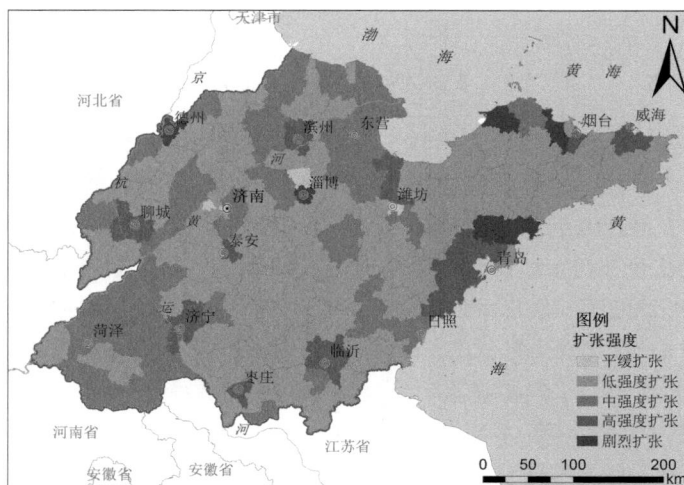

图 6-7　2009～2019 年山东省城镇建设用地扩张强度

（二）城镇建设用地形态变化

山东省城镇建设用地分布形态总体上呈现出"小集中大分散"的特点，城市建设用地相对集中，建制镇建设用地较为分散。具体来看大致可分为三类，一类是中心县城城镇建设用地呈块状分布，济南市、潍坊市此特征较为突出，济南市历下区、市中区、历城区以及槐荫区城镇建设用地连片分布，潍坊市潍城区、奎文区、坊子区以及寒亭区城镇建设用地分布集中，构成了济南市与潍坊市发展的中心；一类是东部沿海呈条带状分布，青岛市市南区、市北区、李沧区以及黄岛区与烟台市芝罘区、福山区、莱山区、牟平区城镇建设用地均环海分布，逐步形成海洋经济带；还有一类则是呈零星点状分布，西部平原地区此特征最为明显，菏泽、德州、聊城、滨州等市城镇建设用地分布相对均匀，在每个县（市、区）中心均形成了一定规模的城镇建设用地聚集区。

利用斑块尺度的形状指数（SHAPE）、分形维数（D）、斑块结合度指数（COHESION）和集聚度指数（AI）分析城镇建设用地形态变化特征（李广东和戚伟，2019；王中义，2020；尚新华，2020）。斑块形状指数反映景观形状复杂度的指数，取值越大表明景观或景观类型斑块的形状不规则性越强。分形维数反映了地块内部的填充能力和城市建设用地边界不规则的复杂程度。分形维数 D 值增大，表明建设用地紧凑度降低，用地破碎；D 值降低，则表明建设用地趋于紧凑，以内部填充为主。分形维数理论值介于 1～2 之间，$D<1.5$ 时，表明图形趋于简单；$D=1.5$ 时，表明图形处于布朗随机运动状态；$D>1.5$ 时，表明图形趋于复杂。斑块结合度指数表征景观类型中的斑块间物理连通状况，取值越高，表明斑块破碎度越低，聚集度越高。集聚度指数反映每一种景观类型斑块间的连通性，取值越小，景观越离散，反之，景观越紧凑。计算公式如下：

$$SHAPE = \frac{0.25P_i}{\sqrt{a_i}} \tag{6-3}$$

$$D = 2\ln\left(\frac{P_i}{4}\right)/\ln\left(a_i\right) \tag{6-4}$$

$$COHESION = \left(1 - \frac{\sum_{i=1}^{n} P_i}{\sum_{i=1}^{n} P_i \sqrt{a_i}}\right)\left(1 - \frac{1}{\sqrt{Z}}\right)^{-1} \tag{6-5}$$

$$AI = \left[\frac{g_i}{\max \rightarrow g_i}\right] \tag{6-6}$$

式中，P_i 为斑块周长；a_i 为斑块面积；Z 为景观总栅格数；g_i 为相应景观类型的相似邻接斑块数量。

根据式（6-3）和式（6-4）得到山东省城镇建设用地图斑的形状指数与分形维数。在 2009～2019 年间，山东省城镇建设用地分布整体特征并未发生明显改变，但从城镇建设用地图斑来看，2019 年图斑平均形状指数与分形维数分别为 1.67、1.10，2009 年分别为 1.10、1.05，形状指数与分形维数均有所增加，原因在于"二调"是将城镇作为一个完整范围圈进行调查，而"三调"是进行了地类的细化调查，使得全省城镇建设用地图斑呈现出不规则的趋势。各市城镇建设用地图斑的形状指数与分形维数差异不大，济南、青岛、烟台等市图斑形状相对规整，但各市图斑形状指数与分形维数均在增大，表明各市图斑形状均趋于复杂，城镇建设用地内部格局仍处于快速变化阶段。

根据式（6-5）和式（6-6）得到山东省城镇建设用地的斑块结合度指数与集聚度指数（表6-3）。2019年山东省城镇建设用地斑块结合度指数为96.92，集聚度指数为83.47，与2009年相比均有所提高，2009年斑块结合度指数为94.46，集聚度指数为80.57，表明全省城镇建设用地布局整体上趋于合理，建设用地分布趋于集中。在16个地级市中，75%的城市斑块结合度与集聚度均呈上升趋势，其中滨州市提升幅度最大，表明该市城镇建设用地在扩张的过程中与原有建成区结合较好，建设用地集中连片度有所提高；济南、东营、威海、德州四市斑块结合度指数虽呈上升趋势，但幅度较小，且集聚度指数下降明显，表明在城市发展进程中，周边县（市、区）处于快速扩张阶段，但尚未形成较大规模，中心县（市、区）扩张相对平缓，使得城市整体的离散程度增加。

表6-3 2009年与2019年山东省城镇建设用地斑块结合度指数和集聚度指数

行政区名称	2009 年		2019 年	
	斑块结合度指数	集聚度指数	斑块结合度指数	集聚度指数
济南市	98.07	88.72	98.48	86.02
青岛市	97.38	84.30	98.11	85.74
淄博市	95.45	81.11	96.67	83.84
枣庄市	95.54	80.20	97.28	84.51
东营市	95.84	88.77	96.83	82.69
烟台市	95.54	82.55	96.20	83.49
潍坊市	96.54	84.72	97.31	85.69
济宁市	94.57	81.74	96.78	83.44
泰安市	95.58	83.55	97.00	83.74
威海市	95.99	83.37	96.52	80.10
日照市	95.50	82.09	97.56	83.74
临沂市	95.92	83.55	97.15	85.33
德州市	96.13	87.28	96.44	85.01
聊城市	94.83	82.05	96.62	85.49
滨州市	91.91	78.16	96.54	83.26
山东省	94.46	80.57	96.92	83.47

从图6-8可以看出，56.93%的县（市、区）斑块结合指数与集聚指数均有所提高，枣庄市所有县（市、区）、潍坊、济宁、泰安、滨州、聊城等市的大部分县（市、区）城镇建设用地趋于集聚分布；30.66%的县（市、区）斑块结合度有所提高，集聚度下降，主要分布在济南市章丘区、济阳区、莱芜区、钢城区等以及东营市垦利区、利津县等，表明城镇建设用地规模有所扩大，但集约节约水平还需进一步提高；10.95%的县（市、区）斑块结合度与集聚度均下降，德州市临邑县、夏津县以及禹城市此特征较为突出，表明城镇建设用地图斑趋于破碎化，需转变城镇建设用地扩张方式。城镇建设用地斑块结合度下降，集聚度提高的县（市、区）较少，仅淄博市临淄区与临沂市沂水县表现出此特征，表明两地区城镇建设用地布局有所优化，但城镇建设用地内部结构还需进一步调整。

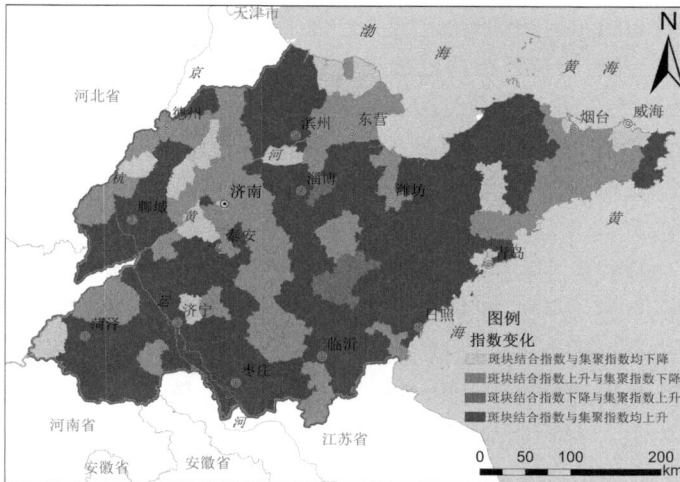

图 6-8　2009～2019 年山东省城镇建设用地形态变化

（三）城镇建设用地扩张模式及其效应

1. 城镇建设用地扩张模式

城镇发展形态是影响城镇发展水平的重要因素，城镇建设用地扩张模式通常分为三种，一种是在原有建成区内部出现新增图斑，即填充式扩张；一种是在现有图斑边缘出现新增图斑，即边缘式扩张；还有一种则是新增图斑与现有图斑完全分离，即飞地式扩张（图 6-9）（刘小平等，2009；刘桂林等，2014）。

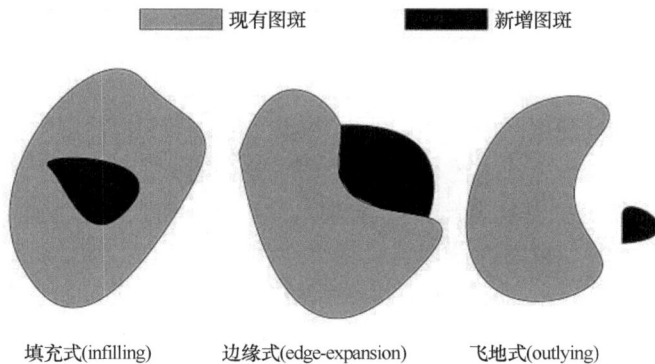

填充式(infilling)　　　边缘式(edge-expansion)　　　飞地式(outlying)

图 6-9　城镇建设用地扩张模式

利用景观扩张指数（landscape expansion index，LEI）识别城镇建设用地扩张模式。当 LEI=0 时，城镇建设用地为飞地式扩张；当 LEI∈(0,50]时，城镇建设用地为边缘式扩张；当 LEI∈(50,100]时城镇建设用地为填充式扩张（Liu et al.，2010）。计算公式如下：

$$LEI = \frac{A_O + A_V}{A_V} \times 100 \tag{6-7}$$

式中，A_O 为新增城镇建设用地的缓冲区与原有城镇建设用地相交的面积；A_V 为新增城镇建设用地的缓冲区面积，研究表明当缓冲区距离为 1m 时，LEI 最为稳定，故将缓冲区距离设为 1m（Liu et al.，2010）。

　　根据式（6-7）识别山东省新增城镇建设用地图斑的扩张模式。2009～2019 年间全省共有 425182 块新增图斑，其中，边缘式新增图斑数量最多，约占总图斑的 57.92%，面积约占总扩张面积的 47.23%，飞地式扩张面积虽与边缘式扩张面积相差不大，但其图斑数量不足边缘式图斑的一半，仅占总图斑数量的 24.32%，而填充式图斑数量与面积占比均最小，图斑数量为 75514，面积仅占总图斑面积的 5.67%。山东省城镇建设用地扩张仍处于以边缘式为主导的阶段，存在一定的"摊大饼"现象，工业园区、经济开发区的建设使得原有建成区外部新增的建设用地面积较大，而城镇内部新增建设用地较少，还需进一步提高城镇内部土地挖潜能力。

　　在全省新增用地图斑中，城镇村道路用地图斑数量最多，占总数量的 22.89%，以边缘式扩张图斑为主，表明全省道路体系日益完善，城乡联系逐步加强。农村宅基地、城镇住宅用地、工业用地以及商业服务业设施用地新增图斑数量也较多，占比均在 10%以上。其中，新增工业用地面积最大，约占总面积的 30.03%，飞地式图斑面积占比高达 59.27%；新增城镇住宅用地面积也较大，约占总面积 19.52%。新增城镇建设用地图斑主要由村庄用地与耕地转变而来。

　　青岛市在 2009～2019 年间城镇建设用地扩张最为剧烈，新增图斑数量与面积均为全省第一，该市新增图斑数量约占总图斑的 13.76%，面积约占 14.77%，新增边缘式图斑数量最多，新增飞地式图斑面积最大。烟台市新增图斑数量仅次于青岛市，约占总图斑数量的 10.45%，扩张面积约占 8.94%，飞地式与边缘式扩张比例较大。临沂市新增图斑面积仅次于青岛市，新增面积约占全省新增图斑总面积的 9.79%，以边缘式扩张为主。枣庄、日照等市在 2009～2019 期间城镇建设用地变化幅度较小，新增图斑数量与面积仅占总图斑的 3%左右，城镇建设用地以边缘式增长为主。

　　由表 6-4 可以看出，全省约 93.43%的县（市、区）新增城镇建设用地以边缘式扩张为主导，即边缘式扩张图斑数量占比最大，表明大部分县（市、区）仍处于城镇发展的扩散阶段，其中 55 个县（市、区）的填充式扩张图斑数量比例大于飞地式图斑数量，73 个县（市、区）飞地式扩张图斑数量比例大于填充式扩张图斑数量；有两个县（市、区）即青岛市的市北区与市南区新增建设用地以填充式扩张为主，表明两区城镇建设用地趋于紧凑；有 7 个县（市、区）新增建设用地以飞地式扩张为主，表明在原有建成范围外出现了较多独立的发展点，新建了一些工业园区、开发区等。

　2. 城镇建设用地扩张效应

　　有效的城镇建设用地扩张，合理的城镇空间布局，是社会经济活动以及人类活动顺利开展的基本保障，集约紧凑的城镇建设用地扩张有利于提高土地资源利用效率，实现城市的精明增长，低密度、低效的城镇建设用地扩张将带来资源浪费、环境污染等一系列问题。基于三种城镇建设用地扩张模式，从人口分布、人类活动与产业活动三个维度出发选用人口密度（PD）、夜间灯光（NL）以及 POI（point of interest）密度（POID）三个指标，探究山东省各市城镇建设用地扩张效应，识别合理的城镇建设用地扩张模式与地区（Jin et al.，2017；He et al.，2019）。各指标计算公式如下：

表 6-4　山东省各县（市、区）城镇建设用地扩张类型

扩张分类	图斑数量比例	行政区名称
边缘式主导	边缘式>填充式>飞地式	历下区、市中区、槐荫区、天桥区、长清区、章丘区、济阳区、莱芜区、钢城区、崂山区、李沧区、城阳区、胶州市、平度市淄川区、博山区、临淄区、桓台县、枣庄市市中区、薛城区、峄城区、山亭区、长岛县、莱阳市、莱州市、招远市、栖霞市、奎文区、青州市、诸城市、安丘市、高密市、昌邑市、汶上县、泗水县、邹城市、岱岳区、阳信县、新泰市、肥城市、荣成市、岚山区、五莲县、罗庄区、沂南县、沂水县、兰陵县、平邑县、临沭县、宁津县、夏津县、阳谷县、东阿县、邹平市、成武县
		历城区、平阴县、商河县、黄岛区、莱西市、张店区、周村区、高青县、沂源县、台儿庄区、滕州市、东营区、利津县、广饶县、芝罘区、福山区、牟平区、莱山区、龙口市、蓬莱市、海阳市
	边缘式>飞地式>填充式	潍城区、寒亭区、临朐县、昌乐县、寿光市、任城区、兖州区、微山县、鱼台县、金乡县、梁山县、曲阜市、泰山区、环翠区、文登区、乳山市、东港区、莒县、兰山区、河东区、郯城县、费县、莒南县、蒙阴县、德城区、陵城区、庆云县、临邑县、齐河县、平原县、武城县、乐陵市、禹城市、东昌府区、茌平区、莘县、高唐县、临清市、滨城区、沾化区、惠民县、阳信县、无棣县、博兴县、牡丹区、定陶区、曹县、单县、巨野县、鄄城县、东明县
填充式主导	填充式>边缘式>飞地式	市南区、市北区
飞地式主导	飞地式>边缘式>填充式	即墨区、河口区、垦利区、嘉祥县、东平县、冠县、郓城县

$$PD = \frac{\sum_{i=1}^{m} \left(\frac{A_i}{A_1} \right) \times P_i}{S} \tag{6-8}$$

$$NL = \frac{\sum_{i=1}^{n} \left(\frac{A_i}{A_1} \right) \times L_i}{S} \tag{6-9}$$

$$POID = \frac{N}{S} \tag{6-10}$$

式中，S 是用地图斑面积；m 是人口栅格覆盖的用地图斑数量；A_i 是用地图斑与人口栅格相交的面积；A_1 是单位栅格的面积；P_i 是相交的人口数量；N 是用地图斑上 POI 数量总数；n 是灯光栅格覆盖的用地图斑数量；L_i 是相交的平均灯光亮度。

（1）用地与人口分布

利用 2019 年 LandScan[①]数据分析山东省人口空间分布，2019 年全省新增城镇建设用地上的人口密度约为 955 人/km²，由表 6-5 可以看出，各市新增城镇建设用地上的人口密度差异较大，淄博是新增城镇建设用地人口密度最大的地级市，约为 1623人/km²，其次为枣庄市，人口密度约为 1470 人/km²，滨州市人口密度最低，约为 521人/km²，该市新增城镇建设用地利用相对粗放。45.26%的县（市、区）人口密度高于全省平均水平，青岛市市南区新增城镇建设用地吸引人数最多，密度高达 29587 人/km²，

---

① LandScan 数据库是由美国能源部橡树岭国家实验室（US Department of Energy's Oak Ridge National Laboratory，ORNL）开发的人口数据库，该人口数据超越了传统基于行政区域的人口统计数据，是目前市场上精度较高的人口空间分布数据，其空间分辨率为 1km。

其次为市北区，人口密度约为 9576 人/km²，作为青岛市中心城区，两区经济实力较强，各项基础设施相对完善，人口吸引力较大。此外，还有 5 个县（市、区）新增城镇建设用地的人口密度在 2000 人/km² 以上，分别为淄博市博山区、枣庄市市中区、青岛市崂山区、潍坊市奎文区以及诸城市，15.33%的县（市、区）人口密度低于 500 人/km²，原因可分为两类，一是新增城镇建设用地面积较小，另一是地区发展相对缓慢，人口吸引力较弱。

表 6-5　　2019 年山东省各市新增城镇建设用地人口密度

行政区名称	人口密度/（人/km²）
淄博市	1623
枣庄市	1470
青岛市	1169
济南市	1055
泰安市	1017
潍坊市	1006
临沂市	1001
威海市	966
烟台市	958
济宁市	937
菏泽市	935
聊城市	882
日照市	801
德州市	701
东营市	652
滨州市	521

2019 年全省填充式扩张图斑上的人口密度为 1538 人/km²，边缘式图斑上的人口密度为 1201 人/km²，飞地式图斑上的人口密度为 675 人/km²，填充扩张模式下的人口集聚水平高于其他两种模式。由图 6-10 可看出，济南、青岛、枣庄、东营、烟台、潍坊、济宁、威海、德州、聊城以及滨州 11 市均呈现出此相同特征，表明城镇填充式扩张更易吸引人口集聚，主要原因在于可依托现有建成区发展，基础设施相对完善，对人口吸引力较强；边缘式扩张有助于城镇规模扩大，推动产业与人口集聚；而飞地式扩张常以工业发展为主，与原有城区相比无足够的配套设施，交通成本显著增加，人口吸引力较弱。而淄博、泰安、日照、临沂以及菏泽 5 市在边缘扩张模式下呈现出了较高的人口集聚水平，表明地区处于城镇建设用地规模扩张的初级阶段，产业趋于集聚，就业机会增加，人口规模增长，但过度的"摊大饼"式扩张会导致土地利用效率低、交通拥堵等一系列"城市病"，人口吸引力将逐步减弱。

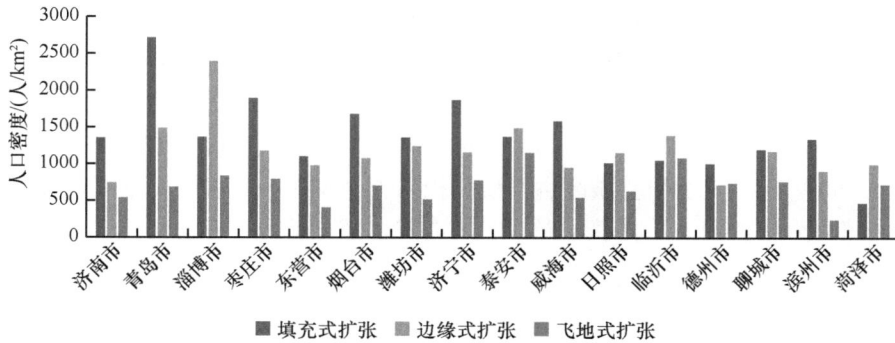

图 6-10　山东省不同扩张模式下各市城镇人口密度

（2）用地与人类活动

夜间灯光指数是形式简洁却内涵丰富的评估指标，其在一定程度上能反映人类活动与经济活动的强度，已被广泛地应用于城镇发展研究中，利用 2018～2019 年间珞珈一号[①]夜光遥感数据分析城镇夜间活力，依据夜间灯光亮度识别有效空间单元。2019 年全省新增城镇建设用地平均夜间灯光亮度为 10573，共有 9 个地市灯光亮度值高于全省平均水平。由表 6-6 可以看出，枣庄市平均夜间灯光亮度最高，约为 15366，枣庄新区的建设发展使得该市在 2009～2019 年间新增城镇村道路用地和公共管理与公共服务用地较多，交通基础设施趋于完善，党政机关、医院及学校等配套设施愈发完备，城镇活力逐渐增强；其次为青岛市，平均夜间灯光亮度达 13839；济宁、临沂等市新增

表 6-6　2019 年山东省各市新增城镇建设用地夜间灯光

行政区名称	平均夜间灯光亮度
枣庄市	15366
青岛市	13839
日照市	12341
济宁市	11878
临沂市	11872
聊城市	11523
淄博市	11433
泰安市	11238
济南市	10734
威海市	10348
烟台市	9513
滨州市	9433
菏泽市	8748
德州市	8220
潍坊市	7925
东营市	7087

① 珞珈一号是由武汉大学与相关机构共同研发制作的全球首颗专业夜光遥感卫星，珞珈一号夜间灯光数据空间分辨率达 130m。

图斑上夜间灯光亮度值也处于较高水平，原因在于住宅用地增加促进了人口集聚；东营市、潍坊市新增图斑上灯光亮度相对较低，两市新增工业用地比例较大，但产业集聚效应尚不显著，经济活力有待增强。新增图斑夜间灯光亮度高值区较多分布在地级市的中心城区，济南市历下区、青岛市市南区、市北区、济宁市任城区、泰安市岱岳区等亮度值均在 20000 以上，表明中心城区生产要素投入相对集中，新增城镇建设用地利用相对集约，城镇活力相对较高。随着发展战略的调整，部分地级市已呈现出"多点带动"的发展格局，例如青岛市黄岛区、枣庄市滕州市、临沂市河东区等新增建设用地上的亮度值也较高，城镇活力也逐渐凸显。但值得注意的是，全省仍约有 61.31% 的县（市、区）新增图斑灯光亮度值低于 10000，大部分县（市、区）城镇夜间活力较低，原因之一是新增城镇建设用地规模较小，分布零散，部分经济活动受限；另一原因是新增城镇建设用地利用粗放，甚至存在"占而不用"的情形。

2019 年全省填充式扩张图斑上平均夜间灯光亮度最高，约为 13495，其次为边缘式扩张图斑，亮度值约为 12924，飞地式新增图斑灯光亮度最低，仅约为 7991。由图 6-11可以看出，除泰安市外，各地级市飞地式新增图斑平均夜间灯光亮度均最低，表明与其他扩张模式相比，该类新增建设用地上的夜间社会经济活动较少，活力相对较低。75%的地级市填充式新增图斑平均夜间灯光亮度最高，该类新增建设用地常以商业服务业发展为主，基础设施完备，夜间经济活动活跃，吸引人流能力较强。青岛市、东营市、滨州市以及菏泽市则是边缘式新增图斑平均夜间灯光亮度最高，但除青岛市外，其他三市边缘式图斑亮度与填充式图斑亮度相差较小，青岛市新增边缘式建设用地保持了较高水平的夜间活力，原因在于此类新增图斑上利用混合度相对较高，与市中心高房价相比，郊区房价更低，购房的可能性更高，对人流更具吸引力。

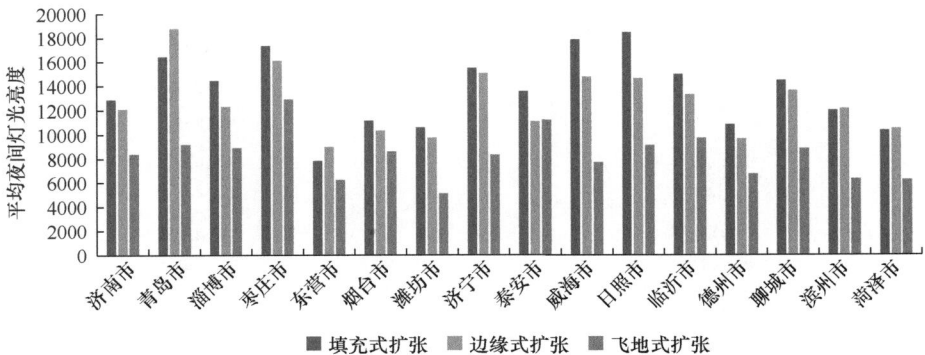

图 6-11　山东省不同扩张模式下各市城镇夜间灯光

（3）用地与产业活动

利用 POI 数据分析全省城镇产业活力，POI 数据是反映现实地理事物的点数据，包含名称、地址、类别等属性信息，利用 JavaScript 语言从高德地图开放平台（https：//www.amap.com/）上获取了约 336 万条山东省 2019 年 POI 数据，依据相关标准分为餐饮服务、道路附属设施、风景名胜、公共设施、购物服务、交通设施服务、金融保险服务、科教文化服务、摩托车服务、汽车服务（包含汽车维修与销售）、商务住宅、生活服务、体育休闲服务、医疗保健服务、政府机构及社会团体以及住宿服务 15 类。

全省新增城镇建设用地上共约 35 万个 POIs，其中餐饮服务类占比高达 70.15%，其次为购物服务，占比约为 17.56%，POI 密度为 114 个/km²。由表 6-7 可以看出，枣庄市 POI 密度最高，表明该市新增城镇建设用地利用强度较大，新增用地上各项服务设施相对完备，淄博、聊城等市 POI 密度均大于 180，表明三市新增城镇建设用地开发潜力较大，利用强度较高，产业发展相对集聚，对人流、物流、资本等吸引力逐步增强。东营市新增城镇建设用地 POI 密度仍为全省最低，济南市、烟台市以及威海市新增用地上 POI 密度也不高，原因在于新增建设用地相对破碎，大面积新增用地较少，各项服务设施容量有限。从县级尺度来看，57.66%的县（市、区）POI 密度高于 100，临沂市沂水县、枣庄市台儿庄区以及聊城市莘县新增城镇建设用地上 POI 较为密集，POI 密度均在 300 以上，大规模连片建设用地相对较多，且利用较为充分，餐饮、购物等服务设施逐渐完善，城镇各项功能逐渐完备，对人口的吸引力增强，城镇活力逐渐提升；而河口区、寒亭区以及利津县等地区新增用地 POI 密度较低，需进一步提高新增城镇建设用地利用效率，完善各项设施，推动相关产业发展，提高城镇经济活力。

表 6-7 2019 年山东省各市新增城镇建设用地 POI 密度

行政区名称	POI 密度
枣庄市	210
淄博市	187
聊城市	181
菏泽市	153
临沂市	145
泰安市	131
济宁市	119
青岛市	116
日照市	111
潍坊市	100
滨州市	94
济南市	82
德州市	80
烟台市	77
威海市	75
东营市	60

全省 POI 密度与其他指标在不同扩张模式下的特征相同，即填充式扩张图斑上活力最高，POIs 最为密集，POI 密度高达 189，而飞地式扩张图斑上活力最低，POI 密度约为 60，边缘式扩张图斑上活力介于两者之间，POI 密度为 158。由图 6-12 可以看出，全省共有 11 个地级市填充式扩张图斑上 POI 密度最高，其中，淄博、聊城、菏泽以及济宁 4 市此类图斑上的 POI 分布较为密集，表明城镇建成区内建设用地利用效率提高，服务设施完备程度进一步提高；青岛市、枣庄市、东营市、威海市以及滨州市边缘式扩张图斑 POI 密度较大，5 市城镇向外扩张相对明显，为满足城镇发展、人口增加需求，各

项服务设施建设力度加大，对人口、资金等要素吸引力逐步增强；飞地式图斑尚未形成集聚规模，各项建设仍处于初期阶段，POI 密度普遍较低，对城镇功能疏散作用较小。

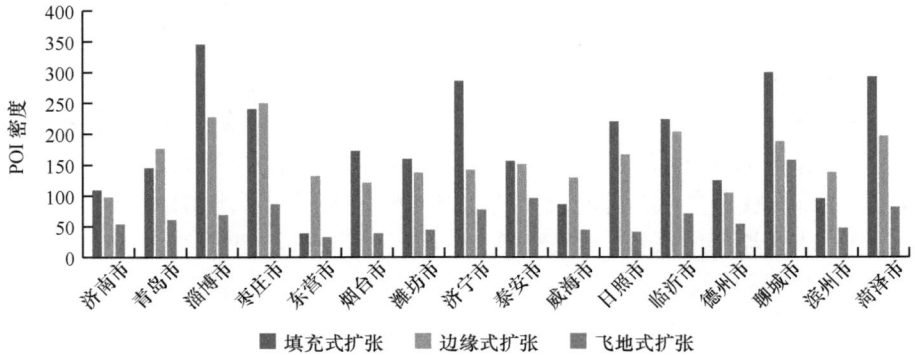

图 6-12　山东省不同扩张模式下各市城镇 POI 密度

3. 不同扩张模式对比分析

用景观扩张指数刻画山东省城镇建设用地扩张模式，并对不同扩张模式建设用地的利用效应进行分析，发现填充式扩张用地图斑上的人口密度、夜间灯光以及 POI 密度三项指标均较高，边缘式扩张用地图斑其次，飞地式扩张图斑各项指标均最低。近年来，全省工业园区、经济开发区建设步伐加快，城镇部分功能逐渐向外转移，但大部分地区尚未形成规模，各项配套设施有待进一步建设与完善，园区集聚效应尚未形成，对人口的吸引力尚弱；建成区内部城镇建设用地集约利用水平较高，但开发空间有限，新增土地利用混合性降低，多以餐饮、购物等服务产业发展为主，人流相对较大，城镇活力较高；城镇边缘扩张在一定程度上缓解了城镇中心的压力，数据显示边缘式扩张用地图斑上的各项活力指标也保持着较高水平，依托于原有城区的各项基础设施，进一步扩展城镇其他功能，与城镇中心相比，房价较低，对人口、产业等具有一定吸引力。

由表 6-8 可以看出，济南、烟台、潍坊、济宁、德州以及聊城 6 市表现出了与全省相同的特征，即填充式扩张图斑各项活力指标均最高，飞地式扩张图斑活力指标均最低。枣庄市与威海市填充式扩用地张图斑上活力指标也相对较大，填充式扩张有利于城镇内部土地利用挖潜，土地集约利用水平与城镇紧凑程度随之提高，但必须优化用地布局，保证一定的绿色空间，实现经济发展与生态保护的平衡。青岛市、东营市以及滨州市填充式扩张图斑上人口密度最高，但边缘式扩张图斑夜间灯光与 POI 密度两项指标均最高，表明三市原有城镇周围的基础设施配套建设加快，产业发展较为迅速，但中心城镇仍是主要的人口聚集区，应加强对人口的引导与分流，构建更为合理的城镇布局，同时东营和滨州两市与青岛市相比基础服务设施完备程度还存在较大差距，还应进一步挖掘填充式新增用地潜力，实现服务与人口的供需匹配。淄博市与日照市边缘式扩张图斑上人口密度最大，但夜间灯光与 POI 密度并非最大，表明两市应提高外围新增建设用地利用效率，加快配套设施建设，以满足人口规模变大带来的服务需求增加。泰安市、临沂市与菏泽市飞地式扩张图斑三项指标并非均最低，泰安市此类图斑上夜间灯光处于相对较高水平，临沂与菏泽两市此类图斑上人口密度相对较大，表明三市新增飞地式用地利用相对充分，具有一定的活力，但应进一步提高土地投入产出率，增强产业与人口的承载力，形成新的增长极和动力源。

现阶段，山东省各市在不同扩张模式下的发展既存在共性又有一定的差异，各地级市必须基于各自扩张特征，认清不同扩张模式的优势与局限性，形成合理的扩张秩序，避免低密度无序蔓延引发的耕地侵占、交通拥堵、环境污染等问题。同时，各市必须提高不同扩张模式下城镇建设用地利用效率，完善基础设施建设与城镇功能，提高城镇活力，以满足居民各项需求。

表6-8　山东省各市城镇建设扩张效应指标

行政区名称	填充式扩张			边缘式扩张			飞地式扩张		
	人口密度	夜间灯光	POI密度	人口密度	夜间灯光	POI密度	人口密度	夜间灯光	POI密度
济南市	1357	12874	109	746	12101	98	541	8392	54
青岛市	2715	16432	145	1489	18778	176	688	9196	61
淄博市	1366	14407	344	2399	12307	227	839	8920	69
枣庄市	1896	17342	240	1178	16099	250	796	12901	86
东营市	1105	7827	38	980	8973	132	411	6227	32
烟台市	1681	11156	172	1078	10329	121	703	8582	39
潍坊市	1358	10588	159	1240	9726	137	521	5089	44
济宁市	1873	15436	285	1156	14998	141	782	8323	77
泰安市	1372	13505	155	1492	11060	150	1152	11192	96
威海市	1585	17820	86	952	14711	129	543	7676	44
日照市	1017	18403	219	1154	14571	166	632	9108	41
临沂市	1052	14908	223	1394	13255	203	1086	9695	71
德州市	1006	10810	124	720	9617	104	741	6700	53
聊城市	1198	14398	298	1174	13580	187	765	8833	157
滨州市	1341	11974	95	905	12089	137	247	6290	47
菏泽市	471	10316	291	1000	10466	195	724	6228	81
山东省	1538	13495	189	1201	12924	158	675	7991	60

二、城镇建设用地变化驱动力

（一）驱动因子的选取

城镇建设用地演变是自然环境、社会经济、制度政策等复杂因素共同作用的结果。从土地利用自身所处的自然地理条件与社会经济条件两方面出发选取影响因子能在一定程度上揭示城镇建设用地变化的驱动机制（陈金雪，2020；汪雄，2020）。

地形地貌条件、气候、土壤等自然地理要素是影响土地利用变化的主要因素，但气候、土壤作为宏观自然要素，短期内比较稳定，对人类的生产生活活动作用不太明显，而地形地貌条件等直接决定人类生产生活条件的适宜程度，因此在选择驱动因子时，主要选取高程和坡度两个地形地貌因子，高程数据为 NASADEM 数据，下载网址为：https：//lpdaac.usgs.gov/news/release-nasadem-data-products/，坡度数据是基于高程数据，采用 ArcGIS10.2 的 Slope 工具生成。

社会经济条件也是影响用地变化的重要维度。人口变化对城镇建设用地演变具有直接作用，当城镇人口数量增加时，人类的生产生活等活动会明显增强，就要更多的土地提供居住和公共服务需要，人们的多样化需求会直接导致土地数量和结构的变化；经济发展是城镇建设用地演变的主要驱动力，不同的经济发展阶段对土地的供需市场、开发技术水平、管理制度等变化具有直接影响，并促进人类的生产和生活服务需求的增长和升级，改变土地利用的方式、强度和效益；产业结构变化也是城镇建设用地演变的主要驱动因素，产业结构的变化会直接改变土地利用结构。因此，社会经济要素主要选取 2009 年和 2019 年山东省县（市、区）常住人口数量变化量、GDP 变化量、城镇化率变化量、第二产业比重变化量、第三产业比重变化量，数据来自山东省统计年鉴（2009～2020年）、山东省各地市统计年鉴（2009～2020 年）。

综上，主要选取如表 6-9 所示的 7 个驱动因子。

表 6-9　　城镇建设用地变化驱动因子

目标层	准则层		驱动因子
城镇建设用地规模变化	自然地理条件		高程（m）
			坡度（°）
	社会经济条件	人口变化	常住人口变化量（人）
		经济发展	GDP 变化量（亿元）
			城镇化率变化量（%）
		产业结构变化	第二产业比重变化量（%）
			第三产业比重变化量（%）

（二）分析方法

1. 最小二乘法（ordinary least squares，OLS）模型

OLS 模型是用来探讨某一因素的驱动机制的线性回归模型，它能够从全局尺度上揭示多个自变量对因变量的驱动程度，计算公式如下：

$$Y = \beta_0 + \sum_{k=1}^{p} \beta_k \alpha_k + \in \tag{6-11}$$

式中，Y 表示因变量，即城镇建设用地规模变化；β_0 表示常量；p 表示自变量的总数，k 表示自变量的个数；β_k 表示自变量的回归系数；α_k 表示第 k 个自变量；$\in$ 为误差项，表示由所选择的自变量所不能解释的误差。

2. 地理加权回归（geographically weighted regression，GWR）模型

传统的线性回归模型只能够给出一个平均的或全局的估计结果，忽略驱动要素分布的空间模式，而 GWR 模型改进了传统的线性回归模型，它通过构建空间权重矩阵引入了驱动要素的空间信息，能够反映驱动要素的空间异质性，从而得到更加真实的结果，同时，GWR 模型还能够给出局部的回归参数，提供更具有参考性的空间影响态势。因此，为进一步探究驱动因子在空间上的差异性，本研究采用 GWR 模型对城镇建设用地规模变化的驱动因子进行进一步分析，计算公式如下：

$$y_i = \beta_0\left(u_i, v_i\right) + \sum_k \beta_k\left(u_i, v_i\right)x_{ik} + \epsilon_i \tag{6-12}$$

式中，y_i 表示因变量；(u_i, v_i) 表示研究单元 i 的空间位置，u_i 表示经度，v_i 表示维度；$\beta_0(u_i, v_i)$ 表示研究单元 i 的常量回归系数；k 表示自变量的个数；$\beta_k(u_i, v_i)$ 表示研究单元 i 的自变量 x_{ik} 的回归系数；x_{ik} 表示研究单元 i 的第 k 个自变量；ϵ_i 代表方差为常数的正态分布。在本研究的计算过程中，利用高斯函数确定空间权重，Akaike 信息准则（AICc）用于确定最佳带宽。

AICc 计算公式如下：

$$\text{AICc} = 2k + n\ln(\text{SSR}/n) \tag{6-13}$$

式中，SSR 表示模型的回归平方和；k、n 的含义与上式相同。增加参数的数量可以提高拟合优度。AICc 会鼓励数据拟合，但是同时它会尽可能地避免过度拟合，因此，要采用 AICc 值最小的模型。

（三）结果分析

利用 OLS 模型得到各驱动因子的全局回归结果（表 6-10）。高程、常住人口变化量、GDP 变化量、城镇化率变化量和第三产业比重变化量对城镇建设用地规模变化均具有正向影响，其中，高程对城镇建设用地面积影响并不显著，而常住人口与 GDP 变化的影响最为显著，表明人口增长与经济发展是城镇建设用地增加的重要驱动因素，此外，城镇化水平的提高与第三产业比重的增加也是城镇建设用地扩张的重要原因。坡度与第二产业比重变化量对城镇建设用地规模变化有一定的负向影响，坡度影响并不显著，但第二产业比重下降时，城镇建设用地规模也可能增加。

表 6-10 驱动因子的全局回归结果

驱动因子	相关系数	标准差	t 统计值
高程	1.105786	1.762049	0.627557
坡度	−69.77155	47.21231	−1.477826
常住人口变化量	0.003819***	0.001291	2.958729
GDP 变化量	2.341628***	0.614891	3.808197
城镇化率变化量	48.90077**	20.40822	2.396131
第二产业比重变化量	−9.261173*	5.337928	−1.734975
第三产业比重变化量	25.71161**	12.20138	2.10727

*表示 0.05<P<0.1，**表示 0.01<P<0.05，***表示 P<0.01。

利用 GWR 模型得到如图 6-13 所示结果。

高程在不同地区的相关系数值正负并不相同，由西向东递增。在鲁中和鲁西的大部分县（市、区）高程相关系数值小于 0，表明城镇建设用地变化与高程呈负相关，即高程越高，城镇建设用地变化幅度越小，此特征在地势相对平坦的地区更为突出。在鲁北东营市、潍坊市、日照市、青岛市、烟台市以及威海市的大部分县（市、区）相关系数值大于 0，表明城镇建设用地变化呈正相关，即高程越高，城镇建设用地增长幅度越大，且在烟台与威海两市的县（市、区）高程相关系数值较大，这主要是受两地市低山丘陵的地形影响，新增城镇建设用地多出现在高程相对较高的地区。

坡度的相关系数值在全域范围内均为负值，表明坡度对城镇建设用地变化有负向影响，坡度越大，城镇建设用地规模增加得越少。在泰安市与聊城市的大部分县（市、区），坡度的负向影响相对较小，而在威海市环翠区、文登区、荣成市与东营市河口区、利津县坡度的制约影响更为明显。

常住人口变化量的相关系数值在全域范围内均为正值，表明常住人口的增加对城镇建设用地扩张具有正向作用。从相关系数的数值来看，虽呈现由南向北递增的趋势，但各地区的数值差异较小，反映出人口变化对城镇建设用地规模变化的影响在全省具有一定的均衡性。

GDP 变化量的相关系数值在全省各县（市、区）均大于 0，表明经济增长是导致城镇建设用地增加的重要原因之一。相关系数值呈现出较为明显的条带分布，且绝对数值存在一定的差异，在聊城市莘县、冠县、阳谷县与德州市武城县、夏津县等地区经济增长的推动作用相对较小，而在枣庄市市中区，临沂市罗庄区、兰陵县，日照市东港区、岚山区以及青岛市黄岛区、胶州市等地区经济增长对城镇建设用地规模扩大有较大的正向促进作用。

城镇化率变化量的相关系数值均为正值，表明城镇化水平的提高有利于城镇建设用地面积的增加。各县（市、区）的相关系数值存在明显的差异，在烟台市芝罘区、莱山区、牟平区，威海市全部县（市、区）以及青岛市崂山区、即墨区、黄岛区等地区，城镇化率的提升对城镇建设用地规模的扩大具有显著的积极影响，而在菏泽市的大部分县（市、区）城镇化率的提高对城镇建设用地扩张的正向影响相对较小。

产业结构变化对城镇建设用地的影响也存在较大的空间分异，第二产业比重变化量和第三产业比重变化量的相关系数均有正有负。就第二产业比重变化来看，烟台市大部分县（市、区）、威海全域以及青岛市北部县（市、区）相关系数均大于 0，表明第二产业比重提高得越多，城镇建设用地规模增加的也越多；而其他地区相关系数值均小于 0，反映出第二产业比重的增加对城镇建设用地规模变化幅度有负向影响，且西部的负向影响要大于中部。就第三产业比重变化来看，在烟台市和威海市的大部分县（市、区）相关系数为负，表明第三产业比重变化对城镇建设用地变化的影响是负向的，而在中部和西部大部分县（市、区）的相关系数为正，表明第三产业比重的增加驱动了城镇建设用地扩张，且在菏泽市、聊城市、济宁市、枣庄市、泰安市以及济南市的大部分县（市、区）驱动作用更为明显。两项驱动因子的分异特征，反映出处于不同发展阶段的县（市、区）的产业转型升级对城镇建设用地的需求存在差异。

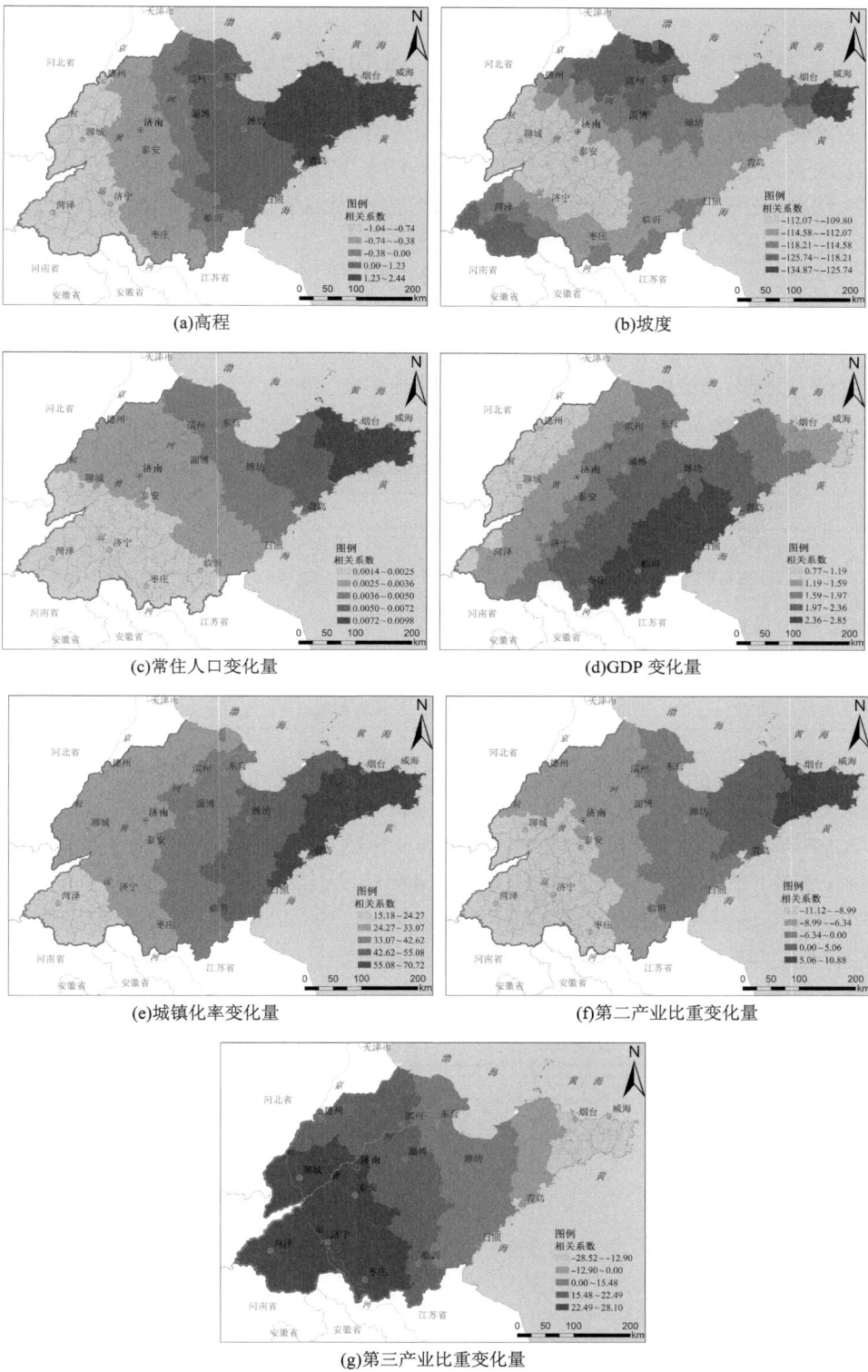

(a)高程

(b)坡度

(c)常住人口变化量

(d)GDP 变化量

(e)城镇化率变化量

(f)第二产业比重变化量

(g)第三产业比重变化量

图 6-13　城镇建设用地变化驱动因子空间分异

第三节　城镇建设用地集约利用与经济社会发展

城镇建设用地的高效利用是社会经济稳步发展的关键，本节主要是从开发强度、人口承载水平、经济承载水平以及经济增长的地耗水平四个方面对全省各地市城镇建设用地集约利用水平进行评价，并进一步分析城镇建设用地变化与经济社会发展的关系。

一、城镇建设用地集约利用分析

山东省各地市城镇建设用地集约利用水平评价指标如表 6-11 所示，社会经济数据来自中国统计年鉴（2009～2020 年）、山东省统计年鉴（2009～2020 年）以及山东省各地市统计年鉴（2009～2020 年）。

表 6-11　城镇建设用地集约利用水平评价指标

目标层	准则层	指标层	计算公式	说明
城镇建设用地集约利用	开发强度	/	城镇建设用地面积/国土总面积	+
	人口承载水平	人口密度	城镇人口/城镇建设用地面积	+
	经济承载水平	地均 GDP	GDP/国土总面积	+
		单位城镇建设用地二三产业增加值	二三产业增加值/国土总面积	+
	经济增长地耗水平	单位二三产业增加值地耗	城镇建设用地面积/二三产业产值	−
		单位全社会固定资产投资地耗	城镇建设用地面积/全社会固定资产投资额	−

（一）开发强度

2019 年山东省开发强度为 5.21%，较 2009 年提升了 1.38 个百分点，约是全国平均水平（1.29%）的 4.04 倍。全省共有 7 个地级市开发强度高于全省平均水平（表 6-12），青岛市开发强度最高，约为 9.80%，其次为济南市，约为 7.05%，菏泽市开发强度最低，约为 3.70%。2009～2019 年间，青岛市、滨州市与东营市国土开放强度提高较大，均在 2 个百分点以上，而淄博市与济南市提升相对较小，分别提高了 0.68% 和 0.71%。

表 6-12　2009 年和 2019 年山东省各地市开发强度　　　　　（单位：%）

行政区名称	开发强度	
	2009 年	2019 年
济南市	6.34	7.05
青岛市	7.06	9.80
淄博市	6.23	6.91
枣庄市	4.13	5.37
东营市	2.64	4.74
烟台市	3.88	5.63
潍坊市	3.82	5.07
济宁市	3.69	5.28

续表

行政区名称	开发强度	
	2009 年	2019 年
泰安市	3.40	4.49
威海市	4.26	5.63
日照市	3.52	4.78
临沂市	2.77	3.83
德州市	3.21	4.53
聊城市	3.04	4.38
滨州市	2.37	4.51
菏泽市	2.26	3.70
山东省	3.83	5.21

（二）人口承载水平

选择人口密度分析人口承载水平，2019 年山东省城镇建设用地常住人口密度约为 7516.55 人/km²（表 6-13），低于全国平均水平（8210.61 人/km²）。泰安市常住人口密度最高，高达 10106.14 人/km²，菏泽市与枣庄市人口密度也较高，分别达到了 9905.29 人/km² 与 9574.40 人/km²，东营市人口密度最低，仅为 4066.82 人/km²，青岛市、烟台市、潍坊市、威海市、日照市、德州市以及滨州市人口密度均不高，低于全省平均水平。2009～2019 年间，全省人口密度有所增加，泰安市与临沂市人口密度提升较大，而烟台市、青岛市与东营市变化较小。

表 6-13　2009 年和 2019 年山东省各地市人口密度　　　　（单位：人/km²）

行政区名称	人口密度	
	2009 年	2019 年
济南市	7399.73	8788.45
青岛市	6008.97	6359.55
淄博市	4891.73	8268.61
枣庄市	7036.41	9574.40
东营市	3639.31	4066.82
烟台市	5785.37	6083.17
潍坊市	6601.87	7448.21
济宁市	6115.73	8489.46
泰安市	5982.19	10106.14
威海市	4978.80	5968.73
日照市	5348.50	7077.85
临沂市	4551.23	8610.56
德州市	5008.68	6505.96
聊城市	6498.11	8526.05
滨州市	4834.37	6045.84
菏泽市	6699.09	9905.29
山东省	5860.95	7516.55

（三）经济承载水平

选择地均 GDP 与单位城镇建设用地二三产业增加值两项指标分析经济承载水平，2019 年山东省地区生产总值为 71067.53 亿元，地均 GDP 约为 4494.93 万元/km²，高于全国平均水平（1236.56 万元/km²），经济集中度相对较好。由表 6-14 可知，青岛市土地经济产出最高，地均 GDP 达 10395.22 万元/km²，居全国城市 20 位左右，而聊城市地均 GDP 仅有 2622.01 万元/km²。全省单位城镇建设用地的二三产业增加值为 80030.60 万元，稍低于全国平均水平（89070.81 万元/km²），济南市城镇建设用地经济产出居全省第一，达 126070.05 万元/km²，其次为青岛市，每平方千米城镇建设用地经济产出为 102342.17 万元，聊城市产出最低，约为 51506.90 万元/km²。2009～2019 年间全省土地的经济承载水平有着较大的提高，地均 GDP 提高了 109.39%，单位城镇建设用地的二三产业增加值增长了 57.95%，菏泽市地均 GDP 与单位城镇建设用地二三产业增加值提高最多，增长率达到了 256.82% 和 151.18%，而淄博市地均 GDP 增长相对较少，增长率约为 42.68%，东营市单位城镇建设用地二三产业增加值出现了下降。

表 6-14　2009 年和 2019 年山东省各地市经济承载水平　　（单位：万元/km²）

行政区名称	地均 GDP		单位城镇建设用地二三产业增加值	
	2009 年	2019 年	2009 年	2019 年
济南市	3721.25	9218.01	55343.41	126070.05
青岛市	4302.31	10395.22	58072.86	102342.17
淄博市	4099.44	6146.87	63452.72	85362.42
枣庄市	2620.86	3739.52	57973.40	63123.69
东营市	2497.76	3723.26	91035.92	74650.34
烟台市	2672.48	5609.70	63543.31	92530.44
潍坊市	1677.01	3690.60	38999.62	66236.67
济宁市	2000.65	3930.01	47654.59	65806.68
泰安市	2210.50	3460.63	58605.87	68684.96
威海市	2989.81	5114.13	64689.38	81928.61
日照市	1613.61	3664.62	41260.41	70098.19
临沂市	1203.59	2698.28	38176.52	64129.23
德州市	1424.15	2923.89	38605.19	57845.74
聊城市	1597.55	2622.01	45031.41	51506.90
滨州市	1477.28	2935.77	55991.33	58936.18
菏泽市	787.57	2810.21	27374.18	68759.61
山东省	2146.71	4494.93	50667.45	80030.60

（四）经济增长的地耗水平

选择单位二三产业增加值地耗与单位全社会固定资产投资地耗两项指标分析经济增长的地耗水平，由表 6-15 可知，2019 年山东省单位二三产业增加值地耗为 0.08km²/亿元，单位全社会固定资产投资地耗为 0.16km²/亿元，均略低于全国平均水平（0.11km²/

亿元和 0.18km²/亿元）。济南市单位二三产业增加值地耗最少，仅为 0.08km²/亿元，而聊城市单位二三产业增加值地耗最大，约为 0.19km²/亿元，青岛市单位全社会固定资产投资地耗最小，约为 0.11km²/亿元，而菏泽市单位全社会固定资产投资地耗达到了 0.29km²/亿元，聊城市与滨州市也相对较高。2009～2019 年间，全省经济增长的地耗水平有明显的下降，单位二三产业增加值地耗与单位全社会固定资产投资地耗分别下降了 36.69% 与 50.78%，菏泽市单位二三产业增加值地耗下降幅度最大，高达 60.19%，青岛市与济南市单位全社会固定资产投资地耗下降幅度较大，分别约为 66.49% 和 65.83%，全省仅东营市的地耗水平呈现增加的趋势。

表 6-15 2009 年和 2019 年山东省各地市经济增长的地耗水平 （单位：km²/亿元）

行政区名称	单位二三产业增加值地耗		单位全社会固定资产投资地耗	
	2009 年	2019 年	2009 年	2019 年
济南市	0.18	0.08	0.39	0.13
青岛市	0.17	0.10	0.32	0.11
淄博市	0.16	0.12	0.37	0.22
枣庄市	0.17	0.16	0.30	0.20
东营市	0.11	0.13	0.20	0.24
烟台市	0.16	0.11	0.24	0.12
潍坊市	0.26	0.15	0.33	0.20
济宁市	0.21	0.15	0.38	0.16
泰安市	0.17	0.15	0.25	0.14
威海市	0.15	0.12	0.21	0.12
日照市	0.24	0.14	0.30	0.17
临沂市	0.26	0.16	0.41	0.21
德州市	0.26	0.17	0.36	0.19
聊城市	0.22	0.19	0.37	0.26
滨州市	0.18	0.17	0.30	0.27
菏泽市	0.37	0.15	0.58	0.29
山东省	0.20	0.08	0.32	0.16

（五）集约利用综合指数

利用熵权法[①]确定上述四个方面各指标权重得到山东省 16 地市城镇建设用地集约利用综合指数。全省各市城镇建设用地集约利用水平差异相对较大（表 6-16），2019 年集约利用综合指数介于[0.34，0.86]，青岛市城镇建设用地集约利用水平最高，综合指数约为 0.86，该市开发强度大，经济承载水平较高，且地耗较少，济南市集约利用水平也相对较高，综合指数约为 0.84，该市开发强度稍低于青岛市，但城镇建设用地经济产出较大；东营市、德州市以及聊城市集约利用水平相对较低，综合指数分别约为 0.36、0.37 与 0.38，三市城镇建设用地的经济承载水平相对较弱，还需进一步提高土地经济产出，

---

① 熵权法计算步骤与计算公式同第四章，详见式（4-1）～式（4-5）。

滨州市集约利用水平最低，综合指数约为 0.34，该市开发强度相对较小，且经济承载水平不高，地耗相对较大。2009～2019 年间，全省 16 地市城镇建设用地集约利用水平均有所提高，济南市与青岛市提高相对较多，原因在于城镇建设用地的经济承载水平有了较大幅度的提升，而东营市提高幅度不大，该市开发强度增加了 2.1%，但人口密度与经济产出的增加相对较少，城镇建设用地利用相对粗放。

表 6-16　2009 年和 2019 年山东省各地市城镇建设用地集约利用综合指数

行政区名称	2009 年	2019 年
济南市	0.44	0.84
青岛市	0.46	0.86
淄博市	0.40	0.64
枣庄市	0.34	0.51
东营市	0.28	0.36
烟台市	0.32	0.55
潍坊市	0.24	0.45
济宁市	0.25	0.50
泰安市	0.29	0.51
威海市	0.33	0.51
日照市	0.20	0.44
临沂市	0.12	0.40
德州市	0.16	0.37
聊城市	0.22	0.38
滨州市	0.19	0.34
菏泽市	0.08	0.44

二、城镇建设用地与经济社会发展匹配分析

（一）人口与用地关系

2019 年山东省形成了 2 个特大城市，9 个大城市、8 个中等城市、75 个小城市、若干建制镇均衡分布的城镇空间格局。青岛市与济南市城镇人口均超过 500 万人，青岛市城镇人口达 704.13 万，城镇人口占比高达 74.12%，是山东省人口城镇化率最高的地区，济南市城镇人口达 634.39 万人，城镇人口占比约为 71.21%，淄博市城镇人口占比也超过了 70%，约为 72.04%，三市均进入了城镇化稳定发展阶段（图 6-14）。东营市与威海市城镇人口占比也处于较高水平，接近 70%，而临沂、德州以及菏泽 3 市人口城镇化率相对较低，均在 50%左右。2009～2019 年间全省各市人口城镇化率均有所提升，泰安市人口城镇化率增长幅度最大，增加了 33.63 个百分点，临沂市、滨州市与菏泽市也均提升了 30 个百分点左右。

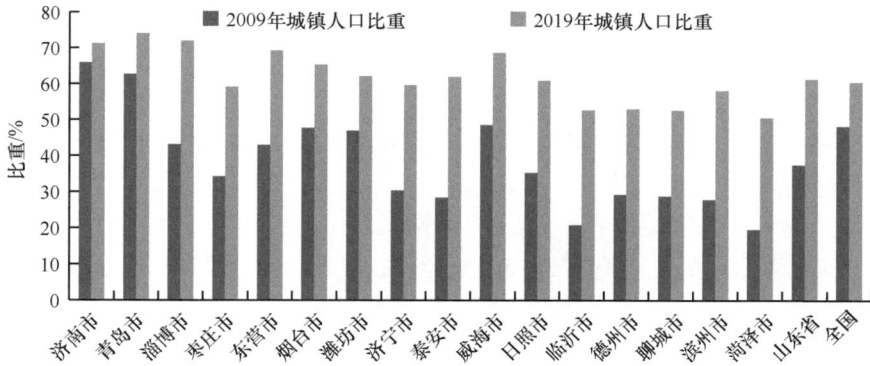

图 6-14 2009 年和 2019 年山东省各市城镇人口比重

由表 6-17 可知，2019 年山东省人均城镇建设用地面积为 133.04m²/人，与 2009 年相比有所降低，但仍高于规划规定的人均城镇建设用地面积标准，城镇建设用地集约利用程度还需进一步提高。2009～2019 年间全省各市人均城镇建设用地均有所减少，东营市、烟台市、威海市、日照市、德州市以及滨州市等人均城镇建设用地均高于全省平均水平，其中，东营市是全省人均城镇建设用地最大的地区，2019 年虽有所下降，但绝对数值仍高达 245.89m²/人，必须控制城镇建设用地扩张，推动城镇人口集聚；泰安市是全省人均城镇建设用地最少的地区，2019 年人均城镇建设用地仅为 98.95m²/人，与 2009 年相比减少幅度较大，该市城镇人口增长较为迅速，城镇建设用地增加相对较缓慢。

表 6-17 2009 年和 2019 年山东省各地市人均城镇建设用地 （单位：m²/人）

行政区名称	人均城镇建设用地	
	2009 年	2019 年
济南市	135.14	113.79
青岛市	166.42	157.24
淄博市	204.43	120.94
枣庄市	142.12	104.45
东营市	274.78	245.89
烟台市	172.85	164.39
潍坊市	151.47	134.26
济宁市	163.51	117.79
泰安市	167.16	98.95
威海市	200.85	167.54
日照市	186.97	141.29
临沂市	219.72	116.14
德州市	199.65	153.71
聊城市	153.89	117.29
滨州市	206.85	165.40
菏泽市	149.27	100.96
山东省	170.62	133.04

利用弹性系数刻画城镇化进程中的"人–地关系",计算公式如下(吴一凡等,2018;洪建智等,2020):

$$\alpha = DR / LR \qquad (6\text{-}14)$$

式中,α 为弹性指数;DR 为城镇人口占总人口的年均变化率;LR 为城镇建设用地面积占土地总面积的年均变化率。

根据式(6-14)得到山东省"人–地"弹性系数(表6-18)。2019年全省城镇建设用地面积占国土总面积的比例年平均变化率为 3.12%,而城镇人口占比年均变化率为5.06%,全省城镇人口比率增加速度化快于城镇建设用地占比提高速度,人地弹性系数约为 1.62,土地利用集约度相对较高,人地关系趋于和谐。

表 6-18 山东省各市城镇人口比重与城镇建设用地占比弹性系数

行政区名称	城镇人口占比年均变化率/%	城镇建设用地占比年均变化率/%	弹性系数
济南市	0.78	1.06	0.74
青岛市	1.69	3.34	0.50
淄博市	5.26	1.04	5.07
枣庄市	5.62	2.66	2.11
东营市	4.89	6.01	0.81
烟台市	3.21	3.78	0.85
潍坊市	2.86	2.86	1.00
济宁市	6.99	3.65	1.91
泰安市	8.13	2.83	2.87
威海市	3.53	2.84	1.24
日照市	5.63	3.11	1.81
临沂市	9.74	3.30	2.96
德州市	6.12	3.51	1.74
聊城市	6.23	3.72	1.67
滨州市	7.64	6.64	1.15
菏泽市	9.96	5.05	1.97
山东省	5.06	3.12	1.62

青岛市、济南市、东营市与烟台市弹性系数均小于1,表明城镇人口提高滞后于城镇建设用地的增加,城镇建设用地扩张较于城镇人口增长相对较快。济南市与青岛市人口城镇化进程有着一定的相似性,两市人口城镇化率在 2009 年就已超过 60%,在今后较长一段时间内人口城镇化发展都将较稳定,提升空间较小,且两市人口多集中在中心城区,小城镇的人口吸引力较弱;但济南市与青岛市城镇建设用地变化有着不同的特征,济南市城镇建设用地绝对增长量不大,中心城区城镇建设用地增加不明显,土地利用投入强度与产出效率相对较高,而青岛市城镇建设用地增长幅度较大,城镇建设用地扩张速度较快,土地利用方式相对粗放。而东营市与烟台市城镇人口与城镇建设用地提升速度相差不大,人地关系变化较为协调,东营市依托小城镇建设,烟台市依托功能区带动,

促进了人口、产业等要素的集聚，一定程度上优化了土地资源的配置，在这一时期推动了地与人的供需匹配，但需进一步提高土地集约利用水平，防止人均城镇建设用地过大引发土地粗放低效利用等问题。

潍坊市弹性系数约为 1，表明该市人口城镇化速度与土地城镇化速度相当，城镇建设用地在此阶段基本能满足城镇人口增加的需求，但需进一步提供城镇建设用地集约水平，为未来城镇化水平的提高奠定基础。

山东省其他地市弹性系数均大于 1，表明城镇建设用地面积的提高滞后于城镇人口数量的增加。大致可分为两类，一类是土地城镇化进程过于缓慢，人口城镇化进程过快，以淄博市为代表，淄博市弹性系数高达 5.07，该市城镇人口比重提升明显，从 2009 年43.13%提至 72.04%，居全省第二位，但城镇建设用地增长较少，年均变化率仅为 1.04%，土地资源与人口在一定程度上出现失配，导致该市部分城镇规模较小，城镇人口密度较大，公共服务设施与基础设施相对落后，城镇综合实力不强；一类是人口城镇化进程过快，土地城镇化进程也较快，以临沂市为代表，临沂市处于人口城镇化加速发展期，在教育、养老以及户籍等多项政策制度支持下，人口城镇化率提幅较大，2009 年城镇人口比重约为 20.82%，2019 年提高至 52.75%，城镇建设用地规模相应扩大，绝对增长量位居全省第三，但城镇建设用地利用效率不高，城镇内部存在较多低效用地，使得人地关系不协调。

（二）经济发展与城镇建设用地变化关系

利用经济贡献度指数与弹性系数描述经济发展与城镇建设用地变化之间的关系。

$$\beta = \frac{\Delta E_i}{\Delta TE} / \frac{\Delta L_i}{\Delta TL} \tag{6-15}$$

式中，β 表示 2009~2019 年间各地市城镇建设用地经济贡献度指数；ΔE_i 表示 i 市二三产业增加值增长量；ΔTE 表示全省二三产业增加值增长总量；ΔL_i 表示 i 市城镇建设用地变化量；ΔTL 表示全省城镇建设用地变化总量。

$$\gamma = \frac{ER}{ULR} \tag{6-16}$$

式中，γ 表示 2009～2019 年间二三产业增加值与城镇建设用地增长弹性系数；ER 表示二三产业增加值年均变化率；ULR 表示城镇建设用地年均变化率。

根据式（6-15）得到各市城镇建设用地经济贡献度指数（表 6-19）。2009～2019年间济南、青岛以及烟台二三产业增加值变化量占总变化量比重均大于 10%，但济南市城镇建设用地扩张量仅占 3.31%，城镇建设用地的经济贡献度高达 4.72，该市城镇建设用地处于集约扩张阶段，经济发展迅速，对全省发展能起到一定的带头作用。青岛、淄博以及潍坊 3 市经济贡献度也均大于 1，在全省经济城镇化进程中占据一定的地位，但青岛与潍坊城镇建设用地增长规模相对较大，应合理布局新增用地，促进经济集约式增长。东营、滨州以及聊城等市城镇建设用地的经济贡献度相对较低，在一定程度上制约了产业结构调整与经济发展，应合理利用新增建设用地，实现土地最优的经济效益。

表 6-19　2009~2019 年山东省各市城镇建设用地经济贡献度

行政区名称	二三产业增加值变化量占比/%	城镇建设用地变化量占比/%	经济贡献度
济南市	15.60	3.31	4.72
青岛市	19.01	14.22	1.34
淄博市	3.22	1.72	1.87
枣庄市	1.26	2.50	0.50
东营市	2.23	7.00	0.32
烟台市	10.45	10.52	0.99
潍坊市	7.84	7.50	1.05
济宁市	5.38	7.98	0.67
泰安市	2.35	3.75	0.63
威海市	3.06	3.64	0.84
日照市	2.85	3.01	0.95
临沂市	6.72	8.10	0.83
德州市	4.04	6.21	0.65
聊城市	2.16	5.26	0.41
滨州市	2.86	7.32	0.39
菏泽市	6.62	7.96	0.83

根据式（6-16）得到各市城镇建设用地经济弹性指数（表 6-20）。2009～2019 年间济南市经济发展与城镇建设用地变化间的弹性系数最高，约为 9.17，表明该市二三产

表 6-20　2009~2019 年山东省各市城镇建设用地经济弹性系数

行政区名称	二三产业增加值年均变化率/%	城镇建设用地年均变化率/%	弹性系数
济南市	9.73	1.06	9.17
青岛市	9.38	3.35	2.80
淄博市	4.01	0.97	4.13
枣庄市	3.46	2.59	1.34
东营市	3.39	5.47	0.62
烟台市	7.60	3.63	2.09
潍坊市	7.95	2.39	3.33
济宁市	6.99	3.59	1.95
泰安市	4.39	2.75	1.60
威海市	5.30	2.84	1.87
日照市	8.65	3.04	2.85
临沂市	8.71	3.21	2.71
德州市	7.76	3.49	2.22
聊城市	5.11	3.71	1.38
滨州市	6.21	5.67	1.10
菏泽市	15.16	5.03	3.01
山东省	7.96	3.13	2.54

业发展对土地扩张的依赖性减小，土地利用相对集约，资金、技术等生产要素投入相对集中。淄博、潍坊、菏泽等市弹性系数也较大，经济发展均快于城镇建设用地扩张，经济发展不再只是依赖建设用地面积的增加，而是通过提高土地利用效率实现内涵式增长，城镇建设用地与经济发展趋于脱钩。滨州、枣庄、聊城等市城镇建设用地扩张速度与二三产业增加值增长速度相近，表明用地与经济发展相对协调，但土地资源供给是有限的，必须提高土地利用的经济效益才能实现可持续发展，因此必须控制城镇建设用地扩张步伐，实现集约扩张。东营市弹性系数仅为 0.62，经济发展速度滞后于城镇建设用地扩张速度，城镇建设用地仍处于低效扩张阶段，土地利用相对粗放，必须进一步提高建设用地集约水平，使土地更好地服务于经济发展。

2009～2019 年间济南市经济发展与城镇建设用地变化最为协调，城镇建设用地集约水平较高，但仍需进一步提高存量建设用地利用效率，土地利用向挖潜发展型转变，推动经济高质量发展；青岛、潍坊、烟台等市应正确处理经济城镇化与土地城镇化之间的关系，提高城镇建设用地单位产出，加快经济发展与城镇建设用地脱钩进程，实现经济内涵式增长；仍处于粗放扩张阶段的地市例如东营、滨州等市应严格控制城镇建设用地无序扩张，改善土地粗放低效利用问题，促进经济集约式发展。

第四节　新型城镇化发展水平

城镇化是经济发展的必然结果和社会形态向高层次发展的客观表现，依据"纳瑟姆"曲线定律（图 6-15），山东省正处于城镇化发展的加速阶段，发展势头较为迅猛，2019 年城镇人口达 6194.19 万人，人口城镇化率为 61.51%，较全国高出 0.91 个百分点，与 2009 年相比，全省城镇人口增加了 2646.44 万人，人口城镇化率提升了近 24 个百分点（图 6-16）。提高新型城镇化发展水平是全省重要发展目标，新型城镇化是多维的发展过程，包含人口城镇化、土地城镇化、经济城镇化、社会城镇化以及生态城镇化等多个子系统，土地城镇化是载体，经济城镇化是动力，人口城镇化是核心，社会城镇化是基本要求，生态城镇化是基本原则，城乡统筹是最终目标，本节从以上六个维度出发，对全省各县（市、区）新型城镇化水平进行分析（李久枫等，2018；金丹和孔雪松，2020；赵娜，2020）。

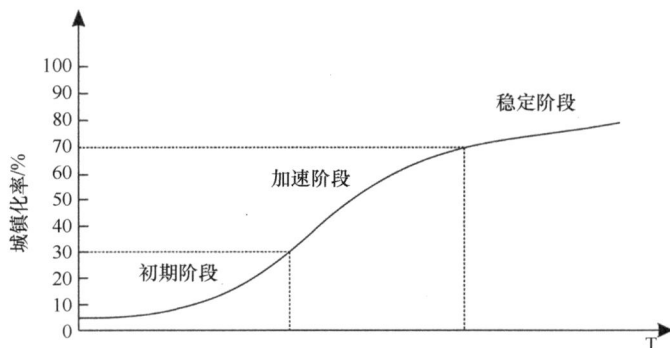

图 6-15　"纳瑟姆"曲线定律

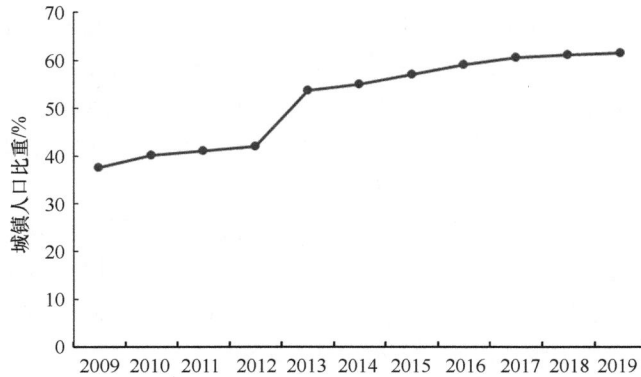

图 6-16 2009～2019 年全省城镇人口占比

一、新型城镇化发展水平分析

为探究山东省新型城镇化发展特征、格局以及差异，从土地城镇化、人口城镇化、经济城镇化、社会城镇化、生态城镇化、城乡统筹六个维度出发，基于指标的代表性与数据的可获取性，构建县级尺度新型城镇化评价指标体系（表 6-21）（陈明星等，2009；李涛等，2015；朱纪广等，2020；魏钰烨，2020），社会经济数据来自山东省各地市统计年鉴（2009～2020 年）与山东省国民经济和社会发展统计公报（2009～2020 年）。

表 6-21 新型城镇化评价指标体系

目标层	准则层	指标层	计算方法	说明
新型城镇化	土地城镇化	城镇建设用地占比	城镇建设用地面积/土地总面积	+
		土地经济产出	地区生产总值/土地总面积	+
	人口城镇化	城镇人口占比	城镇常住人口/总常住人口	+
	经济城镇化	第二产业占比	第二产业增加值/地区生产总值	+
		第三产业占比	第三产业增加值/地区生产总值	+
	社会城镇化	城镇公共服务设施用地占比	城镇公共服务设施用地面积/公共服务设施用地总面积	+
		交通网络覆盖度	交通运输用地面积/区域面积	+
	生态城镇化	城镇生态用地占比	城镇生态用地/城镇用地面积	+
		生态系统服务功能	/	+
	城乡统筹	城乡交通紧密度	$\dfrac{\sum\limits_{i=1}^{n} d_i}{n}$ d_i：区域内农村居民点距县城最短距离	+
		城乡收入比	城镇居民人均可支配收入/农村居民人均可支配收入	−

利用熵权法得到 2019 年各县（市、区）新型城镇化水平指数（图 6-17）。2019年全省县级尺度新型城镇化平均水平为 0.41，全省约 40%县（市、区）高于这一水平，各地级市中心县（市、区）新型城镇化率普遍高于其他县（市、区）。其中，市南区新型城镇化水平最高，约为 0.77，该区人口、土地、经济以及社会城镇化均处于较高水平，其次是市北区与历下区，约为 0.67，与市南区发展相似，三区城镇人

口占比均为 100%，城镇人口集聚，产业、经济发展相对较好，公共服务与基础服务设施完备程度较高，但生态城镇化相对滞后。李沧区、奎文区、芝罘区等新型城镇化指数也均在 0.6 左右，城镇化进程相对较快，城镇发展相对较优。长岛县城镇化综合水平相对较低，仅为 0.28，土地经济产出相对较小。沾化区、莒南县、平度市、栖霞市、沂南县和泗水县等新型城镇化水平不高，均在 0.32 左右，城镇人口规模相对较小，产业结构有待进一步优化升级。

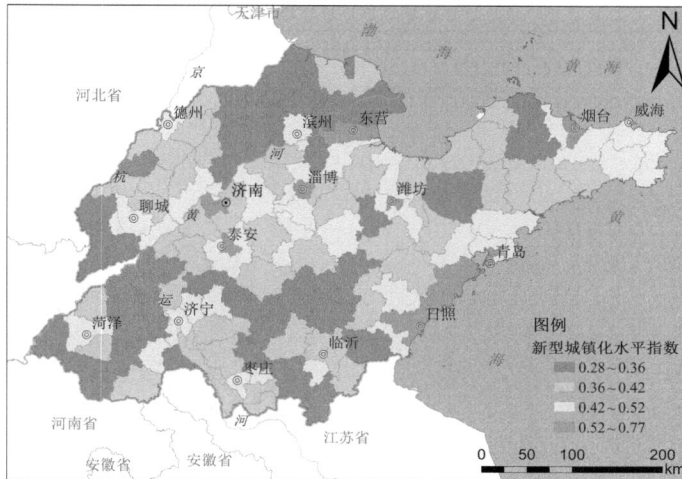

图 6-17　2019 年山东省各县（市、区）新型城镇化水平（彩图附后）

从各子系统来看（图 6-18），人口、经济、土地以及社会城镇化发展指数的高值区分布具有较高的一致性，主要集中分布于各地级市的中心县（市、区），该类县（市、区）城镇建设用地高效利用，城镇人口集聚度较高，产业结构较为合理，但生态城镇化指数相对较低，经济发展与生态保护尚未实现良性耦合。生态建设较好的地区则主要分布于黄河入海口附近县（市、区），泰山和沂蒙山周边县（市、区），以及沿黄海的日照市各县（市、区），此类县（市、区）生态环境较好，生态系统服务功能较强，但城镇人口比重相对较低，经济发展相对落后。

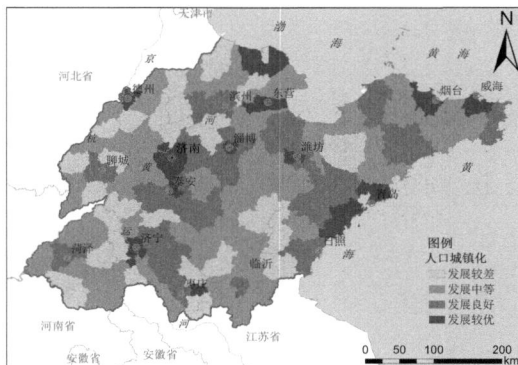

(a)人口城镇化水平

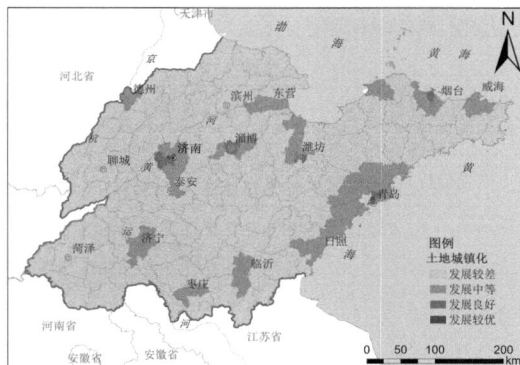

(b)土地城镇化水平

(c)经济城镇化水平

(d)社会城镇化水平

(e)生态城镇化水平

(f)城乡统筹水平

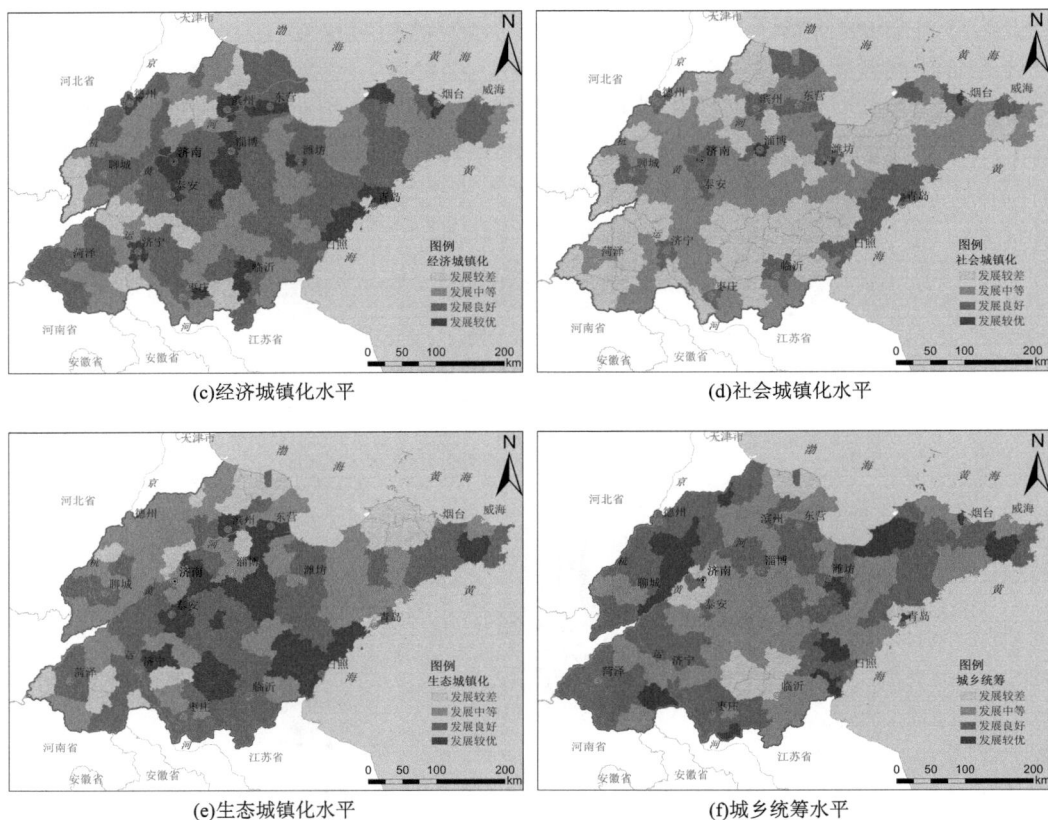

图 6-18 2019 年山东省县（市、区）各系统城镇化水平

当前，新型城镇化综合水平较高地区，人口、经济、土地以及社会城镇化水平普遍较高，而生态城镇化与城乡统筹发展则相对滞后，必须统筹生态保护与经济发展，统筹城乡发展，推动新型城镇化高质量发展；新型城镇化处于中等水平地区，应提高城镇建设用地利用效益，优化城镇人口与二三产业规模，在维护生态系统服务功能的基础上，推动城镇化水平的提升；新型城镇化发展相对落后的地区，应促进要素集中集聚，充分发挥自身优势，发展特色产业，实现经济增长，加大基础设施与公共服务设施投入，进一步保障生态安全，稳步推进新型城镇化进程。

二、新型城镇化发展空间格局

利用 Moran'*I* 指数对全省各县（市、区）新型城镇化空间特征进行分析（何刚等，2020），计算公式如下：

$$I_i = z_i \sum_{j=1}^{n} w_{ij} \times z_j \qquad (6\text{-}17)$$

$$z_i = \frac{X_i - \overline{X}}{\sigma} \qquad (6\text{-}18)$$

$$G_i^* = \frac{\sum_{j=1}^{n} w_{ij} x_j}{\sum_{j=1}^{n} x_j} \quad Z\left(G_i^*\right) = \frac{G_i^* - E\left(G_i^*\right)}{\sqrt{Var\left(G_i^*\right)}} \tag{6-19}$$

式中，n 是单位的数量；w_{ij} 是单位 i 和 j 之间的空间权重；X_i 是单位 i 的值；$\bar{X}$ 的值是平均值和 σ 是标准差；$Z(G_i^*)$ 为热点分析指数，若 $Z(G_i^*)$ 为正值且显著，表明地区 i 周围指数相对较高（高于均值），属于高值空间集聚（热点区）；反之，如果 $Z(G_i^*)$ 为负值且显著，则说明地区 i 周围的指数相对较低（低于均值），属于低值空间集聚（冷点区）。

全省各县（市、区）新型城镇化空间集聚特征明显，全局 Moran'I 指数约为 0.25，p 值为 0.00，z 值为 5.10，通过显著性检验，表明新型城镇化水平较高或较低地区趋于向相似水平的地区集聚。利用 Getis-Ord Gi*指数进一步分析新型城镇化水平的空间格局，由图 6-19 可以看出，在 90%以上的置信区间，东部沿海青岛、烟台以及中部济南的各县（市、区）出现了明显热点集聚，例如：市南区、市北区、李沧区、崂山区、城阳区，芝罘区、莱山区，以及济南市中区、历下区、历城区和天桥区，表明新型城镇化高值聚类明显，各县（市、区）经济发展迅速，城镇人口规模较大，产业结构较优，城镇化水平普遍较高。北部滨州、东营以及南部临沂的各县（市、区）出现了明显冷点集聚，例如阳信县、无棣县、沾化区，河口区，费县、蒙阴县等，表明新型城镇化低值聚类紧密，城镇化进程相对较慢，滨州市与东营市位于黄河入海口，临沂市山区特征显著，部分县（市、区）土地利用受环境约束较大，城镇化发展相对落后。

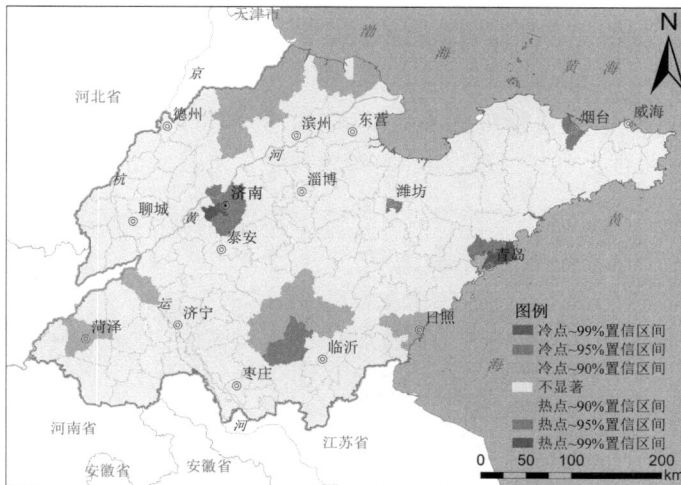

图 6-19 2019 年山东省新型城镇化冷热点（彩图附后）

三、土地–人口–经济耦合协调

利用耦合协调度模型衡量土地城镇化、人口城镇化、经济城镇化相互作用、相互促进、相互影响的程度（李新刚和孙钰，2018；贺三维和邵玺，2018；程明洋等，2019），计算公式如下：

$$C = \left\{ (U_1 \times U_2 \times U_3) / [(U_1 + U_2 + U_3)/3]^3 \right\}^{\frac{1}{3}} \qquad （6\text{-}20）$$

$$T = \alpha U_1 + \beta U_2 + \gamma U_3 \qquad （6\text{-}21）$$

$$D = \left(C \times T \right)^{\frac{1}{2}} \qquad （6\text{-}22）$$

式中，C 为耦合度；U_1、U_2、U_3 分别为土地城镇化水平、人口城镇化水平、经济城镇化水平；T 为协调度三者耦合协调度；α、β、γ 为各系统贡献程度，令 $\alpha = \beta = \gamma = \dfrac{1}{3}$。

　　根据式（6-20）~式（6-22）计算得到山东省各县（市、区）土地–人口–经济耦合协调度指数。从耦合协调度的绝对数值来看，耦合协调度 D 介于[0，0.4]之间，各县（市、区）土地城镇化、人口城镇化以及经济城镇化仍处于耦合协调的初级阶段，经济城镇化占主导地位，人口城镇化与土地城镇化滞后于经济发展。依据耦合协调度相对水平将各县（市、区）划分为三种类型：低水平耦合协调、中度耦合协调、高水平耦合协调。如图 6-20 所示，全省县（市、区）土地–人口–产业耦合协调度存在空间非均衡性，约 31.39%的县（市、区）土地–人口–经济耦合协调水平较低，在空间上主要分布在鲁西、鲁南地区，人口城镇化水平与土地城镇化水平均较低，人地关系尚不协调，城镇建设用地利用相对粗放，产业转型升级步伐较慢，该类地区应提高城镇建设用地集约利用水平，完善基础服务设施建设，推动人口与产业集聚；中度耦合协调型共 58 个，主要分布在中心县（市、区）附近，承接一定程度的产业转移，产业集聚度增强，但优势产业与特色产业驱动不足，对人口的吸引力不强，城镇建设用地处于快速扩张阶段，城镇建设用地利用效率不高，此类地区应挖掘城镇建设存量用地，提高土地利用投入产出水平，发展优势产业与特色产业，提高城市发展综合实力，增强人口吸纳能力；高水平耦合协调县（市、区）共有 36 个，主要分布在各地级市中心县（市、区），济南与青岛的县（市、区）占 1/3，济南共有 5 个县（市、区）、青岛共有 7 个县（市、区），该类县（市、区）

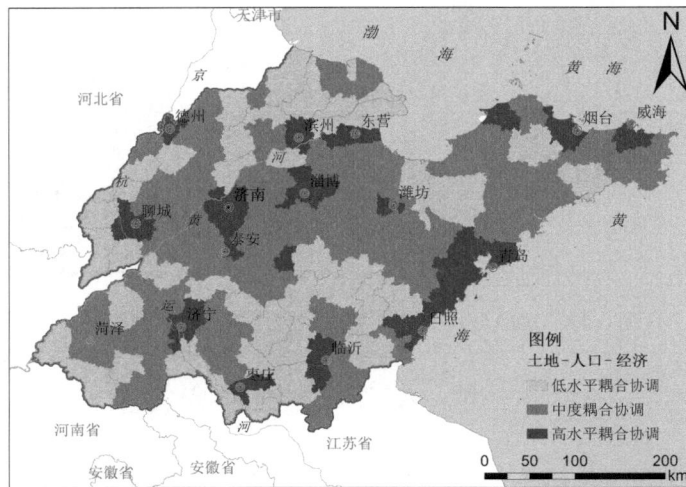

图 6-20　2019 年山东省各县（市、区）土地–人口–经济耦合协调度

具有良好的产业基础，第三产业与高新技术产业发展迅速，交通与公共服务基础设施完善，是城镇人口主要集聚地，城镇建设用地相对集约，但土地利用的综合效益有待进一步增强，在城镇化进程中，该类地区应严格控制城镇建设用地扩张速度，适当降低人口密度，推动产业结构优化升级，提高土地利用的环境效益与生态效益，实现高质量发展。

第五节　城镇协同发展

城市群是新型城镇化的主体形态，是城镇化发展到成熟阶段的高级空间组织，是经济发展的主体（于谨凯和马建秋，2018）。山东半岛城市群包括全域 16 个地级市，是环渤海地区的重要组成部分，也是"一带一路"重要枢纽，为形成具有全球竞争力的山东半岛城市群，必须合理规划山东省城镇空间格局，形成核心城市引领，重点城市并起，多点联动，网络化发展的新格局。

一、城镇联系网络

（一）市级尺度联系

人口流动作为城市之间交换资源、资本与信息等的重要载体，是城市联系的重要表征，利用百度迁徙平台（https：//qianxi.baidu.com/）获取全省人口流动数据。鉴于数据代表性与可获取性，利用 Python 采集了 2020 年 9 月 22 日～2020 年 12 月 23 日期间全省 16 个地级市超 14 万条人口流入数据。

全省各地级市间联系相对密切，人口流动以省内流动为主。流入淄博市人口中来自省内其他地级市约占 81.95%，东营市、泰安市、潍坊市、滨州市、济南市、日照市、烟台市以及济宁市流入人口中均有超 70%的来自省内其他地级市；德州市、菏泽市与聊城市吸纳省内人口相对较少，与河北、河南、北京等地区联系较强。流入聊城市人口中仅 47.13%来自省内，河南濮阳市、河北邢台市、邯郸市、石家庄市以及北京市、天津市流入人口规模相对较大，约占 33.8%；菏泽市与河南商丘市、开封市、郑州市、新乡市以及北京市人流联系相对紧密；德州市与河北衡水市、沧州市以及天津市、北京市人流联系较为活跃。

济南市平均流入人口规模指数最高，约为 2.78，其中 75.67%人口来自省内其他地级市，德州市与泰安市流入济南市的人口较多，分别约占 12.54%和 10.13%，威海市流入济南人口最少，仅约占 1.17%；其次是青岛市，平均迁入人口规模也较大，人口规模指数约为 1.63，68.4%的流入人口来自省内的其他地市，潍坊市与烟台市流入人口规模较大，分别约占 16.64%、14.28%，枣庄市流入青岛人口规模最小，仅约占 1.12%。威海市人口流入规模最小，平均流入人口规模指数仅约为 0.45，省内其他地市流入人口规模约占 67.96%，烟台市与青岛市流入威海市占比较大，分别约为 30.3% 和 12.44%。

利用绝对关联度计算城市之间相互联系强度，将城市 i 与城市 j 之间的联系强度定义为（朱鹏程等，2019）：

$$V_{ij}或V_{ji} = T_{ij} + T_{ji} \qquad (6-23)$$

式中，T_{ij} 表示从城市 i 流入到城市 j 的流入规模指数；T_{ji} 表示从城市 j 流入到城市 i 的流入规模指数。

根据式（6-23）得到山东省城市间的绝对关联度，并将关联度位于[0.37，0.68]区间的视为强连接，位于[0.14，0.36]区间的视为中度连接，关联度小于 0.14 的视为弱连接。全省人口流动空间结构较为紧密，呈现出"济南""青岛"双核心的网络联系特征（图 6-21）。济南市作为省会城市，与全省 70%以上的地市存在中强度关联，其中与德州、泰安、济宁三市联系最为密切，关联度分别为 0.68、0.57、0.41，人口流动较为频繁，除此之外与淄博、聊城、菏泽、潍坊、滨州、临沂等市也保持着一定的联系度；青岛市是全省另一重要的人口集散中心，但城市联系的空间集中性较为明显，其与潍坊、烟台等市联系最为紧密，关联度高达 0.56、0.48，与临沂市、日照市存在中度关联，与其他地市联系相对较弱，人口流动的吸纳能力有待进一步增强。

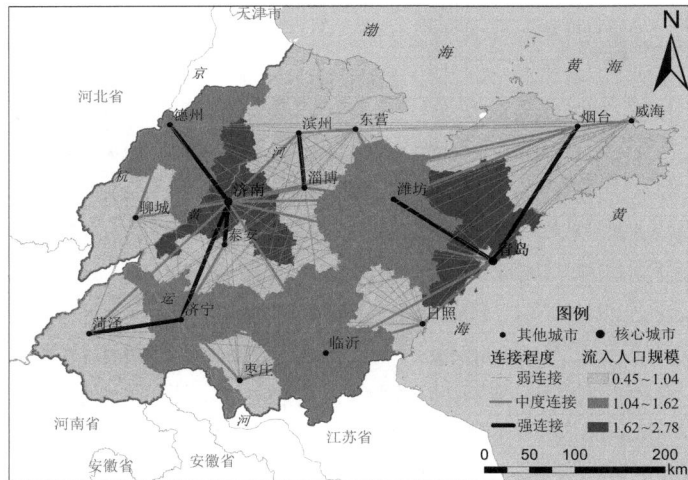

图 6-21　山东省各地级市人口流动与联系

（二）县级尺度联系

基于引力模型，通过优化模型的相关参数，得到城市相互作用强度矩阵（潘竞虎等，2008；徐静，2018），计算公式如下：

$$T_{ij} = k \times \frac{P_i P_j}{d_{ij}^b} \qquad (6-24)$$

式中，T_{ij} 为 i 城市与 j 城市之间的相互作用强度；P_i、P_j 分别为从 i 城市和 j 城市产生社会经济活动的需求水平或发生力，这里用新型城镇化水平指数替代；d_{ij} 一般表示从 i 地到 j 地的距离或时间，这里表示城市之间的两两可达性值；b 为距离摩擦系数，通常取 2；k 为常数，通常取 1。

　　为评价城镇之间的可达性，将全省道路网络栅格化，栅格大小为 300m×300m，参考相关研究与规定，对不同等级道路设定速度，具体为国道 75km/h，省道 50km/h，县道 40km/h，乡道 20km/h，其他道路 15km/h（文玉钊等，2013；李航飞等，2017；潘竞虎和戴维丽，2017；岑云峰，2020）。将各县（市、区）的区域属性赋值到中心点上，利用成本加权距离计算县（市、区）两两之间的通行时间，主要通过 Linkage Mapper 软件实现。原则上点与点之间必然发生空间联系，但各点的影响范围是有限的，因此在运行过程中过滤掉耗时过长的道路连接，且只考虑从省内通行，最终共得到 420 条连接网络，其中通行时间最长的约为 9h，最短的约为 15min。

　　根据式（6-24）得到如图 6-22 所示的结果。从地级市内部引力联系来看，潍坊市各县（市、区）引力连接最多，共 32 条，安丘市与市内其他县（市、区）引力连线最多，共 7 条，其次为潍城区、奎文区与昌乐县，潍城区与奎文区间引力较大；烟台、临沂、济宁、济南、青岛与市内的各县（市、区）引力连接也较多，均在 20 条以上，青岛市市北区与李沧区间引力值最大，约为 6.54，市南区与市北区引力值约为 3.7，济南市历下区与历城区引力值为 4.05；枣庄、东营、泰安、威海和滨州市内引力连接线相对较少，均在 10 条以下。

　　从地级市外部引力联系来看，济南市各县（市、区）与其他地级市县（市、区）引力联系最为密集，共有 41 条引力线，与泰安市泰山区、岱岳区等，淄博市淄川区、博山区等，德州市临邑县、齐河县等，聊城茌平区、东阿县等均存在相互联系。其次为潍坊市各县（市、区）与济宁市各县（市、区），两市均有 28 条引力线，潍坊市各县（市、区）与东营市东营区、垦利区，淄博市淄川区、张店区，青岛市黄岛区、胶州市、平度市，日照市东港区、五莲县等存在相互作用力；济宁市各县（市、区）与菏泽市单县、成武县、巨野县等，枣庄市薛城区、山亭区、滕州市，泰安市岱岳区、东平县、新泰市等存在联结。日照市各县（市、区）与其他地级市县（市、区）联系相对稀疏，仅有 11 条引力线，与临沂市沂南县、沂水县、莒南县，临沭县，潍城区安丘市、诸城市等相互作用较强。

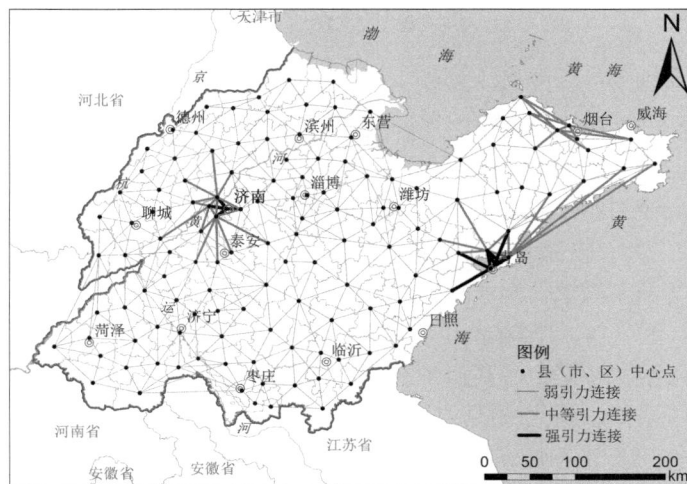

图 6-22　山东省县（市、区）引力连接

二、城镇联系空间格局

为更好发挥县（市、区）间的联动作用，将新型城镇化发展作为衡量县（市、区）实力的重要标准，基于新型城镇化综合评价结果，将全省 137 个县（市、区）分为四个等级，城镇化发展较优县（市、区）14 个，发展良好县（市、区）34 个，发展中等县（市、区）49 个，发展较差县（市、区）40 个，在此基础上考虑县（市、区）可达性，将引力联系较强的县（市、区）进行逐级归并划分，并将归并区域中新型城镇化发展较优的县（市、区）作为中心县（市、区），主要发挥其带动引领作用，将各城市圈中发展良好的县（市、区）作为重点县（市、区），发挥其辐射作用，最终将全省划分为如图 6-23 所示的五大城市圈，分别为济南城市圈、青岛城市圈、东滨城市圈、济枣荷城市圈、临日城市圈（钟业喜和陆玉麒，2012）。

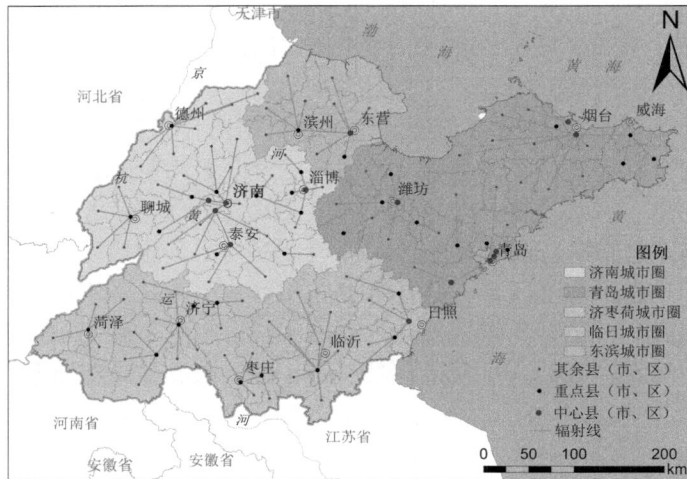

图 6-23　山东省五大城市圈（彩图附后）

济南城市圈包括济南、淄博、泰安、德州、聊城全部县（市、区）以及滨州市的邹平市。该城市圈中新型城镇化发展较优县（市、区）5 个，发展良好县（市、区）11 个，发展中等与较差约占 65%。槐荫区、历下区、市中区、泰山区以及张店区新型城镇化水平较高，经济、社会、生态等发展相对全面，且对周边县（市、区）引力较强，是城市圈中的中心县（市、区），具有较强的辐射作用；东昌府区、德城区、岱岳区、天桥区、钢城区、周村区、淄川区等新型城镇化发展较好，且与周边县（市、区）联系较为紧密，是城市圈中的重点县（市、区），对带动城镇化滞后县（市、区）发展具有一定作用。济南城市圈新型城镇化进程相对较快，是全省高质量发展的重要增长极。为进一步提升济南城市圈发展水平，促进济南城市圈一体化发展，应增强济南市综合竞争力与辐射带动能力，济南市必须发挥省会综合优势，补齐城镇化进程中的短板，保护"山、泉、湖、河"等生态资源，优化土地利用结构与布局，构建产业发展新体系，建设成区域性发展中心，带动淄博、泰安、德州、聊城等市的发展；形成合理的辐射圈层，各市中心县（市、区）是城市圈中的领头羊，重点县（市、区）与中心县（市、区）紧密联系，加快人才、资金、技术等要素集聚，提升发展水平，同时逐步向外辐射，有序拓展城镇建设空间，完善中心城区与各县（市、区）之间的快速化交通体系，推动要素流动配置，最终形成高度一体化城镇发展区。

青岛城市圈包括青岛市、潍坊市、烟台市以及威海市全部县（市、区）。该城市圈新型城镇化综合平均水平在五个城市圈中最高。城市圈中的中心县（市、区）共 7 个，市南区、市北区、李沧区、黄岛区、奎文区、芝罘区以及莱山区城镇化进程相对较快，社会经济发展较优；城市圈中重点县（市、区）共 11 个，主要包括城阳区、崂山区、环翠区、文登区、福山区、潍城区、坊子区等，重点县（市、区）大多位于中心城市周边，受中心城市正向影响发展较迅速，其还可进一步对外辐射，带动其他县（市、区）发展。该城市圈中还包含 15 个发展中等县（市、区）与 5 个发展较差县（市、区），发展相对落后县（市、区）分别为昌乐县、平度市、栖霞市、蓬莱市以及长岛县，此类县（市、区）是城市圈中重点带动对象。青岛城市圈具有得天独厚的区位优势，新型城镇化水平较高，是全省高质量发展的又一"增长极"。为建设具有国际竞争力的城市圈，应构建合理空间发展格局，青岛城市圈应实施"一市引领，三城联动，组团发展"的空间战略，青岛市依托开放优势，大力发展海洋经济，完善城市功能，提升国际化水平，引领城市圈发展，潍坊市、烟台市与威海市联动发展，强化交通互联与产业互动，打造海洋高新技术产业集聚，建成环渤海地区骨干城市，同时各市中心县（市、区）与重点县（市、区）带动城镇化水平滞后县（市、区）组团发展；合理开发与保护海洋资源，青岛城市圈必须走绿色城镇化路线，集约高效利用岸线资源，严格保护沿海滩涂、湿地等资源，加强生态廊道建设，强化生态涵养功能，建设蓝绿交织的生态经济。

东滨城市圈包括东营市全部县（市、区），滨州市除邹平市外全部县（市、区）。该城市圈是黄河三角洲重要发展区，各县（市、区）新型城镇化水平差异较大，且大部分县（市、区）新型城镇化处于较低水平。东营区新型城镇化发展在该城市圈中领先地位明显，是该城市圈唯一一个中心城市，滨城区与广饶县城镇化发展良好，是城市圈中的重点城市，是带动其余发展落后城市的重要动力源。东滨城市圈自然资源丰富，生态系统独具特色，在全省高质量发展中地位突出。为建成高效生态城市圈，应发展特色产业，增强地域优势，东滨城市圈应大力发展生态农业、现代渔业、先进制造业等特色产业，早日建成生态经济示范区，同时东营区要带动其他县（市、区）发展，扩大城市圈发展优势；集约高效利用和保护自然资源，东滨城市圈必须在环境承载力容许的范围内，合理开发土地资源，提高土地利用效率，保护好黄河生态走廊，保护好沿黄湿地与滨海湿地资源，严格控制滨海滩涂与湿地的开发。

济枣荷城市圈包括济宁市、枣庄市以及菏泽市全部县（市、区）。该城市圈新型城镇化发展相对均衡，各县（市、区）发展差距不大，无发展较优县（市、区），发展良好县（市、区）有 7 个，分别为枣庄市市中区、薛城区、任城区、兖州区、曲阜市、金乡县以及牡丹区，此类县（市、区）是城市圈中最具潜力成为中心的县（市、区），也是城市圈发展的重要引擎。济枣菏城市圈城镇化进程相对较慢，但底蕴深厚，在全省高质量发展中具有重要作用。为增强济枣菏城市圈综合实力，应打造核心城市，济宁、枣庄以及菏泽三市应着力将牡丹区、市中区、薛城区、任城区等重点县（市、区）打造成城市圈中的中心县（市、区），推动其经济发展，完善其城市功能，适当扩大其城镇人口规模，以增强其辐射能力，带动其他县（市、区）发展；加快产业转型，培育新的经济增长点，济枣菏城市圈应立足自身特点，壮大新材料、医药等优势产业集群，建设优质农产品生产加工、装备制造、商贸物流等产业基地，发挥文化资源优势，发展文化旅游等产业，早日形成强劲的经济增长点。

临日城市圈包括临沂市与日照市全部县（市、区）。该城市圈是新型城镇化综合平均水平相对较低的，仅东港区一个城镇化发展较优县（市、区），发展良好县（市、区）仅 3 个，分别为罗庄区、五莲县和岚山区，发展较差城市所占比例较大。临日城市圈生态城镇化占据优势，在全省高质量发展中作用明显。为促进临日城市圈全面发展，应扩大城市规模，增加城镇人口，临沂市与日照市应引导城镇建设用地有序扩展，壮大城市规模，合理布局城镇空间，完善基础设施，吸引城镇人口与产业集聚，形成具有竞争力的城镇发展区；加强生态保护，优化生态空间，在城镇化进程中，必须实现城镇空间格局与生态保护格局有机融合，保护沂蒙山区、五莲山区、沂河、沭河以及沿海等重要生态空间，注重生态修复与生态治理。

第六节　城镇建设用地利用问题与调控建议

一、城镇建设用地利用问题

（一）城镇建设用地规模分异明显，部分地区人均用地面积过大

山东省各地市城镇建设用地占建设用地比重存在一定的差距，青岛市城镇建设用地比例达 46.73%，而菏泽市仅占 19.08%，城镇用地规模的差异性一定程度上导致了经济发展的不平衡。此外，全省各县（市、区）人均城镇建设用地相差也较大，东营市河口区人均城镇建设用地面积高达 442.97m³/人，而青岛市市北区仅 54.63m³/人，人均用地面积过大易导致土地的粗放利用，而过小又易引发一系列"城市病"。

（二）城镇空间形态存在差异，部分地区城镇建设用地较为分散

山东省城镇建设用地分布呈现出了"小集中大分散"的特点，在济南、青岛等地市城镇建设用地分布相对集中，城镇发展格局相对明显，有较清晰的城市发展中心，而在鲁西地区，例如菏泽市、德州市、聊城市和滨州市等城镇建设用地分布相对离散，紧凑度相对较低。

（三）城镇建设用地扩张模式较为单一，尚未形成良好扩张秩序

从扩张效应分析中可以看出，填充式扩张图斑的各项指标相对较优，但山东省城镇建设用地仍以边缘式扩张为主，在新增城镇建设用地图斑中，边缘式扩张图斑数量最多，面积占比最高，全省共有 128 个县（市、区）以边缘式扩张为主导，过度依靠此种扩张方式，易导致低密度蔓延，不利于城镇建设用地的高效集约利用。

（四）城镇建设用地集约利用水平存在差距，部分地市人–地–经济发展匹配度不高

2009～2019 年间全省各市城镇建设用地集约利用水平均有所提高，2009 年全省各

市集约利用综合指数介于[0.08，0.46]，2019 年介于[0.34，0.86]。但各市开发强度、人口承载水平、经济承载水平以及经济增长的地耗水平均存在明显差距，青岛市与济南市城镇建设用地集约利用水平相对较高，而滨州市、东营市、德州市以及聊城市城镇建设用地利用相对粗放。东营市人–地–经济发展失衡现象最为突出，该市城镇建设用地规模占比提升较多，但城镇人口密度不高，城镇建设用地的经济贡献度相对较低。

（五）全省新型城镇化发展不平衡不充分

2019 年全省新型城镇化发展平均指数约为 0.41，各县（市、区）新型城镇化发展水平普遍不高，土地城镇化、人口城镇化、经济城镇化、社会城镇化、生态城镇化以及城乡统筹六个子系统发展尚未实现有机统一；且全省新型城镇化发展水平整体上呈现"东高西低"的格局，东部县（市、区）例如青岛市市南区、市北区新型城镇化发展水平相对较高，而西部菏泽市、聊城市以及德州市大部分县（市、区）发展相对滞后。

（六）全省城镇联系网络在空间上不均衡，各县（市、区）联动协同发展仍显不足

从人口流动的视角来看，全省呈现出"双核心"的特征，济南市与青岛市是流动人口的主要吸纳地区，而其他地市的人口吸引力相对较弱；从引力连接来看，济南市与潍坊市的各县（市、区）与其他地区联系相对紧密，而日照市各县（市、区）与其他地区联系相对较少。全省五大城市圈发展水平不一，济南城市圈与青岛城市圈发展处于领先地位，而其他城市圈发展相对落后，中心城市的辐射范围与带动作用有限。

二、城镇建设用地调控建议

（一）合理配置城镇建设用地，控制人均用地

现有城镇建设用地规模较大，且城镇建设用地面积占比较高的地区，应合理布局，优化土地利用结构，提高城镇建设用地利用强度与利用效率，减少粗放低效利用；城镇建设用地面积较小，且占比较低的地区应依据经济社会发展需要合理配置土地资源，保证供需匹配，完善基础设施与公共服务设施建设，同时引导农村建设用地有序转换，实现城乡用地协调。此外，各市应合理控制人均城镇建设用地规模，有序提高人口密度，促进人地关系协调。

（二）优化城镇空间形态，逐步向"多中心"布局转变

城区建设用地不能无限扩张，城镇建设用地分布集中且中心城区较为饱和地市，例如济南市、青岛市、潍坊市、烟台市等应加快培育次中心城镇体系，有序疏解中心城区部分功能，通过产业转移优化产业空间布局，实现县（市、区）之间功能互补，通过多中心、组团式发展提升地市综合竞争力；城镇建设用地分布较为分散地市，例如菏泽、德州、聊城、滨州等市应适当提高城镇建设用地集聚度，推动中心城区紧凑发展，完善基础设施与公共设施建设，增强中心城区人口、产业吸引力，提升综合实力，以更好地带动其他县（市、区）发展。

（三）引导城镇建设用地有序扩张，促进城镇土地生态良性化

全省应调整建设用地扩张模式，形成良好的扩张秩序，发挥不同扩张模式对城镇功能的疏导作用，实现城镇建设用地高质量扩张。具体而言，现阶段以边缘式扩张为主导的县（市、区）应在扩张过程中应减少对耕地的侵占，避免生态空间破碎化，充分挖掘城镇内部土地潜力，形成合理土地利用结构；以填充式扩张为主导的县（市、区）应注重提高新增建设用地的综合利用效益，实现土地的绿色高效利用；以飞地式扩张为主导的县（市、区）应推动新增建设用地的集约节约利用，使城镇规模效应与集聚效应最大化，逐渐成为新的经济增长点，推动城镇活力的全面综合提升。

（四）提高城镇建设用地集约利用水平，实现"三效合一"

全省应加强用地规划与引导，进一步优化城镇建设用地结构与布局，改变城镇建设用地布局分散、粗放利用现状；根据资源条件与环境容量，科学确定合理的开发模式与开发强度，控制城镇无序扩张，加大存量建设用地挖潜力度，盘活低效建设用地、闲置地等，提高城镇建设用地利用效率；完善基础设施配套建设，以增强对人口、资本、技术等生产要素的吸引力，逐步实现"人口集中，产业集聚，用地集约"，提升城镇建设用地利用的经济效益、社会效益与生态效益。

（五）缩小新型城镇化发展差距，提升新型城镇化发展质量

全省应形成联动发展格局，各县（市、区）在实行差异化发展的同时，必须构建空间内部联动与外部共享机制，推动区域资源整合与要素流动，新型城镇化发展水平较高的地区应进一步发挥自身优势，推动新旧动能转换与产业结构优化升级，加强生态文明建设，实现经济高质量发展，利用规模效应与溢出效应带动周边落后县（市、区）；城镇化水平相对较低的城市应因地制宜发展特色产业，优化资源配置与产业布局，推动经济转型升级，与其他地区形成优势互补，推动发展相对较快的县（市、区）崛起，形成新的增长极，扩大辐射范围，实现全省高质量一体化协同发展。

（六）发挥中心城市辐射带动作用，整体提升山东半岛综合竞争力

城市并不是孤立存在，城市之间相互联系、互通合作，有利于人才、资金、技术等要素合理配置与充分使用，城市圈是城市发展到一定阶段的空间组织形式，全省五大城市圈应发挥区域间比较优势，以促进全省统筹协调发展。具体而言，应发挥济南城市圈与青岛城市圈的龙头作用，济南与青岛两特大城市作为全省发展的核心，应进一步提高其综合实力；应完善城市间协作机制，建立健全土地、劳动力、资金、技术、人才等要素市场；应完善交通体系，形成城市圈层式联系网络，推动城市间快速交通衔接；应优化产业结构，推动产业横向错位发展，纵向分工协作；应优化发展方式，实现集约化内涵式发展，提高土地利用效率，保护生态资源，构筑"魅力半岛"生态格局。

第七章　村庄用地与乡村振兴

本章对村庄用地（203）的利用现状及时空格局演变进行分析，在此基础上，以乡村聚落作为基础单元，分析了乡村聚落的基本特征，并结合生产、生活、生态功能对乡村聚落进行耦合测度，以探究山东省乡村聚落的协调发展程度。根据现有村庄用地发展中存在的问题给予相应的调控建议，为全省乡村的协调发展提供参考，为实现"产业兴旺、生态宜居、乡风文明、治理有效、生活富裕"的乡村振兴提供依据。

第一节　村庄用地现状

从村庄用地大类、村庄建设用地（包括商业服务业用地、工矿用地、住宅用地、公共管理与公共服务用地、特殊用地、交通运输用地下各二级类）两方面分析村庄用地的数量特征和空间分布特征，以衡量村庄用地的结构差异。

一、村庄用地结构

（一）村庄用地数量特征

2019 年山东省村庄用地面积为 1594040.24hm²，占全省总土地面积的 10.08%，其他各市面积及占比如表 7-1 所示，各地市村庄用地占比差异较大，不同城市间村庄用地占比差异达到近 3 倍。菏泽市村庄用地占比最高，达到了 15%；聊城、枣庄、临沂、德州、淄博、泰安、济宁市村庄用地占比也较高，均高于 10%；青岛、威海、烟台市村庄用地占比较低，均低于 8%；东营市村庄用地占比最小，其村庄用地占比仅为 5.12%。

表 7-1　2019 年山东省各地市村庄用地占比

行政区名称	村庄用地面积/hm²	村庄用地占比/%
山东省	1594040.24	10.08
济南市	101978.21	9.95
青岛市	88418.56	7.83
淄博市	63634.87	10.67
枣庄市	56266.03	12.33
东营市	42308.41	5.12
烟台市	92121.63	6.61
潍坊市	153587.82	9.49
济宁市	116701.75	10.43
泰安市	81729.31	10.53

续表

行政区名称	村庄用地面积/hm²	村庄用地占比/%
威海市	40371.78	6.92
日照市	50125.51	9.33
临沂市	205321.67	11.94
德州市	117226.36	11.32
聊城市	119335.29	13.83
滨州市	82523.75	8.99
菏泽市	182389.29	15.00

（二）村庄用地空间分布特征

村庄用地占比空间分布如图 7-1 所示，村庄用地占比高值区域主要位于各市城郊区域附近，尤其以淄博、潍坊、临沂三市最具代表性，这三个地市近郊区域有村庄用地的连片聚集分布；次高值区主要分布在鲁西北、鲁西南的平原地区；低值区域主要分布在山东省渤海湾及胶东半岛的沿海区域，此外，在济南–青岛两市的连线处，出现了一条村庄用地占比的低值走廊。

结合地形及社会经济发展条件进行叠加分析，大体上呈现：平原地区较丘陵、山地的村庄用地占比更高，经济发达区域及沿海区域较其他地区村庄用地占比更低。

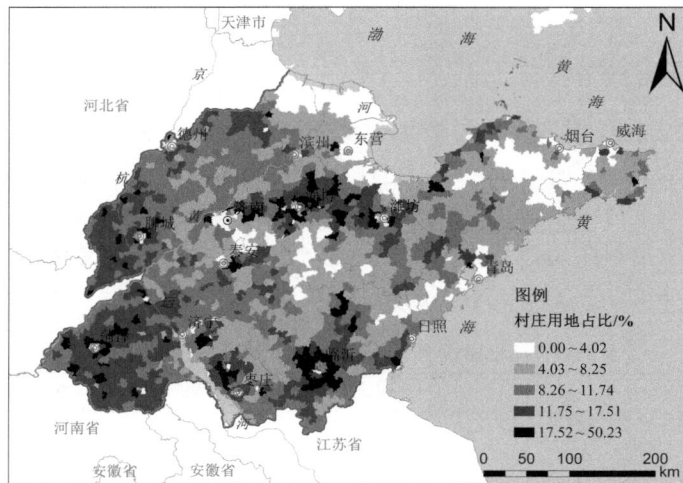

图 7-1　2019 年山东省村庄用地占比空间分布

二、村庄建设用地结构

（一）村庄建设用地数量特征

山东省村庄建设用地中，占比最高的是农村宅基地和工矿用地，农村宅基地占到村庄用地的 61.73%，工业用地占 14.57%，两者合计占村庄用地的 75% 以上，各二级地类占比见表 7-2；占比次高的为商业服务业设施用地和城镇村道路用地，均占到村庄用地规模的 3%以上，分别为 3.20%、3.85%；物流仓储用地、城镇住宅用地、科教文卫用地在村庄用地中也占有一定的比例，占比均在 1%以上，分别为 1.65%、1.42%、1.80%；其余各类用地占比稍低，最低的为采矿用地和特殊用地，占村庄用地比例仅为 0.18%、0.16%。

村庄建设用地中各建设用地结构依据各城市的发展条件呈现不同的格局（表 7-2），商业服务用地威海市占比最高，为 5.29%，菏泽市占比最低，为 2.28%，两者相差超一倍；物流仓储用地东营市占比最高，为 2.74%，菏泽市仍然占比最低，为 0.70%，两者相差接近 3 倍；工业用地淄博市占比最高，为 24.15%，德州市占比最低，为 9.13%，差距接近 1.5 倍；枣庄市采矿用地占比最高，达到 0.70%，德州市占比最低，仅为 0.02%，由于占比均处于较低的水平，不同城市占比差距可达近 40 倍；城镇住宅用地的占比与商业服务业设施用地类似，威海市占比最高，为 4.39%，日照市最低，为 0.53%，菏泽市占比为 0.75%，也处于一个较低的水平；农村宅基地聊城市占比最高，达到 69.65%，东营市和威海市占比较低，分别为 47.54%、49.47%，其余各地市占比均在 50%以上；在公共管理与公共服务用地下属的各二级地类中，机关团体新闻出版用地、公用设施用地、公园与绿地占比均较低，菏泽市在此三类用地中占比均处在较低（最低或次低值）的水平，分别为 0.38%、0.28%和 0.19%，威海市则处于较高（最高或次高值）的水平，分别为 1.34%、0.81%和 0.49%，由于村庄小学、卫生所在农村地区的普及，科教文卫用

表 7-2　2019 年山东省各类村庄建设用地占比　　　　（单位：%）

行政区名称	商业服务业设施用地	物流仓储用地	工业用地	采矿用地	城镇住宅用地	农村宅基地	机关团体新闻出版用地	科教文卫用地	公用设施用地	公园与绿地	特殊用地	城镇村道路用地	交通服务场站用地	农村道路
山东省	3.20	1.65	14.57	0.18	1.42	61.73	0.70	1.80	0.51	0.32	0.16	3.85	0.55	0.36
济南市	3.29	1.52	12.86	0.22	1.90	57.11	0.72	2.05	0.51	0.38	0.29	3.39	0.59	0.62
青岛市	4.29	2.44	14.23	0.16	2.34	57.26	1.17	2.51	0.75	0.43	0.33	5.02	0.68	0.34
淄博市	3.70	2.45	24.15	0.24	1.71	50.28	0.69	1.51	0.67	0.49	0.20	3.16	0.81	0.37
枣庄市	2.61	1.47	12.46	0.70	1.05	66.31	0.60	2.11	0.47	0.29	0.15	3.40	0.57	0.43
东营市	3.49	2.74	19.59	0.41	3.00	47.54	1.09	1.54	0.78	0.29	0.21	4.25	0.70	0.33
烟台市	3.60	2.38	15.44	0.24	1.61	60.32	1.16	1.28	0.65	0.41	0.31	3.65	0.44	0.41
潍坊市	3.79	2.56	19.94	0.05	1.74	57.18	0.69	1.87	0.58	0.38	0.11	3.73	0.66	0.38
济宁市	3.03	1.97	12.64	0.51	1.41	62.62	0.68	2.05	0.73	0.36	0.11	4.10	0.64	0.37
泰安市	2.70	1.38	10.65	0.38	1.83	65.59	0.80	1.77	0.46	0.29	0.17	4.19	0.59	0.41
威海市	5.29	2.39	18.33	0.12	4.39	49.47	1.34	1.49	0.81	0.49	0.32	4.65	0.66	0.30
日照市	3.02	2.73	16.00	0.11	0.53	60.58	0.86	1.63	0.69	0.29	0.10	4.13	0.66	0.23
临沂市	3.28	1.25	17.02	0.09	1.22	62.13	0.53	1.63	0.31	0.24	0.14	3.62	0.52	0.31
德州市	2.40	0.75	9.13	0.02	0.83	67.40	0.58	1.38	0.43	0.25	0.15	3.20	0.33	0.33
聊城市	2.62	1.15	11.19	0.03	0.54	69.65	0.49	1.63	0.41	0.15	0.07	3.70	0.46	0.31
滨州市	3.78	1.24	16.10	0.07	1.14	61.14	0.68	1.72	0.54	0.54	0.09	4.59	0.60	0.29
菏泽市	2.28	0.70	10.85	0.06	0.75	68.67	0.38	2.16	0.28	0.19	0.07	3.88	0.39	0.32

地较上述三种二级类用地的占比稍高，最高的为青岛市，达到 2.51%，最低为烟台市，占比为 1.28%，在不同地市间仍有一定的差距，占比差异达到将近 1 倍；特殊用地占比最高的城市为青岛市，最低为聊城、菏泽市，占比分别为 0.33%、0.07%、0.07%；在交通用地下属的各二级地类（仅统计城镇村道路用地、交通服务场站用地、农村道路，其他交通用地二级地类未有分布）中，城镇村道路用地较其他用地占比更高，最高为青岛市，达到 5.02%，最低为淄博市，为 3.16%，其他各城市占比均在 3%~5%，交通服务场站用地占比淄博市则占比最高，为 0.81%，菏泽最低为 0.39%，济南市农村道路用地占比在省域内排名最高，达到 0.62%，日照最低为 0.23%。

（二）村庄用地空间分布特征

山东省各类村庄建设用地比例空间分布如图 7-2 所示，商服用地多分布于各市主城区及城郊区域，呈现以城市中心为核心的分布特征，同时在空间上呈现鲁东占比高于鲁西的格局；物流仓储用地的空间格局与商服用地相似，也呈现城区多、周边县市较少的分布格局，同时在空间上整体呈现东高西低的分布格局，尤其以发达城市如济南市、青岛市、威海市、烟台市等城市最为突出。

工业用地占比高值区呈现以淄博市、临沂市为中心的双核分布特征，烟台市、威海市、日照市也有部分地区占比较高，鲁西北地区整体占比较低；采矿用地则主要分布于济宁市，其他城市采矿用地整体比例较低。

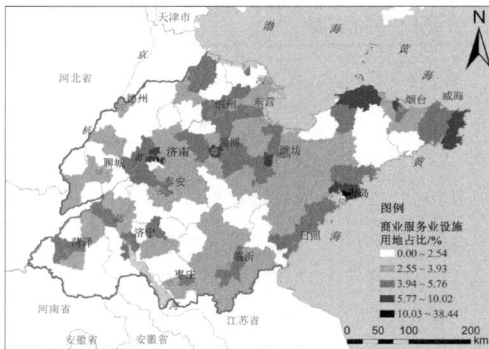

(a)商业服务业设施用地占比

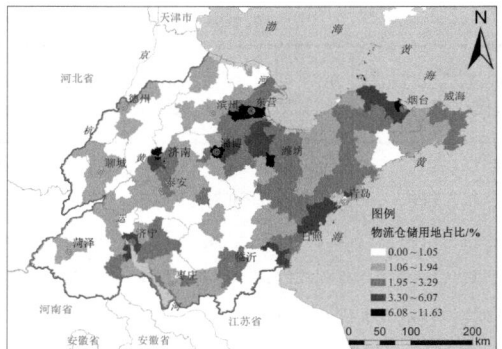

(b)物流仓储用地占比

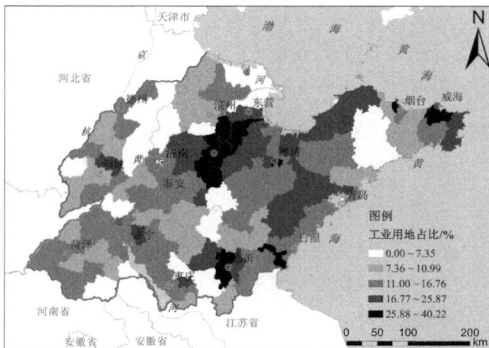

(c)工业用地占比

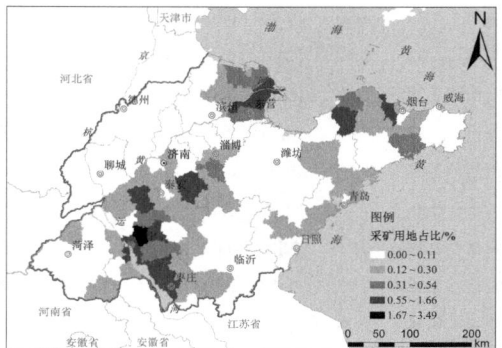

(d)采矿用地占比

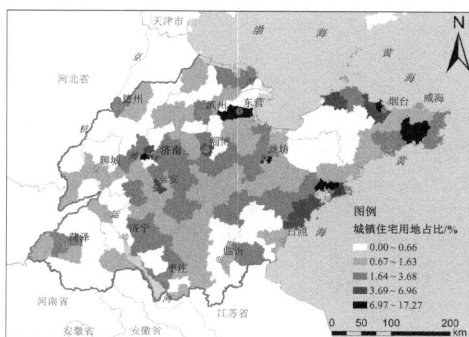

(e)城镇住宅用地占比

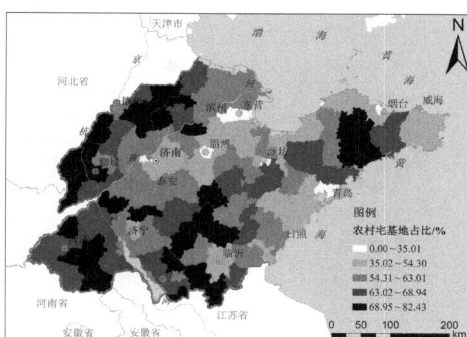

(f)农村宅基地占比

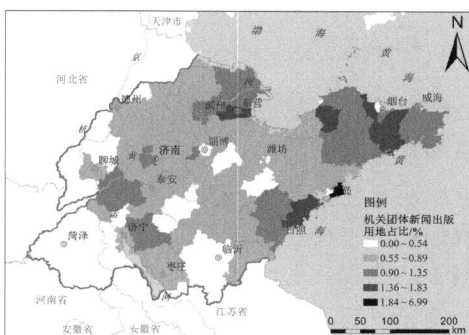

(g)机关团体新闻出版用地占比

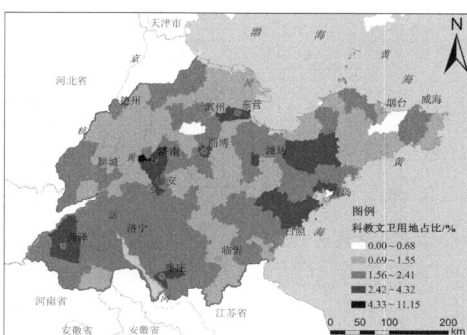

(h)科教文卫用地占比

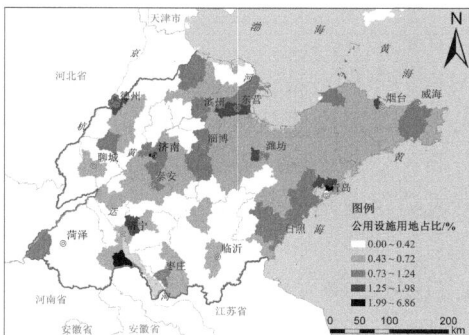

(i)公用设施用地占比

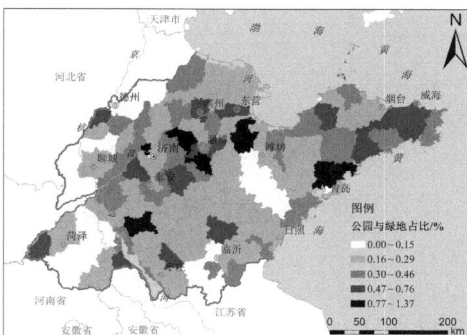

(j)公园与绿地占比

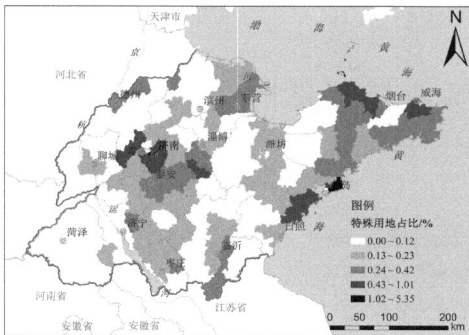

(k)特殊用地占比

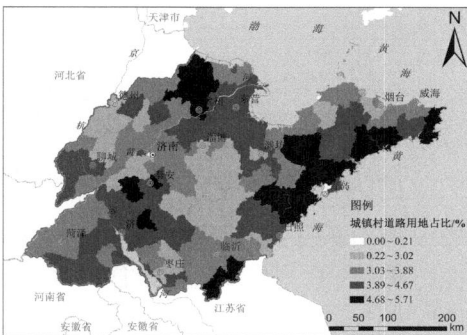

(l)城镇村道路用地占比

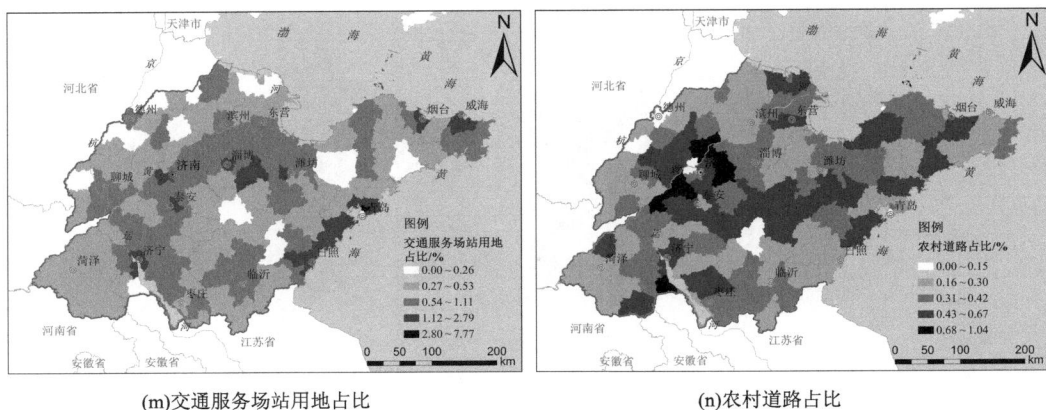

(m)交通服务场站用地占比　　　　　　　　　　(n)农村道路占比

图 7-2　2019 年山东省各类村庄建设用地占比空间分布

　　村庄住宅用地中主要以农村宅基地为主，同时存在少部分城镇住宅用地，二者分布格局相异。村庄用地中的城镇住宅用地主要分布在主城区及城郊地区，尤以济南市、淄博市、东营市、潍坊市为突出，鲁中地区及沿海地区整体占比高于周边其他地区；农村宅基地在鲁西北、鲁西南等平原地区占比较高，在鲁中及鲁北的东营市、济南市、淄博市出现了明显的低值带，沿海烟台、威海、青岛三市同周边其他地区相比占比也较低。

　　在公服用地中，由于村庄学校、卫生所的建设普及，科教文卫用地在全省范围内没有出现明显的空间差异，仅在城市中心地区占比较高。机关团体新闻出版用地、公用设施用地、公园与绿地的空间分布格局相似，均呈现自东向西递减的趋势，其中公园与绿地在中部地区，如济南市、淄博市等地占比较高。

　　特殊用地主要分布在青岛市崂山区、济南市历下区，在少数地区也有一定比例。

　　交通用地整体受山东省地形因素影响，城镇村道路用地低值区主要位于鲁中南山地丘陵区，高值区呈现沿黄海海岸带的条带状分布；交通场站用地鲁西北平原区整体占比较低，以沂源县为洼地向四周环状递增；农村道路用地则呈现以济南市为中心的单核扩散分布。

　　总的来看，全省村庄用地中商业用地的占比依经济发展的不同而显著变化，经济发达地区占比显著高于其他地区，公服用地（除科教文卫用地外）呈自东向西递减的分布格局，交通用地则呈现依地区而异的分布格局，平原地区的交通建设水平要优于丘陵地区。

三、村庄建设用地耦合分析

（一）村庄建设用地分区特征

　　2019 年山东省各自然地理分区的村庄建设用地结构如表 7-3 所示，鲁东丘陵区商业用地占比最高，住宅用地占比最低；鲁中山地地区由于地形影响，交通用地占比最低，商业用地占比也较低，住宅用地占比较高；山前环状平原区工矿用地占比最高，交通用地占比最高，交通用地与工业用地的发展呈相互促进的格局；鲁西北平原区商业用地、工矿用地占比均最低，公服用地、交通用地占比也较低，住宅用地占比最高；鲁北滨海黄河三角洲各项用地呈现较为均等的水平。

表 7-3　2019 年山东省自然地理分区村庄建设用地

地理分区	商业用地	工矿用地	住宅用地	公服用地	交通用地
鲁东丘陵区	8.06%	14.33%	52.47%	5.39%	4.93%
鲁中山地区	3.96%	13.52%	66.41%	4.67%	4.05%
山前环状平原区	6.92%	18.27%	57.02%	6.50%	4.95%
鲁西北平原区	3.54%	10.67%	68.19%	4.76%	4.49%
鲁北滨海黄河三角洲	5.88%	16.39%	56.84%	5.31%	5.22%

（二）村庄建设用地与社会经济耦合

使用各县（市、区）人均 GDP 与用地比例进行叠加分析（图 7-3），以评价村庄用地与社会经济发展的耦合关系（图 7-4），将人均 GDP、各用地比例按照中位数均分为两类，共得到四类用地–社会经济耦合类型：人均 GDP 高–用地占比高、人均 GDP 高–用地占比低，人均 GDP 低–用地占比高、人均 GDP 低–用地占比低。

1. 人均 GDP

以人均 GDP 衡量社会经济的发展水平，人均 GDP 分布如图 7-3 所示。山东省经济发展水平整体呈现东部高–西部低、北部高–南部低的格局。胶东半岛、黄河三角洲地区经济发展水平较高，鲁西南地区经济发展水平较低，尤其是聊城、菏泽、济宁、临沂四市，全省大部分经济欠发达县（市、区）均处在这四市之中。

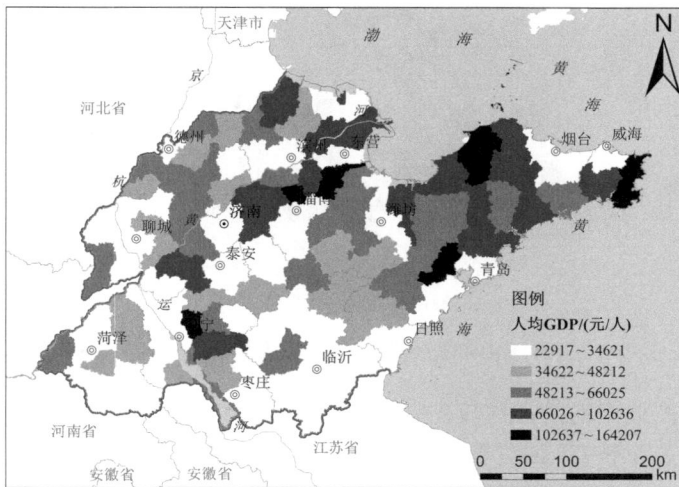

图 7-3　2019 年山东省人均 GDP 空间格局

2. 商业用地与社会经济

全省商业用地的分布与社会经济发展呈现明显的正相关关系，经济发展程度较高的

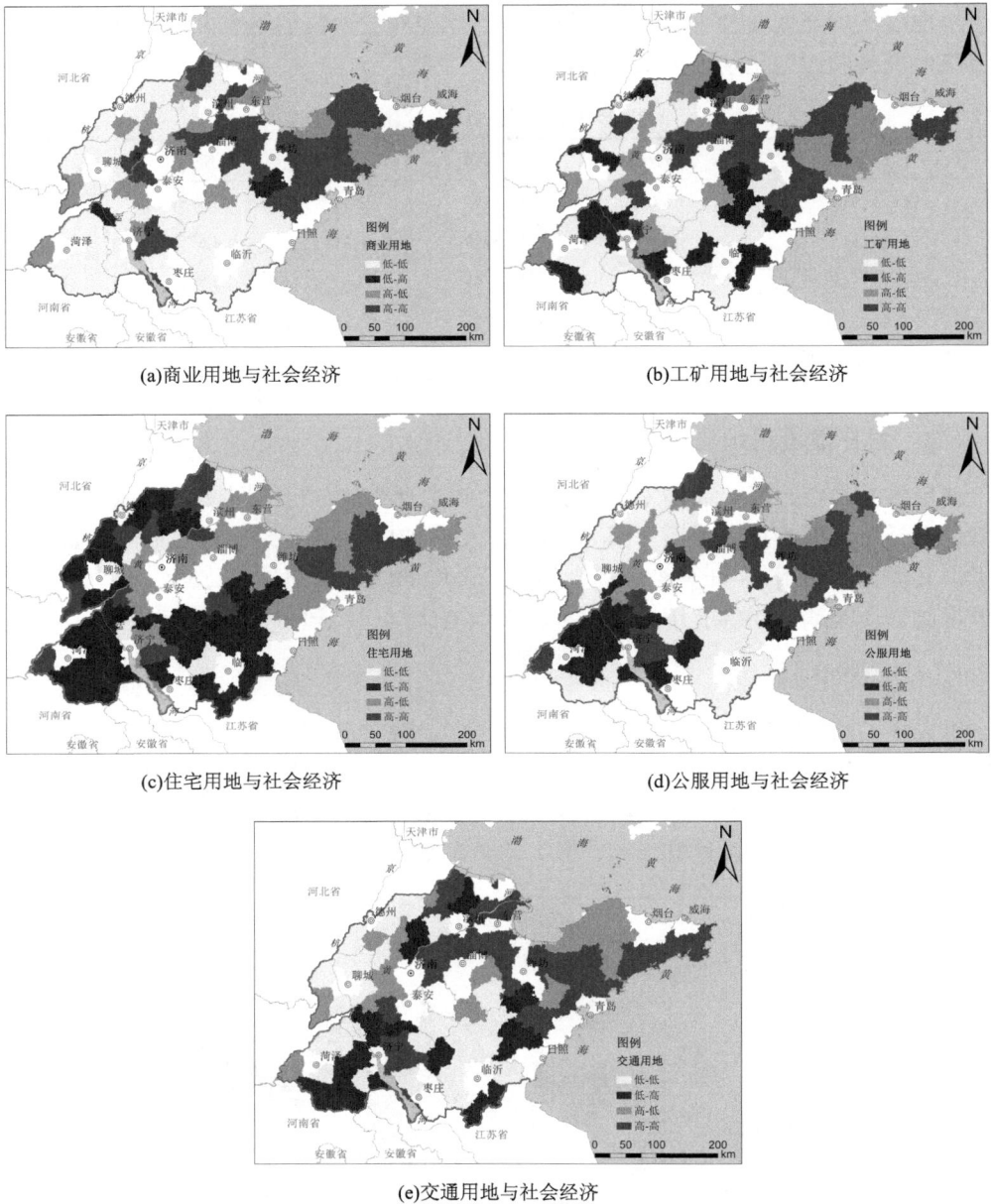

(a)商业用地与社会经济

(b)工矿用地与社会经济

(c)住宅用地与社会经济

(d)公服用地与社会经济

(e)交通用地与社会经济

图7-4　2019年山东省各类村庄建设用地与社会经济耦合关系

地区村庄用地中商业用地的占比较高。低–低、高–高格局的县（市、区）数量明显高于低–高、高–低的县（市、区）数量。与人均GDP分布类似，高–高区域主要分布在鲁东、鲁北地区，鲁西北、鲁西南平原地区则呈现低–低分布，全省商业用地与社会经济的二元化分布格局明显。

3. 工矿用地与社会经济

全省工矿用地的分布与社会经济的发展也呈现一定的正相关关系，经济发展程度较高的地区其工矿用地占比一般较高。低–低、高–高格局的县（市、区）数量大致是低–高、高–低的县（市、区）数量的两倍。相比于胶东半岛，鲁北地区工矿与社会经济耦合的变异性较高，存在较多的低–高、高–低分布。

4. 住宅用地与社会经济

全省住宅用地的分布与社会经济发展程度呈现明显的负相关关系，经济发展程度较高的地区村庄用地中住宅用地的占比较低。低–高、高–低的县（市、区）数量明显高于低–低、高–高县（市、区）数量。空间分布与商业用地–社会经济的分布格局相异，高–低区域主要分布在鲁东、鲁北地区，鲁西北、鲁西南平原地区则呈现低–高分布。

5. 公服用地与社会经济

全省公服用地的分布与社会经济的发展也呈现一定的正相关关系，经济发展程度较高的地区其公服用地占比一般较高。低–低、高–高的县（市、区）数量大致是低–高、高–低的县（市、区）数量的两倍。相比于胶东半岛，低–高地区主要分布在菏泽、济宁两市，其经济发展水平较低，但公服用地占比较高。

6. 交通用地与社会经济

全省交通用地与社会经济的发展相关性不大。山东省内具备多种交通出行、货运方式，包括陆路、空路、海路等。低–低、高–高县（市、区）数量与低–高、高–低县（市、区）数量大致相等。总体而言，鲁西南平原地区虽然经济发展水平较低，交通建设水平在全省范围内仍处于中等偏上的水平。

第二节　乡村聚落特征分析

通过计算村庄用地间的空间关联，将联系紧密的图斑进行合并，得到乡村聚落单元。以乡村聚落作为基础单元，分析乡村聚落的功能形态特征，为乡村聚落的发展规划提出参考。

一、乡村聚落集聚特征

对相邻的村庄用地图斑通过设定的空间阈值进行合并，得到乡村聚落这一基本的评价单元，以此进行后续的分析。

（一）乡村聚落合并原则

①村庄用地类型选取：乡村聚落对内具有功能的多样性，由于不同的土地利用类型在乡村聚落中承担不同的功能，故选取包括商业服务业用地、工矿用地、住宅用地、公共管理与公共服务用地、特殊用地、交通运输用地在内的各类建设用地作为基本的聚合图斑。

②空间阈值选取：乡村聚落对外表现为一个统一的单元主体，在合并乡村聚落的过程中，需要对村庄用地图斑的空间阈值进行限定。较小的空间距离阈值会导致乡村聚落的分布较为散乱，会导致交流频繁的不同图斑被分割为不同的乡村聚落，剥离了乡村聚落的功能性；较大的距离阈值会导致空间上邻近程度较低的图斑被合并为同一个乡村聚落，最终导致乡村聚落内部内聚力不够，无法对外表现为一个统一的单元主体。

（二）乡村聚落空间阈值计算

根据村庄用地图斑间的实际分布确定空间阈值。对村庄用地之间的距离进行计算，找出该村庄用地距离第 n 近的村庄用地（n=1，2，3，…，9），并计算二者之间的距离，得到图 7-5 所示的距离直方图，通过直方图可以看出在随着 n 逐渐增大，距离阈值拐点逐渐显现，在 n=9 时，村庄用地间距离等于 14m 处出现了明显拐点，故以此为阈值对村庄用地图斑进行合并，之后通过 DBSCAN 空间聚类算法将邻近的村庄用地图斑进行合并，得到乡村聚落这一评价单元（王海燕，2020）。

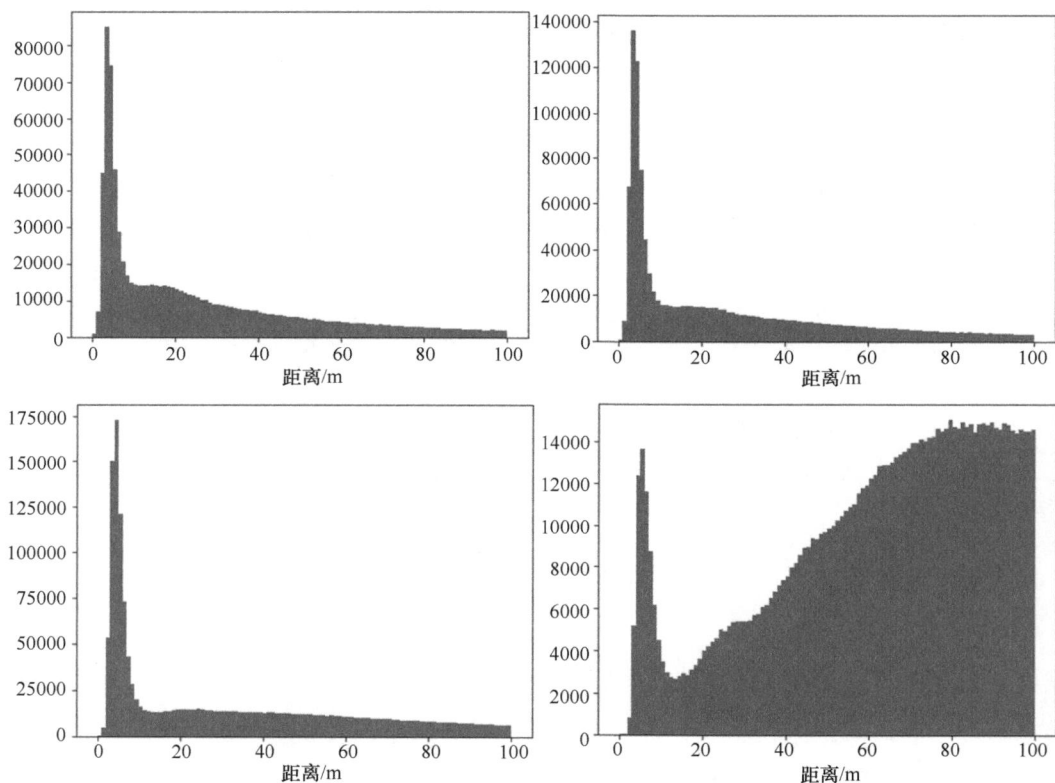

图 7-5　村庄用地距离其第 n 近村庄用地距离直方图
（左上：n=2，右上：n=3，左下：n=5，右下：n=9）

（三）乡村聚落空间分布

乡村聚落分布如图 7-6 所示，共得到 18 万个乡村聚落单元。从乡村聚落的空间分布来看，在城市近郊地区乡村聚落分布较为密集，如济南市、临沂市城市周边，这些区域具有便捷的交通和区位条件，由于城市的带动作用和辐射作用，这些乡村聚落有较好的发展潜力，同时空间连片程度较高；在其他地区，乡村聚落的分布较为分散，破碎程度较高，以小规模的乡村聚落分布为主。在总体分布格局上，鲁西平原地区较鲁东地区分布更为集中。

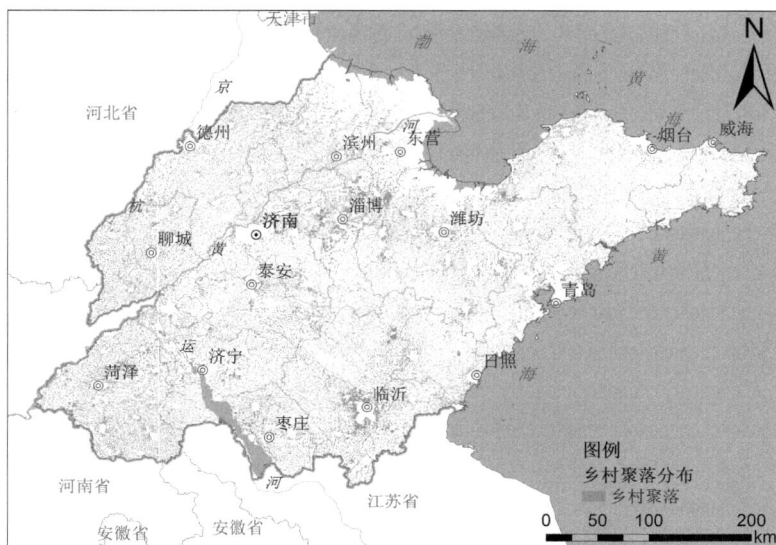

图 7-6　2019 年山东省乡村聚落格局（彩图附后）

二、乡村聚落规模与形态

（一）乡村聚落规模与形态指标选取

由于乡村聚落的发展程度及所处地理位置的差异，乡村聚落空间组合构成了各具特色的乡村聚落景观，这些景观格局主要表现为不同的乡村聚落的规模与形态差异。选取乡村聚落面积、乡村聚落形状指数、乡村聚落分形维数这 3 个指标进行量化分析（党慧，2017；宋恒飞，2018）。各指标定义如下：

①乡村聚落面积：单个乡村聚落内所有村庄用地图斑的总面积。

②乡村聚落形状指数：通过计算乡村聚落与相同面积正方形之间的偏离程度测度乡村聚落的形态规整程度，计算公式如下：

$$\text{LSI} = \frac{\sqrt{A}}{0.25P} \tag{7-1}$$

式中，LSI 为形状指数；A 为乡村聚落面积；P 为乡村聚落周长。

③乡村聚落分形维数：即乡村聚落几何形状的非整数维数，用于衡量乡村聚落形态特征，计算公式如下：

$$D = \frac{2\ln\left(\dfrac{P}{4}\right)}{\ln A} \qquad\qquad (7\text{-}2)$$

式中，D 为分维数；P 为乡村聚落周长；A 为乡村聚落面积。

（二）乡村聚落规模与形态特征空间分布

依据式（7-1）及式（7-2），选取能够代表乡村聚落规模和形态的两个主要指标进行空间分布的可视化，如图 7-7 所示，从乡村聚落规模上来说，鲁西平原地区的乡村聚落规模较大，单个乡村聚落单元面积更大，济青连线处的城市及胶东半岛地区由于地形高程的限制，乡村聚落之间的交通条件更差，各乡村聚落的独立性更强，同时由于缺乏平整的土地，单个乡村聚落的规模更小，临沂环城市圈带及淄博部分地区出现大型乡村聚落的聚集。在乡村聚落的形态方面，形状指数的空间分布规律与规模分布较为一致，规模较大的乡村聚落其形状指数更小，乡村聚落的分布形态更为紧凑规整，凸显出整一规划的特点，规模较小的乡村聚落其内部空间分布更为蔓延，多为零星状、条带状、凸点型分布，造成其形状指数较大。

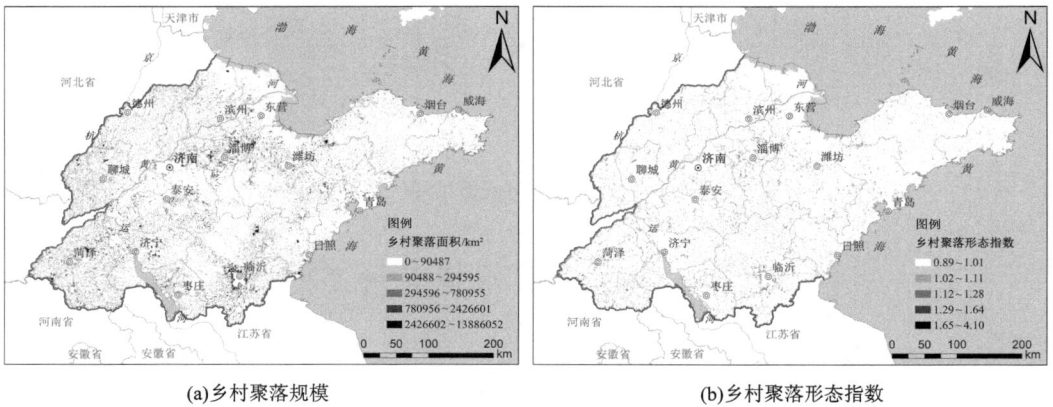

(a)乡村聚落规模   (b)乡村聚落形态指数

图 7-7 2019 年乡村聚落规模与形态

对不同城市乡村聚落的规模及形态进行统计，其结果如表 7-4 所示。

山东省不同地市乡村聚落平均面积差异较大，最高相差可达一倍，东营市和临沂市平均单个乡村聚落面积较大，东营市由于黄河三角洲的存在，大部分地区不适合居住，同时由于人口较少，形成了大型的乡村聚落；临沂市由于环城市圈带的大型乡村聚落，影响了整个城市的乡村聚落规模；威海市与德州市乡村聚落面积较小，威海市分布在鲁东地区，整个地区乡村聚落面积普遍偏小，德州市所在的鲁西平原，整体乡村聚落规模偏大，而德州市东部出现了明显的小型乡村聚落聚集区，造成其整体偏小，同时其形状指数较低，呈现出规整的小型乡村聚落集聚分布特征。

不同地市平均形状指数与平均分形维数分布一致，地市间形状指数差距较小。淄博市形状指数最高，乡村聚落分布较不规整，这也与其山区地貌有关，整体而言，鲁中及胶东半岛山地地区形态都较为散乱。

表 7-4　2019 年全省各地市乡村聚落规模形态平均值

行政区名称	乡村聚落平均面积	乡村聚落平均形状指数	乡村聚落平均分形维数
济南市	213774.823	1.012	1.002
青岛市	232474.351	0.997	0.999
淄博市	252223.933	1.020	1.003
枣庄市	252736.622	1.011	1.002
东营市	424271.251	1.011	1.001
烟台市	227718.736	1.000	1.000
潍坊市	242962.650	1.005	1.001
济宁市	271622.325	1.006	1.001
泰安市	266709.860	1.007	1.001
威海市	167309.122	0.998	1.000
日照市	207586.058	1.003	1.001
临沂市	405154.260	1.011	1.002
德州市	193292.678	0.993	0.999
聊城市	280936.470	0.994	0.999
滨州市	305052.738	0.998	0.999
菏泽市	308897.510	0.999	1.000

第三节　乡村聚落协调发展测度与评价

乡村聚落的发展需要与当地的生活、生产、生态条件相统一，从而促进农业的高质高效、乡村的宜居宜业与农民的富裕富足。本节首先分析了乡村聚落道路网络的通达性，其次测度了乡村聚落与生产空间、生活空间、生态空间的耦合协调发展，最后综合评价乡村聚落发展的耦合协调性及障碍度（张文，2018）。

一、乡村聚落协调发展测度方法

在后续各小节乡村聚落耦合测度分析中，针对道路空间、生产空间、生活空间、生态空间等不同角度，首先选取耦合评价测度指标，由于不同指标间量纲不同，需要对各指标进行标准化。之后使用突变模型以综合不同指标得到发展水平得分，最终使用 K-means 模型进行聚类处理，并使用轮廓系数确定聚类个数，以便分析不同类别的乡村聚类的空间分布规律。其方法流程如下：

①指标选取：按照数据的科学性、代表性及可获取性原则，选取耦合性评价指标。

②指标归一化：使用 Z-score 归一化方法进行数据标准化，其计算公式如下：

$$x' = \frac{X - \mu}{\sigma} \tag{7-3}$$

式中，x' 为归一化后的指标值；X 为待归一化指标值；μ 为该指标平均值；σ 为该指标标准差。

③突变模型：使用突变模型对各指标进行整合，得到发展水平得分，突变模型表达式（胡源，2014）如表 7-5 所示。

表 7-5　不同类型突变模型公式

类型	指标数量	公式
折迭型突变	1	$B = \sqrt{C_1}$
尖点型突变	2	$B = \left(\sqrt{C_1} + \sqrt[3]{C_2}\right)/2$
燕尾型突变	3	$B = \left(\sqrt{C_1} + \sqrt[3]{C_2} + \sqrt[4]{C_3}\right)/3$
蝴蝶型突变	4	$B = \left(\sqrt{C_1} + \sqrt[3]{C_2} + \sqrt[4]{C_3} + \sqrt[5]{C_4}\right)/4$

④K-means 聚类：K-means 聚类方法是一种基于划分的聚类算法，该算法首先在输入数据中根据聚类数量随机选取种子点，此后，不断迭代下一个输入数据，计算输入数据聚类各种子点之间的距离，将该数据分配给距离最近的种子点；此时，该种子点与其周围分配的其他输入数据就形成了一个聚类簇，并重新计算聚类中心。不断重复上述过程，直到聚类中心变化小于一定阈值或达到指定的迭代次数，组内误差平方和达到最小值，即完成聚类。

⑤轮廓系数确定聚类个数：选取一个合适的聚类数量能够有效揭示数据间的差异，使用轮廓系数法可以用来确定最终聚类个数，其计算公式如下：

$$s(i) = \frac{b(i) - a(i)}{\max\{a(i), b(i)\}} \tag{7-4}$$

式中，$a(i)$ 为样本 i 到同一聚类簇内其他输入样本的平均距离，代表簇内不相似度；$b(i)$ 为样本 i 到其他聚类簇所有输入样本平均距离的最小值，代表簇间不相似度。

二、乡村聚落道路网络通达性

（一）乡村聚落道路网络通达性评价指标

道路网络通达性是乡村振兴的基础和保障，是农村产业发展和经济增长的重要基础，为乡村聚落生产、生活、生态空间的协调发展提供重要的支撑。选取交通用地中城镇村道路用地、公路用地、农村道路进行分析，以道路网络中的路段作为网络边，以道路路段交叉口作为网络节点进行网络分析，计算道路密度、道路网络密度、道路网络直径、道路网络平均路径长度和道路网络连通性个数 5 个指标来测度乡村聚落的道路网络通达性（王成金等，2014；严飞等，2013；杨馨越等，2010）。乡村聚落道路网络通达性指标定义如下：

①道路密度：计算区域内单位面积道路长度，用以衡量道路整体建设水平，计算公

式如下：

$$D = \frac{p}{a} \tag{7-5}$$

式中，p 为区域内道路的总长度；a 为区域面积。

②道路网络密度：刻画网络中节点间相互连边的密集程度，反映了区域内道路网络的整体连通性，计算公式如下：

$$d(G) = \frac{2L}{N(N-1)} \tag{7-6}$$

式中，L 为道路边；N 为道路节点。

③道路网络直径：网络中两节点之间的最大值，衡量了本区域内道路网络整体延伸性——即网络规模的大小，该指标与镇域面积与道路密度密切相关，计算公式如下：

$$D = max\{d_{ij}\} \tag{7-7}$$

式中，ij 为任意两个连通的节点；d_{ij} 为网络权重。

④道路网络平均路径长度：刻画道路网络任意两节点的连通性水平，与网络直径相似，计算公式如下：

$$L = \frac{1}{\frac{1}{2}N(N-1)}\sum_{i \geqslant j} d_{ij} \tag{7-8}$$

式中，N 为道路节点数量；d_{ij} 为网络权重。

⑤道路网络连通性个数：反映了区域内道路组团之间的连通性，连通性个数越多，则孤立组团越多，区域内不同地区的连通性水平越差。

（二）乡村聚落道路网络通达性分布格局

使用式（7-5）～式（7-8）测度道路网络通达性（如图 7-8），山东省城镇地区的道路密度、道路网络连通性均强于农村地区。鲁西地区的道路网络密度、道路网络直径、道路网络平均路径长度、道路网络连通性个数明显好于鲁中地区，沿海城市如烟台、威海的道路网络建设也较好，青岛市市区道路网络建设明显强于外围大范围的农村地区。

（三）乡村聚落道路网络通达性类型特征

依据道路网络通达性各指标对特征相近的通达性区域进行聚类处理，以便分析不同类别的乡村聚落道路网络的空间分布规律。按照上述五个指标对乡村聚落道路网络特征进行聚类分析，并根据轮廓系数确定最终的聚类个数，共得到 5 种乡村聚落类别，分别为：孤立型道路网络、小型道路网络、中型道路网络、发达型道路网络、高连通性道路网络（图 7-9）。

山东省内各类型道路网络的分布如图 7-10 所示，孤立型道路网络连通性组团个数较多，其平均路径长度、网络直径较大，区域内道路网的连通性较差，该类道路主要分布在鲁中山地、鲁东丘陵及渤海湾湿地地带；小型道路网络平均路径长度及网络直径较小，中型道路网络特征与小型道路网络相似，这两种道路网络穿插分布在鲁西平原地区，其他地区也多有分布，是占比最高的道路网络形态；发达型道路网络区域内道路密度很高，其网络连通性大，区域内通行方便，这类道路网络分布于各城市中心地区；高连通性道路网络的网络密度极高，这类道路网络分布海岛之上，由于网络形态较小，较低的道路密度即可实现极高的网络连通。农业生产地区小型、中型道路网络类型较多；工业及生活设施集中区为便于出行及各类产品的运输，路网建设较为发达；鲁中、鲁东生态发达区，由于生态环境的影响作用，形成了孤立型道路网络。

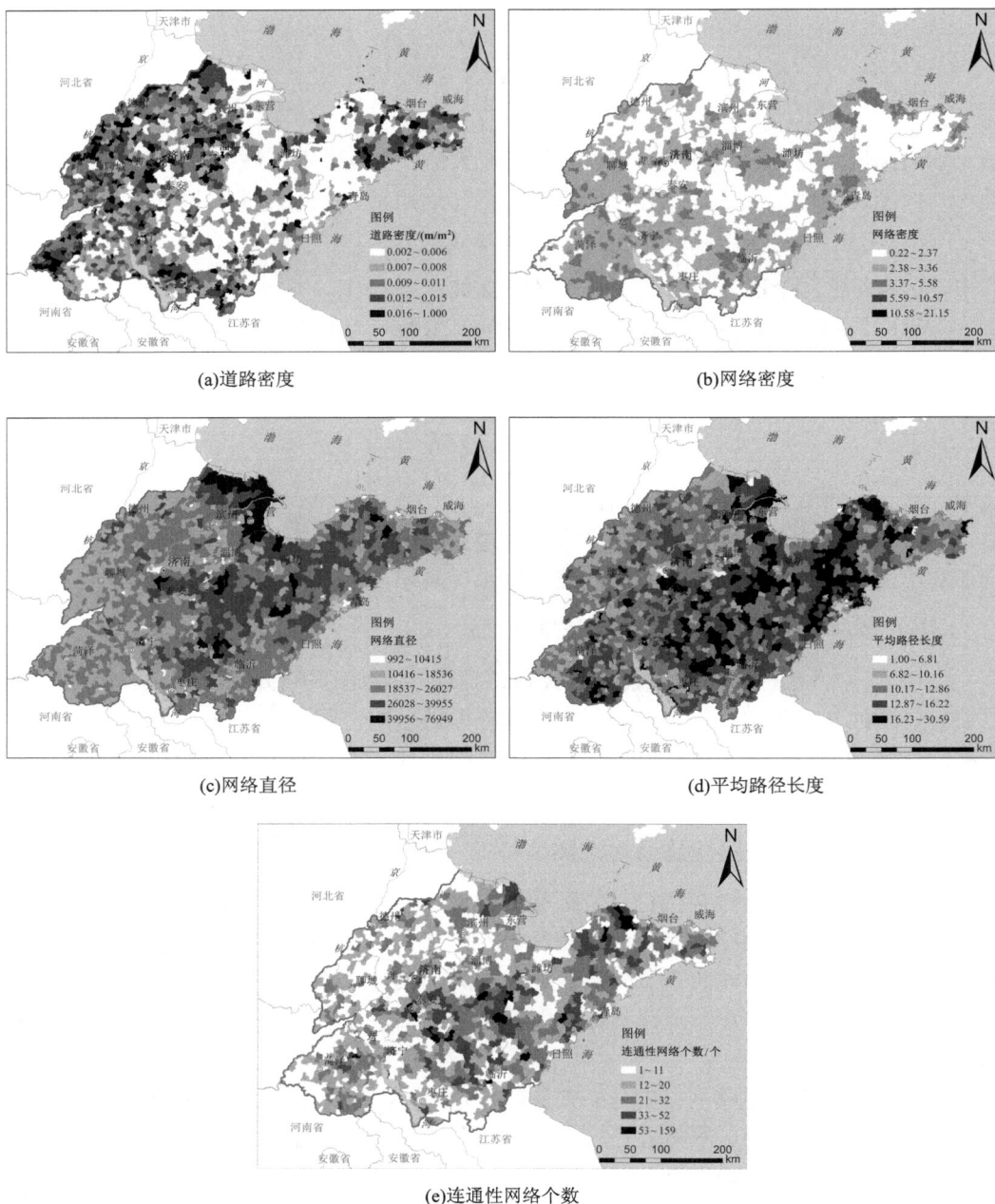

(a)道路密度

(b)网络密度

(c)网络直径

(d)平均路径长度

(e)连通性网络个数

图 7-8　2019 年山东省镇域道路网络属性

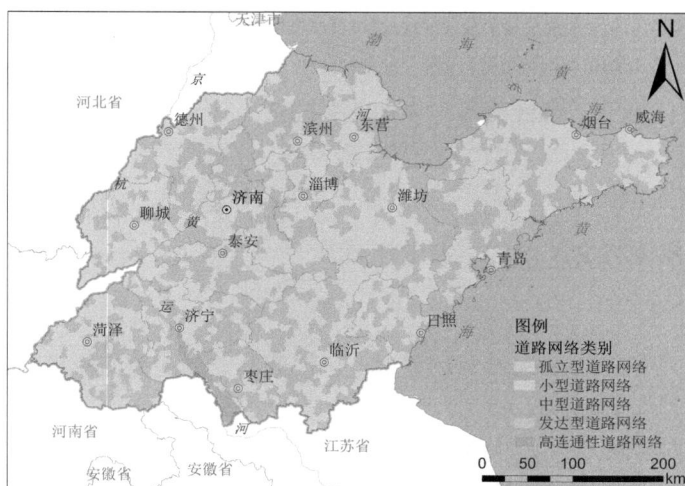

图 7-9　2019 年山东省乡村聚落道路网络类别分布（彩图附后）

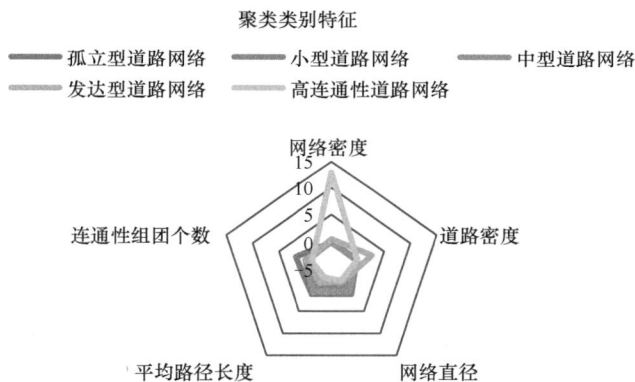

图 7-10　2019 年山东省乡村聚落道路网络聚类

三、乡村聚落与生产集约耦合测度

（一）乡村聚落与生产集约耦合测度指标

乡村振兴需要大力发展乡村产业，同时也需提升粮食等重要农产品供给保障水平。对于农业生产来说，耕地本身集约利用程度与乡村聚落之间的联系在根本上决定了农业生产条件的差异。本节从不同乡村聚落内部的耕地连片度、乡村聚落距耕地距离、乡村聚落人均耕地三个方面分析乡村聚落与生产集约耦合发展水平。乡村聚落与生产集约耦合测度指标定义如下：

①耕地连片度：通过设定空间阈值对邻近的耕地进行合并，以衡量耕地的连片水平，使用不同的空间阈值可以得到不同条件下的连通性水平，耕地连片度越高，其机械化耕作及规模化耕作的便利程度越高。

②乡村聚落距耕地距离：按照最短路径进行分配，将耕地依面积按比例分配到本行政村内部的各个乡村聚落——即假设乡村聚落与耕地之间的距离最小化，得到耕地与乡

村聚落权属一致（行政村级别权属）的乡村聚落与耕地间距离。在路径分配时，使用实际的路网距离，即交通用地中的公路、城镇村道路、农村道路，将乡村道路网络的建设纳入生产集约的评价中，乡村聚落与耕地距离越近，日常农业生产更加便利。

③乡村聚落人均耕地：统计乡村聚落内单位人口拥有的耕地面积，其中人口使用worldpop 提供的人口栅格化数据。

（二）乡村聚落与生产集约耦合分布格局

1. 耕地连片度

耕地连片度考虑了耕地间的邻近情况，耕地邻近关系越强，机械化耕作的可能性越高，集约化程度越高 [图 7-11（a）]。考虑耕作带、交通道路修建等因子，本部分以 30m、100m 为阈值，对耕地进行合并，计算耕地的连片度水平。山东省内的耕地连片度总体呈现"三环"状分布结构，即鲁中山地地区耕地较为分散，耕地连片程度较低；环鲁中地区出现农业耕作带，耕地连片程度升高；沿海岸线附近由于渔业和土地盐碱作用，耕地连片度再次下降；鲁西南地区耕地连片度最高。具体来看，菏泽市耕地连片度最高，机械化耕作有先天优势，其次为青岛市、枣庄市和临沂市，东营市和威海市耕地连片度较低，不同地区之间耕地连片度差异可达 10 倍以上。

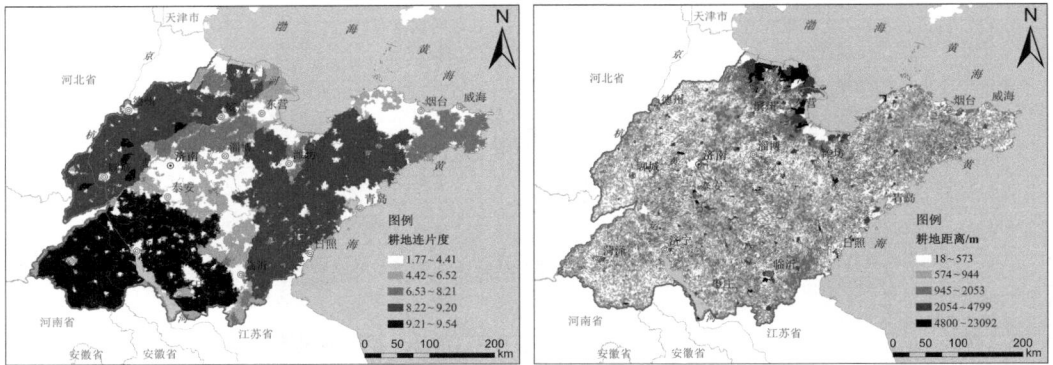

(a)耕地连片度   (b)耕地距离

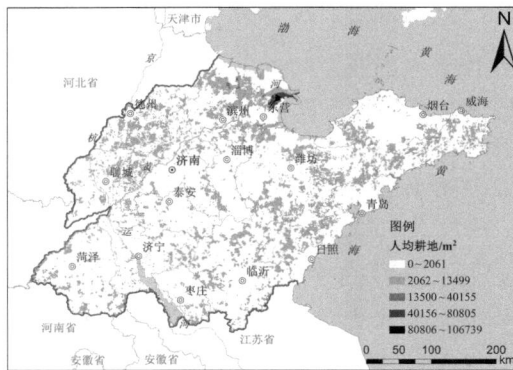

(c)人均耕地

图 7-11 2019 年山东省乡村聚落耕地属性空间分布

2. 乡村聚落距耕地距离

乡村聚落离耕地的距离考虑了日常耕作的便利程度［图 7-11（b）］，鲁西平原日常耕作条件较为便利，耕地距离乡村聚落较近，中部山地及东南部丘陵地带耕地距离乡村聚落稍远；东营-滨州北部及南四湖地区日常耕作便利程度较差，淄博、潍坊北部耕作距离较近，威海、烟台、青岛近海岸线地带耕作距离较内陆稍近。不同地区的乡村聚落与耕地距离差距达到了 5 倍，临城镇周边地区由于对耕地依赖性较小，容易出现耕地距离高值点。

3. 乡村聚落人均耕地

乡村聚落人均耕地考虑了农村居民对于耕地的占有情况［图 7-11（c）］，山东省中部地区人均耕地较少，城镇周围人均耕地也较少，尤其以济南、青岛两市最为明显，渤海湾地区由于人口分布较少，人均耕地占有量较高。

4. 乡村聚落与生产集约耦合综合评价

使用突变模型对上述各生产因子进行综合评价，得到如图 7-12 所示生产集约得分。济南、青岛、烟台、威海等发达城市农业发展相对滞后，得分较低；淄博、东营受当地生态系统的影响，农业生产便利性较低，得分也较低。

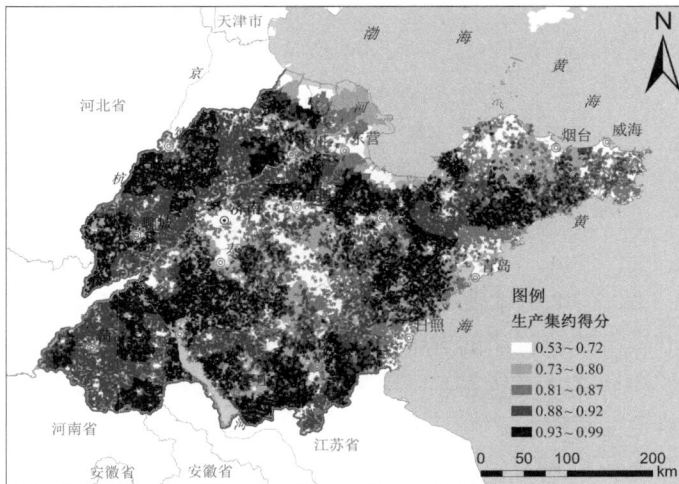

图 7-12　2019 年山东省乡村聚落生产集约得分分布

（三）乡村聚落与生产集约耦合类型特征

依据乡村聚落与生产集约耦合测度各指标对特征相近的乡村聚落进行聚类处理，以便分析不同类别的乡村聚落生产集约耦合度的空间分布规律（图 7-13）。以耕地连片度、乡村聚落距耕地距离、乡村聚落人均耕地 3 个指标对村域的耕地特征进行聚类分析，共得到 4 种乡村聚落类别，如图 7-14 所示，分别为优良耕地区、耕地欠优区、耕地潜力区、低连通性耕地区。

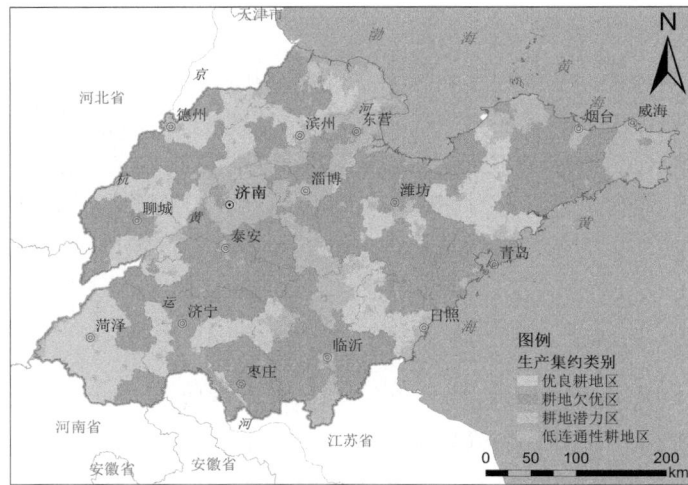

图 7-13 2019 年山东省生产集约类别分布（彩图附后）

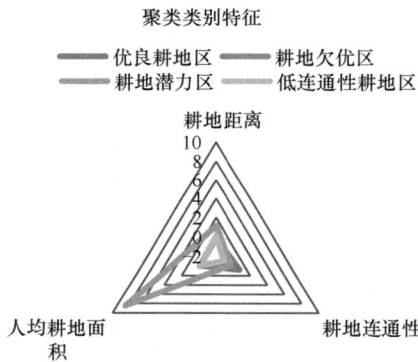

图 7-14 2019 年山东省生产集约聚类类别特征

根据图 7-13、图 7-14 所示聚类类别图及空间分布图，优良耕地区耕地连片度水平较高，有利于大规模机械化生产的进行，主要分布在鲁西平原部分地区、日照市及青岛市；耕地欠优区的耕地连片度较差，在山东省全域都有分布；耕地潜力区耕地连通性得分较低，但人均耕地面积较大，可以通过耕地整治等措施提升耕地质量；低连通性耕地区则主要分布在生态环境较为良好的地区，如鲁中山地、渤海湾及沿海地区等，这些地区由于地形、水域的限制，阻碍了耕地的连通，耕地连片度低，形成了低连通性耕地区。

四、乡村聚落与生活宜居耦合测度

（一）乡村聚落与生活宜居耦合测度指标

从乡村聚落与居住空间、公共设施空间的可达性方面衡量乡村聚落与生活宜居耦合度，可达性是衡量公共服务设施配给公平性、有效性的重要标准，高可达性地区能够享受到更便捷的服务，对于保障日常生活的宜居度具有重要意义（刘耀林等，2015）。在计算可达性的过程中，为考虑道路网络的建设的影响，使用交通用地中的公路、城镇村道路、农村道路，将其转换为出行路网，可以更加准确地模拟居民日常出行的路线。乡村聚落与生活宜居耦合测度指标定义如下：

①乡村聚落间可达性：使用路网距离，计算各乡村聚落与邻近的 k 个乡村聚落之间的平均距离，以度量聚落之间交流的便利程度。

②乡村聚落各公共设施可达性：使用路网距离，计算各乡村聚落与邻近的 k 个公共设施之间的平均距离，包含以下公共设施：商服用地、机关团体新闻出版用地、科教文卫用地、公园与绿地、广场用地。用以度量乡村聚落的教育、休憩、交流功能供给水平。

（二）乡村聚落与生活宜居耦合分布格局

1. 乡村聚落间可达性

乡村聚落之间的交流能够为居住空间提供更多的活力，同时也有助于共同推进各项设施的建设、服务的开展。可达性程度如图 7-15 所示，鲁北、鲁西南乡村聚落之间的距离更近，集聚程度更高，鲁中山地地区由于地形和交通条件的限制，乡村聚落间距离更远，村落之间的交流活动更少，居民点偏向于独立存在。菏泽与临沂市内出现了明显的分带现象，临沂出现了南部与北部地区之间的显著对比：临沂北部山区呈现可达性低值区，而临沂南部大型农村聚落聚集区则出现可达性的高值区；菏泽则由西南至东北出现了高-低-高的乡村聚落可达性格局。总体来说，乡村聚落之间的距离大多集中在1500m 附近，并呈现明显的拖尾状，说明少数乡村聚落之间的空间距离较远，需要改善其间的交通状况。不同地区乡村聚落间距离差距较小，同时与地形条件密切相关。

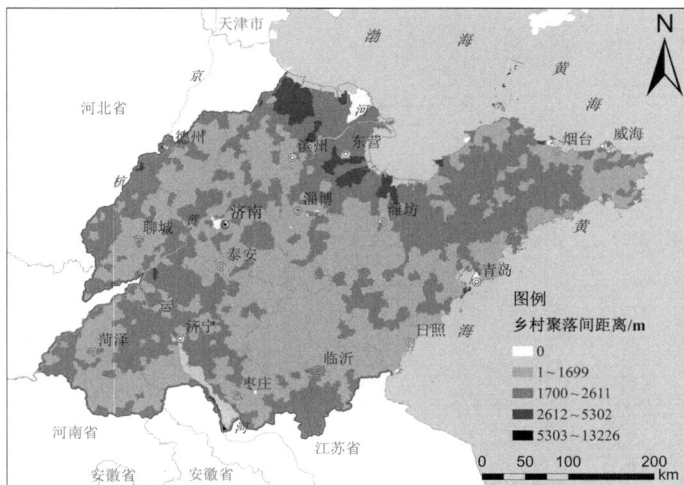

图 7-15　2019 年山东省乡村聚落间可达性分布

2. 乡村聚落各公共设施可达性

（1）公共设施可达性计算

公共服务设施可以为居民提供必要的教育、医疗、交流保障服务，是居民日常生活服务便利的必要保障。选取商服用地、机关团体用地和科教文卫用地、公用设施用地、公园与绿地、广场用地作为必要性的公共设施，用以衡量乡村聚落的教育、休憩、交流功能供给水平，以乡村聚落距离各项公共服务设施的最近距离衡量可达性，距离越近，可达性越高，图7-16展示了各公共设施用地的可达性程度。

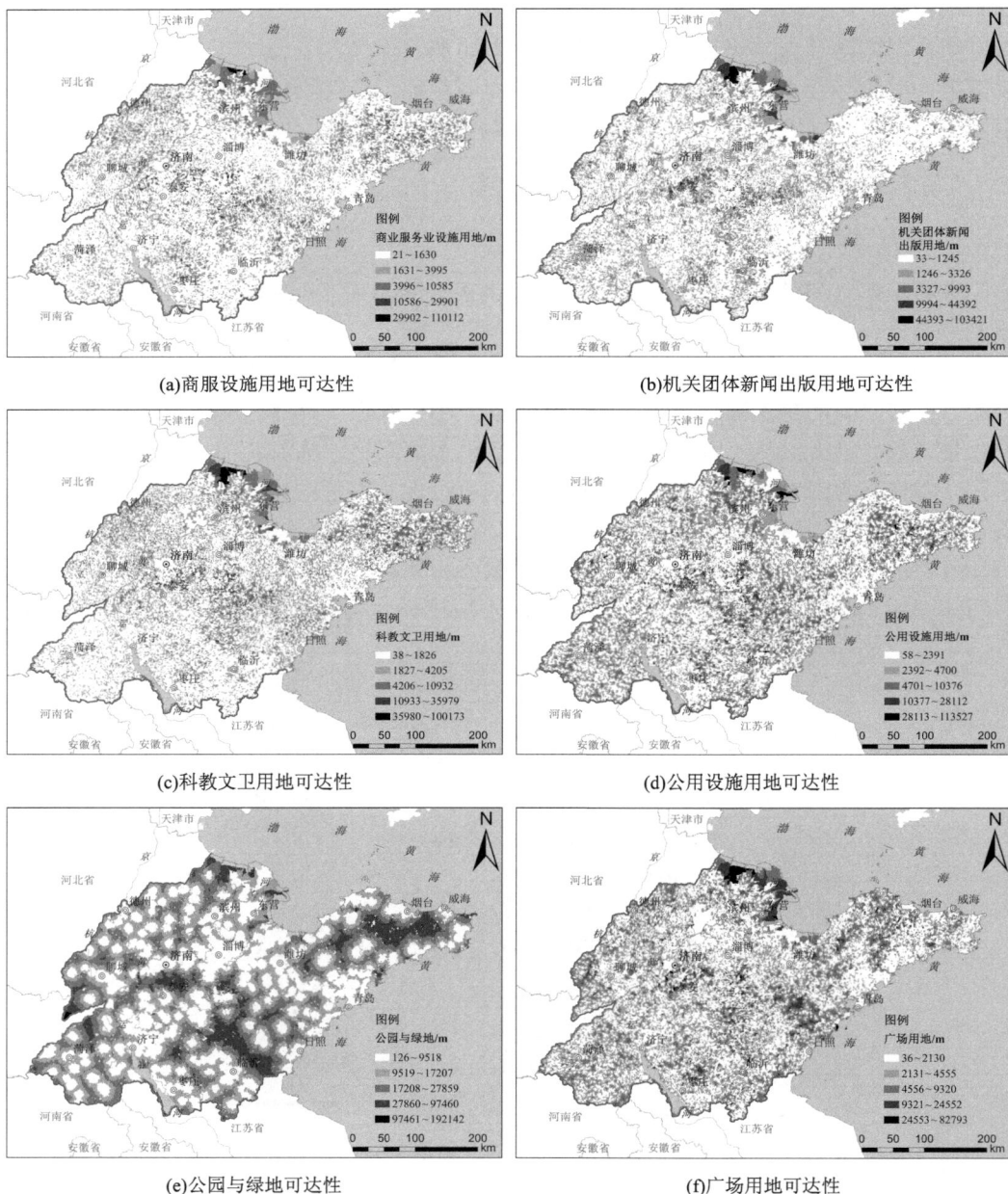

(a)商服设施用地可达性

(b)机关团体新闻出版用地可达性

(c)科教文卫用地可达性

(d)公用设施用地可达性

(e)公园与绿地可达性

(f)广场用地可达性

图7-16 2019年山东省各类用地可达性分布

（2）商服设施可达性

山东省西北部、中部、东北部商服设施可达性较低，其中中部与东北部地形起伏较大，而以德州为代表的西北部则属于传统的平原农业型乡村。菏泽、淄博—潍坊北部、淄博南部可达性较高，居民外出购物消费较为便捷。

（3）机关团体新闻出版设施可达性

鲁东地区的可达性明显高于鲁西地区，同时围绕城镇地区可达性略低，如菏泽、临沂、东营等市。乡村机关团体广泛分布于各行政村内部，各地区的可达性普遍较高。

（4）科教文卫设施可达性

山东省东北部乡村聚落与设施之间的距离明显高于山东省西南部，在中部山地地区及鲁东丘陵地带，科教文卫设施的分布较为稀疏，对农村教育的供给可能存在短缺。同时，在鲁西平原，德州市的科教文卫可达性明显低于其他地级市，科教文卫设施供给较弱。以济南—淄博—潍坊—青岛为廊道，形成了一条高可达性的科教文卫设施聚集带，鲁西南的菏泽、济宁等市对于教育的重视程度较高。

（5）公园与绿地可达性

乡村聚落周围鲜有公园与绿地的存在，大部分公园绿地存在于城镇范围内，各地区均围绕本地区城镇建成区呈现环状分布，城镇外围地区公园与绿地的可达性明显低于建成区周围。同时山东省内乡村聚落与公园绿地之间的距离明显出现了低可达性地区，主要分布在威海市、烟台市与临沂市境内，这些地区农村聚落周围未建设公园绿地。其中胶东半岛由于丘陵地形的存在，对于公园绿地的修建有一定阻碍作用，临沂北部由于山地的影响，也较少修建公园绿地，与之形成鲜明对比的为淄博市南部——地形高程较高，但公园绿地可达性较高，对于山地丘陵地带的其他城市有一定的借鉴作用，如借助当地的自然地貌修建森林公园等。淄博、济宁—泰安一线可达性也较高。

（6）广场用地可达性

广场用地为农村居民之间的交流及娱乐提供了必要的场所空间。鲁中、鲁北地区的广场用地可达性较高，潍坊市南部则可达性较低，需要修建必要的广场空间为农村居民提供必要的户外场所空间。

（7）乡村聚落与生活宜居耦合测度综合评价

使用突变模型对上述各公共设施可达性进行综合评价，得到公共设施可达性得分，如图 7-17 所示。两个明显的低值区出现在渤海湾地区和南四湖地区，这两个地区由于湿地、水域对路网的阻断，造成可达性较低。中部山地、东南部丘陵地区可达性也较低，说明地形对于公共设施的可获取性有一定的影响，西北部德州市可达性得分也较低，需要进一步加强该地区的公共设施建设。淄博—潍坊一线、临沂南部、青岛南部公共设施可达性较高，居民日常生活宜居度较高。

（三）乡村聚落与生活宜居耦合测度类型特征

依据乡村聚落与生活宜居耦合测度各指标对乡村聚落进行聚类处理，以便分析不同类别的乡村聚落生活宜居耦合测度的空间分布规律（图 7-18）。以商服用地、机关团体用地、科教文卫用地、公用设施用地、公园与绿地、广场用地可达性为指标进行聚类，得到 4 种乡村聚落类别，如图 7-19 所示。分别为均衡建设区、设施提升区、设施发达区、发展不均衡区。

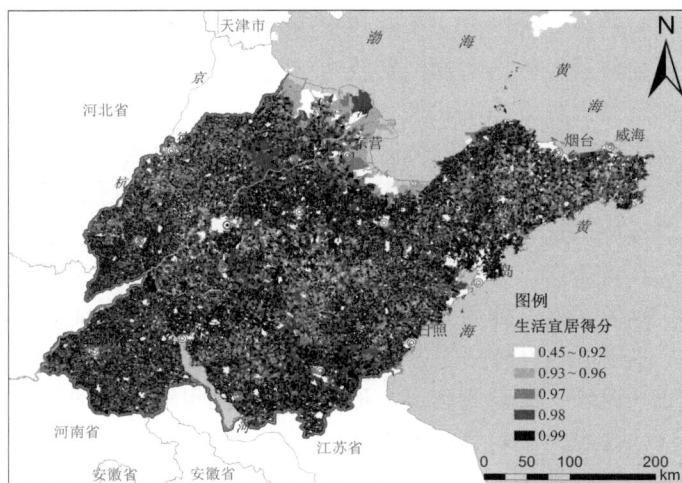

图 7-17　2019 年山东省公共设施可达性得分

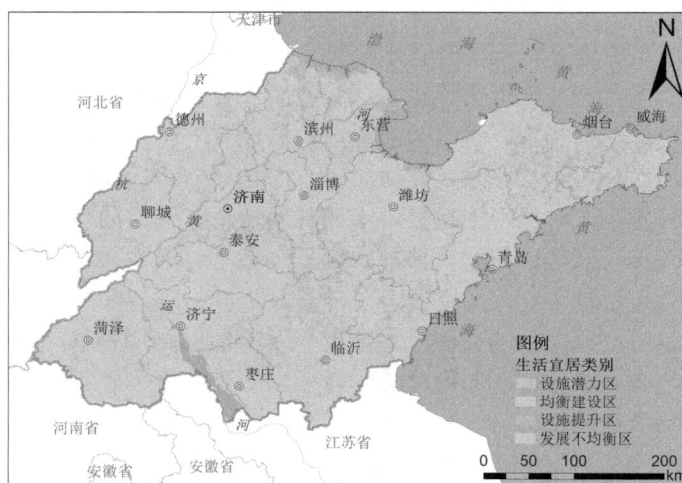

图 7-18　2019 年山东省生活宜居类别分布（彩图附后）

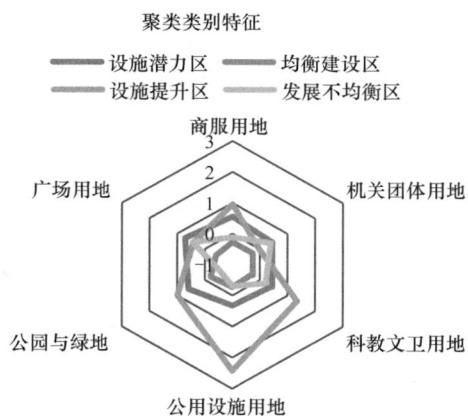

图 7-19　2019 年山东省生活宜居聚类雷达图

根据图 7-18、图 7-19 所示乡村聚落与生活依据耦合测度聚类类别图及空间分布图，山东省乡村设施均衡建设区分布最为广泛，这些区域各类服务设施可达性均较好，日常生活较为便利。设施潜力区与设施提升区分布较为类似，均分布于鲁中山地、鲁东丘陵与渤海湾地带，这些区域当地的生态环境对各类服务设施的可达性产生了一定影响，造成了可达性较低，需要道路系统的建设提升这些地区的可达性条件。发展不均衡区在零星分布于省内各处，这些区域距离广场用地较近，其他设施可达性有待提升。

五、乡村聚落与生态和谐耦合测度

（一）乡村聚落与生态和谐耦合测度评价指标

经济发展不能以破坏生态为代价，生态本身就是经济，保护生态就是发展生产力。乡村的发展要与当地的生态相协调。本部分主要衡量乡村聚落与生态的耦合发展水平，选取生态用地的生境维持功能、乡村聚落内部生态用地、乡村聚落距采矿用地距离为指标进行评价。乡村聚落与生态和谐耦合测度指标定义如下：

①生境维持功能：使用城镇建设用地、村庄用地、交通用地、其他建设用地作为生境质量威胁因素。威胁因子对生境类型的相对影响越高，则得分越高；生境与威胁的相对距离越近，威胁的程度越强。

②乡村聚落内部生态用地：使用湿地、林地、园地、草地、耕地、水域作为乡村聚落内部生态用地。乡村聚落内部生态用地占比越高，同时多样化程度越高，则内部生态质量越好，使用土地利用混合熵度量多样化程度。

③乡村聚落距采矿用地距离：将乡村聚落与采矿用地之间的距离划分为 500m、1000m、2000m，对上述各阈值范围下的距离进行加权求和处理。

（二）乡村聚落与生态和谐耦合测度分布格局

1. 生境维持功能

生境维持功能是为生物生长、觅食、繁殖提供场所的功能[图 7-20（a）]。与耕地质量的分布相反，鲁中地区由于林地的繁盛生境维持服务功能最高，环鲁中地区由于耕地的存在，人为劳作破坏了生境维持功能，沿海地区的交通半岛由于丘陵地貌生境维持功能升高，同时渤海湾由于湿地的存在生境维持功能也较高。就城市而言，威海市最高、菏泽市最低。

2. 乡村聚落内部生态用地

乡村聚落内部的生态用地能够改善本区域内的居住环境，同时提供一定的生产便利性。使用湿地、林地、园地、草地、耕地、水域作为乡村聚落内部生态用地[图 7-20（b）]。乡村聚落内部生态用地占比越高，同时多样化程度越高，则内部生态质量越好，本部分同时从这两方面评价乡村聚落内部生态质量，得到生态质量空间分布图。鲁西乡村聚落内部生态质量明显高于鲁中、鲁东地区。尤其以滨州、东营、菏泽最高，滨州、东营生态系统多样性程度高，湿地对当地生态系统影响程度较高。菏泽由于耕作

业较为发达，乡村聚落内部耕地占比较高。临沂则由于乡村聚落规模较大，内部生态
用地分布较为广泛。

3. 乡村聚落距采矿用地距离

采矿用地会影响当地乡村聚落的生态系统——造成扬尘、噪声污染等，可能在一定范
围内影响耕地的重金属水平，影响程度依据采矿用地面积、距离而不同[图 7-20（c）]。
将乡村聚落与采矿用地之间的距离划分为 500m、1000m、2000m，并依据采矿用地大小
及距离远近测度采矿用地对乡村聚落生态影响的高低。西部平原耕作带受采矿用地影响较
小，东营—滨州—淄博—泰安—枣庄的中部地区乡村距离受采矿用地影响较大，同时主要
集中在城市周围，乡村聚落受采矿用地的影响由西至东呈现低–高–中的分布格局。

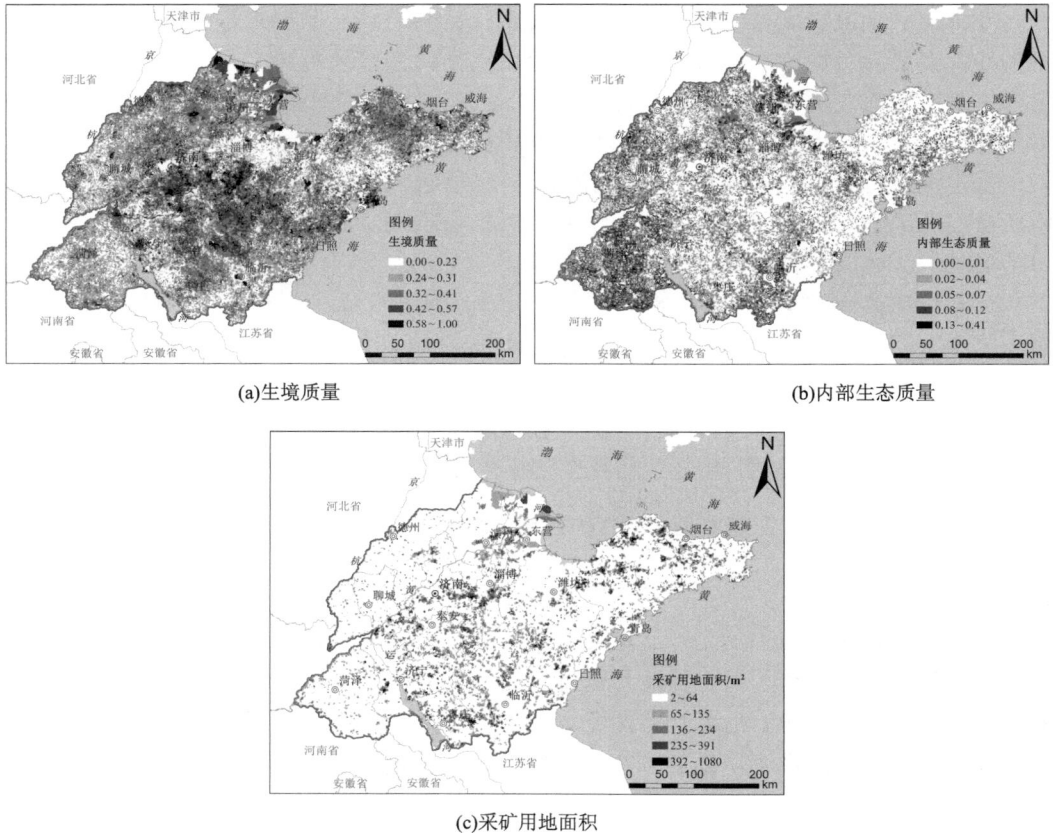

(a)生境质量

(b)内部生态质量

(c)采矿用地面积

图 7-20 2019 年山东省乡村聚落生态属性空间分布

4. 乡村聚落与生态和谐耦合测度综合评价

使用突变模型对上述各生态因子进行综合评价，得到生态和谐得分。如图 7-21
所示，菏泽市由于内部生态用地得分较高、受采矿用地影响较少，生态和谐程度较
高。滨州、东营当地湿地生态对于当地生态影响较高，生态较为和谐。鲁东地区则
得分较低。

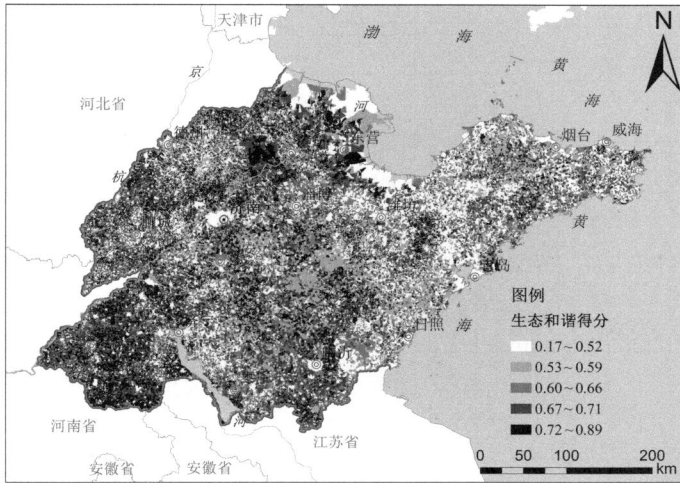

图 7-21　乡村聚落生态和谐得分分布

（三）乡村聚落与生态和谐耦合测度类型特征

依据乡村聚落与生态和谐耦合测度各指标对特征相近的乡村聚落进行聚类处理，以便分析不同类别的乡村聚落生态和谐耦合测度的空间分布规律。以乡村聚落采矿用地距离、生境质量、乡村聚落内部生态质量为指标进行聚类分析，共得到 4 种乡村聚落类别。分别为低生态和谐区、中生态和谐区、中高生态和谐区、高生态和谐区，如图 7-22 所示。

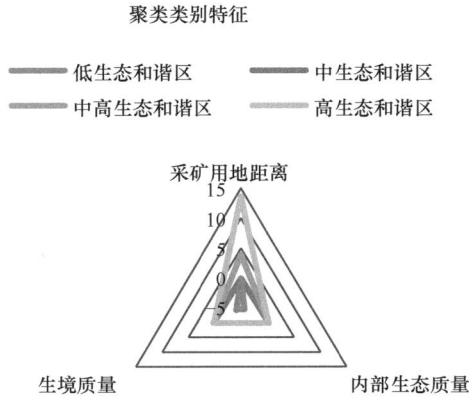

图 7-22　2019 年山东省乡村聚落与生态和谐耦合测度聚类雷达图

各生态和谐类型分布如图 7-23 所示，山东省域内大部分区域为中生态和谐区，不同生态和谐区之间主要差距在工矿用地影响方面，少部分地区由于工矿用地的影响处于低生态和谐区，中高生态和谐区、高生态和谐区在山东省全域境内呈零散分布的格局。

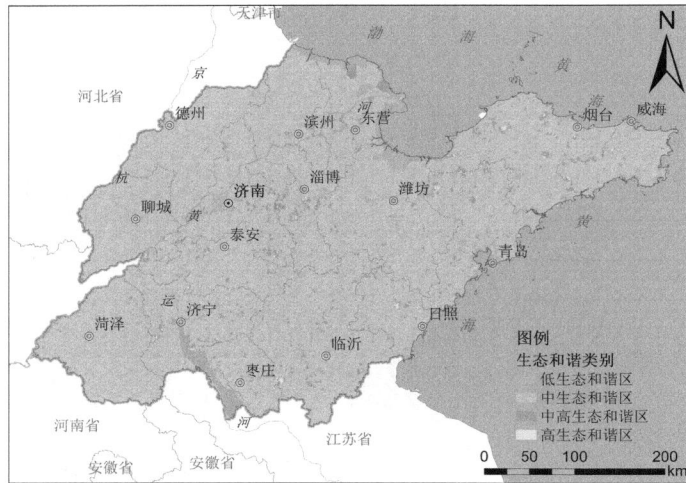

图 7-23　2019 年山东省生态和谐类别分布（彩图附后）

六、乡村聚落协调综合发展

（一）生产–生活–生态耦合协调定义

使用协调耦合度模型分析乡村聚落生产–生活–生态之间的耦合协调发展。耦合度是描述系统或要素相互影响的程度，耦合度说明系统间相互作用、相互影响的程度，耦合协调度是度量系统之间或系统内部要素之间协调状况好坏的定量指标。因此本文用耦合度判别生活–生产–生态子系统之间相互作用、相互影响的程度，用耦合协调度来评价山东省域内不同乡村聚落生活–生产–生态子系统间的协调发展水平（林昱辰，2021）。具体表达式如下：

$$C = \frac{n\sqrt[n]{u_1 \times u_2 \times \cdots \times u_n}}{u_1 + u_2 + \cdots + u_n} \tag{7-9}$$

$$T = a_1 u_1 + a_2 u_2 + \cdots + a_3 u_3 \tag{7-10}$$

$$D = \sqrt{C \times T} \tag{7-11}$$

式中，u_n 为第 n 个子系统的综合评价指数；C 为耦合度，表示子系统间通过相互作用而彼此影响的程度。耦合度 C 值为 1 时最大，表明三个协同发展之间为最协调状态，发展方向是有序的；反之 $C=0$ 最失调，耦合度最小，两系统发展方向和现阶段呈无序性。

按照取值范围，将耦合度划分为 6 个等级。$C_i=0$，无序；$0<C_i\leqslant0.3$，低水平耦合；$0.3<C_i\leqslant0.5$，拮抗；$0.5<C_i\leqslant0.8$，磨合；$0.8<C_i\leqslant1$，高水平耦合；$C_i=1$，有序。耦合协调度等级划分如下：$0<D_i<0.2$，轻度失调；$0.2\leqslant D_i<0.3$，轻度协调；$0.3\leqslant D_i<0.4$，中级协调；$0.4\leqslant D_i<0.5$，良好协调；$0.5\leqslant D_i$，优质协调。

（二）生产–生活–生态耦合协调分布格局

依据式（7-9）～式（7-11），得到山东省生产–生活–生态耦合协调分布格局，如图 7-24 所示。山东省绝大部分地区耦合度值大于 0.8，处于高水平耦合的范围内，山东大部分农村地区生产–生活–生态之间耦合度较好；全域耦合协调度大于 0.7，均达到了优质协调的水平。在此基础上，鲁西—鲁中—鲁东呈现耦合度依次递减，这与地形和基础生产条件相关，平原地区生产条件较为便利，有益于开展相应的生活基础设施建设。沿海地区乡村聚落对耕地的依赖相对较小，造成耦合度较低。从耦合协调度上来看，中部山地地区明显出现了洼地现象，同时鲁东北部沿海地区和渤海湾地区均较低。

（三）生产–生活–生态障碍度模型

障碍度模型是以综合评价模型为基础演变出的数学统计模型，用来诊断影响评价目标的障碍因子。运用基于指标偏离度的障碍度模型对指标层和系统层进行障碍度诊断（林昱辰，2021），分析制约山东省各乡村聚落协调发展的短板因素。障碍度模型由因子贡献度、指标偏离度和障碍度 3 项指标组成：

$$F_i = W_i \times R_i \tag{7-12}$$

$$I_i = 1 - X_i \tag{7-13}$$

$$Y_i = \frac{F_i \times i_i}{\sum_{i=1}^{N} F_i \times i_i} \times 100\% \tag{7-14}$$

式中，F_i 为因子贡献度，即单项指标对总目标的影响程度；I_i 为指标偏离度，即单项指标评估值与 100% 之差；Y_i 为障碍度，即单项指标对乡村发展的影响程度；W_i 为第 i 个指标的权重；R_i 为第 i 个指标所属的分类指标权重；X_i 为单项指标的标准化值。

依据式（7-12）～式（7-14）得到生产、生活、生态因素的障碍度水平，如图 7-25 所示，影响乡村聚落和谐发展的主要因素为生产因素和生态因素，这两个障碍度因素对当地本身地形的依赖程度较高，生活因素的障碍度相比之下较小。

（1）生产障碍度

中部山地地区的生产障碍度较高，渤海湾、鲁东威海、烟台两市生产障碍度也较高，在城镇周边地区，由于城市的辐射带动效应，农业生产导向型的村落较少，农业生产积极性较低，生产障碍度较高。

（2）生态障碍度

全省大部分地区生态障碍度均较高，属于首要障碍因素，同时生态与生产障碍度呈现明显的互补分布空间格局，用地方式的不同造成不同的发展方向，塑造了不同的乡村聚落形态。

（3）生活障碍度

除部分地区外，全省大部分地区障碍度均较小，障碍度较高的村落分布大致呈现西高东低的格局，同时在全省呈零星状分布。

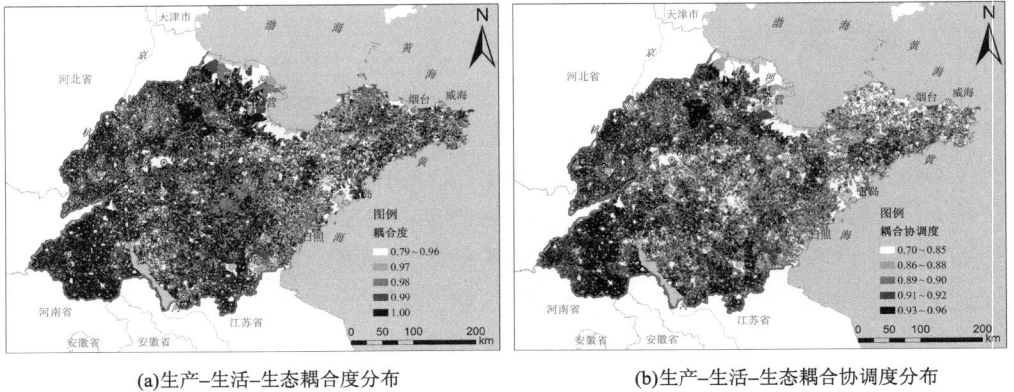

(a)生产–生活–生态耦合度分布

(b)生产–生活–生态耦合协调度分布

图 7-24 2019 年山东省乡村聚落耦合协调发展格局

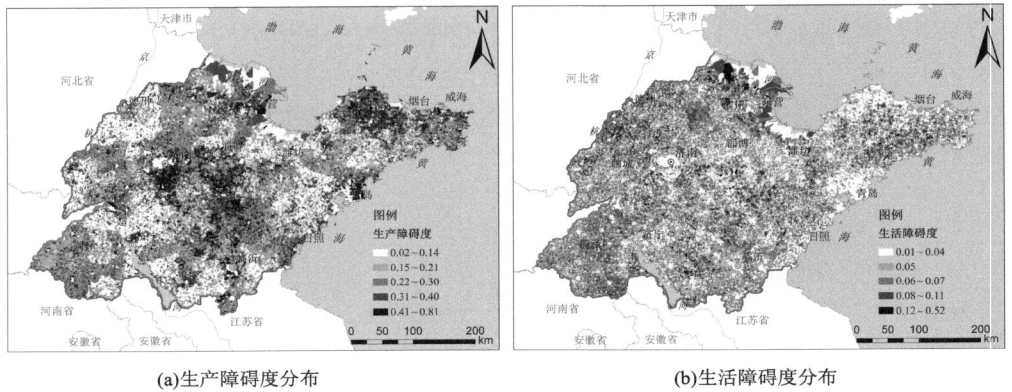

(a)生产障碍度分布

(b)生活障碍度分布

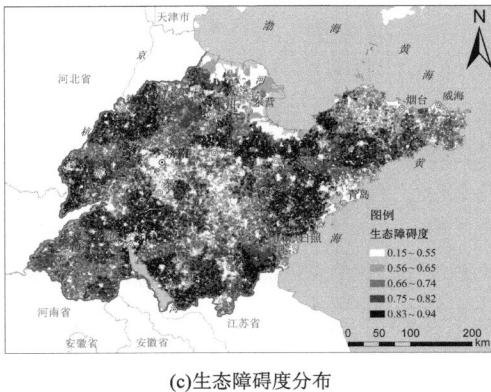

(c)生态障碍度分布

图 7-25 2019 年山东省乡村聚落发展障碍度因素空间分布

第四节 村庄用地效益分析

本节首先分析了村庄用地与乡村人口之间的耦合关系，度量了村庄用地的发展是否与人口的变化、农业产业的发展相匹配；其次，从乡村人–地–业协调发展的角度分析其效益及变化。

一、村庄用地与乡村人口

（一）人均村庄用地

1. 省域间对比

根据第七次人口普查数据、第三次全国国土调查数据得到乡村人口比例、村庄用地比例和人均村庄用地面积（村庄用地/村庄人口）。将山东省数据与全国数据和邻省数据对比，其中江苏省位于山东省南部，经济较为发达；河南省位于山东省西部，与山东省同为农业大省；辽宁省位于山东省北部，是全国老重工业基地，城市化水平较高。具体结果如表 7-6 所示。

山东省乡村人口比例与全国平均水平接近，低于河南省乡村人口占比，但远高于江苏省与辽宁省；全省村庄用地占城镇村用地比例低于全国平均水平，低于河南省与辽宁省，高于江苏省；全省人均村庄用地面积为 424.93 m^2/人，对比全国人均村庄用地面积 430.29 m^2/人，处于中等稍低的水平，全省人均村庄用地低于江苏省与辽宁省的人均村庄用地，高于河南省人均村庄用地。

表 7-6　2019 年人均村庄用地省域对比

区域	"七普"乡村人口占总人口比例/%	村庄用地占城镇村用地比例/%	人均村庄用地面积/（m^2/人）
全国	36.11	62.13	430.29
山东省	36.95	56.80	424.93
江苏省	26.56	52.65	490.85
河南省	44.57	72.08	398.63
辽宁省	27.86	59.92	664.70

2. 省域内对比

山东省各县（市、区）人均村庄用地分布如图 7-26 所示，鲁北人均村庄用地面积较大，该区乡村人口密度较低，除东营市外其他区域村庄用地比例在全省处于中等水平，造成人均村庄用地面积较大。在潍坊市奎文区、青岛市城阳区，这两个区域位于主城区内，乡村人口占比极低，在 2009~2019 年间，乡村人口也在不断流失，但同时仍保有一定的村庄用地，造成其人均用地面积极高，形成了两个高值极点区域。

（二）人均农村宅基地

山东省人均宅基地面积为 262 m^2/人。各县域分布如图 7-27 所示，鲁西北整体而言处于高值区，由于鲁西北处于传统耕作的平原地区，其农村宅基地面积占比较大，造成人均宅基地面积较高。同时形成了聊城市莘县、潍坊市奎文区、青岛市城阳区三个高值极点区。潍坊市奎文区与青岛市城阳区高值点形成的原因为乡村人口占比较少，聊城市莘县高值点形成的原因则主要是由于农村宅基地占比较高造成的。

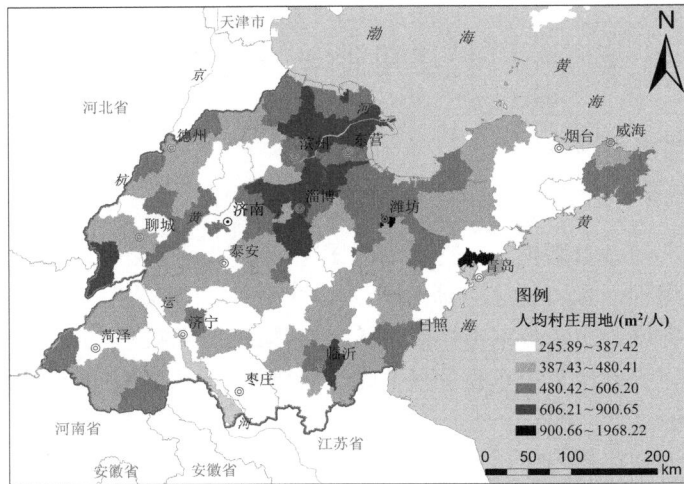

图 7-26　2019 年山东省人均村庄用地分布格局

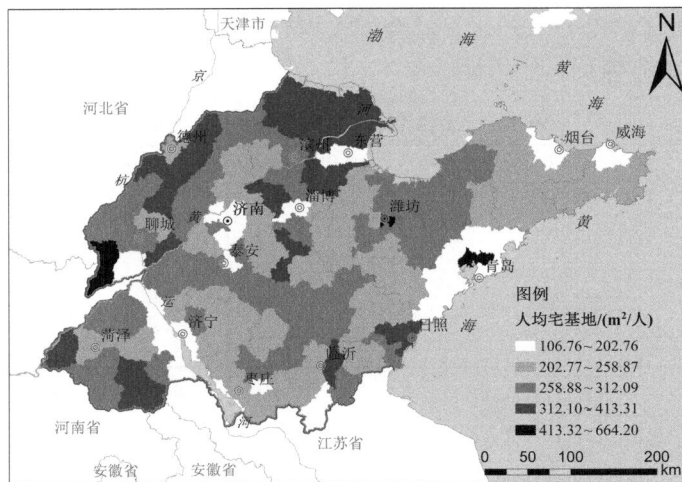

图 7-27　2019 年山东省人均宅基地分布格局

（三）人均村庄用地分区特征

为探究不同地理分区的村庄用地效益，使用自然地理分区统计"三调"期间人均村庄用地、人均宅基地面积与"二调"至"三调"期间人均村庄用地的变化，如表 7-7 所示。

表 7-7　2009～2019 年山东省自然地理分区村庄用地统计表

地理分区	"三调"人均村庄用地面积/（m²/人）	"三调"人均宅基地面积/（m²/人）	人均村庄用地面积变化/%
鲁东丘陵区	448.56	240.05	+52.08
鲁中山地区	429.71	273.34	+52.57
山前环状平原区	479.76	249.37	+82.89
鲁西北平原区	436.88	293.43	+48.91
鲁北滨海黄河三角洲	597.94	323.68	+48.77

　　鲁东丘陵区人均宅基地面积最低，其村庄用地中住宅用地的占比也最低，在变化方面，处于中等变化趋势。鲁中山地区由于地形条件的限制，人均村庄用地面积较低，人均村庄用地的变化也处于中等水平。山前环状平原区其人均村庄用地面积较高，变化速率较快，其人均村庄用地面积达到了"二调"期间的182.89%，增速远高于其他地区。鲁西北平原区人均村庄用地、人均宅基地面积均处于中等水平，变化速率也较慢。鲁北滨海黄河三角洲由于人口密度较低，人均村庄用地与人均宅基地面积最高，增速较慢。

（四）分阶段村庄用地特征

　　使用2009～2015年、2015～2019年两个阶段分析村庄用地变化与农业产值变化间的关系，如表7-8所示，其中2009～2015年地均农林牧副渔业总产值变化 =（2015年农林牧副渔业总产值/2015年村庄用地面积）/（2009年农林牧副渔业总产值/2009年村庄用地面积），其他变化值计算同上。

表 7-8　2009～2019年山东省各城市分阶段村庄用地与社会经济发展特征表（单位：%）

城市名称	2009～2015年村庄用地地均农林牧副渔业总产值变化	2015～2019年村庄用地地均农林牧副渔业总产值变化	2009～2015年村庄用地地均农业总产值变化	2015～2019年村庄用地地均农业总产值变化	2009～2019年村庄用地地均农林牧副渔业总产值变化	2009～2019年村庄用地地均农业总产值变化
平均	151.45	99.44	153.76	87.89	149.98	135.10
济南市	158.46	90.88	164.31	95.87	144.01	157.53
青岛市	140.83	125.08	158.50	113.18	176.15	179.40
淄博市	160.52	91.56	158.91	89.22	146.98	141.79
枣庄市	153.64	84.87	157.98	81.00	130.40	127.96
东营市	148.45	119.41	148.09	98.27	177.26	145.52
烟台市	147.67	122.58	159.78	103.67	181.02	165.65
潍坊市	151.89	86.48	153.72	80.43	131.36	123.63
济宁市	166.91	89.29	170.86	81.25	149.04	138.81
泰安市	160.47	99.51	149.54	106.77	159.68	159.67
威海市	143.41	112.01	156.40	70.41	160.64	110.13
日照市	155.01	104.11	151.25	75.39	161.37	114.02
临沂市	135.67	98.66	144.31	86.70	133.86	125.11
德州市	152.45	95.72	153.97	80.91	145.93	124.58
聊城市	155.23	89.88	155.02	82.07	139.52	127.23
滨州市	162.82	84.01	150.44	68.45	136.79	102.98
菏泽市	129.69	96.91	127.01	92.58	125.68	117.59

　　2009～2015年全省地均农林牧副渔业产值的变化速率小于地均农业产值的变化速率，2015～2019年地均农林牧副渔业产值的变化速率小于地均农业产值的变化速率。由于统计方式的转变，2009～2015年的变化速率大于2015～2019年间的变化速率。10年间农林牧副渔业产值的总体变化趋势高于农业的总体变化趋势，说明山东省的第一产业

呈现多样化的发展。

2009～2015 年地均农林牧副渔业总产值济宁市变化最大，滨州市、淄博市、泰安市变化速率也较大，均在 160%之上，最低为临沂市的 135.67%；地均农业总产值济宁市变化速率仍然处在首位，达到 170.86%，其次为济南市，为 164.31%，菏泽市最低为 127.01%。

2015～2019 年地均农林牧副渔业总产值青岛市变化最大，为125.08%，烟台市也处于 120%以上，最低为滨州市，为 84.01%；地均农业总产值青岛市变化仍处于首位，达到 113.18%，其余仅有烟台市、泰安市在 100%以上，最低的为威海市，仅为 70.41%。

在 2009～2019 年的总体变化趋势上，青岛市两者均处于较高的水平，均达到了170%以上，烟台市地均农林牧副渔业总产值变化最高，为 181.02%，菏泽市最低，为 125.68%。滨州市地均农业产值变化最低，仅为 102.98%，地均农业产值在 2009～2019 年间处于停滞状态。

二、乡村人–地–业效益分析

（一）乡村人–地–业效益评价方法

针对乡村人–地–业效益分析，选取与乡村人口、土地、产业有关的指标进行分别计算评价，对各指标进行标准化，最终使用 K-means 模型进行聚类处理，并使用轮廓系数确定聚类个数，得到乡村人–地–业类型特征及其空间分布。

（二）2019 年乡村人–地–业效益分析

1. 乡村人–地–业效益指标选取

乡村人–地–业发展水平评价应着重体现乡村地域结构功能与效益，反映人口的增长是否与土地的变化、产业的结构相匹配。在借鉴已有相关评价和数据可获取性的基础上（金丹和戴林琳，2021；张妍等，2020），从人均村庄用地、人均耕地、人均一产增加值三方面评价乡村人–地–业的发展水平，各指标空间分布见图 7-28。

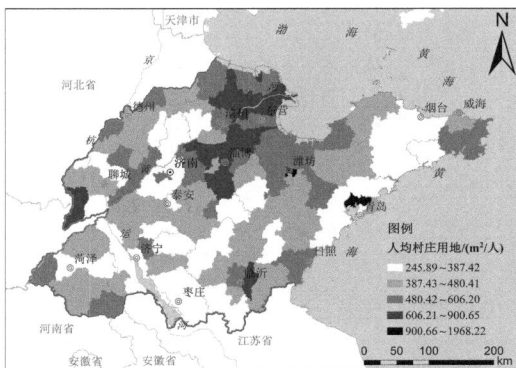

(a)人均村庄用地面积　　　　　　　　　　　(b)人均耕地面积

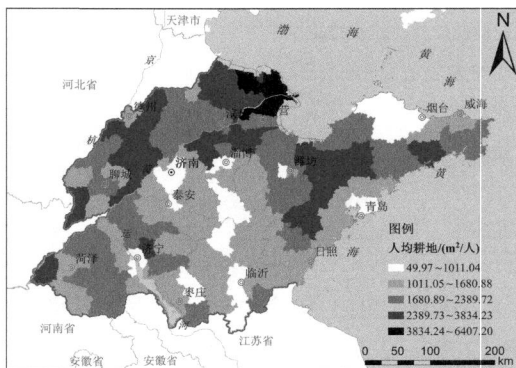

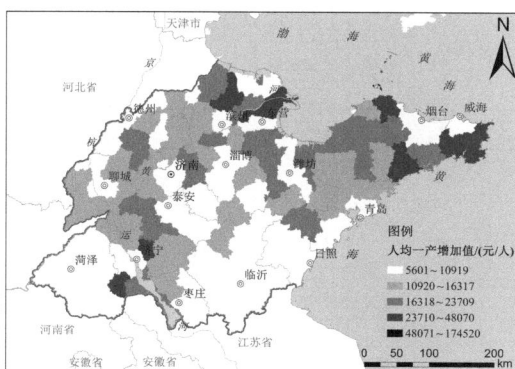

(c)人均一产增加值

图 7-28　2019 年山东省乡村人–地–业效益指标分布

2. 乡村人–地–业效益指标空间分布

（1）人均村庄用地面积

人均村庄用地在上述内容中已经详细分析，不再赘述。

（2）人均耕地面积

鲁西北、鲁西南、胶东半岛丘陵地带人均耕地面积较高，尤其以鲁西北地区最高。鲁西北地区地处平原耕作带，由于自然条件优越，适宜农作物的耕种，人均耕地面积较高，适宜发展以耕作为主的产业。鲁中山地、鲁东沿海地区由于地形条件的限制，耕地较少，这些地区则适宜因地制宜，发展当地特色的种植、养殖产业。

（3）人均一产增加值

鲁东地区人均一产增加值较高，尤其是东营、威海、烟台三市，这三个城市邻近渤海与黄海，在海产养殖、深加工方面具有得天独厚的优势，同时东营市拥有黄河三角洲农业高新技术产业示范区，也是中国的第二个国家级农高区，对农业的产业化发展具有示范引领作用。

（三）2009～2019 年乡村人–地–业效益变化分析

1. 指标选取

在 2019 年乡村人–地–业效益分析的基础上，从人均村庄用地变化、人均耕地变化、人均一产增加值变化三方面分析 2009～2019 年间乡村人–地–业效益变化的趋势，具体如图 7-29 所示。

2. 乡村人–地–业效益变化指标空间分布

（1）人均村庄用地变化

人均村庄用地面积在大部分地区都呈现增长的态势，仅有福山区、河口区、东营区、即墨区呈下降趋势，其中福山、河口、即墨三区是由于村庄用地的减少，福山、东营区则是由于人口的显著增加。潍坊市整体人均村庄用地面积增长较快，尤其是奎文区，其乡村人口在急剧减少的同时，村庄用地面积增长了近 1 倍。整体而

(a)人均村庄用地面积

(b)人均耕地面积

(c)人均-产增加值

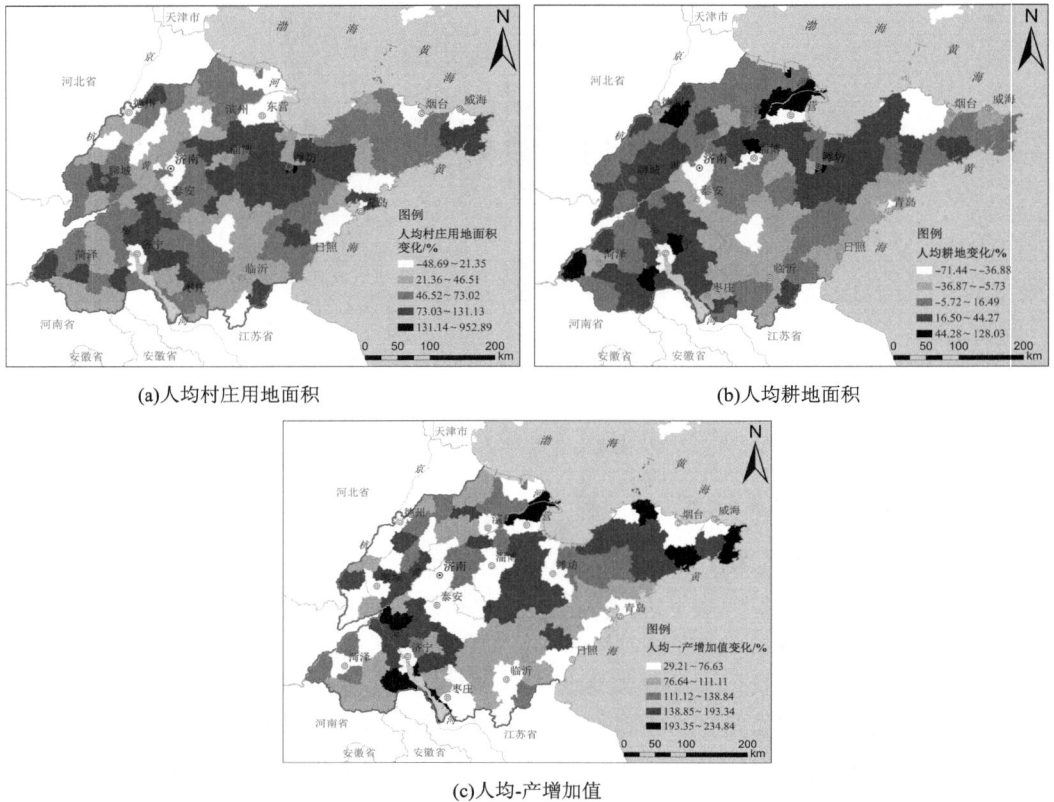

图 7-29　2009~2019 年山东省乡村人–地–业效益变化指标分布

言，人均村庄用地的变化没有表现出规律性的空间分布格局，其变化受到多种因素的共同影响。

（2）人均耕地变化

在人均耕地面积的变化方面，60%的县域人均耕地面积有所上升（指乡村人口人均耕地），在各地区主城区位置，人均耕地面积均呈现下降的趋势，说明在城市化的过程中，土地的城镇化速率要大于人口的城镇化速率（指耕地减少的速率大于乡村人口流失的速率）。在鲁西北、鲁西南平原地区，人均耕地有所上升。在胶东半岛地区，丘陵地带人均耕地面积呈现微弱上升趋势，临海区域则呈现微弱下降趋势。

（3）人均一产增加值变化

在人均一产增加值的变化方面，所有县域的人均一产增加值均呈现上升的趋势。尤其以烟台、威海两市最为显著，潍坊市区域内一产增加值增长趋势也较为明显。增长弱势区与 2019 年人均一产增加值低值区的分布略有相似，主要分布在临沂、菏泽两市内的大部分地区以及鲁西北地区的个别县市，如临邑县、莘县等。

第五节　村庄用地时空格局演变

对比分析村庄用地在 2009~2019 年间不同地区的变化特征，为村庄的建设和发展提供科学依据。由于 2009 年第二次土地调查数据村庄用地内没有开展二级类的细化调查，故本节后续的分析仅以村庄用地的变化展开，不涉及商业、工业、住宅、公服等用地类型。在时空变化分析的基础上，从微观——各村庄用地图斑变化、宏观——县域尺度下人均村庄用地变化两方面进行驱动力分析，以衡量经济、社会、自然条件对村庄用地演变的影响。

一、村庄用地变化趋势

（一）村庄用地变化速率

使用 Mann-Kendall 法分析 2009～2019 年山东省各县村庄用地的变化速率及显著性，Mann-kendall 检验法是一种广泛使用的非参数检验方法，用于判断变化趋势的显著程度。对于非正态分布的数据，Mann-kendall 秩次相关检验具有更加突出的适用性，其方法如下：

①构建一组村庄用地占比时间序列：x_1，x_2，x_3，$\cdots$，x_n，r_i 表示 $x_i > x_j$（$1 \leq j \leq i$）的样本数。

②构建一个秩序列：

$$S_k = \sum_i^k r_i \, (k = 2, 3, \cdots, n) \tag{7-15}$$

其中：

$$r_i = \begin{cases} 1 & x_i > x_j \\ 0 & \text{其他} \end{cases} (j = 1, 2, \cdots, n) \tag{7-16}$$

③定义统计量：

$$UF_k = \frac{\left[S_k - E(s_k) \right]}{\sqrt{\text{VAR}(s_k)}} \, (k = 1, 2, \cdots, n) \tag{7-17}$$

其中：

$$E[S_k] = \frac{k(k-1)}{4} \tag{7-18}$$

$$\text{Var}[S_k] = \frac{k(k-1)(2k+5)}{72} \tag{7-19}$$

UF 表示标准正态分布，是按照时间序列的顺序计算出的统计量序列。UB 是 UF 的逆序列，给定显著性水平 a，若 $UF > 0$，则表明序列呈现上升趋势，若 $UF > Ua$，说明序列呈现明显上升趋势，反之同理。若干 UF 和 UB 曲线在显著性水平之间有交点，则交点就是其突变开始时间。

依据式（7-15）～式（7-19），得到村庄用地变化结果，如表 7-9 所示。从整体变化速率来看，山东省有超过三分之二的市在 2009～2019 年间的整体变化速率为正值，其中滨州、潍坊、日照、临沂四市的整体变化速率较大，均超过了 10%，说明这些区域在

2009～2019 年期间村庄用地有一定的增长，滨州市村庄用地 2009～2019 年间的整体变化速率达到 14.10%；烟台、德州、青岛、济南、东营五市的整体变化速率为负，说明这些区域在 2009～2019 年期间村庄用地有所减少，其中东营市村庄用地 2009～2019 年间的整体变化速率达到–7.59%。从最大变化速率来看，大部分城市的最大变化速率出现年份均出现在 2019 年（受统计口径差异的影响），最大变化速率较大的有东营、青岛市，超过–20%。从变化标准差及显著性来看，山东省各市变化标准差均较小，说明其各年份变化速率相对稳定；山东省大部分县市均表现为明显的显著性，说明山东省大部分县市村庄用地有明显的增加或减少。

表 7-9　2009～2019 年山东省各市村庄用地时空变化态势统计表

行政区名称	变化速率/%	变化标准差	最大变化速率/%	最大速率年份
济南市	−6.52	0.003	−12.50	2019
青岛市	−5.48	0.006	−21.23	2019
淄博市	1.97	0.001	−2.98	2019
枣庄市	7.32	0.002	1.23	2019
东营市	−7.59	0.004	−22.62	2019
烟台市	−2.31	0.002	−10.94	2019
潍坊市	13.63	0.003	6.61	2019
济宁市	7.62	0.002	1.61	2018
泰安市	5.90	0.002	1.09	2017
威海市	4.85	0.004	−13.54	2019
日照市	13.42	0.003	2.24	2010
临沂市	11.36	0.003	3.47	2019
德州市	−3.93	0.003	−10.71	2019
聊城市	6.45	0.003	−1.72	2019
滨州市	14.10	0.003	3.79	2019
菏泽市	9.87	0.004	1.98	2019

（二）村庄用地变化分布

建立 2009～2019 年村用地时间序列，利用一元线性回归法进行其的时间变化趋势分析，其斜率能反映时间序列数据的整体变化趋势，公式为：

$$\text{Slope} = \frac{n \times \sum_{i=1}^{n}(A_i \times i) - \sum_{i=1}^{n} A_i \sum_{i=1}^{n} i}{n \times \sum_{i=1}^{n} i^2 - \left(\sum_{i=1}^{n} i\right)^2} \qquad (7\text{-}20)$$

式中，n 为时间跨度；i 为时间变量；A_i 表示时间为 i 时 A 的值。Slope 为拟合趋势线的斜率。当斜率为正表明随着时间的推移，A 值整体呈现增长趋势；斜率为负表明随着时间的推移，A 值整体呈现递减趋势。

依据式（7-20）得到村用地变化速率及显著性，如图 7-30 所示，全省大部分县市的村庄用地规模呈现整体增长的趋势。在泰安、菏泽、临沂、威海等城市，村庄用地的增长热点集中在主城区及近郊地区，相比而言，济南、青岛两市的主城区及近郊地区村庄用地呈下降趋势。村庄用地变化分布未呈现明显的聚集格局，变化的热点区域及冷点区域均匀分布于省域内各处。

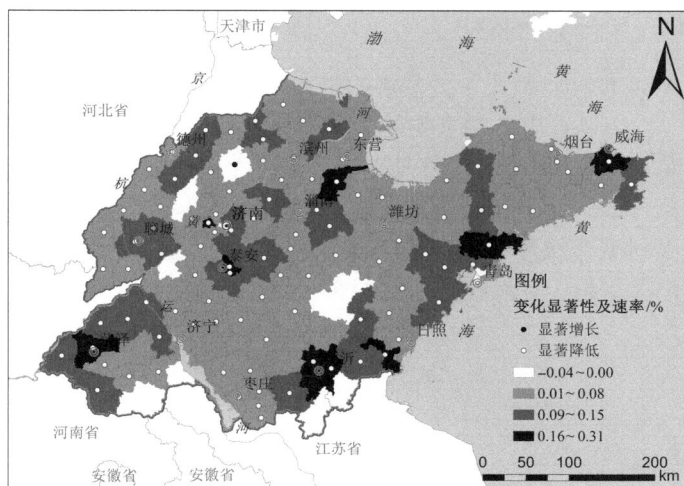

图 7-30　2009～2019 年山东省村庄用地变化速率及显著性分布

二、村庄用地图斑演变分析

（一）村庄用地变化影响因素选取

村庄用地变化受到包括自然、经济条件在内的多种因素共同影响，参考相关研究（廖涟漪，2018）并结合数据可获取性选取地形因素、距离因素、用地因素、聚落因素四个方面的指标，村庄用地变化影响因素指标体系如表 7-10 所示。

表 7-10　村庄用地变化影响因素

目标层	准则层	指标层
人均村庄用地变化	地形因素	高程
		坡度
		坡向
		地表粗糙度
	距离因素	与城市中心距离
		与县域中心距离
		与乡镇中心距离
	用地因素	林地包围度
		园地包围度
		耕地包围度
		人均村庄用地
	聚落因素	乡村聚落规模
		乡村聚落形态
		乡村聚落图斑个数
		乡村聚落跨村数量

（二）省域村庄用地变化特征

以村庄用地图斑的增加表征乡村聚落的扩张，以村庄用地图斑的减少表征乡村聚落的收缩。从图 7-31 可以看出，在全省的总体变化趋势中，增加与变化图斑所处高程、地表粗糙度、坡度大致不变，耕地、林地包围度高的乡村聚落，其居民点后撤概率更大。在距离城镇的距离方面，增加与减少的图斑距离城市、县域、乡镇的距离大致不变。在变化图斑所属的乡村聚落属性方面，乡村聚落规模越大，其减少的图斑数量越多，更趋向于收缩，乡村聚落形态、乡村聚落内部图斑个数与乡村聚落跨村数量则对于增加减少的贡献较小。

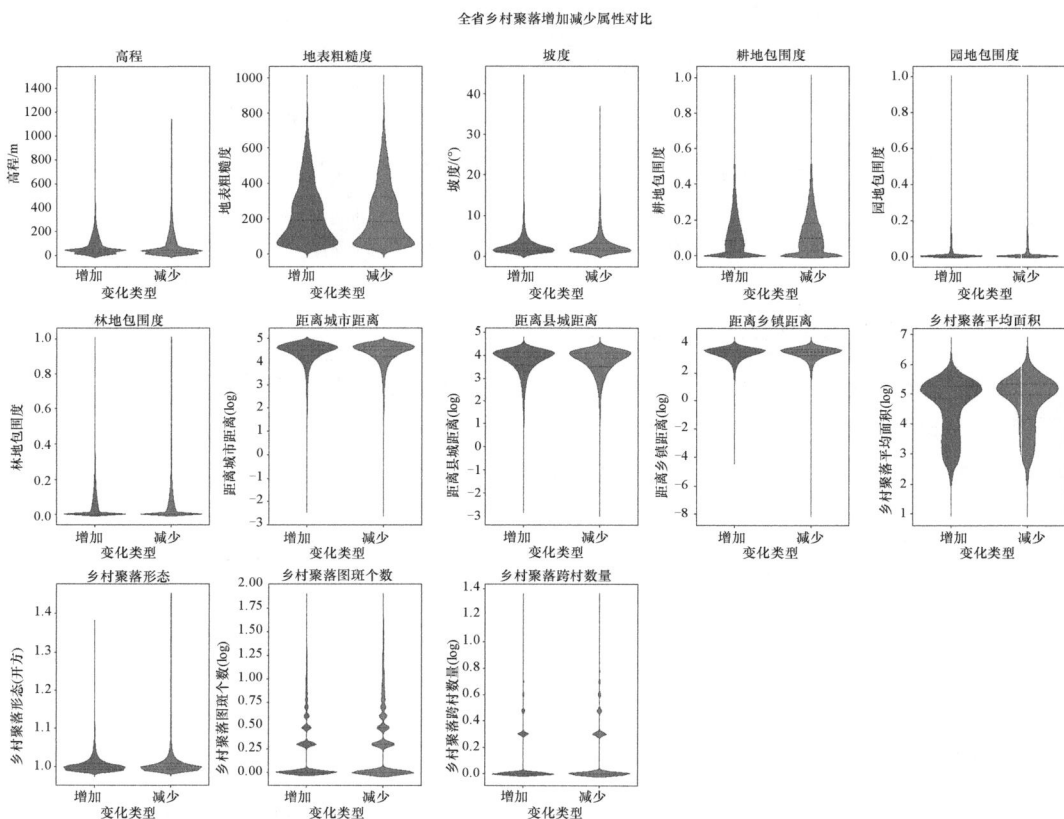

图 7-31　2009～2019 年山东省村庄用地变化图斑对比小提琴图

（三）城市村庄用地变化影响因素分析

1. 地形因素

为地形距离因素对村庄用地变化的影响，计算不同城市"二调""三调"期间村庄用地在不同高程、坡度、地表粗糙度、坡向中的增减趋势，如图 7-32、表 7-11 所示。

（1）高程

在平均海拔较高的地市中，临沂市、淄博市、潍坊市、日照市，高程较高地区的乡村聚落出现了收缩，新增的村庄用地图斑大部分海拔低于减少的村庄用地图斑，乡村聚

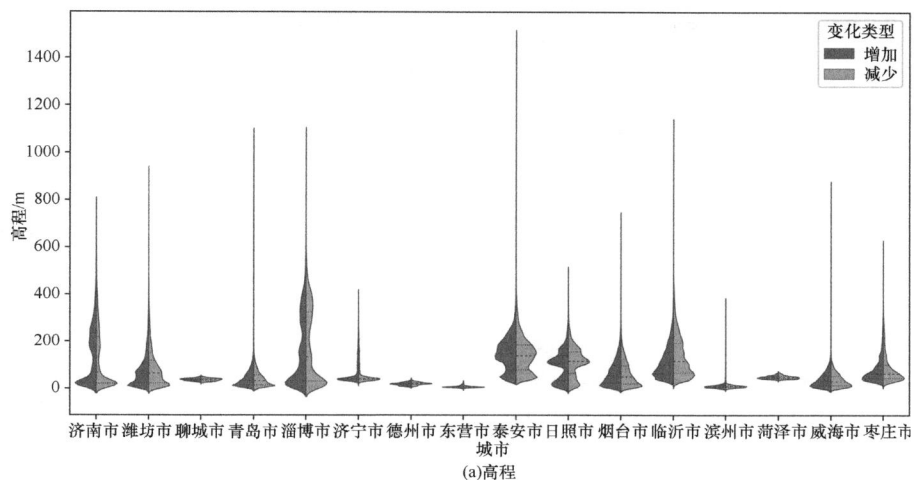

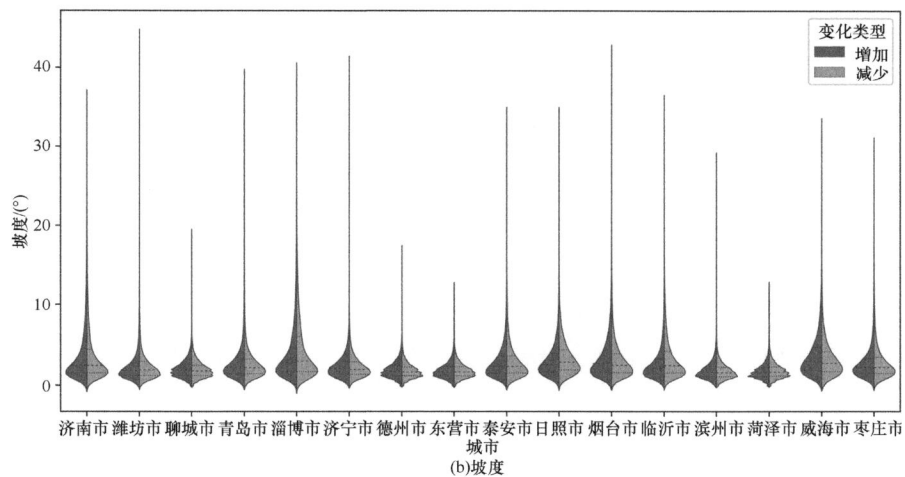

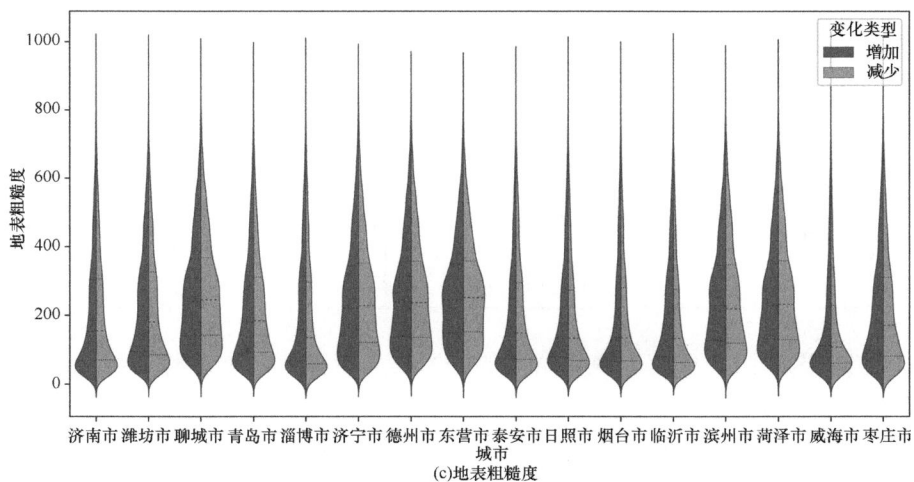

图 7-32　2009～2019 年山东省各市地形因素村庄用地变化图斑对比小提琴图

表 7-11 2009～2019 山东省各市不同坡向下村庄用地变化图斑对比统计

行政区名称	变化类型	东坡	北坡	南坡	西坡
全省	增加	0.273	0.258	0.233	0.236
	减少	0.267	0.277	0.225	0.231
东营市	增加	0.272	0.259	0.229	0.240
	减少	0.269	0.310	0.186	0.236
临沂市	增加	0.296	0.221	0.254	0.229
	减少	0.296	0.217	0.258	0.228
威海市	增加	0.275	0.226	0.285	0.214
	减少	0.312	0.188	0.309	0.191
德州市	增加	0.280	0.263	0.225	0.232
	减少	0.253	0.309	0.211	0.228
日照市	增加	0.313	0.200	0.258	0.229
	减少	0.285	0.199	0.251	0.265
枣庄市	增加	0.231	0.228	0.295	0.246
	减少	0.238	0.262	0.261	0.240
泰安市	增加	0.253	0.229	0.270	0.247
	减少	0.269	0.239	0.260	0.232
济南市	增加	0.240	0.304	0.213	0.244
	减少	0.229	0.286	0.232	0.253
济宁市	增加	0.253	0.260	0.222	0.266
	减少	0.253	0.298	0.207	0.242
淄博市	增加	0.265	0.280	0.186	0.269
	减少	0.256	0.316	0.195	0.234
滨州市	增加	0.274	0.292	0.210	0.225
	减少	0.265	0.324	0.205	0.206
潍坊市	增加	0.289	0.297	0.193	0.220
	减少	0.276	0.294	0.198	0.231
烟台市	增加	0.249	0.247	0.230	0.273
	减少	0.275	0.257	0.217	0.252
聊城市	增加	0.262	0.280	0.230	0.228
	减少	0.260	0.334	0.208	0.198
菏泽市	增加	0.276	0.274	0.235	0.215
	减少	0.256	0.339	0.202	0.203
青岛市	增加	0.269	0.235	0.253	0.243
	减少	0.283	0.232	0.241	0.244

落向低海拔地区扩张，更有利乡村聚落的大型化、规整化发展。与上述地级市相反，济南市高程较低的乡村聚落大量减少，新增乡村聚落展现了"上山"趋势，与济南市乡村聚落变化呈现相同态势的还有青岛市、威海市、烟台市，究其原因，这些城市在2009～2019 年中，经济增速较高，城镇化建设快速展开，在平原地区城市的扩展吸纳

了部分乡村聚落。

（2）坡度

坡度下乡村聚落的变化与高程下的变化大致相同。相比于高程和坡度，地表粗糙度对村庄用地图斑变化的影响较小，济南市、聊城市、济宁市、东营市、烟台市乡村聚落向地表粗糙度较低的地区迁移，潍坊市、淄博市、日照市、临沂市则相反。

（3）地表粗糙度

聊城市、济宁市、德州市、东营市、滨州市、菏泽市在不同地表粗糙度地带的图斑变化较多，其他地市则较多集中于低粗糙度地区。

（4）坡向

全省南北坡减少的村庄用地较多，更多增加在东西坡处。分地市来看，枣庄市、东营市、德州市、淄博市、滨州市、菏泽市、聊城市原有的北坡村庄用地图斑收缩速度较快，同时鲁西平原的大部分地市在南坡处的村庄用地增速较快。

（5）小结

总体来说，地形因素对于乡村聚落的变迁有一定促进作用，在不同地区由于城市化阶段、乡村聚落功能分类的不同，不同地形地貌对乡村聚落驱动变迁的方向也有所不同，在全省总体趋势中有所中和掩盖。

2. 距离因素

为分析距离因素对村庄用地变化的影响，计算不同城市"二调""三调"期间村庄用地在与城市中心、县域中心、乡镇中心距离中的增减趋势，如图7-33所示。

（1）与城市中心距离

淄博市、临沂市、菏泽市、济南市乡村聚落向城镇建成区方向发展，这些城市大部

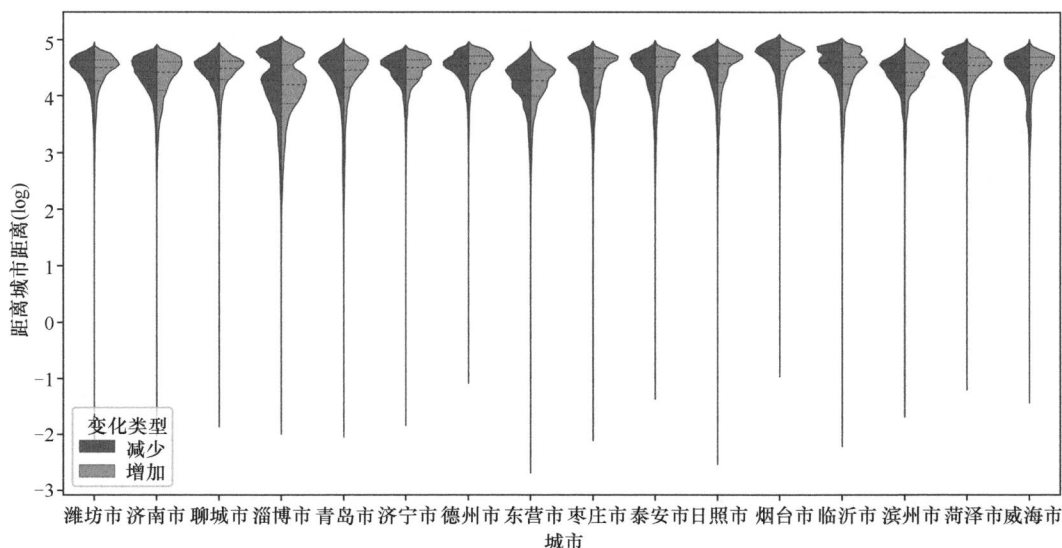

(a)距离城市距离

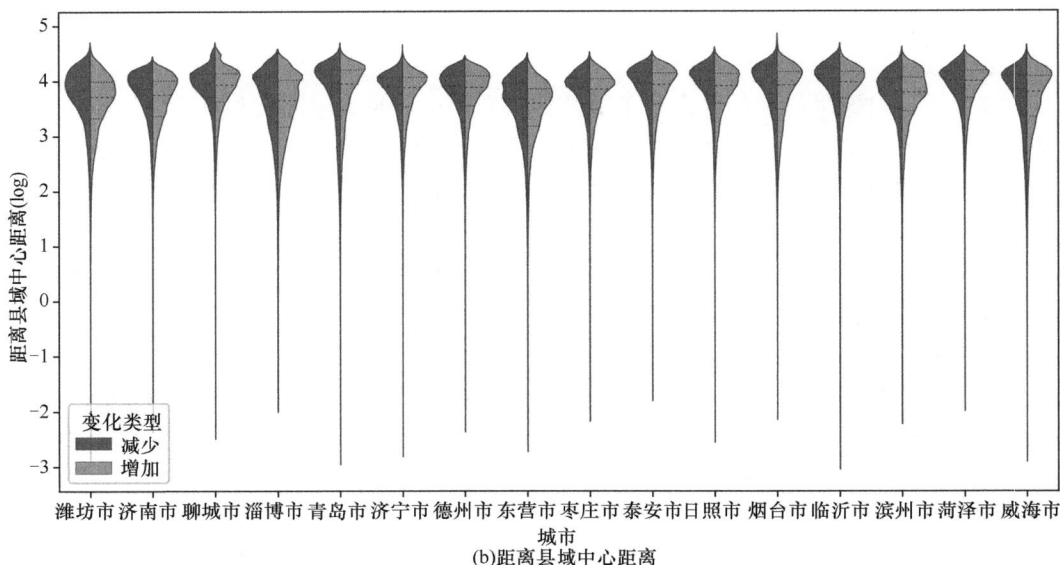

(b)距离县域中心距离

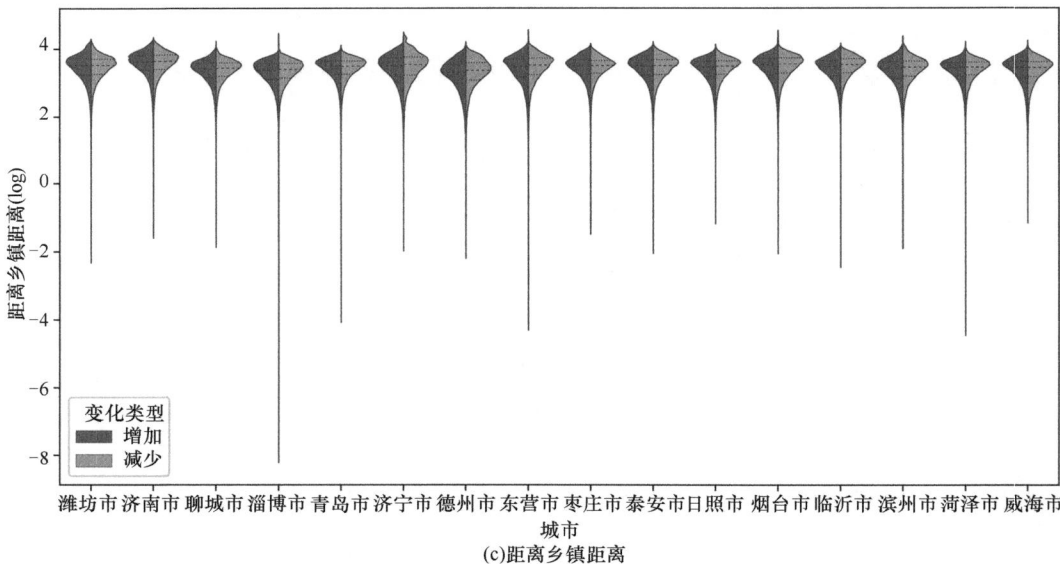

(c)距离乡镇距离

图7-33　2009～2019年山东省各市距离因素村庄用地变化图斑对比小提琴图

分位于中部山地地区，由于地形的挤压，将村落挤压向城镇周围的平原地区；德州市、枣庄市、威海市乡村聚落向远离城镇建成区方向发展；济宁市、日照市、滨州市则呈现"近者愈近，远者愈远"的乡村聚落发展——越靠近城市建成区的村落，越向城市方向聚集，越远离城市建成区的，则向远离城市方向集聚；与此相反，青岛市则呈现"近者愈远，远者愈近"的发展格局。

（2）与县域中心距离

包括淄博市、临沂市、济南市、潍坊市、东营市、枣庄市、泰安市、日照市、烟台市在内的大部分城市，乡村聚落向县城区域聚集，未有地市的乡村聚落朝远离县城区域聚集；上述分析中提到的"近者愈近，远者愈远"现象在县域距离尺度得到进一步放大，聊城市、济宁市、德州市、滨州市、菏泽市、威海市均出现了此类现象。

（3）与乡镇中心距离

在距离乡镇的距离中，几乎所有城市的乡村聚落均向乡镇中心方向移动。与县域分析中相反，少量城市出现了"近者愈近，远者愈远"的发展格局，如济南市、枣庄市。

（4）小结

总结来看，在自然状态下，由于高级行政区的吸引作用，乡村聚落均朝着高级行政区方向发展，但由于城市化进程的交互影响，少数高海拔地市则出现了相反的趋势。同时，在距离不同行政中心的距离方向，出现了截然相反的现象。

3. 用地因素

为分析用地因素对村庄用地变化的影响，计算不同城市"二调""三调"期间村庄用地在林地、园地、林地包围度中的增减趋势，如图 7-34 所示。

（1）林地包围度

济南市、淄博市、日照市、临沂市等海拔较高的城市，林地包围度越高，乡村聚落收缩的可能性越大。聊城市、济宁市、德州市等平原城市，原有乡村聚落周围林地密度越高，则扩张的可能性越大，显示出不同高程地区对于林地的依赖性方面有所不同。

（2）耕地包围度

耕地包围度中，大部分地市耕地包围度越高，则乡村聚落收缩的可能性越高，威海市的乡村扩张则向耕地密度更高的地区发展，显示出大部分地区对于农村居民点与耕地的统一规划，将零散分布的乡村聚落的生产、生活功能进行一定程度的分离。

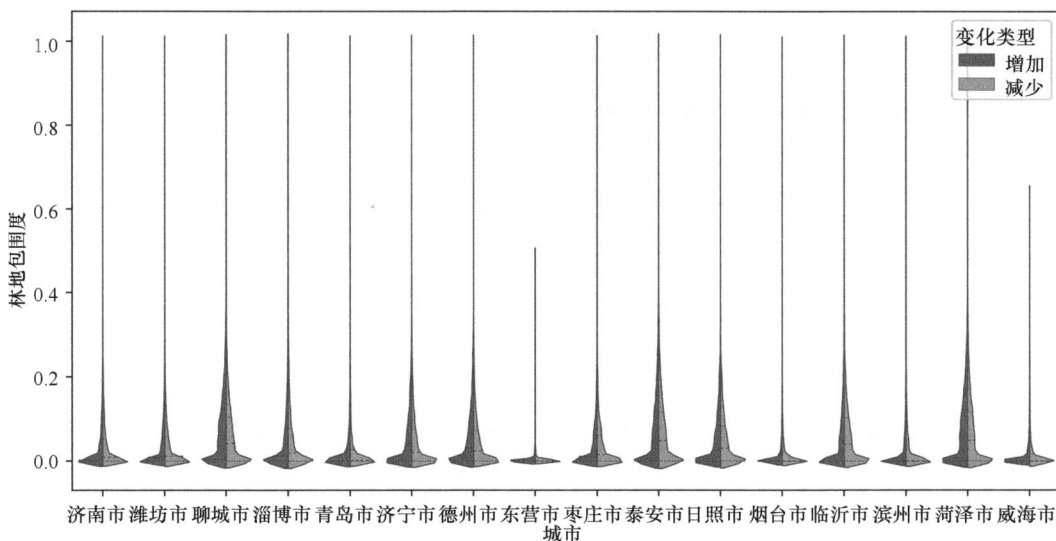

(a)林地包围度

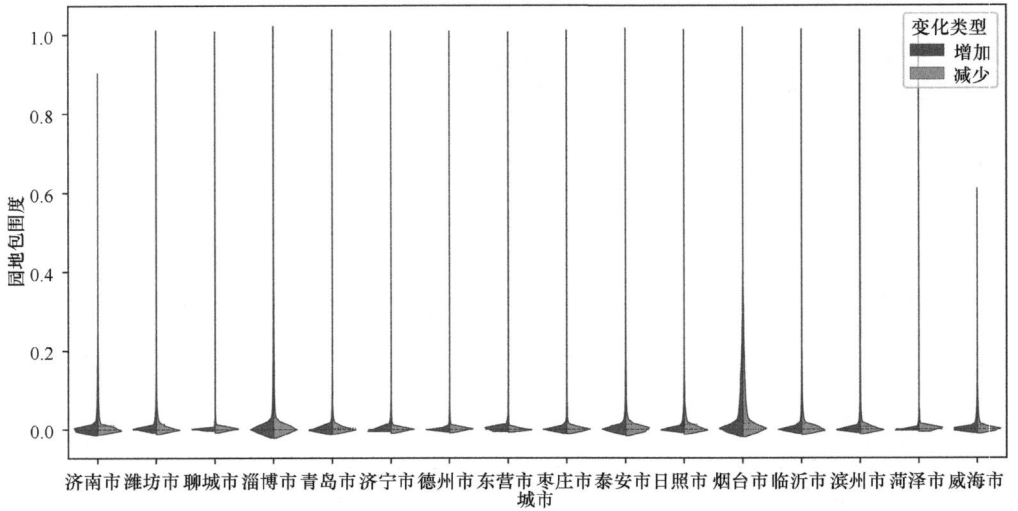

(b)园地包围度

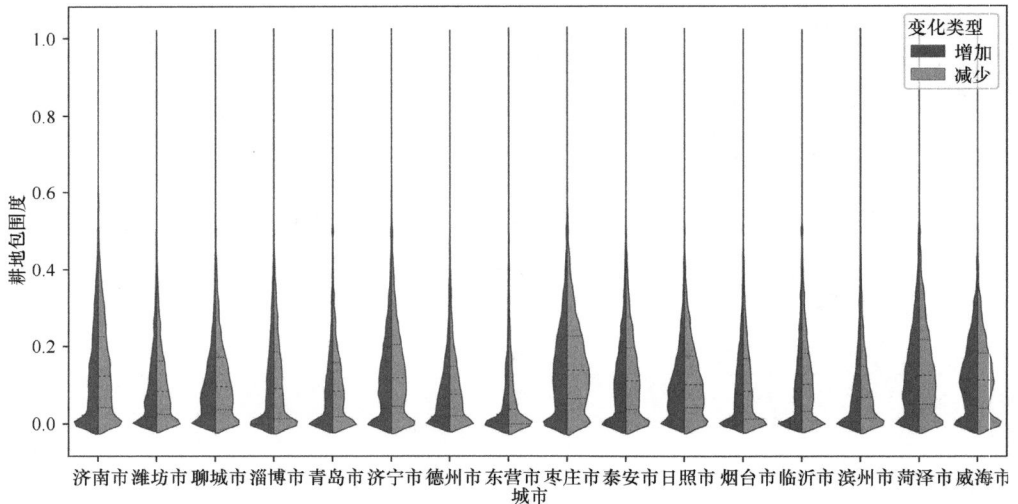

(c)耕地包围度

图 7-34　2009～2019 年山东省各市用地因素村庄用地变化图斑对比小提琴图

（3）园地包围度

对比林地与耕地包围度，园地包围度对乡村聚落收缩、扩张的影响较小。

（4）小结

总体来说，被其他农业、生态用地包围的乡村聚落由于交通方式、生活设施的影响，逐渐偏向于收缩，随着交通发展及劳作方式更加机械化，乡村聚落自身的发展更聚焦于内部的生活属性。

4. 聚落因素

为分析聚落因素对村庄用地变化的影响，计算不同城市"二调""三调"期间村庄用地在原有乡村聚落平均面积、形态特征、图斑个数、跨村数量中的增减趋势,如图 7-35 所示。

（1）乡村聚落平均面积

小型乡村聚落更趋向于扩张,在临沂市、淄博市表现尤其明显,这也造成了许多"二调"期间的小型乡村聚落扩张为大型的乡村聚落。

（2）乡村聚落图斑个数

原有内部图斑数量较多的乡村聚落收缩的可能性较大,在东营市、泰安市、滨州市尤其显著。

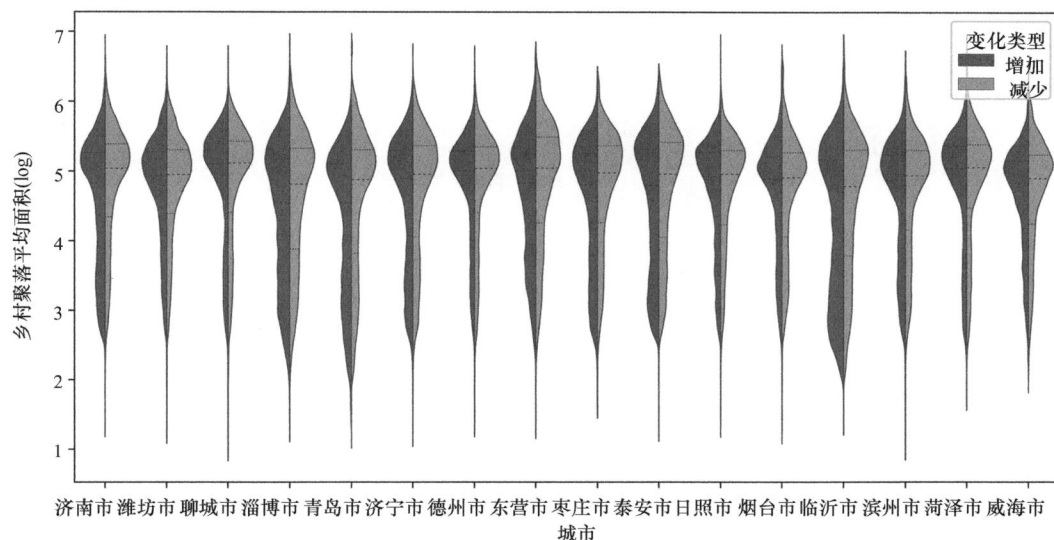

(a)乡村聚落平均面积

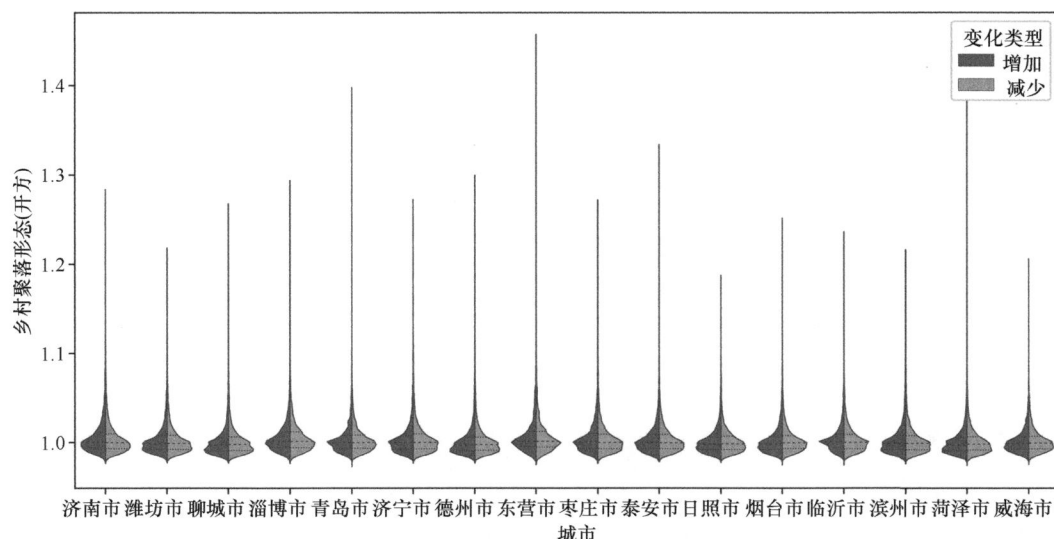

(b)乡村聚落形态

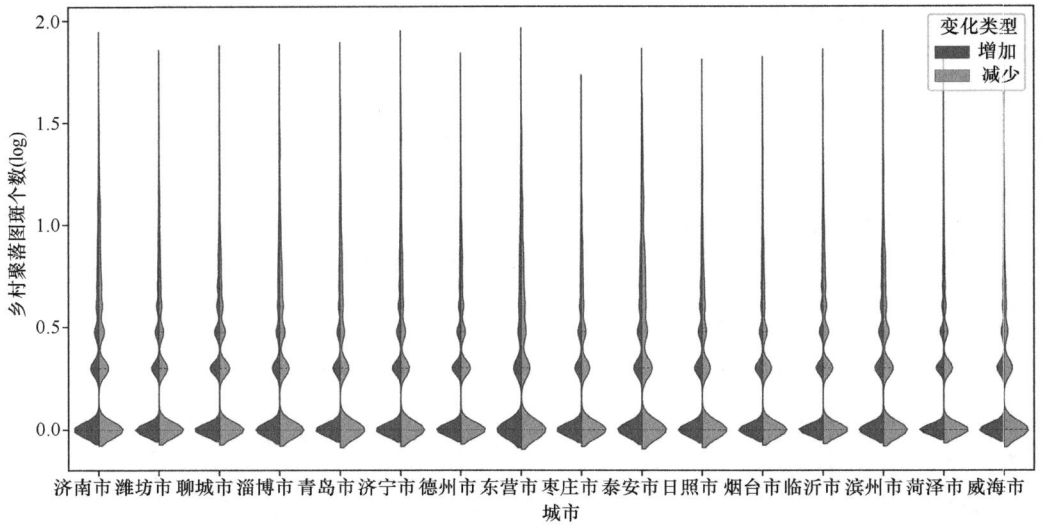

(c)乡村聚落图斑个数

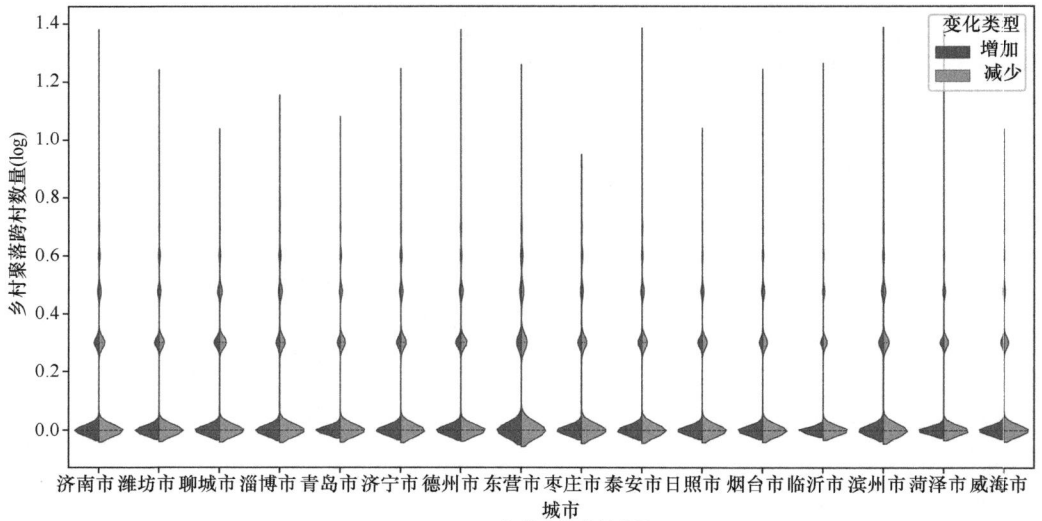

(d)乡村聚落跨村数量

图 7-35　2009～2019 年山东省各市聚落因素村庄用地变化图斑对比小提琴图

（3）乡村聚落跨村数量

对比规模、图斑个数，乡村聚落跨村数量对乡村聚落收缩、扩张的影响较小。

（4）乡村聚落形态特征

对比规模、图斑个数，乡村聚落形态特征对乡村聚落收缩、扩张的影响较小。

5. 总结分析

（1）地形因素对村庄用地变化的影响：增加、减少的村庄用地图斑主要出现在平原地区，同时出现了两个峰值，乡村聚落的扩张有少量发生在高程较高的山地地区，相比之下，1000m 以上高程的地区乡村聚落鲜有减少。地表粗糙度与坡度的分布大致相同，乡村聚落的收缩与扩张区域均大致发生在地表粗糙度较低、坡度极缓的地区。

（2）距离因素对村庄用地变化的影响：乡村聚落的扩张与收缩与各级行政中心的距离间并未显现出明显差异。

（3）用地因素对村庄用地变化的影响：林地、园林、耕地包围度较高的乡村聚落更容易出现乡村聚落的收缩，同时，乡村聚落的稳定性分布呈明显的金字塔结构，包围度低的乡村聚落占据了绝大多数。

（4）聚落特征对村庄该用地变化的影响：乡村聚落规模越大，其减少的图斑数量越多，更趋向于收缩；形状指数过大的不规则乡村聚落也逐渐消失，乡村聚落内部图斑数量越多、跨村级行政区数量越多，则其收缩概率稍大。

三、人均村庄用地变化驱动力分析

（一）驱动因子选取

在对人均村庄用地的驱动力分析中，根据驱动因子的可获取性和科学性，从人口、经济、土地、产业、地形条件的基底值（以 2009 年计）和变化值（2009～2019 年变化值）两方面出发，计算各因子对人均村庄用地变化的影响力（冯佰香等，2018；金晓和唐祥云，2018；李换换，2019；Song，2014；Tan et al.，2021）。

在驱动力分析过程中，以 2009～2019 年人均村庄用地变化比例作为因变量，各影响因子如表 7-12 所示：

表 7-12　人均村庄用地变化影响因素指标体系

目标层	准则层	指标层	单位
人均村庄用地变化	人口因素	"六普"乡村人口比例	%
		乡村人口比例变化	—
	经济因素	2009 年人均 GDP	元/人
		人均 GDP 变化	—
	产业因素	2009 年人均一产增加值	元/人
		人均一产增加值变化	—
	土地因素	耕地比例	%
		村庄用地比例	%
		人均耕地	m^2/人
		人均村庄用地	m^2/人
	地形因素	高程	m
		坡度	°

（二）各影响因子驱动力分析

1. 影响因子驱动力大小

（1）各指标驱动力大小

各影响因子的影响力大小如图 7-36 所示，其中纵轴代表各项影响因子，横轴代表影响力大小，其偏离中心线越远，影响力越大。在各项因子中，乡村人口比例变化对人均村庄用地的变化最高，其次为人均一产增加值变化、"六普"乡村人口比例，相比之下，坡度、人均 GDP 变化对于人均村庄用地的变化影响较小。

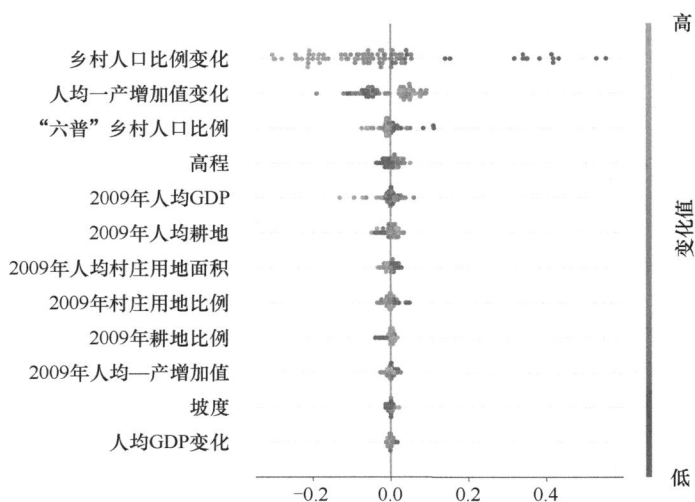

图 7-36　2009～2019 年山东省各影响因子对人均村庄用地变化影响大小

（2）各准则驱动力大小

分准则对影响因子进行合并分析，其影响力大小如表 7-13 所示。

表 7-13　2009～2019 年山东省各准则影响因子大小

因素	平均影响力	总和影响力
人口因素	0.077	0.155
经济因素	0.031	0.061
产业因素	0.009	0.018
土地因素	0.009	0.037
地形因素	0.010	0.019

综合平均影响力和综合影响力，各因素对人均村庄用地变化的影响趋势排序为：人口因素>经济因素>土地因素>地形因素>产业因素。其中人口因素的影响最大，远大于其他影响因素，产业、土地、地形因素的影响力大致相同，均较低。

（3）基底、变化指标驱动力大小

对人口、经济、产业因素中的基底指标和变化指标分别进行统计，其影响力大小如表 7-14 所示：

表 7-14　2009～2019 年山东省基底、变化指标影响因子大小

因素	平均影响力
基底指标	0.012
变化指标	0.066

　　总体而言,变化指标对于人均村庄用地变化的影响大小远大于基底指标,说明经济社会的发展对农村用地的变化的显著性远大于原有社会经济条件因素。

2. 各因子对人均村庄用地变化影响程度

　　使用局部依赖图分析人均村庄用地随各影响因子变化而变化的大小,如图 7-37 所示。其中纵轴为局部依赖值,表征人均村庄用地的变化率大小(2009~2019 年),横轴为各影响因子的值域范围。

(1) 人口因素

　　人均村庄用地的变化随"六普"乡村人口比例基底值及乡村人口比例的增加而减少。说明在初始年份(2009 年)乡村人口占总人口比例越高,则其人均村庄用地的增长趋势

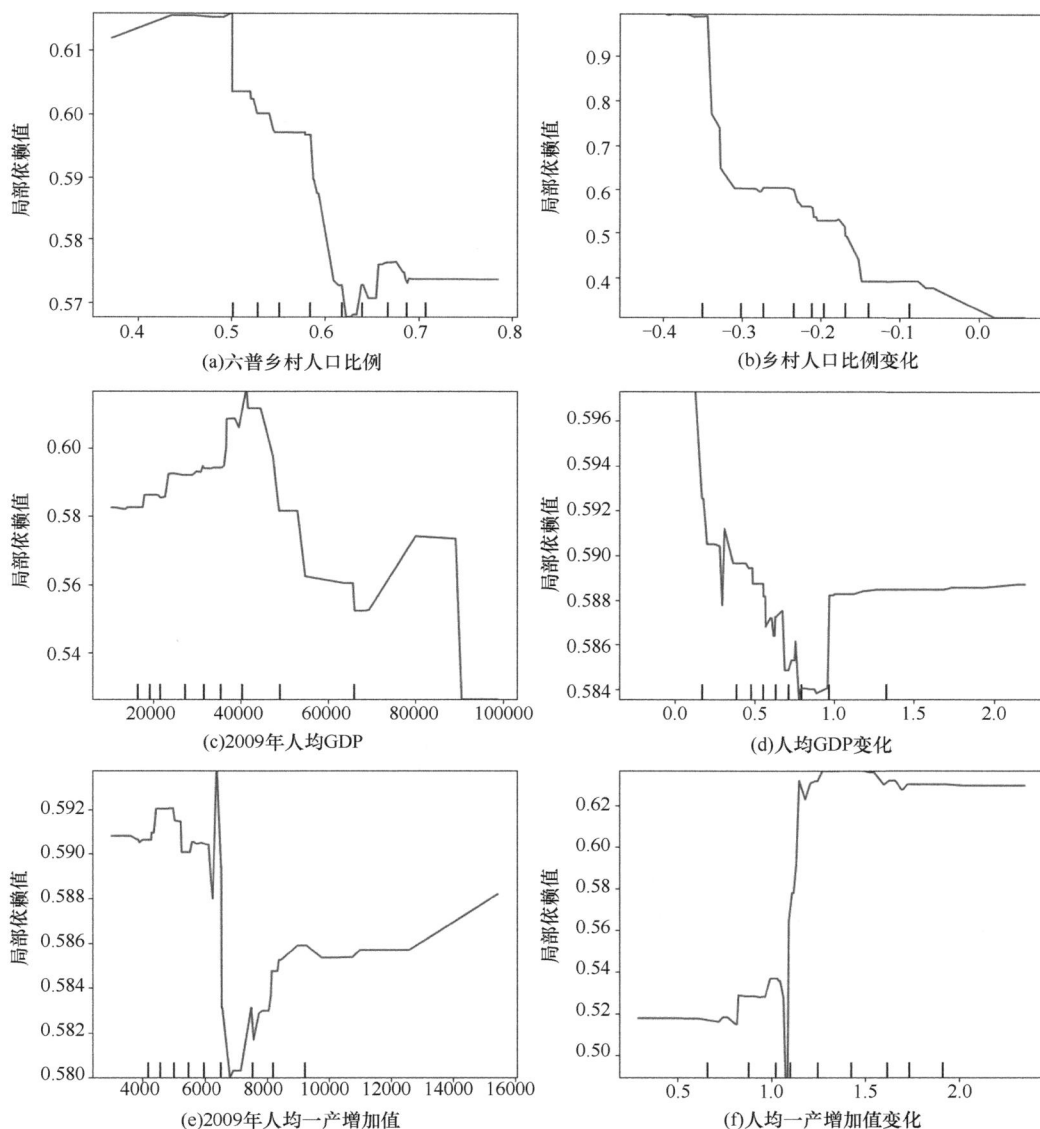

(a)六普乡村人口比例

(b)乡村人口比例变化

(c)2009年人均GDP

(d)人均GDP变化

(e)2009年人均一产增加值

(f)人均一产增加值变化

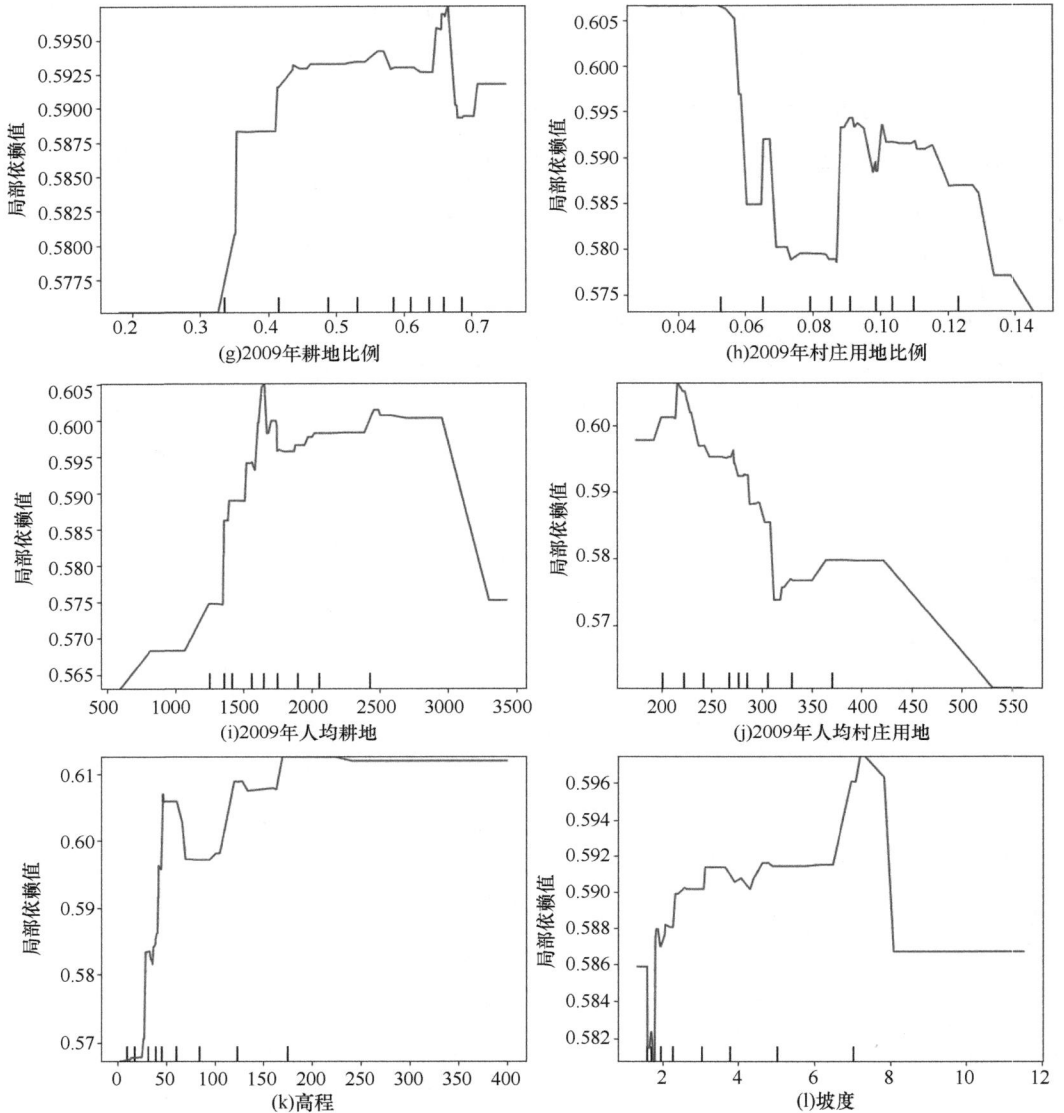

图 7-37 2009～2019 年山东省各影响因子驱动力局部依赖图

越小；同时，大部分县区内乡村人口比例呈现负增长的趋势，且负增长值越高，其人均村庄用地的增长越快。说明在一些"大农村地区"，由于农村人口占比较高，初始村庄用地面积越大，同时对耕地的需求也较大，可用于建设新的村庄用地的土地较少，故其增长较慢；在部分农村人口流失严重的地区，其村庄用地（农村宅基地）仍然得以保留，造成了人均村庄用地的快速上涨。

（2）经济因素

经济对人均村庄用地的变化贡献与人口因素大致相同。人均村庄用地的变化随 2019 年人均 GDP 及人均 GDP 变化的增加而减少。说明在初始年份（2009 年）人均 GDP 越高，则其人均村庄用地的增长趋势越小；人均 GDP 增长越快，其人均村庄用地的增长越慢。经济发达地区其乡村人口的流出与村庄用地的变化较为匹配。在经济发达地区，其原有村庄用地单位面积土地附加值更高，在转换为工业用地、城镇住宅用地时带来的收益较高，对部分乡村较易进行迁居，建设规模化的农村聚集点，在以上各种因素的影响下，抵消了部分村庄用地的增长，使得人均村庄用地增长较慢。

（3）产业因素

人均村庄用地随人均一产增加值的上升，其变化趋势呈现先降低后增高的趋势。在降低部分，这部分县区大部分处在平原地区，由于传统的农业耕作，其人均一产增加值较低；而在升高部分，这部分县区处在丘陵或沿海地区，由于其他类型的种植业、养殖业较为发达，其人均一产增加值较高，造成了不同地区人均村庄用地变化相反的态势。同时，随着人均一产增加值的升高，人均村庄用地的增长速率也变大，对于这部分地区，由于农业产值的增高，农村居民的收入也得到提升，其对于各项农村公共设施、住宅的投入也随之上升，造成了村庄用地的增加。

（4）土地因素

随着耕地比例、人均耕地面积的增加，其人均村庄用地面积增长越快，这部分地区人口较为稀疏，其后备土地资源较多，可用来作为新增村庄用地的土地面积较大，故其增长趋势较快。随着村庄用地比例、人均村庄用地面积的增加，其人均村庄用地面积增长越慢，即人均初始村庄面积越高，其扩张村庄用地的意愿越低，这也与现实中的实际情况相吻合。

（5）地形因素

人均村庄用地的变化均随着高程、坡度的变化而增快。相比于平原地区，高山丘陵地区扩张其村庄用地的意愿更强。在高山丘陵区，由于交通便利程度较低，其需要更多的村庄公共设施满足农村居民的生活条件，这也需要村庄用地的增加。同时，山地丘陵区对于农村居民点的合并也较为困难，造成其农村宅基地的快速增加。

第六节　村庄用地利用问题与利用方向

一、村庄用地利用问题

（一）村庄用地结构地域分异显著，部分地区村庄用地规模过大

在村庄用地中各建设用地结构中，存在一系列地域差异问题：①城郊及农村地区差异：城郊地区由于城镇发展的溢出效应，商业用地更为健全，公服类设施的占比更高；②内陆及沿海地区差异：沿海地区各项公共服务设施用地更为健全，经济发展与部分村庄建设用地耦合过强，如经济发达的胶东半岛其商业用地占比显著高于鲁西南地区，同时鲁西南地区的住宅用地占比显著高于其他地区；③平原区与山地丘陵区差异：鲁西北、鲁西南平原地区农村宅基地占村庄用地比例较高，导致缺乏对应的公共设施供给，山地地区则由于地形因素导致交通用地占比较低。

在村庄用地规模中，部分地区乡村用地占比过大，如菏泽市，村庄用地占比达到了

15%，挤占了其他用地的发展，不利于耕地、林地的保护。

（二）乡村聚落功能形态存在差异，部分地区村庄用地较为分散

山东省乡村聚落空间分布呈现"小集中大分散"的特点，全省范围内存在一定比例大型和中型乡村聚落，承担"中心村"的功能。同时结合道路建设条件，该地区的村-村交流存在一定的阻碍。

（三）乡村聚落耦合协调发展存在地域分异，生产条件与生态条件为主要障碍度因素

与生活空间相比，乡村聚落生产空间域生态空间不同地域之间差异较大，成为主要障碍度因素。鲁西北、鲁西南平原地区生产条件较好，尤其是鲁西南地区，耕地连片度较高，有利于大规模机械化种植，但农业产业化程度有所不足，菏泽市、济宁市等城市需要加强当地农业产业的规模化发展。鲁中山地、鲁东沿海地区耕地连片度、人均耕地均较低，不利于规模化、机械化的农业种植，需要多种农业产业协同发展。

不同地区乡村聚落的生活空间差异较小，但仍存在部分问题：生活障碍度鲁西地区稍高于鲁东地区，由于经济发展水平不同，平原地区反而各项服务设施有待加强，渤海湾地区由于水域的限制，各项生活设施便利程度不足。部分地区基础服务设施空间中的教育设施、公共卫生设施和医疗设施等空间的数目比较少。有些村庄商业空间中的商店数目偏低，同时城乡差距依然存在，尤以公园绿地最甚，基本只存在于城镇地区。

鲁中山地、胶东半岛丘陵区生境质量较高，但对于鲁中部分地区，如济南市、淄博市城郊地区，采矿用地对于生产生活的影响巨大，采矿用地多靠近乡村聚落，对耕地影响也较大，采矿所产生的水、气、固体污染物，对周边的大气、水体和土壤造成了严重的污染，增加了村落周边耕地污染的风险。

（四）乡村人口变化与村庄用地增长不相匹配，部分地区乡村人–地–业效益陷于停滞

相比于全国平均水平，山东省人均村庄用地面积处于中等稍等程度，但仍达到425 m^2/人，对比山东省规定的农村新建宅基地平原地区每户一般不超过200m^2，山区每户一般不超过132m^2仍有较大差距。全省范围内存在大量的空置农村宅基地，部分地区农村人口流出较多，但仍保持较快的增速。滨州市等地村庄用地地均农业产值10年间近乎停滞，其地均农业产值仅为2009年的102%，呈现粗放式的农业发展格局。

（五）村庄用地增速过快，部分地区增长存在"上山"趋势

山东省有超过三分之二的城市村庄用地规模在增大，其中滨州市、潍坊市、日照市、临沂市四市的整体变化速率均超过了10%，必然会存在对耕地的挤占，对于林草地的也会有一定程度的侵占。济南市、青岛市、威海市、烟台市由于经济较为发达，城镇的发展吸收了原有的乡村聚落，从而出现了乡村聚落的"上山"趋势——即乡村聚落的新增主要集中于高程较高的地区，新增乡村聚落配套设施需要加强。

二、村庄用地调控建议

（一）合理配置村庄用地，加快推进村庄编制村庄规划

在村庄用地的建设中，要立足村庄现有基础开展乡村建设，不盲目拆旧村、建新村，避免无效投入造成浪费。统筹城镇和村庄布局，科学确定村庄分类，加快推进有条件有需求的村庄编制村庄规划，严格规范村庄撤并。加大耕地执法监督力度，严厉查处违法违规占用耕地从事非农建设。稳妥有序开展农村乱占耕地建房专项整治试点。统筹规划全省村庄用地结构，发展具有乡村特色的工业、商业产业，完善各项乡村公共设施的建设。对于条件适当且有需求的地区，如鲁西南、鲁西北地区，应探索宅基地所有权、资格权、使用权"三权分置"，落实宅基地集体所有权，保障宅基地农户资格权，适度放活宅基地使用权。通过闲置宅基地的流转，盘活现有的农村宅基地，如闲置的宅基地可以出租给做休闲农业项目的个人或者公司，通过租赁"使用权"的方式，将做特色客栈、农家乐等。对于地区发展不平衡的问题，在省域范围内应该在考虑地区分异、自然条件的基础上，缩小地区差距，做到全省统筹规划。

（二）引导规划村庄用地合理扩张，提高村庄用地集约利用水平

对于新建居民点，应依据村庄规划中的用地布局进行选址，同时严格按照农村宅基地用地指标对新建宅基地进行审批管控，集中布局，统一建设相关的配套设施。对于发展型居民点，即中大型乡村聚落，规划引导独立型居民点向集中连片的居民点集中，这部分新建住宅应尽可能依托已有道路和设施，避免对于周边耕地和生态空间再次切割，引导清退空闲的农村宅基地，整体人均建设用地规模不得突破现有人均建设用地规模。对于可建设用地剩余空间较少的保留型居民点，可以通过清退空心农村住址和废弃用地腾退少量建设用地，用以建设配套设施和改善人居环境。对于零散分布的搬迁型居民点，如鲁中山地地区的独立居民点，应引导就近前往发展型、保留型居民点进行安置，根据周边用地情况及耕地现状，还原为耕地、园地或林地等，零散农宅未来在条件成熟、有政策支持的情况下进一步清退，迁往村内发展型居民点集中建设。

（三）强化现代农业基础支撑，突出发展乡村富民产业

培植壮大优势特色产业。对于鲁西北、鲁西南平原地区，加大高标准农田建设力度，由于这部分地区耕地连片度较高，应强化农机装备条件支撑，开展农业机械化示范创建，推进"全程全面、高质高效"农业机械化，加快发展设施农业，改善原有设施农业条件，提高自动化管理水平和抗风险能力，在保护生态环境基础上，探索利用可开发的空闲地、废弃地发展设施农业。对于山地丘陵地区，应发展当地的特色种植养殖业，如胶东半岛肉鸡、鲁东鲁南生猪、沿黄奶业和肉牛产业的发展，因地制宜培育食用菌、茶叶、中药材等特色产业，促进提质增效。对于沿海地区，深入实施水产绿色健康养殖行动，稳步推进深远海养殖，不断提升深远海大型养殖装备水平，高水平建设现代化海洋牧场。大力发展县域特色经济。推进优势产业统筹培育，引导产业有序转移，积极融入中心城市

产业分工体系，加强地方特色资源开发利用，做精乡土特色产业，因地制宜发展小众类、多样性的特色种养、特色食品、特色手工业和特色文化

（四）稳妥有序推进乡村建设，巩固各项公共设施建设

统筹县域基本公共服务建设，对于居民必需的教育、医疗设施，应当保证在村域范围内存在，对于广场用地等公共交流空间，应当保证过半的人口规模较大的村域内存在，尽力缩小城乡差距。推进乡村教育的持续发展，持续提高乡村学校基础设施水平和办学质量，多渠道加快农村普惠性学前教育资源建设。深入推进紧密型县域医疗卫生共同体建设，加强乡村基层医疗卫生体系建设，提升乡镇卫生院医疗服务能力。增加小广场空间，在村落中心大道或村边开敞的地方开辟新的广场空间，为人们提供娱乐活动或其他活动的场地，以满足村民的社交需求、尊重需求和自我实现需求。在规划完善的中心村区域，依据当地生态水平和经济水平，建设相应的绿地公园，提升当地居民的舒适度。增加商业空间数目，在村庄交通发达的十字路口边或主路安置商店，给人们提供生活用品从而减少村民生活的不便之处。增加文化空间，激发文化空间新活力，满足村民尊重需求和自我实现需求，合理地利用祠堂、庙宇和戏曲等景观要素，丰富乡村文化生活（沈潇，2017）。加强道路系统的建设，确保农村道路系统可以有效解决村落之间、居住点与公共设施之间的通行性需求。尤其是在鲁中山地地区，由于本身条件的限制，无法做到设施的密集分布，需要道路系统对乡村聚落和服务设施进行有效的连接。在通行需求旺盛的地区，应当提升道路系统的等级，同时丰富多元化的出行体系。

（五）推进农业农村绿色发展，打造良好宜居生态空间

加强农业面源污染综合治理，对于鲁西南地区广泛存在的"村前屋后"耕地，可能存在农药、化肥对于村落内部基本生态环境的污染，需要加强相关方面的宣传建设，同时推广绿色种养循环、农作物病虫害绿色防控等技术模式。鲁中地区采矿用地对农村居民影响较大，对于采矿用地对生态的影响，需要权衡当地经济–生态的总体平衡，不能顾此失彼，不能因为发展经济而导致环境污染严重，或者因为发展生态而导致经济的衰落。在必须要设置采矿用地的地点，首先加强采矿场地的环保力度，避免扬尘、废弃物对于耕地、村落的污染；其次，对于不同污染程度的采矿用地，其周围的村落需要考虑搬迁的可能性，减少采矿对于居民日常生活的影响。在不必须设施采矿用地的地点，考虑当前的技术水平与发展趋势，当前技术无法达到环保开采的，可以先暂时封存，等待后续的利用开发。全省因地制宜采取不同的绿色发展方针，如黄河三角洲地区，实施生态保护修复重大工程；南四湖地区，扎实推进南四湖生态保护和高质量发展；沿海地区，持续推动水生生物资源养护，规范增殖放流，全面推进水产养殖业绿色发展。

第八章　交通建设与城市发展

交通作为承担运输功能的载体，已经成为人民生活和城市发展的重要构成部分，交通建设的不断发展，不仅能够给人类活动带来巨大的便利，同时也能够为城市的发展注入新的活力。而城市是一个复杂的社会经济系统，是一定地域范围内政治、经济和文化的中心，城市的发展已经成为经济高速发展的见证，处于交通要道上的城市更具发展优势。交通在城市发展演化中起着重要的作用，与城市发展相互影响、相互促进，两者存在着密切而复杂的关系。本章在洞悉山东省交通建设现状的基础上，综合运用复杂网络模型、经济学模型、空间集聚分析模型等，讨论了全省各县（市、区）交通建设综合水平、交通建设综合水平的影响因素以及其与经济发展水平之间的关系，系统深入理解交通建设与城市发展之间的复杂关系，揭示城市内部交通、外部交通对城市建设的促进作用，以期为国土空间规划与交通建设专项规划提供一定的理论指导。

第一节　交通建设现状

厘清 2019 年山东省交通建设现状对分析全省交通建设与城市发展之间的关系具有重要的意义，是科学评价交通建设水平的重要基础。因此，本节从交通结构以及交通密度两个方面全面分析山东省交通建设现状，对交通结构的分析主要从交通运输用地结构、不同等级道路分布、沿海港口建设以及机场建设四个方面展开，对交通密度的分析主要从人均交通运输用地和路网密度两个方面展开。此外，由于面数据与线数据的差异以及考虑到交通路网的特点，线数据更能够体现交通网络的特征。因此，本节通过对比发现 2019 年山东省基础性地理省情监测数据成果数据集与"三调"数据集具有一致性，能够反映"三调"数据的趋势，故而在部分路网分析中使用山东省基础性地理省情监测数据成果数据集中数据（第二~四节相同）。

一、交　通　结　构

（一）交通运输用地结构

2019 年山东省交通运输用地面积为 446405.05hm^2，占土地总面积比例为 2.82%（图 8-1、表 8-1），其中，公路用地最多，用地面积为 221153.90hm^2，占交通运输用地总面积的比例高达 49.54%，其次为农村道路用地，用地面积为 177752.16hm^2，占交通运输用地总面积的比例为 39.82%，再次为铁路用地，用地面积为 29915.39hm^2，占交通运输用地总面积的比例为 6.70%，其余类型用地面积占比均不足 5.00%，管道运输用地面积占比最少，仅为 0.04%。从各市分布来看，青岛市、烟台市、潍坊市和临沂市交通用地面积较大，用地面积分别为 39937.12hm^2、38145.67hm^2、49030.88hm^2、46135.95hm^2，占全省交通运输用地总面积的比例分别为 8.95%、8.55%、10.98%、10.33%，这三个区域均为山东省的交通枢纽，交通便利，其中青岛市是中国东部沿海重要的经济中心城市和港口城市，是环太平洋西岸重要的国际贸易口岸和海上运输枢纽，港口吞吐量跻身全球前十位；潍坊市地处山东省的中心，是典型的平原城市，交通发展迅速；临沂市是全国综合运输示范城市、商贸服务型国家物流枢纽。其余地区交通运输用地面积占比均低于 8.00%，其中枣庄市交通运输用地面积占比最少，仅为 2.98%。

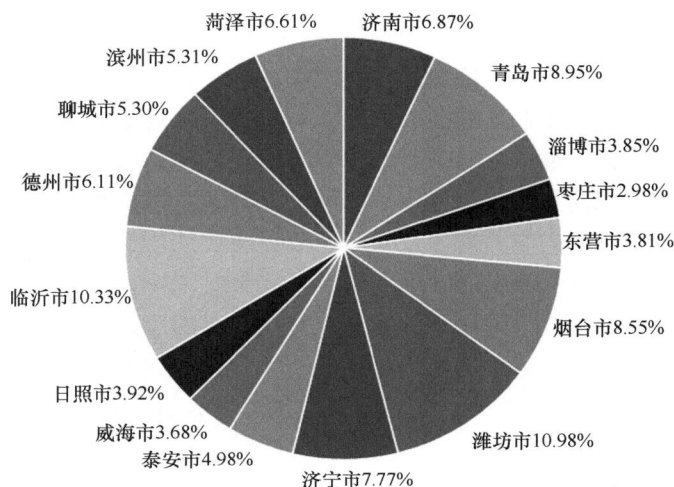

图 8-1　2019 年山东省各地级市交通运输用地占总交通运输用地的比重

　　铁路运输是现代运输主要方式之一，在整个运输领域中占有重要的地位，并发挥着愈来愈重要的作用。山东省铁路用地面积为 29915.39hm^2，占交通运输用地总面积的6.70%，在山东省分布较为均衡，主要分布在青岛市和潍坊市，两市铁路用地面积分别为 3414.70hm^2 和 3151.47hm^2，其他区域铁路用地面积占比均低于 10.00%，其中威海市铁路用地面积最小，仅为 457.26hm^2，占比仅为 1.53%。

　　山东省轨道交通用地面积为 748.01hm^2，占交通运输用地总面积的 0.17%，由于轨道交通对城市社会经济条件要求较高，因此山东省的轨道交通用地仅分布在青岛市、济南市和济宁市，轨道交通用地面积分别为 511.43hm^2、232.43hm^2 和 4.15hm^2。

　　公路运输是在公路上运送旅客和货物的运输方式，机动灵活、简捷方便，是城市发展必不可缺的建设部分，截至 2019 年底，山东省公路建设累计完成投资 1121.24 亿元，同比增长 10.56%。山东省公路用地面积为 221153.90hm^2，占交通运输用地总面积的49.54%，是主要的交通运输用地类型之一，主要分布在潍坊市和临沂市，公路用地面积分别为 25722.86hm^2 和 23346.91hm^2，占公路用地总面积的比例分别为 11.63%、10.56%，其他区域公路用地占比均低于 10.00%，其中枣庄市公路用地面积最少，仅为 5904.45hm^2。

　　山东省农村道路面积为 177752.16hm^2，占交通运输用地总面积的 39.82%，集中分布在临沂市、潍坊市、烟台市和青岛市，面积分别为 19773.84hm^2、19014.07hm^2、15078.91hm^2 和 14822.56hm^2，占山东省农村道路面积的比例分别为 11.12%、10.70%、

表 8-1 2019 年山东省各地级市交通运输用地分类面积

行政区名称	交通运输用地面积/hm²	占比/%	铁路用地/hm²	占比/%	其中											
					轨道交通用地/hm²	占比/%	公路用地/hm²	占比/%	农村道路/hm²	占比/%	机场用地/hm²	占比/%	港口码头用地/hm²	占比/%	管道运输用地/hm²	占比/%
山东省	446405.05	2.82	29915.39	100.00	748.01	100.00	221153.90	100.00	177752.16	100.00	4965.40	100.00	11674.45	100.00	195.74	100.00
济南市	30654.19	2.99	2868.05	9.59	232.43	31.07	15575.70	7.04	11478.33	6.46	496.11	9.99	0.59	0.01	2.98	1.52
青岛市	39937.12	3.54	3414.70	11.42	511.43	68.37	17643.90	7.98	14822.56	8.34	1943.30	39.14	1564.53	13.40	36.70	18.75
淄博市	17201.96	2.88	1609.31	5.38	0.00	0.00	10410.14	4.71	5144.02	2.89	2.04	0.04	0.00	0.00	36.45	18.62
枣庄市	13308.57	2.92	856.12	2.86	0.00	0.00	5904.77	2.67	6381.15	3.59	4.84	0.10	157.02	1.34	4.67	2.39
东营市	17017.31	2.06	1184.80	3.96	0.00	0.00	8824.91	3.99	5877.00	3.31	419.41	8.45	676.20	5.79	34.99	17.88
烟台市	38145.67	2.74	2075.25	6.94	0.00	0.00	17067.51	7.72	15078.91	8.48	411.86	8.29	3510.23	30.07	1.91	0.98
潍坊市	49030.88	3.03	3151.47	10.53	0.00	0.00	25722.86	11.63	19014.07	10.70	408.60	8.23	732.66	6.28	1.22	0.62
济宁市	34690.07	3.10	2532.23	8.46	4.15	0.56	15766.47	7.13	15538.61	8.74	212.64	4.28	605.07	5.18	30.90	15.79
泰安市	22224.58	2.86	1462.83	4.89	0.00	0.00	9727.65	4.40	10998.27	6.19	0.25	0.01	34.69	0.30	0.89	0.45
威海市	16428.08	2.82	457.26	1.53	0.00	0.00	8799.85	3.98	6080.98	3.42	259.35	5.22	830.64	7.12	0.00	0.00
日照市	17507.21	3.26	1259.14	4.21	0.00	0.00	7800.66	3.53	5029.45	2.83	279.66	5.63	3109.57	26.64	28.73	14.68
临沂市	46135.95	2.68	2754.83	9.21	0.00	0.00	23346.91	10.56	19773.84	11.12	259.68	5.23	0.00	0.00	0.69	0.35
德州市	27261.19	2.63	1854.72	6.20	0.00	0.00	14545.13	6.58	10835.80	6.10	25.42	0.51	0.00	0.00	0.12	0.06
聊城市	23657.68	2.74	1361.90	4.55	0.00	0.00	13189.00	5.96	9106.68	5.12	0.00	0.00	0.00	0.00	0.10	0.05
滨州市	23709.52	2.58	1448.08	4.84	0.00	0.00	11416.80	5.16	10322.44	5.81	78.59	1.58	438.08	3.75	5.53	2.83
菏泽市	29495.07	2.43	1624.70	5.43	0.00	0.00	15411.64	6.96	12270.05	6.90	163.65	3.30	15.17	0.12	9.86	5.03

注：表中第一个占比表示交通运输用地占行政区总面积的比例，其余占比表示该类用地占山东省该类地总面积的比例。

8.48%和8.34%，其他区域农村道路占比均低于8%，其中日照市农村道路面积最少，仅为5029.45hm²。

山东省机场用地面积为4965.40hm²，占交通运输用地总面积的1.11%，集中分布在青岛市，机场用地面积为1943.30hm²，占机场用地总面积的比例为39.14%，其他区域占比均低于10.00%，其中聊城市无机场用地，淄博市、枣庄市、泰安市和德州市占比均低于1.00%。

山东省港口码头用地面积为11674.45hm²，占交通运输用地总面积的2.62%，主要分布在烟台市、日照市和青岛市，港口码头用地面积分别为3510.23hm²、3109.57hm²和1564.53hm²，占港口码头用地总面积的比例分别为30.07%、26.64%和13.40%，其他区域占比均低于10.00%，其中淄博市、临沂市、德州市和聊城市无港口码头用地，济南市和菏泽市面积也较少，仅为0.59hm²和15.17hm²。

山东省管道运输用地面积为195.74hm²，占交通运输用地总面积的0.04%，主要分布在青岛市、淄博市、东营市、济宁市和日照市，管道运输用地面积分别为36.70hm²、36.45hm²、34.99hm²、30.90hm²和28.73hm²，其他区域占比均低于6.00%，其中威海市无管道运输用地，临沂市、德州市和聊城市面积也较少，仅为0.69hm²、0.12hm²和0.10hm²。

（二）不同等级道路分布

本节根据2019年山东省基础性地理省情监测数据成果数据集中的铁路和公路数据集（不包括城市道路和乡村道路），对山东省道路网络的结构与分布等进行分析。

1. 铁路

2019年山东省铁路总里程达7636.01km，其中高速铁路里程为1920.14km，占铁路总里程的25.15%，普通铁路里程为5715.87km，占铁路总里程的74.85%（表8-2）。铁路在山东省各市均有分布，但各市之间差别较大。铁路里程较大的为潍坊市、济南市、青岛市、烟台市和临沂市，铁路总里程分别达926.63km、811.22km、709.00km、655.68km和651.65km，分别占全省铁路总里程的12.13%、10.62%、9.28%、8.59%和8.53%。铁路里程分布较少的为东营市、威海市和枣庄市，铁路总里程分别为128.19km、220.41km和225.29km，占比仅为1.68%、2.89%和2.95%（图8-2）。

山东省高速铁路分布较为集中，主要分布在潍坊市、青岛市、济南市、烟台市、德州市和淄博市等6个市，高速铁路里程分别为358.09km、349.23km、302.79km、204.36km、164.07km和152.73km，分别占山东省高速铁路总里程的18.65%、18.19%、15.77%、10.64%、8.54%和7.95%，总占比达79.75%，即山东省79.75%的高速铁路分布于这6个市。其余10个市所分布高速铁路里程均小于100km，总占比仅为20.25%，其中东营市、临沂市、聊城市和菏泽市无高速铁路分布。

相比较高速铁路在山东省的分布，普通铁路的分布要更加均衡（图8-3）。其中，普通铁路分布较多的有临沂市、潍坊市、济南市、泰安市和济宁市，普通铁路里程分别为651.65km、568.54km、508.42km、505.75km和465.80km，占山东省普通铁路总里程的比例均超过 8%，分别为 11.40%、9.95%、8.89%、8.85%和 8.15%。东营市、枣庄市、威海市和滨州市为普通铁路分布较少的地级市，其普通铁路里程分别为 128.19km、135.24km、145.35km 和 228.31km，占山东省普通铁路总里程的比例分别为 2.24%、2.37%、2.54%和 3.99%。

表 8-2　2019 年山东省各地市铁路里程

行政区名称	高速铁路/km	占比/%	普通铁路/km	占比/%	总计/km
山东省	1920.14	100.00	5715.87	100.00	7636.01
济南市	302.79	15.77	508.42	8.89	811.22
青岛市	349.23	18.19	359.77	6.29	709.00
淄博市	152.73	7.95	350.13	6.13	502.86
枣庄市	90.04	4.69	135.24	2.37	225.29
东营市	0.00	0.00	128.19	2.24	128.19
烟台市	204.36	10.64	451.32	7.90	655.68
潍坊市	358.09	18.65	568.54	9.95	926.63
济宁市	66.30	3.45	465.80	8.15	532.10
泰安市	53.91	2.81	505.75	8.85	559.66
威海市	75.06	3.91	145.35	2.54	220.41
日照市	78.47	4.09	284.34	4.97	362.81
临沂市	0.00	0.00	651.65	11.40	651.65
德州市	164.07	8.54	312.13	5.46	476.19
聊城市	0.00	0.00	272.13	4.76	272.13
滨州市	25.09	1.31	228.31	3.99	253.40
菏泽市	0.00	0.00	348.80	6.11	348.80

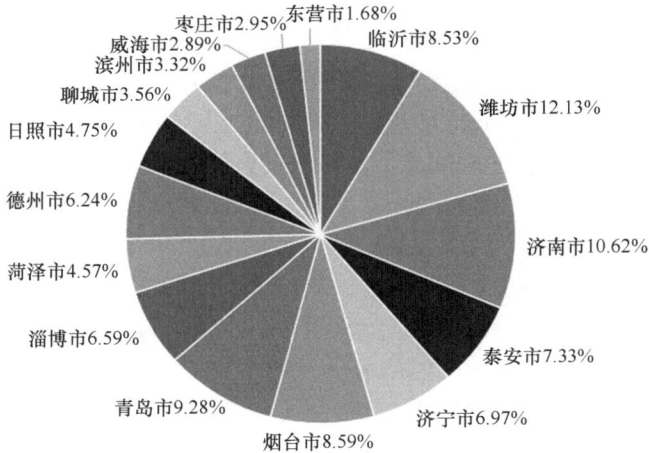

图 8-2　2019 年山东省各市铁路里程占比

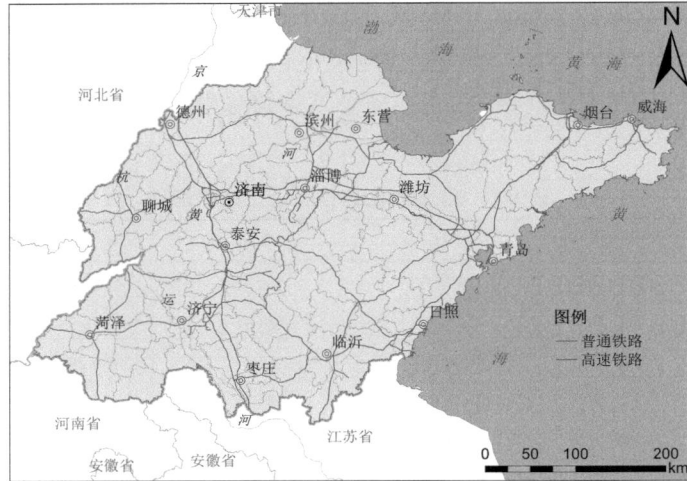

图 8-3　山东省铁路分布空间格局（彩图附后）

2. 公路

在公路数据集中，公路共分为 14 类，分别为国道、省道、县道、乡道、主干路、次干路、支路、快速路、连接道、农村硬化道路、乡村路、机耕路、专用公路和其他公路。因分类较多且某些道路分布较少，难以进行单独描述与制图，因此，在本书中，保留国道、省道、县道、乡道、主干路、次干路和支路的原有分类，将快速路、连接道、农村硬化道路、乡村路、机耕路、专用公路和其他公路等重分类为其他道路。

山东省公路总里程达 117714.37km，公路主要由国道、省道、县道和乡道组成，里程分别为 14709.60km、14435.85km、31170.94km 和 42168.41km，占山东省公路总里程的比例分别为 12.50%、12.26%、26.48%和35.82%（表 8-3，图 8-4，图 8-5），国道、省道、县道和乡道的总里程和占比分别达 102484.80km 和 87.06%。主干路、次干路和支路的分布较少，里程仅为 1893.70km、530.95km 和 152.79km，分别占山东省公路总里程的比例为 1.61%、0.45%和 0.13%，总占比仅为 2.19%。在各地级市中，公路总里程较多的为潍坊市和临沂市，公路总里程为 14533.59km 和 13521.63km，公路总里程分布较少的为枣庄市、日照市和威海市，公路总里程分别为 3066.92km、3450.31km 和 3588.82km。

山东省国道总里程为 14709.60km，在临沂市分布最多，里程为 1525.97km，占全省总里程的 10.37%。其次，在烟台市、青岛市、潍坊市和济南市也有较多分布，里程分别为 1386.01km、1369.55km、1344.66km 和 1337.43km，分别占总里程的 9.42%、9.31%、9.14%和 9.09%，国道在枣庄市、东营市、日照市、淄博市和泰安市分布较少，占比均小于 4%，里程分别为 301.61km、466.77km、489.06km、540.86km 和 554.98km。

山东省省道总里程为 14435.85km，在青岛市分布最多，里程为 2052.51km，占总里程的 14.22%，远高于其他市的比例。除青岛市外，山东省省道在烟台市和潍坊市分布较多，分布里程分别为 1365.65km 和 1280.91km，占总里程的 9.46%和 8.87%，省道在日照市和东营市分布较少，分布里程为 342.07km 和 528.12km，占总里程的 2.37%和 3.66%。其他地级市的省道分布较为平均，比例大多位于 5%～7%的范围内。

表 8-3 2019 年山东省及各地市公路里程

行政区名称	国道/km	占比/%	省道/km	占比/%	县道/km	占比/%	乡道/km	占比/%	主干路/km	占比/%	次干路/km	占比/%	支路/km	占比/%	其他道路/km	占比/%	总计/km
山东省	14709.60	100.00	14435.85	100.00	31170.94	100.00	42168.41	100.00	1893.70	100.00	530.95	100.00	152.79	100.00	12652.14	100.00	117714.37
济南市	1337.43	9.09	724.74	5.02	1731.87	5.56	3476.15	8.24	112.33	5.93	32.09	6.04	18.83	12.33	1109.57	8.77	8543.02
青岛市	1369.55	9.31	2052.51	14.22	1736.83	5.57	2094.20	4.97	235.84	12.45	23.98	4.52	0.00	0.00	261.69	2.07	7774.61
淄博市	540.86	3.68	797.74	5.53	1357.28	4.35	1620.53	3.84	75.77	4.00	13.28	2.50	1.99	1.30	679.43	5.37	5086.89
枣庄市	301.61	2.05	742.10	5.14	770.10	2.47	990.25	2.35	56.45	2.98	21.67	4.08	1.45	0.95	183.29	1.45	3066.92
东营市	466.77	3.17	528.12	3.66	689.58	2.21	1804.71	4.28	83.28	4.40	16.39	3.09	6.40	4.19	1760.65	13.92	5355.88
烟台市	1386.01	9.42	1365.65	9.46	2882.94	9.25	2343.91	5.56	89.68	4.74	58.90	11.09	15.02	9.83	413.59	3.27	8555.70
潍坊市	1344.66	9.14	1280.91	8.87	4084.91	13.10	6085.25	14.43	177.99	9.40	36.08	6.80	19.08	12.49	1504.71	11.89	14533.59
济宁市	950.34	6.46	900.22	6.24	1976.79	6.34	3646.42	8.65	142.00	7.50	45.44	8.56	17.24	11.28	1362.80	10.77	9041.23
泰安市	554.98	3.77	804.75	5.57	1770.02	5.68	2530.80	6.00	103.69	5.48	33.53	6.32	6.54	4.28	802.16	6.34	6606.47
威海市	619.53	4.21	867.98	6.01	880.78	2.83	731.65	1.74	74.94	3.96	34.21	6.44	24.22	15.85	355.52	2.81	3588.82
日照市	489.06	3.32	342.07	2.37	1062.56	3.41	1134.26	2.69	48.03	2.54	28.85	5.43	1.81	1.19	343.66	2.72	3450.31
临沂市	1525.97	10.37	1001.28	6.94	4608.03	14.78	5520.45	13.09	169.34	8.94	14.51	2.73	5.09	3.33	676.95	5.34	13521.63
德州市	1148.44	7.81	692.64	4.80	1951.79	6.26	1696.68	4.02	125.72	6.63	75.19	14.16	6.72	4.40	696.97	5.51	6394.16
聊城市	790.72	5.38	885.55	6.13	1920.54	6.16	2912.04	6.91	158.50	8.37	32.70	6.16	11.32	7.41	536.64	4.24	7248.01
滨州市	853.96	5.82	604.64	4.19	1444.65	4.64	2492.58	5.91	125.91	6.65	13.87	2.61	15.88	10.40	880.45	6.96	6431.95
菏泽市	1029.70	7.00	844.94	5.85	2302.26	7.39	3088.53	7.32	114.23	6.03	50.28	9.47	1.20	0.78	1084.04	8.57	8515.18

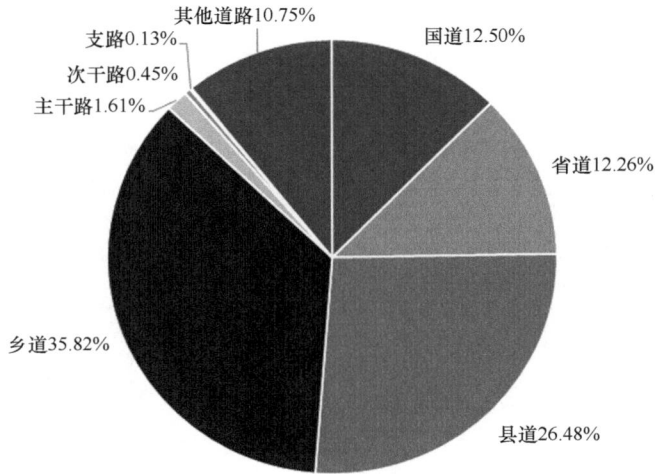

图 8-4　2019 年山东省不同等级公路分布占比

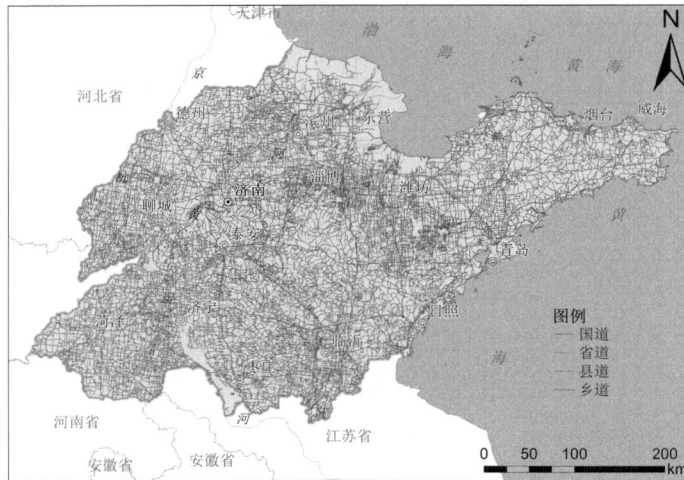

图 8-5　山东省国道、省道、县道、乡道分布空间格局（彩图附后）

山东省县道总里程为 31170.94km，在临沂市和潍坊市分布较多，里程均超过了 4000km，分别为 4608.03km 和 4084.91km，占总里程的比例分别为 14.78%和 13.10%，是仅有两个占比超过 10%的地级市。县道在东营市、枣庄市和威海市分布里程较少，分别为 689.58km、770.10km 和 880.78km，占总里程的比例分别为 2.21%、2.47%和 2.83%。

山东省乡道总里程为 42168.41km，在潍坊市和临沂市分布较多，里程分别为 6085.25km 和 5520.45km，占总里程的比例分别为 14.43%和 13.09%。乡道在威海市、枣庄市、日照市和淄博市分布为较少，分布里程分别为 731.65km、990.25km、1134.26km 和 1620.53km，占山东省乡道里程的比例均低于 4%，分别为 1.74%、2.35%、2.69%和 3.84%。

主干路、次干路和支路的分布里程相对较少，总里程分别为 1893.70km、530.95km 和 152.79km，且其在省内的分布占比，除个别市较多外，其余市的分布较为平均，也存在个别市分布极少的情况，如青岛市主干路的分布占山东省主干路总里程的比例达 12.45%，但其并未分布有支路；支路在威海市、潍坊市、济南市和滨州市分布较多，分布占比均超过 10%，而菏泽市、枣庄市、日照市和淄博市等支路分布较少，分布占比均低于 2%。

其他道路总里程为 12652.14km，在东营市、潍坊市和济宁市分布较多，分布里程分别为 1760.65km、1504.71km 和 1362.80km，占山东省公路总里程的比例分别为 13.92%、11.89% 和 10.77%，占比均高于 10%。其他道路在枣庄市、青岛市、日照市和威海市较少，分布里程分别为 183.29km、261.69km、343.66km 和 355.52km，占山东省其他道路总里程的比例分别为 1.45%、2.07%、2.72% 和 2.81%，分布占比均低于 3%。

（三）沿海港口建设

港口是具有比较优势且十分宝贵的交通资源。山东省位于我国的东部沿海地区，半岛地区被渤海和黄海环绕，自然条件优越，气候适宜，海岸线绵长，港阔水深，港口众多，区位优越，面朝日韩，拥有海岸线约 3345km，占全国的 1/6，规划沿海港口岸线约 575km，深水岸线约 368km，在港口建设与发展方面具有独特的优势。同时山东省也是我国唯一一个拥有 3 个吞吐量超过 4 亿 t 大港的省份。如图 8-6 所示，山东省自西北向东南依次分布的较大型港口有滨州港、东营港、潍坊港、烟台港、威海港、石岛港、青岛港与日照港，其中滨州港、东营港、潍坊港、烟台港–龙口港区位于渤海，烟台港–蓬莱港区位于黄海和渤海交界处，其余港口均分布于黄海。

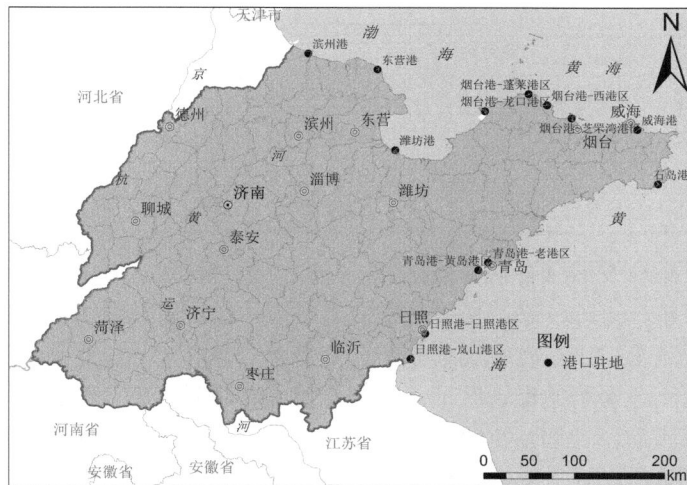

图 8-6　山东省沿海大型港口分布

根据山东省近 10 年的《国民经济与社会发展统计公报》公布数据，给出了近 10 年山东省沿海港口货物吞吐量，由图 8-7 可知，山东省沿海货物吞吐量呈现出不断上升的趋势，2009 年，其总货物吞吐量仅为 7.3 亿 t，而到 2019 年，货物吞吐量上升至 16.9 亿 t，近 10 年货物吞吐量的年均增长率约为 8.8%。

山东省拥有青岛港、日照港和烟台港三个大港，2019 年三港的货物吞吐量分别达 57736 万 t、46377 万 t、38632 万 t，占全省沿海港口货物吞吐量的比例分别为 36.85%、

28.79%和 23.99%，总占比达 88.63%（表 8-4）。此外，省内还有东营港、潍坊港、威海港、滨州港等众多中小型港口，港口资源丰富，但中小型港口的货物吞吐量较少，货物吞吐量仅为大港的十分之一左右。

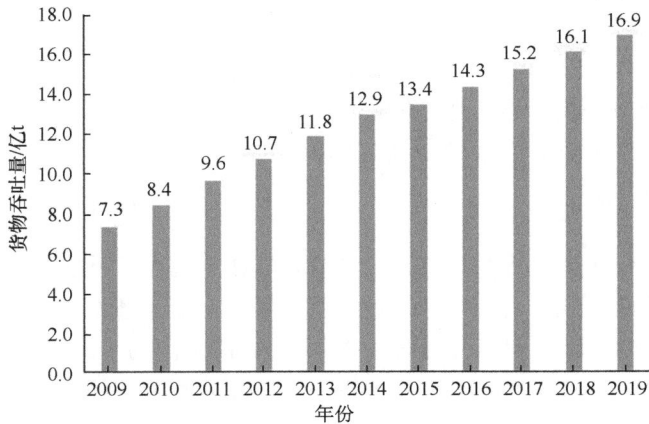

图 8-7　2009～2019 年山东省沿海港口货物吞吐量

表 8-4　2019 年山东省沿海港口货物吞吐量

港口	货物吞吐量/万 t	占比/%
青岛港	57736	35.85
日照港	46377	28.79
烟台港	38632	23.99
东营港	5677	3.52
潍坊港	5408	3.36
威海港	3730	2.32
滨州港	3505	2.17

同时山东省港口发展具有众多的优势：①区位条件优越：青岛、烟台和威海地区与日本韩国隔海相望，同时日照是我国重要的出海口，也是新亚欧大陆桥的东方桥头堡之一；②交通体系完善：山东省交通体系十分完善，公路、水路、航运等交通设施完善，各港口均分布在交通便利的市辖区下，有利于货物快速地集散；③港口货物吞吐量大：青岛港、日照港和烟台港都是货物吞吐量超 4 亿 t 的大港，三者均位居全国港口货物吞吐量的前列；④腹地广阔：除省内地区外，周边省份如河南、山西、陕西等省份，还有设置无水港的内陆地区，均为山东省的港口提供货源，同时青岛和烟台也是我国最早开放的东部沿海城市，经济外向，国际贸易发达，发展经验充足，经济基础雄厚，为港口建设提供了充足的支持。

（四）机场建设

民航业是国民经济和社会发展的重要战略产业，也是现在综合交通建设的重要组成部分，是推动经济快速发展重要促进力。山东省机场发展有序推进，全省已投入运营的机场有济南遥墙国际机场、青岛流亭国际机场、烟台蓬莱国际机场、威海大水泊国际机场、临沂启阳国际机场、济宁曲阜机场、日照山字河机场、潍坊南苑机场以及东营胜利机场 9 个民用机场，正在投入建设的机场有青岛胶东国际机场，预计于 2021 年投入运营（图 8-8）。全省机场数量位列全国第 6 位，同时也是华东地区民用机场数量最多的省份，每万平方千米分布 0.57 个机场，密度位于全国第 8 位，形成了"两枢一干六支"的机场发展格局："两枢"是指以济南遥墙国际机场和青岛流亭国际机场作为两个枢纽机场，"一干"是指以烟台蓬莱国际机场作为一个干线机场，"六支"是指山东省内其余六个机场。在通用航空方面，全省现有蓬莱沙河口机场、滨州大高机场、平阴农用机场、平阴孝直机场、莱芜雪野机场以及德州平原机场 6 个颁证通用机场，为全省救援、航空活动、农林航空作业提供了较好的保障。

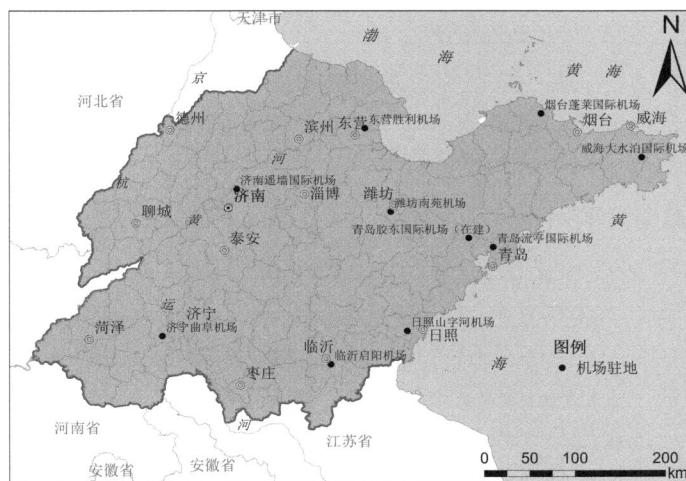

图 8-8　山东省机场分布

山东省机场服务能力不断提升。由表 8-5 可知，2009 年山东省机场旅客吞吐量与货邮吞吐量分别为 1888.61 万人次和 22.81 万 t，而到 2019 年，这两项数值分别为 6254.97 万人次

表 8-5　2009 年与 2019 年山东省各机场吞吐量

机场	2009 年		2019 年	
	旅客吞吐量/万人次	货邮吞吐量/万 t	旅客吞吐量/万人次	货邮吞吐量/万 t
济南遥墙国际机场	585.3	5.7	1756.1	13.6
青岛流亭国际机场	966.01	13.5	2555.6	25.6
烟台蓬莱国际机场	209.5	2.9	1000	4.11
威海大水泊国际机场	67.5	0.36	300	0.92
临沂启阳国际机场	30.1	0.12	258	1.02
济宁曲阜机场	11.9	0.04	148.78	0.29
日照山字河机场	—	—	101.7	1
潍坊南苑机场	10.7	0.16	46.8	1.38
东营胜利机场	7.6	0.03	88	0.048
山东省	1888.61	22.81	6254.98	47.97

和 47.97 万 t，同比增加 231.2% 和 110.3%。从各机场来看，青岛流亭国际机场的旅客和货邮吞吐量 2009 年与 2019 年均为最多，分别为 966.01 万人次、13.5 万 t 和 2555.6 万人次、25.6 万 t，同比增加 164.6% 和 89.6%；其次为济南遥墙国际机场，其旅客和货邮吞吐量分别为 585.3 万人次、5.7 万 t 和 1756.1 万人次、13.6 万 t，同比增加 200.03% 和 138.6%。2009 年济南遥墙国际机场与青岛流亭国际机场的旅客和货邮吞吐量占山东省机场旅客和货邮吞吐总量的比例分别为 82.1% 和 84.2%，2019 年该数值为 69.9% 和 81.7%，均有不同程度的下降，主要是由于山东省其余地区机场的发展，以及各地市交通的便利程度不断提升。

二、交 通 密 度

本节根据山东省"三调"数据与山东省基础性地理省情监测数据成果数据集的公路与铁路数据集以及"七普"数据分别对山东省的人均交通运输用地以及路网密度进行计算，反映山东省人均用地与路网密度情况。

（一）人均交通运输用地

2019 年山东省的交通运输用地密度为 44.33hm²/万人（表 8-6），其中东营市的交通运输用地密度最大为 78.07hm²/万人，其次为滨州市，交通运输用地密度为 60.44hm²/万人，日照市、威海市、烟台市、潍坊市交通运输用地密度在 50.00~60.00hm²/万人之间，其余地区密度均低于 50.00hm²/万人，菏泽市、枣庄市和济南市密度低于 35.00hm²/万人，菏泽市交通运输用地密度最小仅为 33.59hm²/万人。

山东省铁路用地密度为 2.97hm²/万人，其中东营市的铁路用地密度最大为 5.44hm²/万人，其次为日照市密度为 4.27hm²/万人，其余地区密度均小于 4.00hm²/万人，威海市、菏泽市密度低于 2.00hm²/万人，威海市铁路用地密度最小仅为 1.61hm²/万人；山东省轨道交通用地密度为 0.07hm²/万人，济南市和青岛市的轨道交通用地密度分别为 0.26hm²/万人、0.54hm²/万人；山东省公路用地密度为 21.96hm²/万人，其中东营市、威海市公路用地密度较大，分别为 40.49hm²/万人、31.03hm²/万人，其余地区密度均小于 30.00hm²/万人，枣庄市公路用地密度最小仅为 15.01hm²/万人；山东省农村道路密度为 17.65hm²/万人，其中东营市农村道路密度最大为 26.96hm²/万人，其次为滨州市，与东营市相差较小，为 26.31hm²/万人，淄博市农村道路密度最低为 10.95hm²/万人；山东省机场用地密度为 0.49hm²/万人，其中青岛市机场用地密度最大为 2.05hm²/万人，其次为东营市机场用地密度为 1.92hm²/万人，其余地区密度均低于 1.00hm²/万人；山东省港口码头用地密度为 1.16hm²/万人，其中日照市港口码头用地密度最大为 10.54hm²/万人，其余地区密度均低于 3.00hm²/万人；山东省管道运输用地密度为 0.02hm²/万人，其中东营市管道运输用地密度最大为 0.16hm²/万人，其余地区密度均低于 0.10hm²/万人。

表 8-6　2019 年山东省及各地市人均交通运输用地　　　　（单位：hm²/万人）

行政区名称	交通运输用地	铁路用地	轨道交通用地	公路用地	农村道路	机场用地	港口码头用地	管道运输用地
山东省	44.33	2.97	0.07	21.96	17.65	0.49	1.16	0.02
济南市	34.41	3.22	0.26	17.48	12.88	0.56	0.00	0.00
青岛市	42.04	3.59	0.54	18.57	15.60	2.05	1.65	0.04
淄博市	36.62	3.43	0.00	22.16	10.95	0.00	0.00	0.08
枣庄市	33.84	2.18	0.00	15.01	16.22	0.01	0.40	0.01
东营市	78.07	5.44	0.00	40.49	26.96	1.92	3.10	0.16
烟台市	53.44	2.91	0.00	23.91	21.12	0.58	4.92	0.00
潍坊市	52.43	3.37	0.00	27.51	20.33	0.44	0.78	0.00
济宁市	41.52	3.03	0.00	18.87	18.60	0.25	0.72	0.04
泰安市	39.44	2.60	0.00	17.26	19.52	0.00	0.06	0.00
威海市	57.93	1.61	0.00	31.03	21.44	0.91	2.93	0.00
日照市	59.37	4.27	0.00	26.45	17.05	0.95	10.54	0.10
临沂市	43.25	2.58	0.00	21.89	18.54	0.24	0.00	0.00
德州市	47.42	3.23	0.00	25.30	18.85	0.04	0.00	0.00
聊城市	38.79	2.23	0.00	21.63	14.93	0.00	0.00	0.00
滨州市	60.44	3.69	0.00	29.10	26.31	0.20	1.12	0.01
菏泽市	33.59	1.85	0.00	17.55	13.97	0.19	0.02	0.01

（二）路网密度

山东省路网总里程（包括公路与铁路）为 125350.39km（表 8-7），其中潍坊市与临沂市路网里程最大，分别为 15460.22km 和 14173.28km，占路网总里程的比例分别为 12.33% 和 11.31%；枣庄市、威海市与日照市的路网总里程最小，分别为 3292.21km、3809.23km 和 3813.12km，占山东省路网总里程的比例分别为 2.63%、3.04% 和 3.04%。路网总里程的分布与各市的面积具有显著的联系，路网总里程较大的市其行政区面积也较大，例如上文提到的潍坊市与临沂市，其行政区面积较大，枣庄市、威海市与日照市行政区面积较小。

山东省路网密度为 7.93km/100km²，整体路网密度较高。从各市路网密度来看，有 7 个市的路网密度高于山东省路网密度水平，其中潍坊市、淄博市、泰安市与济南市的路网密度为较高，路网密度超过了 9km/100km²，分别为 9.55km/100km²、9.37km/100km²、9.23km/100km² 和 9.13km/100km²；其余 9 个市路网密度水平低于山东省水平，其中威海市、烟台市、德州市和东营市的路网密度为较低，路网密度低于 7km/100km²，分别为 6.53km/100km²、6.61km/100km²、6.63km/100km² 和 6.64km/100km²。路网密度较低的市主要分布在山东省的边缘地区与沿海地区，例如德州市与菏泽市处于山东省与河南、河北两省的交界处，烟台市、东营市、威海市、滨州市等均处于沿海地区。造成该现象的原因包括：①在内陆的两省交界处，其经济发展相对较差，对道路建设的投资较小，同时跨省域修建道路的难度较大，因此导致其部分道路难以贯通；②沿海的外围地区的市的面积一般较大，虽然部分市的经济相对发达如烟台市等，但是其均包括了大量的农村地区，同时沿海地区的交通出行方式多种多样，航运、河运、机场等建设均分散了对公路与铁路建设的投资，导致路网密度较小。

表 8-7　2019 年山东省路网里程与路网密度

行政区名称	路网里程/km	占比/%	路网密度/（km/100km^2）
山东省	125350.39	100.00	7.93
济南市	9354.24	7.46	9.13
青岛市	8483.61	6.77	7.51
淄博市	5589.75	4.46	9.37
枣庄市	3292.21	2.63	7.21
东营市	5484.07	4.37	6.64
烟台市	9211.38	7.35	6.61
潍坊市	15460.22	12.33	9.55
济宁市	9573.33	7.64	8.56
泰安市	7166.13	5.72	9.23
威海市	3809.23	3.04	6.53
日照市	3813.12	3.04	7.09
临沂市	14173.28	11.31	8.24
德州市	6870.35	5.48	6.63
聊城市	7520.14	6.00	8.72
滨州市	6685.35	5.33	7.28
菏泽市	8863.98	7.07	7.29

1. 铁路

2019 年山东省铁路路网密度为 482.97km/万 km^2（表 8-8），其中淄博市铁路路网密度最大，为 843.03km/万 km^2，其次为济南市，铁路路网密度为 791.86km/万 km^2，东营市、滨州市、菏泽市铁路路网密度均较低，分别为 155.25km/万 km^2、276.11km/万 km^2 和 286.95km/万 km^2，其余地级市铁路路网密度均高于 300km/万 km^2。

全省高速铁路路网密度为 121.45km/万 km^2，在具有高速铁路分布的地级市中，青岛市的高速铁路路网密度最大，达 309.19km/万 km^2，其次为济南市，高速铁路路网密度为 295.57km/万 km^2，其余地级市高速铁路路网密度均小于 300km/万 km^2。高速铁路路网密度最小的为滨州市，其高速铁路路网密度仅为 27.34km/万 km^2，其次为济宁市，高速铁路路网密度为 59.27km/万 km^2。东营市、临沂市、聊城市和菏泽市由于没有高速铁路分布，故其高速铁路路网密度均为 0km/万 km^2。

全省普通铁路路网密度为 361.52km/万 km^2，其中泰安市、淄博市、日照市为普通铁路路网密度较大的地级市，普通铁路路网密度均高于 500km/万 km^2，分别为 651.62km/万 km^2、586.98km/万 km^2 和 529.01km/万 km^2；东营市、滨州市、菏泽市和枣庄市的普通铁路路网密度较小，均小于 300km/万 km^2，分别为 155.25km/万 km^2、248.77km/万 km^2、

286.95km/万 km^2 和 296.35km/万 km^2，其余地级市的普通铁路路网密度均位于 300～500km/万 km^2 之间。

表 8-8 2019 年山东省各市铁路密度 （单位：km/万 km^2）

行政区名称	高速铁路	普通铁路	平均
山东省	121.45	361.52	482.97
济南市	295.57	496.29	791.86
青岛市	309.19	318.53	627.71
淄博市	256.05	586.98	843.03
枣庄市	197.31	296.35	493.66
东营市	0.00	155.25	155.25
烟台市	146.70	323.99	470.69
潍坊市	221.25	351.28	572.52
济宁市	59.27	416.37	475.64
泰安市	69.46	651.62	721.08
威海市	128.69	249.19	377.89
日照市	145.99	529.01	675.00
临沂市	0.00	379.06	379.06
德州市	158.40	301.35	459.75
聊城市	0.00	315.40	315.40
滨州市	27.34	248.77	276.11
菏泽市	0.00	286.95	286.95

2. 公路

2019 年山东省公路路网密度为 7.45km/100km^2（表 8-9），各市的公路路网密度差别较小，公路路网的最大值和最小值之间相差 2km/100km^2 左右。其中潍坊市、淄博市、泰安市、聊城市、济南市、济宁市为公路路网密度较大的市，公路路网密度均大于 8km/100km^2，潍坊市为山东省公路路网密度最大的市为 8.98km/100km^2；烟台市、威海市、德州市、日照市、东营市、枣庄市和青岛市为公路路网密度较小的市，公路路网密度均小于 7km/100km^2，烟台市为公路路网密度最小的市为 6.14km/100km^2。

全省国道路网密度为 0.93km/100km^2，其中济南市、青岛市、德州市和威海市国道路网密度较大，路网密度均高于 1km/100km^2，分别为 1.31km/100km^2、1.21km/100km^2、1.11km/100km^2 和 1.06km/100km^2；东营市、枣庄市与泰安市为国道路网密度较小的地级市，路网密度分别为 0.57km/100km^2、0.66km/100km^2 和 0.72km/100km^2。

全省省道路网密度为 0.91km/100km^2，略低于国道路网的密度，其中青岛市省道路网密度最大，为 1.82km/100km^2，其次是枣庄市，省道路网密度为 1.63km/100km^2；临沂市为省道路网密度最小的地级市，省道路网密度为 0.58km/100km^2，其次为日照市和东营市，二者省道路网密度相同，均为 0.64km/100km^2。

全省县道路网密度为 1.97km/100km^2，相比较国道与省道的路网密度，县道路网密度相对较高。临沂市、潍坊市、泰安市、淄博市、聊城市和烟台市是县道路网密度较大的地级市，县道路网密度均高于 2km/100km^2；东营市为山东省县道路网密度最小的地级市，县道路网密度不足 1km/100km^2，仅为 0.84km/100km^2。

全省乡道路网密度为 2.67km/100km^2，为所有公路类型中路网密度最大的公路类型。乡道路网密度最大的地级市为潍坊市，乡道路网密度为 3.76km/100km^2，其次分别为济南市、聊城市、泰安市、济宁市和临沂市，乡道路网密度均大于 3km/100km^2；乡道路网密度小于 2km/100km^2 的地级市有 4 个，按乡道路网密度的升序排列为威海市、德州市、烟台市和青岛市，乡道路网密度分别为 1.25km/100km^2、1.64km/100km^2、1.68km/100km^2 和 1.85km/100km^2。

主干路、次干路和支路的路网密度均较低，且在各市之间的分布差异较小，均小于 1km/100km^2。

全省其他道路路网密度为 0.80km/100km^2，其中东营市其他道路路网密度为最高，达 2.13km/100km^2，为山东省其他道路路网密度唯一一个高于 2km/100km^2 的地级市；青岛市、烟台市、临沂市和枣庄市为其他道路路网密度较小的地级市，其他道路路网密度分别为 0.23km/100km^2、0.30km/100km^2、0.39km/100km^2 和 0.40km/100km^2。

表 8-9　2019 年山东省各市不同等级路网密度　（单位：km/100km^2）

行政区名称	国道	省道	县道	乡道	主干路	次干路	支路	其他道路	平均
山东省	0.93	0.91	1.97	2.67	0.12	0.03	0.01	0.80	7.45
济南市	1.31	0.71	1.69	3.39	0.11	0.03	0.02	1.08	8.34
青岛市	1.21	1.82	1.54	1.85	0.21	0.02	0.00	0.23	6.88
淄博市	0.91	1.34	2.28	2.72	0.13	0.02	0.00	1.14	8.53
枣庄市	0.66	1.63	1.69	2.17	0.12	0.05	0.00	0.40	6.72
东营市	0.57	0.64	0.84	2.19	0.10	0.02	0.01	2.13	6.49
烟台市	0.99	0.98	2.07	1.68	0.06	0.04	0.01	0.30	6.14
潍坊市	0.83	0.79	2.52	3.76	0.11	0.02	0.01	0.93	8.98
济宁市	0.85	0.80	1.77	3.26	0.13	0.04	0.02	1.22	8.08
泰安市	0.72	1.04	2.28	3.26	0.13	0.04	0.01	1.03	8.51
威海市	1.06	1.49	1.51	1.25	0.13	0.06	0.04	0.61	6.15
日照市	0.91	0.64	1.98	2.11	0.09	0.05	0.00	0.64	6.42
临沂市	0.89	0.58	2.68	3.21	0.10	0.01	0.00	0.39	7.87
德州市	1.11	0.67	1.88	1.64	0.12	0.07	0.01	0.67	6.17
聊城市	0.92	1.03	2.23	3.38	0.18	0.04	0.01	0.62	8.40
滨州市	0.93	0.66	1.57	2.72	0.14	0.02	0.02	0.96	7.01
菏泽市	0.85	0.70	1.89	2.54	0.09	0.04	0.00	0.89	7.01

第二节　交通建设综合水平评价

交通建设综合水平体现的是一个区域交通建设的好坏程度，反映着区域交通运输效率以及交通运输业的发展状况。因此为明晰山东省交通建设综合水平的现状，本节从交通网络连接度、交通网络连通性等两个方面对山东省各县（市、区）的交通建设综合水平进行了评价。对交通网络连接度的评价主要是从各县（市、区）的成环率、连通率和线点率三个方面展开，对交通网络连通性的评价从各县（市、区）距周边县、最近火车站及最近机场的里程展开。

一、交通建设综合水平评价方法

（一）交通网络连接度

在道路网络中，节点的连接程度反映了道路交叉口的连通性，通过整体网络连通性的评价可以反映道路网络结构的发展水平。道路网络连接度主要采用成环率（α 指数）、连通率（γ 指数）、线点率（β 指数）来表征（麦娥英，2017；邵俊和陈荣清，2018；李京涛等，2014）。

1. 成环率（α 指数）

成环率（α 指数）是用来描述网络中连接成环的水平，即网络中实际出现的回路数与可能出现的最大回路数之比。α 指数的变化范围一般在 0 到 1 之间，当 $\alpha=0$ 时，表明该网络中回路不存在；当 $\alpha=1$ 时，说明该网络已具有最大可能的回路数。另外，$1-\alpha$ 表示该网络后期连接成闭合回路的潜力。α 指数越高，表明在道路网络中，通行者可选择的路径就越多。具体计算方法如下：

$$\alpha_i = \frac{e_i - v_i + p}{2v_i - 5p} \tag{8-1}$$

式中，e_i 代表连线（边或弧）数目；v_i 代表节点（顶点）数目；p 代表网络中互不连接的亚图数目，一般取值为 1，i 表示研究区域。

2. 连通率（γ 指数）

连通率（γ 指数）是用来描述网络中所有节点被连接的程度，即网络中已有边的数目与由所有节点构成完全图的连线数目之比。γ 指数是测度网络整体连通性的指标，该指标数值的变化范围在 0 到 1 之间。当 $\gamma=0$ 时，表示网络节点中没有连线，点以孤立形式存在；当 $\gamma=1$ 时，则表示网络内每一个节点之间都存在连线。具体计算公式如下：

$$\gamma_i = \frac{e_i}{3(v_i - 2p)} \tag{8-2}$$

式中，e_i 代表连线（边或弧）数目；v_i 代表节点（顶点）数目；p 代表网络中互不连接的亚图数目，一般取值为 1，i 表示研究区域。

3. 线点率（β指数）

线点率（β指数）是用来表征网络中每个节点的平均连线数。β指数数值范围在 0 到 3 之间，它是对网络节点连通性的简单度量。当 β=0 时，表示节点之间没有连线，不存在网络；随着网络复杂连通性的增加，β值也逐渐增大。当 β<1 时，表明整个网络呈现"树"状，结构极不完善；当 β=1 时，表明网络中形成了单一的回路；当 β=2 时，表明网络呈现方格状，此时结构比较完善；当 β=3 时，表明网络呈现十字对角线型，网络结构完善。由于道路网络中节点所连接的道路数目受到地理空间环境的制约，因此具有一定的范围，不会无限增大。具体计算公式如下：

$$\beta_i = \frac{e_i}{v_i} \tag{8-3}$$

式中，β_i 表示研究区域交通网络的线点率；e_i 代表连线（边或弧）数目；v_i 代表节点（顶点）数目；i 表示研究区域。

4. 交通网络连接度

基于上述成环率、连通率、线点率，采用下式得到各县域交通网络连接度：

$$C_i = a\alpha_i + b\gamma_i + c\beta_i \tag{8-4}$$

式中，C_i 为县域 i 的交通网络连接度；a、b、c 分别为成环率、连通率和线点率的权重，采用熵权法计算得到（符海月等，2020；杜超等，2019）。

（二）交通网络连通性

OD 矩阵分析的目标是为现状交通分析评价、交通预测模型标定、交通网络规划等提供基本参数和指标。其基本内容包括三个方面：一是出行特征统计分析；二是出行与其相关因素之间关系的统计分析；三是其他有关指标的统计分析（安俞静等，2019；曾源源等，2018）。根据 OD 矩阵计算居民通勤距离与时长进行聚类分析或者结合其他因素进行相关性分析，如通勤距离、通勤时间及其与职住平衡的关系研究（郭卫东等，2019；华梦丽，2018；李志等，2014）。因此，本节中基于山东省基础性地理省情监测数据成果数据集中的城市主城区数据和公路数据集，首先提取主城区数据的中心点，然后采用 OD 矩阵中的通勤距离参数分别测算各县（市、区）中心城区距离周边县的里程、距最近火车站的里程以及距最近机场的里程，然后采用式（8-5）测算该县域综合的交通网络连通性。

$$L_i = a_i Z_i + b_i Tr_i + c_i Ai_i \tag{8-5}$$

式中，L_i 表示县域 i 的交通网络连通性；Z_i、Tr_i、Ai_i 分别表示县域 i 距离周边县的距离、距最近火车站的距离以及距最近机场的距离；a_i、b_i、c_i 分别表示其权重，采用熵权法计算得到。

二、交通建设综合水平评价结果

（一）交通网络连接度空间格局

1. 成环率

采用交通网络连接度中成环率计算方法得到山东省 2019 年各县（市、区）的成环率的分布格局，采用自然断点法将成环率结果划分为 5 类，结果如图 8-9 所示。总体来说，2019 年山东省各县（市、区）的成环率不高，介于[0.03，0.16]区间，道路节点间实际成环水平一般，回路性处于较低水平。济南市和青岛市是山东省的中心城市，发展较快，其中心城区成环率相对较高，如济南市市中区、天桥区、淮阴区，青岛市市南区和市北区等，此外，潍坊市和淄博市经济发展相对较好，交通建设起步早、发展快，城市化水平高，其大部分县（市、区）内部公路交通较为完善，环线较多，连接性较强，如淄博市的张店区、周村区、桓台县，潍坊市的潍城区、奎文区、寒亭区和高密市等。中值及以上（高值、较高值和中值）的县（市、区）的个数达 79，较低值与低值分布的县（市、区）数量仅为 58 个，成环率较好的县（市、区）的占比近 60%。成环率低值与较低值的县（市、区）主要分布在每个市的远离中心城区的地区，例如烟台市的栖霞市、海阳市，德州市的宁津县、庆云县，临沂市的沂水县、沂南县和平邑县等，这些地区成环率则较低，道路系统较为割裂，未能有效利用交通网络资源，同时也具有较大的成环潜力，交通网络布局有待优化。

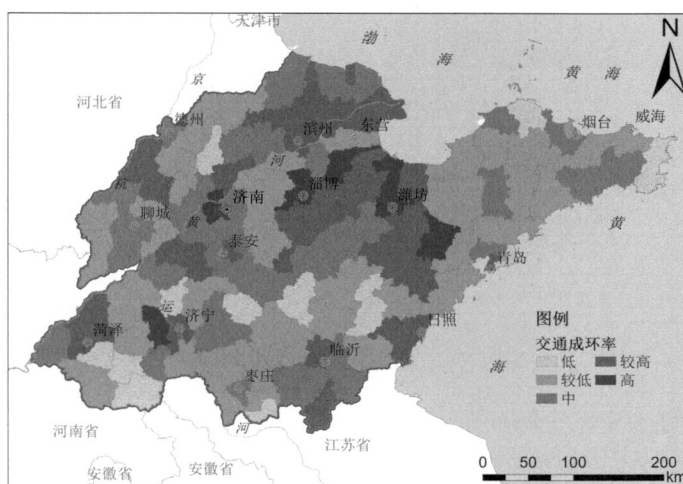

图 8-9　2019 年山东省县（市、区）交通成环率分布

从交通网络成环率分布来看，成环率为中值及以上等级的县（市、区）主要分布在鲁中、鲁北、鲁西北地区，成环率处于低值与较低值等级的县（市、区）主要分布在鲁南、鲁东南以及胶东半岛地区。这主要是由于鲁中地区是山东省的政治中心，经济发展也较好，鲁北与鲁西北地区为大平原地区，公路交通建设发达，且铁路、机场等建设相对薄弱，因此其交通网络成环率较高。鲁东南以及胶东半岛地区地势相对较高，地形地势不利于公路交通建设。

2. 连通率

通过交通网络连接度中连通率的计算方法得到山东省 2019 年各县（市、区）的连通率的分布格局，采用自然断点法将连通率结果划分为 5 类，结果如图 8-10 所示。总体来说，2019 年山东省各县（市、区）的连通率指数介于[0.36，0.46]区间，道路节点间衔接紧密程度较好，连通率处于中上等水平，这得益于山东省对公路交通建设的大力支持。就连通率的空间分布来说，济南市的历下区、青岛市的市南区与市北区、淄博市周村区与张店区、潍坊市坊子区和济宁市的任城区的连通率指数较高，该区域道路网络的连接程度较好，形成了一定规模的平面网络连接系统。这主要是由于这几个县（市、区）总面积相对较小，经济发展程度相对较高，交通建设水平高，较小的面积有利于交通网络各节点之间形成能够互通的线路，其余地区的连通率指数相对较低，连接程度低，区域内的公路交通网络仍具有较大的线路结合潜力，仍可以继续优化调整。同时由于这些县（市、区）经济发展水平相对较低，有大量的村庄作为交通网络的节点，一般来讲，村庄用地具有较少的交通线路与主要道路相连，因此导致其连通率指数偏低。

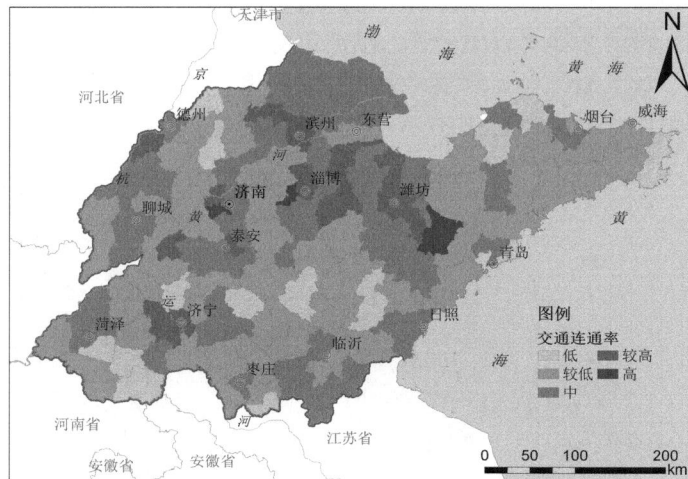

图 8-10　2019 年山东省县（市、区）交通连通率分布

从交通网络连通率的空间分布来看，连通率位于中值及以上的县（市、区）除每个市所辖的中心城区外，主要集中分布于鲁中与鲁北的济南市、淄博市、潍坊市、东营市和滨州市等市，其余地区的县（市、区）均处于交通网络连通率较低等级。连通率的空间分布与成环率的分布相近，形成原因相似，在此不再过多赘述。

3. 线点率

通过交通网络连接度中线点率的计算方法得到山东省 2019 年各县（市、区）的连通率的分布格局，采用自然断点法将线点率划分为 5 类，结果如图 8-11 所示。总体来说，2019 年山东省各县（市、区）的线点率指数均大于 1，介于[1.06，1.26]区间，表明各县（市、区）已形成较复杂的网状公路布局，公路交通营运能力较好，交通条件较为便利。具体而言，济南市、潍坊市、淄博市和东营市的部分县（市、区）线点率指数较高，该区域内道路节点连线较为丰富，道路间有较高的相互连通率。位于山东省边缘地区县（市、区）的线点率指数大多较低，例如烟台市的莱阳市和海阳市，德州市的宁津县和临邑县，菏泽市的定陶区、成武县和单县等，道路间未能产生充分联系，存在一定的连接问题，可增加有效连接，这些经济发展相对较差的县（市、区）具有大量的农村居民点，且农村居民点大多分布在省、市、县道周边，每个居民点以一条道路与较高等级道路相连，故在农村地区一个道路节点一般有一到两个道路边与其相连，造成这些地区线点率偏低。线点率中值及以上县（市、区）的个数为 78 个，占到了山东省所有县（市、区）的比例达 57%，说明就山东省内部各县（市、区）的交通网络线点率来说，线点率相对较高的县（市、区）的占比较大，整体公路交通建设较好。

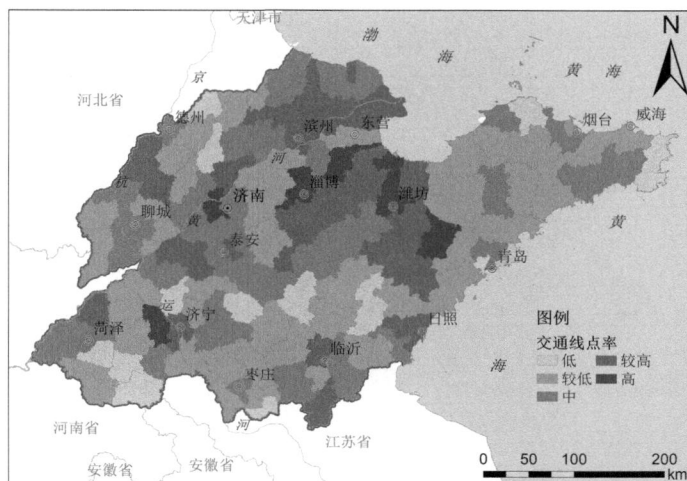

图 8-11　2019 年山东省县（市、区）交通线点率分布

从交通网络线点率的空间分布来看，同样地，交通网络线点率处于中值及以上的县（市、区）主要集中在鲁中、鲁北地区，且相比较交通网络连通率来说，范围更大，个数更多，说明山东省的公路交通网络线点率较好，每个节点均有超过 1 条道路与其相连；鲁东、鲁南与半岛地区较多分布着交通网络连通率低值与较低值的县（市、区），其每个道路节点虽然有至少一条道路与之相连，但是大多数节点仅连接一条道路，少部分节点连接多条道路，导致其线点率较低，这主要是由于鲁南地区经济相对较差，农村居民点较多，而半岛地区高程较高，线点率较低的县（市、区）的经济发展也欠佳。

4. 交通网络连接度空间格局

利用熵权法计算成环率、连通率和线点率的权重来综合评价全省各县（市、区）的交通网络连接度，三项指数的权重分别为 0.34、0.36、0.30，同时采用自然断点法将交通网络连接度分为 5 类，最终计算结果如图 8-12 所示。总体来说，2019 年山东省各县（市、区）的连接度处于较高水平，道路网络结构较为合理，连通性较强。高值区主要分布在中部的济南市的市中区、天桥区和槐荫区，青岛市的市南区和市北区，淄博市的张店区、周村区和桓台县，以及东北部潍坊市的奎文区、潍城区、寒亭区和高密市，这些县（市、区）交通网络连接度整体较高；交通网络连接度较高和中等的县（市、区）的分布趋势是围绕交通网络连接度高值的县（市、区）的周围呈递减分布，例如济南市的历下区、历城区和长清区，青岛市的李沧区和城阳区，淄博市的淄川区、博山区和临淄区，潍坊市的坊子区、寿光市和昌邑市等；枣庄市、德州市、济宁市、临沂市和菏泽市的大部分县（市、区）的交通网络连接度相对较低。由表 8-10 可知，交通网络连接度处于中值及以上的县（市、区）的个数有 79 个，占山东省县（市、区）总个数的比例为 57.7%，说明山东省总体上交通网络连接度较好，具有高交通网络连接度的县（市、区）个数较多。

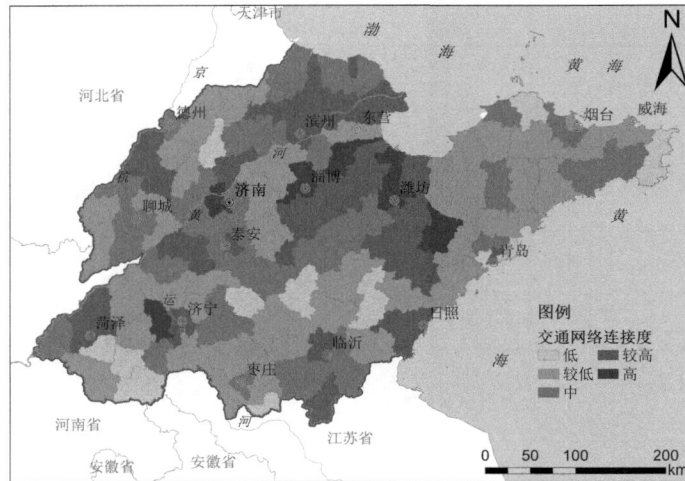

图 8-12　2019 年山东省县（市、区）交通网络连接度分布

表 8-10　2019 年山东省县（市、区）交通网络连接度分级统计

连接度	数量	县（市、区）示例
低	12	台儿庄区、长岛县、泗水县、蒙阴县、成武县等
较低	46	章丘区、即墨区、平度市、芝罘区、山亭区、冠县、巨野县等
中	34	长清区、莱西市、薛城区、沂源县、东平县、文登区、兰陵县等
较高	32	历下区、市北区、李沧区、淄川区、博山区、垦利区、坊子区、滨城区等
高	13	市中区、天桥区、市南区、张店区、周村区、奎文区、高密市等

（二）交通网络连通性空间格局

由于在本章中采用 OD 成本矩阵来测算各县（市、区）到周边县（市、区）、最近火车站、最近飞机场的最短里程，以此来表征县（市、区）交通网络的连通性，即某一县（市、区）距离周边县（市、区）、最近火车站、最近机场的里程越短，表示该县（市、区）的交通网络连通性越高，因此在制图前需要将计算结果进行反向标准化以更加真实、科学地反映其连通性（梁宇等，2017；梁宇，2017；刘正兵等，2014）。

1. 距周边各县（市、区）里程

通过 OD 成本矩阵，测算每个县主城区到周边各县（市、区）主城区的公路里程，同时采用自然断点法将计算结果划分为 5 类，结果如图 8-13 所示。总体来说，2019 年山东省各县（市、区）的中心城区距周边县（市、区）的里程位于 0～382635.22m 内，高值区和较高值区主要分布在济南市、青岛市、淄博市、潍坊市以及枣庄市的中心城区

及其周边的县（市、区），例如，济南市的市中区、槐荫区、天桥区、历下区和历城区，青岛市的崂山区、市南区、市北区、城阳区和李沧区，淄博市的张店区、周村区和临淄区，枣庄市的市中区和峄城区，潍坊市的潍城区和奎文区等；而东部、东南部和北部的各县（市、区）距周边县（市、区）的距离较远，例如东营市、烟台市、威海市、日照市以及临沂市的大部分县（市、区）等。距周边县（市、区）距离较近的均为山东省经济发展相对较好的地级市直接管辖下的地区，这些县（市、区）均具有如下特点：①总面积相对较小；②经济发展较好；③区域内交通网络建设良好，总面积相对较小使得其到邻近地区的直线距离较短，同时良好的交通网络建设使得其到邻近地区的道路选择与方式多种多样，路程相对较短。粗略计算，山东省各县（市、区）到周边地区的最短时间约为 1h，总体来说耗时较短，说明全省各县（市、区）交通网络的连通性较好，城市交通服务辐射覆盖较好。

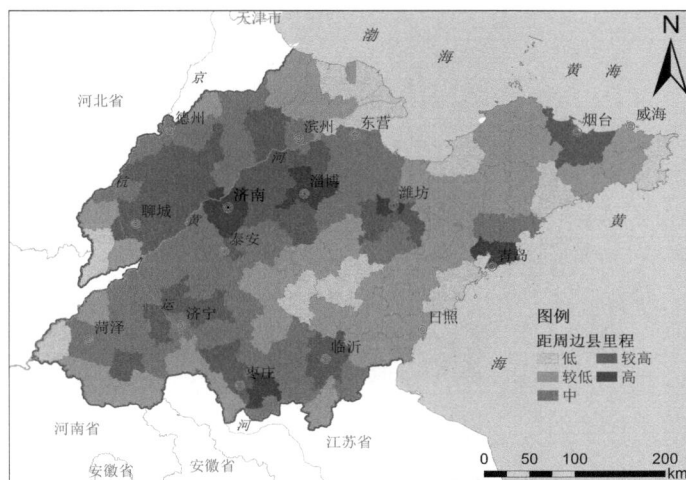

图 8-13　2019 年山东省县（市、区）距周边县的里程空间格局

山东省各县（市、区）距周边县（市、区）里程处于中值及以上等级的个数有 89 个，占山东省县（市、区）总数的比例达 65%，说明山东省路网建设较好，各县（市、区）之间存在快捷而便利的公路交通网络。部分鲁中地区，如济南市、淄博市、潍坊市、泰安市、日照市与临沂市交界地区，与胶东半岛地区的县（市、区）距周边县（市、区）的里程处于低值与较低值，路程较远，这主要是由于其地形所决定的，广泛地分布着山地、丘陵，导致交通建设难度较大，公路交通网络相对较差。

2. 距最近火车站里程

通过 OD 成本矩阵，测算每个县（市、区）主城区到最近火车站的公路里程，同时采用自然断点法将计算结果划分为 5 类，结果如图 8-14 所示。2019 年山东省各县（市、区）的中心城区距火车站里程位于 0～71899.02m 区间内，高值区和较高值区主要分布在济南市、青岛市、威海市、日照市与临沂市的大部分县（市、区）以及菏泽市和枣庄市的少数县（市、区），东北部东营市和滨州市的大部分县（市、区）以及临沂市与济宁市的部分县（市、区）距火车站距离较远。截至2019年，山东省约有138个火车站点，各县（市、区）平均一个，距火车站点里程较短的县（市、区）可分为两类，一类是本地区具有火车站点且地区总面积较小，另一类为本地区总面积较小，火车站点在其周边地区，并距离较近。东北部的东营市、中部部分地区和西部部分地区火车站点分布较少，故其距离最近火车站里程较远。有92个县（市、区）距最近火车站里程处于中值及以上等级，占山东省县（市、区）总数的比例达67%，说明山东省铁路建设较为发达，火车站的区位分布合理，良好的公路交通使火车站能够辐射和服务更多的人口和更广泛的区域。位于低值和较低值等级的县（市、区）主要分布在鲁北以及鲁中的山地区。鲁北地区仅有东营站、东营南站、滨州站与博兴站等四个火车站，且这四个火车站车次较少，人们更多的是前往其周边的地区的车站，未来需加强鲁北地区的铁路建设。

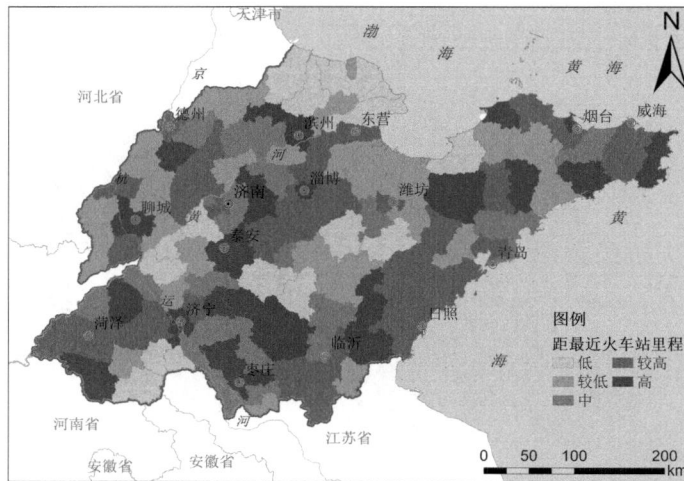

图8-14 2019年山东省各县（市、区）距最近火车站的里程空间格局

3. 距最近机场里程

通过OD成本矩阵，测算每个县（市、区）主城区到最近机场的公路里程，同时采用自然断点法将计算结果划分为5类，结果如图8-15所示。总体上来说，2019年山东省各县（市、区）距机场里程位于0~192453.51m内，高值区与低值区的空间分布方式主要呈现为高值区多点开花，以高值区为中心低值区围绕分布。县（市、区）距机场距离较近的地区有：济南市章丘区、历城区等，青岛市崂山区、市南区、市北区等，东营市垦利区、东营区，烟台市蓬莱市、福山区，威海市文登区、环翠区、荣成市，日照市东港区、岚山区，临沂市兰山区、临沭县等，菏泽市金乡县、巨野县等。截至2019年山东省已投入运营12所机场，两所机场在建，以上地区所属的地级市均具有投入运营的机场，机场一般分布在郊区或距城区距离20~50km以内，且配套交通建设完善，因此一般来说，距最近机场里程较近的县（市、区）是总面积较大的地级市直辖区或是机场位于郊区的地级市所属区，这些地区经济发展较好，交通网络建设较为完善。其余县（市、区）由于距离机场区位较远或该地级市没有机场投入运营，因此距机场的里程较

远，机场建设欠佳，尤其是枣庄市、泰安市、德州市、聊城市与滨州市等，全市境内无机场分布。从距最近机场里程的空间分布来看，鲁中、鲁东南、鲁西南、鲁东与半岛地区均有机场分布，均分布有大量的县（市、区）其距离机场的里程较近，而鲁西北地区以及鲁中地区的沂蒙山地区，距机场的里程大，花费时间较多，需要改进。处于距最近机场里程中值及以上等级的县（市、区）的个数有 99 个，占山东省全省的县（市、区）的比例达 72.3%，表明整体上山东省机场数量较多，分布较为合理，能够辐射较多的县（市、区），为更多人服务，但是仍存在改进的空间，例如鲁西北地区，可以考虑增建机场。

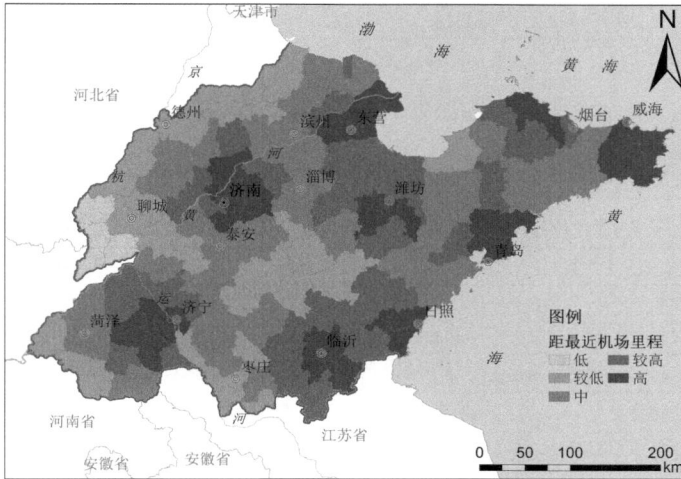

图 8-15　2019 年山东省各县（市、区）距最近机场的里程空间格局

4. 区域交通网络连通性空间格局

利用熵权法计算距周边县（市、区）里程、距最近火车站里程、距最近机场里程权重，通过加权计算来综合评价全省各县（市、区）交通网络连通性，三项指标的权重分别约为 0.34、0.36、0.30，采用自然断点法将其划分为 5 类，计算结果如图 8-16 所示。2019 年山东省各县（市、区）的区域交通网络连通性呈现出多中心的分布格局，东南部的青岛市、北部的潍坊市、东北部的烟台市、南部济宁市以及东南部的临沂市的部分县（市、区）区域交通路连通性较高，为多中心的高值分布；较高值的分布区域为高值区的周边县（市、区）以及其他市的中心城区所辖的县（市、区）；其他县（市、区）的区域交通路连通性较低。整体而言，全省各县（市、区）的区域交通网络连通性较好，区域之间较为不平衡，东部沿海区域交通网络连通性较高，中部地区以济南市和淄博市为中心向四周逐渐降低，内陆各地区之间道路网络连接不够紧密，火车站、机场等重要交通设施仍有提升空间，需进一步完善交通网络结构以及重要交通设施的布局。由表 8-11 可知，有 106 个县（市、区）的交通网络连通性处于中值及以上等级，占山东省县（市、区）个数的比例达 77.4%，表明山东省整体上交通网络连通性较高，各县（市、区）与周边县（市、区）的通勤里程较短，且多数县能够处于火车站或机场的辐射范围之内。

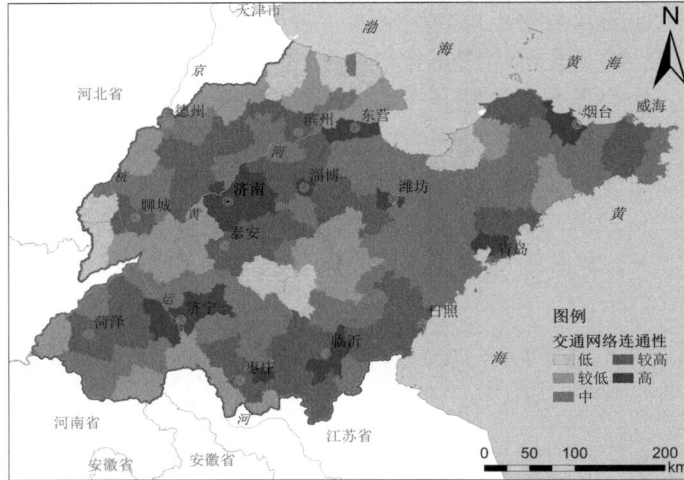

图 8-16　2019 年山东省县（市、区）交通网络连通性分布

表 8-11　2019 年山东省县（市、区）交通网络连通性分级统计

交通网络连通性	数量	县（市、区）示例
低	8	河口区、长岛县、蒙阴县、莘县、冠县等
较低	23	长清县、沂源县、台儿庄区、微山县、鱼台县、武城县等
中	42	济阳区、黄岛区、淄川区、山亭区、莱阳市、寒亭区、诸城市、汶上县、沂南县、德城区等
较高	40	莱芜区、崂山区、即墨区、博山区、薛城区、龙口市、岱岳区等
高	24	历下区、济南市市中区、天桥区、市南区、市北区、张店区、东营区、福山区、潍城区等

从交通网络连通性的空间分布来看，低值与较低值主要分布在鲁北地区、鲁西地区聊城市与泰安市的交界地区以及鲁中地区的沂蒙山区等地，鲁北地区交通网络连通性较低的原因主要是由于其火车站与机场的分布较少，而沂蒙山区主要是由于其地势较高，位于济南市、淄博市、潍坊市、临沂市等多个市的交界地带，且远离这些市的主城区，从而造成虽然每个市均有火车站、机场，但沂蒙山区距这些地区的里程均较远，造成其交通网络连通性较差。

（三）交通建设综合水平分析

基于各县（市、区）的交通网络连接度与连通性，利用熵权法确定两个维度的权重，分别为 0.68 和 0.32，加权计算得到各县（市、区）交通建设综合水平，同样将其划分为 5 类，结果如图 8-17 所示。山东省交通建设综合水平的高值区域聚集在济南市、青岛市、淄博市、潍坊市的中心城区所辖的县（市、区），较高值的区域主要分布在高值区的周围以及其与地级市的中心城区所辖的县（市、区），例如济南市的历城区，青岛市的城阳区，淄博市张店区和桓台县，滨州市的滨城区等。低值区与较低值区就要集中分布在淄博市、泰安市、日照市和临沂市的交界区，以及烟台市、德州市和菏泽市的部分县（市、区），前者交通建设综合水平较低的原因是位于山地和丘陵地区，后者主要是由于位于山东省的边缘地区。全省区域之间的交通建设综合水平差异比较突出，地区之间较为不平衡，交通建设重点集中在部分地区，多数地区综合交通建设水平相对落后，特别是烟台市和临沂市等部分县（市、区）的山地和丘陵地带，是山东省的交通网络的短板，应当及时调整政策，和谐发展交通建设。济南市、青岛市、淄博市和潍坊市全市各县（市、区）之间交通建设综合水平相对较为平均，且交通建设综合水平均较高，除地形因素外，这些地级市在公路、铁路、机场、港口等方面都较完备，交通建设综合水平较高。

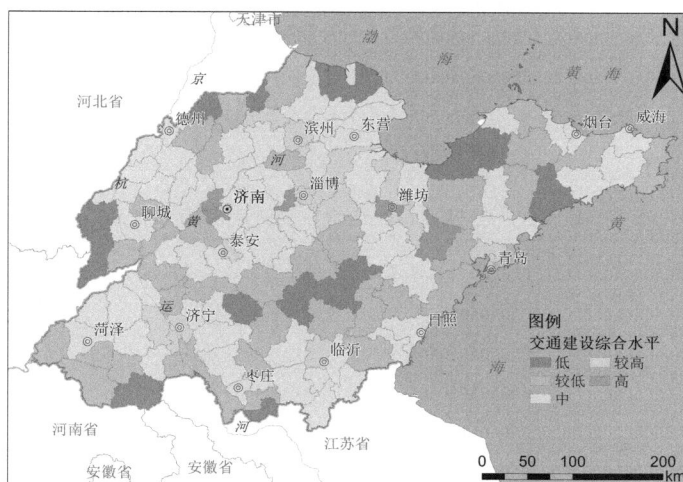

图 8-17　2019 年山东省各县（市、区）交通建设综合水平空间格局（彩图附后）

表 8-12 给出了不同交通建设综合水平下的县（市、区）的个数统计，交通建设综合水平处于中、较高和高水平的县（市、区）的个数达 86 个，占比超 60%，表明山东省总体上交通建设综合水平较高，多种交通方式共同发展。

表 8-12　2019 年山东省交通建设综合水平分级统计

交通综合建设水平	数量	县（市、区）示例
低	14	长岛县、蒙阴县、单县、莘县、沂水县、冠县等
较低	37	沂源县、新泰市、无棣县、成武县、微山县、乐陵市、东阿县、栖霞市等
中	61	邹城市、费县、惠民县、莱西市、利津县、东营区、东昌府区、博兴县等
较高	16	坊子区、青州市、城阳区、滨城区、历下区、李沧区、桓台县等
高	9	济南市市中区、槐荫区、天桥区、市南区、张店区、周村区、潍城区、奎文区、高密市

第三节　交通建设综合水平影响因素分析

明确交通建设综合水平的影响因素能够使政府管理者对如何提高区域交通建设有一个清晰的、有深度的把握，从而在制定促进交通建设综合水平的政策时也更有针对性，有益于提高交通建设政策实施效率，使政策的实施效益最大化。因此本节首先从社会经济、自然环境以及交通要素三个方面选择潜在的影响因素，然后采用地理加权回归模型对山东省交通建设综合水平的影响因素进行分析。

一、影响因素分析与指标选取

构建科学的交通建设综合水平影响因素分析的指标体系是探索交通建设综合水平影响因素的重要基础和前提，交通建设综合水平影响因素指标应具有科学性、代表性和可操作性，需要能够较好的代表研究单元差异性，同时要选择潜在的能够影响交通建设综合水平的要素。

交通建设综合水平潜在的影响因素主要包括以下三个方面：社会经济因素、自然环境要素和交通要素（赵哲等，2020；徐珊和甄峰，2021），因此本节从这三个方面构建了如表 8-13 所示的交通建设综合水平影响因素指标体系。

表 8-13 交通建设综合水平影响因素指标体系

准则层	指标层	计算方法	单位	指标预期
社会经济因素	年末总人口	—	百万人	+
	GDP	—	千亿元	+
	一般公共预算支出	—	十亿元	+
	城镇居民可支配收入	—	十万元	+
	土地城镇化率	建设用地面积/研究单元总面积	%	+
自然环境因素	高程	研究单元内高程均值	m	—
	坡度	研究单元内坡度均值	°	—
交通要素	公路路网密度	公路长度/研究单元总面积	km/km²	+
	铁路路网密度	铁路长度/研究单元总面积	km/km²	+
	是否有港口	—	—	+
	是否有机场	—	—	+

（1）从社会经济因素方面选择年末总人口、GDP、一般公共预算支出、城镇居民可支配收入、土地城镇化率 5 个指标来代表社会经济因素对交通建设综合水平的潜在影响。年末总人口、GDP 和城镇居民可支配收入表征的是研究单元内社会经济发展状况，该指标的升高表示研究单元内社会经济状况的提高，已有研究已经证明，社会经济状况好的区域，其交通建设综合水平一般较好；一般公共预算支出表征的是政策对于交通建设综合水平的影响；土地城镇化率表征城镇化水平对交通建设综合水平的影响，一般来说，城镇化水平越高，交通建设综合水平一般越高。

（2）从自然环境因素方面选择高程和坡度 2 个指标来代表研究单元内自然环境状况对于交通建设综合水平的影响。研究单元内高程和坡度的提高会导致交通建设成本的上升，也会影响到火车站、机场等关键交通方式的建设与布局。因此，高程和坡度对交通建设综合水平的影响可能是负向的。

（3）从交通要素方面选择公路路网密度、铁路路网密度、是否有港口和是否有机场 4 个指标来表示交通要素对交通建设综合水平的影响。交通要素是交通建设综合水平的一个重要影响因素，研究单元内的公路路网密度、铁路路网密度能够评价区域内交通网络的合理性与科学性，也是某位置是否能快速到达关键交通站点的重要条件，因此研究预测公路路网密度对交通建设综合水平的影响是正向的。海运与航运均为重要的交通运输方式，也是一个地区交通发展是否完善、发达的重要标志，因此选择是否有港口和机场来探讨其对交通建设综合水平的影响，影响预期均为正向。

二、交通建设综合水平影响因素测算结果

运用地理加权回归模型对交通建设综合水平的局部影响因素进行估计，进行局部影响因素的空间异质性分析，模型的具体参数如表 8-14 所示。模型带宽为 830138.880，AICc 值为–222.665，处于较低水平，模型的 R^2 为 0.689，调整 R^2 为 0.647，说明地理加权回归模型能够解释 64.7% 的交通建设综合水平变化，拟合效果较好，表示可以利用地理加权回归模型来探讨交通建设综合水平的影响因素。

表 8-14　地理加权回归模型参数

参数	值
带宽	830138.880
残差平方	1.258
AICc	−222.665
R^2	0.689
调整 R^2	0.647

图 8-18 表示所选择的影响因素对 2019 年山东省交通建设综合水平的局部影响结果，即影响因素对交通建设综合水平的空间异质性。总的来看，不同影响因素对交通建设综合水平的影响呈现出显著的空间异质性，具体而言：

年末总人口对交通建设综合水平的影响的大小呈现出显著的差异，分布趋势是由西向东逐步提高的状态，回归系数的取值范围为[0.0010, 0.0063]，取值较低的主要是烟台市和威海市的部分县（市、区），高值区主要分布在枣庄市、济宁市与菏泽市的县（市、区）。这主要是由于山东省整体上的人口分布所决定的，2019 年山东省人口大致呈现出由西南向东北递减的趋势，因此在西部人口较多的地区，交通建设综合水平主要受到人

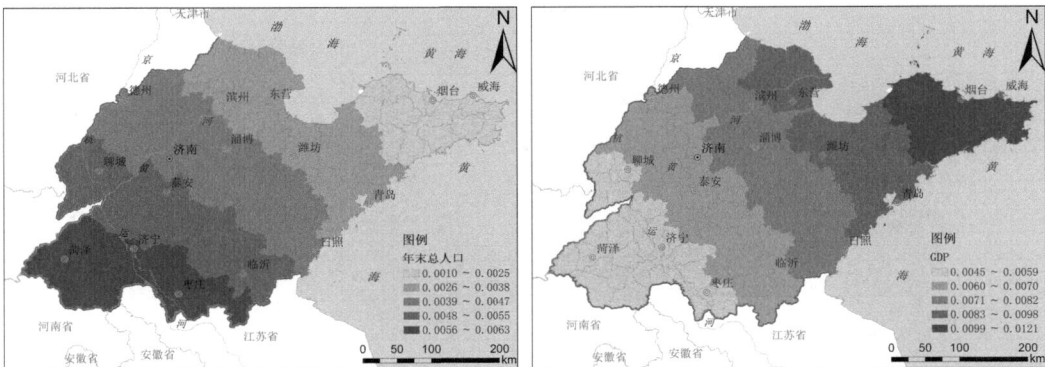

(a)年末总人口　　　　　　　　　　　　　　　(b)GDP

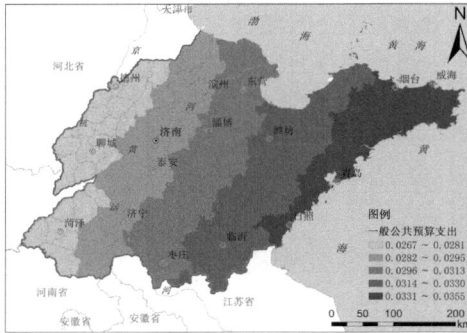

(c)一般公共预算支出

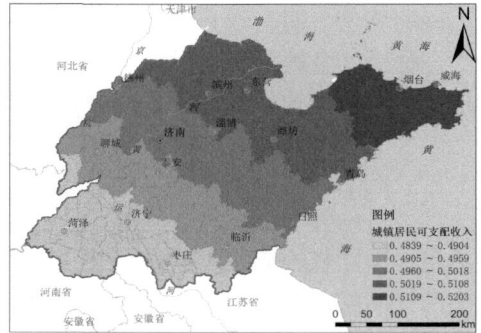

(d)城镇居民可支配收入

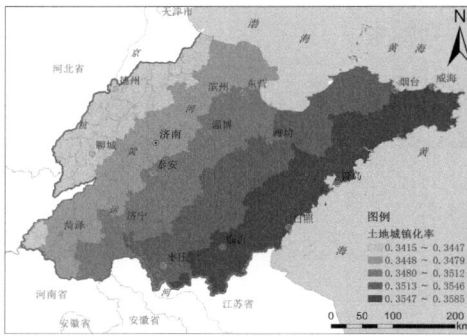

(e)土地城镇化率

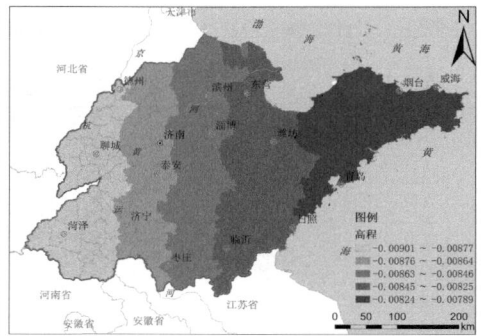

(f)高程

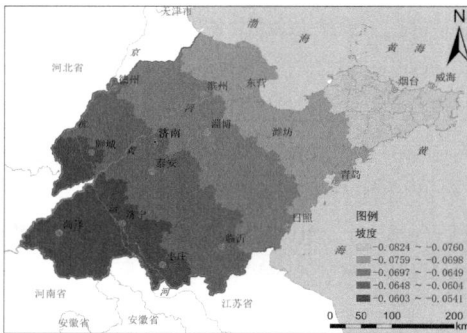

(g)坡度

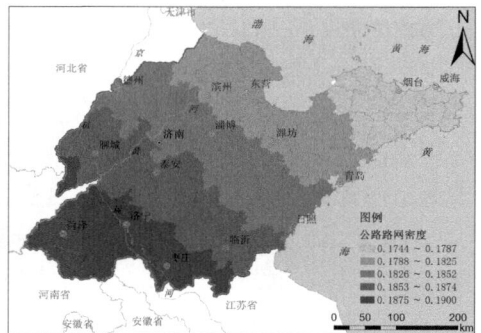

(h)公路路网密度

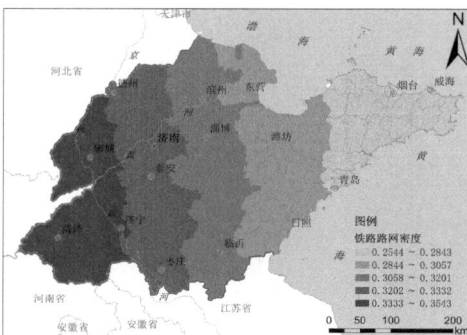

(i)铁路路网密度

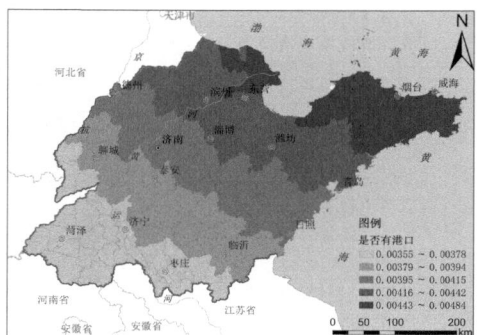

(j)是否有港口

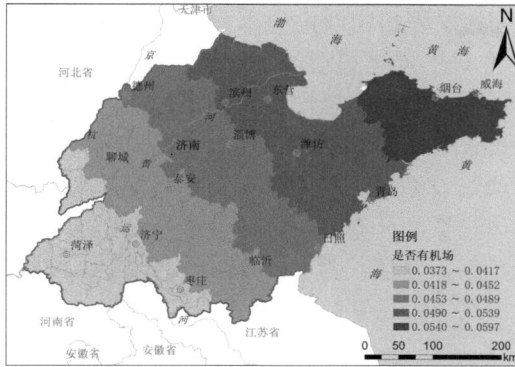

(k)是否有机场

图 8-18 山东省交通建设综合水平局部影响因素结果

口出行对交通需求的增加而增长，因此人口对于交通建设的促进作用较为明显，而在烟台市的部分县（市、区）和威海市等人口分布相对较少的区域，交通建设综合水平的提升主要受到其他方面因素的影响，如经济增长、货运需求增加等，故而在这些地区人口对于交通建设综合水平的影响较小。

GDP 对交通建设综合水平的影响区域之间差异较小，回归系数的取值范围为[0.0045，0.0121]，最大值与最小值之间的差值仅为 0.0076，分布趋势为由西南向东北逐步增加，与年末总人口对交通建设综合水平的影响的分布趋势相反。山东省南部的枣庄市、济宁市和临沂市的部分县（市、区）的回归系数最低，其次为济南市、泰安市和日照市的部分县（市、区），烟台市和威海市的部分县（市、区）GDP 的回归系数为最高。造成该分布趋势的原因主要包括：①青岛市、东营市、烟台市、威海市和滨州市为沿海地区，与内陆地区的交流相对较难，因此经济的发展需要便利的交通来带动，因此 GDP增长对交通建设综合水平的促进作用相对显著；②济南市和潍坊市 GDP 总量处于山东省各市的领先地位，同时其交通建设综合水平也处于较高水平，二者相互促进，共同发展；③枣庄市、济宁市和临沂市的部分县（市、区）经济发展相对较差，这些地区交通建设综合水平的提高主要是受到其他因素的影响，如政策因素等，因此，在该区域 GDP总量对交通建设综合水平的促进作用较小。

一般公共预算支出对交通建设综合水平的影响总体上呈现出较小的负向影响，分布趋势呈现出明显的纵向条带状，低值分布在东部，由东到西逐渐升高，且最高值与最低值之间相差较小，差值仅为 0.0088。一般公共预算支出包括多项支出，对于交通建设的支持相对较少，财政支出总额总体上是固定的，一般公共预算支出越多，在同等条件下对交通建设的投资相应地减少，因此影响也相对较小，且为负向影响。

城镇居民可支配收入对交通建设综合水平整体上的影响较大，回归系数最高，取值范围为[0.4839，0.5203]，但回归系数的差值不大，仅为 0.0364，其空间分布呈现出由西南向东北递增的趋势，西南地区的菏泽市与聊城市的部分地区回归系数值最小，威海市与烟台市的部分地区回归系数值最大。该分布趋势与城镇居民可支配收入的空间分布趋势大致呈现出相同的趋势，城镇居民可支配收入除济南市的主城区和青岛市的主城区所包含的县（市、区）外大致呈现出由西南向东北递增的趋势，而城镇居民可支配收入影响交通建设综合水平的方式主要是通过增加出行需求进而促进交通建设综合水平的发展。例如城镇居民可支配收入的增加会增加人民出行旅游的需求，进而会带动周边火车站或机场等交通方式的建设，提高交通建设综合水平。

土地城镇化率对交通建设综合水平的影响同样呈现出明显的纵向条带状，但其空间分布与一般公共预算支出的空间分布相反，低值分布在西部，由西到东局部升高，且最高值与最低值之间相差较小，差值仅为 0.017，但总体上土地城镇化率对交通建设综合水平的影响较大，回归系数均大于 0.3。与农村地区相比，城镇地区的交通要更加发达，路网更加完善，关键交通方式、场所的分布要更加密集，因此土地城镇化率对交通建设综合水平的影响更加显著。

高程和坡度对交通建设综合水平影响的空间分布呈现出相反趋势，在高程对交通建设综合水平影响较高的区域，坡度对其的影响较低，如青岛市、潍坊市、东营市、日照市和滨州市等区域，而在高程对交通建设综合水平影响较低的区域，坡度对其的影响较高，如枣庄市、济宁市、聊城市和菏泽市的地区。但二者对交通建设综合水平的影响均较小，且为负向影响，这主要包括以下两个原因：①山东省整体高程和坡度均较小，对交通建设综合水平的影响相对不显著；②高程和坡度的增加会造成交通建设成本的上升，影响机场、火车站等重要交通场所的建设和路网的布局，因此其对交通建设综合水平的影响是负向的。

公路路网密度对交通建设综合水平影响的空间分布呈现出由西南向东北逐渐降低的趋势，高值区主要分布在枣庄市、济宁市和菏泽市，低值区主要集中在烟台市与威海市。即公路路网密度对交通建设综合水平的回归系数较高的县（市、区）集中分布在东南部地区，东北部在烟台市和威海市达到最低。西南部地区是山东省经济发展和交通建设均较为落后的地区，而公路路网密度的提升能够显著地增加交通建设综合水平。东北部地区，虽然公路路网密度的增加会带来交通建设综合水平的提升，但是由于其区位的影响，对交通建设综合水平产生的提升有限，故而东北部地区交通建设综合水平主要受到港口与机场建设的提升所带来的综合提高。

铁路路网密度对交通建设综合水平的回归系数的取值范围为[0.2544，0.3543]，整体上略低于城镇居民可支配收入和土地城镇化率，影响较大，表明铁路建设对交通建设综合水平的提升具有重要的影响，关系到交通建设综合水平的发展。铁路路网密度对交通建设综合水平的影响的空间分布呈现出由西向东逐渐降低的趋势，聊城市与菏泽市的部分县（市、区）的回归系数较高，青岛市、烟台市与威海市的回归系数较低。西部地区的铁路建设相对较差，因此，铁路路网密度的提升会对其交通建设综合水平产生较大的影响，而青岛市、烟台市、潍坊市和威海市等地区，其不仅铁路建设水平较高，机场、港口等多种交通方式均对其交通建设综合水平的提升产生了贡献，因此，铁路路网密度在该区域对交通建设综合水平的影响相对较大。

是否有港口和是否有机场对交通建设综合水平的影响的空间分布具有相似性，均为由西南向东北逐渐递减，且整体的影响水平也较低，回归系数的取值范围分别为[0.00355，0.00484]和[0.0373，0.0597]，差值分别为 0.00129 和 0.0224。港口和机场的选址对于区域的经济水平、社会条件、区位条件等具有严格的要求，特别是港口，只能够选择沿海且水深的沿海城市（本章不考虑河港以及无水港口），因此二者对交通建设综合水平的影响较低，尤其是港口，回归系数低于 0.005。港口和机场建设对半岛地区的影响较大，主要是由于其位于半岛地区，条件适合开发港口和建设机场，与其他地区联系的陆路交通方式较少，故机场和港口建设对其交通建设综合水平的影响相对较大。

第四节 交通建设综合水平与社会经济发展水平耦合分析

交通建设综合水平与社会经济发展的关系研究历来是关注的焦点。交通设施的完善与优化是促进社会经济高质量、推动区域一体化进程的重要因素之一，一般来说，交通建设综合水平与社会经济发展呈现正相关关系，即交通建设综合水平越高，社会经济发展水平越好。因此本节首先测算了山东省各县（市、区）的社会经济发展水平，然后综合运用耦合度模型、耦合协调度模型以及局部空间自相关模型对山东省各县（市、区）交通建设水平与社会经济发展水平的关系进行分析，以期为未来山东省区域交通建设的布局以及社会经济的高质量发展提供科学依据。

一、县（市、区）社会经济发展水平分析

经济发展是多个因素共同作用的综合系统，在指标的选择上需要综合考虑评价指标的科学性和评价数据的可获取性（戴云哲，2019；梁明等，2019）。采用目标法作为县域经济发展水平的评价方法，即根据测算经济发展综合水平的目标，在每个目标或每组目标下，考虑数据可获取性，选取若干指标。本节从产出水平、投入水平、教育水平与收入水平四个方面衡量经济发展水平，建立评价指标体系（表 8-15），利用熵权法最终得到经济发展综合水平。

表 8-15 山东省县（市、区）经济发展综合水平评估指标体系

目标层	准则层	指标层	单位
经济发展水平	产出水平	人口密度	万人/hm²
		地均 GDP	亿元/hm²
		出口总额	万元
		人均公共服务设施面积	万人/hm²
		城镇化发展水平	%
	投入水平	一般公共预算收入	万元
		一般公共预算支出	万元
	教育水平	普通中学专任教师数	人
		小学专任教师数	人
	收入水平	城镇居民人均可支配收入	元
		农村人均居民可支配收入	元

由图 8-19 所示，2019 年山东省经济发展水平高值主要分布在青岛市大部分县（市、区）、济南市、潍坊市、烟台市和威海市的主城区；较高值主要分布于淄博市的张店区、

烟台市的芝罘区与龙口市、潍坊市的寿光市以及聊城市的东昌府区等；西北部的大部分县（市、区）以及南部和西部的县（市、区）经济发展水平相对较低，其余地区的县（市、区）发展水平较为一般，经济发展差距较大。全省应增强济南市和青岛市两大中心城市的辐射带动作用，增强其区域引领能力，打造具有强大动能和核心竞争力的高水平增长极，引领山东半岛城市群的发展，同时加快烟台和威海同城化发展，促进临沂、菏泽以市区为中心的全域一体化发展，以实现全省高质量协同发展。

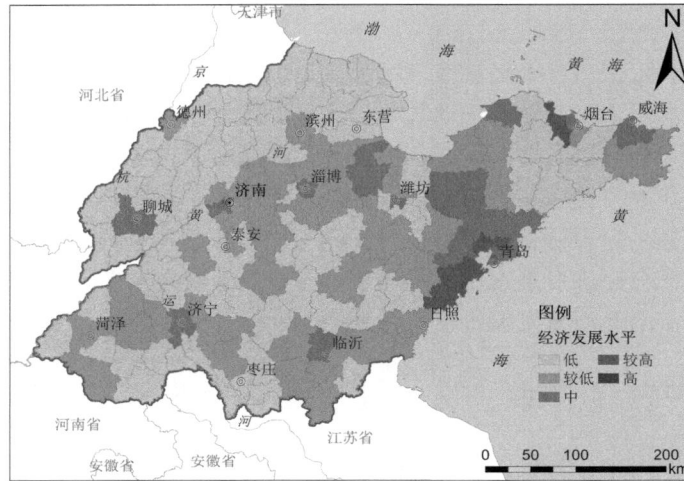

图 8-19 2019 年山东省县（市、区）城市经济发展水平空间格局

二、交通建设综合水平与社会经济发展耦合

（一）交通建设综合水平与社会经济发展耦合

通过耦合度模型计算得到山东省各县（市、区）交通建设综合水平与社会经济发展的耦合度的空间格局，根据计算结果分别将耦合度[0，0.30]、[0.30，0.35]、[0.35，0.40]、[0.40，0.45]和[0.45，0.50]定义为耦合度低、较低、中、较高和高，结果如图 8-20 所示。整体来看，山东省交通建设综合水平与社会经济发展的耦合度较好，仅有极少数的县（市、区）处于低耦合度和较低耦合度水平，多数县（市、区）处于耦合度中等及以上等级，其中耦合度处于较高值和高值的县（市、区）的个数为 82 个，占比近 60%。从空间分布来看，交通建设综合水平与社会经济发展耦合度高的县（市、区）主要集中在东部沿海地区和中部淄博市、泰安市、日照市以及临沂市的交界地区，例如青岛市和烟台市的大部分县（市、区），泰安市的新泰市、淄博市的沂源县以及临沂市的蒙阴县、沂水县等，其余耦合度处于高值水平的县（市、区）呈现零散地分布，如济南市的历下区、枣庄市的台儿庄区和滕州市、潍坊市的寿光市、聊城市的东昌府区、冠县和莘县等；耦合度处于较高水平的县（市、区）主要分布在济南市、烟台市、济宁市、泰安市、临沂市和菏泽市的大部分县（市、区）；仅有 11 个县（市、区）其交通建设综合水平与社会经济发展的耦合度水平处于较低和低水平，主要分布在山东省的西北部地区，如德州

市、滨州市，以及零星分布在淄博市、东营市、潍坊市和济宁市。社会经济发展可为交通运输提供物质保障，也决定着交通运输的发展水平，同时随着社会经济发展对于交通运输的要求也会提高，两者之间相互作用极为重要，应当注重两者发展（徐晨露，2020）。

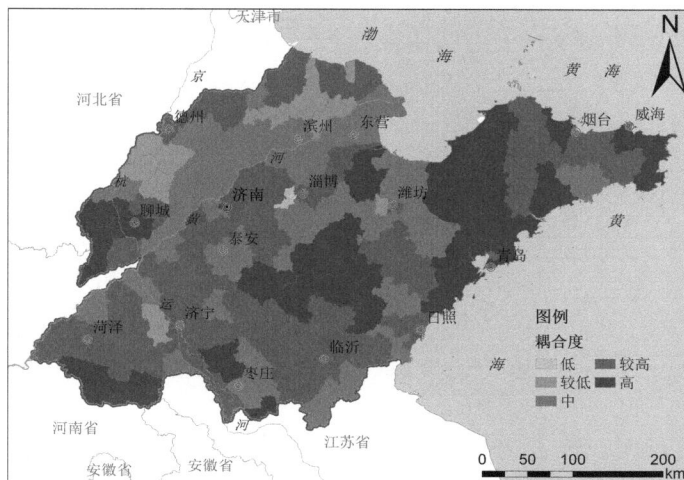

图 8-20　2019 年山东省县（市、区）交通建设综合水平与经济发展的耦合度格局

（二）交通建设综合水平与社会经济发展水平的耦合协调度

通过耦合协调度模型计算得到山东省各县（市、区）交通建设综合水平与社会经济发展的耦合协调度的空间分布格局，根据计算结果分别将耦合协调度[0，0.25]、[0.25，0.35]、[0.35，0.40]、[0.40，0.45]和[0.45，0.65]定义为耦合协调度低、较低、中、较高和高，结果如图 8-21 所示。整体上来看，山东省各县（市、区）交通建设综合水平与社会经济发展水平的耦合协调度处于较低水平，仅有 33 个县（市、区）的耦合协调度位于中值及以上水平，占山东省所有县（市、区）的比例仅为 24%，较低值及以下的县（市、区）占比达 76%。从空间分布来看，耦合协调度处于高值水平的县（市、区）仅有四个且全部分布在济南市、青岛市和潍坊市的中心城区，分别为济南市历下区，青岛市市南区和市北区以及潍坊市奎文区；耦合协调度处于中值与较高值水平的县（市、区）主要分布在高值区周围以及经济发展较好的地级市的中心城区，例如济南市市中区、槐荫区等，青岛市城阳区、黄岛区、即墨区等，淄博市张店区、桓台县等，烟台市芝罘区、福山区等以及临沂市兰山区和河东区等；耦合协调度为较低值的县（市、区）广泛分布在山东省的各个市，数量较多，分布较广；而低值区主要分布在山东省的边缘地区和山地丘陵区，如枣庄市的山亭区和台儿庄区，德州市的陵城区和宁津县，济宁市的鱼台县和泗水县以及临沂市的蒙阴县等，造成该现象的主要原因是山东省大部分县（市、区）的社会经济发展速度要比交通建设的速度慢，因此交通建设综合水平要高于经济发展水平，二者耦合协调度较低。全省要注重交通建设与经济发展水平的协调发展，更好地发挥交通建设对经济发展的促进作用，利用发达的交通网络，将社会经济建设带入发展的快车道（王武林等，2019；童挺等，2020；王慧敏等，2016）。

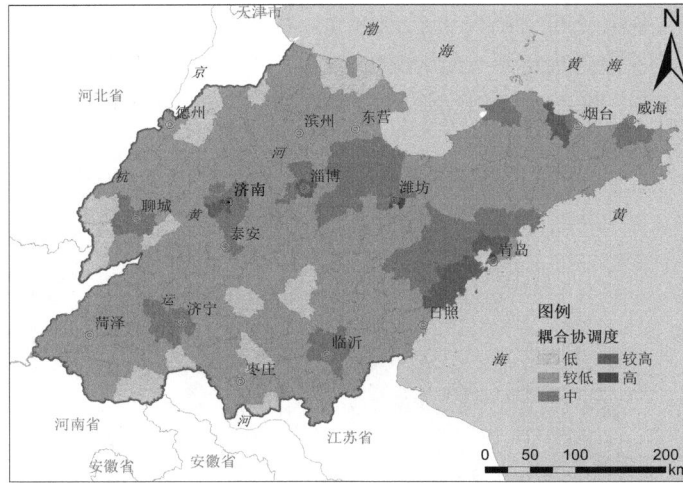

图 8-21　2019 年山东省县（市、区）交通建设综合水平与经济发展耦合协调度格局

三、交通建设综合水平与社会经济发展水平空间集聚分析

（一）空间自相关模型

空间自相关（spatial autocorrelation）是指一些变量在同一个分布区内的观测数据之间潜在的相互依赖性（梁明等，2019；银超慧等，2017），包括两种指数：全局 Moran's I 指数和局部 Moran's I 指数。全局 Moran's I 指数的取值从-1 到 1。正值表示空间正相关，值越大表示相关性越显著。负值表示空间负相关，值越小表示空间差异性越大。作为局部空间自相关的一种度量，局部 Moran's I 指数可以检测出全局空间自相关较弱，但指示空间状态的离群值。本节采用双变量的局部 Moran's I 指数计算交通建设综合水平与社会经济发展水平之间的局部相互作用。

双变量的局部 Moran's I 指数的计算方式 $I_i^{k,l}$ 如下：

$$I_i^{k,l} = z_{i,k} \sum_{j=1}^{n} w_{ij} \times z_{j,l} \tag{8-6}$$

$$z_{i,k} = \frac{\left(X_{i,k} - \overline{X_k}\right)}{\sigma_k}, z_{i,l} = \frac{\left(X_{i,l} - \overline{X_l}\right)}{\sigma_l} \tag{8-7}$$

式中，$X_{i,k}$ 和 $X_{i,l}$ 分别是单位 i 的交通建设综合水平和社会经济发展水平的值；$\overline{X_k}$ 和 $\overline{X_l}$ 是它们的平均值；以及 σ_k 和 σ_l 是标准差。根据局部 Moran's I 指数统计，可将聚集分为四类：高社会经济发展水平高交通建设综合水平（HH）集聚、高社会经济发展水平低交通建设综合水平（HL）集聚、低经济发展水平高交通建设综合水平（LH）集聚和低经济发展水平低交通建设综合水平（LL）集聚。

（二）交通建设综合水平与社会经济发展水平空间集聚分析结果

利用双变量的局部空间自相关模型分析山东省交通建设综合水平与社会经济发展

水平的空间集聚模式，结果如图 8-22 所示。高高集聚表示该县（市、区）具有较高的社会经济发展水平且其周边的县（市、区）的交通建设综合水平也较高，低低集聚表示该县（市、区）具有较低的社会经济发展水平且其周边的县（市、区）的交通建设综合水平也较低，高低集聚表示该县（市、区）具有较高的社会经济发展水平而其周边的县（市、区）的交通建设综合水平较低，低高集聚表示该县（市、区）具有较低的社会经济发展水平而其周边的县（市、区）的交通建设综合水平较高。2019 年山东省大部分县（市、区）交通建设综合水平与社会经济发展水平的空间集聚都不显著，仅有少部分县（市、区）出现了集聚现象，其中高高集聚的县（市、区）有 7 个，分别为济南市的市中区、槐荫区和天桥区，青岛市的崂山区，淄博市的张店区，潍坊市的寒亭区和寿光市，多分布在区域综合性交通枢纽或交通干线附近，且自身社会经济发展较好，自身经济系统和交通系统与其周边县（市、区）的发展相互带动，形成良好合作关系，出现高高集聚现象；低低集聚的县（市、区）有 4 个，分别是淄博市的沂源县，临沂市的蒙阴县、平邑县和沂水县，多为自身及其周边县（市、区）经济发展水平低，远离交通枢纽且交通建设综合水平也较低，这主要是由于其所在地区属于山地和丘陵地区，自身的环境条件限制了其经济和交通的发展；低高集聚的县（市、区）仅有 1 个，为潍坊市坊子区，表明坊子区自身经济发展比周边的县（市、区）要差，且其周边的县（市、区）的交通建设综合水平要高；高低集聚的县（市、区）有 3 个，分别为烟台市的龙口市，泰安市的新泰市和菏泽市的曹县，该现象表明这些县（市、区）的经济发展水平较好，而其周边县（市、区）的交通建设综合水平较差。大量的县（市、区）的交通建设综合水平与经济发展之间的空间集聚态势并不显著，说明高等级城市的辐射与带动作用并不明显，其周边县（市、区）的经济发展与交通建设均或多或少地存在劣势，在未来发展建设中，要充分发挥中心城市的领头羊效应，带动周边县（市、区）的经济、交通综合全面发展。

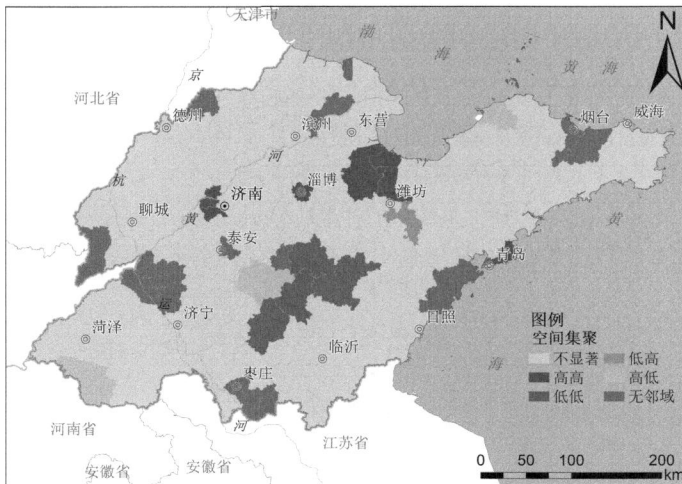

图 8-22　2019 年山东省交通建设水平与社会经济空间集聚格局（彩图附后）

第五节　交通建设问题与调控建议

一、交通建设问题

（一）铁路用地空间分布不均，高速铁路建设区域差异较大

山东省铁路建设发达，运营总里程为 7636.02km，铁路用地总面积达 29915.39hm²，但在各市之间的分布不合理，青岛市铁路用地占比为 11.41%为最高，而威海市铁路用地占比仅为 1.53%。高速铁路分布区域差异更大，东营市、临沂市、聊城市和菏泽市没有高速铁路，而济南市、青岛市、淄博市、潍坊市和烟台市的高速铁路总和占山东省高速铁路的总里程的比例超过了 70%。

（二）港口发展不平衡，除超大港外，其余港口货物吞吐量有待提升

山东省较大的沿海港口有 9 个，但港口之间发展十分不平衡，2019 年青岛港、日照港和烟台港的货物吞吐量分别达 57736 万 t、46377 万 t、38632 万 t，为三个超级大港，而其余港口的货物吞吐总量仅为 18320 万 t，不足烟台港的一半。

（三）交通建设综合水平存在区域差异，部分地区交通建设综合水平较差

山东省交通建设综合水平处于较高值等级的县（市、区）呈现出"多中心"的分布趋势，主要是以济南市、青岛市、淄博市和潍坊市为中心分布。交通建设综合水平处于中、较高和高水平的县（市、区）的个数达 86 个，占比超 60%，总体交通建设综合水平较高，但低值与较低值的县（市、区）广泛地分布在沂蒙山区与胶东半岛地区，虽然主要是由于地形地势的影响，但其连通性与连接度均存在可提升的空间。

（四）各县（市、区）交通建设综合水平和社会经济发展的耦合协调度存在差异

山东省各县（市、区）交通建设水平与社会经济发展的整体耦合度较高，而耦合协调度较低，仅有 24%的县（市、区）的耦合协调度处于中值及以上水平，耦合协调度处于低值和较低值的县（市、区）的比例达 76%。从空间集聚分析的结果可知，高经济发展水平和高交通建设综合水平集聚的县（市、区）有 7 个，分别是济南市的市中区、槐荫区和天桥区，青岛市的崂山区，淄博市的张店区，潍坊市的寒亭区和寿光市，但其周边地区经济发展水平与交通建设综合水平不高，表明这些地区的带动作用尚未显现。

二、交通建设调控建议

（一）加快铁路综合建设，促进铁路合理布局，加强高速铁路建设，落实交通强省战略

山东省铁路运营总里程较大，但其分布不合理，特别是高速铁路的分布，山东省有 4 个地级市没有高速铁路，分别为东营市、临沂市、聊城市和菏泽市，因此，要加快铁

路综合建设，尤其是高速铁路建设，促进铁路在各市内的合理和均衡布局，以铁路发展使得各地区之间的关联更加紧密，落实交通强省战略。

（二）加强连接度、通达度较差区域的道路建设

从山东省交通网络连接度与通达度测算结果来看，经济发展好、地势相对平坦的地区交通网络建设较为完善，如济南市与青岛市中心城区，而经济发展较差同时又受地形等问题束缚的县（市、区），如泗水县、平邑县等，交通网络建设相对落后，应重点关注，加强其城市环路建设与农村和城市之间的主要连接道路的建设，提高行政区内部的连接度。

（三）加强国道、省道、县道等主要干线公路建设，缓解交通压力

青岛市、潍坊市、枣庄市等交通网络中心性较高，表明这些区域交通网络流量大，更容易发生拥堵，成为网络的瓶颈，应加强主要干线公路网络建设，寻求替代交通线路，缓解原有主要干线压力，分担流量，促进交通网络顺畅度，缓解中心性压力。

（四）根据交通建设综合水平的影响因素，不同地区采用不同的措施提高交通建设综合水平

经测算得知，年末总人口、GDP、土地城镇化率、一般公共预算支出、城镇居民可支配收入、公路路网密度、铁路路网密度、是否有港口和机场等均能够对交通建设综合水平产生影响，但不同区域其主导的影响因素不同，例如在东部区域，交通建设综合水平主要受到土地城镇化率和一般公共预算支出的影响，而在中部地区，公路路网密度和GDP对交通综合水平的影响较大，因此，需要根据交通建设综合水平在不同地区的主要影响因素，采取针对性的措施。

（五）制定合理的国土空间规划、交通专项规划，统筹国民经济社会发展与交通建设

合理的国土空间规划是社会经济发展的基础，通过制定合理的国土空间规划，从整体上整合国土资源，合理安排城市空间，优化国土空间规划的整体水平，制定明确的国民经济和社会发展目标，通过发展经济，增加经济发展对交通建设的需求，进而推动交通建设的发展，促进经济与交通建设的和谐共同进步。同时通过制定合理的交通发展专项规划，对未来公路、铁路、机场、港口、轨道交通等综合交通进行全面安排与规划，提高交通运输治理体系和治理能力现代化水平，加快完善全国领先的轨道网、公路网、水运网，构建多层次、广覆盖的综合立体交通网络。

第九章　海岸带开发与保护

海岸带是指海陆交互作用的地带，是海洋与陆地的过渡带，由紧邻海岸线一定距离的海域与陆域构成，海岸带资源丰富且生态系统复杂，生态环境脆弱性和敏感性并存（亚舒鸿等，2019；黄丽华等，2020；黄伟彬，2016）。海岸带地区凭借其特殊的区位优势和丰富的自然资源，成为人类活动最活跃和最集中的区域，是人类活动与自然生态系统交互作用最为密集的空间之一（冯佰香等，2017）。山东省位于黄海和渤海之滨，海岸线总长3345km，海岸带地区在不断发展的同时也面临着陆地污染海洋、生态环境破坏等诸多问题，本章从山东省海岸带土地利用格局切入，总结海岸带开发与保护的现状，归纳其空间格局演变，从开发强度与保护格局耦合协调关系演变找出山东省海岸带开发与保护存在的问题并提出建议对策，以期为山东省海岸带专项规划以及海岸带可持续发展提供参考。

第一节　海岸带现状

一、海岸带自然资源条件

山东省地处我国东部沿海地区，区位优越、东与日韩隔海相望，南连长三角，北接京津冀，西引黄河流域，与辽东半岛相距仅110km，是我国重要的经济发展区（宋百媛等，2019；高志强等，2014；龚蔚霞等，2015）。山东省海岸线北起与河北交界的漳卫新河河口，南至与江苏交界的绣针河河口，海岸线全长3400余公里，大致可分为五类自然岸线，黄河三角洲粉沙淤泥海岸段、潍北平原粉沙淤泥海岸段、莱-龙-蓬砂质海岸段、山东半岛东部和南部基岩港湾海岸段以及日照砂质海岸段，在海岸带的地理空间范围内，有中国最大的半岛——山东半岛，中国三大三角洲之一的黄河三角洲，以及中国两个重要的海湾莱州湾和胶州湾，地理优势显著资源丰富，为海岸带地区的发展提供了重要支撑。

海岸带的划分标准较多，大多分为依据地理标准、行政标准、环境生态标准等（李通等，2020），本部分以环境生态标准距离划定某一区域，以距离岸线10km的海岸带范围划定为海岸带，划定的山东省海岸带总面积为13834km²，包括35个县（市、区）。并且将海岸带划分成1km×1km的格网，划分出16585个网格，将格网作为研究单元。该划分方式空间描述简单，以格网为研究单元有利于直观总结海岸带土地利用特点（王曼曼等，2020；郭笃发，2006；宋茜茜等，2019），比较海岸带土地利用变化，有利于国土空间规划实施与调控。如表9-1，山东省海岸带总用地面积为1380169hm²，生态用地占比超过一半，其中，湿地面积最大，约为337287hm²，占总面积的24.44%；耕地面积为236440hm²，占总面积的17.13%，耕地主要分布在烟台市北部和南部、威海

市、青岛市和日照市南部；种植园地面积为 77236hm²，占总面积的 5.60%；林地作为
重要的生态源地，面积为 197916hm²，占总面积的 14.34%；海岸带耕地和林地分布比
例近似，农林协调发展条件好；草地数量较少，面积为 35157.8hm²，占总面积的 2.55%；
建设用地面积约占 20%，住宅用地面积最大，约为 93395.3hm²，占比最多，约占总面
积的 6.77%；商业服务业用地面积为 24588.7hm²，占总面积的 1.78%；工矿用地数量
为 68065.7hm²，占总面积的 4.93%；公共管理与公共服务用地面积为 18644.8hm²，占
总面积的 1.35%；特殊用地面积为 12633.7hm²，占总面积的 0.92%；交通运输用地面
积为 64252.4hm²，占总面积的 4.66%；水域及水利设施用地面积为 168199hm²，占总
面积的 12.19%，该地类对于改善海岸带景观、维持沿海地区城市生态环境能起到一定
作用；其他土地面积为 46353hm²，占总面积的 3.36%，表明海岸带存在待利用的土地
后备资源。

表 9-1　2019 年山东省海岸带土地利用数量结构

土地利用分类	面积/hm²	占比/%
湿地	337287	24.44
耕地	236440	17.13
种植园地	77236	5.60
林地	197916	14.34
草地	35157.8	2.55
商业服务业用地	24588.7	1.78
工矿用地	68065.7	4.93
住宅用地	93395.3	6.77
公共管理与公共服务用地	18644.8	1.35
特殊用地	12633.7	0.92
交通运输用地	64252.4	4.66
水域及水利设施用地	168199	12.19
其他土地	46353	3.36
总计	1380169	24.44

二、海岸带社会经济发展条件

山东省海岸类型多样，滩涂资源、基岩港湾资源、渔业资源、旅游资源、矿产
资源丰富，海岸带资源开发优势得天独厚，海洋渔业、港口航运业、滨海旅游业、
盐化工行业发展迅速。2019 年，山东省海洋经济发展质量趋优，海洋新兴产业快速
发展，海洋生物医药、海水淡化与综合利用产业增加值居全国首位。新增国家级海
洋示范区 12 处、总数为 44 处，占全国的 40%。新增省级海洋牧场示范创建项目 22
个。整合组建省港口集团，"透明海洋""蓝色药库"等重大工程顺利实施，新增海
洋工程技术协同创新中心 63 家，全省海洋生产总产值增长 9%左右，经略海洋迈出
新步伐。山东省沿海港口码头泊位 581 个，其中万吨级码头泊位 297 个，港口货物
吞吐量 16.10 亿 t，青岛港、日照港、烟台港稳居全国沿海港口货物吞吐量十强，港
口的经济带动和辐射作用强劲。山东半岛在社会经济的空间布局上有以济南、青岛、

烟台为核心的新旧动能转换综合试验区，东营、滨州等 6 个沿海城市的黄河三角洲高效生态经济区，济南、青岛、烟台三大片区的中国（山东）自由贸易试验区等不同区域的划分。山东半岛沿海大力发展海洋经济、海洋产业产值基本保持稳定增长，海洋装备制造业、海洋生物产业等局全国领先地位，海洋科研力量占据全国半壁江山。从渔业角度看，全省共 1138.34 万亩水产品养殖面积，其中，威海市渔业总产值为 3427216 万元，烟台市渔业总产值为 3088497 万元，东营市渔业总产值为 761784 万元，潍坊市有 915344 万元，青岛市有 1936932 万元，日照市有 936338 万元，渔业在山东省沿海各市海洋产业中占有重要地位。

第二节　海岸带空间格局及演变

本节分为海岸带土地利用分布格局及演变、海岸带开发强度空间格局及演变、海岸带保护空间格局及演变、海岸带生境质量空间格局及演变、海岸带开发强度与保护格局耦合协调关系演变五个部分。从山东省海岸带土地利用入手，围绕海岸带开发与保护这一对矛盾，分析海岸带开发与保护的现状格局及其 2009～2019 年间的格局演变，以期从两者的协调关系中发现土地利用问题，提出优化空间布局的调控建议。

一、海岸带土地利用分布格局及演变

（一）土地利用分布格局

2019 年海岸带土地利用的总体分布格局为胶东半岛南部和东部耕地多，胶州湾、莱州湾建设用地和湿地多，生态用地零星分布在海岸带沿线，如图 9-1 所示。

从耕地的空间分布来看，耕地主要分布在烟台市北部蓬莱市和南部莱阳市、海阳市，在威海市各县（市、区）也有分布，主要位于鲁东低山丘陵区，还有部分耕地分布在日照市东港区、岚山区以及青岛市黄岛区、即墨区南部，在鲁东南农田集中区和胶莱农田集中区均有分布。从建设用地的空间分布来看，青岛市、烟台市、日照市分布较为集中，商业服务业用地主要分布在潍坊市昌邑市，工矿用地零散分布于烟台市、威海市、日照市海岸带，在胶州湾密集分布，住宅用地零散地分布在海岸带各个县（市、区），公共管理与公共服务用地及特殊用地主要分布在潍坊市昌邑市和青岛市胶州湾地区，交通运输用地主要分布在日照市东港区、青岛市城阳区等地，特殊用地主要分布在潍坊市昌邑市，潍坊市还有较多的后备土地资源。从生态用地的空间分布来看，湿地主要分布在海岸线沿线，滨州市、东营市及潍坊市分布较多，还有一部分在山东省东部沿岸，林地在海岸带各个市均有分布，主要在东南部海岸带。水域及水利设施用地分布较为零散，在东营市河口区、垦利区，潍坊市，烟台市莱州区，威海市，青岛市均有分布。

（二）土地利用空间格局演变

2009～2019 年山东省海岸带土地利用变化显著，如图 9-1 所示。

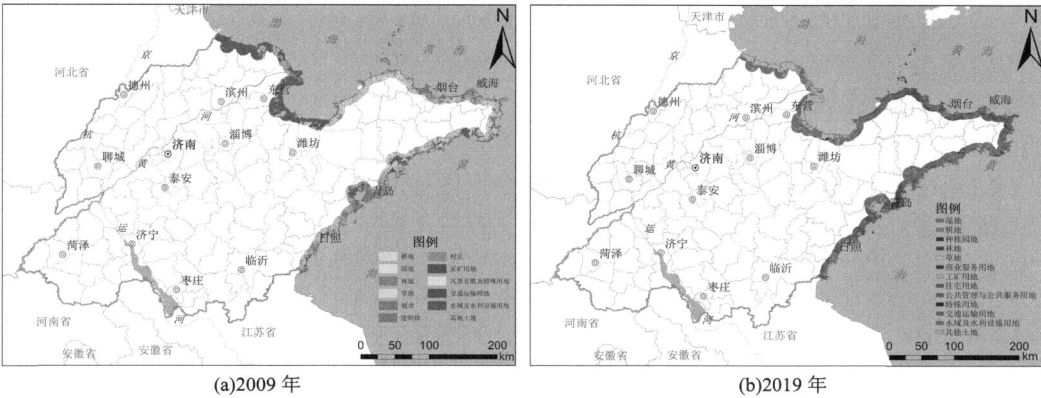

(a)2009 年   (b)2019 年

图 9-1 2009 年、2019 年海岸带土地利用分布（彩图附后）

具体而言，湿地变化主要分布于东营市、潍坊市和滨州市海岸，在其他市有少量湿地变化，零星分布，从湿地的变化方向来看，主要转向水域及水利设施用地，其次转向城镇村及工矿用地和草地；东营、潍坊和滨州三市变化耕地分布较少，海岸带其他市均有大量变化耕地分布，从耕地的变化方向来看，主要转向林地、城镇村及工矿用地、种植园用地，其中，受退耕还林政策的影响，转向林地的耕地在各市海岸带皆有分布，而转向城镇村及工矿用地的耕地主要分布在城市扩张较快地区或工业较发达的地区，如海岸带南部的日照市岚山区、东港区，青岛市黄岛区等，转向种植园用地的耕地则主要位于烟台市、威海市二市，用途为果园；园地变化主要分布在烟台、威海二市海岸，在其他市海岸有少量变化园地分布，从园地的变化方向来看，主要转向城镇村及工矿用地、林地；海岸带变化林地的分布与转移耕地的分布相似，主要受城市扩张的影响，其变化的方向主要为城镇村及工矿用地，城市扩张较快的地区变化林地分布较多，如日照市兰山区、东港区，青岛市黄岛区等；草地变化主要位于烟台市北部海岸，主要转为林地；从城镇村及工矿用地变化来看，由于"二调"与"三调"土地利用分类不同，"二调"中盐田为采矿用地，而"三调"中盐田为湿地，因此转移城镇村及工矿用地有部分转为湿地，主要位于潍坊市海岸带，滨州、东营、青岛三市有少量分布，除此特殊情况，山东省城镇村及工矿用地变化主要分布在威海市海岸带南部的文登区、青岛市海岸带中部的胶州市和城阳区等地区；山东省海岸带交通运输用地的变化主要分布在青岛市海岸带南部，主要原因是城市发展、乡村建设与道路建设的完善；各市均有水域及水利设施用地变化，在东营、滨州、潍坊三市有成片分布，均转向湿地，主要是坑塘水面、河流水面转向沿海滩涂；从其他土地变化来看，分布较为零散，主要分布在青岛市海岸带东部、日照市海岸带南部，转移方向主要是林地、城镇村及工矿用地，烟台市海岸带西部、潍坊市海岸带北部有成片变化的其他土地分布，变化方向分别为转向水域及水利设施用地与湿地。

二、海岸带开发强度空间格局及演变

（一）开发强度空间格局

海岸带开发是城市开发的一部分，海岸带土地利用强度即建设用地所占比例，是海岸带开发的重要表征之一（尚劲奔，2012；俞腾，2015）。2019 年，山东省海岸带土地利用强度为 27.38%，接近总面积的三分之一，从格网的尺度，利用自然断点法将全省开发强度分为低、中等、中等偏高、高四个等级，分布格局如图 9-2 所示，高强度区位于莱州湾海洋渔业集中发展区，主要在潍坊市、东营市和滨州市沿海地带；中强度区位于渤海海区，滨东潍海岸带，靠近陆域的地带；低强度区主要位于胶州湾青日海岸带、烟威海岸带，分布在威海海洋渔业集中发展区和日照南部海洋渔业集中发展区。

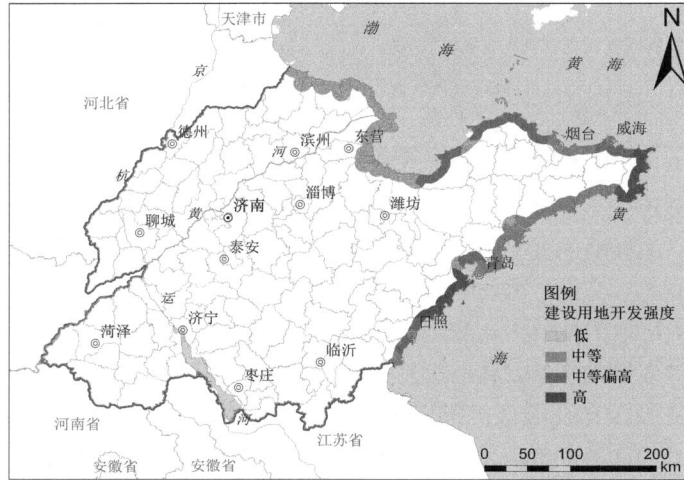

图 9-2　2019 年山东省海岸带土地利用强度

为进一步探究全省海岸带开发强度特征，充分考虑海岸带开发内涵，从空间扩张强度、经济发展水平、扩张效益三个维度出发选取 11 个指标，利用层次分析法确定各指标的权重及综合权重对山东省海岸带开发强度进行综合评价，指标体系如表 9-2 所示。

根据式（9-1）采用两两重要性强度判断比较，构建判断矩阵，采用 Saaty 九标度来反映专家的判断结果。根据式（9-2），采用几何平均法求出判断矩阵的最大特征根 $\lambda_{\max}$，所对应的特征向量并正规化处理，所求特征值向量为各评价指标重要性排序，即权重分配。然后根据式（9-3）、式（9-4）、式（9-5）得出的权重分配进行一致性检验并确定最大特征值。最后，根据式（9-6）、式（9-7）、式（9-8）计算出权重及综合权重。

$$\frac{W_i=\left[\prod_{i=1}^{n}B_{ij}\right]^{\frac{1}{n}}}{\sum_{i=1}^{n}\left[\prod_{i=1}^{n}B_{ij}\right]^{\frac{1}{n}}},\ i,\ j=1,2,L,n \tag{9-1}$$

式中，n 为判断矩阵的阶数；$A=\left(B_{ij}\right)_{n\times n}$ 为判断矩阵；$W=\left(W_1,W_2,L,W_n\right)^T$ 为所求特征向量，即权重分配。

$$\lambda_{\max}=\frac{1}{n}\sum_{1}^{n}\left[\frac{(AW)_i}{W_i}\right] \tag{9-2}$$

式中，$\lambda_{\max}$ 为最大特征值。

$$CR = \frac{CI}{RI} \tag{9-3}$$

$$CI = \frac{\lambda_{\max} - n}{n - 1} \tag{9-4}$$

$$RI = \frac{\bar{\lambda} - n}{n - 1} \quad (\bar{\lambda} \text{ 为最大特征值的平均值}) \tag{9-5}$$

式中，CR 为判断矩阵的随机一致性比率；CI 为判断矩阵的一般一致性指标；RI 为判断矩阵的平均随机一致性。当 CR<0.1 时，则认为判断矩阵具有满意的一致性；否则需调整判断矩阵元素的目标值，直至达到满意的一致性为止（0.1 位一致性阈值，由统计方法确定）。

$$V_i^2 = \sum_{j=1}^{k} W_j^{(1)} W_{ij}^{(1)} \tag{9-6}$$

式中，V_i^2 表示 A 对 B 的相对权重。

$$W_L^{(2)} = \left(W_{1L}^{(2)}, W_{2L}^{(2)}, L, W_{nL}^{(2)} \right)^T, (L = 1, 2, L, k) \tag{9-7}$$

式中，$W_L^{(2)}$ 表示 B 对 C 的相对权重。

$$W_A = \left(W_1 + W_2 + \cdots + W_N \right) / l \tag{9-8}$$

式中，W_A 表示某个方案对目标 A 的相对权重。

表 9-2 山东省海岸带开发强度指标体系

目标层	要素层	指标层	指标含义	极性	权重	综合权重
岸带开发强度	空间扩张强度	每万人拥有建成区面积	建设用地的扩张强度	+	0.567	0.643
		交通线网密度	交通用地的扩张强度	+	0.056	
		人口密度	人口的扩张强度	+	0.104	
		围海养殖增加面积	养殖面积的扩张强度	+	0.273	
	经济发展水平	人均 GDP	经济水平规模	+	0.627	0.283
		岸带渔业总产值	产业发展规模	+	0.212	
		岸带第二产业总产值	工业发展规模	+	0.114	
		岸带第三产业总产值	第三产业发展规模	+	0.047	
	扩张效益	地均 GDP	平均地耗水平	+	0.649	0.074
		地均第二产业总产值	单位面积第二产业扩张水平	+	0.295	
		地均第三产业总产值	单位面积第三产业扩张水平	+	0.057	

（1）空间扩张强度

山东省空间扩张强度用每万人拥有建成区面积、交通线网密度、人口密度、围海养殖面积四个指标表征。

山东省海岸带空间扩张强度低、中等、中等偏高、高的格网数量分别是 11865 个、2458 个、710 个、1552 个，占比分别为 71.54%、14.82%、4.28%、9.35%（图 9-3）。从面积占比上可以看出山东省海岸带空间扩张强度整体较低，开发强度高的地区建设用地占比高；从分布上可以看出整个胶东经济圈开发强度较低，但在靠近海域的地区呈现海岸带空间扩张强度增强的趋势，开发强度为中等或中等偏高，莱州湾海洋渔业集中发展区开发强度较高，河口区、利津县开发强度高，同时青岛胶州湾开发强度高。

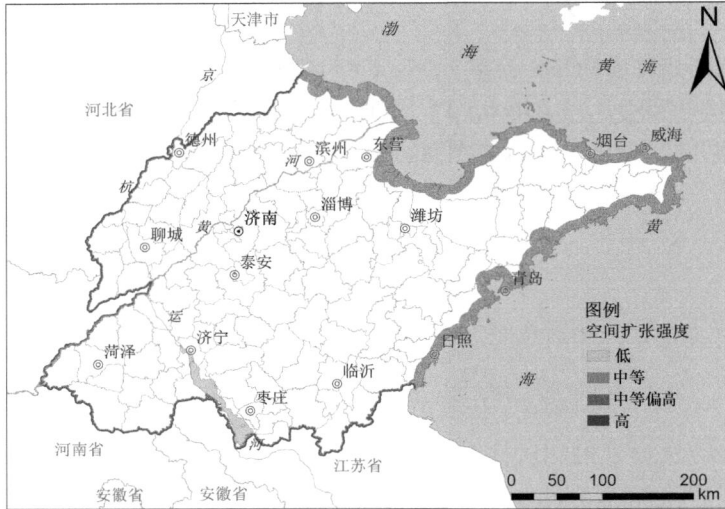

图 9-3　2019 年山东省海岸带空间扩张强度格局

山东省每万人拥有建成区面积表示建设用地的扩张强度，该指标低、中等、中等偏高、高的格网数量分别是 12550 个、2340 个、752 个、943 个，面积占比为 75.6%、14.1%、4.53%、5.69%；交通线网密度表示交通用地的扩张强度，该指标低、中等、中等偏高、高的格网数量分别是 15397 个、636 个、238 个、314 个，面积占比为 92.83%、3.83%、1.45%、1.89%；人口密度表示人口的扩张强度，该指标低、中等、中等偏高、高的格网数量分别为 11862 个、1867 个、1135 个、1721 个，面积占比为 71.52%、11.25%、6.84%、10.37%；围海养殖增加面积表示围海养殖面积的扩张强度，该指标低、中等、中等偏高、高的格网数量分别是 13767 个、1929 个、787 个、193 个，面积占比为 82.46%、111.63%、4.74%、1.16%（图 9-4）。胶东经济圈内的招远市、龙口市、蓬莱市、福山区、莱山区、环翠区、荣成市每万人拥有建成区面积较少，交通线网密度低，且人口密度低；黄河三角洲地区的无棣县、沾化区、河口区、垦利区每万人拥有建成区面积中等，交通线网密度中等，人口密度高；莱州湾地区的东营区、寒亭区、昌邑市每万人拥有建成区面积高，交通线网密度高，且人口密度高，日照南部海洋渔业发展区、青岛胶州湾以及威海岛群的开发强度从靠近内陆向靠近海域逐渐增加。

（2）经济发展水平

山东省海岸带经济发展水平用人均 GDP、岸带渔业总产值、岸带第二产业总产值、岸带第三产业总产值四个指标表示。根据自然断点法，全省海岸带经济带发展水平低、中等、中等偏高、高的格网数量分别为 12014 个、2259 个、1706 个、606 个，面积占比为 72.43%、12.62%、10.28%、3.65%（图 9-5）。全省海岸带经济发展不平衡，以青岛市为主的胶州湾地区和以东营市、潍坊市、烟台市为主的莱州湾地区的经济发展水平显著地高于其他地区。全省形成了以胶州湾、莱州湾"两湾"为中心，以青岛市、烟台市、威海市、日照市和滨州市"五岛群"为支撑的沿海经济发展带。

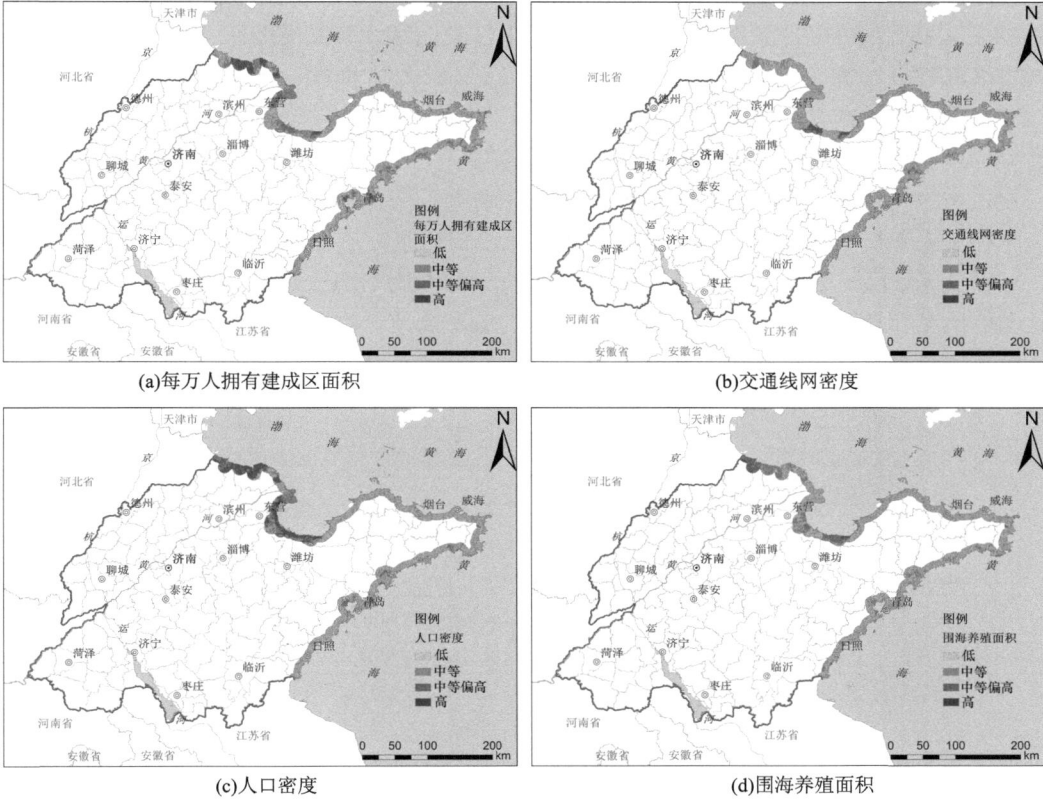

(a)每万人拥有建成区面积

(b)交通线网密度

(c)人口密度

(d)围海养殖面积

图 9-4　2019 年山东省海岸带空间扩张各指标值分级

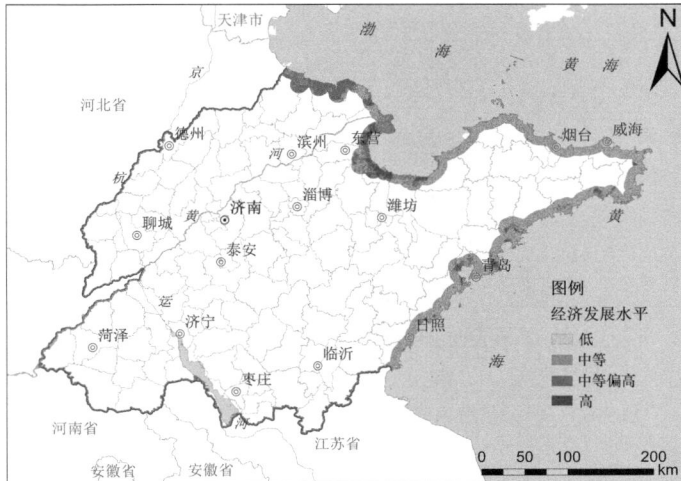

图 9-5　2019 年山东省海岸带经济发展水平格局

山东省海岸带人均 GDP 表示岸带经济发展规模，该指标低、中等、中等偏高、高的格网数分别为 12326 个、2126 个、1608 个、525 个，面积占比为 74.32%、12.82%、9.70%、3.17%；海岸带渔业总产值表示岸带渔业规模，该指标低、中等、中等偏高、高的格网数分别为 12506 个、1832 个、1521 个、726 个，面积占比为 75.41%、11.04%、9.17%、4.38%；海岸带第二产业总产值表示岸带工业规模，该指标低、中等、中等偏高、高的格网数分别为 12124 个、3143 个、871 个、447 个，面积占比为 73.10%、18.95%、5.25%、2.70%；海岸带第三产业总产值表示岸带第三产业规模，该指标低、中等、中等偏高、高的格网数分别为 12518 个、2952 个、1078 个、37 个，面积占比为 75.48%、17.80%、6.50%、0.22%，海岸带渔业总产值的高值区面积大于海岸带第二产业和第三产业的高值区面积（图 9-6）。山东省莱州市、招远市、龙口市、蓬莱市、福山区、芝罘区、莱山区、牟平区、环翠区、荣成市等东北部沿海地区的岸带人均 GDP、渔业产值、第二和第三产业产值比莱州湾地区和胶州湾地区低。人均 GDP 高值区在寒亭区，渔业产值高值区在莱州市和无棣县，第二产业高值区在寒亭区和莱州市，第三产业高值区在东营、寒亭区、昌邑市、城阳区以及崂山区。

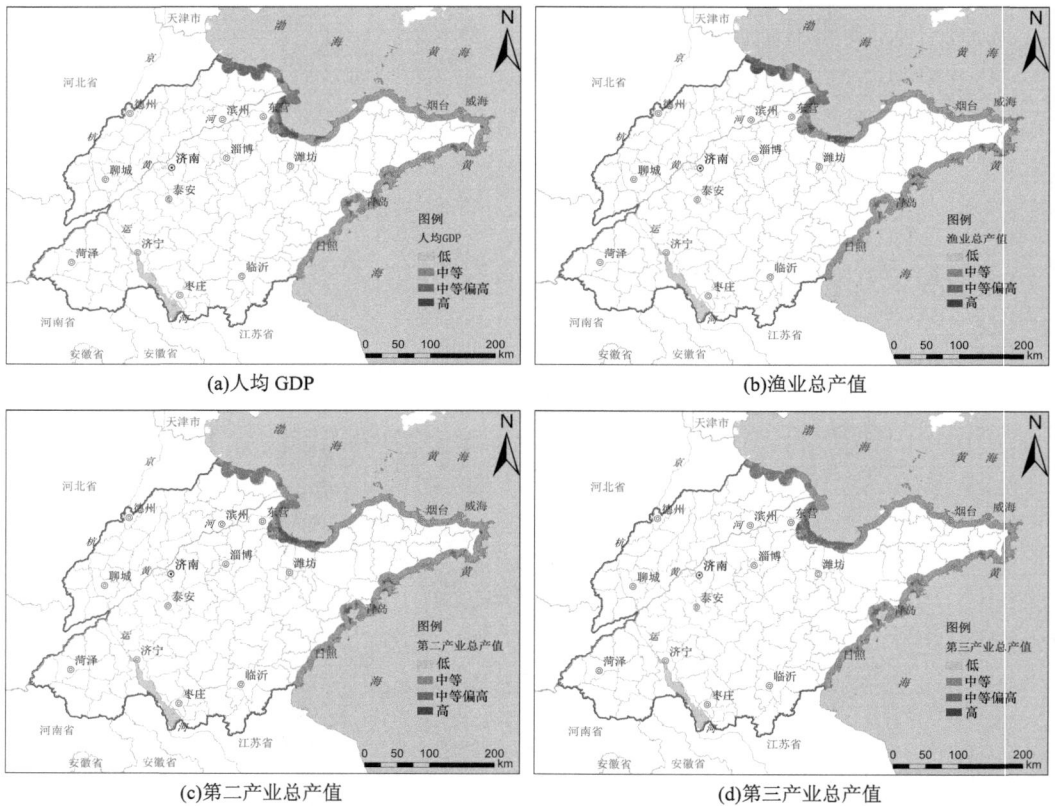

(a)人均 GDP

(b)渔业总产值

(c)第二产业总产值

(d)第三产业总产值

图 9-6　2019 年山东省海岸带经济发展水平各指标值分级

（3）扩张效益

山东省海岸带扩张效益用地均 GDP、地均第二产业总产值、地均第三产业总产值三个指标表征。利用自然断点法，得出低、中等、中等偏高、高的格网数为 12149 个、2249 个、1664 个、523 个，面积占比为 73.25%、13.56%、10.03%、3.15%（图 9-7）。山东省海岸带整体扩张效益低，扩张效益的差异显著，单位面积土地上经济产出的差异较大，在靠近海域部分的扩张效益明显高于较靠近陆域的部分，在黄河入海口地区、莱州湾沿海地区、胶州湾地区、东部沿海地区扩张效益都较高，而其他靠近陆域的地区扩张效益低。

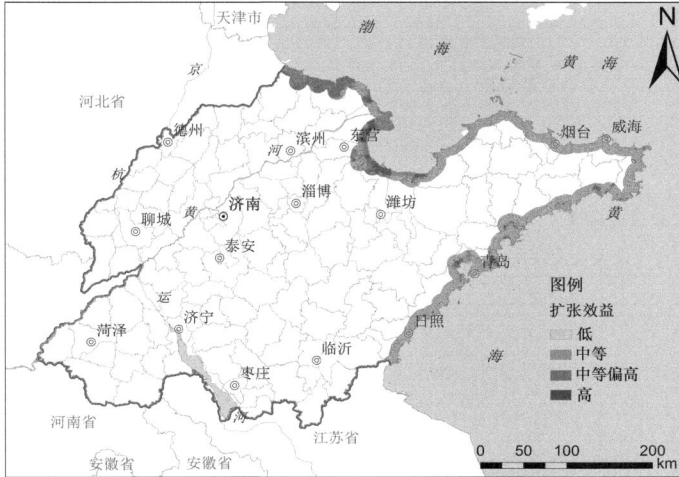

图 9-7　2019 年山东省海岸带扩张效益格局

山东省海岸带地均 GDP 表示岸带地耗水平，该指标低、中等、中等偏高、高的格网数为 12326 个、1832 个、1521 个、726 个，面积占比为 74.32%、12.81%、9.7%、3.17%；海岸带地均第二产业总产值表示岸带地均第二产业扩张水平，该指标低、中等、中等偏高、高的格网数为 13266 个、1698 个、1330 个、291 个，面积占比为 79.99%、10.24%、8.02%、1.75%；海岸带地均第三产业总产值表示地均第三产业扩张水平，该指标低、中等、中等偏高、高的格网数为 11799 个、2208 个、1568 个、1010 个，面积占比为 71.14%、13.31%、9.45%、6.09%（图 9-8）。从地均第二产业产值和地均第三产业产值比较来看，莱州湾地区第三产业产值显著高于第二产业产值，其中垦利区、东营区、寿光市尤为突出，沿海地区以第三产业为主，大量化工污染企业也已经搬迁，打造以莱州湾和胶州湾为主的世界一流的湾区岸带和陆海生态文明融合发展区成效显著。

（4）综合开发强度

从空间扩张强度、经济发展水平、扩张效益三个维度出发，得到山东省海岸带综合开发强度分为低、中等、中等偏高、高四个等级，各个等级的格网数分别是 11818 个、2082 个、1339 个、1346 个，面积占比分别为 71.25%、12.55%、8.07%、8.11%（图 9-9）。开发强度地区差异显著，莱州湾、胶州湾地区岸带开发强度高，黄河三角洲和渤海地区开发强度明显高于黄海地区，越靠近海域开发强度越高，越靠近内陆开发强度越低。渤海地区由于开发强度大于其他沿海地区，生态遭受破坏，应重点强化生态保护修护；半岛东部具有较大的开发潜力，海区应聚焦于建设海洋牧场；

半岛南部海区目前以胶州湾为主，开发强度大，因此有较大的潜力打造国际海洋创新策源地和高端海洋产业集聚区。

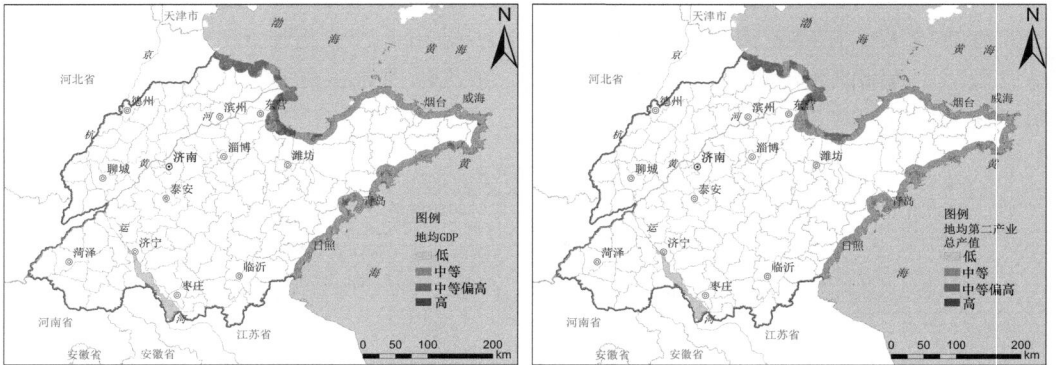

(a)地均 GDP

(b)地均第二产业总产值

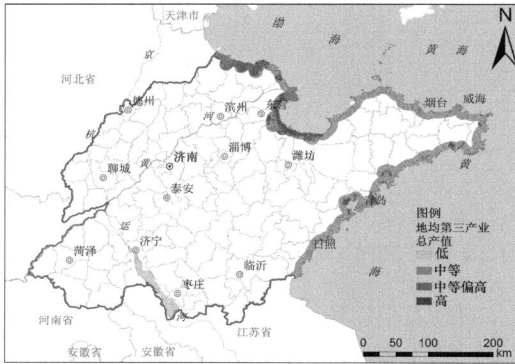

(c)地均第三产业总产值

图 9-8　2019 年山东省海岸带扩张效益各指标值分级

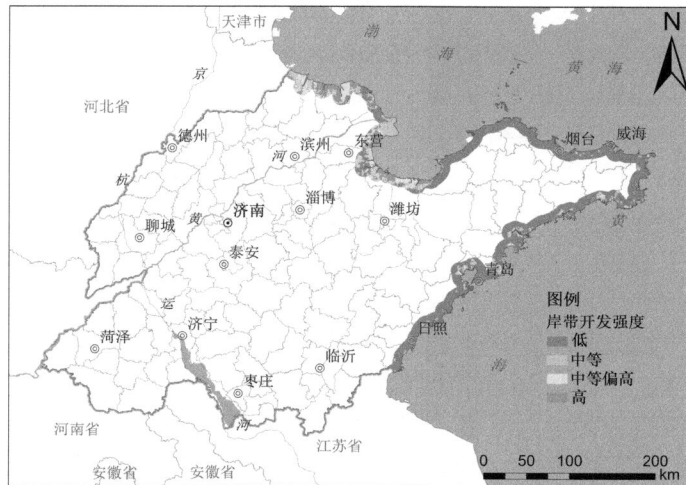

图 9-9　2019 年山东省海岸带综合开发强度格局（彩图附后）

（二）开发强度空间格局演变

2009～2019 年山东省海岸带土地利用强度有所增加，2019 年为 27.38%，2009 年为9.93%，增加了 17.45%。

（1）空间扩张强度演变

2009～2019 年山东省海岸带每万人拥有建设用地面积、交通线网密度、人口密度、围海养殖面积都有所增加 [图 9-10（a）]。以无棣县、河口区、莱州市、荣成市、崂山区为中心向外围扩张强度显著；其次是以垦利区、寿光市、寒亭区、昌邑市、文登区、乳山市、即墨区为中心向外围有所扩张，但是扩张强度不显著；莱州市、招远市、龙口市、蓬莱市、莱山区、海阳市、黄岛区、东港区为中心的地区有微小的扩张，几乎没有显著的变化。

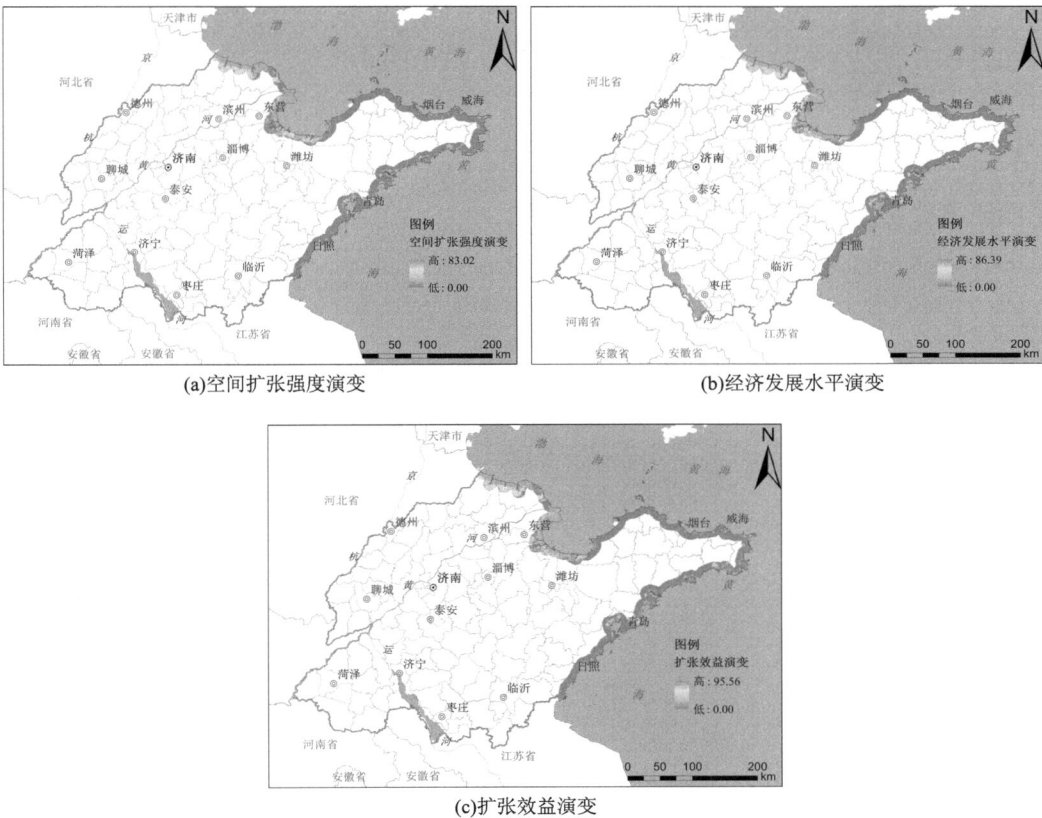

(a)空间扩张强度演变

(b)经济发展水平演变

(c)扩张效益演变

图 9-10 2009～2019 年山东省海岸带开发强度要素演变（彩图附后）

（2）经济发展水平演变

2009～2019 年山东省海岸带经济发展水平有较大的变化，GDP、第二产业生产总值和第三产业生产总值均有所增加，经济发展水平提升快 [图 9-10（b）]。寿光市、寒亭区、莱州市、崂山区、市北区、市南区经济发展水平显著增加，其次是黄河三角洲入海口以及山东半岛南部经济发展水平有显著升高；烟台市招远市、龙口市、蓬莱市、威海市以及日照市沿海地区经济发展水平变化不大；莱州湾海域、威海海域以及日照南部海域的海洋渔业发展迅速，岸带渔业总产值增加，但相比较而言，莱州湾地区较威海海域及日照南部海域经济发展得更好。

（3）扩张效益演变

2009～2019 年山东省海岸带扩张效益有较大的变化，地均生产总值、地均第二产业生产总值、地均第三产业生产总值都有所增加，用地效益得到提升［图 9-10（c）］。莱州湾地区空间开发强度大，经济发展水平高，同时扩张效益有显著的提升；在胶州湾地区，以青岛市为中心的沿海地带空间扩张强度中等，扩张效益中等；在日照南部海域，统计量上的建设用地占地面积增多，但是用地效益上升幅度较小；十年间，山东省海岸带扩张效益得到了改善。

（4）综合开发强度演变

2009～2019 年黄河三角洲入海口、莱州湾、胶州湾地区和小部分威海海域综合开发强度演变加剧（图 9-11）。莱州湾地区岸带开发强度增幅最大，空间扩张强度、经济发展水平、扩张效益三个方面都是增幅最大，黄河三角洲入海口因为经济发展水平增幅小，岸带扩张强度增幅小于莱州湾地区；胶州湾地区岸带开发强度大于威海海域岸带开发强度，两者岸带开发强度和扩张效益演变相似，但是威海海域经济发展水平低于胶州湾地区。

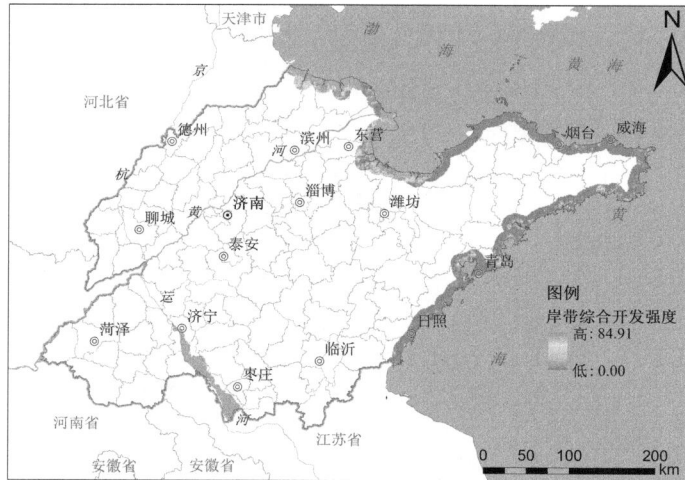

图 9-11　2009～2019 年山东省海岸带综合开发强度演变（彩图附后）

三、海岸带保护空间格局及演变

（一）保护空间格局

海岸带保护是实现海岸带高质量发展的关键所在。自然资源条件反映海岸带自然资源本底，生态压力反映人类经济和社会活动对海岸带环境的影响（张旭，2020），生态响应是海岸带面对生态压力下进行的反馈，维持较好的自然资源禀赋条件，减轻生态压力，并积极进行生态响应是海岸带保护的重要内容。因此，从上述三个维度出发选取 10 个指标，利用层次分析法进行综合测度，指标体系如下表 9-3 所示。

表 9-3 山东省海岸带保护现状指标体系

目标层	要素层	指标层	极性	权重	综合权重
海岸带保护	自然资源条件	水域面积	+	0.28	0.62
		林地面积	+	0.58	
		耕地面积	+	0.04	
		海水产品产量	+	0.1	
	生态压力	粮食产量	+	0.1	0.1
		粮食作物播种面积	+	0.67	
		人均工业废水排放总量	+	0.23	
	生态响应	绿化覆盖面积	+	0.57	0.28
		节能环保支出	+	0.32	
		固体废弃物综合利用率	+	0.11	

（1）自然资源条件

山东省海岸带自然资源条件用水域面积、林地面积、耕地面积、海水产品产量四个指标表征，利用自然断点法将山东省海岸带自然资源条件划分为低、中等、中等偏高、高四个等级，格网数量分别为 12545 个、2450 个、775 个、815 个，面积占比分别为 75.64%、14.77%、4.67%、4.91%（图 9-12）。黄河三角洲、莱州湾地区，胶州湾地区与山东半岛南部自然资源禀赋较优，但是大面积的地方自然资源条件较差。

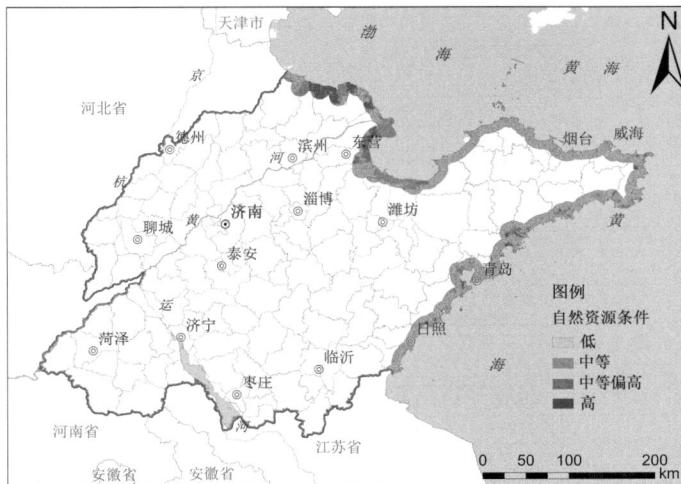

图 9-12 2019 年山东省海岸带自然资源条件格局

水域面积低、中等、中等偏高、高的格网数量分别为 14071 个、1381 个、511 个、622 个，面积占比分别为 84.84%、8.32%、3.08%、3.75%，沿海大部分地区水域面积相对较少，在黄河三角洲地区水域面积大，占比多；林地面积小于水域面积，林地面积低、中等、中等偏高、高的格网数量分别为 14607 个、1464 个、422 个、92 个，面积占比分别为 88.07%、8.83%、2.54%、0.55%；耕地面积低、中等、中等偏高、高的格网数量分别为 15563 个、597 个、225 个、200 个，面积占比分别为 93.83%、3.60%、1.36%、1.21%，耕地面积较林地和水域面积小；海水产品产量低、中等、中等偏高、高的格网数量分别为 11975 个、2286 个、1812 个、512 个，面积占比分别为 72.20%、13.78%、10.93%、3.09%，莱州湾地区产量最高，其次是黄河三角洲地区，以昌邑市、无棣县、沾化区为主，胶东半岛东部的荣成市、文登区、乳山市等海水产品产量中等，与胶东半岛南部形成鲜明对比，就海洋渔业集中发展区来看，海水产品产量上是莱州湾海洋渔业发展区多于威海海洋渔业集中发展区，日照南部海洋渔业集中发展区产量最少（图 9-13）。

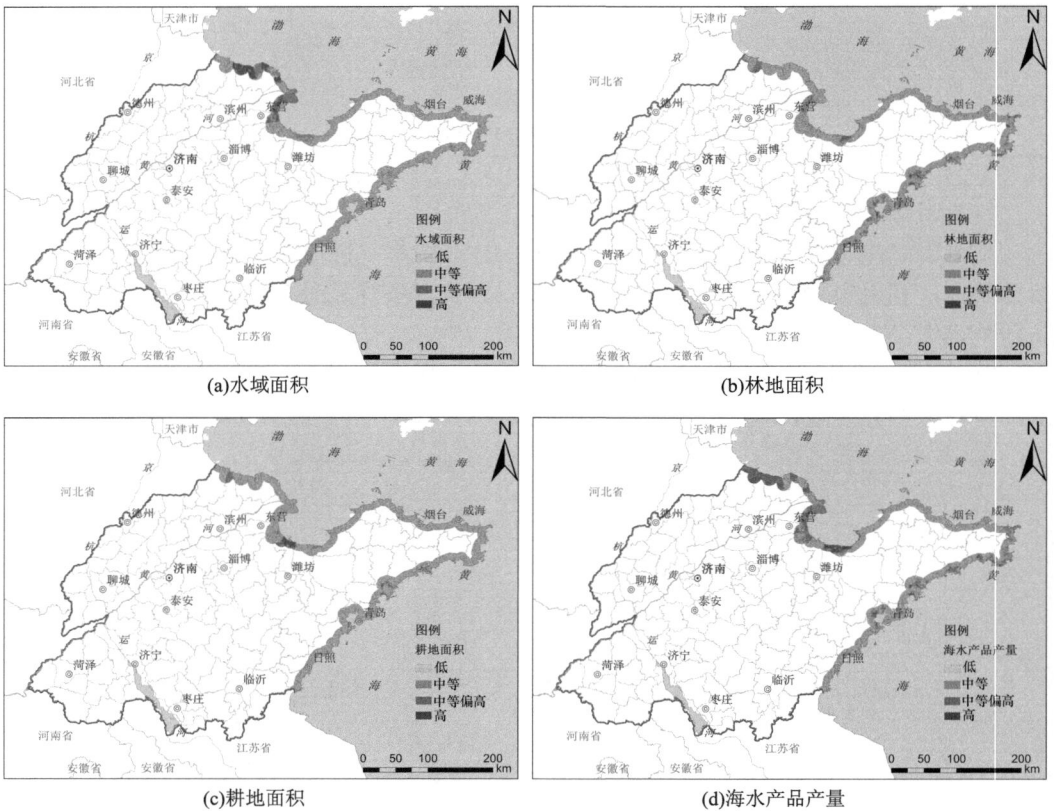

(a)水域面积

(b)林地面积

(c)耕地面积

(d)海水产品产量

图 9-13　2019 年山东省海岸带自然资源条件指标值分级

（2）生态压力

山东省海岸带生态压力用粮食产量、粮食作物播种面积、人均工业废水排放总量三个指标表征，利用自然断点法划分出低、中等、中等偏高、高四个等级，格网数量分别为 14659 个、1547 个、359 个、20 个，面积占比分别为 88.39%、9.33%、2.16%、0.12%（图 9-14）。胶东半岛南部和东部生态保护取得显著成效，生态压力小于黄河三角洲和莱州湾地区；生态压力最大的地区在无棣县、沾化区、河口区，位于黄河三角洲，随着黄河三角洲开发强度的提升，生态环境也面临着严峻的考验。

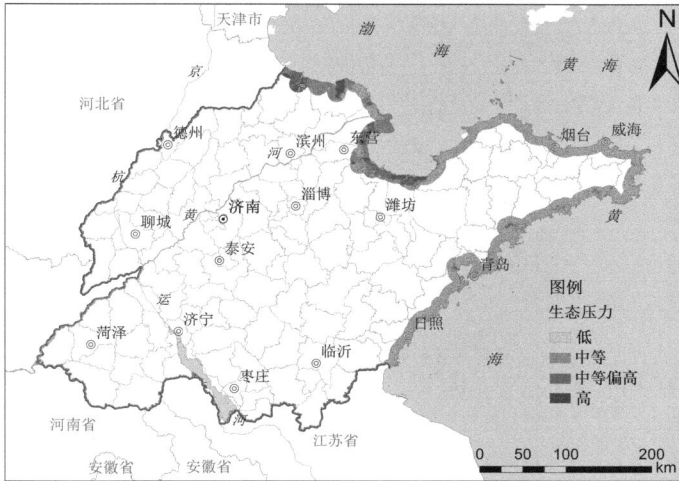

图 9-14   2019 年山东省海岸带生态压力格局

具体到各项指标来看，山东省海岸带粮食产量低、中等、中等偏高及高的格网数量分别为 11985 个、1477 个、1848 个、1275 个，面积占比分别为 72.26%、8.91%、11.14%、7.89%，黄河三角洲和莱州湾地区粮食产量高，与该地区耕地面积多相符合，胶东半岛南部即墨、莱阳市和海阳市沿海地区粮食产量也较高；海岸带粮食播种面积低、中等、中等偏高及高的格网数量分别为 12209 个、1415 个、1842 个、1119 个，面积占比为 73.61%、8.53%、11.11%、6.74%；人均工业废水排放量低、中等、中等偏高、高的格网数量分别为 15193 个、708 个、322 个、362 个，面积占比为 91.60%、4.26%、1.94%、2.18%，海岸带人均工业废水排放总量较低，海岸带生态环境保护效果显著，只有不到 10% 的地区人均工业废水排放总量高，主要分布在寒亭区、文登区、乳山市、莱阳市、荣成市等沿海地区（图 9-15）。

（3）生态响应

利用绿化覆盖面积、节能环保支出、固体废弃物综合利用率三个指标表示山东省海岸带生态响应程度，利用自然断点法划分出低、中等、中等偏高、高四个等级，格网数量为 11568 个、2341 个、2099 个、577 个，面积占比分别为 69.75%、14.11%、12.67%、3.48%（图 9-16）。在生态压力较大的莱州湾、黄河三角洲、胶州湾等地，生态响应也是较高的，尤其是在胶东半岛南部，个别县（市、区）的沿海地区生态响应较高，一定程度上维护了海岸带生态系统的平衡。

山东省海岸带绿化覆盖面积低、中等、中等偏高、高的格网数量分别为 13964 个、2167 个、387 个、67 个，面积占比分别为 84.20%、13.07%、2.33%、0.4%，覆盖面积中等的地区主要分布在崂山区、寒亭区等沿海地区，其余大部分地区绿化覆盖面积较低；海岸带节能环保支出低、中等、中等偏高、高的格网数量分别是 11952 个、2173 个、1935 个、525 个，面积占比分别为 72.07%、13.10%、11.67%、3.17%，全省节能环保支出低值区面积小于绿化覆盖面积低值区面积，表明在生态环境保护上的经济支出较多，在沿海地区各县（市、区）均有较多投入；固体废弃物综合利用率低、中等、中等偏高、

(a)粮食产量

(b)粮食播种面积

(c)人均工业废水排放总量

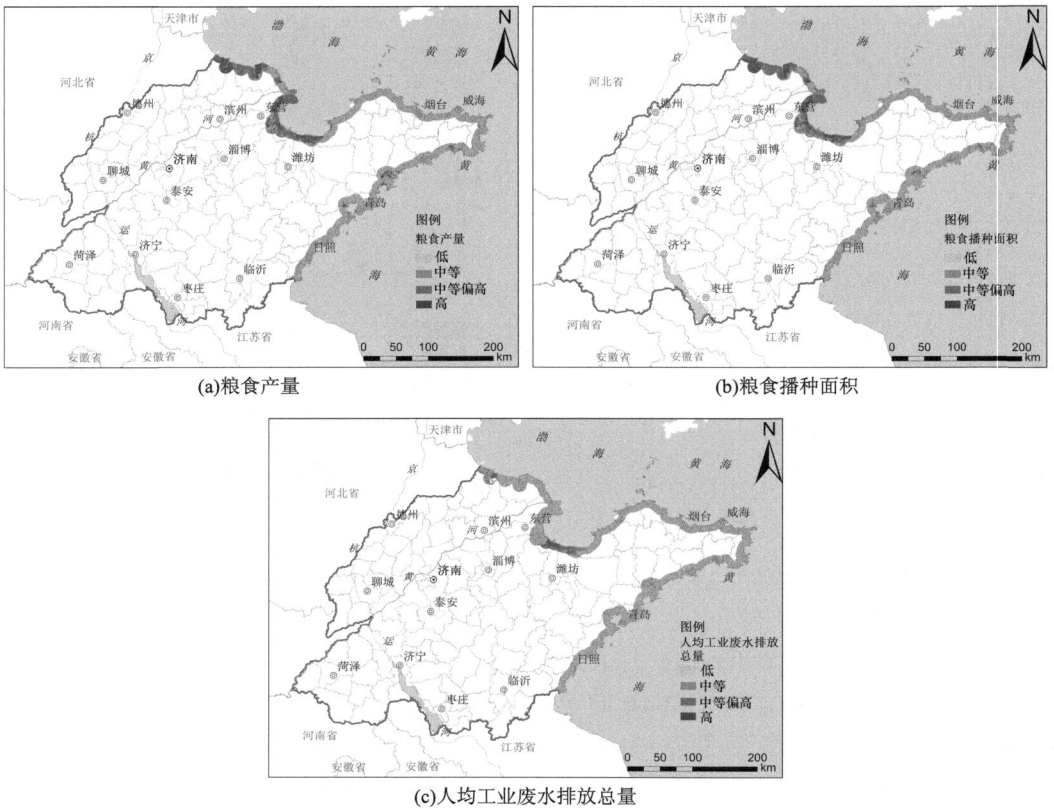

图 9-15　2019 年山东省海岸带生态压力指标值分级

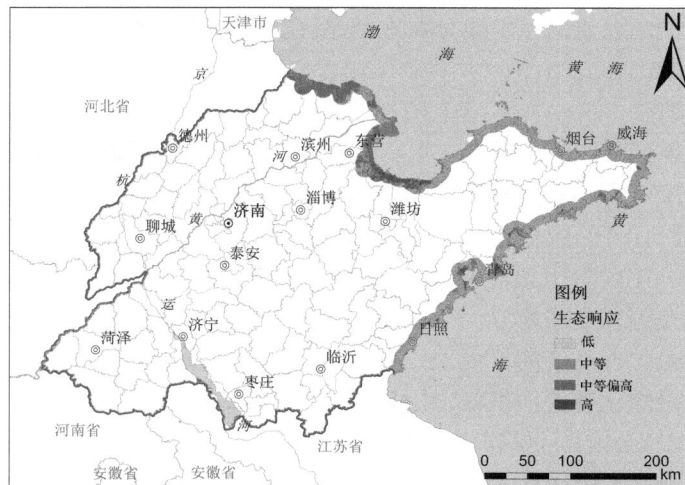

图 9-16　2019 年山东省海岸带生态响应格局

高的格网数量分别是 11294 个、1952 个、1243 个、2096 个，面积占比分别为 68.10%、11.77%、7.49%、12.64%，固体废弃物综合利用率低值区较少，各县（市、区）固体废弃物综合利用率高，对于污染环境的废弃物排放控制有效（图 9-17）。在黄河三角洲、莱州湾海洋渔业集中发展区内，生态响应程度较高，节能环保支出较大和固体废弃物综合利用率较高，生态环境保护受到了重视。

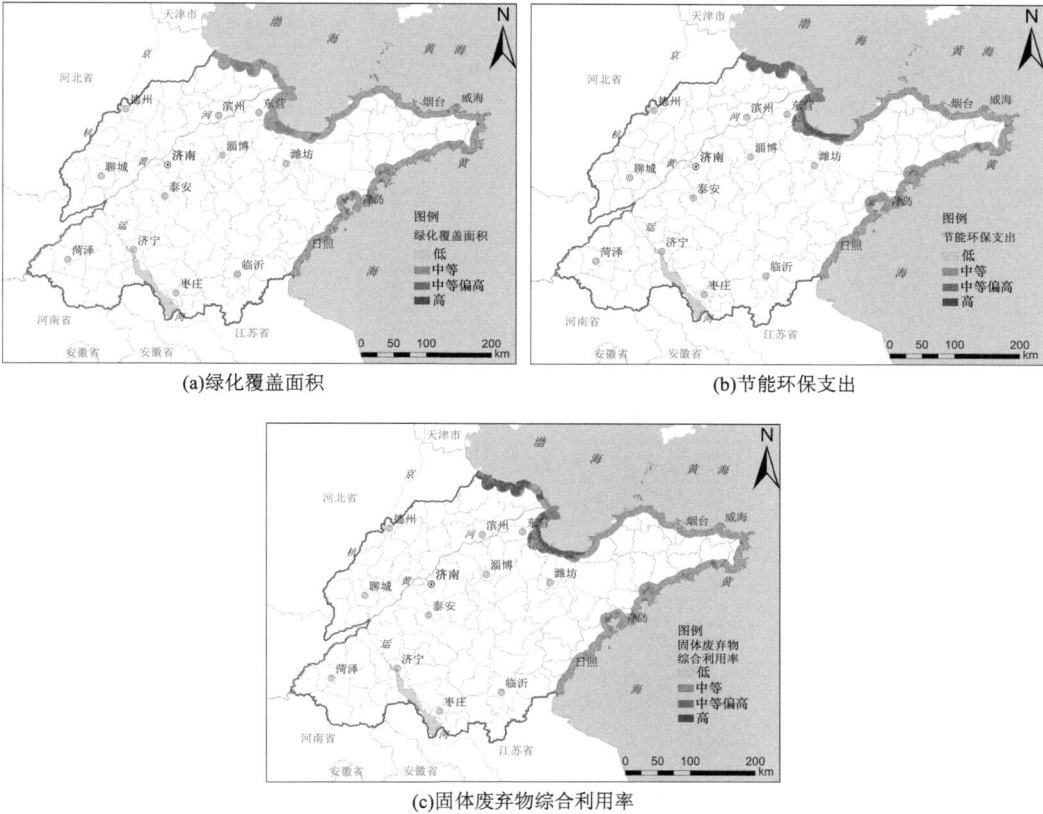

(a)绿化覆盖面积　　(b)节能环保支出

(c)固体废弃物综合利用率

图 9-17　2019 年山东省海岸带生态响应指标值分级

（4）综合保护度

从山东省自然资源条件、生态压力、生态响应三个维度得出海岸带综合保护度，将其分为低、中等、中等偏高、高四级，格网数量分别为 11850 个、2188 个、1667 个、880 个，面积占比分别为 71.45%、13.19%、10.05%、5.36%（图 9-18）。全省海岸带保护整体偏低，各地区差异显著，莱州湾、黄河三角洲以及胶州湾的海岸带保护明显优于其他地区。

（二）保护空间格局演变

（1）自然资源条件演变

山东省海岸带自然资源条件整体上变化不大 [图 9-19（a）]。在黄河三角洲入海口，以无棣县、利津县、河口区、垦利区、东营区、荣成市、青岛市为中心的岸带自然资源条件得到了改善，其他各地区的岸带自然资源并没有显著改变，岸带水域面积、林地面积、耕地面积以及海水产品产量变化较小。黄河三角洲自然资源条件的改善主要缘于该地区流入的水域、林地面积相对较大，而莱州湾地区以及威海市海域的海水产品产量有一定的增加。

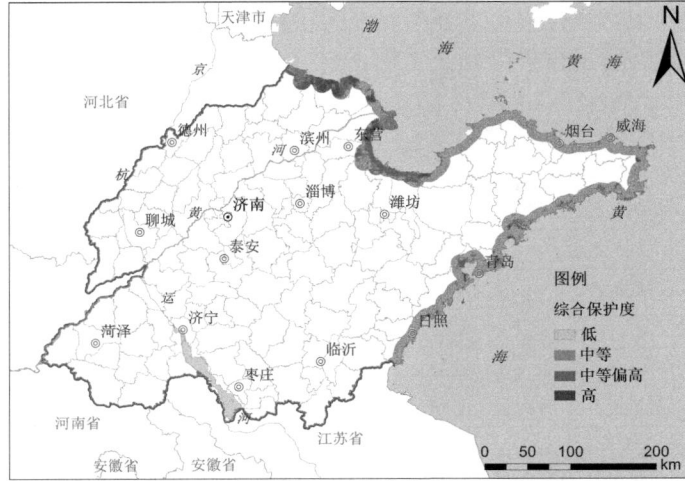

图 9-18 2019 年山东省海岸带保护现状格局

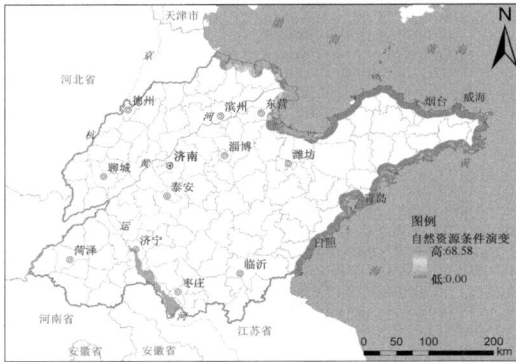

(a)自然资源条件演变

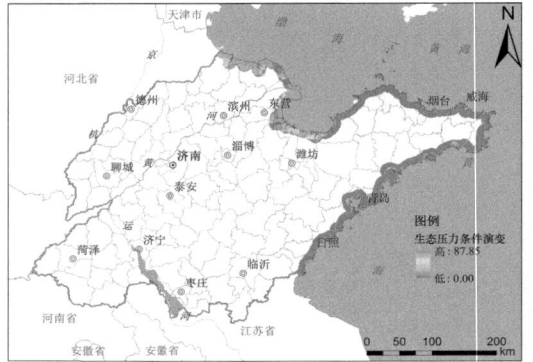

(b)生态压力条件演变

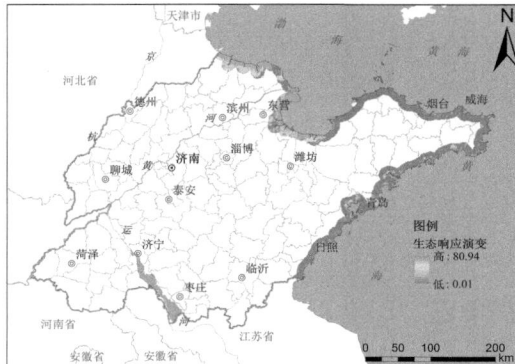

(c)生态响应演变

图 9-19 2009～2019 年山东省海岸带保护度要素演变（彩图附后）

（2）生态压力演变

山东省莱州湾地区与黄河三角洲入海口地区生态压力明显提升 [图 9-19 （b）]。随着岸带的开发以及对于海水产品产量的需求增多，岸带承受的生态压力也有所增加，胶东半岛东部和南部生态压力变化较小，胶州湾地区岸带开发强度虽增加显著，但是生态压力并没有大幅度增加，海岸带保护与岸带开发较为协调。

（3）生态响应演变

2009～2019 年山东省海岸带生态响应得到显著提升［图 9-19（c）］，绿化覆盖面积、节能环保支出以及固体废弃物综合利用率都有所增加。莱州湾、胶州湾和黄河三角洲入海口地区的开发强度与生态压力增大，生态响应也同步提升；胶东半岛南部各区生态响应也有提升，这与南部着力打造的国际海洋创新策源地和高端海洋产业聚集区相适应；生态响应的提升是强化"青岛、烟台、威海、日照和滨州五大岛群"周边海域生态修复的表现。

（4）综合保护度演变

山东省海岸带保护演变格局有明显差异，沿海地区相较于内陆地区的海岸带改善幅度大（图 9-20）。无棣县、沾化区、利津县、河口区、昌邑市、荣成市、莱阳市、黄岛区的海岸带改善明显，而莱州市、招远市、龙口市、蓬莱市、烟台市、乳山市、海阳市、即墨区、日照市的海岸带改善不大。

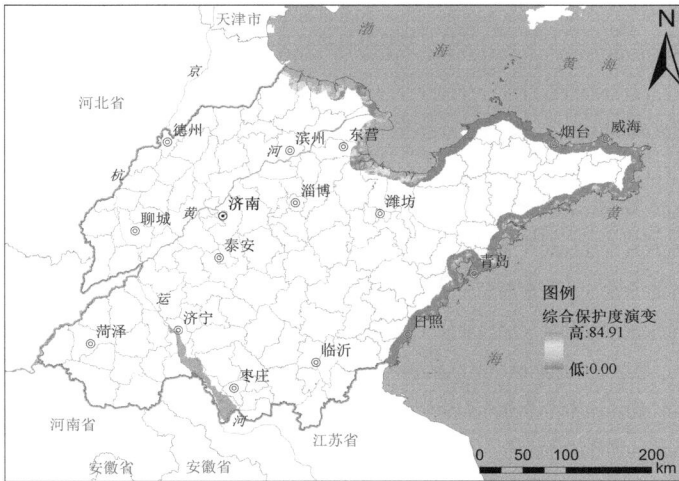

图 9-20　2009～2019 年山东省海岸带综合保护格局演变（彩图附后）

四、海岸带生境质量空间格局及演变

（一）生境质量空间格局

对山东省海岸带生境质量进行评估（喻露露等，2016；黄博强等，2015），并根据自然断点法，将生境质量分为五级，0～0.2 为差，0.2～0.4 为较差，0.4～0.6 为一般，0.6～0.8 为较优，0.8～1.0 为优。从生境质量空间分布上看，2019 年海岸带的生境质量从内陆到沿海地区逐渐递增［图 9-21（b）］，生境质量高值区主要分布在沿海岸线的整个近海地区，生境质量值通常高于 0.6；生境质量低值区主要分布在内陆附近地区，生境质量值低于 0.4。

（二）生境质量空间格局演变

2009～2019 年山东省海岸带整体生境质量有所提高，说明山东省高度重视海岸带生态建设，改善了海岸带环境。在渤海海区重点强化了生态保护修复，对于青岛、烟台、威海、日照和滨州五大岛群实施的周边海域生态修复也取得了一定的成效，如图 9-21 所示。

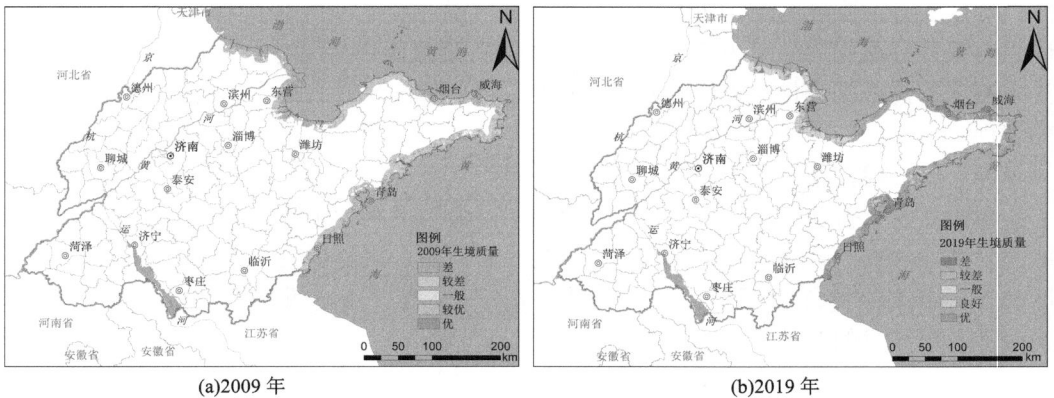

(a)2009 年   (b)2019 年

图 9-21 2009 年、2019 年山东省海岸带生境质量空间格局（彩图附后）

五、海岸带开发强度与保护格局耦合协调关系演变

随着海洋资源与沿海滩涂的开发利用强度增大，自然岸线占比逐年下降，沿海地区人口、经济、社会等多要素不断聚集发展，人口增长与海洋经济发展速度过快造成土地资源紧张，海岸带生态环境承载的压力增大，生态修复的成本日益增高，但随着科学技术创新，资源粗放型产业逐渐被淘汰，海岸带开发又为生态环境保护提供了资金与科技支撑（邱彭华等，2020；童晨等，2020）。因此，海岸带开发强度与保护是相互制衡又是相互促进的，客观上存在着极为复杂的交互作用（邱倩倩等，2017；史戈，2018；林小如等，2020）。

利用耦合协调度模型对海岸带开发强度与海岸带保护关系进行探究，将全省海岸带开发强度与海岸带保护之间的关系分为严重不协调、基本不协调、基本协调、高级协调四个等级。2019 年全省各等级格网数量分别为 8809 个、2725 个、4972 个、79 个，面积占比分别为 53.11%、16.43%、29.98%、0.48%（图 9-22）。与 2009 年相比，整体耦合协调度有所提升，但也存在一定的两极化趋势，全省海岸带基本不协调的面积占比减少了 6%，基本协调与高级协调的面积占比分别增加了 3%和 0.27%，同时严重不协调的面积也占比增加了 3%。严重不协调的地区主要集中在胶东半岛东部，以及以烟台市和威海市为中心的沿海地带；基本不协调的地区主要分布在胶东半岛南部沿黄海地区，以即墨区、海阳市、乳山市、文登区为中心；基本协调的地区主要分布在胶东半岛南部以及胶州湾部分地区，青岛市和日照市少部分县（市、区）；高级协调的地区主要分布在黄河三角洲入海口地区、莱州湾地区以及环渤海地区，一方面随着生产、旅游、船舶制造业等行业的崛起促进了经济的迅猛发展，在岸带开发强度上有所增强，另一方面也能顾及生态环境保护,生态响应增强是其生态环境改善的根本原因,政府通过整顿工业污染,治理海洋环境使得生态综合水平有所回升,因此耦合协调性较高。

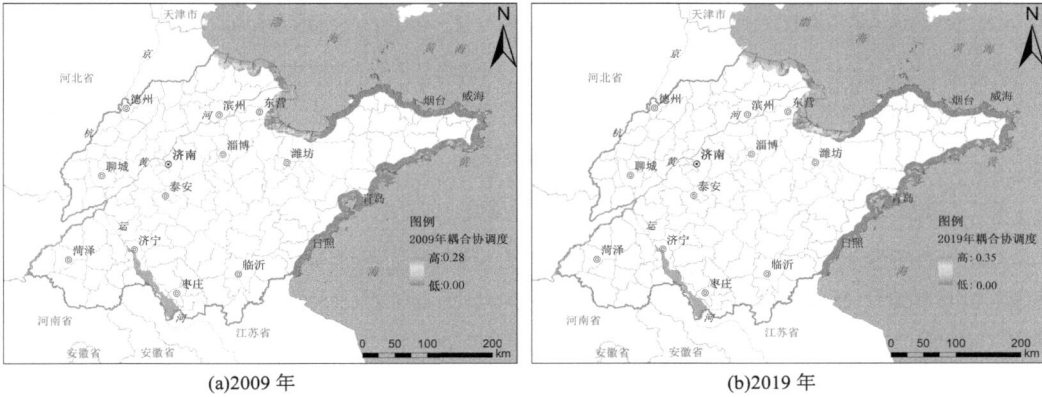

(a)2009 年　　　　　　　　　　(b)2019 年

图 9-22　2009 年、2019 年山东省海岸带开发强度与保护格局耦合协调关系(彩图附后)

第三节　海岸带开发保护问题与调控建议

一、海岸带开发与保护问题

(一)开发强度提高,生态风险增强

山东省港口开发、临港城市发展、临港产业开发等活动给海岸带带来了巨大的资源环境压力,导致海岸带海域污染,生态系统健康状况持续下降,潜在环境风险激增;此外,大规模、高强度的围填海使得优质的湿地滩涂资源被侵占,潜在生态风险增大。

(二)低强度开发用地分布零散,高强度开发用地集约节约化程度低

整个胶东经济圈开发强度较低,由于靠近海域,商业服务业用地、工矿用地、住宅用地、公共管理与公共服务业用地分布零散;在莱州市、招远市、龙口市、蓬莱市地区,受到刁龙嘴附近养殖池扩张、龙口人工岛建设及龙口港扩建的影响,开发强度有所提升,但是土地利用集约节约化程度不高。

(三)部分地区海岸带开发与保护的耦合协调度不高

2019 年山东省海岸带开发与保护严重不协调的格网占 53.11%,主要集中在胶东半岛东部,以及以烟台市和威海市为中心的沿海地带,该地区开发强度低且未重视生态保护,开发与保护未实现较好的耦合协调。

二、海岸带开发与保护调控建议

(一)分级多元实施保护措施

统筹海岸带开发利用空间布局,提升海岸带生态系统服务功能,以莱州湾和胶州湾

为重点，强化湾区引领，打造世界一流的湾区岸带和陆海生态文明融合发展示范区。渤海海区在岸带发展的同时重点强化生态保护修复，将基本协调的耦合协调度提升为高级协调；半岛东部海区耦合协调度低，在加快建设海洋牧场的同时也要注重生态保护，争取达到基本协调；半岛南部海区除了胶州湾地区基本协调以外，其余地区耦合协调度还有待提升，在着力打造国际海洋创新策源地和高端海洋产业聚集区的同时注意生态保护，禁止过度的围填海带来的生态环境破坏；强化青岛、烟台、威海、日照和滨州五大岛群分类管控，实施海岛及其周边海域的生态修复。

（二）参考岸带开发强度，限制围填海程度

渤海湾地区岸带开发强度较大，需要禁止大规模的围填海，在生态红线禁止开发区范围内的岸线应禁止开发，保持原海岸的自然生态性。适当探索湿地生态修复、沙滩养护为目的的海岸线整治修复活动；胶州湾地区开发强度中等，应当追求绿色繁荣发展，以保持海岸生态功能、不破坏自然岸线为原则，禁止修建永久性建筑物，禁止进行开采海砂等活动；而对于山东半岛东部和北部地区，开发强度较小，应当在水质交换条件较差、生态脆弱敏感的海域或者海口禁止开发，适当进行围海养殖等海域生态环境压力较小的围填海活动。在进行岸带开发建设时，都应该注重海域生态环境及自然岸线资源的保护和修复，实现可持续健康发展。

（三）整体调控自然岸线，增强垂直统一管理

在"土地-社会经济-生态环境"耦合系统的演化过程中，岸带开发强度与海岸带保护不一定会时刻保持步调一致，因此，需要进行国土空间规划对岸带实施统一的调控。山东省海岸带是基于自然岸线的区域，应当根据自然地理、生态环境及经济功能等，确定各级政府土地管辖权的范围；海岸带作为重要的生态保护区，可以适当进行统一垂直管理，保护生态环境的同时倒逼地方政府在合理的地域空间开展土地利用与开发。

具体来看，山东省海岸带大致可分为五段，各岸带特点、利用现状与问题以及调控建议见表9-4。

表9-4 山东省海岸带问题诊断建议一览表

岸带分类	县（市、区）	特点	现状及问题	调控建议
黄河三角洲粉沙淤泥质海岸段	无棣县、河口区、沾化区、利津县、东营区、垦利区、广饶县	滩涂广布，沿岸油气资源、土地资源、水利资源、地热资源、盐卤资源、生物资源丰富拥有世界上最新的三角洲-黄河三角洲，内建有保护黄河口原生性湿地生态系统和珍稀濒危鸟类的国家级自然保护区	空间扩张强度高、开发强度高、扩张效益高；自然资源丰富、生态压力重、生态响应多；有限的资源下承受着高强度的开发	在岸带发展的同时重点强化生态保护修复，继续维持高级协调
潍北平原粉沙淤泥质海岸段	寿光市、寒亭区、昌邑市、莱州市	沿岸地市平坦、岸线平直、潮滩广布，组成物质以粗粉砂和粉砂质细沙为主，贝类生物资源、地下卤水资源丰富，盐化工业发达	空间扩张强度较高、开发强度较高、扩张效益较高；自然资源丰富、生态压力较重、生态响应较多围填海面积增加，养殖业、盐业规模扩张速度加快，潜在生态风险加大	重点强化生态保护修复，将基本协调的耦合协调度提升为高级协调

续表

岸带分类	县（市、区）	特点	现状及问题	调控建议
莱-龙-蓬砂质海岸段	招远市、龙口市、蓬莱市	沿岸砂质潮滩发育，以平直的砂质海岸为特色，原生金矿及沙金资源、建材砂及玻璃砂资源丰富，何松和刺槐为主要的人工防护林类型	空间扩张强度中等、开发强度中等、扩张效益中等；自然资源丰富、生态压力小、生态响应多；养殖池扩张、龙口人工岛建设及龙口港扩建的影响，开发强度有所提升	重点监督莱州湾地区开发强度，严禁围填海，开展植被维护、沙滩养护、退围还海、退养还滩
山东半岛东部、南部基岩港湾海岸段	福山区、芝罘区、莱山区、牟平区、环翠区、荣成市、乳山市、海阳市、即墨区、崂山区、市南区、市北区、胶州市、城阳区	沿岸为低丘陵、剥蚀平原和崂山山地，岸线曲折，港湾广布，岛屿众多，海蚀、海积地貌发育，地表水、矿产、海洋生物资源丰富	空间扩张强度低、开发强度低、扩张效益低；自然资源中等、生态压力小、生态响应少；半岛东部海区耦合协调度低，海洋牧场的建设未重视生态保护	提升半岛东部和南部的耦合协调度，争取达到基本协调在水质交换条件较差、生态脆弱敏感的海域或者海口禁止开发，适当进行围海养殖等海域生态环境压力较小的围填海活动
日照砂质海岸段	黄岛区、东港区、莱山区	沿岸以剥蚀平原和冲积平原为主体，岸线较为平直，土壤类型为棕壤和粗骨棕壤，植被资源丰富，黑松和赤松为主要的人工防护林类型	空间扩张强度较强、开发强度高、扩张效益较高；自然资源中等、生态压力较大、生态响应多胶州湾地区基本协调，其余地区基本不协调	开发强度中等，应当追求绿色繁荣发展，以保持海岸生态功能、不破坏自然岸线为原则，禁止修建永久性建筑物，禁止进行开采海砂等活动

第十章 城乡统筹发展

随着经济社会的快速发展、城镇化和工业化进程的快速推进，城乡"二元结构"下的城市用地与农村用地之间的矛盾日益突出，城乡基础设施在资源布局、能力提供和服务质量上的不平衡日益凸显，严重掣肘了经济社会可持续发展。如何实现城镇与农村的统筹发展，形成以工促农、以城带乡、工农互惠、城乡一体的新型城乡关系，是亟须解决的重大问题。城乡统筹发展就是要弥补城乡"二元结构"下形成的城乡差距，其最终目标就是实现城乡生产、生活、生态等方面同步、同向、同质量的发展。党的十九大报告中提出乡村振兴战略，明确要建立健全城乡融合发展体制机制和政策体系。因此，本章基于山东省城乡土地、人口、经济的本底条件，从用地统筹、服务统筹、产业统筹三个维度出发构建指标体系评价全省县（市、区）城乡统筹水平，诊断城乡统筹发展的障碍因子，提出相关调控建议，以期为全省城乡统筹融合发展提供一定参考（陈锡文，2012；胡志林等，2018；景丽，2019；朱仟，2019；叶裕民，2013；瓦庆超，2020）。

第一节 城乡统筹发展本底条件

土地、人口、产业是发展的基础，本节主要从城乡土地利用条件、城乡人口与就业、城乡经济与产业三个方面出发对城乡统筹发展本底条件进行分析。

一、城乡土地利用条件

土地资源是可持续发展的重要保障，更是城镇化和工业化的基础，决定了区域统筹发展的潜力。从土地利用角度出发，以山东省第三次国土调查数据中城镇村属性码为依据，将城镇村属性为 201、202 的地类图斑划分为城镇土地，城镇村属性为 203 的地类图斑划分为农村土地。

如图 10-1 所示，山东省城乡用地整体呈现多点分布的特征，城镇用地分布较为集聚，在全省各主要县（市、区）中心形成了多个集聚点，农村用地的分布相对分散，随机散布在全省范围内。各行政区范围内，城乡用地表现为"一大多小"的分布格局，城镇用地在各行政区的中心城区大面积集中，在各县城区域形成小中心，农村用地散布其中。

山东省城乡用地结构各具特色，城乡特征差异明显。根据"三调"结果，山东省农村用地面积要远大于城镇用地面积，约是城镇用地面积的 1.6 倍，但从用地结构上来看（表 10-1，图 10-2），农村用地仅在住宅用地和工矿用地面积上大于城镇用地，其中农村住宅用地面积约是城镇住宅用地面积的三倍，远远高于城镇住宅用地；而在其他几种用地类型中，农村用地面积均小于城镇用地面积。城镇用地结构中，住宅用地占比最大，

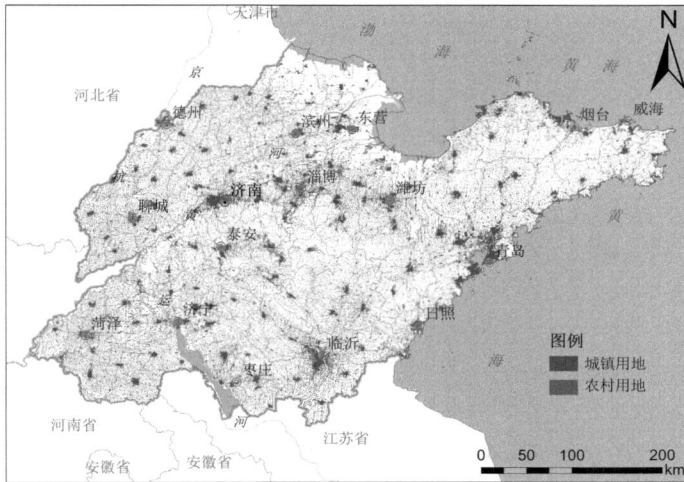

图 10-1　2019 年山东省城乡用地格局（彩图附后）

表 10-1　2019 年山东省城乡各类用地面积与占比

用地类别	城镇用地/hm²	占比/%	农村用地/hm²	占比/%
湿地	352.47	0.04	242.42	0.02
耕地	13276.36	1.47	4559.74	0.31
种植园地	3353.66	0.37	700.21	0.05
林地	35374.06	3.91	15657.18	1.06
草地	7760.15	0.86	1149.65	0.08
商业服务业用地	94112.11	10.39	77177.29	5.25
工矿用地	216857.16	23.95	233057.98	15.84
住宅用地	323711.12	35.75	1006785.63	68.44
公共管理与公共服务用地	90018.95	9.94	53125.40	3.61
特殊用地	5773.65	0.64	991.71	0.07
交通运输用地	101261.39	11.18	71475.62	4.86
水域及水利设施用地	11197.23	1.24	5091.81	0.35
其他土地	2443.60	0.27	990.60	0.07
总计	905491.88	100.00	1471005.24	100.00

占比约为 35.75%，其次分别为工矿用地、交通运输用地以及商业服务业用地；而农村用地结构中，住宅用地占比较大，约占农村用地面积的 68.44%，其次为工矿用地，约占用地面积的 15.84%。从城乡用地结构的差异可以看出，城镇和农村工矿用地面积和商业服务业面积相差无几，城镇区域在交通服务和公共管理服务等方面略优于农村地区；农村普遍存在住宅用地面积过大的现象，住宅用地的集约节约亟需加强。

二、城乡人口与就业

人口是城乡建设发展的根本，就业是城乡人口生活的保障。山东省是人口大省，2019

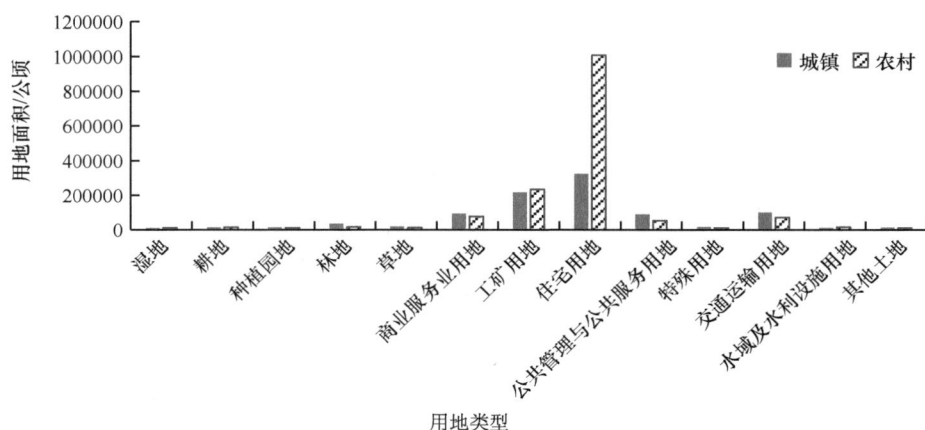

图 10-2　2019 年山东省城乡用地结构

年全省人口数为 10070.21 万人，城镇化率达 61.51%。全省人口总数稳步攀升，城镇人口数量从 2009 年的 3547.75 万人增长至 6194.19 万人，城镇化率从 37.54%提高至 61.51%，增长了约 23.97 个百分点（表 10-2、图 10-3）。山东省城乡就业形势总体稳定，2009 年至 2019 年就业人员数量波动不大，城镇就业人员和农村就业人员数量相近，整体上农村就业人员逐渐向城镇就业人员转变（表 10-3、图 10-4）。

表 10-2　2009～2019 年山东省城乡人口变化

年份	城镇人口/万人	农村人口/万人	总人口/万人	城镇化率/%
2009	3547.75	5901.70	9449.45	37.54
2010	3838.64	5697.55	9536.19	40.25
2011	3944.89	5646.11	9591.00	41.13
2012	4020.72	5559.00	9579.72	41.97
2013	5231.70	4380.34	9612.04	54.43
2014	5385.17	4361.93	9747.10	55.25
2015	5613.87	4233.29	9847.16	57.01
2016	5870.51	4050.93	9921.44	59.17
2017	6061.53	3944.30	10005.83	60.58
2018	6146.90	3900.34	10047.24	61.18
2019	6194.19	3876.02	10070.21	61.51

三、城乡经济与产业

经济条件是城乡发展的基础，产业结构是城乡统筹发展的重要抓手。山东省是经济大省，经济发展形势良好，2019 年经济总量居全国第三位，全省生产总值（GDP）初步核算数为 71067.53 亿元，按可比价格计算，比上年增长 5.5%。其中，第一产业增加值 5116.44 亿元，增长 1.1%；第二产业增加值 28310.92 亿元，增长 2.6%；第三产业增加值 37640.17 亿元，增长 8.7%。产业结构由上年的 7.4：41.3：51.3 调整为 7.2：39.8：53.0。人均生产总值 70653 元，增长 5.2%（表 10-4）。

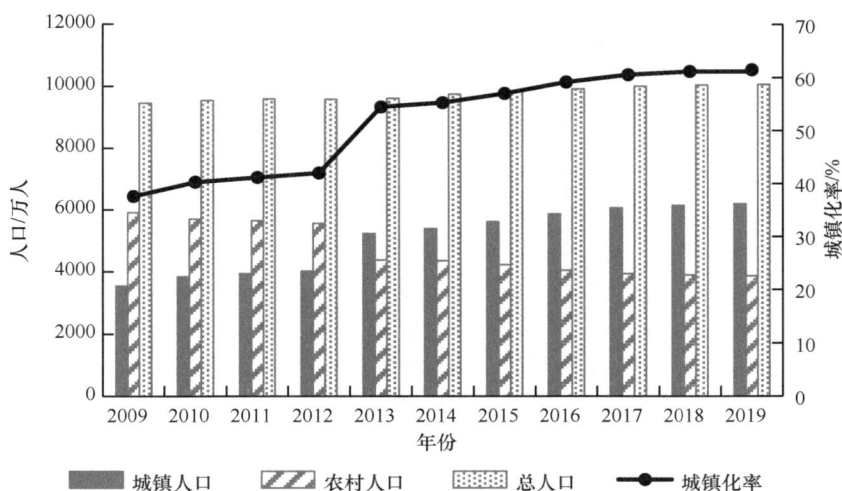

图 10-3　2009～2019 年山东省城乡人口变化趋势

表 10-3　2009～2019 年山东省城乡人员就业情况人员　　　　　（单位：万人）

年份	城镇就业人员	农村就业人员	就业人员合计
2009	2803.4	3490.8	6294.2
2010	2927.4	3474.5	6401.9
2011	3014.4	3471.2	6485.6
2012	3084.3	3470	6554.3
2013	3153	3427.4	6580.4
2014	3201	3405.5	6606.5
2015	3255.9	3376.6	6632.5
2016	3278.3	3371.4	6649.7
2017	3231.4	3329.2	6560.6
2018	3044.7	3135.9	6180.6
2019	3096.5	2891.4	5987.9

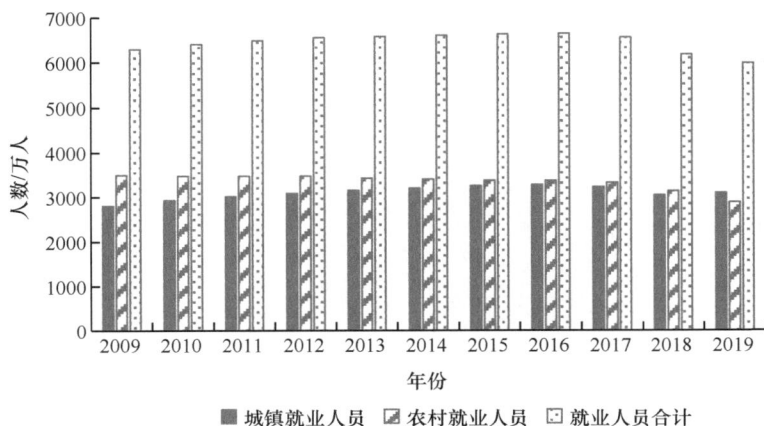

图 10-4　2009～2019 年山东省城乡就业人员变化

表 10-4　2019 年山东省各地市产业产值　　　　（单位：亿元）

行政区名称	地区生产总值	第一产业产值	第二产业产值	第三产业产值
山东省	71067.53	5116.44	28310.92	37640.17
济南市	9443.37	343.06	3265.22	5835.09
青岛市	11741.31	409.98	4182.76	7148.57
淄博市	3642.42	149.30	1817.84	1675.28
枣庄市	1693.91	158.87	736.98	798.06
东营市	2916.19	145.73	1675.11	1095.35
烟台市	7653.45	550.42	3185.48	3917.55
潍坊市	5688.50	517.42	2291.04	2880.04
济宁市	4370.17	503.84	1760.01	2106.32
泰安市	2663.59	288.67	1036.20	1338.72
威海市	2963.73	288.61	1196.34	1478.78
日照市	1949.38	167.77	831.88	949.73
临沂市	4600.25	409.48	1742.48	2448.29
德州市	3022.27	311.88	1263.70	1446.69
聊城市	2259.82	317.60	806.88	1135.34
滨州市	2457.19	230.21	1041.01	1185.97
菏泽市	3409.98	323.56	1453.74	1632.68

产业用地是二、三产业发展的根基，山东省产业用地资源丰富，全省产业用地面积约 617853.33hm²，约占全省国土面积的 4%。2019 年山东省城乡产业用地面积相近，产业用地分布均衡，农村产业发展潜力较大。从产业用地的分布来看，城镇产业用地主要分布在青岛市、济南市、烟台市等市区，农村产业用地主要分布在临沂市、潍坊市、菏泽市等市区（表 10-5）。

表 10-5　2019 年山东省各地区产业用地面积结构　　　　（单位：hm²）

行政区名称	城镇产业用地面积	农村产业用地面积
济南市	24003.21	18064.27
青岛市	45185.42	18596.49
淄博市	15543.95	19296.43
枣庄市	7161.478	9380.255
东营市	16994.62	10959.54
烟台市	33589.22	19750.40
潍坊市	30900.84	40395.13
济宁市	18739.48	20987.79
泰安市	10954.06	12117.85
威海市	11882.14	10502.57
日照市	8689.067	10905.90
临沂市	20521.47	44289.46
德州市	19965.00	14402.04
聊城市	13008.76	17879.04
滨州市	18119.82	17435.64
菏泽市	12359.53	25272.46
合计	307618.10	310235.30

第二节　城乡统筹发展水平

以山东省城乡统筹发展的本底条件为基础，结合山东省实际情况，确定评价指标选取原则，选取城乡统筹发展具体评价指标，从城乡"用地-服务-产业"三个维度出发构建城乡统筹发展水平评价指标体系，对山东省城乡统筹水平进行度量，探究城乡统筹分异规律，挖掘山东省城乡统筹进程中存在的问题，并针对相关问题提出对应的调控建议。

一、城乡统筹发展评价指标体系构建

（一）评价指标体系构建原则

以城乡统筹发展的内涵为基础原则。评价指标体系的建立要以城乡统筹发展的内涵为基础原则，体系的建立要以城乡统筹的重点领域和主要内容为基本出发点，统计指标要充分体现城乡统筹发展程度。

系统性原则。指标体系作为一个综合评价城乡统筹发展的整体，其实际上反映的是一个大系统在多个子系统相互作用下的一个过程。山东省城乡统筹发展是一个大系统，影响山东省城乡统筹发展的各要素（用地、产业、人口、就业等）以某种特性组合成不同的子系统。

可比性原则。城乡统筹发展既是一个绝对的概念，又是一个相对的概念。评价指标体系研究的目的就是能够形成各种比较，要在不同地区不同时期都能进行比较。因而选取的指标要具有共性，并且在指标的涵义、统计口径、计算方法上保持一致，以便指标之间要能够进行比较，保证具有可比性。

可操作性原则。评价指标在符合山东省城乡统筹发展基本理论和实际情况时，必须要考虑指标选取的可操作性。一些指标设计出来，要用到定量研究中，必须要能够易于获得数据支持，并且还要注意数据资料获得真实性和可信度。

因地制宜原则。衡量一个区域的城乡统筹发展水平，要从其特定的地理位置、自然条件、经济条件等特征出发，有针对性地选择符合当地实际情况的指标。因此指标体系的设计必须要符合山东省城乡统筹发展的基本要求，结合全省城乡统筹的实际来构建评价指标体系。

（二）城乡统筹评价指标的建立

山东省城乡统筹发展是一个大系统，在这个大系统下，可以将其看成是由城乡用地统筹系统、城乡服务统筹系统、城乡产业统筹系统三个子系统组成，指标设计可以从这三个子系统出发。依照评价指标体系构建的原则，从全局和局部两个方面构建了"1+3+14"的山东省城乡统筹评价指标体系（表10-6）。指标体系共包括三个层次，第一个层次为山东省城乡统筹，第二个层次为城乡用地、服务、产业三个子系统，第三个层次为各子系统下设立的具体指标（Lin et al.，2013；刘立富，2016；刘鹏，2021；鲁能，2018；朱菲菲等，2016；徐丁，2014；张海鹏等，2020）。

表 10-6　山东省城乡统筹发展评价指标体系

城乡统筹系统	城乡统筹子系统	城乡统筹具体指标	指标性质
城乡统筹	城乡用地统筹	城乡建设用地变化耦合度	—
		经济增长与建设用地弹性系数	—
		城镇建设用地集聚度	正向
		建设用地占用耕地连片度	负向
	城乡服务统筹	人均公共服务设施容量	正向
		公共服务设施可达性	正向
		交通网络覆盖密度	正向
		城乡联系紧密度	正向
		居民对外交通便利度	正向
		城镇人均绿地面积	正向
		区域生态系统服务功能指数	正向
	城乡产业统筹	城乡人均产值比	负向
		城乡人均产值比变化率	正向
		城乡人均产业用地比	负向

（三）城乡统筹评价指标的分析与计算

①城乡建设用地变化耦合度。城乡建设用地变化耦合度=城镇建设用地变化量/农村建设用地变化量。该指标反映区域内城乡建设用地发展协调程度，相同状态下，城乡建设用地变化耦合度越高，城乡建设用地发展越协调。

②经济增长与建设用地弹性系数。经济增长与建设用地弹性系数=GDP 变化量/建设用地变化量。该指标反映区域内建设用地变化与经济发展之间的联系，相同状态下，经济增长与建设用地弹性系数越高，城乡建设用地发展与经济发展越协调，统筹程度越高。

③城镇建设用地集聚度。该指标的计算公式如下：

$$\left[\frac{g_{ii}}{\max \to g_{ii}}\right] \cdot (100) \tag{10-1}$$

式中，g_{ii} 表示基于单计数方法的同类型斑块之间的相似邻接（连接）数。$\max \to g_{ii}$ 表示基于单计数方法的同类型斑块之间的最大相似邻接（连接）数。

该指标反映区域内城镇建设用地的发展形态，集聚度越高，城市发展对周边土地的影响越小，区域用地分配越统筹。

④建设用地占用耕地连片度。该指标的计算公式如下：

$$\left[1-\frac{\sum_{i=1}^{m}\sum_{j=1}^{n}P_{ij}^{*}}{\sum_{i=1}^{m}\sum_{j=1}^{n}P_{ij}^{*}\sqrt{a_{ij}^{*}}}\right]\left[1-\frac{1}{\sqrt{Z}}\right]^{-1} \cdot (100) \tag{10-2}$$

式中，P_{ij}^{*} 表示第 i 类第 j 个斑块的栅格周长；a_{ij}^{*} 表示第 i 类第 j 个斑块的栅格面积；Z 表示该类型斑块栅格总数。

该指标反映区域内被占用耕地的连片程度，连片度越高，被占用的大片耕地越多，对耕地生产的影响越大，建设用地与耕地系统越不协调。

⑤人均公共服务设施容量。人均公共服务设施容量=区域内公共服务设施用地面积/区域人口。该指标反映区域内公共服务设施的服务能力，人均公共服务设施容量越大，区域内居民获得的公共服务越全面。

⑥公共服务设施可达性。公共服务设施可达性指标计算公式如下：

$$\frac{n}{\sum_{i=1}^{n}d_i} \tag{10-3}$$

式中，d_i表示农村居民点距公共服务设施用地距离；n表示区域内农村居民点数量。

考虑到区域公共服务设施大都集中于城镇区域，农村区域公共服务设施相对匮乏，因此本章选取区域内农村居民点距公共服务设施的平均距离作为衡量区域公共服务设施可达性的指标，农村居民点距公共服务设施的距离越小，公共服务设施可达性指标越大，农村居民享有区域公共服务越便利，区域城乡公共服务统筹越好（李保杰等，2021）。

⑦交通网络覆盖密度。交通网络覆盖密度=区域交通运输用地面积/区域面积。该指标反映区域内交通网络覆盖程度，覆盖密度越高，区域内交通越便利，越便于城乡联系。

⑧城乡联系紧密度。城乡联系紧密度指标计算公式如下：

$$\frac{n}{\sum_{i=1}^{n}d_i} \tag{10-4}$$

式中，d_i表示农村居民点与区域内城镇中心之间的距离；n表示区域内农村居民点数量。

该指标反映区域内城乡之间联系的紧密度，城乡之间距离越近，城镇对农村居民点的辐射作用越强，越能带动农村经济的发展，城乡越能同向发展（佟艳，2019）。

⑨居民对外交通便利度。居民对外交通便利度的计算公式如下：

$$\frac{n}{\sum_{i=1}^{n}d_i} \tag{10-5}$$

式中，d_i表示农村居民点距区域内火车站的距离；n表示区域内农村居民点数量。

由于火车站均布置在城镇周边，城镇居民距火车站的距离较短，而农村居民点相对距火车站的距离较远，因此区域内居民对外交通的便利程度主要体现在农村居民的出行便利度，因此选取农村居民点距火车站的最短距离作为衡量农村居民出行便利度的指标（王佳等，2020）。

⑩城镇人均绿地面积。城镇人均绿地面积=城镇绿地面积/城镇人口。考虑到区域内农村居民点分布一般较为分散，居民点周边生态用地面积广阔，生态服务价值较高；而城镇区域生态服务功能相对不足，具有一定的可比性，因此本章选取城镇人均绿地面积作为衡量区域生态服务能力的指标，人均绿地面积越大，城镇居民享受的生态服务越充足（谢婧和李文，2020）。

⑪区域生态系统服务功能指数。生态系统服务功能指数为各县（市、区）生态用地固碳功能、粮食供给功能、产水功能、生境维持功能等生态系统功能综合得出的生态系统服务功能指数，指数越高，区域生态系统服务能力越强。该指标数据来源于第五章《生态用地与生态系统服务空间格局》计算结果（刘永强等，2015；张启舜等，2021）。

⑫城乡人均产值比。城乡人均产值比=城镇人均产值/农村人均产值。由于目前统计年鉴中并未将城镇与农村产业产值进行区分，考虑到城镇产业产值主要来自于二、三产业，农村产业产值主要来自于第一产业，因此将各县（市、区）二、三产业产值看作城镇产业产值，第一产业产值看作农村产业产值，城乡人均产值比越小，区域内城乡差距越小，城乡统筹度越高（贾少龙，2013；王少杰，2019）。

⑬城乡人均产值比变化率。城乡人均产值比变化率的计算公式如下：

$$城乡人均产值比变化率=1-\sqrt[10]{\frac{2020年城乡人均产值比}{2010年城乡人均产值比}} \qquad (10\text{-}6)$$

该指标反映区域内城乡人均产值比的变化趋势，变化率越大，城乡人均产值差距减小的趋势越强，城乡经济发展越趋同。

⑭城乡人均产业用地比。城乡人均产业用地比=城镇人均产业用地面积/农村人均产业用地面积。该指标反映区域内城乡产业用地分配的均衡性，比值越大，城乡产业用地分配越不均衡，城镇与农村产业发展潜力的差距越大。

二、城乡用地统筹发展水平

（一）城乡用地统筹发展水平测算结果

在山东省城乡统筹评价指标体系建立和选择的基础上，结合城乡用地统筹子系统中各指标的具体计算方法，分别计算出山东省各县（市、区）城乡用地统筹发展各指标的结果，各县（市、区）具体指标结果如表10-7所示：

表 10-7　山东省各县（市、区）城乡用地统筹指标计算结果

行政区名称	城乡建设用地变化耦合度	经济增长与建设用地弹性系数	城镇建设用地集聚度	建设用地占用耕地连片度
山东省	2.36	0.17	84.15	81.46
济南市	−1.27	−1.28	86.02	83.06
历下区	−29.44	−11.31	92.28	89.61
市中区	−3.97	6.24	86.19	82.70
槐荫区	−0.75	−23.30	92.34	88.19
天桥区	−0.23	−0.36	92.14	85.08
历城区	−1.32	−1.67	84.29	87.75
长清区	−0.38	−0.61	80.52	79.91
章丘区	−2.51	0.79	86.05	81.76
济阳区	−0.54	−0.12	83.54	84.10
莱芜区	1.77	−0.34	86.66	78.83
钢城区	0.14	−14.13	86.19	73.59
平阴县	−0.54	0.63	81.05	85.13
商河县	−0.98	−0.04	77.67	80.34
青岛市	−34.48	1.15	85.74	84.43
市南区	—	25.66	95.72	—
市北区	—	3.46	96.27	—

续表

行政区名称	城乡建设用地变化耦合度	经济增长与建设用地弹性系数	城镇建设用地集聚度	建设用地占用耕地连片度
黄岛区	−5.29	1.27	85.77	82.36
崂山区	−0.32	−0.80	87.96	36.97
李沧区	1.10	1.91	91.28	82.16
城阳区	3.68	−0.37	85.65	83.17
即墨区	−3.09	0.15	81.21	86.52
胶州市	7.60	0.20	85.86	88.67
平度市	−0.18	0.52	85.27	76.54
莱西市	−2.02	−0.06	83.11	81.02
淄博市	**1.21**	**0.40**	**83.84**	**80.02**
淄川区	−1.27	0.11	80.90	68.75
张店区	−5.44	0.18	89.90	87.17
博山区	−0.08	0.11	81.68	68.04
临淄区	0.78	0.20	84.11	81.96
周村区	0.86	0.04	85.78	80.74
桓台县	−0.96	−12.47	83.51	83.33
高青县	3.01	−0.12	74.61	80.08
沂源县	−1.37	−0.10	79.28	71.61
枣庄市	**1.13**	**0.13**	**84.51**	**73.89**
市中区	0.28	0.14	86.43	69.53
薛城区	2.00	0.16	83.93	78.14
峄城区	0.77	0.02	83.36	64.20
台儿庄区	2.09	0.02	81.67	74.13
山亭区	0.17	−0.07	80.83	72.36
滕州市	3.78	0.20	87.70	76.80
东营市	**−4.68**	**0.02**	**82.69**	**86.27**
东营区	−12.00	−0.01	87.39	84.70
河口区	−2.98	0.00	77.11	67.11
垦利区	−1.65	−0.05	80.13	85.42
利津县	−3.86	−0.01	82.61	83.28
广饶县	1.14	0.01	84.64	88.35
烟台市	**25.67**	**0.22**	**83.49**	**78.47**
芝罘区	1.85	0.91	89.40	72.59
福山区	−2.76	0.49	86.76	91.87
牟平区	−2.23	0.55	79.61	69.27
莱山区	−2.08	0.30	80.87	77.85
长岛县	−0.61	−0.66	80.69	−
龙口市	−29.87	0.09	88.27	75.32
莱阳市	1.80	−0.26	84.12	73.06
莱州市	0.39	0.12	83.78	68.08
蓬莱市	3.85	0.02	85.04	79.12

行政区名称	城乡建设用地变化耦合度	经济增长与建设用地弹性系数	城镇建设用地集聚度	建设用地占用耕地连片度
招远市	0.73	0.17	81.34	79.88
栖霞市	2.39	−0.61	73.56	64.83
海阳市	2.51	0.40	78.76	76.58
潍坊市	**0.68**	**0.09**	**85.69**	**79.24**
潍城区	0.11	0.11	87.35	75.82
寒亭区	3.63	0.06	82.69	73.93
坊子区	7.69	−0.02	84.65	84.73
奎文区	−0.53	0.66	91.85	89.49
临朐县	4.27	0.12	81.45	77.67
昌乐县	0.94	0.33	85.70	79.32
青州市	0.33	0.04	86.61	78.86
诸城市	0.28	0.23	88.94	79.77
寿光市	0.62	0.02	85.66	79.14
安丘市	0.28	−0.13	85.35	76.86
高密市	0.80	0.07	88.39	75.93
昌邑市	0.08	0.02	88.55	78.01
济宁市	**2.22**	**0.10**	**83.44**	**83.90**
任城区	12.65	0.18	88.58	87.04
兖州区	−4.55	0.09	84.97	88.84
微山县	3.03	0.14	79.15	79.93
鱼台县	9.52	0.22	79.72	83.69
金乡县	14.37	0.05	81.65	85.94
嘉祥县	4.22	−0.04	83.96	82.43
汶上县	1.03	0.51	84.99	87.39
泗水县	0.83	0.15	81.18	73.43
梁山县	1.22	0.02	79.79	83.56
曲阜市	2.59	0.09	83.44	81.68
邹城市	−0.29	0.23	86.17	81.46
泰安市	**1.95**	**0.31**	**83.74**	**77.42**
泰山区	−4.51	0.23	89.97	80.44
岱岳区	2.26	0.77	84.32	76.39
宁阳县	1.64	0.11	81.84	81.84
东平县	−3.40	0.02	81.22	84.49
新泰市	0.33	−0.01	80.99	65.80
肥城市	0.31	0.88	84.79	81.92
威海市	**2.31**	**−53.39**	**80.10**	**81.10**
环翠区	30.11	0.35	81.95	83.37
文登区	0.75	−0.03	80.76	76.64
荣成市	0.63	0.16	79.59	83.87
乳山市	−45.49	0.00	77.94	74.16

续表

行政区名称	城乡建设用地变化耦合度	经济增长与建设用地弹性系数	城镇建设用地集聚度	建设用地占用耕地连片度
日照市	**0.80**	**0.09**	**83.74**	**82.73**
东港区	1.10	0.23	85.94	78.32
岚山区	0.19	0.05	82.05	83.45
五莲县	0.06	0.29	82.73	90.51
莒县	3.84	0.05	82.50	79.48
临沂市	**0.74**	**0.15**	**83.74**	**78.36**
兰山区	0.73	0.15	90.78	84.37
罗庄区	0.18	0.22	93.26	76.41
河东区	1.34	0.15	84.87	78.65
沂南县	1.07	0.03	85.26	77.41
郯城县	−2.41	0.08	82.60	73.87
沂水县	−0.28	−0.20	83.77	78.14
兰陵县	1.49	0.07	83.66	68.07
费县	2.40	0.05	81.88	76.85
平邑县	0.51	0.17	81.46	73.52
莒南县	0.65	0.07	81.86	82.83
蒙阴县	4.75	−0.01	81.83	73.46
临沭县	0.07	0.09	82.44	80.70
德州市	**−3.22**	**−2.26**	**85.01**	**84.96**
德城区	−2.95	0.14	90.14	89.30
陵城区	11.25	−0.21	83.71	84.49
宁津县	0.84	0.08	85.55	80.06
庆云县	1.04	0.07	90.95	84.82
临邑县	−2.75	−0.07	80.82	81.26
齐河县	−0.94	−1.20	84.24	89.95
平原县	8.33	0.40	84.00	85.59
夏津县	−0.93	−0.26	85.90	78.99
武城县	−2.66	−0.13	82.62	85.94
乐陵市	1.05	0.08	83.19	78.24
禹城市	−0.60	−0.06	85.35	85.14
聊城市	**1.27**	**0.04**	**85.49**	**80.86**
东昌府区	1.22	0.07	89.04	83.70
阳谷县	1.11	0.07	82.48	79.49
莘县	0.31	0.02	81.30	75.14
茌平区	0.70	0.03	87.50	87.92
东阿县	−2.75	0.03	85.27	82.47
冠县	−4.11	0.05	84.42	78.21
高唐县	−0.77	0.08	86.30	74.35
临清市	0.65	0.01	86.56	74.90
滨州市	**1.49**	**0.03**	**83.26**	**83.80**

行政区名称	城乡建设用地变化耦合度	经济增长与建设用地弹性系数	城镇建设用地集聚度	建设用地占用耕地连片度
滨城区	2.92	0.14	85.49	84.51
沾化区	2.21	0.01	81.06	79.29
惠民县	5.27	0.04	77.91	83.19
阳信县	2.68	0.10	80.89	81.82
无棣县	2.99	0.01	82.73	77.58
博兴县	0.06	0.06	84.90	84.83
邹平市	0.84	0.01	86.75	75.32
菏泽市	**1.58**	**0.12**	**83.47**	**82.21**
牡丹区	0.85	0.11	87.01	85.21
定陶区	−0.47	0.04	81.52	84.67
曹县	0.75	0.15	86.00	79.61
单县	−1.06	−0.47	83.38	80.18
成武县	0.47	0.02	80.95	78.62
巨野县	1.94	0.09	82.18	74.67
郓城县	0.59	0.10	82.27	82.59
鄄城县	−45.37	0.20	83.12	84.17
东明县	0.22	0.27	86.45	86.30

注："三调"数据显示，市南区、市北区内没有农村用地，长岛县内没有耕地，因此部分指标结果为空。

（二）城乡用地统筹发展水平分类

从城乡建设用地变化耦合度结果来看，山东省各县（市、区）呈现不同的城乡建设用地变化特征，根据指标计算结果可以将山东省137个县（市、区）划分为优、良、中、差四个类别。

将城镇建设用地减少、农村建设用地减少；城镇建设用地增加、农村建设用地减少的两种类型县（市、区）划分为优类。该类别的县（市、区）在城镇建设用地扩张（或收缩）的同时，实现了农村建设用地的集约节约利用，充分利用区域内建设用地空间，减少对其他用地尤其是耕地的占用，城乡建设用地统筹工作比较到位，因此将其划分为优类。

将城镇建设用地增加、农村建设用地增加且城乡建设用地变化耦合度大于 1 的县（市、区）划分为良类，其建设用地变化特征为城市建设用地与农村建设用地有所增加，城市建设用地扩张幅度大于农村建设用地扩张幅度。该类县（市、区）在经济发展的过程中实现了城镇和农村建设用地的同步扩张，由于城镇经济活力普遍高于农村，在建设用地增长的过程中，城镇建设用地的增长幅度高于农村建设用地是符合区域整体发展趋势的，因此该类县（市、区）在一定程度上做到了城乡建设用地统筹。

将城镇建设用地面积增加、农村建设用地增加且城乡建设用地变化耦合度结果小于 1 的县（市、区）划分为中类，城镇建设用地扩张幅度小于农村建设用地扩张幅度，农村建设用地的集约节约利用水平较低，过量的农村建设用地扩张，并不利于区域的长远经济发展，因此该类县（市、区）的城乡建设用地统筹发展水平一般。

将城镇建设用地面积减少、农村建设用地面积增加的县（市、区）划分为差类，从山东省城乡建设用地的利用情况来看，农村建设用地整体的集约节约利用水平较低，农村建设用地扩张，城镇建设用地减少的变化趋势并不利于长远的经济发展，该类县（市、区）的城乡建设用地统筹工作不到位。

根据上述的划分标准，山东省各县（市、区）城乡建设用地变化耦合度分类结果如图 10-5 所示。城乡建设用地变化耦合度分级分布格局较为分散，在济南市与德州市交界处"优类"县区相对集中，但在济南市中心城区分级呈现"差类"的状态；分类为优的县（市、区）有 39 个，主要分布在济南市、东营市、德州市南部等区域；城乡建设用地变化耦合度分类为良的县（市、区）共有 46 个，主要分布在滨州市、济宁市以及烟台市中部等区域；城乡建设用地变化耦合度分类为中的县（市、区）共有 39 个，主要分布在菏泽市与潍坊市等区域；城乡建设用地变化耦合度为差的县（市、区）共有 13 个，该类型县（市、区）分布较为分散，在济南市、青岛市、临沂市等区域均有所分布。

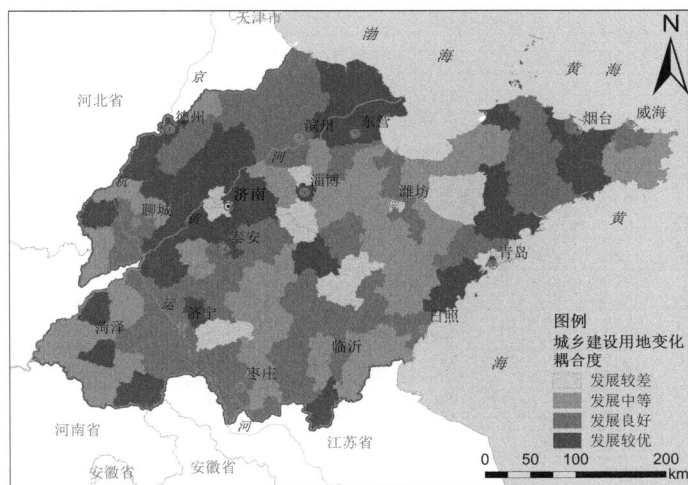

图 10-5　山东省各县（市、区）城乡建设用地变化耦合度分类格局

从经济增长与建设用地弹性系数来看，山东省各县（市、区）呈现出不同的弹性系数特征，根据指标计算结果可以将山东省 137 个县（市、区）划分为优、良、中、差四个类别。

将经济增长、建设用地面积减少的县（市、区）划分为优类，该类型县（市、区）在区域经济发展的同时兼顾了城乡建设用地的集约节约利用，区域内建设用地的统筹工作比较到位；将经济增长、建设用地面积扩张且经济增长与建设用地弹性系数在全省平均值以上的县（市、区）划分为良类，其主要特征为区域 GDP 随着建设用地面积的扩张而增长，单位新增建设用地 GDP 产出高于全省平均水平。从区域未来整体发展态势来看，该类县（市、区）建设用地投入产出结构较为合理，经济产出效率普遍较好，建设用地统筹工作比较到位；将经济增长、建设用地面积扩张且经济增长与建设用地弹性系数低于全省平均值的县（市、区）划分为中类，该类型县（市、区）单位新增建设用地 GDP 产出较低，经济效率一般，未能实现较好的区域经济增长与建设用地扩张的统筹协调；将经济倒退、建设用地扩张以及经济倒退、建设用地收缩的县（市、区）划分为差类，该类型县（市、区）在建设用地变化调整的过程中并没有给区域经济带来良好的促进作用，建设用地投入产出结构不合理，区域建设用地发展未实现统筹协调。

　　根据上述的划分标准，山东省各县（市、区）经济增长与建设用地弹性系数分类结果如图 10-6 所示。经济增长与建设用地弹性系数分类为优的县（市、区）共有 35 个，主要分布在济南–淄博–泰安–临沂市四市交界处以及济南市德州市交界处，优类县区主要分布在经济发展潜力较高的县区，如环济南市中心城区、青岛市中心城区以及泰山–沂蒙山区域的县区，这些县区经济发展基础相对比较薄弱，可以接受经济发展发达地区的经济辐射，在建设用地增加较少或者不增长等情况下实现经济总量提高；经济增长与建设用地弹性系数分类为良的县（市、区）共有 32 个，主要分布在泰安市北部以及青岛市、潍坊市、日照市三市交界处；经济增长与建设用地弹性系数分类为中的县（市、区）共有 65 个，主要分布在聊城市、菏泽市、临沂市等区域；经济增长与建设用地弹性系数分类为差的县（市、区）共有 5 个，分布相对较为分散。

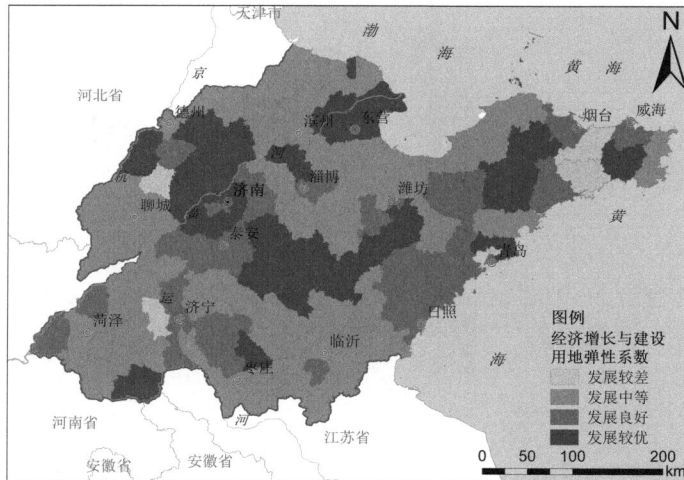

图 10-6　山东省各县（市、区）经济增长与建设用地弹性系数分类格局

　　从城镇建设用地紧凑度来看，全省城镇建设用地集聚度平均值为 84.29，根据自然断点法将紧凑度在平均值以上的县（市、区）划分为优类（88.94～96.27）和良类（84.29～88.94），在平均值以下的县（市、区）划分为中类（80.52～84.29）和差类（73.56～80.52），分类结果如图 10-7 所示。城镇建设用地紧凑度分类为优的县（市、区）有 16 个，城镇建设用地紧凑度值均在 89 以上，该类型县（市、区）主要为山东省各地级市的中心城区，中心城区城镇建设用地规划工作相对比较完善，对建设用地的限制程度较高，因此城镇建设用地紧凑度分数较高，建设用地统筹工作比较到位；城镇建设用地紧凑度分类为良的县（市、区）共有 49 个，城镇建设用地紧凑度值均在全省平均值以上，城镇建设用地相对较为规整，城镇扩张占用的外部土地紧凑度较高；城镇建设用地紧凑度分类

为中的县（市、区）共有 58 个，紧凑度分值均在全省平均值以下，城镇建设用地形态缺乏规整性，建设用地统筹利用程度较差；城镇建设用地紧凑度分类为差的县（市、区）共有 14 个，紧凑度值均小于 80.13，城镇建设用地统筹还有待提高。

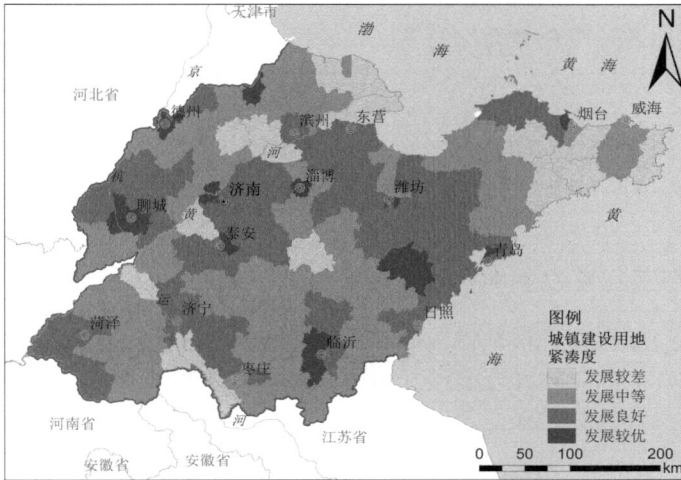

图 10-7　山东省各县（市、区）城镇建设用地紧凑度分类格局

从建设用地占用耕地连片度来看，全省建设用地占耕地连片度为 81.46，根据自然断点法将被占用耕地连片度小于平均值的县（市、区）划分为优类（36.97～70）和良类（70～81.46），大于平均值的县（市、区）划分为中类（81.46～85.59）和差类（85.59～92），分类结果如图 10-8 所示。建设用地占用耕地连片度分类为优的县（市、区）共有 14 个，其区域内建设用地占用耕地结合度值均在 70 以下，被占用耕地相对较为零散，建设用地之间零星耕地的占用比例较高，有利于对区域内大片耕地的保护；建设用地占用耕地连片度分类为良的县（市、区）共有 63 个，主要分布在山东半岛–鲁东南–鲁南

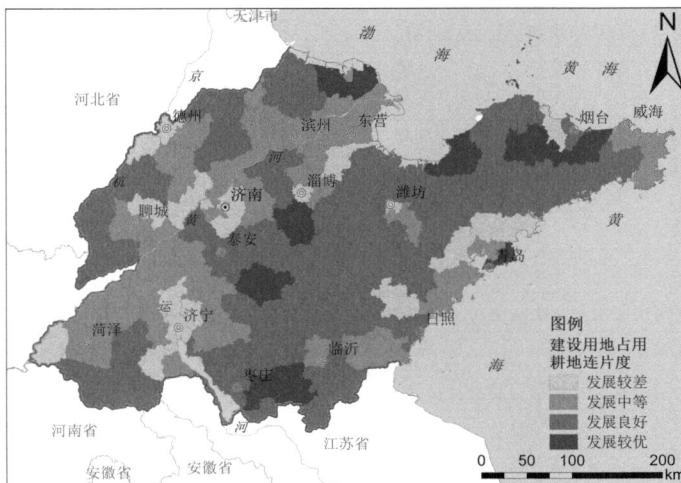

图 10-8　山东省各县（市、区）建设用地占用耕地连片度分类格局

连片区域，其区域内建设用地占用耕地结合度值均处于 70～81.46 之间，被占用耕地的结合度相对较低，耕地的分布较为分散；建设用地占用耕地连片度分类为中的县（市、区）共有 41 个，主要分布在鲁西北–鲁西连片区域，其区域内被占用耕地的结合度处于 81.46～85.59 之间，耕地结合度较高，耕地分布较为集聚，不利于耕地的发展与保护；建设用地占用耕地连片度分类为差的县（市、区）共有 19 个，其区域内被占用耕地的结合度均在 85.59 以上，最大结合度达到了 92，被占用耕地的连片度过高，耕地的生产能力，耕地质量类别均受到严重影响。

三、城乡服务统筹发展水平

（一）城乡服务统筹发展水平测算结果

在山东省城乡统筹评价指标体系建立和选择的评价方式的基础上，结合城乡服务统筹子系统中各指标的具体计算方法，分别计算出全省各县（市、区）城乡服务统筹发展各指标的结果，具体指标结果如表 10-8 所示：

表 10-8 山东省各县（市、区）城乡服务统筹指标计算结果

行政区名称	人均公共服务设施容量	公共服务设施可达性	交通网络覆盖密度/%	城乡联系紧密度	居民对外交通便利度	城镇人均绿地面积	区域生态系统服务功能指数
山东省	**14.00**	**1.13**	**4.17**	**0.11**	**0.06**	**2.43**	**1.54**
济南市	**15.42**	**1.19**	**5.52**	**0.08**	**0.05**	**2.44**	**1.71**
历下区	15.59	2.30	10.65	0.14	0.11	3.02	1.48
市中区	13.92	1.21	6.37	0.06	0.08	0.83	1.71
槐荫区	15.43	2.04	12.81	0.07	0.09	2.29	1.31
天桥区	12.38	1.46	7.32	0.08	0.10	2.71	1.49
历城区	25.86	1.21	4.71	0.05	0.05	6.26	1.85
长清区	17.83	0.89	3.02	0.05	0.04	1.27	1.84
章丘区	18.13	1.11	3.84	0.07	0.07	3.75	1.94
济阳区	12.38	1.06	3.94	0.09	0.03	0.85	1.64
莱芜区	11.65	0.86	3.65	0.09	0.09	0.86	1.99
钢城区	10.35	1.33	3.34	0.11	0.05	0.47	1.96
平阴县	10.92	0.83	3.42	0.09	0.02	0.58	1.66
商河县	8.96	1.34	3.13	0.11	0.05	4.20	1.63
青岛市	**16.89**	**1.29**	**8.56**	**0.10**	**0.07**	**3.99**	**1.37**
市南区	14.17	—	14.55	—	—	8.14	0.85
市北区	7.94	—	20.96	—	—	4.37	0.78
黄岛区	19.54	1.01	5.26	0.11	0.08	2.62	1.76
崂山区	30.80	1.73	3.97	0.07	0.05	7.35	1.69
李沧区	15.69	2.33	13.27	0.22	0.17	7.74	1.11
城阳区	25.30	1.53	8.20	0.08	0.10	6.88	1.37
即墨区	19.01	1.39	4.94	0.11	0.06	3.33	1.46
胶州市	15.23	1.41	6.86	0.12	0.07	3.64	1.53
平度市	13.35	0.94	3.56	0.07	0.05	1.42	1.51

行政区名称	人均公共服务设施容量	公共服务设施可达性	交通网络覆盖密度/%	城乡联系紧密度	居民对外交通便利度	城镇人均绿地面积	区域生态系统服务功能指数
莱西市	14.56	0.95	3.98	0.11	0.06	1.18	1.61
淄博市	**14.32**	**1.17**	**5.11**	**0.09**	**0.07**	**2.38**	**1.91**
淄川区	11.60	1.11	2.97	0.08	0.14	1.56	2.12
张店区	18.02	1.66	10.94	0.10	0.20	4.70	1.49
博山区	10.68	1.01	2.41	0.08	0.17	0.64	2.35
临淄区	14.73	1.34	5.27	0.06	0.15	2.04	1.86
周村区	20.95	1.50	8.11	0.09	0.09	1.89	1.77
桓台县	13.84	1.69	5.42	0.12	0.11	1.16	1.84
高青县	13.76	0.97	3.60	0.15	0.03	1.04	1.73
沂源县	10.43	0.77	2.19	0.08	0.03	1.86	2.14
枣庄市	**11.38**	**1.29**	**4.14**	**0.10**	**0.06**	**1.21**	**1.74**
市中区	12.44	1.36	4.78	0.07	0.12	1.03	1.56
薛城区	18.22	1.39	5.79	0.10	0.12	2.15	1.68
峰城区	10.94	1.27	4.52	0.09	0.05	0.78	1.78
台儿庄区	12.01	1.12	3.40	0.19	0.03	1.97	1.77
山亭区	10.92	1.17	2.11	0.09	0.06	0.51	1.87
滕州市	8.87	1.52	4.24	0.11	0.08	1.00	1.80
东营市	**26.11**	**0.76**	**3.02**	**0.10**	**0.04**	**5.97**	**1.45**
东营区	33.40	0.97	4.45	0.17	0.11	7.12	1.33
河口区	30.77	0.73	1.85	0.06	0.02	4.46	1.36
垦利区	29.45	0.59	1.91	0.12	0.04	8.89	1.46
利津县	18.57	0.65	3.04	0.11	0.04	5.42	1.41
广饶县	17.84	1.04	3.84	0.11	0.05	3.39	1.69
烟台市	**14.57**	**0.88**	**4.59**	**0.11**	**0.05**	**1.93**	**1.39**
芝罘区	9.87	1.20	12.33	0.17	0.16	1.03	1.12
福山区	21.44	1.04	6.12	0.08	0.10	3.86	1.29
牟平区	12.80	0.56	2.55	0.11	0.07	0.65	1.54
莱山区	42.93	0.90	6.03	0.14	0.12	2.64	1.31
长岛县	22.76	1.22	3.97	0.06	0.03	5.75	1.62
龙口市	16.44	0.96	5.70	0.16	0.09	1.06	1.28
莱阳市	10.41	0.82	3.10	0.09	0.07	1.99	1.38
莱州市	11.91	0.93	2.90	0.18	0.02	1.78	1.50
蓬莱市	16.62	0.92	4.53	0.08	0.07	1.42	1.33
招远市	15.40	0.94	2.98	0.17	0.03	2.89	1.43
栖霞市	8.20	0.66	1.96	0.10	0.05	0.25	1.45
海阳市	13.48	0.84	2.96	0.10	0.04	3.19	1.48
潍坊市	**13.34**	**1.05**	**4.60**	**0.09**	**0.05**	**1.55**	**1.61**
潍城区	21.66	1.33	7.90	0.09	0.11	1.15	1.42
寒亭区	23.09	1.14	4.13	0.08	0.08	2.64	1.61
坊子区	13.06	1.17	4.00	0.14	0.04	1.45	1.34

续表

行政区名称	人均公共服务设施容量	公共服务设施可达性	交通网络覆盖密度/%	城乡联系紧密度	居民对外交通便利度	城镇人均绿地面积	区域生态系统服务功能指数
奎文区	15.15	1.12	10.41	0.11	0.09	1.12	1.13
临朐县	9.18	0.77	2.58	0.12	0.03	2.33	1.98
昌乐县	11.43	1.05	3.55	0.07	0.05	1.06	1.61
青州市	10.52	1.03	3.38	0.06	0.08	0.21	1.93
诸城市	12.85	1.01	4.42	0.08	0.06	1.58	1.78
寿光市	18.54	1.21	3.91	0.13	0.05	3.23	1.62
安丘市	8.21	0.76	3.52	0.08	0.03	0.96	1.68
高密市	12.22	1.03	4.18	0.08	0.07	1.47	1.67
昌邑市	13.75	1.31	3.24	0.10	0.04	0.79	1.49
济宁市	**13.46**	**1.39**	**4.52**	**0.11**	**0.05**	**2.72**	**1.60**
任城区	15.39	1.52	6.58	0.11	0.08	3.95	1.59
兖州区	18.96	1.53	6.18	0.10	0.08	3.08	1.64
微山县	11.02	1.24	1.58	0.12	0.05	2.24	1.17
鱼台县	18.68	1.13	5.79	0.20	0.02	3.12	1.51
金乡县	11.81	1.45	3.74	0.22	0.03	1.24	1.38
嘉祥县	10.26	1.50	4.48	0.07	0.07	1.31	1.62
汶上县	10.11	1.39	4.79	0.09	0.03	1.65	1.77
泗水县	11.99	1.24	3.25	0.08	0.09	2.62	1.83
梁山县	12.53	1.79	3.81	0.10	0.05	3.85	1.66
曲阜市	17.87	1.72	5.95	0.12	0.11	3.82	1.71
邹城市	11.87	1.12	3.53	0.08	0.06	1.34	1.68
泰安市	**11.38**	**1.08**	**4.07**	**0.10**	**0.05**	**1.09**	**1.80**
泰山区	10.02	1.23	6.14	0.15	0.16	0.52	1.85
岱岳区	15.89	0.93	3.89	0.09	0.08	1.25	1.92
宁阳县	10.18	1.02	4.20	0.11	0.06	1.72	1.79
东平县	11.63	1.38	2.85	0.10	0.03	2.17	1.54
新泰市	9.93	1.10	2.81	0.09	0.03	0.50	1.91
肥城市	10.52	0.97	4.53	0.07	0.03	1.43	1.80
威海市	**17.98**	**0.63**	**3.91**	**0.12**	**0.07**	**2.52**	**1.48**
环翠区	20.77	0.70	5.66	0.11	0.09	1.79	1.45
文登区	18.69	0.57	3.22	0.17	0.07	2.57	1.50
荣成市	15.58	0.75	3.66	0.12	0.05	1.34	1.45
乳山市	16.02	0.56	3.09	0.10	0.06	6.39	1.51
日照市	**15.34**	**0.99**	**4.55**	**0.14**	**0.07**	**1.88**	**1.82**
东港区	18.08	1.00	6.61	0.16	0.07	2.02	1.71
岚山区	15.22	0.88	6.20	0.22	0.10	3.45	1.79
五莲县	15.66	0.85	2.22	0.14	0.06	1.64	1.91
莒县	12.37	1.38	3.18	0.09	0.07	0.93	1.85
临沂市	**11.14**	**1.16**	**4.01**	**0.11**	**0.05**	**1.34**	**1.88**
兰山区	14.11	1.52	7.57	0.07	0.06	1.83	1.67

续表

行政区名称	人均公共服务设施容量	公共服务设施可达性	交通网络覆盖密度/%	城乡联系紧密度	居民对外交通便利度	城镇人均绿地面积	区域生态系统服务功能指数
罗庄区	13.63	1.50	6.10	0.14	0.07	4.22	1.72
河东区	14.95	1.12	6.14	0.12	0.07	2.35	1.80
沂南县	10.75	0.97	3.24	0.09	0.04	0.19	2.00
郯城县	8.96	1.61	3.84	0.10	0.07	0.69	1.93
沂水县	9.55	0.83	2.57	0.15	0.03	0.79	1.98
兰陵县	8.54	1.39	3.07	0.15	0.06	0.27	1.91
费县	10.54	1.11	3.02	0.09	0.06	0.62	2.00
平邑县	9.42	1.23	2.87	0.08	0.07	0.62	1.96
莒南县	11.17	1.18	3.70	0.10	0.11	0.29	1.83
蒙阴县	10.06	0.83	2.20	0.14	0.03	0.06	1.97
临沭县	12.66	1.24	3.73	0.19	0.04	4.25	1.83
德州市	**13.85**	**0.96**	**3.52**	**0.11**	**0.05**	**3.58**	**1.65**
德城区	22.06	0.97	6.67	0.09	0.12	6.10	1.42
陵城区	10.88	0.86	3.31	0.10	0.08	1.84	1.65
宁津县	11.38	1.02	3.06	0.08	0.03	2.07	1.65
庆云县	16.45	1.13	3.75	0.11	0.03	3.27	1.48
临邑县	12.37	0.94	2.87	0.14	0.08	1.86	1.72
齐河县	14.17	0.91	3.96	0.16	0.05	3.05	1.78
平原县	15.22	0.83	3.10	0.11	0.09	5.27	1.73
夏津县	10.11	1.04	2.40	0.09	0.04	2.23	1.66
武城县	13.19	0.88	2.74	0.09	0.04	3.73	1.70
乐陵市	10.42	1.05	3.11	0.09	0.04	1.92	1.65
禹城市	13.95	0.98	3.74	0.12	0.08	4.55	1.74
聊城市	**11.87**	**1.34**	**3.77**	**0.09**	**0.04**	**2.58**	**1.64**
东昌府区	16.78	1.45	5.34	0.07	0.07	5.34	1.44
阳谷县	8.12	1.41	4.02	0.11	0.08	0.30	1.69
莘县	8.97	1.63	3.44	0.09	0.04	0.02	1.60
茌平区	12.39	1.08	3.33	0.08	0.04	2.21	1.68
东阿县	16.45	1.38	3.67	0.22	0.03	4.40	1.67
冠县	10.32	1.31	3.19	0.08	0.03	2.75	1.67
高唐县	12.76	1.10	3.41	0.09	0.03	1.82	1.69
临清市	9.29	1.56	3.77	0.08	0.06	1.28	1.69
滨州市	17.31	1.15	3.65	0.09	0.05	2.85	1.61
滨城区	27.47	1.17	5.55	0.09	0.08	7.47	1.48
沾化区	15.30	0.86	2.62	0.07	0.03	1.52	1.57
惠民县	11.26	1.17	2.83	0.09	0.04	0.27	1.67
阳信县	13.71	1.07	4.35	0.09	0.07	3.28	1.55
无棣县	18.12	1.21	2.69	0.09	0.03	0.66	1.58
博兴县	16.41	1.61	4.10	0.09	0.09	2.04	1.64
邹平市	15.85	1.21	3.42	0.10	0.06	1.58	1.77

续表

行政区名称	人均公共服务设施容量	公共服务设施可达性	交通网络覆盖密度/%	城乡联系紧密度	居民对外交通便利度	城镇人均绿地面积	区域生态系统服务功能指数
菏泽市	**11.64**	**1.54**	**3.41**	**0.10**	**0.05**	**2.27**	**1.61**
牡丹区	13.24	1.43	4.52	0.13	0.09	2.57	1.56
定陶区	12.99	1.59	3.66	0.08	0.09	1.54	1.67
曹县	10.29	1.49	3.03	0.11	0.06	2.96	1.59
单县	11.88	1.19	3.16	0.08	0.02	4.23	1.57
成武县	12.82	1.62	3.43	0.11	0.03	3.74	1.51
巨野县	10.02	1.64	3.63	0.13	0.06	0.74	1.51
郓城县	9.91	1.89	2.87	0.08	0.08	0.20	1.64
鄄城县	10.88	1.65	3.44	0.09	0.05	1.93	1.70
东明县	14.03	1.51	2.96	0.13	0.06	2.16	1.70

注:"三调"数据显示,市南区、市北区内没有农村用地,因此部分指标结果为空。

(二)城乡服务统筹发展水平分类

从人均公共服务设施容量来看,全省人均公共服务设施容量平均值为 14.00m²/人,根据自然断点法将人均公共服务设施容量在平均值以上的县(市、区)划分为优类(23.09～43m²/人)和良类(14～23.09m²/人),在平均值以下的县(市、区)划分为中类(11.26～14m²/人)和差类(7.94～11.26m²/人),分类结果如图10-9所示。人均公共服务设施容量分类为优的县(市、区)共有 10 个,该类型县(市、区)主要分布在东营市、青岛市中部以及济南市中部等区域,人均公共服务用地面积均在 20m² 以上,公共服务设施容量大,公共服务能力较强;人均公共服务设施容量分类为良的县(市、区)共有48 个,主要分布在山东省沿海的几个县(市、区),在威海市、青岛市南部、日照市东部、烟台市北部等区域均有分布,人均公共服务用地面积在 14～20m² 之间,在全省平均水平之上;优类和良类的县区相对集中在各市区的中心城区周围以及滨海区域,中心城区城市建设程度较高,基础设施相对完善,因此公共服务服务设施容量充足;滨海区域因其靠近海滨,休闲娱乐设施相对较多,一定程度上也促进了公共服务设施能力的提高。人均公共服务设施容量分类为中的县(市、区)共有 38 个,主要分布在潍坊、青岛、烟台三市交界处以及菏泽市中部等区域,人均公共服务用地面积在 11.26～14m² 之间,低于全省平均水平,公共服务设施容量较小,服务能力一般;人均公共服务设施容量分类为差的县(市、区)共有 41 个,该类型县(市、区)主要集中在临沂市以及泰安市南部、潍坊市南部、淄博市南部等区域,人均公共服务设施面积低于 11.26m²,公共服务设施服务能力较差。

从公共服务设施可达性来看,全省公共服务设施可达性平均水平为 1.19,依据自然断点法将公共服务设施可达性高于全省平均值的县(市、区)划分为优类(1.46～2.33)和良类(1.19～1.46),低于平均值的县(市、区)划分为中类(0.89～1.19)和差类(0.56～0.89),分类结果如图 10-10 所示。公共服务设施可达性分类为优的县(市、区)共有 29 个,该类型县(市、区)主要集中在菏泽市以及济宁市中部等区域,农村居民点距公

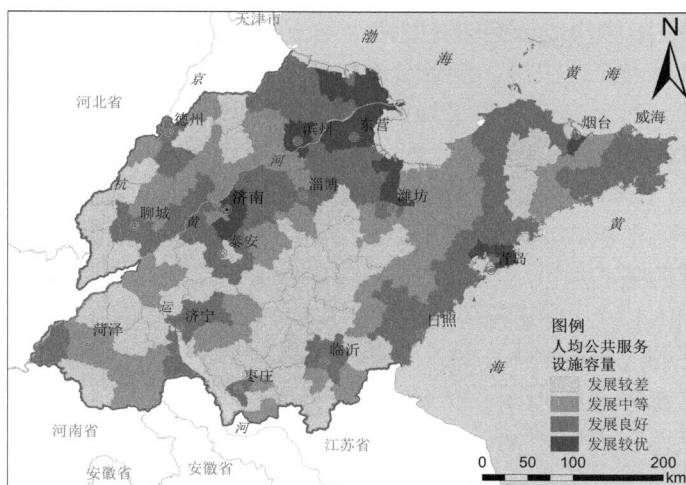

图 10-9 山东省各县（市、区）人均公共服务设施容量分类格局

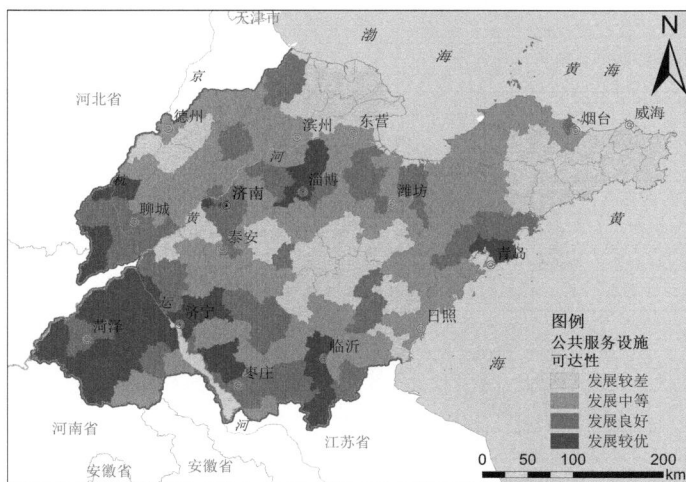

图 10-10 山东省各县（市、区）公共服务设施可达性分类格局

共服务设施的平均距离均在 680m 以下，农村居民点到达医院、学校、广场等场所较为便利，公共服务可达性较高；公共服务设施可达性分类为良的县（市、区）共有 33 个，主要集中于聊城市、青岛市中部等区域，农村居民点距公共服务设施的平均距离在 680～840m 之间；公共服务设施可达性分类为中的县（市、区）共有 50 个，主要集中于德州市、泰安市、潍坊市等区域，农村居民点距公共服务设施的平均距离均在 840～1130m 之间，农村居民点距公共服务设施的距离相对较远；公共服务设施可达性分类为差的县（市、区）共有 24 个，主要分布在威海市、烟台市东南部、东营市北部以及临沂、潍坊、淄博三市交界处等区域，农村居民点距公共服务设施的平均距离均在 1130m 以上，农村居民获取医疗、教育、休闲娱乐服务的便利程度不高，需要付出的成本更高。公共服务设施可达性较优越的区域相对集中于山东省西部平原地区，而位于中部山地以及东南低山丘陵地区的县（市、区）可达性相对较差，这可能是因为基础设施修建受地形的限制

较大，不能很好地兼顾周边所有的居民点。

从交通网络覆盖密度来看，全省交通网络覆盖平均密度为 4.17%，依据自然断点法将交通网络覆盖密度高于全省平均值的县（市、区）划分为优类（10%～21%）和良类（4.17%～10%），低于平均值的县（市、区）根据自然断点法划分为中类（3.4%～4.17%）和差类（1.6%～3.4%），分类结果如图 10-11 所示。交通网络覆盖度分类为优的县（市、区）共有 8 个，该类型县（市、区）主要分布在济南市、潍坊市、淄博市、青岛市、烟台市的核心城区，面积较小，经济发达，交通运输用地占比较高，交通网络覆盖度均在 10%以上；交通覆盖度分类为良的县（市、区）共有 43 个，该类型县（市、区）主要分布在各地级市的中心城区，作为各地级市的政治经济中心，交通网络较为发达，道路覆盖度在 4%～10%；交通网络覆盖度分类为中的县（市、区）共有 37 个，交通网络覆盖度均在 3.4%～4%，该类型主要分布在菏泽市、泰安市、潍坊市等区域；交通网络覆盖度分类为差的县（市、区）共有 49 个，该类型县（市、区）主要分布在临沂市北部、泰安市东部、淄博市南部等鲁中南山区以及烟台市南部、威海市西部等胶东丘陵区，这些区域地势起伏较大，道路建设障碍度较大，交通网络覆盖度较低，均在 3.4%以下。

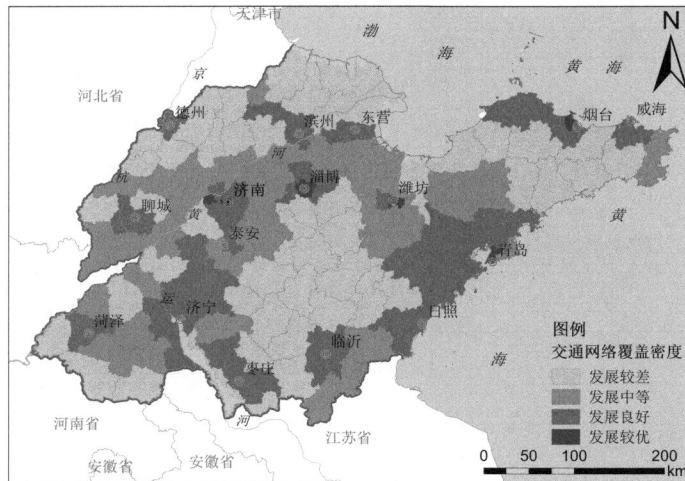

图 10-11　山东省各县（市、区）交通网络覆盖密度分类格局

从城乡联系紧密度来看，全省城乡紧密度平均值为 0.11，依据自然断点法将城乡联系紧密度高于全省平均值的县（市、区）划分为优类（0.13～0.22）和良类（0.11～0.13），低于平均值的县（市、区）划分为中类（0.07～0.11）和差类（0.05～0.07），分类结果如图 10-12 所示。城乡交通紧密度分类为优的县（市、区）共有 30 个，该类型县（市、区）农村居民点距县城距离平均值均在 7700m 以内，农村居民到县城出行成本低，城乡交通紧密度较高；城乡交通紧密度分类为良的县（市、区）共有 29 个，农村居民点距县城平均距离均在 7700～9500m 之间，低于全省平均水平，城乡交通联系较为紧密；城乡交通紧密度分类为中的县（市、区）共有 65 个，该类型县（市、区）农村居民点距县城距离均在 9500～14000m 之间，城乡交通出行距离相对增加；城乡交通紧密度分类

为差的县（市、区）共有 13 个，该类型县（市、区）农村居民点距县城距离均在 14000m 以上，城乡交通出行距离较远，出行成本较高，城乡交通紧密度较弱。

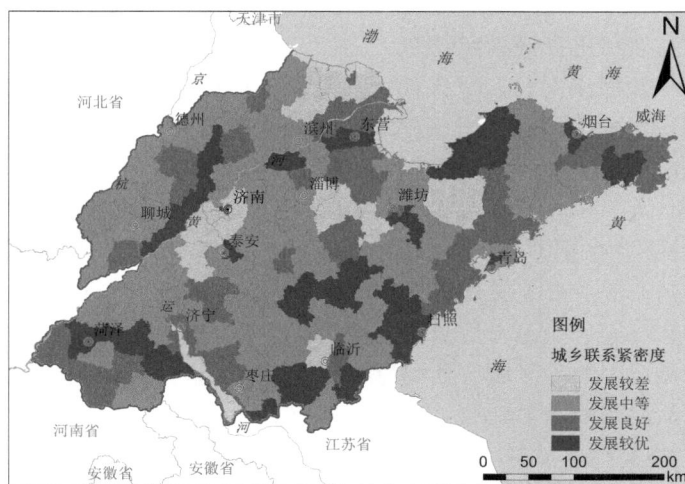

图 10-12　山东省各县（市、区）城乡联系紧密度分类格局

从居民对外交通便利度来看，全省居民对外交通便利度平均值为 0.055，依据自然断点法将居民对外交通便利度高于全省平均值的县（市、区）划分为优类（0.073～0.203）和良类（0.055～0.073），低于平均值的县（市、区）划分为中类（0.029～0.055）和差类（0.02～0.029），分类结果如图 10-13 所示。居民对外交通便利度分类为优的县（市、区）共有 54 个，该类型县（市、区）农村居民点距火车站平均距离均在 14000m 以内，农村居民出行较为便利，区域内火车站服务能力较强，覆盖面较广；居民对外交通便利度分类为良的县（市、区）共有 23 个，该类型县（市、区）农村居民点距火车站平均距离均在 14000～18000m 之间；农村居民出行便利度分类为中的县（市、区）共有 46 个，

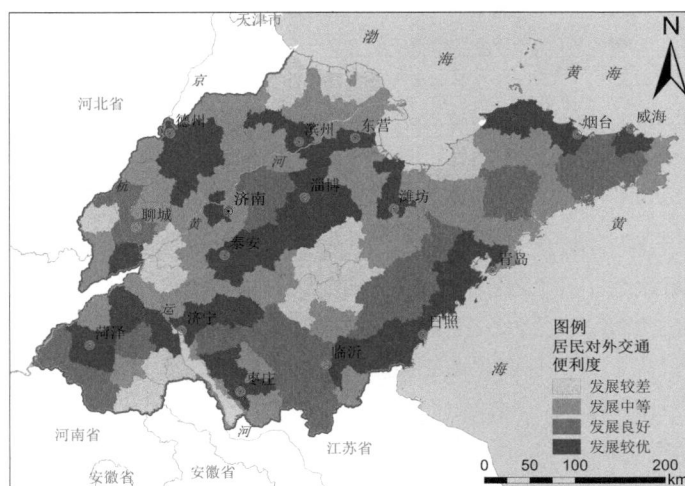

图 10-13　山东省各县（市、区）居民对外交通便利度分类格局

农村居民点距火车站平均距离均在 18000～35000m 之间，农村居民点距火车站距离有所增加，出行成本增多；农村居民出行便利度分类为差的县（市、区）共有 14 个，该类型农村居民点距火车站平均距离均在 35000m 以上，农村居民出行成本较高，火车站覆盖面较狭窄，农村居民出行便利度较差。

从城镇人均绿地面积来看，全省城镇人均绿地面积平均值为 2.43m²/人，依据自然断点法将城镇人均绿地面积高于全省平均值的县（市、区）划分为优类（5～9m²/人）和良类（2.43～5m²/人），低于平均值的县（市、区）划分为中类（1.4～2.43m²/人）和差类（0.02～1.4m²/人），分类结果如图 10-14 所示。城镇人均绿地面积分类为优的县（市、区）共有 14 个，该类型县（市、区）人均绿地面积均在 5m² 以上，人均绿地资源丰富，主要分布在东营市、济南市中部以及青岛市中部区域；分类为良的县（市、区）共有 38 个，该类型县（市、区）城镇人均绿地面积均在 2.43～5m² 之间，主要分布在东营市、菏泽市南部、青岛市中部等区域；分类为中的县（市、区）共有 38 个，该类型县（市、区）城镇人均绿地面积均在 1.4～2.43m² 之间，人均绿地面积较小；分类为差的县（市、区）共有 47 个，该类型县（市、区）城镇人均绿地面积均在 1.4m² 以下，主要集中在临沂市、泰安市东部、枣庄市、潍坊市中部等区域，城镇人均绿地面积较小，生态服务能力不足。

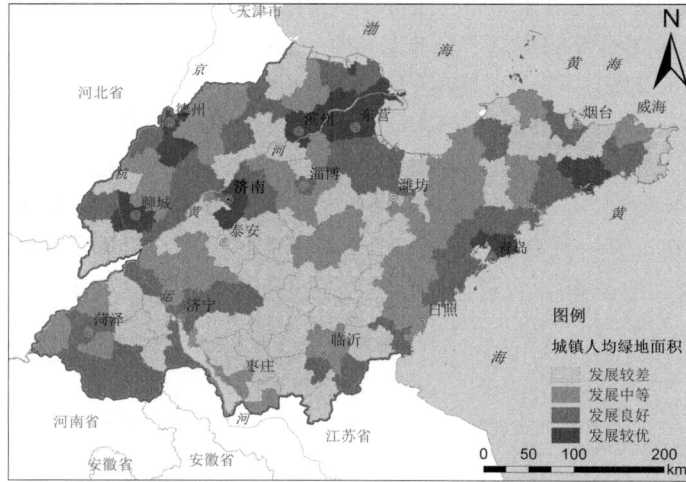

图 10-14　山东省各县（市、区）城镇人均绿地面积分类格局

从区域生态系统服务功能指数来看，全省区域生态系统服务功能指数平均值为 1.54，依据自然断点法将生态系统服务功能指数高于全省平均值的县（市、区）划分为优类（1.8～2.35）和良类（1.54～1.8），低于平均值的县（市、区）划分为中类（1.2～1.54）和差类（0.7～1.2），分类结果如图 10-15 所示。生态系统服务功能指数分类为优的县（市、区）共有 28 个，该类型县（市、区）生态系统服务功能指数得分均在 1.8 以上，主要集中在临沂市、济南市东南部、淄博市南部、潍坊市西部等区域，这些区域林地草地等生态用地面积较为广阔，生态系统服务功能指数较高；生态系统服务功能指数分类为良的县（市、区）共有 65 个，该类型生态系统服务功能指数得分均在 1.54～

1.8 之间，主要集中在山东省西部和西北部；生态系统服务功能指数分类为中的县（市、区）共有 38 个，该类型县（市、区）生态系统服务功能指数均在 1.2～1.54 之间，主要集中在胶东半岛、菏泽市东南部以及东营市北部等区域，生态服务价值较低；生态系统服务功能指数分类为差的县（市、区）共有 6 个，该类型县（市、区）生态系统服务功能指数均在 1.2 以下，主要分布在潍坊市奎文区、烟台市芝罘区、青岛市市南区、青岛市市北区等中心城区以及济宁市微山县等地区，生态系统服务功能指数较低，生态系统服务能力较差。

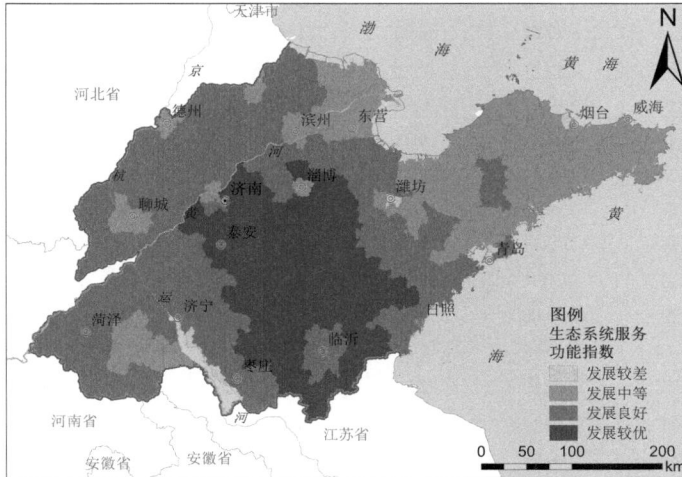

图 10-15　山东省各县（市、区）生态系统服务功能指数分类格局

四、城乡产业统筹发展水平

（一）城乡产业统筹发展水平测算结果

在山东省城乡统筹评价指标体系建立和选择的评价方式的基础上，结合城乡产业统筹子系统中各指标的具体计算方法，分别计算出全省各县（市、区）城乡产业统筹发展各指标的结果，各县市具体指标结果如表 10-9 所示：

表 10-9　山东省各县（市、区）城乡产业统筹指标计算结果

行政区名称	城乡人均产值比	城乡产值比变化率	城乡人均产业用地比	行政区名称	城乡人均产值比	城乡产值比变化率	城乡人均产业用地比
山东省	**7.62**	**−0.08**	**0.62**	章丘区	16.69	0.03	0.61
济南市	**10.72**	**0.02**	**0.54**	济阳区	8.49	0.03	2.03
历下区	–	–	–	莱芜区	–	–	0.00
市中区	–	–	–	钢城区	10.31	–	0.82
槐荫区	–	–	–	平阴县	8.49	−0.02	2.04
天桥区	–	–	–	商河县	12.15	0.04	10.14
历城区	9.90	0.07	0.78	**青岛市**	**9.62**	**−0.03**	**0.85**
长清区	3.68	0.02	0.36	市南区	–	–	–

续表

行政区名称	城乡人均产值比	城乡产值比变化率	城乡人均产业用地比	行政区名称	城乡人均产值比	城乡产值比变化率	城乡人均产业用地比
市北区	–	–	–	蓬莱市	5.28	−0.14	0.64
黄岛区	15.44	−0.39	1.41	招远市	8.90	−0.08	0.33
崂山区	42.74	0.01	0.83	栖霞市	3.23	−0.09	1.72
李沧区	–	–	12.21	海阳市	2.84	−0.09	2.05
城阳区	22.38	−0.03	0.99	**潍坊市**	**4.88**	**−0.06**	**0.47**
即墨区	5.27	−0.03	1.42	潍城区	9.45	−0.04	0.20
胶州市	6.74	−0.02	0.96	寒亭区	8.97	−0.02	2.49
平度市	1.83	−0.06	0.26	坊子区	3.36	−0.08	0.54
莱西市	2.40	−0.07	0.25	奎文区	–	–	0.00
淄博市	**9.07**	**−0.12**	**0.31**	临朐县	5.84	−0.04	0.95
淄川区	20.90	−0.14	0.22	昌乐县	4.37	−0.04	0.69
张店区	23.94	−0.16	0.11	青州市	5.22	−0.10	0.40
博山区	7.56	−0.15	0.21	诸城市	3.51	−0.10	0.26
临淄区	8.25	0.04	0.24	寿光市	3.47	−0.05	0.31
周村区	7.76	−0.08	0.15	安丘市	2.80	−0.11	0.64
桓台县	21.44	−0.15	0.21	高密市	2.85	−0.10	0.24
高青县	5.75	−0.17	2.07	昌邑市	7.57	−0.05	0.24
沂源县	5.87	−0.14	1.13	**济宁市**	**3.44**	**−0.14**	**0.60**
枣庄市	**6.66**	**−0.09**	**0.53**	鱼台县	2.21	−0.17	1.82
市中区	2.85	−0.15	0.16	金乡县	1.40	−0.18	0.80
薛城区	7.46	−0.07	0.55	嘉祥县	6.99	−0.13	0.73
峄城区	7.65	−0.06	0.77	汶上县	2.96	−0.18	0.34
台儿庄区	7.09	−0.10	1.24	泗水县	1.89	−0.13	0.47
山亭区	12.62	−0.01	1.04	梁山县	5.42	−0.12	0.72
滕州市	5.73	−0.13	0.33	曲阜市	4.87	−0.09	0.59
东营市	**6.46**	**−0.16**	**0.69**	邹城市	3.40	−0.19	0.43
东营区	0.24	−0.36	0.01	任城区	2.64	−0.08	0.31
河口区	2.21	−0.15	7.82	兖州区	4.23	−0.11	0.77
垦利区	8.87	−0.19	5.57	微山县	2.90	−0.20	0.45
利津县	16.63	−0.16	1.32	**泰安市**	**5.04**	**−0.14**	**0.55**
广饶县	9.48	−0.26	0.24	泰山区	6.58	−0.11	0.35
烟台市	**6.82**	**−0.07**	**0.90**	岱岳区	4.52	−0.18	0.52
芝罘区	–	–	0.00	宁阳县	4.06	−0.14	1.08
福山区	7.90	−0.05	1.03	东平县	4.05	−0.14	1.22
牟平区	4.90	−0.13	2.07	新泰市	4.30	−0.18	0.44
莱山区	11.26	−0.07	0.84	肥城市	6.76	−0.12	0.35
长岛县	0.60	−0.07	0.50	**威海市**	**4.22**	**−0.10**	**0.51**
龙口市	20.08	0.00	1.57	环翠区	1.47	−0.16	0.14
莱阳市	4.66	−0.11	1.49	文登区	5.59	−0.10	0.59
莱州市	6.57	−0.07	0.37	荣成市	3.47	−0.09	0.34

续表

行政区名称	城乡人均产值比	城乡产值比变化率	城乡人均产业用地比	行政区名称	城乡人均产值比	城乡产值比变化率	城乡人均产业用地比
乳山市	4.71	−0.16	1.52	乐陵市	6.85	−0.10	0.74
日照市	6.79	−0.08	0.51	禹城市	4.77	−0.33	2.12
东港区	4.19	−0.20	0.51	**聊城市**	**5.48**	**−0.09**	**0.65**
岚山区	5.90	−0.10	0.19	东昌府区	8.29	−0.04	0.92
五莲县	7.10	−0.04	0.49	阳谷县	4.51	−0.10	0.30
莒县	8.60	0.02	0.90	莘县	2.71	−0.12	0.45
临沂市	**9.16**	**−0.11**	**0.42**	茌平区	9.83	−0.04	0.53
兰山区	41.43	−0.10	0.17	东阿县	6.17	−0.13	0.57
罗庄区	31.12	−0.12	0.42	冠县	4.00	−0.13	1.14
河东区	19.20	−0.01	0.33	高唐县	3.94	−0.14	0.69
沂南县	4.12	−0.12	0.78	临清市	5.27	−0.12	0.49
郯城县	9.50	−0.12	0.74	**滨州市**	**6.94**	**−0.11**	**0.75**
沂水县	8.63	−0.11	0.14	滨城区	10.29	−0.06	0.81
兰陵县	3.44	−0.16	0.43	沾化区	2.32	−0.15	0.74
费县	8.82	−0.10	0.24	惠民县	1.58	−0.24	0.34
平邑县	5.74	−0.14	0.78	阳信县	6.59	−0.12	0.95
莒南县	5.43	−0.14	0.40	无棣县	7.33	−0.09	2.55
蒙阴县	4.11	−0.15	1.14	博兴县	10.85	−0.10	0.14
临沭县	7.48	−0.12	0.55	邹平市	19.54	−0.09	1.49
德州市	**7.79**	**−0.07**	**1.23**	**菏泽市**	**9.00**	**−0.05**	**0.48**
德城区	30.02	0.28	0.99	牡丹区	10.92	0.02	0.48
陵城区	6.04	−0.26	1.40	定陶区	5.85	−0.12	0.46
宁津县	10.11	0.01	0.57	曹县	14.00	−0.03	0.42
庆云县	13.21	0.00	0.91	单县	6.88	−0.08	1.63
临邑县	9.27	−0.04	2.33	成武县	4.15	−0.10	0.36
齐河县	5.04	−0.15	1.25	巨野县	10.29	−0.09	1.11
平原县	5.65	−0.11	0.68	郓城县	9.07	−0.07	0.17
夏津县	9.35	−0.04	0.64	鄄城县	5.60	−0.08	0.57
武城县	10.13	−0.06	2.09	东明县	11.31	−0.09	0.16

注：部分县（市、区）内无农村用地或无第一产业产值，因此计算结果为空。

（二）城乡产业统筹发展水平分类

从城乡人均产值比来看，全省城乡人均产值比为 7.62，根据自然断点法将城乡人均产值比在平均值以下的县（市、区）划分为优类（0.24～6.5）和良类（6.5～7.62），在平均值以上的县（市、区）划分为中类（7.62～20）和差类（20～42.72），分类结果如图 10-16 所示。城乡人均产值比分类为优的县（市、区）共有 74 个，该类型县（市、区）城乡人均产值比均在 6.17 以下，低于全省平均水平，主要分布在威海市、济宁市、泰安市等区域，城乡人均年产值差距较小，城乡经济发展统筹度高；城乡人均产值比分类为良的县（市、区）共有 15 个，该类型县（市、区）城乡人均产值比均在 6.17～7.62 之间，主要分布在日照市和滨州市等区域；城乡人均产值比分类为中的县（市、区）共有 39 个，人均产值比在 7.62～20 之间，主要分布在菏泽市、淄博市、滨州市、济南市交界区域以及青岛市南部等，这些县（市、区）城乡人均产值比增大，城乡经济发展差距明显；城乡人均产值比分类为差的县（市、区）共有 9 个，主要分布在德州市、淄博市、临沂市和青岛市的中心城区，城乡人均产值比均在 20 以上，城乡产值差距过大，城乡产业统筹度较差。莱芜区、济南市市中区、天桥区、奎文区、历下区、芝罘区、槐荫区、李沧区、市南区、市北区等县（市、区），区域内没有农村人口或第一产业产值，因此没有进行城乡人均产值比测算，将其划分为城乡人均产值比优类。

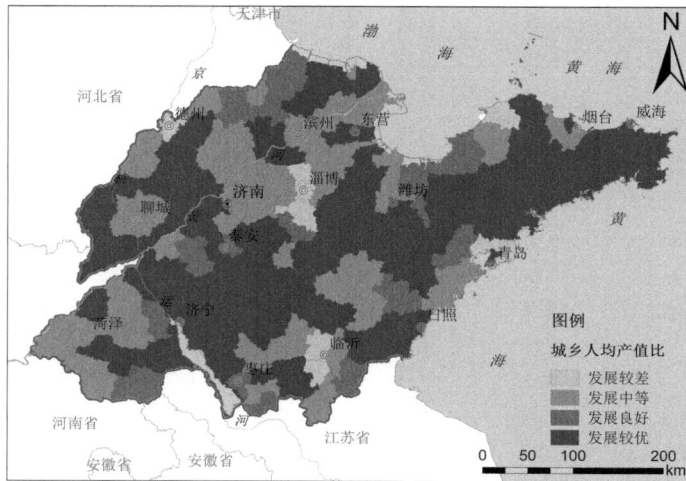

图 10-16 山东省各县（市、区）城乡人均产值比分类格局

从城乡人均产值比变化率来看，全省城乡人均产值比变化率为–0.08，根据自然断点法将城乡人均产值比变化率在平均值以上的县（市、区）划分为优类（0～0.28）和良类（–0.08～0），在平均值以下的县（市、区）根据自然断点法划分为中类（–0.2～–0.08）和差类（–0.2～–0.4），分类结果如图 10-17 所示。城乡人均产值比变化率分类为优的县（市、区）共有 24 个，该类型县（市、区）城乡人均产值比变化率均大于零，城乡人均产值比呈现逐渐缩小的趋势，主要分布在济南市以及菏泽市、枣庄市、德州市、烟台市的中心城区；城乡人均产值比变化率分类为良的县（市、区）共有 34 个，人均产值比变化率均在–0.08～0 之间，变化率超过全省平均水平，主要分布在烟台市、潍坊市以及青岛市三市交界处区域；城乡人均产值比变化率分类为中的县（市、区）共有 73 个，该类型县（市、区）人均产值比均在–0.2 与–0.08 之间，城乡人均产值比呈现逐渐扩大的趋势，主要分布在济宁市、泰安市、淄博市以及临沂市等区域；城乡人均产值比变化率分类为差的县（市、区）共有 6 个，该类型县（市、区）人均产值比均在–0.2 以下，主要分布在青岛市北部、东营市北部、德州市中部等区域，城乡人均产值比增加趋势明显，城乡产业发展割裂，城乡统筹度较差。钢城区、莱芜区、济南市市中区、天桥区、奎文区、历下区、芝罘区、槐荫区、李沧区、市南区、市北区等县（市、区），区域内

没有农村人口或第一产业产值，没有进行城乡人均产值比测算，将其划分为城乡人均产值比变化率优类。

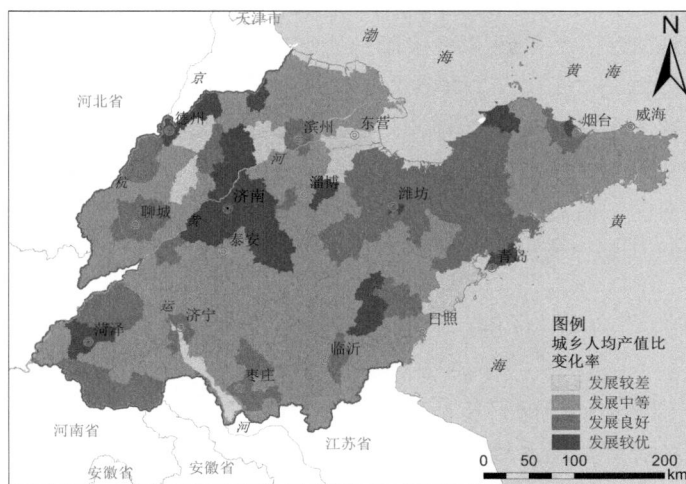

图 10-17　山东省各县（市、区）城乡人均产值比变化率分类格局

从城乡人均产业用地比来看，全省城乡人均产业用地比为 0.62，根据自然断点法将城乡人均产业用地比在平均值以下的县（市、区）划分为优类（0.01～0.37）和良类（0.37～0.62），在平均值以上的县（市、区）划分为中类（0.62～2.5）和差类（2.5～12.2），分类结果如图 10-18 所示。城乡人均产业用地比分类为优的县（市、区）共有 45 个，该类型县（市、区）主要分布在淄博市、临沂市中部、潍坊市东部以及青岛市北部等区域，城乡人均产业用地比均在 0.01～0.37 之间，农村人均产业用地相对高于城镇人均产业用地面积，有利于推动农村产业发展，进一步减小城乡差距；城乡人均产业用地比分类为良的县（市、区）共有 31 个，该类型县（市、区）主要分布在菏泽市中部、济宁市东

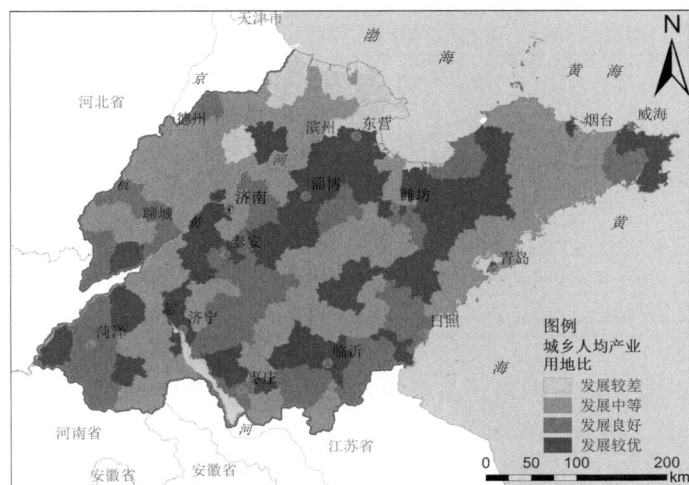

图 10-18　山东省各县（市、区）城乡人均产业用地比分类格局

部、泰安市东部以及日照市东部等区域，城乡人均产业用地比在 0.37～0.62 之间；城乡人均产业用地比分类为中的县（市、区）共有 57 个，该类型县（市、区）主要分布在青岛市、烟台市、德州市以及滨州市北部等区域，城乡人均产业用地比在 0.62～2.5 之间，高于全省平均水平，人均城乡产业用地比增大，产业用地分配不合理；城乡人均产业用地比分类为差的县（市、区）共有 4 个，分别为垦利区、河口区、商河县、李沧区，这三个县（市、区）的城乡产业用地比均在 2.5 以上，城乡产业用地分配严重失衡，制约了城乡经济统筹发展进程。莱芜区、槐荫区、奎文区、济南市市中区、天桥区、芝罘区、历下区、市南区、市北区由于没有农村地类或农村人口，因此未进行城乡人均产业用地比的测算，将其划分为城乡人均产业用地优类。

五、城乡统筹综合发展水平

城乡统筹综合发展的最终目标是实现城乡生产、生活、生态等方面同步、同向、同质量的发展，城乡统筹发展系统中任何一个指标发展不平衡、不充分均会影响城乡统筹发展的综合水平，因此可以根据城乡统筹发展不平衡、不充分的指标数量对各县（市、区）综合发展水平进行测度。从城乡统筹的综合发展水平来看，按照各县（市、区）统筹分类中"差类"指标的数量将三个系统的分类结果进行综合，对山东省 137 个县（市、区）进行分类，优、良、中、差四个类别的划分标准为：优（城乡统筹发展水平评价指标中无"差类"指标），良（城乡统筹发展水平评价指标中有 1～2 个"差类"指标），中（城乡统筹发展水平评价指标中有 3～4 个"差类"指标），差（城乡统筹发展水平评价指标中有 5～6 个"差类"指标）。具体分类结果如下（表 10-10）：

表 10-10　山东省各县（市、区）城乡统筹发展水平分类结果

类别	行政区名称
优	薛城区、坊子区、寿光市、东港区、章丘区、周村区、诸城市、高密市、曲阜市、河东区、临沭县、牡丹区、定陶区、成武县、莱山区、蓬莱市、寒亭区、庆云县、东昌府区、滨城区、阳信县、博兴县、邹平市
良	天桥区、平度市、任城区、历下区、市南区、莱西市、鄄城县、莱芜区、市北区、莱州市、昌邑市、东营区、即墨区、胶州市、岱岳区、临淄区、枣庄市市中区、长岛县、招远市、潍城区、泗水县、环翠区、岚山区、宁津县、东阿县、汶上县、邹城市、茌平区、滕州市、泰山区、昌乐县、肥城市、文登区、莒南县、阳谷县、莘县、临清市、曹县、单县、城阳区、兰山区、罗庄区、禹城市、崂山区、张店区、广饶县、福山区、兖州区、梁山县、德城区、齐河县、高唐县、济阳区、台儿庄区、龙口市、宁阳县、临邑县、历城区、高青县、鱼台县、东明县、夏津县、峄城区、东平县、莒县、平原县、乐陵市、黄岛区、利津县、郯城县、巨野县
中	槐荫区、芝罘区、济南市市中区、五莲县、奎文区、李沧区、新泰市、兰陵县、郓城县、博山区、微山县、荣成市、临朐县、青州市、淄川区、桓台县、钢城区、山亭区、莱阳市、安丘市、沂南县、费县、平邑县、陵城区、冠县、沾化区、无棣县、商河县、海阳市、金乡县、嘉祥县、武城县、乳山市、平阴县、垦利区
差	长清区、惠民县、牟平区、蒙阴县、沂源县、河口区、栖霞市、沂水县

如表 10-10、图 10-19 所示，山东省各县（市、区）整体城乡统筹水平处于较高水平，全省 137 个县（市、区）中有 94 个县（市、区）的城乡统筹分类在良以上，43 个县（市、区）的城乡统筹分类为中或差，整体上山东省城乡统筹工作成果明显，效果显著。从城乡统筹分类结果来看，城乡统筹分类为优的县（市、区）共有 23 个，主要分

布在济南–淄博市交界处、日照市、聊城市、菏泽市中心城区等区域；分类为良的县（市、区）分布最广，共有 71 个县（市、区），相对集中于山东省西部以及东部青岛市、潍坊市、烟台市交界区域；分类为中的县（市、区）共有 35 个，分类为差的县（市、区）共有 8 个，这两类区域主要集中于山东省中部丘陵区、烟台市南部区域以及北部黄河三角洲区域，这三个区域均为山东省生态安全保护区，是全省生态系统服务的供给来源，但同时也是《山东省国土空间生态修复规划（2021—2035 年）》中所划分的重点生态修复分区，在城乡用地开发、基础设施修建以及产业发展等方面限制较多。山东省中部以及烟台市南部的山地丘陵地形并不利于城乡之间经济产业、公共服务的交流共享，北部黄河三角洲脆弱的生态环境不利于城乡建设用地的协调发展，因此这三个区域的城乡统筹发展水平较低。

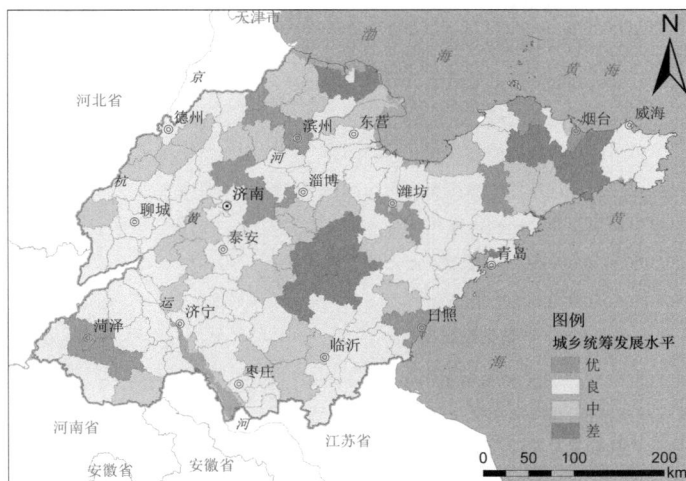

图 10-19　山东省各县（市、区）城乡统筹分类格局（彩图附后）

第三节　城乡统筹发展障碍因子及分区

根据山东省城乡统筹发展水平评价指标体系中各指标分级结果，分析影响全省以及各县（市、区）城乡统筹发展的主要障碍因子，挖掘各发展因子之间的耦合关联，同时根据全省各县（市、区）主要城乡统筹障碍因子的特征，划分城乡统筹发展分区，为城乡统筹调控提供参考。

一、城乡统筹发展障碍因子

基于城乡统筹发展水平分析结果，将城乡统筹评级指标体系中分类为差的指标定义为该县（市、区）城乡统筹发展的障碍因子，在未来的城乡统筹规划中应作为调控的重点采取相应措施进行改革整治。

根据统计，山东省各县（市、区）城乡统筹障碍因子出现频次如表 10-11 所示。交通网络覆盖密度、城镇人均绿地面积、人均公共服务设施容量等三个指标的障碍因子比例均在 30%左右，大部分县（市、区）在城乡统筹发展进程中都存在以上指标失衡的现象。从障碍因子的类型可以看出，目前山东省城乡统筹的障碍因子主要集中在城乡服务统筹这一类别，各县（市、区）都应继续切实加强区域内服务设施的建设工作，统筹县域城乡资源要素配置，加快县城建设，强化小城镇的服务功能；进一步提高交通落后区域的交通网络覆盖密度，提高增强区域的公共交通服务能力；增加城镇系统绿地面积，提高城镇生态服务能力，增强城镇居民的生态服务受用度。同时也要打造服务农民的区域中心，结合城镇圈、城乡社区生活圈建设，推动城乡基础设施一体化、公共服务均等化。

表 10-11　山东省各县（市、区）城乡统筹障碍因子统计结果

序号	城乡统筹指标	障碍因子频次	障碍因子比例/%
1	交通网络覆盖密度	50	36.50
2	城镇人均绿地面积	46	33.58
3	人均公共服务设施容量	41	29.93
4	公共服务设施可达性	24	17.52
5	建设用地占用耕地连片度	19	13.87
6	城镇建设用地紧凑度	14	10.22
7	居民对外交通便利度	14	10.22
8	城乡建设用地变化耦合度	13	9.49
9	城乡联系紧密度	13	9.49
10	城乡人均产值比	9	6.57
11	城乡人均产值比变化率	6	4.38
12	区域生态系统服务功能指数	6	4.38
13	经济增长与建设用地弹性系数	5	3.65
14	城乡人均产业用地比	4	2.92

二、城乡统筹发展因子耦合

为了探究城乡用地系统、城乡服务系统、城乡产业系统三大系统各指标要素间是否具有相关性以及探究城乡统筹障碍因子的影响因素，为土地利用调控提供参考，本节利用 Spearman 相关系数分析了各指标之间的相关关系。

Spearman 相关系数是用于度量两个变量 X 和 Y 之间依赖关系的非参数指标，它利用单调方程评价两个统计变量的相关性，其值介于–1 与 1 之间。对于变量 $X=[x_1, x_2, \cdots, x_n]^T$ 和 $Y=[y_1, y_2, \cdots, y_n]^T$，其 Spearman 相关系数的计算公式为：

$$\rho = \frac{\sum_{i=1}^{n}(x_i - \overline{x})(y_i - \overline{y})}{\sqrt{\sum_{i=1}^{n}(x_i - \overline{x})^2 \sum_{i=1}^{n}(y_i - \overline{y})^2}} \tag{10-7}$$

式中，$\overline{x}$ 和 $\overline{y}$ 为 n 个数据的平均值。相关系数 r 的取值范围为（–1，1），即 $|r| \leqslant 1$，$|r|$ 越接近于 1，则表明 x 和 y 的相关程度越高。

各指标之间的相关关系分析结果如图 10-20 所示。

	2020城乡产值比	城乡产值比变化率	城乡产业用地比	公共服务设施面积	城市人均绿地面积	城乡建设用地变化协调度	经济增长与建设用地增长弹性系数	建设用地占用耕地连片度	公共服务设施可达性	交通网络覆盖度	城乡交通紧密度	农村居民出行便利度	生态系统服务价值	建设用地集聚度
2020城乡产值比	1	0.43	-0.027	0.08	0.19	-0.22	-0.013	0.11	-0.21	0.13	-0.023	-0.24	0.12	0.29
城乡产值比变化率	0.43	1	0.025	0.16	0.12	-0.052	0.013	0.066	-0.13	0.12	0.18	-0.015	-0.1	0.19
城乡产业用地比	-0.027	0.025	1	0.14	0.28	-0.13	-0.039	0.1	0.16	0.25	-0.056	-0.17	-0.42	0.065
公共服务设施面积	0.08	0.16	0.14	1	0.21	-0.033	0.27	0.16	-0.15	0.37	0.047	-0.31	-0.11	0.33
城市人均绿地面积	0.19	0.12	0.28	0.21	1	-0.18	0.02	0.42	-0.064	0.28	-0.1	-0.055	-0.37	0.14
城乡建设用地变化协调度	-0.22	-0.052	-0.13	-0.033	-0.18	1	0.095	-0.11	-0.028	0	-0.1	0.041	-0	-0.098
经济增长与建设用地增长弹性系数	-0.013	0.013	-0.039	0.27	0.02	0.095	1	0.074	-0.038	0.3	-0.075	-0.26	-0.086	0.21
建设用地占用耕地连片度	0.11	0.066	0.1	0.16	0.42	-0.11	0.074	1	-0.17	0.38	-0.089	-0.14	-0.24	0.23
公共服务设施可达性	-0.21	-0.13	0.16	-0.15	-0.064	-0.028	-0.038	-0.17	1	-0.42	-0.078	0.24	0.028	-0.32
交通网络覆盖度	0.13	0.12	0.25	0.37	0.28	0	0.3	0.38	-0.42	1	-0.027	-0.56	-0.28	0.59
城乡交通紧密度	-0.023	0.18	-0.056	0.047	-0.1	-0.1	-0.075	-0.089	-0.078	-0.027	1	-0.011	0.12	0.094
农村居民出行便利度	-0.24	-0.015	-0.17	-0.31	-0.055	0.041	-0.26	-0.14	0.24	-0.56	-0.011	1	0.05	-0.37
生态系统服务价值	0.12	-0.1	-0.42	-0.11	-0.37	-0	-0.086	-0.24	0.028	-0.28	0.12	0.05	1	-0.13
建设用地集聚度	0.29	0.19	0.065	0.33	0.14	-0.098	0.21	0.23	-0.32	0.59	0.094	-0.37	-0.13	1

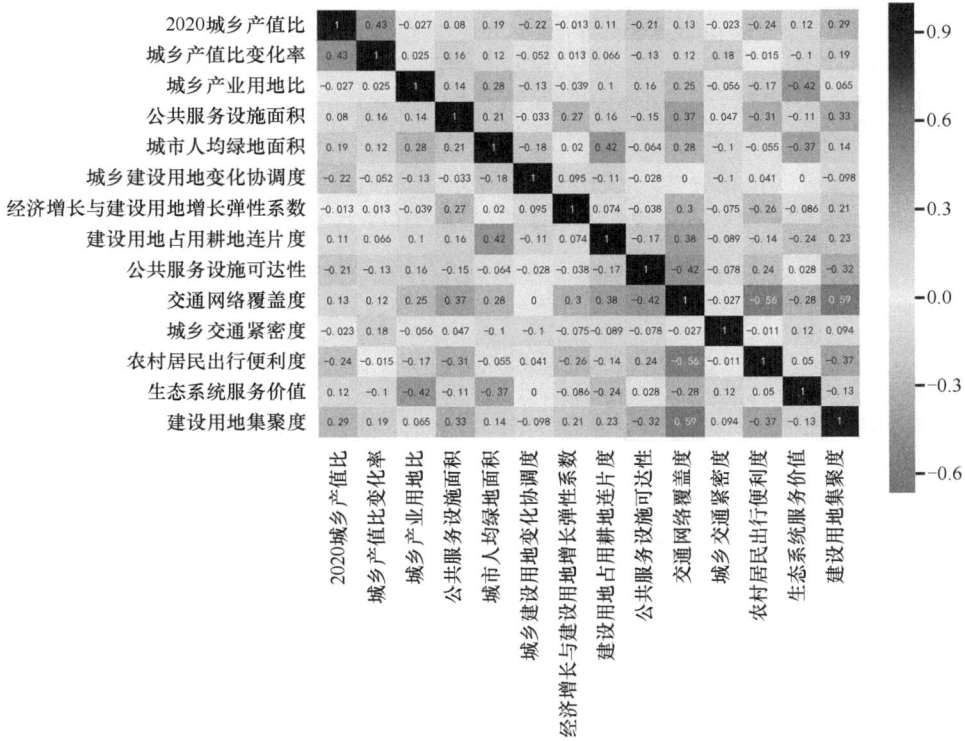

图 10-20　城乡统筹指标相关关系系数（彩图附后）

从城乡用地系统来看，建设用地占用耕地连片度与城镇建设用地紧凑度之间存在较强的正相关性，相关系数为 0.229，建设用地发展越紧凑，所占用的耕地相对更加连片。城镇建设用地紧凑度与经济增长与建设用地变化弹性系数之间也存在较强的正相关性，相关系数为 0.204，城镇建设用地越紧凑，越有利于建设用地单位面积经济产出的提高，能够推动区域建设用地的集约节约利用。

从城乡用地系统与城乡服务系统的关系来看，城镇建设用地紧凑度与交通网络覆盖密度之间存在较强的正相关性，相关系数为 0.594，建设用地紧凑度和道路网络覆盖度之间存在相互促进的关系；城镇建设用地紧凑度与公共服务设施可达性、居民对外出行便利度之间也存在较强的正相关性，表明城镇建设用地的紧凑度的提高与农村居民点公共服务、交通服务的便利度之间存在相互促进关系；建设用地占用耕地连片度与区域生态服务功能指数之间存在较强的负相关关系，相关系数为–0.239，表明连片耕地被占用会对区域生态服务功能指数产生负向影响。

从城乡用地系统与城乡产业系统指标的相关性来看，城镇建设用地紧凑度与城乡人均产业用地比之间存在较强的负相关性，城镇建设用地越紧凑，城镇产业用地也相对更加集约，产业用地面积相对更小，因此城乡人均产业用地比越小；城镇建设用地紧凑度与城乡人均产值比之间存在较强的正相关性，城镇建设用地的集聚在一定程度上与城乡人均产值的加大存在一定联系；经济增长与建设用地变化弹性系数与城乡人均产业用地比之间也存在负相关性，弹性系数越高，单位增长建设用地产值产出越高，建设用地利用更集约节约，因此城乡人均产业用地比越小。

从城乡服务系统内部指标的关系来看，城乡服务系统中人均公共服务设施容量与城镇人均绿地面积之间存在较强的正相关性，相关系数为 0.588，公共服务设施以及城镇绿地同属城市基础设施建设，因此具有较强的正相关性；交通网络覆盖密度与居民对外交通便利度之间也存在较强的正相关性，相关系数为 0.553，交通网络覆盖密度越高，居民对外交通便利度相应也会提高；此外区域生态系统服务功能指数与城乡服务系统其他指标均呈一定的负相关性，说明在增加区域交通服务设施、公共服务设施以提高公共服务能力的同时也要注意对区域生态质量的保护，不能一味地追求服务设施的覆盖度与便利度的增加。

从城乡服务系统与城乡产业系统的相关性来看，城乡人均产业用地比与公共服务设施可达性、交通网络覆盖密度、居民对外交通便利度之间均存在较强的负相关性，可见区域内公共服务能力的提高与城乡交通服务功能的提升与城乡人均产业用地比的缩减存在一定关联；同时公共服务设施可达性、居民对外交通便利度与城乡人均产值比之间存在一定的正相关性，可见区域公共服务设施与对外交通便利度的提升与城乡人均产值比的扩大存在联系，更好的服务设施反而加大了区域城乡间的产值差距。

从城乡产业系统内部的关系来看，城乡人均产值比与城乡人均产值比变化率之间存在较强的正相关性，相关系数为 0.435，城乡人均产值比越大的县（市、区），城乡人均产值比变化率也相对越大，可见山东省城乡差距大的县（市、区）都在努力缩小城乡人均产值之间的差距，差距越大的县（市、区），城乡统筹工作进行得越深入。

三、城乡统筹发展调控分区

根据山东省各县（市、区）表征出的城乡建设用地变化失衡、经济增长与建设用地扩张不协调、建设用地占用连片耕地、公共服务设施可达性差、区域生态系统服务功能弱等城乡统筹发展问题，可以根据障碍因子的类别将各县（市、区）划分为六类调控分区，分别为增减挂钩分区、用地统筹分区、耕地保护分区、城乡服务分区、生态功能分区以及产业发展分区，并针对各分区提出相应的对策建议。具体分区如表 10-12 所示：

表 10-12　山东省城乡统筹发展调控分区

调控类型	行政区名称	分区特征
增减挂钩分区	历下区、市中区、淄川区、恒台县、槐荫区、奎文区、崂山区、邹城市、沂水县、天桥区、平度市、博山区	城乡建设用地增减挂钩政策执行较差
用地统筹分区	高唐县、高青县、鱼台县、梁山县、海阳市、嘉祥县、荣成市、商河县、垦利区、微山县、沂源县、乳山市、惠民县、李沧区、河口区、牟平区、栖霞市	城乡建设用地结构和利用效率存在不足
耕地保护分区	福山区、胶州市、汶上县、武城县、五莲县、奎文区	城乡建设对域内连片耕地占用程度过大
城乡服务分区	平阴县、冠县、陵城区、莱阳市、沾化区、沂源县、临朐县、青州市、河口区、蒙阴县、栖霞市、沂水县	公共服务设施覆盖水平不足，服务能力较差
生态功能分区	潍城区、龙口市、昌邑市、金乡县、巨野县、荣成市、芝罘区、奎文区、牟平区、栖霞市	区域生态系统服务功能指数较低，生态服务能力差
产业发展分区	禹城市、东营区、张店区、黄岛区、德城区、龙口市、城阳区、广饶县、罗庄区、崂山区、兰山区、桓台县、商河县、垦利区、陵城区、淄川区、惠民县、李沧区、河口区	城乡产业发展水平不平衡，城乡产业统筹发展潜力不足

　　增减挂钩分区为城乡建设用地变化耦合度指标中，城市建设用地面积减少，农村建设用地面积增加的县（市、区），主要分布在济南市、淄博市、青岛市市中心以及济宁市、临沂市等区域（图 10-21）。该分区城乡建设用地面积变化耦合度较差，村庄建设用地呈现出一定的增长趋势甚至城镇建设用地面积有所减少，这严重阻碍了区域城乡融合以及经济共同发展。因此，解决村庄闲置用地增加与建设用地需求增加之间的矛盾是这些县（市、区）的主要调控思路。在城乡融合和乡村振兴战略的指引下，进一步理清建设用地现状，严格执行"城乡建设用地增减挂钩政策"，紧跟土地改革步伐，构建城乡统一的建设用地市场，科学合理合法转变建设用地权属性质，推动村庄建设用地向城镇建设用地的有序转变。同时要构建建设用地动态管理机制，提升建设用地配置效率，实现区域建设用地要素流动以及城乡融合发展。

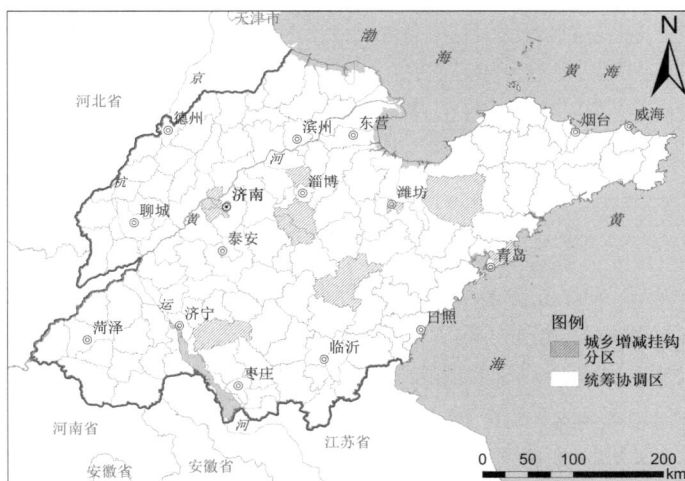

图 10-21　山东省城乡增减挂钩分区分布格局

　　用地统筹分区为城乡用地统筹发展水平指标中城乡建设用地变化耦合度、经济增长与建设用地弹性系数、城镇建设用地集聚度三项指标中含有"差类"指标的县（市、区），主要分布在威海市、烟台市、东营市、淄博市等区域（图 10-22），该类型县（市、区）在城乡建设用地结构和利用效率上存在一定的问题。

　　高唐县、嘉祥县、乳山市、李沧区、牟平区等县（市、区）经济增长与建设用地变化耦合度较差，新增建设用地地均生产总值较低，土地资源利用效率低下，粗放型的利用模式仍然存在。因此追求高质量发展，挖掘存量，提高用地效率是这几个县（市、区）的发展思路。在新一轮发展规划下，区域要加大对存量建设用地的挖掘，在坚持现有产业发展策略下，结合区域发展优势，形成具有区域竞争力的主导产业，引导健康产业集聚，淘汰落后产能。在调整土地利用结构的同时，地方政府也要给予政策措施的辅助，实现对低效用地的开发利用。

　　高青县、鱼台县、梁山县、海阳市、荣成市、商河县、垦利区、微山县、沂源县、乳山市、惠民县、河口区、牟平区、栖霞市等县（市、区）城镇建设用地紧凑度较低，城镇建设用地扩张较为粗放，建设用地利用结构和布局存在一定的问题，因此在国土空间规划的大背景下，这些县（市、区）在未来可以依托地理统计和大数据分析技术，统筹编制并严格执行各类城镇建设用地规划，最大程度优化区域建设用地结构，满足城市以及居民发展的需求。

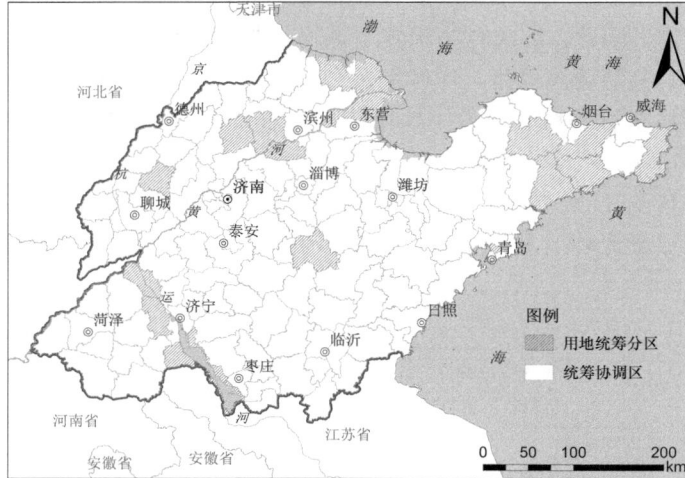

图 10-22　山东省城乡用地统筹分区分布格局

耕地保护分区即为山东省城乡用地统筹发展水平评价指标中建设用地占用耕地连片度指标中含有"差类"的县（市、区），该类县（市、区）在城乡建设用地发展的过程中，对区域内高连片度的耕地占用程度较大，不利于经济社会的可持续发展甚至会导致区域内粮食安全出现问题（图 10-23）。福山区、胶州市、汶上县、武城县、五莲县、奎文区等县（市、区）在未来的土地利用调控方面应当严格落实耕地保护红线，确保耕地数量不减少，加强用地审批规划计划审查，紧控耕地占用，积极转变城镇发展模式，由原来的低效粗放的摊大饼式发展向高效集中的串联式、组团式、卫星式城镇发展转变，

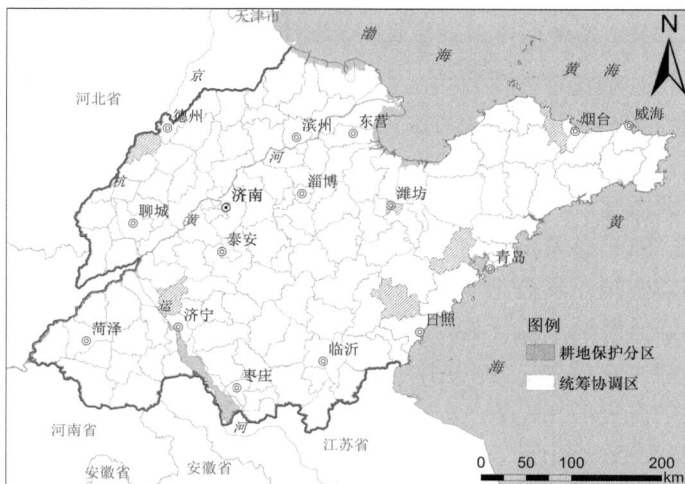

图 10-23　山东省城乡耕地保护分区分布格局

提高土地节约集约利用程度；其次，要加强优质耕地保护，以开展国土利用总体规划以及永久基本农田划定工作为契机，科学合理调整永久基本农田布局，将质量等级较高，连片性较好的耕地划入永久基本农田，实行永久保护；最后，要强化耕地数量和质量占补双平衡，不仅数量要占补平衡，质量也要保证占优补优，减少占优补劣现象。

城乡服务分区为城乡服务统筹发展指标中人均公共服务设施容量、公共服务设施可达性、交通网络覆盖密度、城乡联系紧密度以及居民对外交通便利度等指标中含有"差类"的县（市、区），该类型县（市、区）主要分布在潍坊市、淄博市，烟台市南部和东营市北部等区域（图10-24），主要体现在城乡公共服务设施容量、公共服务设施覆盖水平、城乡居民生活便利度上的不足。因此，必须加强公共服务设施的供给能力，提高居民生活便利度。

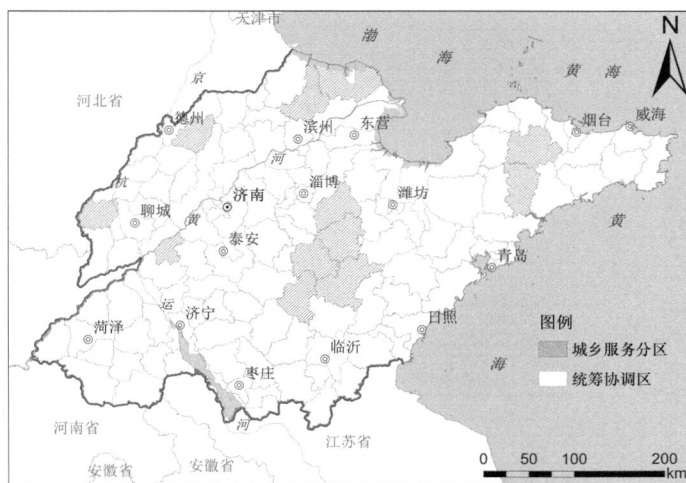

图10-24　山东省城乡服务分区分布格局

平阴县、陵城区、莱阳市、沂源县、临朐县、蒙阴县、栖霞市、沂水县等县（市、区）城乡人均公共服务设施容量较低，公共服务设施可达性较差，这类县（市、区）在未来公共服务设施用地的调控过程中应充分考虑其服务半径和服务半径内的人口分布，对于服务全县（市、区）的设施，其分布要兼顾可达和占地规模，保证居住空间和公共服务设施空间的配置效率，使全体居民能够充分享受公共服务设施；其次要继续强化城镇规划的引导作用，保障公共服务设施用地落到实处，明确各个阶段的任务，制定合理的布局规划，保障规划公共服务设施用地不受利益驱动而被占用或者被置换。

平阴县、冠县、沾化区、沂源县、河口区、栖霞市等县（市、区）交通网络覆盖程度较低，城乡联系不紧密，居民对外交通便利度不高，该类型县（市、区）在未来应当继续完善城乡交通基础设施网络，推进中心镇、一般镇到行政村以及连接景区、基地的公路建设，提升乡镇和建制村的通公路率，其次还要加强城镇节点的交通枢纽设施建设，优化火车站、客运站的分布格局实现城乡客运以及物流系统化，增强城乡联系的紧密度，满足城乡居民出行的需求。

生态功能分区为城乡服务统筹发展指标评价中城镇人均绿地面积和区域生态系统

服务功能指数指标中含有"差类"的县（市、区），潍城区、龙口市、昌邑市、金乡县、巨野县、荣成市、芝罘区、奎文区、牟平区、栖霞市等县（市、区）城镇人均绿地面积处于全省平均水平以下（图10-25），区域生态系统服务功能指数较低，该类县（市、区）在未来土地利用调控中应当进一步加强城市绿化建设，建造良性循环的城市生态系统，合理布局提高绿化建设的覆盖密度和服务半径，充分发挥生态环境效益；再者，要实施对环境污染的综合治理和保护，调整城乡间绿色产业结构，减少城乡二、三产业发展对区域生态系统服务功能的破坏。最后要积极做好生态城乡规划，提高城乡资源的使用效率，提高对污水废气的处理效率，提高城乡生态环境的自净能力，使城乡经济发展同生态容量相适应。

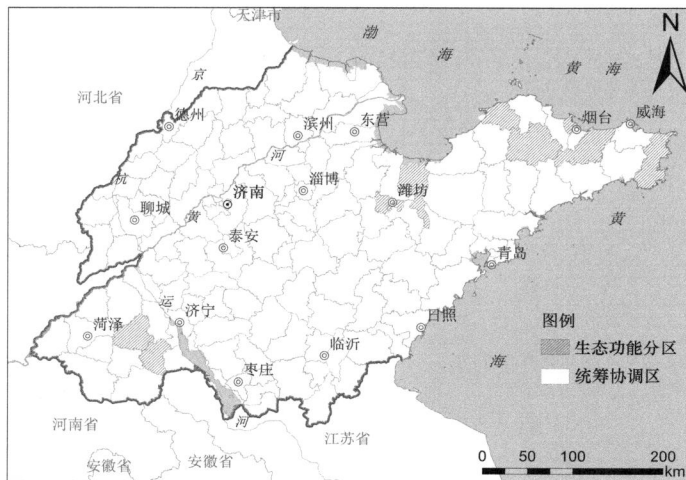

图 10-25　山东省城乡生态功能分区分布格局

　　产业发展分区为城乡产业统筹发展评价指标体系中城乡人均产值比、城乡人均产值比变化率以及城乡人均产业用地比指标中含有"差类"的县（市、区），该类型县（市、区）主要分布在黄河三角洲、临沂市中部以及青岛市南部区域（图10-26）。张店区、黄岛区、广饶县、罗庄区、兰山区、桓台县、垦利区、淄川区等县（市、区）城乡人均产值差距较大，城乡人居产值比变化率较小，不利于城乡一体化发展；商河县、垦利区、李沧区、河口区等县（市、区）城乡人均产业用地面积差距较大，城乡产业统筹潜力不足，这些因素都阻碍了该类县（市、区）城乡统筹发展的进程，在未来土地利用调控过程中应当注重对城乡产业布局进行调整，政府要加以引导，以集聚与分散并举的措施推动城乡产业统筹发展。城市产业向农村扩散，为城市产业结构化升级腾出发展空间，城市生产性服务业向高端化发展，有利于实现城乡"以产促城，以城兴产，产城融合"发展，不能一味地求大、求全将所有产业布局在中心城区，要实现城乡产业合理分工与布局；同时也要加快农村基础设施建设，完善农村产业基础设施配套，改善农村承接产业转移的环境，使农村在产业联动中获得更大的发展机会，更便利地实现城乡物质、资金、人才和信息的自由化流动。

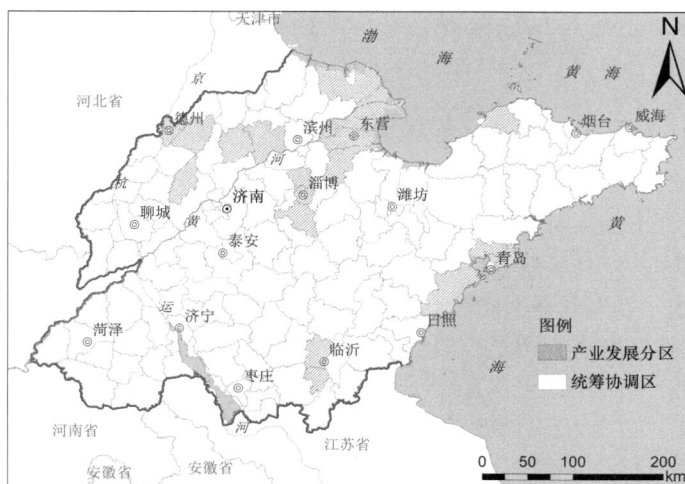

图 10-26　山东省城乡产业发展分区分布格局

第四节　城乡统筹发展问题与调控建议

一、城乡统筹发展问题

（一）城乡统筹发展不均衡，地区发展水平差异大

山东省各县（市、区）城乡统筹发展水平之间存在一定差距，全省 137 个县（市、区）中 43 个县（市、区）城乡统筹发展水平分类为中或差。具体来看，山东省西部的聊城–菏泽–泰安–济南片区以及东部青岛–潍坊–烟台片区城乡统筹发展水平较高，中部山地、北部黄河三角洲以及烟台南部丘陵区发展水平较差，城乡统筹发展水平区域性差异较大。

（二）城乡用地矛盾显著，地区间用地问题复杂多样

山东省城乡统筹发展进程中在用地分配、用地效率、耕地保护等方面矛盾突出，各县（市、区）之间用地问题复杂多样。历下区、市中区等县（市区）城乡建设用地增减挂钩政策执行较差，城乡建设用地发展矛盾突出；高唐县、高青县等县（市、区）建设用地扩张与经济发展不协调，土地集约节约利用水平较低，土地利用效率不高；福山区、胶州市等县（市、区）建设用地与耕地矛盾明显，建设用地扩张占用较多连片高质量耕地，经济可持续发展与区域粮食安全遭受威胁。

（三）城乡服务存在差异，部分地区基础设施建设滞后

城乡统筹发展障碍因子分析结果显示，交通网络覆盖密度、城镇人均绿地面积以及人均公共服务设施容量等三个指标的障碍因子比例均在 30% 左右，大部分县（市、区）在城乡统筹发展进程中都存在城乡公共服务指标失衡的现象。山东省中部的临沂市以及泰安市部分县（市、区）人均公共服务设施面积、公共服务设施可达

性、交通网络覆盖密度等指标均低于全省平均水平，基础设施建设滞后，公共服务能力较差。

（四）城乡产业发展不协调，部分地区统筹发展潜力不足

山东省城乡产业发展水平不协调，城乡产业统筹发展优类县（市、区）主要集中在青岛–潍坊–烟台三市交界处以及济南市中心城区，黄河三角洲、临沂市中部等区域发展水平较差。张店区、黄岛区等县（市、区）城乡人均产值差距较大，城乡人居产值比变化率较小；商河县、垦利区等县（市、区）城乡人均产业用地面积差距较大，这些县（市、区）城乡产业统筹发展潜力不足，阻碍了全省城乡统筹的进程。

二、城乡统筹发展调控建议

（一）加大政策引导，加快形成城乡统筹格局

要紧紧围绕国家乡村振兴战略，加大对城乡统筹发展的政策引导，一方面要引导城市转变经济发展方式，优化产业结构，带动农村地区的发展；另一方面要对农村地区给予政策扶持，发展工业经济，促进农村产业化发展，推动实现城乡生产、生活、生态等方面同步、同向、同质量发展。针对城乡统筹发展水平较差的县（市、区），政府应加大对区域政策、资金、技术、人才方面的支持，根据区域城乡统筹发展的薄弱环节精准施策、科学规划，统筹优化城乡资源配置，加快形成全省城乡统筹发展格局。

（二）切实执行增减挂钩政策，严守耕地保护红线

城乡用地矛盾突出的县（市、区）应当严格执行"城乡建设用地增减挂钩政策"，进一步厘清建设用地现状，紧跟土地改革步伐，构建城乡统一的建设用地市场，推动村庄建设用地向城镇建设用地的有序转变，实现区域建设用地要素流动以及城乡融合发展。同时要加大对存量建设用地的挖潜，实现对低效用地的开发利用，在坚持现有产业发展策略下，结合区域发展优势，形成具有区域竞争力的主导产业。此外，应当严格落实耕地保护红线政策，确保耕地数量不减少，加强对优质耕地的保护，强化耕地数量和质量占补双平衡。

（三）完善基础设施建设，推动城乡公共服务均等化

完善的基础设施不仅能够显著改善农村居民生活，而且能够吸引投资，促进资源的合理优化配置，为城乡统筹创造有利条件。全省应当从居民设施需求出发，加强农村基础设施建设，统筹规划，形成全覆盖、网络化的交通、水电、通行、医疗、教育等生产性和生活性基础设施，强化城镇规划的引导作用，保障公共服务设施落到实处。对于服务全县（市、区）的基础设施建设，要考虑设施的可达性，使全体居民能够充分享受公共设施服务，切实推动城乡基础设施一体化、公共服务均等化。

（四）调整城乡产业布局，完善农村产业基础设施配套

　　城乡产业统筹发展较弱的县（市、区）应当针对城乡产业布局进行调整，鼓励城市产业向农村扩散，为城市产业结构优化升级腾出发展空间，城市生产性服务业向高端化发展，有利于实现城乡"以产促城，以城兴产，产城融合"发展，实现城乡产业合理分工与布局；同时也要加快农村基础设施建设，完善农村产业基础设施配套，改善农村承接产业转移的环境，使农村在产业联动中获得更大的发展机会，更方便地实现城乡物质、资金、人才和信息的自由流动。

第十一章 区域国土资源开发利用与保护统筹

山东省陆海相拥、山川毓秀、资源丰富，是全国区域经济发展最具活力的地区之一。国土资源是人类生存发展的重要物质基础，摸清国土资源家底，掌握国土资源利用特点，发现国土资源开发利用中存在的问题，辩证思考土地利用与经济社会发展、城乡统筹以及生态文明建设等的关系，实现国土资源高效集约节约利用与保护，对全省高质量协同发展具有重要战略意义。

第一节 经济社会发展战略目标与导向

党的十八大以来，习近平总书记多次亲临山东省视察并发表重要讲话，要求山东"在全面建成小康社会进程中走在前列，在社会主义现代化建设新征程中走在前列，全面开创新时代现代化强省建设新局面"。山东省在经济社会发展战略指导思想上，将紧紧遵循"走在前列，全面开创"这一总要求，紧紧抓住国家"一带一路"倡议、黄河流域生态保护和高质量发展战略等重要机遇，紧紧围绕建设新时代社会主义现代化强省、打造东部地区转型发展增长极和长江以北国家纵深开放新的重要战略支点发展目标，以推动新旧动能转换为主线，以推进农业产业化、新型工业化、城镇化和教育现代化为抓手，以加快产业发展为重点，以改革开放和科技创新为动力，以改善民生为根本点和落脚点，加强统筹城乡协调发展，进一步优化区域经济布局。调结构、强基础、快发展、上水平、惠民生、促和谐，山东省将迈向新时代社会主义现代化强省新征程，这一系列战略目标为全省国土资源开发利用与保护指明了方向，提供了根本的遵循。

一、经济社会发展战略目标

（一）促进粮食生产稳定发展，切实提高粮食安全保障能力

坚定扛牢粮食大省政治责任，坚决落实重要农产品保障战略，力争在 2025 年高标准农田达到 8000 万亩以上，确保粮食综合生产能力达到 1100 亿斤，打造全国粮、油、蔬菜优质供应基地，保障重要农产品供给，加快构建现代化粮食产业体系，创建一批具有较高知名度和美誉度的粮食品牌。建设种业强省，实施农业良种工程和种子工程攻坚行动，推进主要农作物全程全面、高质高效机械化，到 2025 年农作物耕种收割综合机械化率达到 92%，率先建成"两全两高"农业机械化示范省，做到粮食产业高质量发展的排头兵，安全引领农业、农村、农民现代化。

（二）践行新发展理念，构建新发展格局，推动经济高质量发展

锚定高质量发展预期，力争地区生产总值在"十四五"规划期间增长 5.5%左右，全员劳动生产率增速在 5.5%以上，保持经济平稳健康发展，综合实力迈上新台阶。创新自强实现新跨越，到 2025 年，研发经费投入年均增长达到 9.3%左右，人才队伍规模提高至 2000 万人，制造业增加值占比力争达到 30%，形成一批具有全球影响力的产业集群、领航型企业和知名品牌，奋力抢占产业制高点，加快形成特色优势现代产业体系。增强体制机制创新力，建设高标准市场体系和高效率服务政府，打造一流营商环境，"四新"经济增加值占比在 2025 年达到 40%左右，省级及以上"专精特新"企业数量 4000 家，各类优质要素加速向先进生产力集聚，参与全球竞争合作能力显著增强。

（三）加大黄河流域生态保护，协同推动自然生态治理

"十四五"是推动黄河流域生态保护和高质量发展的关键时期，贯彻"四水四定"原则，坚决落实以水定城、以水定地、以水定人、以水定产，走好水安全有效保障、水资源高效利用、水生态明显改善的集约节约发展之路。紧扣打造水安全城市群典范，集约高效利用水资源，到 2025 年，万元国内生产总值用水量下降 10%，强化水资源刚性约束，严格水资源消耗总量和强度双控。大力推动生态环境保护治理，推进流域综合治理，加强下游河道和滩区环境综合治理，提高河口三角洲生物多样性。紧扣碳达峰、碳中和要求，构建绿色能源体系、产业体系，到 2025 年，煤炭消费量控制在 3.5 亿 t 左右，非化石能源消费比重提高至 13%左右，主要污染物排放总量大幅减少，共建蓝天碧水净土美丽家园，坚决打赢污染防治攻坚战。紧扣打造山水林田湖草沙生命共同体，显著增强碳汇能力，森林覆盖率进一步提升，自然岸线保有率在 35%以上，建成人、河、山、海、城和谐共生的美丽山东半岛城市群。

（四）加快形成城乡统筹格局，扎实推动城乡共同富裕

聚焦推进以人为核心的新型城镇化，到 2025 年，常住人口城镇化率达到 68%左右，居民人均可支配收入增长要高于经济增长速度，人民生活品质进一步改善。扎实推动乡村振兴，推动城乡共同富裕，建立健全城乡要素平等交换、高效流动的体制机制，到 2025 年城乡收入比要低于 2.2，城乡区域差距、城乡居民收入和生活水平差距持续缩小，不断增强人民群众获得感、幸福感、安全感。

（五）发挥半岛城市群龙头作用，开创新时代现代化强省建设新局面

将山东半岛城市群打造成为服务和融入新发展格局引领区、全国重要的经济增长极、黄河流域生态文明建设先行区、文化"两创"新标杆、改善民生共同富裕典范。到 2025 年，山东半岛城市群建设取得新突破，新型城镇化发展模式更加成熟定型，共同富裕取得更为明显的实质性进展，形成一系列标志性、引领性、开创性成果，在服务和融入新发展格局上走在前，在增强经济社会发展创新力上走在前，在推动黄河流域生态保护和高质量发展上走在前，建成更具竞争力的现代化国际化城市群。到 2035 年，山东

半岛城市群实现较高水平的社会主义现代化，经济实力、发展活力、综合竞争力显著增强，战略地位和龙头作用全面彰显。

二、国土资源利用战略导向

（一）国土资源利用要保障区域粮食安全

粮食安全是国家安全的重要基础，国土资源利用首先要保障粮食安全和重要农产品供给。耕地是粮食生产的根基，要落实最严格的耕地保护制度，严守耕地保护红线，严格保护永久基本农田，稳定粮食播种面积，要以"零容忍"的态度，采取"长牙齿"的硬措施坚决遏制耕地"非农化"、防止耕地"非粮化"。深入实施"藏粮于地、藏粮于技"战略，加快农业灌溉体系现代化改造，推进高标准农田建设工程、耕地质量提升工程，实现农业生产规模化、集约化、产业化。

（二）国土资源利用要服务于中长期经济社会发展

国土资源是经济社会发展的重要基础，充分发挥国土空间规划的整体管控作用，合理安排建设用地规模、布局、结构和时序；优先保障民生项目和战略性新兴产业、现代服务业项目用地，合理安排重点基础设施项目用地；支持新农村建设，保障农业生产、农民生活、农村发展必需的建设用地；引导人口、产业有序集聚，构建集疏适度、优势互补、集约高效、陆海统筹的国土资源利用开发空间格局，促进要素集中集聚发展，提升区域综合竞争力。

（三）国土资源利用要统筹生态文明建设

国土是生态文明建设的空间载体，绿水青山就是金山银山，国土资源利用要保障生态安全，维护提升生态系统服务功能，提升生态产品供给能力，实施山水林田湖草海系统治理，加快推进全省国土空间生态修复，构建生态安全格局，守牢自然生态安全边界，推动生态文明示范区建设，为建设人与自然和谐、生态宜居的美丽山东提供重要生态保障。

（四）国土资源利用要推动城乡融合发展

国土资源利用是城乡融合发展的重要基础，国土资源利用要推动城乡融合发展。加强城乡土地的集约节约利用与科学规划，对城乡建设用地进行双向控制，进一步优化城乡土地空间；统筹优化城乡资源配置，以城乡产业合作为基础，完善城乡就业服务体系，优化创新农业产业发展形式；加快县城建设，强化小城镇的服务功能，打造服务农民的区域中心；结合城镇圈、城乡社区生活圈建设，推动城乡基础设施一体化、公共服务均等化。

（五）国土资源利用要助力区域一体化协同发展

国土空间具有"要素"和"区域"双重属性，应通过国土空间规划将山东的"一片国土"合理配置，实现区域内产业发展、公共服务以及生态保护等领域的共建共享。国土资源配置应顺应人口流动、产业优化升级和空间演进趋势，推动城市发展由"外延式"

向"内涵式"发展转变，推动形成城市高效协同联动机制，打造紧密衔接、功能互补、资源共享的区域发展共同体。

第二节　国土资源与社会经济发展关系分析

人口变化、经济发展与政策实行是影响国土资源配置与利用的重要因素，正确认识人口、经济增长以及政策与国土资源利用的关系是合理规划国土空间的基础，掌握国土资源变化与社会经济发展间的相关规律，将有利于国土资源可持续利用，有利于社会经济的稳定发展。

一、人口与国土资源利用关系

随着山东省人口增长，建设用地面积不断增加，人口数量增加与建设用地面积的增长总体上表现为同步，呈显著正相关。2009~2019 年间全省总人口年均增长率为 1.07%，而同期建设用地年均增长率为 3.13%，明显高于总人口年均增长速度。2009~2019 年间，农村人口呈下降趋势，这 10 年间农村人口净减少 2025.68 万人，年均降低 6.77%，而同期耕地面积也有所减少，总面积减少 120.64hm²，年均降低 2.81%（表 11-1）。

城镇人口和城镇用地面积在一定程度上呈同步增长趋势（图 11-1）。2009 年全省城镇人口 3547.75 万人，到 2019 年增至 6194.19 万人，年均净增 9.73%。2009 年全省城镇用地面积 60.53 万 hm²，2019 年城镇用地增至 89.72 万 hm²，净增加 29.19 万 hm²，年均净增 6.78%。可见，山东省城镇用地年均增速低于同期城镇人口增长速率。近 10 年来，农村人口总量呈现逐渐减少之势，但同期村庄用地面积呈日益增加的态势（图 11-2）。2009~2019 年间山东省农村人口年均净减 6.77%；而 2019 年底村庄用地为 159.40 万 hm²，比 2009 年净增加 25.53 万 hm²，年均净增 2.95%。

表 11-1　2009~2019 年山东省人口与土地面积

年份	常住人口/万人			土地面积/万 hm²				
	总人口	城镇人口	农村人口	土地总面积	耕地	建设用地	城镇用地	村庄用地
2009	9449.45	3547.75	5901.70	1579.01	766.83	262.95	60.53	133.87
2010	9536.19	3838.64	5697.55	1579.01	765.81	266.67	62.43	135.50
2011	9591.00	3944.89	5646.11	1579.01	764.69	270.09	64.00	137.05
2012	9579.72	4020.72	5559.00	1579.01	763.57	273.54	65.45	138.89
2013	9612.04	5231.70	4380.34	1579.01	763.35	276.38	66.98	139.83
2014	9747.10	5385.17	4361.93	1579.01	762.06	279.22	68.44	140.70
2015	9847.16	5613.87	4233.29	1579.01	761.10	282.01	70.01	141.56
2016	9921.44	5870.51	4050.93	1579.01	760.70	284.44	70.99	142.52
2017	10005.83	6061.53	3944.30	1579.01	758.98	288.37	72.20	144.27
2018	10047.24	6146.90	3900.34	1579.01	757.25	291.94	73.18	146.13
2019	10070.21	6194.19	3876.02	1577.60	646.19	316.38	89.72	159.40
增减	620.76	2646.44	−2025.68	—	−120.64	53.43	29.19	25.53

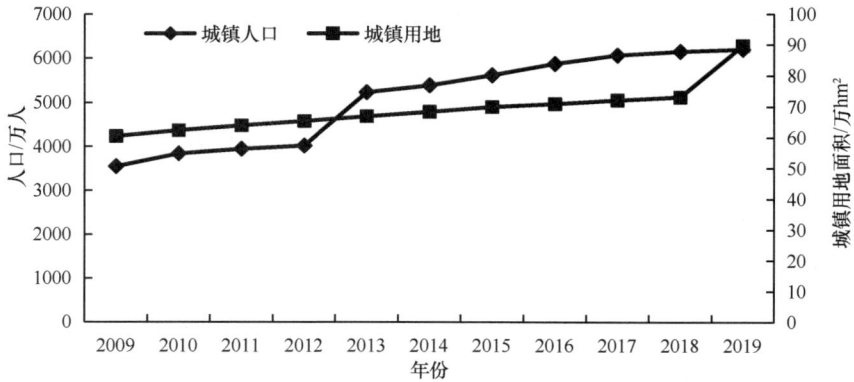

图 11-1　　2009～2019 年山东省城镇人口与城镇用地变化

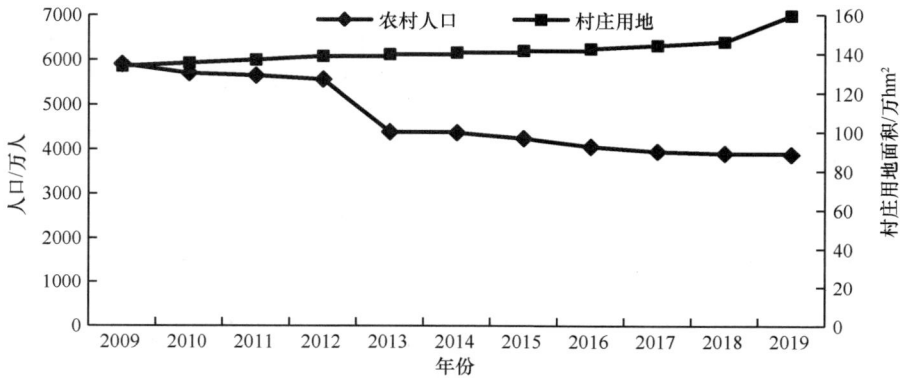

图 11-2　　2009～2019 年山东省农村人口与村庄用地变化

二、经济增长与国土资源利用关系

山东经济总量的增长与建设用地面积的提高有一定程度的相关性（表 11-2、图 11-3），GDP 增长和建设用地面积增长具有同步性，建设用地的增加给经济快速发展提供了空间，在一定程度上推动了经济增长，进而为土地开发建设提供了资金保障。2019 年山东省 GDP 为 71067.53 亿元，比 2009 年净增 41526.73 亿元，即净增 2.41 倍，年均增长率达 15.76%，同期建设用地净增 53.43 万 hm^2，年均增长率为 3.13%。

表 11-2　　2009～2019 年山东省经济增长与土地利用面积

年份	GDP/亿元	建设用地/万 hm^2	固定资产投资/亿元	单位建设用地固定资产投资额/（亿元/万 hm^2）
2009	29540.8	262.95	19030.97	72.37
2010	33922.49	266.67	23276.69	87.28
2011	39064.93	270.09	26769.73	99.11
2012	42957.31	273.54	31255.96	114.27
2013	47344.33	276.38	36789.07	133.11
2014	50774.84	279.22	42495.55	152.20

年份	GDP/亿元	建设用地/万 hm²	固定资产投资/亿元	单位建设用地固定资产投资额/（亿元/万 hm²）
2015	55288.79	282.01	48312.46	171.32
2016	58762.46	284.44	53322.49	187.46
2017	63012.1	288.37	55202.73	191.43
2018	66648.87	291.94	57466.04	196.84
2019	71067.53	316.38	52696.36	166.56
增减	41526.73	53.43	33665.39	94.18
增速	15.76%	3.13%	18.50%	14.90%

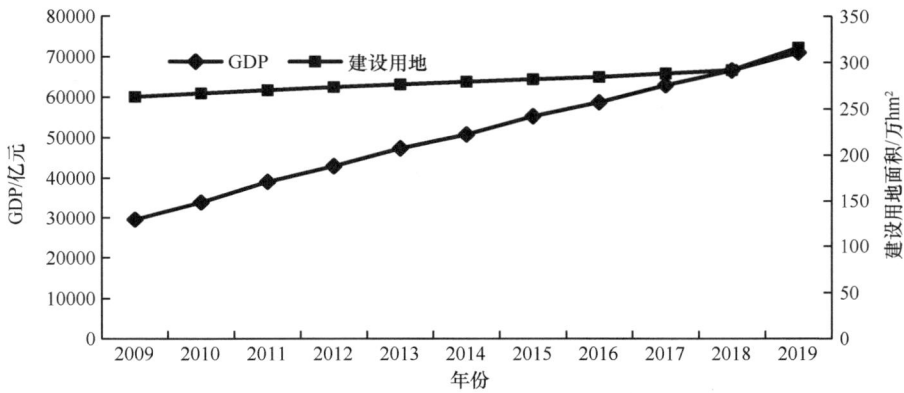

图 11-3　2009～2019 年 GDP 增长与建设用地变化

固定资产投资与土地利用变化有着密切的关联（图 11-4、图 11-5），固定资产投资与建设用地面积增长的趋势基本一致，但固定资产投资增长率显著大于建设用地增长率。2019 年固定资产投资比 2009 年净增 33665.39 亿元，增长了约 2.8 倍，年均增长率为 18.50%；而同期建设用地年均增长率为 3.13%。山东省单位建设用地固定资产投资额从 2009 年的 72.37 亿元/万 hm²，增长到 2019 年的 166.56 亿元/万 hm²，投资额增长

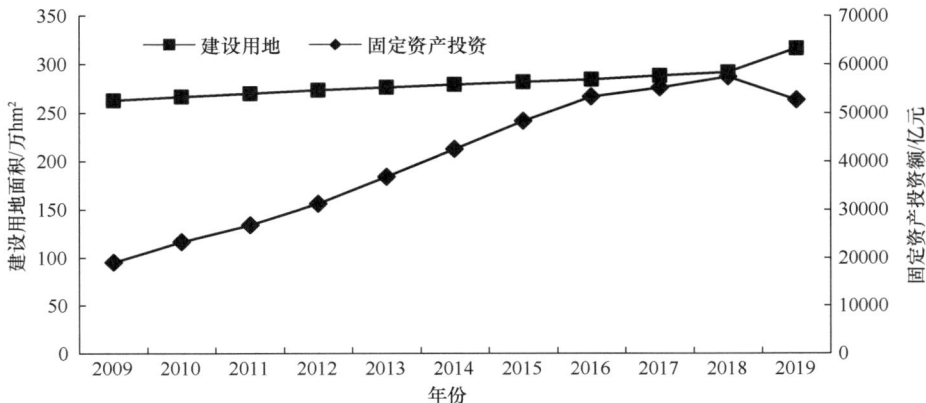

图 11-4　2009～2019 年固定资产投资与建设用地变化

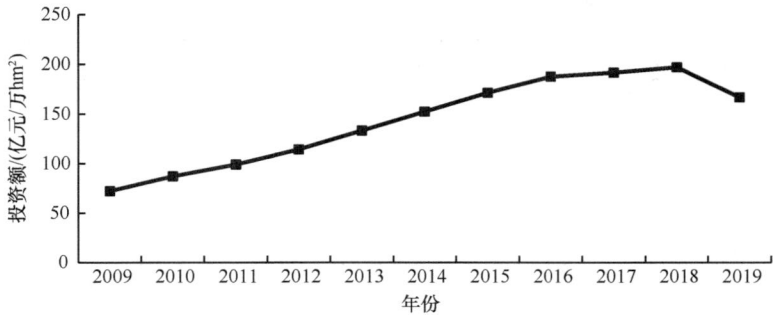

图 11-5　2009～2019 年单位建设用地面积固定资产投资额

了 1 倍多，年均增长率到达 14.90%。从建设用地面积与固定资产投资额的年度变化来看，2009～2018 年间建设用地面积与固定资产投资额均呈现较为均匀的增长态势，单位面积固定资产投资额也稳步增长，但 2018～2019 年间，山东省建设用地面积快速增长，同时固定资产投资额出现了减少，单位面积固定资产投资额也随之下降。

　　农业总产值、农民人均收入等农业经济状况与农用地有着密切的关联（表 11-3、图 11-6、图 11-7），从 2009 年到 2019 年山东省农业总产值由 3076.19 亿元增长到5116.44 亿元，年均增速为 8.85%，农民人均纯收入由 6154 元增长到 17775 元，年均增速达到了 19.34%。从农用地与耕地面积的变化来看，2009～2018 年间农用地面积逐年递减，2018～2019 年间农用地面积快速增加，并超过了 2009 年农用地的面积，而耕地面积呈现逐年递减的趋势，2009～2018 年间平稳减少，2018～2019 年间面积骤降。

表 11-3　2009～2019 年山东省农业经济增长与农用地面积

年份	农业总产值/亿元	农民人均纯收入/元	农用地/万 hm²	耕地/万 hm²
2009	3076.19	6154	1164.83	766.83
2010	3411.34	7034	1162.27	765.81
2011	3768.55	8395	1160.37	764.69
2012	4047.06	9506	1158.02	763.57
2013	4454.11	10687	1156.75	763.35
2014	4662.81	11882	1154.81	762.06
2015	4902.82	12930	1152.85	761.10
2016	4830.25	13954	1151.43	760.70
2017	4832.71	15118	1148.61	758.98
2018	4950.52	16297	1145.96	757.25
2019	5116.44	17775	1172.46	646.19
增减	2040.25	11621	7.63	−120.64
增速	8.85%	19.34%	0.11%	−2.81%

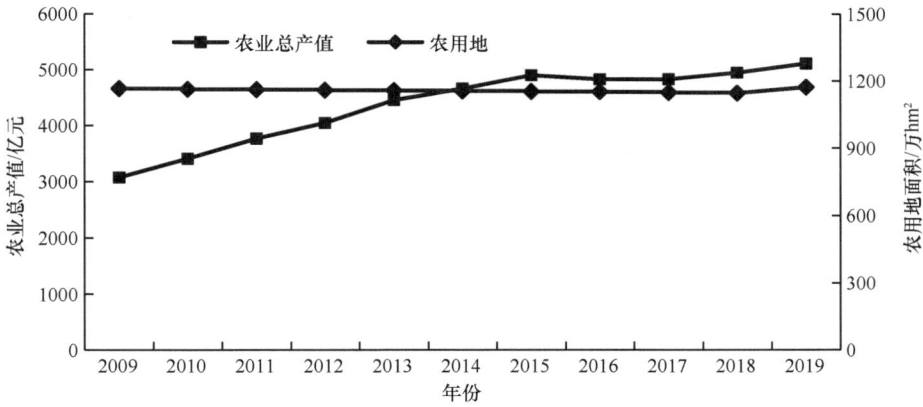

图 11-6　2009～2019 年农业总产值与农用地变化

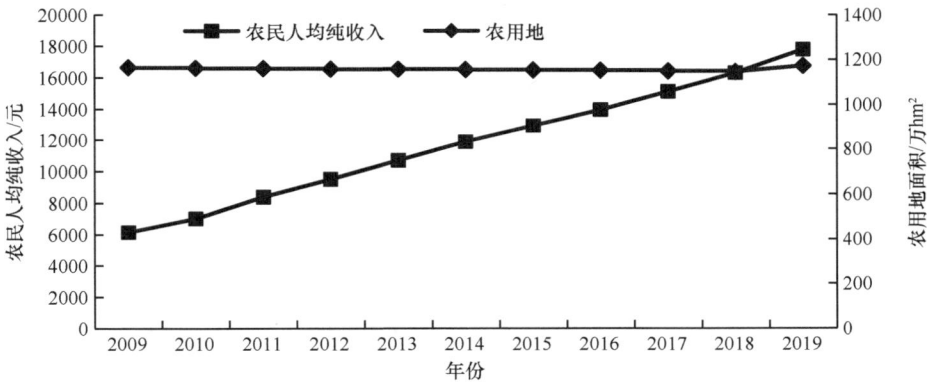

图 11-7　2009～2019 年农民人均纯收入与农用地变化

三、政策与国土资源利用关系

政策对国土资源利用的影响主要集中在永久基本农田保护、耕地占补平衡、城乡建设用地增减挂钩以及土地资源集约节约利用等方面。在永久基本农田保护政策方面，山东省的政策从强调永久基本农田的划分，如《枣庄市永久基本农田划定工作方案》《山东省国土资源厅关于建立永久基本农田划定工作五项任务进展情况周调度和月通报制度的通知》，向强调耕地保护的改进和监督方向发展，如《自然资源部农业农村部关于加强和改进永久基本农田保护的通知》，这个过程体现了山东省在永久基本农田保护方面由保证数量向提升质量转变。在耕地占补平衡政策方面，山东省从优化占补平衡耕作机制，如《淄博市人民政府办公厅转发市国土资源局等部门关于调整优化耕地占补平衡工作机制加强耕地保护的意见的通知》，逐步发展为对耕地占补平衡管理工作的规范和改进，如《关于规范和改进耕地占补平衡管理工作的通知》。在城乡建设用地增减挂钩政策方面，从试点增减挂钩工作开始，如《山东省城乡建设用地增减挂钩试点项目报批管理办法》，逐步转移到建设用地增减挂钩节余指标跨省域调剂，如《山东省使用跨省域调剂城乡建设用地增减挂钩节余指标及资金收取实施细则》，这标志着自然资源管理由试点向全局的一个转变。在土地集约节约利用方面，山东省逐步从单方面引导，如《关于调整森林植被恢复费征收标准引导节约集约利用林地的通知》等政策，转变为多项措施并行来推进集约节约用地的发展，如《关于推进开发区节约集约用地促进高质量发展的若干措施》等政策。山东省自然资源管理政策正在由强调自然资源保护数量向提升自然资源保护质量发展，由自然资源管理试点向全局发展，由引导性政策向推进性政策发展。

城乡建设用地受政策发布影响的表现比较明显。2009年新发布的城乡建设用地集约利用相关政策共34则，发布量居2007～2017年间第二位，政策力度较强。2010年山东省城乡建设用地资本投入大幅提升，地均固定资产投资和财政支出较2009年分别提高了20.7%、26.4%，产出层面对应的指标数据均提升了15%以上，提高了城乡建设用地投入、产出水平的集约度。2011～2014年，与城乡建设用地集约利用紧密相关的权威性政策大量发布，政策紧密度、力度平均效力值大幅提升，对政策实施效果的贡献也稳步上升。在与集约用地紧密相关的权威性政策影响下，山东省各级政府逐渐加强集约用地政策的执行与落地，各市县积极开展闲置低效用地盘活利用专项行动和城乡建设用地增减挂钩试点工作，在节约集约用地中形成了"节地+挖潜+循环"的历城模式、章丘"七种模式"等盘活闲置低效用地的经验做法。除此之外，山东省还积极探索立体空间开发利用的节地模式，临沂市沂水县形成了"飞地经济"节地模式，潍坊等市开展"退城入园"行动。2013年山东省亿元GDP耗地915.7亩，比2012年下降了7.70%；存量建设用地供应量占全省建设用地供应总量一半左右，城市规划布局明显改善。在第三届全国国土资源节约集约模范县（市）创建活动中，山东省淄博、莱芜、日照3个市荣获"国土资源节约集约模范市"称号。2010～2015年，山东省城乡建设用地集约利用水平的持续上升，也佐证了2009～2014年山东省城乡建设用地集约利用政策的实施取得了不错的效果。

第三节　国土资源开发利用与保护存在的问题与挑战

山东省国土资源开发历史悠久，高度重视国土资源作为基础生产要素在生产和生活中的重要作用，因地制宜，合理保护、开发、利用国土资源，致力于构建品质国土、宜居国土、和谐国土、开放国土与美丽国土格局。基于"三调"数据分析，全省在合理配置国土资源，提高国土资源利用效率方面取得了一定的成绩，但也存在不少亟待解决的问题，且面临一些挑战。

一、国土资源开发利用与保护中存在的问题

（一）耕地数量下降，面临一定的粮食安全风险

2009～2019年间，全省存在耕地"非粮化"与"非农化"现象，耕地面积由766.83万hm²（11502.43万亩）减少至646.19万hm²（9692.8万亩），净流失120.64万hm²（1809.63万亩），主要原因是国土绿化、农业结构调整以及城镇发展，耕地流向林地、园地以及

城镇村工矿用地的规模较大。在非农建设占用耕地占补平衡的政策下，农业内部之间的用地矛盾日益突出，"三调"数据显示，全省即可恢复耕地的农用地约为 48.91 万 hm² （733.62 万亩），通过工程措施恢复为耕地的农用地约为 108.57 万 hm²（1628.61 万亩），农用地之间还需进一步统筹安排。同时，耕地与建设用地之间的转化也是新型城镇化进程中另一对矛盾，全省建设用地占用耕地面积较大，且包括部分批准未建设用地，批准未建设用地中农用地占比达到了 87.13%，其中耕地占 46.01%，建设占用耕地却未使用，造成资源浪费。农业内部、农业与非农业之间用地矛盾的加剧威胁了全省的耕地生态安全与粮食安全。

（二）建设用地集约利用度不高，新增建设用地供应不及时、利用不充分

2019 年全省建设用地面积与 2009 年相比净增长 53.43 万 hm²（801.45 万亩），同期地区生产总值增长 121.7%，常住人口城镇化率提高 37.54%~61.51%，建设用地增加基本适应经济社会发展的用地需求，但 2019 年全省建设用地经济产出即建设用地地均 GDP 为 22462.42 万元/km²，低于同期全国 24246.29 万元/km² 的平均水平；人均建设用地面积为 314.18m²/人，高于同期全国 291.89m²/人的平均水平，全省建设用地集约利用水平还有待进一步提升。此外，全省批准未建设用地面积占有一定比例，约 0.64%，批准未建设用地中农用地所占比重较大，约为 87.13%。其中，批而未供面积占批准未建设用地面积 32.65%，供而未用占比 67.35%，表明全省在建设用地"批、供、用、补、查"环节中仍存在一定的监管不到位，城镇建设用地批后实施的跟踪管理仍显不足，导致部分农用地转用失效、土地闲置、资源浪费等问题。

（三）生态用地数量减少，生态系统服务功能有所下降

山东省生态资源丰富，鲁中南山地丘陵与鲁东低山丘陵林地广布；黄河三角洲、莱州湾、胶州湾、南四湖、东平湖水网密集，湿地丰富，全省林地、种植园地与草地约占国土面积的 26.77%，湿地与水域约占 10.76%，陆水生态用地共同维育了蓝绿交织的齐鲁风光，但在 2009~2019 年间全省生态用地数量有所减少，生态网络连通性变差，生态系统服务功能也出现了一定程度的下降，且随着土地利用开发强度加大，生态保护压力也愈来愈大。

（四）城乡用地结构不合理，农村宅基地占比较大

2019 年全省村庄用地规模较大，约为 159.40 万 hm²（2391.06 万亩），约占国土总面积的 10.08%，约为城市用地的 3 倍，建制镇用地的 4 倍。村庄用地出现人减地增的失配的现象，与 2009 年相比，村庄用地增加了 25.53 万 hm²（382.95 万亩），占国土面积比例提高了 1.6 个百分点，人均村庄用地由 0.02hm²（0.34 亩）提高至 0.04hm²（0.62 亩）。其中，农村宅基地规模较大，约为 98.41 万 hm²（1476.11 万亩），约占村庄用地的 61.73%，且分布较为分散。此外，在城市与建制镇中也存在一定面积的农村宅基地，用地空间相对混杂。

二、国土资源开发利用与保护面临的挑战

（一）土地供需矛盾日趋突出

从供给角度来看，山东省土地后备资源不足，耕地资源较为短缺，耕地后备资源仅占全省总面积的 0.18%。2019 年全省人均土地约为 0.16hm² （2.36 亩），远低于全国平均水平，不足全国人均的 1/3。2019 年全省人均耕地较 2009 年有所下降，2009 年人均耕地为 0.08hm² （1.21 亩），2019 年人均耕地为 0.06hm² （0.96 亩），低于全国 0.09hm² （1.37 亩）的平均水平。全省未利用地面积为 94.41 万 hm²（1421.13 万亩），占国土面积 5.99%，主要分布在荒山低洼等地区，开发利用难度较大，土地供给有较大刚性约束。从需求角度来看，全省人多地少的省情将长期存在，随着现代化进程的加快，城镇发展用地需求扩大，耕地保护压力增强，统筹生态建设，保护生态用地面临挑战，因此从长远看全省土地供需存在矛盾，土地供给完全满足土地需求存在较大难度，土地供需形势严峻。

（二）区域发展不平衡，国土资源协调统筹任务艰巨

山东省国土资源条件与利用存在明显的地域差异，这在一定程度上导致了区域发展不平衡，山东省东部经济发达，发展相对较快，西部经济发展相对落后，城乡发展仍存在一定差距。因地制宜，构建科学的国土开发利用保护新格局，使土地利用结构与产业转型升级相适应，使区域经济发展水平整体提升，区域发展差距缩小，实现城乡共同富裕是今后全省的重要任务。

（三）区域发展目标的多元化对统筹"三生空间"提出了更高的要求

山东省进入新时代现代化强省建设新征程，既要增强粮食和重要农产品供给保障能力，又要提高地区生产总值，提升综合实力，同时还必须加强生态保护治理，打造黄河流域生态保护和高质量发展龙头，因此如何统筹协调生产、生活与生态空间，如何构筑高效富美的生产空间，如何构建宜居和谐的生活空间，如何保育永续利用的生态空间，是今后全省必须解决的重大问题。

第四节　国土资源开发利用与保护的对策措施

国土资源是国民经济社会发展的载体，构建合理的国土空间开发、利用、保护格局是实现高质量发展的重要基础。从山东省情出发，立足当前，着眼未来，合理规划，统筹安排，提出推动区域统筹协调发展战略。

一、保护耕地，筑牢粮食安全基石

（一）坚持最严格耕地保护制度，严格控制耕地资源流失

全省应按照应保尽保原则，合理确定各县（市、区）耕地保有量，严格划定永久基

本农田；切实落实耕地保护目标责任制，重点保护鲁北、鲁西北、鲁西南、鲁东南、汶泗、湖东、沂沭、胶莱、淄潍九大农田集中区，将耕地保有量和永久基本农田保护目标任务带位置逐级分解下达，作为刚性指标严格考核。严格土地用途管制，遏制耕地"非农化"，管控耕地"非粮化"，严格控制非农建设占用耕地，严格落实占补平衡，保证补充耕地数量与质量相当。合理引导农业结构调整，将"米袋子""菜篮子"放在首位，协调好农林牧渔业发展的用地需求，如有必要，统筹安排即可恢复或通过工程措施恢复为耕地的农用地，守牢耕地红线。重视耕地生态保护，防止耕地利用中的重金属污染、农药污染、塑料薄膜污染等，推进已污染耕地修复治理，实现耕地保护数量、质量、生态三位一体。

（二）加强农用地整治，提高农用地生产力

全省应加强对田、水、路、林、村综合整治，增加有效耕地面积，提高耕地连片度，推动耕地规模化经营；加大科技、资金等投入力度，改造中低产田，完善农田灌排等配套设施建设，改善中低产田生产条件；进一步改进耕作制度，推广应用新技术、新模式，实行耕地集约化经营，建设万亩田和千亩田，打造更多的高产示范田。坚持多种少伐的方针，科学营林，提高森林覆盖率。改变果园粗放式经营模式，增创名优果品，提高园地利用效益。改善牧草地生产条件，发挥鲁西北、鲁西南草场资源丰富的优势，建立优质高产草地，推动畜牧业发展。利用好重点开发湖区、沿黄地区、沿海地区的淡水资源和滩涂资源，因地制宜，全面发展养殖业、渔业等产业。

（三）开发复垦土地资源，有效增加农用地供给

全省应按照"宜耕则耕、宜林则林、宜草则草、宜湿则湿、宜荒则荒、宜沙则沙、宜建则建"的原则，对黄河三角洲、鲁中南山地丘陵等地区的未利用地进行合理开发利用，汲取过去经验，通过农林牧渔结合发展开发利用荒山、荒坡、荒草地、沙地、沼泽地等，在资金技术的支持下，分期规划，逐步实施。土地复垦重点是鲁南地区采煤塌陷地，按照"谁破坏、谁复垦，谁复垦、谁受益"的原则，坚持经济效益、社会效益与生态效益相统一，优先复垦为耕地，补充耕地后备资源，促进农业生产发展，保障粮食安全。

二、严控增量建设用地、盘活存量建设用地，推动社会经济稳步发展

（一）优化土地资源配置，严格控制新增建设用地总量

全省应依据国土空间规划，合理确定新增建设用地规模，严格禁止建设用地无序扩张，城镇建设限定在城镇开发边界之内，实现城镇精明增长。依据全省各县（市、区）土地利用开发情况，实施差异化建设用地供给政策，土地开发强度较高地区以开发存量用地为主，通过改造旧城区、老厂房等提高土地利用效率；土地开发强度较低地区应合理布局，建设用地供给规模适度，不能一味滥设滥建，应走内涵式发展道路。

（二）推动建设用地集约节约利用，提高建设用地利用效率与效益

全省应完善建设用地"增存挂钩"机制，盘活存量建设用地，对低效闲置土地进行利用管控，完善城镇低效用地再开发体系，工业用地、公共服务用地、基础设施用地等坚决执行《山东省建设用地集约利用控制标准》。加强建设项目生成阶段的节约集约用地审查，建立科学、全面、操作性强的集约利用评价体系，通过长效考核机制全面提升工业园区、高新区、开发区集约用地水平，促进建设用地利用"三效统一"。大力推广节地技术和模式，在供地方式、用地取得、土地价格、土地税收等方面制定相应鼓励政策，培育新型节约集约用地典型，发挥引领示范作用。

（三）优化城乡用地结构，挖掘农村建设用地潜力

全省应盘活农村存量建设用地，建立健全农村集体经营性建设用地入市机制，推动建立城乡统一的建设用地市场，扩大建设用地供给途径，有效缓解城乡建设用地供需矛盾，促进城乡一体化发展。科学编制村庄规划，调整优化村庄用地结构和布局，推动土地综合整治，改变部分地区存量建设用地零星分布现状，统筹安排农村各项生产生活用地，为乡村振兴预留一定比例的建设用地指标。深化农村宅基地改革，探索"三权分置"有效路径，完善闲置和废弃宅基地处置政策，合理引导农村宅基地整理改造，提高用地集约度，有效增加耕地面积。

三、保育生态空间，优化生态安全格局，推进生态文明建设

（一）坚持最严格的生态环境保护制度，严守生态保护红线

山东省生态资源丰富，山水林田湖草有机交融，必须合理安排生态布局，统筹国土绿化、水土流失治理、生态修复治理等生态建设工程。全省陆海生态保护红线总面积为206.67 万 hm^2，约占国土总面积的 10.30%，陆域生态保护红线主要分布在泰山、沂蒙山、昆嵛山、崂山、黄河入海口、南四湖、东平湖等区域，海域生态保护红线主要分布在黄河三角洲、莱州湾滨海、胶东半岛滨海、庙岛群岛海域等区域内，生态保护红线内禁止大规模高强度开发。为确保生态保护红线守得住，应落实相关主体责任，建立考核机制，将生态红线保护成效纳入考核体系。

（二）加强重点生态源地保护，维护"两屏三带七廊八心"生态网络空间

全省应加强生态景观系统性保护，筑牢鲁中南山地丘陵、鲁东低山丘陵两大生态屏障，保育黄河、京杭运河、海岸线三条生态带，构建沂河、沭河、马颊河、徒骇河、弥河、大沽河、胶莱河等生态廊道，涵养泰山、昆嵛山、沂蒙山、黄河三角洲、东平湖、南四湖、莱州湾、胶州湾八大生态绿心，建设完善生态保护地体系，延续整体山水格局与空间肌理，提升生态系统流通性和完整性。

（三）统筹陆海资源开发利用，构建陆海联动新格局

全省应充分发挥濒海优势，构建合理的海岸带开发保护格局，实施岸线分类管控，

划定严格保护、限制开发和优化利用三类岸线。强化青岛、烟台、威海、日照和滨州五大岛群开发利用和分类管控，落实海岛及其周边海域生态修复工程。以莱州湾、胶州湾为重点，发挥湾区引领作用，打造陆海生态文明融合发展示范区，渤海海区进一步强化生态保护修复，半岛东部海区重点建设海洋牧场，半岛南部海区聚焦打造国际海洋创新策源地和高端海洋产业聚集区。

四、构建城乡要素合理配置机制，促进城乡深度融合发展

（一）统筹城乡土地要素配置，构建合理城乡用地格局

全省应处理好耕地与建设用地之间的关系，处理好城镇建设用地与农村建设用地之间的关系，保障城镇村生态空间的连通性与整体性。通过增减挂钩、土地综合整治等政策措施，增加耕地面积，挖潜存量土地，提高闲置土地利用效率，促进土地集约节约利用。建立健全城乡统一的建设用地市场，发挥市场在资源配置中的决定性作用，实现"同地、同权、同价、同责"，为城乡统筹发展提供物质基础。

（二）统筹城乡产业发展，实现城乡共兴共荣

全省应发挥农业大省的优势，进一步提升农业规模化、机械化、标准化水平，着力打造特色农业产业，实现农业强、农民富的目标。以县域作为城乡融合发展的切入点，利用新型城镇化带动农村工业化，大力发展县域经济，鼓励小城镇和农村承接大中城市、发达地区的产业转移，引导农村二三产业集聚发展。依托齐鲁优秀传统文化、美丽自然风光等资源，培育发展新产业新业态，建设发展文化旅游、资源加工、商贸物流等特色小镇，拓宽农民增收渠道，缩小城乡收入差距。

（三）坚持以人为本，统筹城乡服务设施

全省应保障道路等基础设施用地供给，构建高效便捷的城镇村路网，提高道路通达性，实现村村通、户户通，融入现代综合交通体系，提升农村居民出行能力，提高城镇村居民点联系，使城乡成为有机整体。统筹配置城乡医疗卫生、文化教育、社会保障、养老等公共服务资源，提升城镇公共服务设施承载力，引导城镇公共服务设施向周边村庄延伸，扩大公共服务半径与覆盖面，保障农村居民就近共享各项公共服务，实现城乡居民公共服务均等化，提升城乡居民生活质量。

五、增强国土意识，实现国土资源治理体系与治理能力现代化

（一）推进"三调"成果应用，提升政府管理决策和服务水平

全省应以"三调"数据成果为基础，基本摸清国土资源资产家底，完善国土资源资产产权制度，明确产权主体权责，推动建立全民所有的自然资源资产管理体制。充分应用云计算、物联网等技术条件，建立互联共享、覆盖省、地、县三级、集空间现状数据、空间规划数据、空间管理数据、社会经济数据为一体的国土空间大数据体系。建立完善

国土空间基础信息平台，发挥国土空间数据的"底图"和"底线"作用，为科学规划提供信息支撑，提升政府管理与服务能力。

（二）推进国土资源法治建设，提升依法行政的能力

全省应在国土资源规划利用全周期，强化法治保障，健全国土空间规划法规政策和技术标准体系，提高规划科学性和可操作性，为国土资源开发利用提供行动指南；健全国土空间用途管制制度，为协调农业发展、城镇开发、生态保护提供重要支撑；健全用地审批制度，为民生项目、重点项目以及产业项目高效快速精准提供有力保障；健全国土资源监管和督察制度，有效遏制违法违规行为，形成良好的土地利用秩序，全面提升国土资源利用与管理水平。

（三）推进测绘地理信息融合发展，提升国土资源管理能力

全省应加强测绘地理信息深度应用，逐步建立新型基础测绘体系，充分发挥测绘地理信息在资源调查监测、确权登记、空间规划、资源利用监督监管等多个环节提供空间基准、测绘范围、基础数据等的作用；通过测绘地理信息技术手段，满足国土资源管理以及自然资源管理的各项需求，不断提升资源管理现代化水平，使资源更好地服务于经济社会发展与生态文明建设。

六、统筹安排全域国土空间，实现高质量协调发展

"十四五"开局，全省进入发展新阶段，深入落实黄河流域生态保护和高质量发展战略，构建生态、农业、城镇、海洋协调发展新格局。鲁西、沂沭、胶莱、淄潍等农产品生产区确保耕地数量不减少、质量不降低，生态不破坏，严格保护永久基本农田，保障粮食安全，依托农业资源禀赋条件与比较优势形成特色农业产业基地，提高农业生产能力，提升农产品供给能力，加快农业现代化，全力推进乡村振兴。各地级市中心市区走内涵式集约型绿色化发展道路，进一步推进新型城镇化，加大存量建设用地挖潜力度，提高建设用地集约节约利用水平，推动人才、资金、技术等要素集中集聚，推动产业结构优化升级，激发城镇创新活力，提升城镇综合实力和竞争力。鲁中南山地丘陵、鲁东低山丘陵、黄河入海口、滨海等重点生态功能区统筹山水林田湖草海一体化生态修复，提高生态系统碳汇能力，保护生态系统服务功能，提升生态产品供给能力，推进生态产业化和产业生态化协同发展，统筹经济发展与生态文明建设。

树立全局意识与整体意识，构建区域联动机制与共享机制，充分发挥济南、青岛双中心引领作用，发挥综合实力较强的县（市、区）的辐射带动作用，推进省会、胶东、鲁南经济圈一体化发展，推动区域要素流动与资源整合，形成优势互补、联动发展新格局，最终建成富强、开放、创新、美丽、和谐的山东半岛城市群。

参 考 文 献

安国强, 秦晓敏, 许霄霄, 等. 2020. 山东省生态用地变化及驱动因素影响评价. 中国农业资源与区划, 41(9): 45-54.

安俞静, 刘静玉, 乔墩墩. 2019. 中原城市群城市空间联系网络格局分析——基于综合交通信息流. 地理科学, 39(12): 1929-1937.

蔡运龙, 傅泽强, 戴尔阜. 2002. 区域最小人均耕地面积与耕地资源调控. 地理学报, 57(2): 127-134.

岑云峰. 2020. 城市建设用地与经济腹地时空演变关系及驱动机制. 开封: 河南大学.

陈迪. 2019. 耕地数量与质量时空变化遥感监测研究. 北京: 中国农业科学院.

陈金雪. 2020. 湖南省城市建设用地扩张及驱动力研究. 长沙: 湖南师范大学.

陈明星, 陆大道, 张华. 2009. 中国城市化水平的综合测度及其动力因子分析. 地理学报, 64(4): 387-398.

陈南南, 康帅直, 赵永华, 等. 2021. 基于 MSPA 和 MCR 模型的秦岭(陕西段)山地生态网络构建. 应用生态学报, 32(5): 1545-1553.

陈诗波, 谭鑫, 余志刚, 等. 2016. 粮食主产区耕地隐性撂荒的形式、成因及应对策略. 农业经济与管理, (4): 43-51.

陈伟, 吴群. 2013. 考虑耕地质量差异影响的江苏省耕地集约利用评价. 农业工程学报, 29(15): 244-253.

陈锡文. 2012. 推动城乡发展一体化. 求是, (23): 28-31.

陈昕, 彭建, 刘焱序, 等. 2017. 基于"重要性—敏感性—连通性"框架的云浮市生态安全格局构建. 地理研究, 36(3): 471-484.

程明洋, 刘彦随, 蒋宁. 2019. 黄淮海地区乡村人—地—业协调发展格局与机制. 地理学报, 74(8): 1576-1589.

戴云哲. 2019. 湖南省土地生态服务功能演化特征及优化路径研究. 武汉: 中国地质大学.

党慧. 2017. 北京市农村居民点时空演化及其驱动力研究. 北京: 中国地质大学.

邓亮如. 2016. 基于 PSR 模型的四川省大气污染防治政策评价. 成都: 西南交通大学.

杜超, 王姣娥, 刘斌全, 等. 2019. 城市道路与公共交通网络中心性对住宅租赁价格的影响研究——以北京市为例. 地理科学进展, 38(12): 1831-1842.

杜文文, 行怀勇, 王令华. 2015. 山东庆云县农村耕地撂荒问题调查研究. 农村经济与科技, 26(11): 25-27.

杜霞, 孟彦如, 方创琳, 等. 2020. 山东半岛城市群城镇化与生态环境耦合协调发展的时空格局. 生态学报, 40(16): 5546-5559.

冯佰香, 李加林, 龚虹波, 等. 2017. 30 年来象山港海岸带土地开发利用强度时空变化研究. 海洋通报, 36(3): 250-259.

冯佰香, 李加林, 何改丽, 等. 2018. 农村居民点时空变化特征及驱动力分析——以宁波市北仑区为例. 生态学杂志, 37(2): 523-533.

符海月, 王妍, 张祎婷, 等. 2020. 中原城市群交通网络通达性演化及优化研究. 长江流域资源与环境, 29(3): 557-567.

高志强, 刘向阳, 宁吉才, 等. 2014. 基于遥感的近 30a 中国海岸线和围填海面积变化及成因分析. 农业工程学报, 30(12): 140-147.

龚蔚霞, 张虹鸥, 钟肖健. 2015. 海陆交互作用生态系统下的滨海开发模式研究. 城市发展研究, 22(1):

79-85.

郭笃发. 2006. 近代黄河三角洲段渤海海岸线缓冲带土地利用时空特征分析. 农业工程学报, (4): 53-57.

郭荣中, 杨敏华, 申海建. 2016. 长株潭地区耕地生态安全评价研究. 农业机械学报, 47(10): 193-201.

郭卫东, 钟业喜, 冯兴华, 等. 2019. 长江中游城市群县域公路交通网络中心性及其影响因素. 经济地理, 39(4): 34-42.

韩增林, 赵玉青, 闫晓露, 等. 2020. 生态系统生产总值与区域经济耦合协调机制及协同发展——以大连市为例. 经济地理, 40(10): 1-10.

何刚, 杨静雯, 鲍珂宇, 等. 2020. 新型城镇化对区域生态环境质量的空间相关性及效应分析. 安全与环境学报, 20(5): 1958-1966.

何玲, 贾启建, 李超, 等. 2016. 基于生态系统服务价值和生态安全格局的土地利用格局模拟. 农业工程学报, 32(3): 275-284.

何艳宾. 2017. 山东省耕地生态安全评价及障碍因子诊断. 泰安: 山东农业大学.

贺三维, 邵玺. 2018. 京津冀地区人口—土地—经济城镇化空间集聚及耦合协调发展研究. 经济地理, 38(1): 95-102.

洪建智, 郭碧云, 付迎春, 等. 2020. 新型城镇化的人地耦合异速增长分析方法. 地球信息科学学报, 22(5): 1049-1062.

胡胜, 曹明明, 刘琪, 等. 2014. 不同视角下 InVEST 模型的土壤保持功能对比. 地理研究, 33(12): 2393-2406.

胡源. 2014. 武汉市耕地资源安全评价研究. 武汉: 华中农业大学.

胡志林, 秦尊文, 张友业. 2018. 特大城市毗邻区城乡经济一体化发展研究——以湖北鄂州为例. 湖北社会科学, 4: 64-72.

华梦丽. 2018. 湖北省道路网络中心性对土地利用变化的影响研究. 武汉: 武汉大学.

黄博强, 黄金良, 李迅, 等. 2015. 基于 GIS 和 InVEST 模型的海岸带生态系统服务价值时空动态变化分析——以龙海市为例. 海洋环境科学, 34(6): 916-924.

黄苍平, 尹小玲, 黄光庆, 等. 2018. 厦门市同安区生态安全格局构建. 热带地理, 38(6): 874-883.

黄丽华, 姜昀, 林齐, 等. 2020. 厦门港发展与海岸带生态环境演变耦合协调关系研究. 环境污染与防治, 42(7): 890-893+900.

黄伟彬. 2016. 广东省海岸带国土资源开发利用强度评价及开发模式. 广州: 广州大学.

贾少龙. 2013. 城乡产业统筹发展模式及关键路径研究. 西安: 西安建筑科技大学.

金丹, 戴林琳. 2021. 城镇化与土地城镇化协调发展的时空特征与驱动因素. 中国土地科学, 35(6): 74-84.

金丹, 孔雪松. 2020. 化发展质量评价与空间关联性分析. 长江流域资源与环境, 29(10): 2146-2155.

金晓, 唐祥云. 2018. 加权模型的农村居民点空间格局及影响因子分析——以湖北省麻城市为例. 测绘与空间地理信息, 41(3): 31-35.

景丽. 2019. 民族地区人口—土地—经济城镇化系统耦合协调发展研究. 兰州: 兰州大学.

瞿如一. 2019. 2010~2015 年云南省县域耕地集约利用水平的时空变化及其影响因素研究. 昆明: 云南财经大学.

孔祥斌, 李翠珍, 王红雨, 等. 2010. 京冀平原区地块尺度农户耕地集约利用差异对比. 农业工程学报, 26(S2): 331-337.

李保杰, 陈莉, 顾和和. 2021. 苏北县域农村居民点空间分布格局与可达性研究——以徐州市丰县为例. 土壤通报, 52(2): 306-313.

李广东, 戚伟. 2019. 中国建设用地扩张对景观格局演化的影响. 地理学报, 74(12): 2572-2591.

李航飞, 韦素琼, 陈松林. 2017. 海峡西岸经济区市域经济网络结构及成因分析. 经济地理, 37(7): 63-70.

李换换. 2019. 新型城镇化背景下农村居民点空间格局演化研究及模拟预测. 西安: 长安大学.

李京涛, 周生路, 吴绍华. 2014. 道路交通网络与城市土地利用时空耦合关系——以南京市为例. 长江流域资源与环境, 23(1): 18-25.

李久枫, 余华飞, 付迎春, 等. 2018. 广东省"人口—经济—土地—社会—生态"城市化协调度时空变化及其聚类模式. 地理科学进展, 37(2): 287-298.

李明慧, 周启刚, 孟浩斌, 等. 2021. 基于最小累积阻力模型的三峡库区重庆段生态安全格局构建. 长江流域资源与环境, 30(8): 916-926.

李涛, 廖和平, 杨伟, 等. 2015. 重庆市"土地、人口、产业"城镇化质量的时空分异及耦合协调性. 经济地理, 35(5): 65-71.

李通, 闫敏, 陈博伟, 等. 2020. 海南岛海岸带土地利用强度与生态承载力分析. 测绘通报, (9): 54-59.

李新刚, 孙钰. 2018. 人口、土地、经济城镇化动态影响效应研究. 经济问题, (3): 106-111.

李志, 周生路, 吴绍华, 等. 2014. 南京地铁对城市公共交通网络通达性的影响及地价增值响应. 地理学报, 69(2): 255-267.

梁明, 聂拼, 陆胤昊, 等. 2019. 淮南市土地利用程度变化过程的时空演化特征. 农业工程学报, 35(22): 99-106.

梁宇, 郑新奇, 宋清华, 等. 2017. 中国大陆交通网络通达性演化. 地理研究, 36(12): 2321-2331.

梁宇. 2017. 中国大陆交通网络通达性演化分析. 北京: 中国地质大学(北京).

廖涟漪. 2018. 西南丘陵山区农村居民点演变及驱动机制研究. 重庆: 西南大学.

林小如, 吕一平, 王绍森. 2020. 基于时空弹性与陆海统筹的海岸带土地利用模式——以厦门市翔安区为例. 城市发展研究, 27(5): 10-17.

林昱辰. 2021. "三生空间"视角下云南省城市综合承载能力耦合协调与时空演变分析. 昆明: 云南师范大学.

刘桂林, 张落成, 张倩. 2014. 苏南地区建设用地扩展类型及景观格局分析. 长江流域资源与环境, 23(10): 1375-1382.

刘立富. 2016. 新型城镇化战略下浙江城镇化驱动因素研究. 杭州: 浙江工业大学.

刘鹏. 2021. 长三角城乡协调度测算及其政策有效性研究. 统计与决策, 37(1): 106-110.

刘世梁, 侯笑云, 尹艺洁, 等. 2017. 景观生态网络研究进展. 生态学报, 37(12): 3947-3956.

刘小平, 黎夏, 陈逸敏, 等. 2009. 景观扩张指数及其在城市扩展分析中的应用. 地理学报, 64(12): 1430-1438.

刘耀林, 范建彬, 孔雪松, 等. 2015. 基于生产生活可达性的农村居民点整治分区及模式. 农业工程学报, 31(15): 247-254+315.

刘一丁, 何政伟, 陈俊华, 等. 2021. 基于MSPA与MCR模型的生态网络构建方法研究——以南充市为例. 西南农业学报, 34(2): 354-363.

刘乙斐. 2020. 基于MSPA和MCR模型生态网络构建优化研究. 北京: 北京林业大学.

刘永强, 廖柳文, 龙花楼, 等. 2015. 土地利用转型的生态系统服务价值效应分析——以湖南省为例. 地理研究, 34(4): 691-700.

刘正兵, 刘静玉, 何孝沛, 等. 2014. 中原经济区城市空间联系及其网络格局分析——基于城际客运流. 经济地理, 34(7): 58-66.

鲁能. 2018. 层级城乡体系与西部县域城乡一体化研究. 西安: 西北大学.

吕晓, 牛善栋, 李振波, 等. 2015. 中国耕地集约利用研究现状及趋势分析. 农业工程学报, 31(18): 212-224.

罗海平, 何志文, 周静逸. 2022. 粮食主产区耕地压力时空分异及驱动因子识别. 统计与决策, 38(4): 79-83.

马聪, 刘黎明. 2019. 不同经济发展水平地区耕地利用集约度比较. 资源科学, 41(12): 2296-2306.

马克明, 傅伯杰, 黎晓亚, 等. 2004. 区域生态安全格局: 概念与理论基础. 生态学报, 24(4): 761-768.

麦娥英. 2017. 交通网络通达性及其与城市用地变化的动态关系. 武汉: 武汉大学.

潘竟虎, 戴维丽. 2017. 基于网络分析的城市影响区和城市群空间范围识别. 地理科学进展, 36(6):

667-676.

潘竟虎, 刘晓. 2015. 基于空间主成分和最小累积阻力模型的内陆河景观生态安全评价与格局优化——以张掖市甘州区为例. 应用生态学报, 26(10): 3126-3136.

潘竟虎, 石培基, 董晓峰. 2008. 中国地级以上城市腹地的测度分析. 地理学报, 63(6): 635-645.

彭建, 郭小楠, 胡熠娜, 等. 2017. 基于地质灾害敏感性的山地生态安全格局构建——以云南省玉溪市为例. 应用生态学报, 28(2): 627-635.

邱彭华, 杜娜, 刘兵兵, 等. 2020. 多元视野下的海南省临高县海岸带综合评估与深度空间管控探讨. 热带地理, 40(6): 1094-1108.

邱倩倩, 张英, 应菏香, 等. 2017. 盘锦海岸带开发与生态耦合性分析. 测绘科学, 42(5): 44-49+69.

如克亚·热合曼, 阿里木江·卡斯木, 哈力木拉提·阿布来提. 2021. 基于MSPA和MCR模型的图木舒克市生态安全格局构建. 环境科学与技术, 44(5): 229-237.

尚新华. 2020. 基于Landsat与DMSP影像的城市动态扩张分析研究. 淄博: 山东理工大学.

邵俊, 陈荣清. 2018. 基于连接度和通达度的江西省地市间旅游交通网络分析. 市场论坛, 40(4): 83-88+92.

申嘉澍, 李双成, 梁泽, 等. 2021. 生态系统服务供需关系研究进展与趋势展望. 自然资源学报, 36(8): 1909-1922.

申嘉澍, 梁泽, 刘来保, 等. 2020. 雄安新区生态系统服务簇权衡与协同. 地理研究, 39(1): 79-91.

沈潇. 2017. 山地乡村"三生空间"发展水平及优化策略研究. 武汉: 华中科技大学.

史戈. 2018. 中国海岸带地区城市化与生态环境关联耦合度测度——以大连等8个沿海城市为例. 城市问题, (10): 20-26.

宋百媛, 侯西勇, 刘玉斌. 2019. 黄河三角洲—莱州湾海岸带土地利用变化特征及多情景分析. 海洋科学, 43(10): 24-34.

宋恒飞. 2018. 村庄内部用地变化及驱动力研究. 北京: 中国地质大学(北京).

宋茜茜. 2019. 海南岛海岸带土地开发利用强度及生态承载力研究. 赣州: 江西理工大学.

佟艳, 牛海鹏, 樊良新. 2019. 不同城镇化进程农村居民点空间演变及影响因素研究. 河南农业大学学报, 53(1): 152-160.

童晨, 李加林, 叶梦姚, 等. 2020. 东海区海岸带景观格局变化对生态系统服务价值的影响. 浙江大学学报(理学版), 47(4): 492-506.

童挺, 张文, 孟令奎. 2020. 基于内外联系的湖北省交通网络可达性格局研究. 测绘地理信息, 45(5): 121-125.

瓦庆超. 2020. 努力实现产城融合城乡统筹发展. 玉溪日报, 09-14(004).

汪雄. 2020. 长沙城市建设用地变化特征及其形成机制. 长沙: 湖南师范大学.

王蓓, 赵军, 胡秀芳. 2018. 石羊河流域生态系统服务权衡与协同关系研究. 生态学报, 38(21): 7582-7595.

王成金, 王伟, 张梦天, 等. 中国道路网络的通达性评价与演化机理. 地理学报, 69(10): 1496-1509.

王冲. 2016. 山东省耕地非粮化时空特征及影响因素研究. 青岛: 青岛科技大学.

王海燕. 2020. 基于生活质量导向的黄河口地区乡村聚落空间驱动机理与布局优化. 杭州: 浙江大学.

王辉源, 宋进喜, 孟清. 2020. 秦岭水源涵养功能解析. 水土保持学报, 34(6): 211-218.

王慧敏, 危小建, 刘耀林. 2016. 武汉城市圈公路沿线土地利用变化规律分析. 长江流域资源与环境, 25(10): 1585-1593.

王佳, 刘静波, 刘永达. 2020. 基于秩分析和多项Logit模型的城乡道路客运一体化发展模式研究. 铁道科学与工程学报, 17(12): 3224-3230.

王曼曼, 张宏艳, 张有广, 等. 2020. 近39年长三角海岸带土地开发利用格局演变分析. 海洋学报, 42(11): 142-154.

王少杰. 2019. 城乡统筹背景下栖霞一二三产业融合发展的现状分析及对策研究. 烟台: 烟台大学.

王舒鸿, 郭越, 李逸超, 等. 2019. 城市海岸带环境管理模式优化研究——以青岛市胶州湾为例. 中国环境管理, 11(2): 69-75+79.

王武林, 杨文越, 曹小曙. 2019. 武陵山区公路交通优势度与县域经济水平协调度研究.人文地理, 34(6): 99-109.

王正伟, 王宏卫, 杨胜天, 等. 2021. 基于生态系统服务功能的新疆绿洲生态安全格局识别及优化策略——以拜城县为例. 生态学报, 42(1): 91-104.

王中义, 李加林, 史小丽, 等. 2002. 浙江省城镇建设用地空间扩展时空特征分析. 宁波大学学报(理工版), 33(6): 79-87.

魏钰烨. 2020. 长三角城市群土地利用与城镇化的耦合关系研究. 上海: 华东师范大学.

文玉钊, 钟业喜, 黄洁. 2013. 交通网络演变对中心城市腹地范围的影响——以江西省为例. 经济地理, 33(6): 59-65.

吴健生, 刘洪萌, 黄秀兰, 等. 2012. 深圳市生态用地景观连通性动态评价. 应用生态学报, 23(9): 2543-2549.

吴健生, 岳新欣, 秦维. 2017. 基于生态系统服务价值重构的生态安全格局构建——以重庆两江新区为例. 地理研究, 36(3): 429-440.

吴健生, 张理卿, 彭建, 等. 2013. 深圳市景观生态安全格局源地综合识别. 生态学报, 33(13): 4125-4133.

吴萌萌. 2018. 基于多尺度的城市空间形态演变规律研究. 徐州: 中国矿业大学.

吴一凡, 刘彦随, 李裕瑞. 2018. 中国人口与土地城镇化时空耦合特征及驱动机制. 地理学报, 73(10): 1865-1879.

肖劲奔. 2012. 海岸带开发利用强度系统及评价体系研究. 北京: 中国地质大学(北京).

谢婧, 李文. 2020. 1990~2017 年哈尔滨市城乡生态耦合及其安全格局构建. 水土保持通报, 41(1): 317-326.

徐晨璐. 2020. 长江中游城市群交通优势度与土地利用效率耦合协调研究. 南昌: 江西师范大学.

徐丁. 2014. 辽宁省城乡协调发展的测度与评价研究. 沈阳: 东北大学.

徐静. 2018, 长江经济带城市经济空间联系与功能联系研究. 上海: 华东师范大学.

徐珊, 甄峰, 2021. 省域城市网络中心性测度及比较研究——以江苏省和广东省的对比分析为例. 人文地理, 36(1): 135-144.

徐文彬, 尹海伟, 孔繁花. 2017. 基于生态安全格局的南京都市区生态控制边界划定. 生态学报, 37(12): 4019-4028.

严飞, 张仕超, 魏朝富, 等. 2013. 长江上游地区经济腹地农村道路体系的优化与网络分析. 西南大学学报(自然科学版), 35(1): 128-137.

杨俊, 宋振江, 李争. 2017. 基于 PSR 模型的耕地生态安全评价——以长江中下游粮食主产区为例. 水土保持研究, 24(3): 301-307+313.

杨凯, 曹银贵, 冯喆, 等. 2021. 基于最小累积阻力模型的生态安全格局构建研究进展. 生态与农村环境学报, (5): 555-565.

杨馨越, 魏朝富, 邵景安, 等. 2010. 基于 GIS 的重庆丘陵山区农村道路网络特征研究. 长江科学院院报, 27(11): 25-32.

杨彦昆, 王勇, 程先, 等. 2020. 基于连通度指数的生态安全格局构建——以三峡库区重庆段为例. 生态学报, 40(15): 5124-5136.

杨远琴, 任平, 洪步庭. 2019. 基于生态安全的三峡库区重庆段土地利用冲突识别. 长江流域资源与环境, 28(2): 322-332.

叶鑫, 邹长新, 刘国华, 等. 2018. 生态安全格局研究的主要内容与进展. 生态学报, 38(10): 3382-3392.

叶裕民. 2013. 中国统筹城乡发展的系统架构与实施路径. 城市规划学刊, 1: 1-9.

银超慧, 郐昱, 刘艳芳, 等. 2017. 湖北省道路网络中心性与土地利用景观格局关系分析. 长江流域资源与环境, 26(9): 1388-1396.

尹凯. 2013. 基于 PSR 模型的农村居民点土地集约利用评价研究. 泰安: 山东农业大学.

于谨凯, 马健秋. 2018. 山东半岛城市群经济联系空间格局演变研究. 地理科学, 38(11): 1875-1882.

于婧, 汤昇, 陈艳红, 等. 2022. 山水资源型城市景观生态风险评价及生态安全格局构建——以张家界市为例. 生态学报, 42(4): 1-10.

于亚平, 尹海伟, 孔繁花, 等. 2016. 基于 MSPA 的南京市绿色基础设施网络格局时空变化分析. 生态学杂志, 35(6): 1608-1616.

俞孔坚. 1999. 生物保护的景观生态安全格局. 生态学报, (1): 10-17.

俞腾. 2015. 杭州湾南岸宁波段土地利用开发强度评价研究. 宁波: 宁波大学.

喻露露, 张晓祥, 李杨帆, 等. 2016. 海口市海岸带生态系统服务及其时空变异. 生态学报, 36(8): 2431-2441.

曾源源, 胡守庚, 瞿诗进. 2018. 长江中游经济带交通区位条件变化与建设用地扩张时空耦合规律. 长江流域资源与环境, 27(12): 2651-2662.

张碧天, 闵庆文, 焦雯珺, 等. 2021. 生态系统服务权衡研究进展. 生态学报, 41(14): 5517-5532.

张海朋, 何仁伟, 李光勤, 等. 2020. 大都市区城乡融合系统耦合协调度时空演化及其影响因素——以环首都地区为例. 经济地理, 40(11): 56-67.

张启舜, 李飞雪, 王帝文, 等. 2021. 基于生态网络的江苏省生态空间连通性变化研究. 生态学报, 41(8): 3007-3020.

张文. 2018. 乡村区域"生产—生活—生态"协同发展问题研究. 曲阜: 曲阜师范大学.

张文静, 孙小银, 单瑞峰. 2019. 基于 InVEST 模型研究山东半岛沿海地区土地利用变化及其对生境质量的影响. 环境生态学, 1(5): 15-23.

张旭. 2020. 基于陆海统筹的海岸带空间分区研究. 厦门: 自然资源部第三海洋研究所.

张学儒, 周杰, 李梦梅. 2020. 基于土地利用格局重建的区域生境质量时空变化分析. 地理学报, 75(1): 160-178.

张妍, 蒋贵国, 龙旭, 等. 2020. 城镇化背景下南充市农村空心化水平测度及驱动力研究. 四川师范大学学报(自然科学版), 43(1): 115-122.

赵柯, 李伟芳, 毛菁旭, 等. 2019. 基于 PSR 模型的耕地生态安全评价及时空格局演变. 生态科学, 38(1): 186-193.

赵娜. 2020. 新型城镇化发展质量的测度与评价. 统计与决策, 36(22): 57-60.

赵哲, 曾晨, 程轶皎. 2020. 交通路网的空间外溢性对土地集约利用的影响——以京津冀城市群为例. 经济地理, 40(7): 174-183.

郑华伟, 张锐, 孟展, 等. 2015. 基于 PSR 模型与集对分析的耕地生态安全诊断. 中国土地科学, 29(12): 42-50.

钟业喜, 陆玉麒. 2012. 基于空间联系的城市腹地范围划分——以江苏省为例. 地理科学, 32(5): 536-543.

周嘉慧. 2010. 基于 PSR 框架的耕地集约利用评价指标体系研究. 昆明: 云南大学.

周晓艳, 李佳层, 曾珏, 等. 2019. 乡村振兴背景下我国设施农用地现状与变化研究. 国土与自然资源研究, (1): 15-20.

朱道林. 2021. 耕地"非粮化"的经济机制与治理路径. 中国土地, (7): 9-11.

朱菲菲, 李伟芳, 马仁锋. 2016. 浙江城乡发展转型程度的时空特征及驱动力. 农业现代化研究, 37(2): 262-269.

朱纪广, 许家伟, 李小建, 等. 2020. 中国土地城镇化和人口城镇化对经济增长影响效应分析. 地理科学, 40(10): 1654-1662.

朱鹏程, 曹卫东, 张宇, 等. 2019. 人口流动视角下长三角城市空间网络测度及其腹地划分. 经济地理, 39(11): 41-48+133.

朱仟. 2019. 成渝城市群城乡一体化时空演变特征研究. 成都: 四川师范大学.

朱强, 俞孔坚, 李迪华. 2005. 景观规划中的生态廊道宽度. 生态学报, (9): 2406-2412.

祝萍, 刘鑫, 郑瑜晗, 等. 2020. 北方重点生态功能区生态系统服务权衡与协同. 生态学报, 40(23): 8694-8706.

Chen T, Feng Z, Zhao H, et al. 2019. Identification of ecosystem service bundles and driving factors in Beijing and its surrounding areas. science of The Total Environment, 711(2): 134687.

Costanza R, de Groot R, Braat L, et al. 2017. Twenty years of ecosystem services: How far have we come and how far do we still need to go. Ecosystem Services, 28: 1-16.

Costanza R. 2020. Valuing natural capital and ecosystem services toward the goals of efficiency, fairness, and sustainability. Ecosystem Services, 43: e101096.

He Q, Zhou J, Tan S, et al. 2019. What is the developmental level of outlying expansion patches A study of 275 Chinese cities using geographical big data. Cities, 105: e102395.

Jin X, Long Y, Sun W, et al. 2017. Evaluating cities' vitality and identifying ghost cities in China with emerging geographical data. Cities, 63(MAR.): 98-109.

Liu X, Xia L, Chen Y, et al. 2010. A new landscape index for quantifying urban expansion using multi-temporal remotely sensed data. Landscape Ecology, 25(5): 671-682.

Liu Y, Lu S, Chen Y. 2013. Spatio-temporal change of urban–rural equalized development patterns in China and its driving factors. Journal of Rural Studies, 32: 47-55.

Mouchet M A, Paracchini M L, Schulp C J E, et al. 2017. Bundles of ecosystem (dis)services and multifunctionality across European landscapes. Ecological Indicators, 73: 23-28.

Song W. 2014. Land-use change and socio-economic driving forces of rural settlement in China from 1996 to 2005. Chinese Geographical Science, 5(v.24): 15-28.

Spake R, Lasseur R, Crouzat E, et al. 2017. Unpacking ecosystem service bundles: Towards predictive mapping of synergies and trade-offs between ecosystem services. Global Environmental Change, 47: 37-50.

Tan S, Zhang M, Wang A, et al. 2021. Spatio-temporal evolution and driving factors of rural settlements in low hilly region—a case study of 17 cities in Hubei Province, China. International Journal of Environmental Research and Public Health, 18(5): 2387.

彩　　插

图 1-1　山东省行政区划

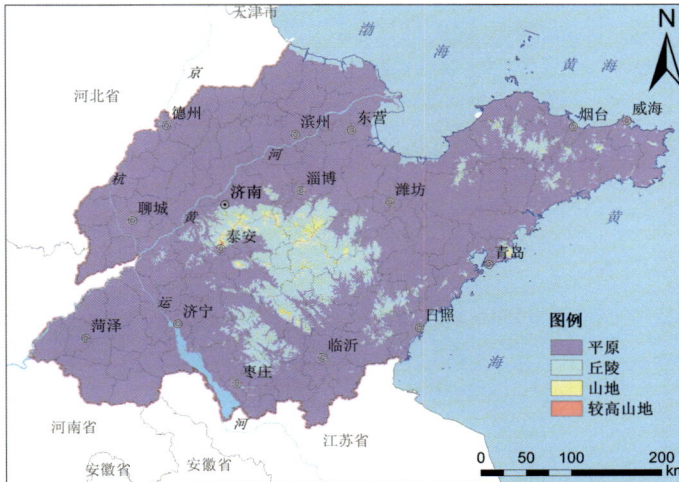

图 2-1　山东省高程分布

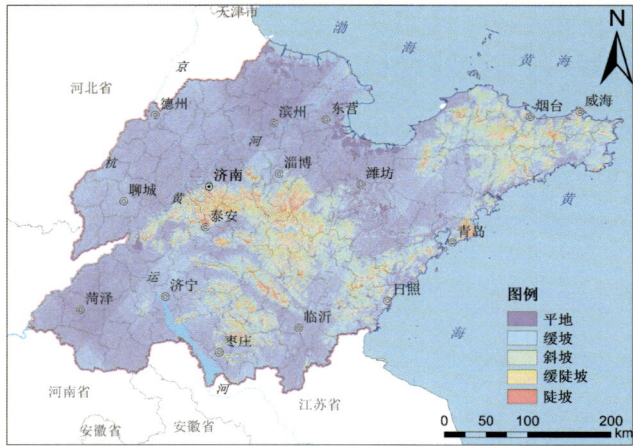

图 2-2　山东省坡度分布

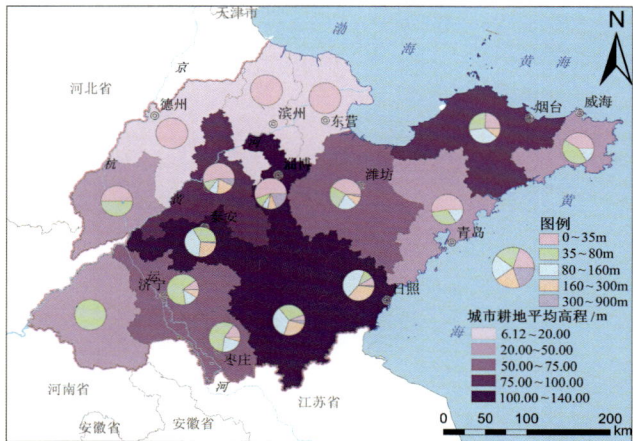

图 3-5　2019 年山东省各市耕地高程分级

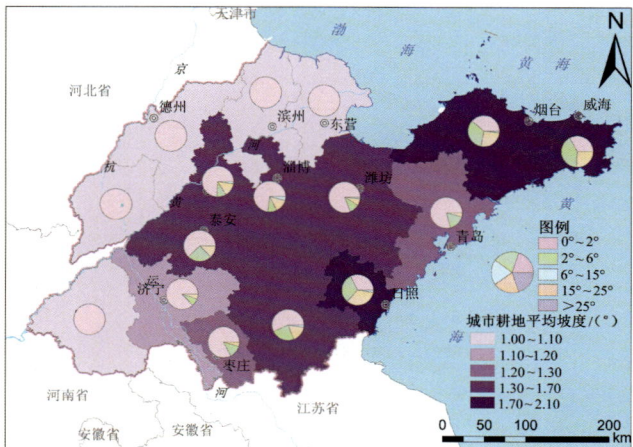

图 3-6　2019 年山东省各市耕地坡度分级

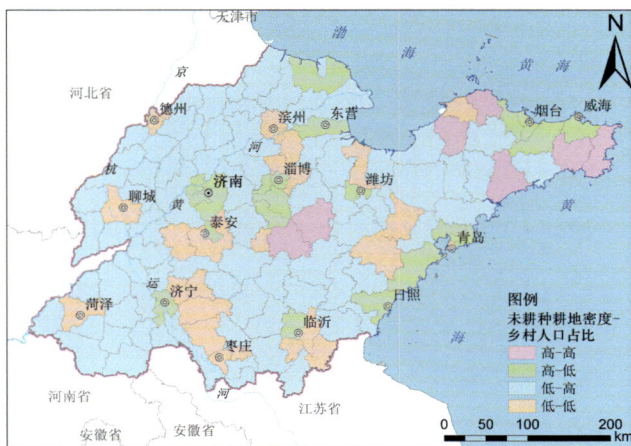

图 3-15　2019 年山东省各县（市、区）未耕种耕地密度与劳动力条件高低模式分布

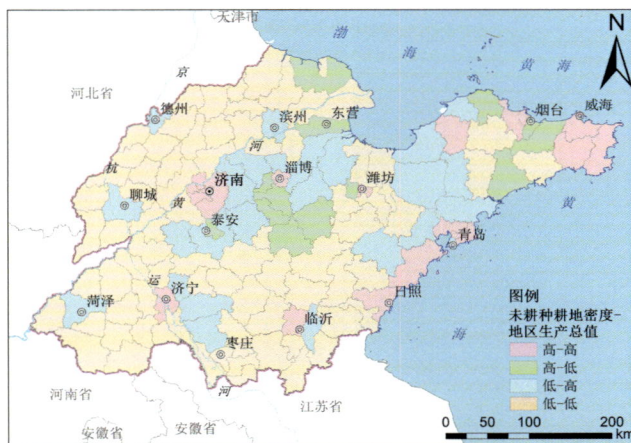

图 3-16　2019 年山东省各县（市、区）未耕种耕地密度与经济条件高低模式分布

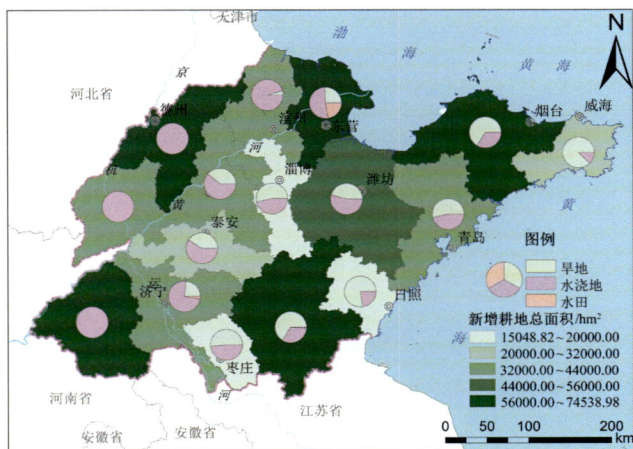

图 3-24　山东省新增耕地利用结构

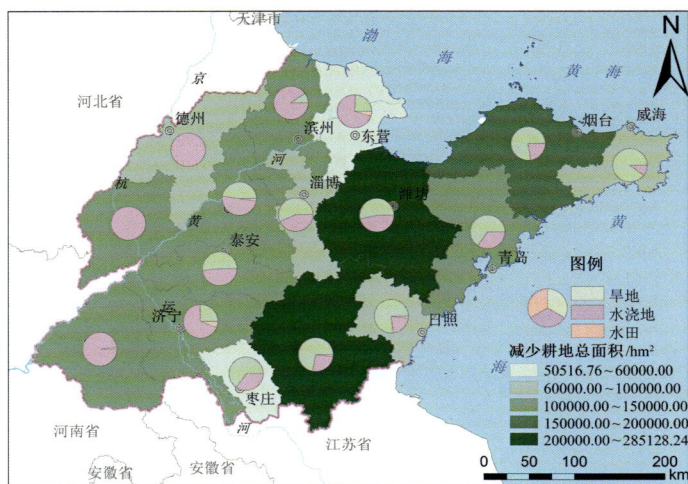

图 3-25   山东省减少耕地利用结构

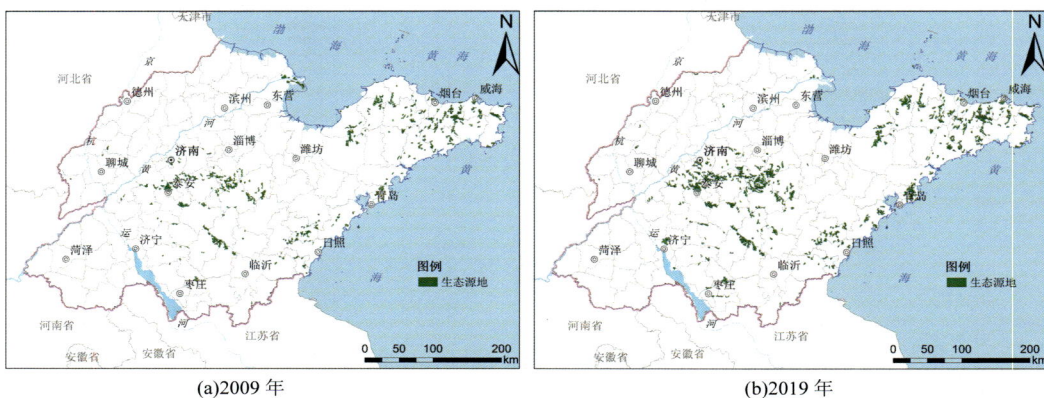

(a)2009 年

(b)2019 年

图 4-4   2009 年、2019 年山东省林地生态源地分布

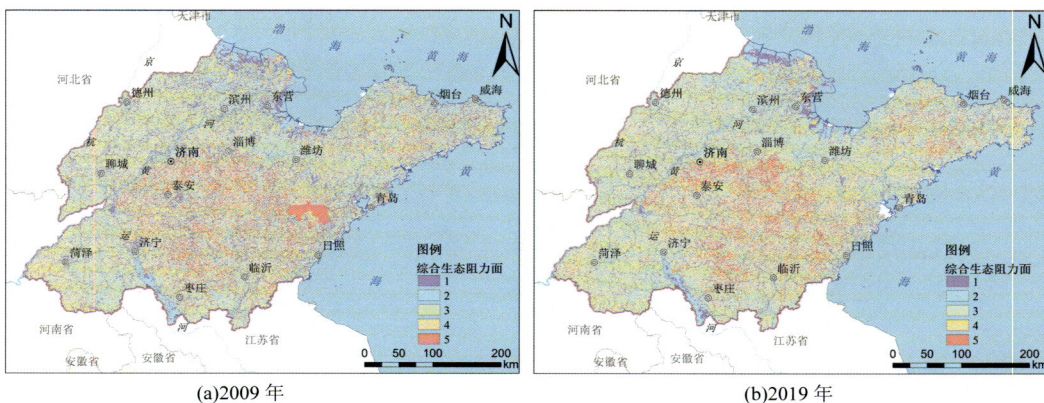

(a)2009 年

(b)2019 年

图 4-5   2009 年、2019 年山东省综合生态阻力面

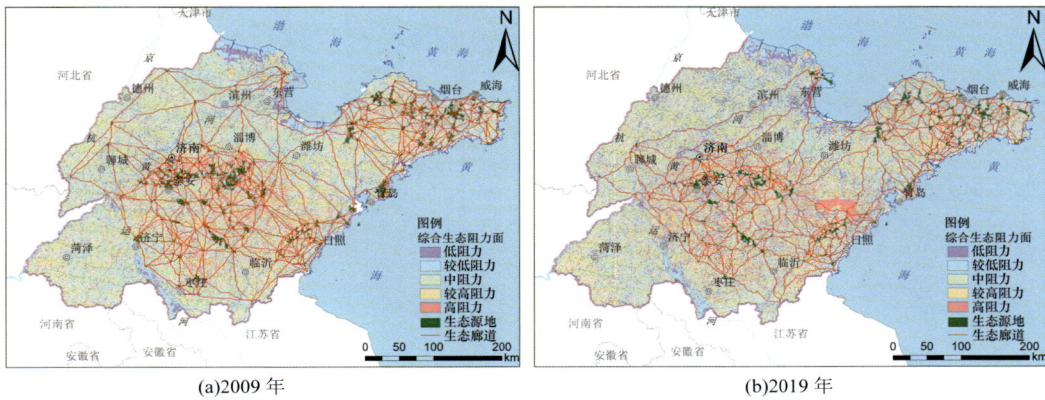

(a)2009 年　　　　　　　　　　　　　　　(b)2019 年

图 4-6　2009 年、2019 年山东省林地生态廊道识别结果

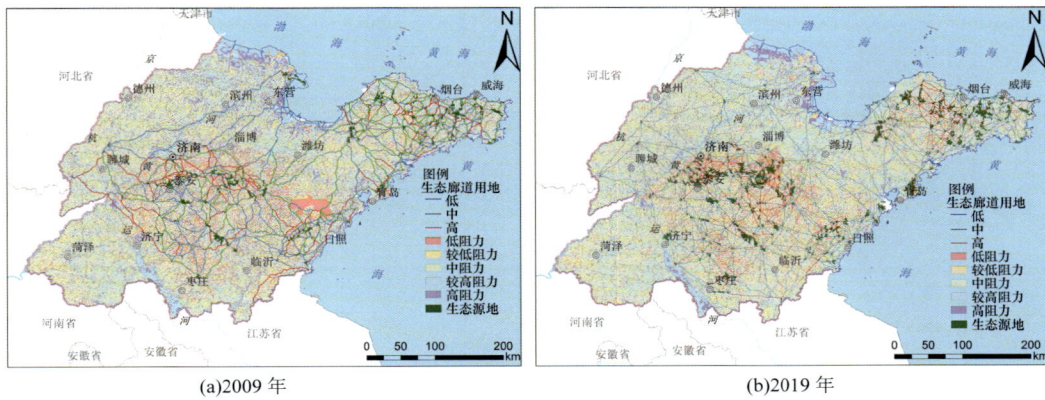

(a)2009 年　　　　　　　　　　　　　　　(b)2019 年

图 4-9　2009 年、2019 年山东省生态廊道用地格局演变

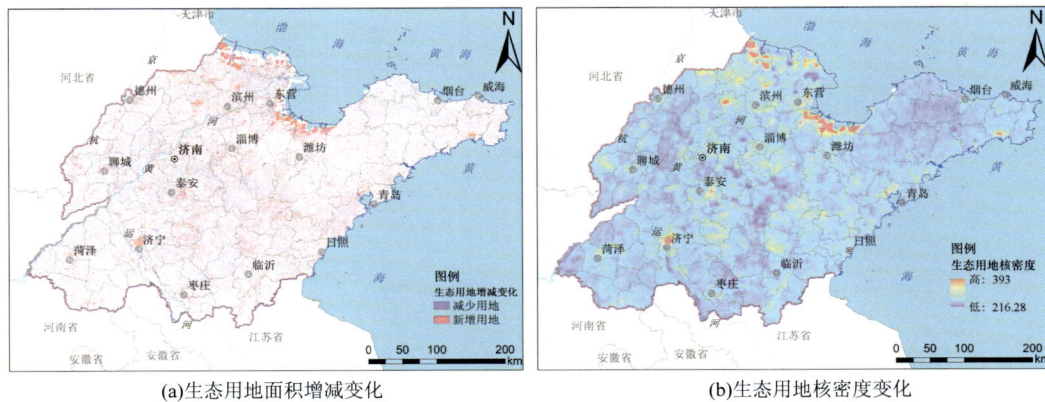

(a)生态用地面积增减变化　　　　　　　　　(b)生态用地核密度变化

图 5-2　2009～2019 年山东省生态用地演变格局

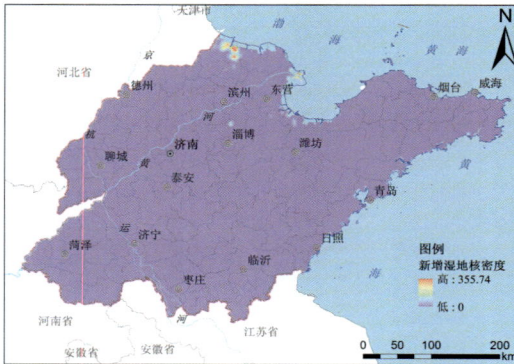

(a)新增湿地核密度分布

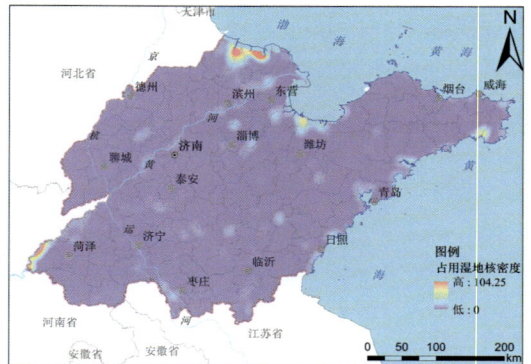

(b)占用湿地核密度分布

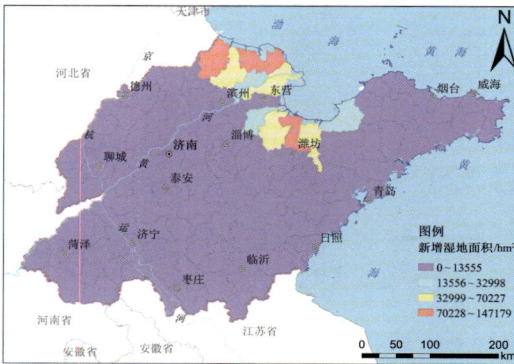

(c)新增湿地面积分布

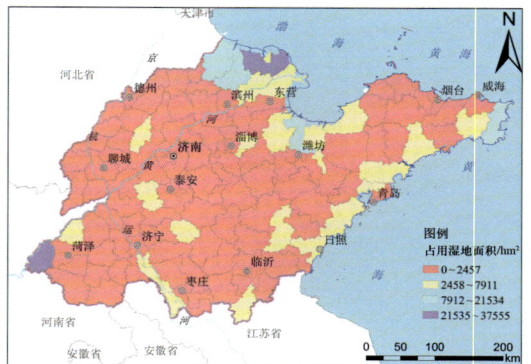

(d)占用湿地面积分布

图5-8 2009～2019年山东省湿地演变格局

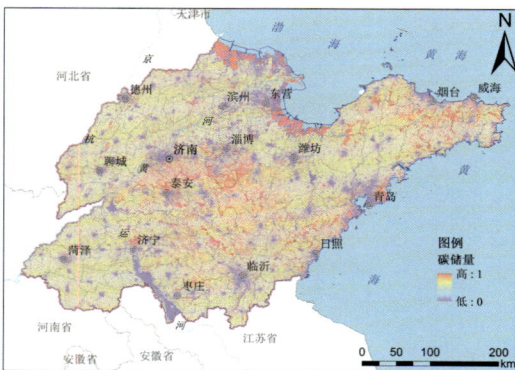

(a)固碳服务功能

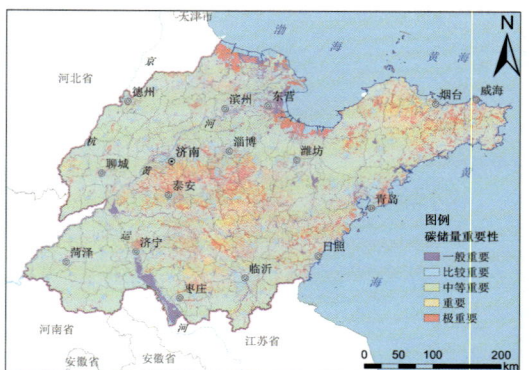

(b)固碳服务功能重要性

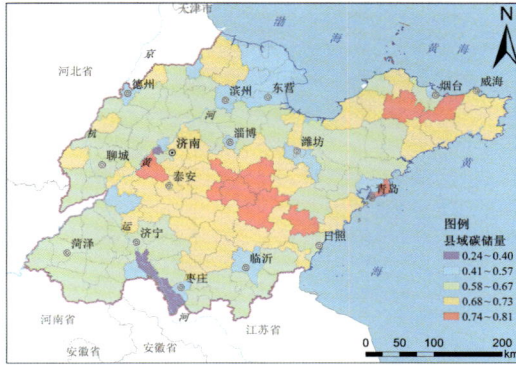

(c)县域尺度固碳服务功能

图 5-13   2019 年山东省固碳服务功能空间格局

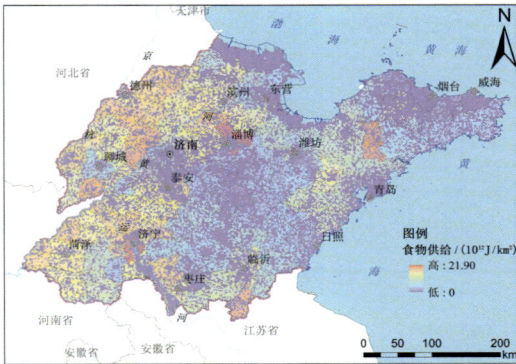

(a)食物供给功能

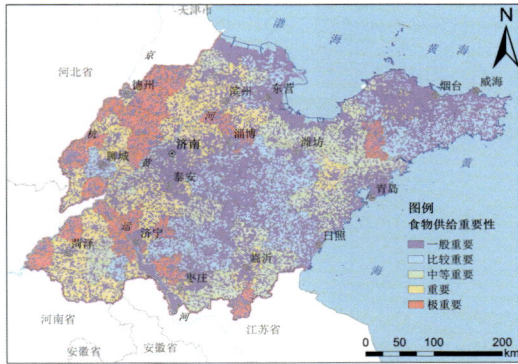

(b)食物供给功能重要性

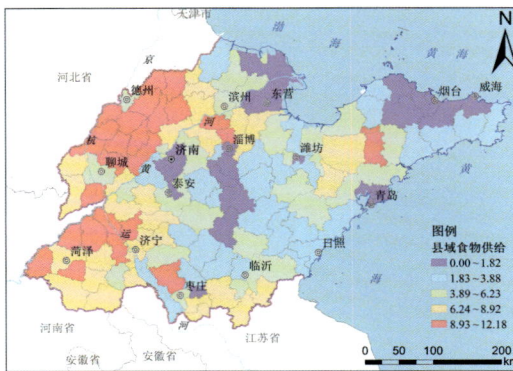

(c)县域尺度食物供给服务功能

图 5-14   2019 年山东省食物供给功能空间格局

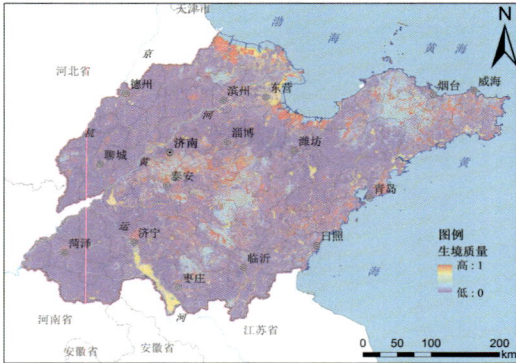
(a)生境维持功能

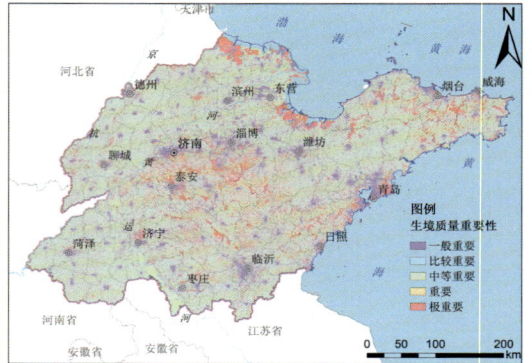
(b)生境维持功能重要性

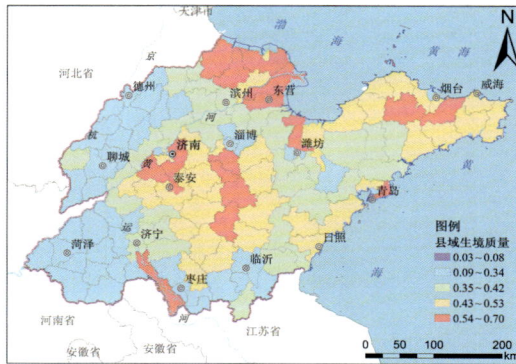
(c)县域尺度生境维持功能

图 5-15　2019 年山东省生境维持功能空间格局

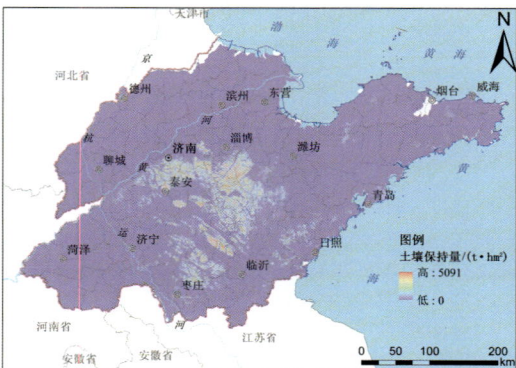
(a)土壤保持功能

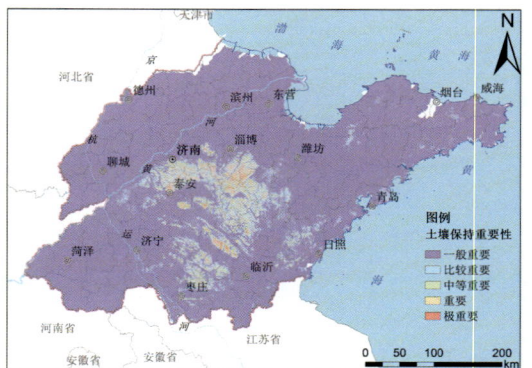
(b)土壤保持功能重要性

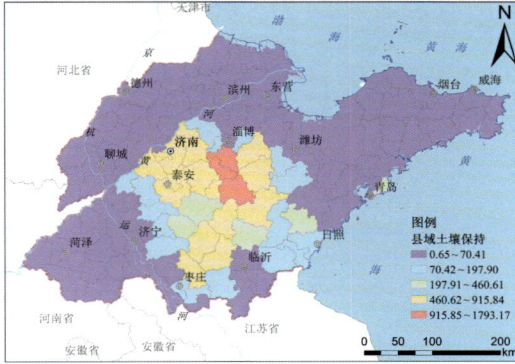

(c)县域尺度土壤保持功能

图 5-16 2019 年山东省土壤保持功能空间格局

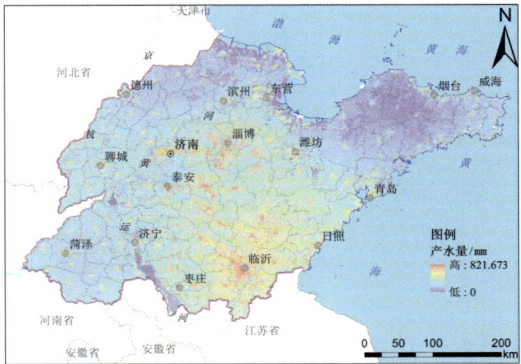

(a)水源涵养功能

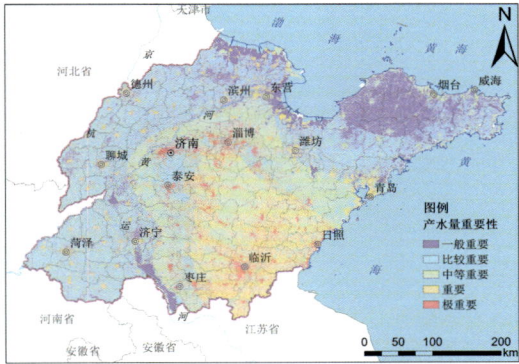

(b)水源涵养功能重要性

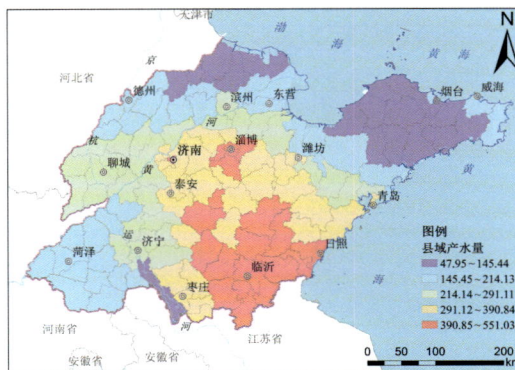

(c)县域尺度水源涵养功能

图 5-17 2019 年山东省水源涵养功能空间格局

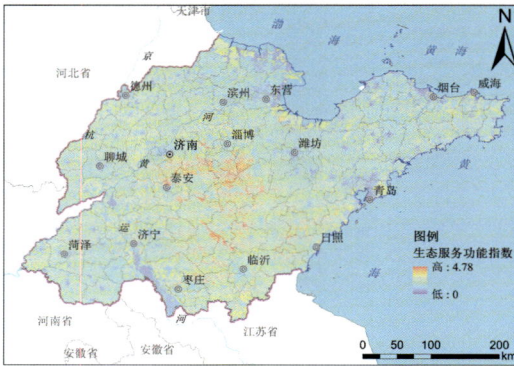

(a)生态系统服务功能

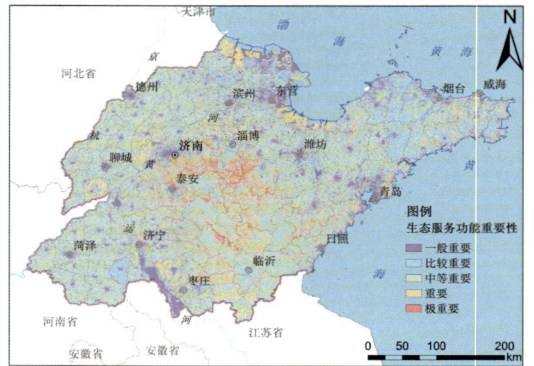

(b)生态系统服务功能重要性

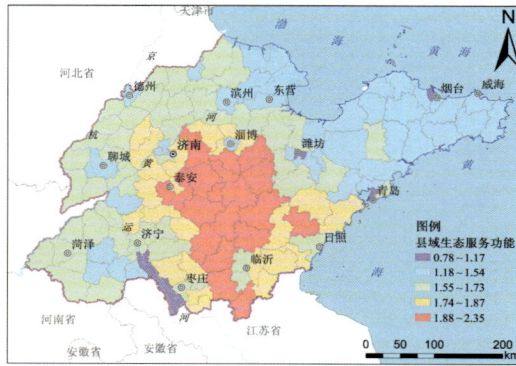

(c)县域尺度生态系统服务功能

图 5-18　2019 年山东省生态系统服务功能空间格局

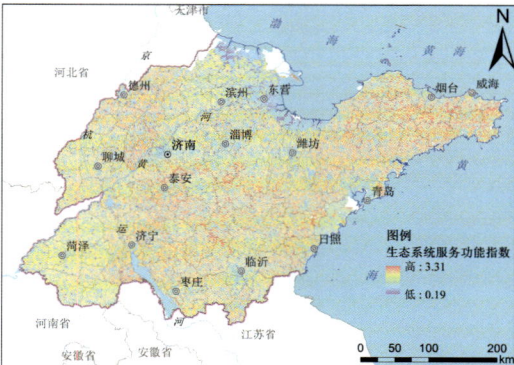

(a)2009 年山东省生态系统服务功能

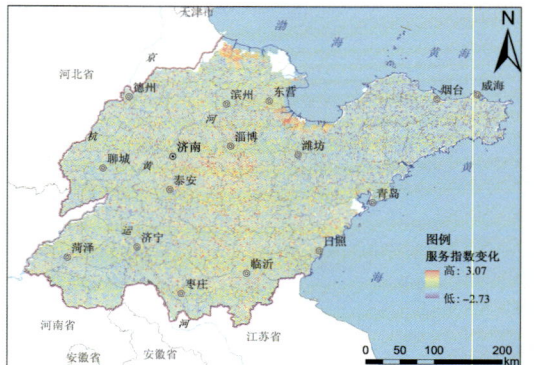

(b)山东省生态系统服务功能指数变化

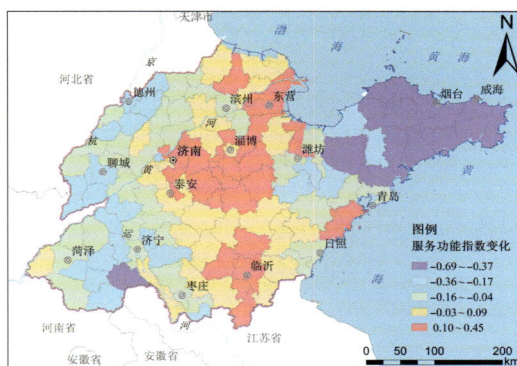

(c)县域尺度山东省生态系统服务功能变化

图 5-25　2009～2019 年山东省生态系统功能时空演变

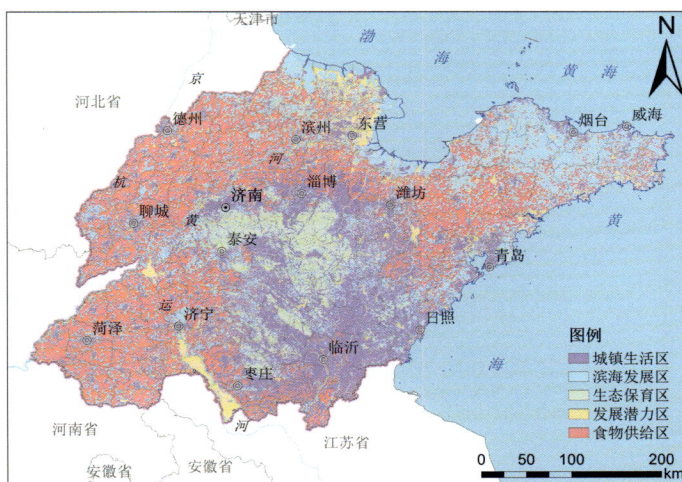

图 5-26　山东省生态区域布局

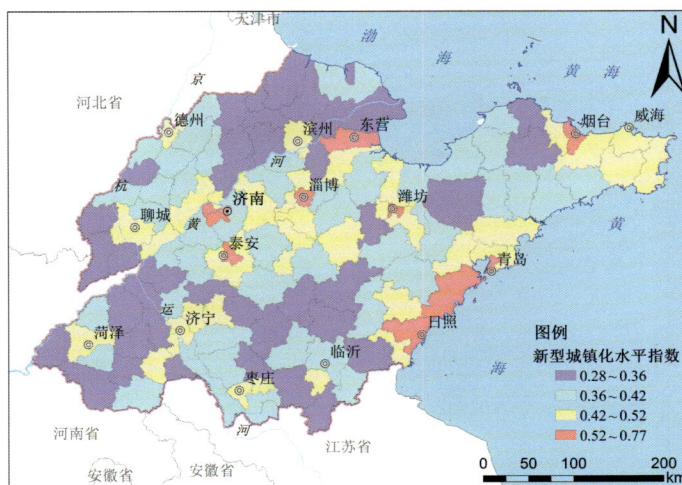

图 6-17　2019 年山东省各县（市、区）新型城镇化水平

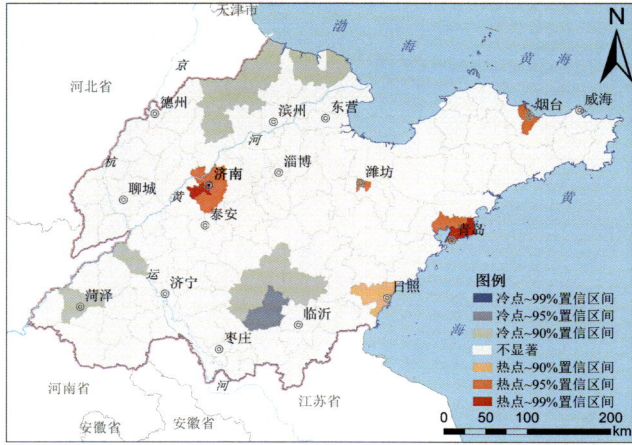

图 6-19 2019 年山东省新型城镇化冷热点

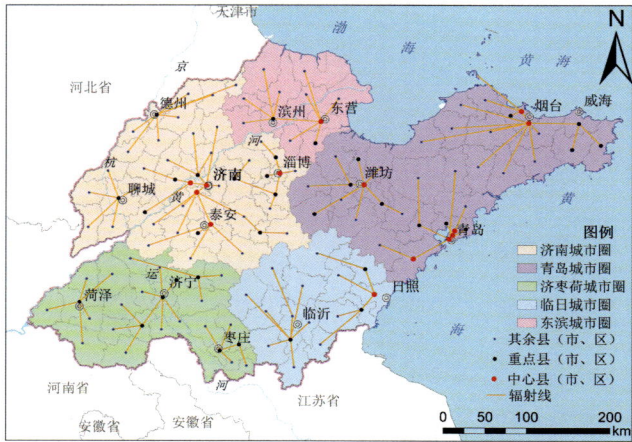

图 6-23 山东省五大城市圈

图 7-6 2019 年山东省乡村聚落格局

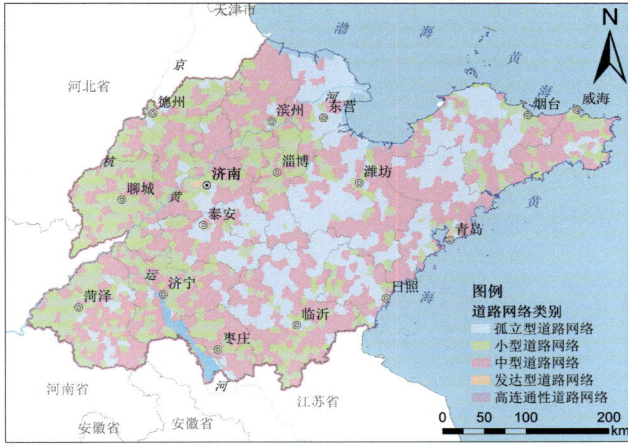

图 7-9　2019 年山东省乡村聚落道路网络类别分布

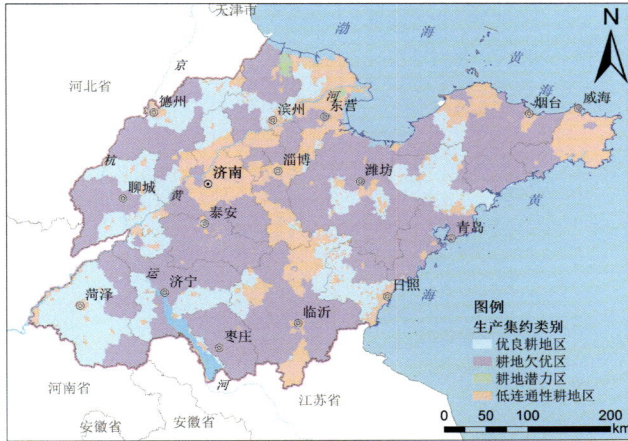

图 7-13　2019 年山东省生产集约类别分布

图 7-18　2019 年山东省生活宜居类别分布

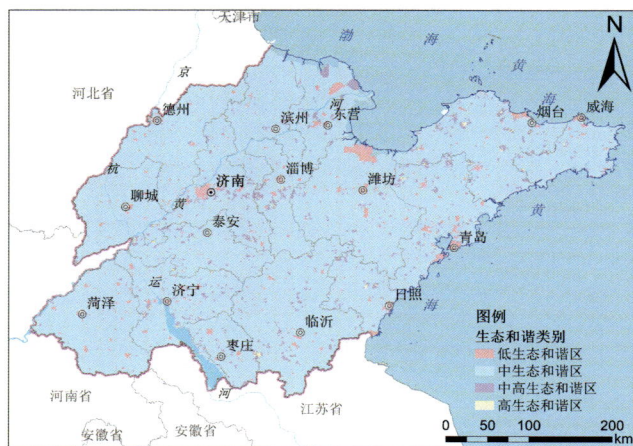

图 7-23　2019 年山东省生态和谐类别分布

图 8-3　山东省铁路分布空间格局

图 8-5　山东省国道、省道、县道、乡道分布空间格局

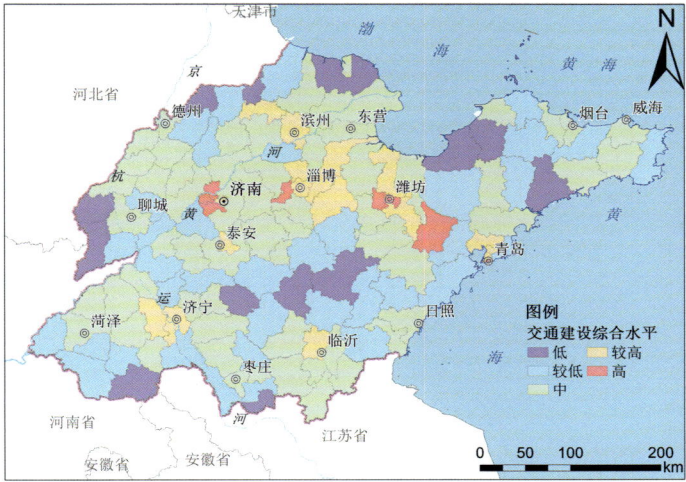

图 8-17　2019 年山东省各县（市、区）交通建设综合水平空间格局

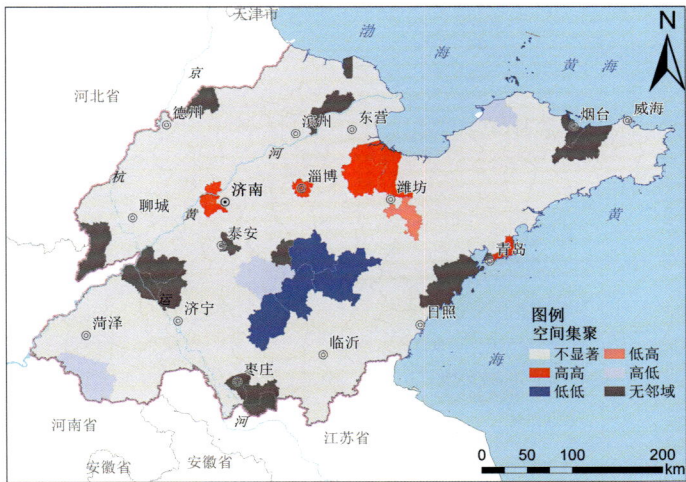

图 8-22　2019 年山东省交通建设水平与社会经济空间集聚格局

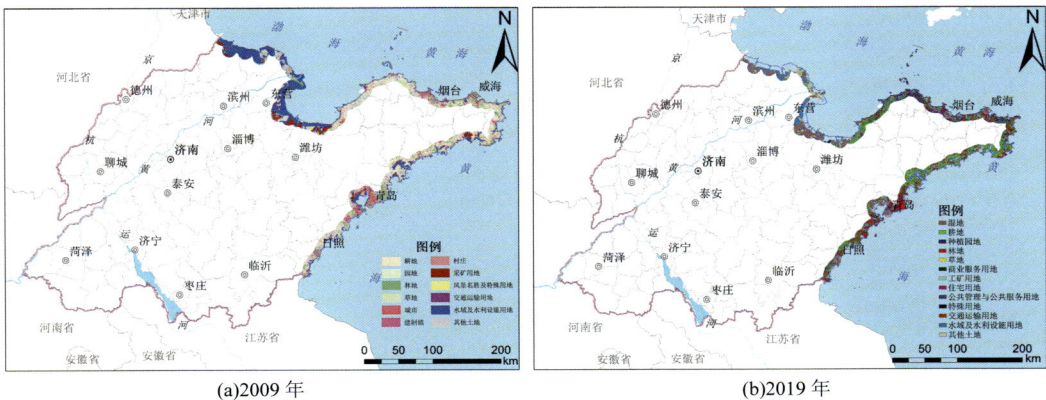

(a)2009 年

(b)2019 年

图 9-1　2009 年、2019 年海岸带土地利用分布

图 9-9　2019 年山东省海岸带综合开发强度格局

(a)空间扩张强度演变

(b)经济发展水平演变

(c)扩张效益演变

图 9-10　2009～2019 年山东省海岸带开发强度要素演变

图 9-11 2009~2019 年山东省海岸带综合开发强度演变

(a)自然资源条件演变

(b)生态压力条件演变

(c)生态响应演变

图 9-19 2009~2019 年山东省海岸带保护度要素演变

图 9-20 2009~2019 年山东省海岸带综合保护格局演变

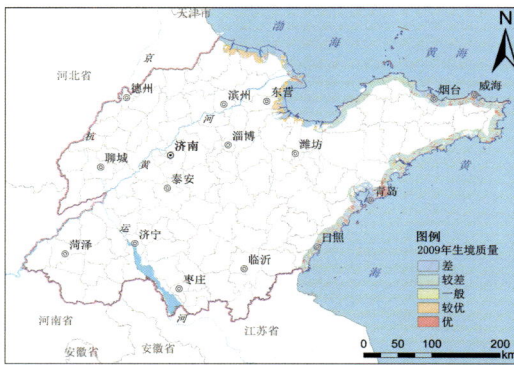

(a)2009 年

(b)2019 年

图 9-21 2009 年、2019 年山东省海岸带生境质量空间格局

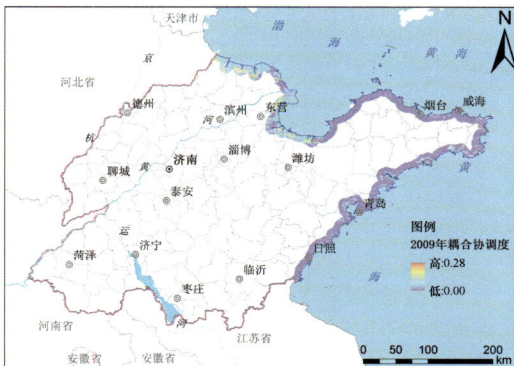

(a)2009 年

(b)2019 年

图 9-22 2009 年、2019 年山东省海岸带开发强度与保护格局耦合协调关系

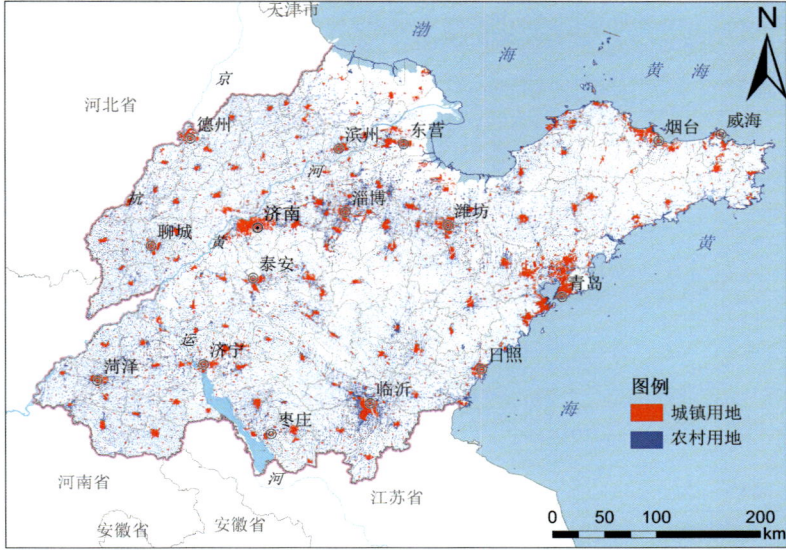

图 10-1　2019 年山东省城乡用地格局

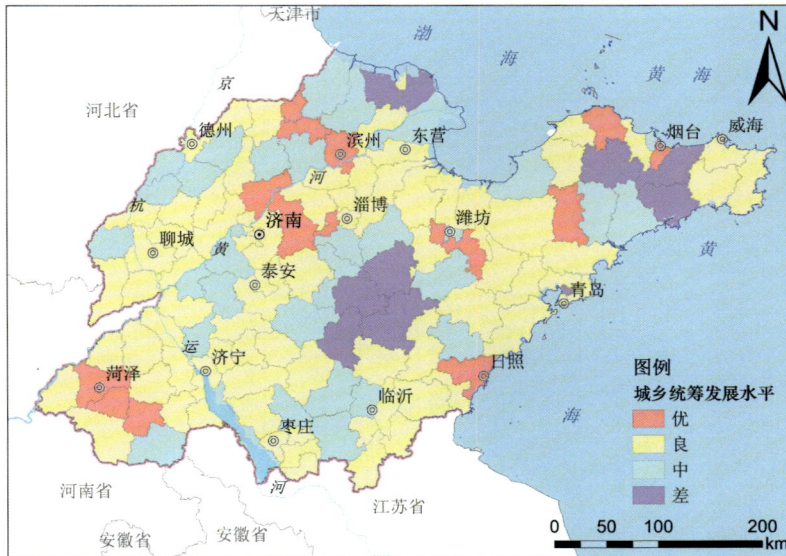

图 10-19　山东省各县（市、区）城乡统筹分类格局

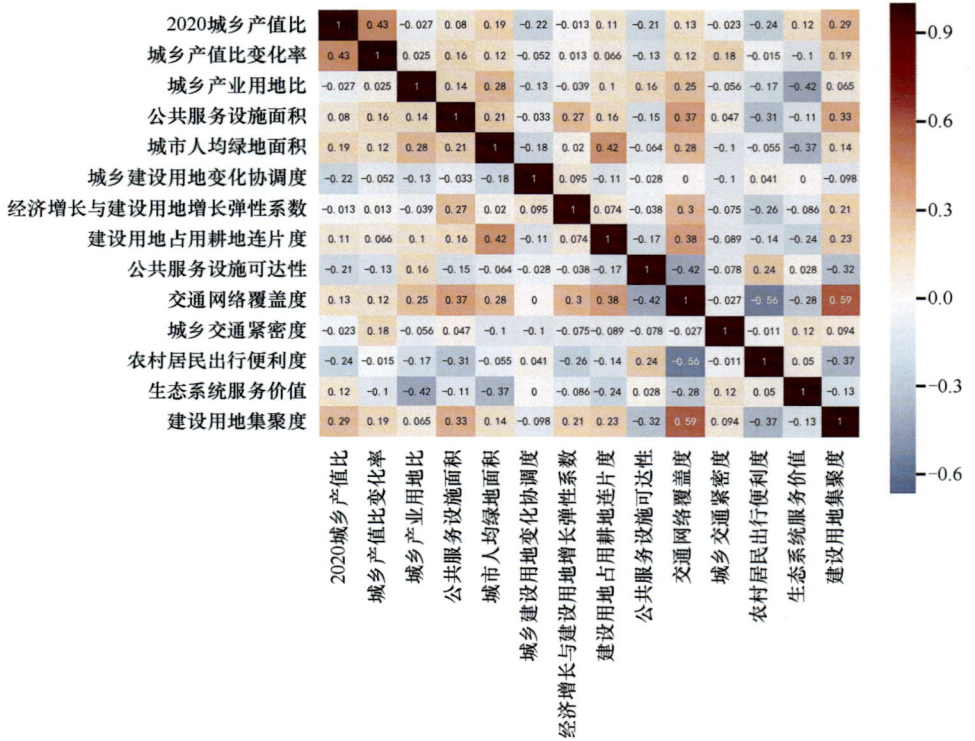

图 10-20　城乡统筹指标相关关系系数